HISTOIRE DU TEMPS PRÉSENT
DE 1900 À NOS JOURS
3e ÉDITION

GEORGES LANGLOIS

Beauchemin

HISTOIRE DU TEMPS PRÉSENT
DE 1900 À NOS JOURS
3e ÉDITION

GEORGES LANGLOIS

© 2004, Groupe Beauchemin, éditeur ltée

7001, blvd Saint-Laurent
Montréal (Québec)
H2S 3E3
Téléphone :   (514) 273-1066
Télécopieur : (514) 276-0324
info@cheneliere.ca

Éditeur : -François Bojanowski
Chargée de projet : **Josée Desjardins**
Coordonnatrice à la production : **Maryse Quesnel**
Révision linguistique : **Nathalie Mailhot**
Correction d'épreuves : **Christine Langevin**
Recherche iconographique : **Stéphanie Rochette**
Recherchiste : **Violaine Charest-Sigouin**
Conception et production : **Dessine-moi un mouton**
Cartographie : **Interscript**
Impression : **Imprimeries Transcontinental inc.**

Page couverture : Musée national des Beaux-Arts du Québec,
Jean-Paul Riopelle, *L'Hommage à
Rosa Luxemburg* (détail), 1992
© Succession Jean-Paul Riopelle,
SODRAC 2004

Nous reconnaissons l'aide financière du gouvernement du
Canada par l'entremise du Programme d'aide au développement
de l'industrie de l'édition (PADIÉ) pour nos activités d'édition.

L'éditeur a fait tout ce qui était en son pouvoir pour trouver les
sources des documents reproduits dans le présent ouvrage. On
peut lui signaler tout renseignement susceptible de contribuer à
la correction d'erreurs ou d'omissions.

ISBN : 2-7616-1961-7

Dépôt légal : 2e trimestre 2004
Bibliothèque nationale du Québec
Bibliothèque nationale du Canada

Imprimé au Canada
2 3 4 5 ITIB 11 10 09 08

Table des matières

AVANT-PROPOS IX

CARACTÉRISTIQUES DU MANUEL X

Chapitre 1   **LE MONDE À L'ORÉE DU XXe SIÈCLE** 2

1.1 L'EUROPE AU SOMMET DE SA PUISSANCE 4
1.1.1 L'économie industrielle 4
1.1.2 La société bourgeoise 6
1.1.3 Les grandes puissances 10
1.1.4 L'impérialisme 12

1.2 LES FUTURS GÉANTS 13
1.2.1 La Russie : un « colosse sans tête » 13
1.2.2 Les États-Unis : l'essor d'une grande puissance 15
1.2.3 Le Japon : entre féodalisme et modernité 17

1.3 LES MONDES DOMINÉS 18
1.3.1 Colonies et protectorats 18
1.3.2 Les pays sous tutelle 19
1.3.3 L'Amérique latine 21

Chapitre 2   **LA « GRANDE GUERRE » (1914-1919)** 24

2.1 LES ORIGINES 26
2.1.1 Une controverse jamais éteinte 26
2.1.2 Trois grandes rivalités 27
2.1.3 Les systèmes d'alliances et la course aux armements ... 28
2.1.4 28 juin 1914 : l'engrenage 30

2.2 LE CONFLIT 31
2.2.1 De la guerre de mouvement à la guerre de position 32
2.2.2 Une guerre totale 33
2.2.3 De la crise au dénouement (1917-1918) 35

2.3 1919 : LA PAIX ? 37
2.3.1 La conférence de Paris et les traités de paix 37
2.3.2 Les faiblesses de la Paix 40
2.3.3 Bilan et répercussions 42

Chapitre 3   **L'APRÈS-GUERRE (1919-1929)** 48

3.1 LA NAISSANCE DU SYSTÈME SOVIÉTIQUE (1917-1929) 50
3.1.1 Les révolutions de 1917-1918 50
3.1.2 Guerre civile et communisme de guerre 53
3.1.3 De Lénine à Staline 56

3.2 À L'OUEST : L'IMPOSSIBLE RETOUR À LA STABILITÉ **58**

3.2.1 L'Europe en difficulté 58

3.2.2 Les États-Unis : isolationnisme et prospérité 60

3.2.3 La sécurité collective : à la recherche de la paix 62

3.3 HORS D'EUROPE : DES SIGNES ANNONCIATEURS **64**

3.3.1 Le monde arabo-musulman 64

3.3.2 L'Asie 67

Chapitre 4   **LA GRANDE DÉPRESSION (1929-1939)** **72**

4.1 DU KRACH DE WALL STREET À LA CRISE MONDIALE **74**

4.1.1 Les États-Unis : de la prospérité à la crise 74

4.1.2 De la crise étasunienne à la crise mondiale 77

4.1.3 La crise internationale 78

4.2 LES TENTATIVES DE RÉPONSE À LA CRISE **80**

4.2.1 Les pesanteurs de l'idéologie et les politiques de déflation 80

4.2.2 Les politiques de relance : le *New Deal* aux États-Unis 82

4.2.3 Les politiques de relance dans d'autres pays 83

4.3 BILAN ET LEÇONS DE LA CRISE **85**

4.3.1 Le bilan économique et social 85

4.3.2 Un libéralisme renouvelé 86

Chapitre 5   **LA MONTÉE DES DICTATURES** **90**

5.1 LE FASCISME : ORIGINES ET IDÉOLOGIE **92**

5.1.1 Un phénomène déterminé 92

5.1.2 Les origines 92

5.1.3 Les militants 94

5.1.4 L'idéologie 96

5.2 LE FASCISME AU POUVOIR **97**

5.2.1 La marche vers le pouvoir 97

5.2.2 L'État fasciste 100

5.3 L'URSS SOUS STALINE **103**

5.3.1 L'économie planifiée 103

5.3.2 Le stalinisme 106

5.3.3 La nouvelle société soviétique 108

5.4 LES DICTATURES TRADITIONNELLES **110**

Chapitre 6   **SOCIÉTÉ ET CULTURE EN OCCIDENT (1900-1939)** **116**

6.1 UNE MUTATION CULTURELLE **118**

6.1.1 Progrès matériels et nouveaux comportements 118

6.1.2 Vers une culture de masse 119

6.1.3 L'impact de la guerre 121

6.2 LE MOUVEMENT DES SCIENCES **123**
6.2.1 Les sciences physiques et biologiques 123
6.2.2 Les sciences humaines 125

6.3 LES GRANDS COURANTS DE L'ART **126**
6.3.1 Aux origines de l'art contemporain 126
6.3.2 La rupture surréaliste 127
6.3.3 Le muralisme : une peinture pour le peuple ? 129
6.3.4 L'architecture nouvelle 130
6.3.5 L'évolution du langage musical 131
6.3.6 Naissance et épanouissement du cinéma 132

Chapitre 7   **LA SECONDE GUERRE MONDIALE (1939-1945)** **138**

7.1 LA POLITIQUE INTERNATIONALE DANS LES ANNÉES TRENTE **140**
7.1.1 Les États revendicateurs 140
7.1.2 Les États satisfaits 141
7.1.3 Les États neutres 142

7.2 LA MARCHE À L'ABÎME **143**
7.2.1 Les conflits préparatoires 143
7.2.2 La mise en œuvre du programme nazi 146
7.2.3 La mondialisation du conflit 149

7.3 UNE GUERRE D'UN TYPE NOUVEAU **150**
7.3.1 Une guerre économique et technologique 150
7.3.2 Une guerre idéologique 152
7.3.3 Une guerre d'anéantissement 152

7.4 L'EUROPE ET L'ASIE SOUS LA BOTTE **153**
7.4.1 L'exploitation des vaincus 153
7.4.2 Collaboration et résistance 155
7.4.3 Le génocide 156

7.5 1945 : ANNÉE ZÉRO ? **159**
7.5.1 Une victoire au goût de cendre 159
7.5.2 L'Europe et l'Asie en ruines 160

Chapitre 8   **DE LA GUERRE FROIDE À LA GUERRE FROIDE (1945-1989)** **164**

8.1 À LA RECHERCHE DE LA PAIX **166**
8.1.1 La Grande Alliance face à la victoire 166
8.1.2 De la SDN à l'ONU 167
8.1.3 Les premiers craquements (1945-1947) 169

8.2 LA GUERRE FROIDE (1947-1953) **170**
8.2.1 La formation du bloc atlantique 170
8.2.2 La formation du bloc continental 172
8.2.3 Les affrontements 173

8.3 LA COEXISTENCE DANS LES CRISES (1953-1962) **176**

8.3.1 Un nouveau climat 176

8.3.2 De Budapest à Berlin : une Europe mal apaisée 177

8.3.3 Le bord du gouffre : Cuba (1962) 178

8.4 LA DÉTENTE (1963-1975) **180**

8.4.1 De l'armistice à la détente 180

8.4.2 La fissuration des blocs 182

8.4.3 L'abcès vietnamien 183

8.5 LE RETOUR DE LA GUERRE FROIDE (1975-1989) **184**

8.5.1 La dégradation de la détente 184

8.5.2 La course aux armements 187

Chapitre 9 DEUX MONDES EN PARALLÈLE (1945-1989) **192**

9.1 LE MONDE CAPITALISTE **194**

9.1.1 L'euphorie de la croissance (1945-1973) 194

9.1.2 Une nouvelle dépression (1973-1989) 197

9.1.3 La construction de l'Europe 202

9.1.4 Les États-Unis 203

9.1.5 Le « miracle » japonais 206

9.2 LE MONDE SOVIÉTO-COMMUNISTE **207**

9.2.1 L'URSS : les aléas du « modèle » soviétique 207

9.2.2 Les démocraties populaires : les aléas de la satellisation 212

9.2.3 La Chine : l'autre communisme 217

Chapitre 10 LA DÉCOLONISATION (1945-1975) **222**

10.1 COLONIALISME ET DÉCOLONISATION : UN SCHÉMA DIRECTEUR **224**

10.1.1 Le colonialisme 224

10.1.2 La décolonisation 226

10.2 L'ÉTAPE DES INDÉPENDANCES **228**

10.2.1 Un contexte favorable 228

10.2.2 L'Asie 230

10.2.3 L'Afrique du Nord 233

10.2.4 L'Afrique subsaharienne 234

10.3 L'AMÉRIQUE LATINE ENTRE INDÉPENDANCE ET DÉCOLONISATION **234**

10.3.1 « Si loin de Dieu, si près des États-Unis » 235

10.3.2 Cuba : la révolution « exemplaire » ? 236

10.3.3 Un continent entre guérillas et dictatures 238

Chapitre 11 LES TIERS-MONDES EN MUTATION **242**

11.1 LE FLÉAU DU SOUS-DÉVELOPPEMENT **244**

11.1.1 Les caractères généraux du sous-développement 244

11.1.2 Les causes du sous-développement 246

11.1.3 Le piège de l'endettement 248

11.1.4 L'aide au tiers-monde 249

11.2 À LA RECHERCHE DE L'ÉTAT **250**

11.2.1 Les difficultés de la voie démocratique 251

11.2.2 Échec du fédéralisme et conflits internes 252

11.3 SOCIÉTÉS ET CULTURES EN MUTATION **253**

11.3.1 Ruraux et citadins 253

11.3.2 Le « dualisme » 254

11.4 LE TIERS-MONDE DANS LE MONDE **255**

11.4.1 Naissance et soubresauts du « non-alignement » 255

11.4.2 La recherche d'un nouvel ordre économique international 256

11.4.3 Des tiers-mondes éclatés 258

Chapitre 12 **LE MOYEN-ORIENT DEPUIS 1945** **262**

12.1 LA QUESTION PALESTINIENNE JUSQU'À 1967 .... **264**

12.1.1 Naissance de l'État d'Israël 264

12.1.2 La crise de Suez 265

12.1.3 La guerre des Six Jours 266

12.2 LA QUESTION PALESTINIENNE APRÈS 1967 .... **267**

12.2.1 De l'OLP à l'Égypte de Sadate : l'éclatement du monde arabe 267

12.2.2 Le Liban dans la tourmente 269

12.2.3 La longue route des espoirs déçus 270

12.3 L'ISLAM ENTRE MODERNITÉ ET FONDAMENTALISME **272**

12.3.1 L'échec du modèle moderniste 273

12.3.2 La révolution iranienne 274

12.3.3 L'Afghanistan : des communistes aux talibans 275

12.4 LE GOLFE DE TOUTES LES CONVOITISES **276**

12.4.1 Iran-Irak : la première guerre du Golfe 276

12.4.2 La crise koweïtienne et la deuxième guerre du Golfe 277

12.4.3 La troisième guerre du Golfe et la chute de Saddam 279

Chapitre 13 **SOCIÉTÉS ET CULTURES DEPUIS 1945** **282**

13.1 L'ÉVOLUTION DÉMOGRAPHIQUE **284**

13.1.1 Apogée et déclin de la croissance 284

13.1.2 Les mouvements migratoires 286

13.2 TRAVAIL ET SOCIÉTÉ **288**

13.2.1 Mutations socioprofessionnelles 288

13.2.2 Chômage et précarité 290

13.2.3 Inégalité et pauvreté 290

13.3 LE CHOC DES VALEURS **291**

13.3.1 Le défi féministe 291

13.3.2 Contestation et contre-culture 292

13.3.3 Écologie et développement durable 294

13.3.4 Laïcité et religion 295

13.4 SCIENCE ET TECHNOLOGIE **296**

13.4.1 Progrès scientifiques et techniques 297

13.4.2 L'âge de l'information 298

13.5 LES ARTS AU-DELÀ DU MODERNISME **299**

13.5.1 Les arts visuels 299

13.5.2 L'architecture postmoderne 302

Chapitre 14 **AU TOURNANT DU MILLÉNAIRE (1989-2004)** **306**

14.1 LA FIN DU MONDE SOVIÉTO-COMMUNISTE **308**

14.1.1 L'implosion de l'URSS 308

14.1.2 L'éclatement de l'Empire 310

14.1.3 La Russie à la dérive 311

14.1.4 Le drame yougoslave 314

14.2 LA FIN DE LA GUERRE FROIDE **317**

14.2.1 L'effondrement du bloc continental 317

14.2.2 L'Europe pacifiée 318

14.2.3 Les organisations internationales dans un nouvel environnement 319

14.2.4 Une guerre nouvelle : la « guerre au terrorisme » 320

14.3 LA MONDIALISATION EN MARCHE **321**

14.3.1 Du GATT à l'OMC 321

14.3.2 Une mondialisation autre ? 322

GLOSSAIRE **325**

BIBLIOGRAPHIE GÉNÉRALE **326**

SOURCES PHOTOGRAPHIQUES **329**

INDEX **330**

Avant-propos

Notre récente entrée dans le XXIᵉ siècle a rendu caduc le titre de l'ancienne édition. C'est ainsi qu'*Histoire du XXᵉ siècle* devient *Histoire du temps présent - De 1900 à nos jours*. Ce nouveau titre rend compte avec plus d'exactitude de la période historique dont il est question maintenant dans ce manuel.

Cette nouvelle édition conserve les acquis fort appréciés de la précédente quant au niveau de langage, à la quantité d'information et à la longueur des chapitres, bien ajustés à un cours de 45 heures. À cela s'ajoutent des améliorations appréciables. Soulignons d'abord l'ajout de la couleur qui, juxtaposé à une mise en pages plus dynamique, rend le livre plus captivant pour l'étudiant. On a également procédé à un redécoupage de certains chapitres et à une nouvelle périodisation après 1945, qui facilitent la compréhension des événements historiques. Par ailleurs, la suppression des sections CANADA-QUÉBEC et l'allégement des sections ART ET CULTURE rendent l'ouvrage moins volumineux et mieux adapté à ce que désirent les utilisateurs. Enfin, pour des raisons évidentes, on a regroupé tout ce qui concerne le Moyen-Orient depuis 1945 en un seul chapitre.

Histoire du temps présent propose une synthèse historique équilibrée qui rend bien compte des principaux événements qui ont marqué le passé proche. Il devient un ouvrage incontournable pour l'enseignement de l'Histoire au collégial.

Remerciements

Nous tenons à remercier MM. Luc Lefebvre et Patrice Régimbald, professeurs au Cégep du Vieux-Montréal, pour leur contribution à cet ouvrage ainsi qu'aux éditions antérieures. Nous remercions également M. Jean Boismenu, enseignant retraité du Cégep Bois-de-Boulongne, pour sa collaboration aux éditions précédentes d'*Histoire du temps présent - De 1900 à nos jours*.

Les caractéristiques du manuel

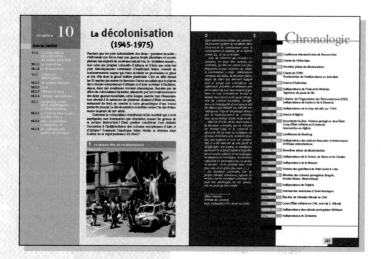

OUVERTURE DU CHAPITRE

L'ouverture du chapitre révèle au lecteur, en un coup d'œil, les grandes lignes du thème à l'étude. Le plan du chapitre détaille les notions importantes qui seront abordées, tandis que la chronologie fait état des principaux événements de la période. Des documents servent par ailleurs à poser les jalons du chapitre, à la fois par l'image et par le texte.

DOCUMENTS HISTORIQUES ET VISUELS PERCUTANTS

De nombreux documents historiques et textes d'analyse ponctuent le manuel de témoignages écrits ou visuels saisissants de l'époque. Photographies, caricatures, reproductions d'œuvres d'art, manifestes et autres communiqués offrent au lecteur un regard vivant sur les événements majeurs de la période. En outre, divers auteurs livrent leurs impressions sur différents enjeux du thème étudié.

CARTES, GRAPHIQUES ET TABLEAUX

Des données et des statistiques sur la population, la production, les territoires, les rapports de force, les alliances et les conflits, les flux monétaires et bien d'autres choses encore sont présentées dans un format qui permet de dégager les tendances et les réalités de la période à l'étude.

QUESTIONS SUR LES DOCUMENTS

Ici et là, le lecteur est invité à réfléchir plus longuement sur la portée de certains documents et les réalités qu'ils illustrent par le biais de calculs, d'analyses, de comparaisons, d'interprétations, etc.

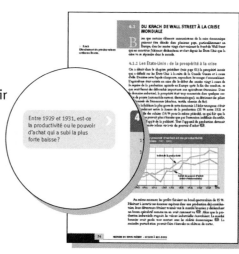

PASTILLES

Les documents sont en quelque sorte intégrés au texte par l'intermédiaire de « pastilles » de renvois.

GLOSSAIRE

Dans le texte, certains termes ou expressions dont le sens mérite d'être précisé apparaissent en caractères gras et en italique.
Ces termes sont ensuite rapportés dans la marge, accompagnés d'une définition.

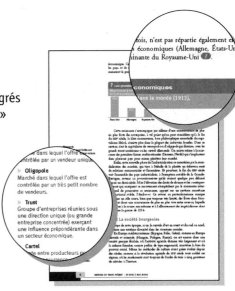

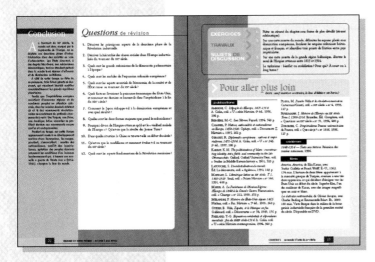

FERMETURE DU CHAPITRE
Questions de révision

À la fin de chaque chapitre, une série de questions permet au lecteur de revoir les notions apprises afin d'évaluer sa compréhension et de s'assurer qu'il maîtrise bien la matière.

Exercices, travaux et sujets de discussion

Cette section a pour objectif d'approfondir l'apprentissage par une série d'exercices et de travaux plus poussés. Réflexion, recherche, liens avec le présent, rencontre de témoins et discussion figurent tous au menu.

Pour aller plus loin

Le lecteur trouvera dans cette rubrique une liste de publications fiables à consulter s'il souhaite approfondir un sujet ou une période donnés. Le cas échéant, il pourra également compléter l'exploration de la matière grâce aux cédéroms et aux sites Internet proposés. Enfin, le manuel se démarque tout particulièrement en offrant, pour la plupart des chapitres, une sélection de films fascinants qui abordent les thèmes à l'étude : un moyen efficace d'en apprendre davantage tout en se divertissant !

ANNEXES

On trouvera en annexe un glossaire des termes et expressions définis dans les différents chapitres, une bibliographie et une médiagraphie générales, ainsi qu'un index détaillé.

Chapitre 1

PLAN DU CHAPITRE

1.1 L'EUROPE AU SOMMET DE SA PUISSANCE

1.1.1 L'économie industrielle

1.1.2 La société bourgeoise

1.1.3 Les grandes puissances

1.1.4 L'impérialisme

1.2 LES FUTURS GÉANTS

1.2.1 La Russie : un « colosse sans tête »

1.2.2 Les États-Unis : l'essor d'une grande puissance

1.2.3 Le Japon : entre féodalisme et modernité

1.3 LES MONDES DOMINÉS

1.3.1 Colonies et protectorats

1.3.2 Les pays sous tutelle

1.3.3 L'Amérique latine

Le monde à l'orée du XXe siècle

Dans ce monde du tournant du XXe siècle, c'est la domination de l'Europe qui frappe au premier coup d'œil. Les bases de cette domination ont été mises en place plus de deux siècles auparavant avec la révolution scientifique, la « grande révolution atlantique » et la révolution industrielle, qui ont déclenché une irrésistible dynamique où se mêlent innovations technologiques, élargissement de la vie démocratique, poussée du nationalisme et appétit de conquêtes. À la fois technique, financière, politique, intellectuelle et, bien sûr, militaire, cette suprématie commence toutefois à être mise en échec par la montée des futurs géants que sont la Russie, les États-Unis et le Japon. Les mondes dominés, quant à eux, connaissent des évolutions contrastées à travers lesquelles un observateur attentif pourrait déjà percevoir l'amorce de grands bouleversements à venir.

Quel est l'« état du monde » au début du XXe siècle? Quelles sont les bases de la puissance et où sont-elles concentrées? Où et comment certains changements perceptibles se manifestent-ils?

1 Le monde vers 1900

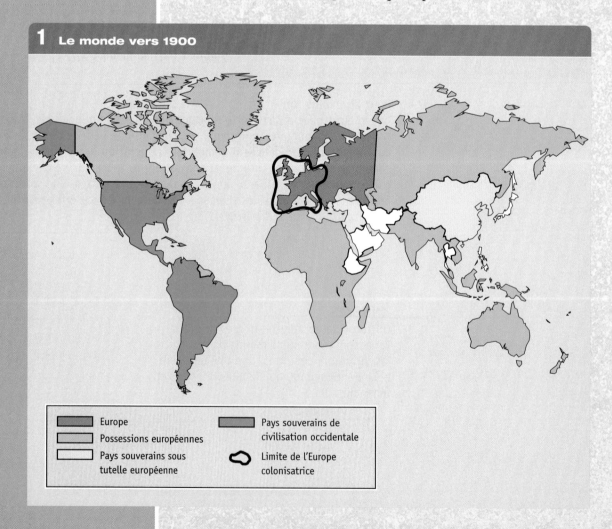

Europe
Possessions européennes
Pays souverains sous tutelle européenne
Pays souverains de civilisation occidentale
Limite de l'Europe colonisatrice

Deux traits concourent à justifier que l'attention se porte en priorité sur les événements qui se déroulent en Europe. D'une part, c'est en Europe que s'accomplissent les transformations les plus décisives, celles qui changent la société, qui modifient l'existence. C'est en Europe aussi que les grands courants d'idées ont pris naissance, que surgissent révolution technique, transformation économique, expérience politique qui sont autant de forces neuves. Le rythme de l'histoire y est plus rapide et les autres continents, par comparaison, paraissent immobiles, et comme endormis dans le respect de traditions millénaires. Leur histoire ne se renouvelle guère; celle de l'Europe, au contraire, se déroule sous le signe de la nouveauté.

D'autre part, ce qui se passe en Europe retentit dans le monde entier. L'inverse n'est pas vrai, au moins au XIXᵉ siècle. Aussi, parlant de l'Europe, on est amené à parler indirectement des autres continents dans la mesure où les événements d'Europe ont eu des répercussions en Afrique ou en Amérique, où l'influence de son histoire ne s'arrête pas aux limites du continent mais déborde largement jusqu'à recouvrir presque l'universalité du globe. L'Europe, au XIXᵉ siècle, n'est pas isolée, elle étend son action au monde entier.

René Rémond
Introduction à l'histoire de notre temps, t. 2, Le XIXᵉ siècle, Paris, Seuil, 1974.

Chronologie

1881	Tutelle internationale sur la dette ottomane
1889	Constitution à l'occidentale au Japon
1890	Fin de la « frontière » aux États-Unis Loi antitrust aux États-Unis
1894-1895	Guerre sino-japonaise
1898	Guerre hispano-américaine
1899	Guerre anglo-boer
1900	Révolte des Boxers en Chine
1904-1905	Guerre russo-japonaise
1905	Révolution en Russie
1908	Révolte des Jeunes Turcs
1910	Début de la Révolution mexicaine
1911	Proclamation de la République de Chine

1.1 L'EUROPE AU SOMMET DE SA PUISSANCE

A u moment où elle atteint l'apogée de sa puissance, l'Europe présente les caractères d'une économie industrielle, d'une société où prédomine la bourgeoisie, d'un ensemble très diversifié d'États nationaux plus ou moins soumis au jeu dominant des grandes puissances et d'un impérialisme étendu pratiquement au monde entier.

1.1.1 L'économie industrielle

La fin du XIXᵉ siècle et le début du XXᵉ amènent de profondes transformations dans les techniques et les modes de production et d'échange. C'est ce qu'on qualifie communément de « Seconde Révolution industrielle », mais qui n'est en fait qu'une nouvelle phase de la grande révolution industrielle amorcée plus d'un siècle auparavant (voir G. Langlois et G. Villemure, *Histoire de la civilisation occidentale*, Beauchemin, 3ᵉ éd., 2000, p. 252-253).

De nouveaux matériaux apparaissent, surtout l'acier, que l'on peut produire désormais dans une grande diversité d'alliages, et les produits de la chimie de synthèse : colorants, fibres synthétiques, engrais chimiques, explosifs. (Le chimiste Alfred Nobel, père du prix qui porte son nom, est l'inventeur de la dynamite.) La production d'énergie est bouleversée par le moteur

4 Le progrès technique au tournant du XXᵉ siècle

Date	Inventeur/Innovateur	Procédé	Pays
Énergie			
1869-1873	Bergès	Hydroélectricité	France
1871	Gramme	Dynamo	Belgique
1879	Edison	Lampe à filament	États-Unis
1882	Desprez	Transport de l'énergie électrique	France
1884	Gaulard	Transformateur	France
1888	Tesla	Alternateur	États-Unis
Sidérurgie-métallurgie			
1875	Pourcel, Boussingault	Ferro-alliages	France
1878	Thomas-Gilchrist	Fonte à partir de minerais phosphoreux	Royaume-Uni
1884	Héroult	Électrométallurgie	France
Moyens de transport			
1878-1886	Daimler	Moteur à explosion	Allemagne
1884-1889	Parsons et Laval	Turbine à vapeur	R.-U./Suède
1893	Diesel	Moteur à huile lourde	Allemagne
1903	Wright	Vol en aéroplane à moteur	États-Unis
1908	H. Ford	Ford T : première automobile en grande série	États-Unis
Chimie			
1884	Chardonnet	Soie artificielle	France
1899	Bayer	Aspirine	Allemagne
1909	Steams	Viscose	Royaume-Uni
Audiovisuel			
1877	Edison	Phonographe	États-Unis
1887	Berliner	Gramophone	États-Unis
1888	Eastman	Pellicule photo	États-Unis
1895	Lumière	Cinématographe	France

5 Le taylorisme en action

Mise au point de nouveaux outils
Nous avons pris deux très bons pelleteurs [...]. Nous essayâmes ces deux hommes séparément, avec, chacun, un homme pour étudier et chronométrer leur travail [...]. À la fin de la journée, nous savions combien chaque homme avait fait de pelletées, et le poids par pelletée : c'était 38 livres, ce qui représentait environ 25 tonnes manipulées par homme et par jour. Là-dessus, nous avons diminué la surface de la pelle [...] jusqu'à ce que, avec une pelletée d'environ 21 ou 22 livres, nous ayons trouvé que nous obtenions le rendement maximum (32 tonnes par ouvrier et par jour) [...]. Ceci nous a amenés naturellement à faire différentes dimensions de pelles portant 21 livres et demie. Ces pelles étaient petites avec des matériaux lourds comme le minerai, très grandes pour des matériaux légers comme les cendres.

Étude des gestes
Pour bien rentrer la pelle dans le tas de matériaux, il n'y a qu'un bon procédé : appuyer l'avant-bras contre la cuisse droite, juste au-dessous de la hanche ; puis prendre la pelle de la main droite, et lorsqu'on pousse la pelle dans le tas, au lieu de faire travailler les bras — ce qui est fatigant — jeter le poids du corps sur la pelle. On obtient ainsi le résultat cherché sans fatiguer les bras le moins du monde. Neuf ouvriers sur dix essaient de pousser la pelle à la force des bras ;

cela représente plus de deux fois l'effort nécessaire. [...] Le surmenage est incompatible avec l'organisation scientifique.

[...] Il n'est pas un mouvement fait par un ouvrier dans l'atelier qui ne devienne tôt ou tard le sujet d'une étude précise destinée à déterminer si ce mouvement est le meilleur et le plus rapide qui puisse être fait. Aussitôt que l'ouvrier se rend compte que le chronométrage est une étape vers l'augmentation du salaire, son opposition tombe et il devient rapidement enthousiaste.

Ce que Taylor dit de sa méthode, Paris, Éd. Michelin, 1927.

à explosion et surtout par l'électricité, la « fée », la plus spectaculaire des innovations, grâce à laquelle la vie quotidienne des humains sera profondément transformée : téléphone, phonographe, télégraphie sans fil (TSF), lampe à incandescence, tramway, métro, cinéma et combien d'autres sortent de cette véritable « boîte à surprises ». La machine elle-même se répand hors de l'usine où elle était largement confinée et devient partie du décor familier : machine à coudre, machine à écrire, aspirateur, bientôt l'automobile, sont appelés à une large diffusion **4**.

L'organisation du travail est profondément marquée par une rationalisation de plus en plus poussée qu'on appelle taylorisme, du nom de son principal propagandiste, l'ingénieur américain F. W. Taylor (1856-1915) **5**. L'ouvrier d'usine n'aura bientôt plus qu'un nombre extrêmement limité de gestes rigoureusement chronométrés à répéter indéfiniment jusqu'à l'hébétude. L'image de la chaîne de montage, installée dès 1908 chez Ford, devient le symbole de l'asservissement de l'homme par la machine. Il faut dire cependant que la hausse de la productivité entraînée par cette rationalisation permet une hausse du salaire, lequel atteint chez Ford en 1914 le niveau, exceptionnel pour l'époque, de cinq dollars par jour.

Toutes ces innovations provoquent un accroissement phénoménal de la production et une croissance économique généralisée à partir de 1896 **6**, année qui marque le retour à la prospérité après deux décennies de ralentissement

Ce texte vous semble-t-il justifier le caractère d'« asservissement de l'homme » accolé au taylorisme ?

6 La croissance de la production

Millions de tonnes	1890	1913
Charbon		
États-Unis	143	517
Royaume-Uni	184	292
Allemagne	70	190
France	26	40
Russie	6	33
MONDE	475	1 215
Pétrole		
États-Unis	6,1	33
Russie	4	8,7
MONDE	10,3	51,5
Acier		
États-Unis	4	32
Royaume-Uni	5,3	9
Allemagne	3,7	16,3
France	1,4	3,5
Russie	0,7	4
MONDE	18	76

Établissez, pour chaque produit :
1. le pays qui connaît la plus forte augmentation ;
2. le pourcentage de la production mondiale assuré respectivement et pour chacune des deux années par les États-Unis, le Royaume-Uni, la France et l'Allemagne.

économique. Cette croissance, toutefois, n'est pas répartie également entre les pays, et de nouvelles puissances économiques (Allemagne, États-Unis) menacent la position jusque-là dominante du Royaume-Uni **7**.

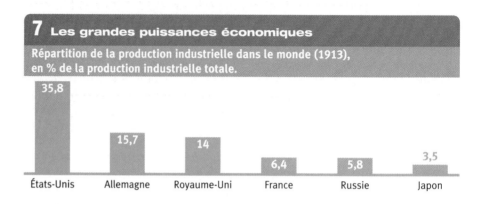

7 Les grandes puissances économiques

Répartition de la production industrielle dans le monde (1913), en % de la production industrielle totale.

États-Unis	Allemagne	Royaume-Uni	France	Russie	Japon
35,8	15,7	14	6,4	5,8	3,5

Cette croissance s'accompagne par ailleurs d'une concentration de plus en plus forte des entreprises, à tel point qu'on peut considérer qu'à la fin du XIXe siècle, la libre concurrence, base philosophique essentielle du capitalisme libéral, n'existe plus dans la plupart des industries lourdes. Dans ce secteur, c'est le capitalisme de *monopole* ou d'*oligopole* qui domine, avec les grands *trusts* américains ou les *cartels* allemands. On assiste même à la naissance des premières firmes multinationales (Siemens, Nestlé) qui s'implantent dans plusieurs pays pour mieux pénétrer leur marché.

Enfin, cette nouvelle phase de l'industrialisation se caractérise par la mondialisation des marchés, qui tisse à l'échelle de la planète un écheveau serré de relations commerciales et financières. Et pourtant, la fin du XIXe siècle voit l'ensemble des pays industrialisés, à l'exception notable de la Grande-Bretagne, revenir au *protectionnisme* qu'ils avaient quelque peu délaissé depuis un demi-siècle. Mais l'élévation des droits de douane et les *contingentements* qui marquent ce mouvement n'empêchent pas le commerce international de poursuivre sa croissance, appuyé sur un système monétaire international stable, l'*étalon-or*. Ce retour au protectionnisme marque d'ailleurs un rôle accru, bien que toujours très limité, des États dans l'économie et donc une concurrence de plus en plus vive entre ceux-ci, laquelle contribue à la course aux colonies et à l'affrontement des impérialismes dont sera issue la guerre de 1914.

1.1.2 La société bourgeoise

L'Europe de cette époque, si on la survole d'est en ouest et du sud au nord, présente une extrême diversité dans les structures sociales.

En Europe méditerranéenne (Espagne, Italie, Grèce), comme en Europe centrale et orientale (Hongrie, Pologne, Russie), on est encore dans une société presque féodale, où l'activité agricole domine très largement et où la richesse foncière, encore parfois de type seigneurial, constitue la base du pouvoir social. Même les méthodes de culture n'ont guère évolué depuis des siècles, comme si la révolution agricole du XIXe siècle avait oublié ces régions, où les rendements sont toujours de l'ordre de trois à cinq *quintaux* de céréales à l'hectare.

▶ **Monopole**
Marché dans lequel l'offre est contrôlée par un vendeur unique.

▶ **Oligopole**
Marché dans lequel l'offre est contrôlée par un très petit nombre de vendeurs.

▶ **Trust**
Groupe d'entreprises réunies sous une direction unique (ou grande entreprise concentrée) exerçant une influence prépondérante dans un secteur économique.

▶ **Cartel**
Entente entre producteurs pour limiter la concurrence.

▶ **Protectionnisme**
Politique douanière visant à élever des barrières pour protéger une économie nationale contre la concurrence étrangère.

▶ **Contingentement**
Action de limiter la quantité de marchandises autorisées à l'importation.

▶ **Étalon-or**
Valeur de référence d'une monnaie, exprimée en or.

▶ **Quintal**
Masse de 100 kilogrammes.

En revanche, dans l'Europe du Nord-Ouest (Allemagne, France, Grande-Bretagne, Belgique, Pays-Bas), le secteur agricole perd partout de son importance relative dans l'économie, tandis que l'amélioration des rendements (jusqu'à 25 quintaux à l'hectare) dégage une masse de bras disponibles qui vient gonfler la population des villes (en 1913, le Grand Londres dépasse les sept millions d'habitants) **8**. La croissance tentaculaire des villes pose des problèmes d'une ampleur nouvelle : logement, hygiène, approvisionnement, transports, qui requièrent d'immenses travaux (métro, par exemple) **9**. La spéculation urbaine chasse les classes moins aisées vers les faubourgs, tandis que les distractions nouvelles offertes par la ville (cinéma, café-concert) constituent un puissant foyer d'attraction pour ceux qui rêvent d'ascension sociale.

Le peuple des villes est d'une très grande diversité. Les quartiers populaires regroupent à la fois les ouvriers d'usine et les travailleurs de l'artisanat ou des petits métiers ambulants (porteurs d'eau, aiguiseurs). La condition matérielle des ouvriers s'améliore dans l'ensemble, le pouvoir d'achat de leur salaire étant généralement en progression **10**. Cela est dû, entre autres, à la présence de plus en plus marquée des syndicats et des partis socialistes, dont l'action a contribué à faire adopter, particulièrement en Allemagne et dans les pays scandinaves, des législations sociales visant à protéger les ouvriers des abus les plus criants (travail des enfants, accidents de travail).

Les classes moyennes constituent un amalgame complexe et disparate où l'on retrouve à la fois les petits indépendants (boutiquiers, artisans), les

8 Pourcentage de la population vivant dans des villes de plus de 5000 habitants

	1800-1801	1910-1911
Royaume-Uni	19,1	68,9
Allemagne	8,9	49,2
France	10,9	38,5
États-Unis	5,7	42,4

Quel est le pays où l'urbanisation est la plus rapide ?

9 La construction du métro parisien, 1906

PARIS — Les Travaux du Métro
Caisson de la Place Saint-Michel — E.L.D.

10 Indice du salaire réel

	Royaume-Uni	France	Allemagne
1879-1886	100	100	100
1887-1895	114	108	110
1896-1903	124	118	115
1904-1908	119	127	117
1909-1914	116	128	114

Le salaire réel représente le pouvoir d'achat du salaire, compte tenu du coût de la vie. Dans quel pays la condition des salariés s'améliore-t-elle le plus ?

Le bourgeois estime qu'il y a beaucoup de sots métiers, de métiers bas ou ridicules, fort bons tout de même et fort honorables, mais pour d'autres que pour lui. Quelques-uns le tenteraient peut-être parce qu'ils sont lucratifs et conviendraient à ses goûts et aptitudes; mais sa dignité les lui interdit. Quels sont ces métiers qui sont tabous pour le bourgeois?

D'abord ceux qui sont répugnants, salissent les mains ou les vêtements. Les mains du bourgeois ne sont pas altérées par les souillures, les mâchures, les callosités du travail. Leur délicatesse est un signe de classe. Il les soigne. Il porte des gants. Puis les métiers pénibles : porter des fardeaux, manier des outils pesants, garder une attitude fatigante, répéter machinalement un mouvement monotone, ne sont point travaux de bourgeois. Enfin, les métiers manuels en général, même si l'outil est aussi léger qu'une plume ou une aiguille, sont au-dessous de sa dignité dès qu'ils sont la main qui exécute, non l'esprit qui conçoit et la volonté qui commande.

Le bourgeois se sépare aussi de ceux qui le servent en dehors de la maison. Une dame parle de ses fournisseurs avec une certaine nuance de ton, à peu près comme une grande « dame » de l'Ancien Régime disait : « Mes gens ». Elle n'aime pas à se rencontrer en société avec eux ou avec leurs femmes; elle n'est pas du même rang social que ceux à qui elle donne des ordres. Ces fournisseurs peuvent être capitalistes, faire d'excellentes affaires, être beaucoup plus riches que leurs clients. Ils ne sont pas bourgeois s'ils servent eux-mêmes les clients dans leur boutique. Le bourgeois ne craint pas plus qu'un autre l'effort physique, à condition qu'il soit volontaire et gratuit. Il rougirait d'y trouver ses moyens d'existence.

E. Goblot
La Barrière et le niveau, Paris,
Presses universitaires de France, 1925.

▶ **Profession libérale**
Occupation à caractère intellectuel (médecin, avocat, architecte, ingénieur) exercée librement sous le seul contrôle d'un organisme formé des professionnels eux-mêmes.

▶ **Rentier**
Personne qui vit de revenus tirés de placements ou de biens mis en location.

▶ **Domesticité**
Ensemble des employés consacrés au service dans une maison.

12 Travail féminin

Les repasseuses, Edgar Degas (1834-1917).

membres les plus modestes des *professions libérales,* les petits *rentiers,* les salariés du secteur tertiaire (employés de bureau, commis de banque, vendeurs), les fonctionnaires, les instituteurs et institutrices. Ce qui les sépare du « peuple », ce n'est pas tant leur niveau de vie qu'un certain seuil minimum d'éducation, une certaine sécurité dans l'emploi et, surtout, leur désir d'accéder aux rangs de la bourgeoisie et leur adhésion aux valeurs de cette dernière. En ce sens, elles sont un facteur important de stabilité sociale.

En haut de l'échelle, les classes dirigeantes regroupent bourgeoisie et aristocratie dans des proportions variables selon les pays. Dans les pays industrialisés, la bourgeoisie est puissante, réunissant les chefs des grandes entreprises industrielles, commerciales et financières, les hauts fonctionnaires, les membres éminents des grandes professions libérales (médecins, avocats), les rentiers et propriétaires riches qui vivent, oisifs, des revenus de leur patrimoine. Plus que la richesse, c'est le style de vie qui définit le bourgeois et, dans ce domaine, il n'a de cesse d'imiter la vieille aristocratie (*domesticité* nombreuse, vie de château) **11**.

Car la vieille aristocratie n'est pas morte et elle domine même encore largement dans les sociétés moins industrialisées d'Europe méditerranéenne et orientale. Dans les sociétés plus « avancées » d'Europe occidentale, l'aristocratie, bien qu'elle soit en voie d'extinction, conserve des privilèges et un rôle fort importants. L'historien Arno Mayer avance même la thèse selon laquelle l'Ancien Régime issu de la féodalité a su se maintenir solidement au pouvoir, en faisant quelques ajustements inévitables, dans toute l'Europe jusqu'en 1914, et que c'est la « guerre de Trente Ans » du XXe siècle (1914-1945) qui a marqué sa disparition définitive (A. Mayer, *La Persistance de l'Ancien Régime*, Flammarion, 1990).

13 Situation juridique de la femme mariée au Québec entre 1866 et 1915

A Sur le plan individuel

1. *Incapacité générale (comme les mineurs et les interdits) :*
   a) *ne peut contracter,*
   b) *ne peut se défendre en justice ou intenter une action ;*
2. *Ne peut être tutrice ou curatrice ;*
3. *Peut cependant faire un testament.*

B Relations personnelles avec le mari

1. *Soumission au mari, en échange de la protection de ce dernier ;*
2. *Nationalité et lieu du domicile imposés par le mari ;*
3. *Exercice des droits civils sous le nom du mari ;*
4. *Le mari peut toujours exiger la séparation pour cause d'adultère, mais la femme ne peut l'exiger que si le mari entretient sa concubine dans la maison commune.*

C Relations financières avec le mari

1. *Ne peut exercer une profession différente de celle du mari ;*
2. *Ne peut être marchande publique sans autorisation du mari ;*
3. *En régime de communauté de biens :*
   a) *le mari, seul administrateur des biens de la communauté,*
   b) *responsabilité de la femme face aux dettes du mari, mais non l'inverse ;*
4. *En régime de séparation de biens :*
   a) *ne peut disposer de ses biens et doit avoir l'autorisation du mari pour les administrer, autorisation particulière exigée pour chaque acte,*
   b) *ne peut disposer de son salaire professionnel ;*

5. *Ne peut accepter seule une succession ou une exécution testamentaire ;*
6. *Ne peut faire ni accepter une donation entre vifs ;*
7. *Ne peut hériter de son mari mort sans testament qu'après douze degrés successoraux.*

D Situation dans la famille

1. *Ne peut consentir seule au mariage d'un enfant mineur ;*
2. *A le droit de surveillance sur ses enfants, mais ne peut les corriger ;*
3. *Ne peut être seule tutrice de ses enfants mineurs.*

Adapté de Collectif Clio,
L'Histoire des femmes au Québec,
Éd. Quinze, 1982.

Mais l'un des clivages fondamentaux de la société de l'époque se retrouve dans toutes les catégories sociales : c'est celui qui fait des femmes, quelle que soit leur appartenance de classe, des êtres de seconde zone. Bonnes à tout faire chargées de lourdes tâches domestiques dans les maisons bourgeoises **12**, ouvrières à domicile payées à la pièce, voire institutrices, partout leur salaire est largement inférieur à celui des hommes pour un travail équivalent. Dans les classes aisées, les femmes ne travaillent pas, mais elles n'en sont pas moins, à cause de leur sexe, traitées en mineures comme les autres : absence de droits politiques (droit de vote, droit d'être élues), incapacité légale, nécessité permanente d'une tutelle masculine (père ou mari) **13**. Mais là aussi une révolution est en marche, favorisée par les révolutions politiques et par l'industrialisation. Le mouvement féministe, qui commence à s'organiser, concentre pour l'heure ses revendications sur le droit de vote, avec de nombreuses manifestations de « suffragettes » qui soulèvent, au-delà des quolibets faciles, le rejet, voire la colère des membres les plus conservateurs de la société **14**.

> À quoi peut-on reconnaître, sur cette photo, le caractère international des revendications des suffragettes ?

14 Une manifestation de suffragettes (G.-B.)

1.1.3 Les grandes puissances ⑮

Un des traits essentiels de l'histoire européenne depuis la fin du Moyen Âge a certainement été l'émergence des États nationaux et, depuis la « grande révolution atlantique », l'extension progressive de la démocratie dans un nombre croissant de ces États. Au début du XXᵉ siècle, on est pourtant encore loin du compte : la France est toujours le seul grand pays constitué en *république*. Quelques monarchies constitutionnelles l'entourent, au premier rang desquelles se place la Grande-Bretagne. Dans ces démocraties parlementaires, où la souveraineté réside dans le peuple, des chambres élues au suffrage universel masculin assurent le *pouvoir législatif* et contrôlent un *exécutif* qui est *responsable* devant les élus ; les libertés fondamentales de pensée, d'opinion et de presse sont reconnues ; le *pouvoir judiciaire* s'exerce dans une relative autonomie face à l'exécutif.

Le Royaume-Uni de Grande-Bretagne et d'Irlande se situe d'emblée à la tête des grandes puissances, grâce à son empire habilement rassemblé à travers quatre siècles et devenu le plus vaste de l'histoire. L'*Union Jack* flotte en effet sur 33 millions de kilomètres carrés — le quart des terres émergées de la planète — regroupant un humain sur cinq ⑯. La livre sterling est le premier moyen de paiement international et la *City* de Londres, le cœur financier du monde. En politique intérieure, le régime poursuit sa démocratisation en limitant le pouvoir de la Chambre des lords et en élargissant le droit de vote, tandis que la question irlandaise constitue un abcès majeur : catholiques nationalistes et protestants « unionistes » y font valoir des réclamations contradictoires entre lesquelles Londres hésite perpétuellement, préparant ainsi le terrain d'une terrible guerre civile.

La France, second empire colonial en importance mais loin derrière la Grande-Bretagne, est secouée jusque dans ses fondements par l'affaire Dreyfus, du nom d'un officier français d'origine juive faussement condamné

▶ **République**
Forme de gouvernement dans laquelle les fonctions politiques sont exercées par des personnes élues par les citoyens, jusqu'au niveau du pouvoir suprême (chef de l'État).

▶ **Pouvoir législatif**
Pouvoir d'État relatif à l'établissement, à la création, à la « fabrication » des lois.

▶ **Pouvoir exécutif**
Pouvoir d'État relatif à l'exécution, à la mise en œuvre des lois.

▶ **Responsable**
Se dit d'un gouvernement (pouvoir exécutif) qui doit rendre compte de ses actes devant une Chambre élue (pouvoir législatif) et recevoir la confiance de la majorité de cette Chambre.

▶ **Pouvoir judiciaire**
Pouvoir d'État relatif à l'interprétation des lois et à leur application dans les cas particuliers.

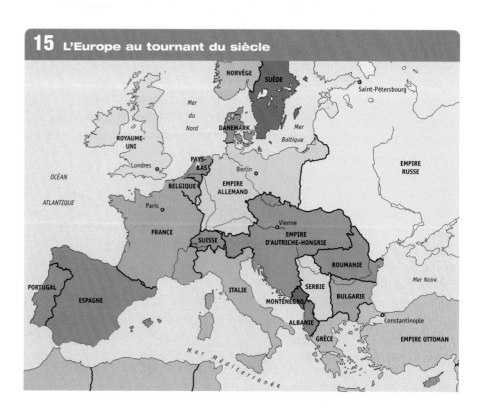

15 L'Europe au tournant du siècle

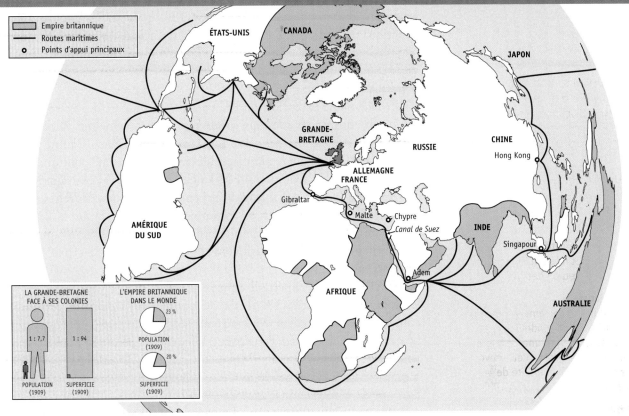

pour trahison en faveur de l'Allemagne. La révision de son procès entraîne une cassure de la société entre dreyfusards, issus principalement des milieux intellectuels et radicaux, et anti-dreyfusards, recrutés dans les milieux conservateurs et antisémites. « L'Affaire » laisse une profonde cicatrice et favorise l'arrivée au pouvoir du Bloc des gauches, qui se lance aussitôt dans une politique *anticléricale* radicale dirigée contre les *congrégations* religieuses (interdiction d'enseigner, voire expulsion pure et simple). Plusieurs des victimes de cette politique viendront se réfugier au Québec, où leur présence accroîtra encore la méfiance traditionnelle du *clergé* face au pouvoir politique.

À côté des grandes démocraties libérales britannique et française, la plupart des États européens ont encore des régimes autoritaires, plus ou moins tempérés par une constitution et quelques oripeaux de parlementarisme de façade (Italie, Autriche-Hongrie, Allemagne), où le chef de l'État, roi ou empereur, exerce toujours l'ensemble des pouvoirs, directement ou par l'intermédiaire de ministres qui ne rendent compte qu'à lui. En Russie, c'est l'*autocratie* séculaire des tsars qui tente tant bien que mal de résister à de formidables pressions, lesquelles seront bientôt victorieuses (voir chapitre 3). L'Empire ottoman, de son côté, cherche lui aussi, malgré les immenses reculs territoriaux, diplomatiques et financiers qu'il doit subir, à maintenir intact le système vermoulu du sultanat, au milieu des vastes convoitises que suscite un peu partout la perspective de sa désintégration prochaine.

C'est sans doute l'Allemagne qui fait ici figure de géant. Son territoire, qui couvre tout le centre-nord de l'Europe, sa population, très éduquée et la plus nombreuse d'Europe hors la Russie, ses ressources naturelles immenses, son développement économique foudroyant font de cet empire tout neuf

▷ **Anticlérical**
Qui est opposé à l'ingérence du clergé dans les affaires publiques.

▷ **Congrégation**
Communauté de prêtres, de religieux ou de religieuses (ex. : Jésuites).

▷ **Clergé**
Ensemble des personnes occupant certaines fonctions et revêtues d'une certaine dignité au sein d'une Église (prêtres catholiques, pasteurs protestants, mollahs musulmans, etc.) S'oppose à *laïc*.

▷ **Laïc**
Tout croyant qui ne fait pas partie du clergé.

▷ **Autocratie**
Forme de gouvernement où le souverain (roi, empereur) exerce lui-même un pouvoir illimité.

(il a été fondé en 1871) la première puissance d'Europe continentale. L'Allemagne est en voie d'arracher à ses concurrents français, et surtout britanniques, de lucratifs marchés extérieurs (Europe centrale, Empire ottoman, Amérique du Sud). Elle s'engage même dans une politique d'expansion coloniale où, tard venue, elle a quelque difficulté à se contenter des « restes » de la course aux colonies, soulevant méfiance et hostilité auprès des empires déjà établis.

À la notable exception de l'Allemagne, la plupart de ces régimes plus ou moins autoritaires sont aux prises avec un problème qui va devenir une véritable bombe à retardement : le nationalisme. Dans l'Empire russe, les Polonais entrent régulièrement en soulèvement contre une politique de russification brutale qui veut interdire les langues nationales jusque dans les écoles. En Autriche-Hongrie, les Slaves (Tchèques, Slovaques, Slovènes, Croates, Serbes, etc.) menacent de faire éclater de l'intérieur l'empire millénaire des Habsbourg **17**. Quant à l'Empire ottoman, il n'est déjà plus que l'ombre de lui-même, ayant été pratiquement chassé des Balkans par des soulèvements nationalistes.

Entre ces États, la période de paix générale qui a suivi, un siècle durant, le Congrès de Vienne (1815) n'a été troublée qu'à quelques reprises sans conséquences trop graves. Mais au tournant du XXe siècle, les équilibres délicats sur lesquels reposait cette paix générale sont en voie de bouleversement. La montée fulgurante de l'Allemagne, l'affaiblissement de l'Autriche-Hongrie, le déclin relatif de la Grande-Bretagne préparent une période de tensions d'où éclatera la guerre de 1914.

1.1.4 L'impérialisme

La plupart de ces États, même les plus petits (Belgique), se sont engagés, derrière l'Angleterre et la France, dans une course aux colonies qui a permis aux Européens d'installer leur suprématie sur l'ensemble du globe.

Les mobiles de cette expansion sont divers. Sur le plan économique, il s'agissait d'aller exploiter les matières premières nécessaires à l'industrie

1. Calculez le total pour chaque section et le total pour l'Empire (attention de ne pas calculer deux fois un même groupe).
2. Calculez le pourcentage respectif des Allemands, des Hongrois et des Slaves dans chaque section et dans le total de l'Empire.

17 **Les nationalités dans l'Empire austro-hongrois**
(en milliers de ressortissants)

	Autriche	Hongrie	Bosnie-Herzégovine	Total
Allemands	9 950	2 037	23	12 010
Magyars (Hongrois)	11	10 051	6	10 068
Slaves du Nord				
Tchèques et Moraves	6 436	—	—	6 436
Slovaques	—	1 968	7	1 975
Polonais	4 968	—	11	4 979
Slaves du Sud				
Slovènes	1 253	—	—	1 253
Serbes et Croates	783	2 940	1 882	5 605
Slaves (total)	13 440	4 908	1 900	20 248
Italiens	768	—		768
Roumains	275	2 949		3 224

D'après le recensement de 1910.

européenne, d'ouvrir les marchés pour écouler la production excédentaire des *métropoles* ou d'obtenir un meilleur rendement sur les investissements de capitaux. Sur le plan stratégique, il fallait assurer la protection des lignes de communication et de négoce (par exemple, pour la Grande-Bretagne, la route des Indes par Gibraltar, Malte, Chypre, Suez, Aden). Sur le plan politique, la simple volonté de puissance justifiait qu'on ne laisse pas un pays voisin se gonfler de trop de colonies. Sur le plan social, l'aventure coloniale procurait un exutoire aux difficultés internes des métropoles en offrant aux laissés-pour-compte des possibilités d'améliorer radicalement leur sort. Enfin, sur le plan idéologique, on prétendait qu'il fallait accepter courageusement le « fardeau de l'Homme blanc », c'est-à-dire la responsabilité qu'il avait reçue, de la nature ou de Dieu, de civiliser le genre humain et de lui apporter tous les bienfaits du Progrès **18**.

Les moyens de cette expansion sont à la fois techniques, démographiques et militaires. L'insurmontable avance technique dont l'Europe jouit sur l'ensemble du monde lui vient évidemment de la Révolution industrielle, tandis que l'émigration massive des Européens vers les « terres nouvelles » a conduit à l'« européanisation » de continents entiers (Amérique, Australasie). Enfin, l'écrasante supériorité militaire des flottes de guerre et des armées européennes, dotées de moyens énormes de mort et de destruction, a puissamment contribué à asseoir la domination mondiale de l'Europe.

Au tournant du XXe siècle, la course aux colonies prend une teinte de plus en plus frénétique, les territoires disponibles se raréfiant d'année en année et les candidats à l'expansion se multipliant (Allemagne, Italie, États-Unis, Japon). Affrontements anglo-russes en Perse, en Afghanistan et en Inde ; anglo-français aux sources du Nil ; russo-japonais en Corée et en Mandchourie ; anglo-allemands en Afrique : la tension monte, les conflits entre pays impérialistes se multiplient et l'éclatement d'une guerre générale devient une possibilité de plus en plus menaçante.

1.2 LES FUTURS GÉANTS

Dans ce monde dominé par l'Europe, trois puissances en pleine expansion annoncent déjà d'importants bouleversements à venir sur l'échiquier planétaire : la Russie, immense réservoir de ressources matérielles et humaines touchant à la fois à l'Europe et à l'Asie ; les États-Unis, une Europe d'Amérique en voie de dépasser sa fondatrice ; et le Japon, seul État non occidental capable de faire échec à la suprématie de l'Homme blanc.

1.2.1 La Russie : un « colosse sans tête »

La Russie du début du XXe siècle présente des traits violemment contrastés : une économie en pleine expansion, face à une société bloquée et à un pouvoir politique en dégénérescence.

> **Métropole**
> Pays dont dépend une colonie.

18 La mission civilisatrice

Il y a un second point que je dois aborder [...] ; c'est le côté humanitaire et civilisateur de la question [coloniale]. [...] Les races supérieures ont un droit vis-à-vis des races inférieures. Je dis qu'il y a pour elles un droit parce qu'il y a un devoir pour elles. Elles ont le devoir de civiliser les races inférieures. [...]

Ces devoirs ont été souvent méconnus dans l'histoire des siècles précédents, et certainement quand les soldats et les explorateurs espagnols introduisaient l'esclavage dans l'Amérique centrale, ils n'accomplissaient pas leur devoir d'hommes de race supérieure. Mais, de nos jours, je soutiens que les nations européennes s'acquittent avec largeur, avec grandeur et honnêteté de ce devoir supérieur de la civilisation. [...]

Est-il possible de nier que dans l'Inde [...] il y a aujourd'hui plus de justice, plus de lumière, d'ordre, de vertus publiques et privées depuis la conquête anglaise qu'auparavant ? Est-il possible de nier que ce soit une bonne fortune pour ces malheureuses populations de l'Afrique équatoriale de tomber sous le protectorat de la nation française ou de la nation anglaise ?

Jules Ferry
(ministre français), 1885.

19 Le développement économique en Russie

Années	Population (en millions d'habitants)	Céréales (en millions de tonnes)	Charbon (en millions de tonnes)	Voies ferrées (en milliers de kilomètres)	Exportations (en millions de roubles)
1890	117,8	—	6,01	30,6	692
1895	123,9	42	8,9	37	689
1900	132,9	49	16,1	53,2	716
1905	143,9	47,5	18,6	58,4	1 001
1909	157,1	62,1	25,8	66,3	1 077
1913	170,9	68,7	35,9	70,2	1 520
1890/1913	+ 45 %	+ 63 %	+ 497 %	+ 129 %	+ 119 %

▶ **Jachère**
Terre labourable laissée temporairement au repos (non cultivée) pour permettre la reconstitution du sol.

▶ **Antinomique**
Caractère de ce qui contient une contradiction entre deux éléments.

▶ **Foncier**
Qui possède des terres.

▶ **Anarchiste**
Partisan d'une conception politique visant à supprimer toute forme d'État ou de pouvoir exerçant une contrainte sur l'individu.

▶ **Nihiliste**
Partisan de la destruction complète des structures sociales, quelles qu'elles soient.

▶ **Soviet**
Mot russe désignant un conseil de délégués ouvriers, paysans ou soldats.

La croissance économique de la Russie ⑲ se concentre dans le secteur industriel, où elle bat tous les records avec un taux de 8 % par année. L'industrie frappe par son gigantisme : plus de la moitié des ouvriers russes travaillent dans des usines de plus de 500 salariés, situation unique en Europe, et plusieurs usines emploient plus de 10 000 ouvriers. Le réseau ferroviaire totalise 74 000 km de voies ferrées, dont le fameux Transsibérien, qui a nécessité 10 ans de travaux. Cette croissance industrielle est cependant déséquilibrée, trop concentrée dans quelques régions mal rattachées les unes aux autres, et asservie à des investissements massifs de l'étranger (53 % du total).

Malgré cette phénoménale croissance industrielle, la Russie demeure un pays agricole, avec 85 % de population rurale et plus de 50 % des exportations formées par les céréales. Cette agriculture est particulièrement archaïque, reposant encore sur la *jachère,* et les disettes sont monnaie courante.

Écartelée entre ces deux pôles économiques *antinomiques,* la société russe souffre de blocages de plus en plus explosifs. Alors que, dans les campagnes, l'immense majorité des paysans vit misérablement, dans les régions industrialisées, de grandes masses d'ouvriers connaissent les pires conditions d'exploitation, qui accompagnent toujours la phase initiale de l'industrialisation. À l'autre extrémité de l'échelle sociale, une bourgeoisie capitaliste fraîchement créée entre en conflit avec la vieille aristocratie *foncière,* jalouse de ses prérogatives séculaires.

Quant au pouvoir politique, il est en pleine dégénérescence. La vieille autocratie tsariste, appuyée sur l'Église orthodoxe, l'armée, la police, la noblesse et la bureaucratie, n'est plus en mesure de répondre aux besoins nouveaux de la société, et les oppositions se multiplient, depuis les libéraux, qui se contenteraient d'un régime de démocratie parlementaire à l'occidentale, jusqu'aux socialistes, qui parlent de bouleverser toute la société par une révolution violente, en passant par les *anarchistes* et *nihilistes,* qui veulent « tempérer l'autocratie par l'assassinat ».

Toute cette effervescence explose en 1905, année où se déclenche la véritable première révolution russe. À l'occasion d'une guerre impopulaire et désastreuse contre le Japon, et à la suite du massacre du « Dimanche rouge » (22 janvier), au cours duquel les cosaques ont mitraillé une foule paisible venue porter une supplique au tsar à Saint-Pétersbourg ⑳, des soulèvements paysans embrasent les campagnes, d'immenses grèves ouvrières paralysent toute l'industrie, des mutineries éclatent dans la marine (cuirassé Potemkine), des *soviets,* déjà, se constituent dans quelques villes.

20 Le « Dimanche rouge » (Saint-Pétersbourg, 22 janvier 1905)

La répression est sanglante, mais le tsar Nicolas II, après avoir « pardonné à son peuple » (!), se voit contraint de réunir une sorte de parlement élu, la Douma. Bien qu'il s'ingénie par la suite à rendre cette Douma totalement impuissante, l'autocratie est bien morte, et la révolution de 1917 reprendra exactement là où celle de 1905 s'était arrêtée.

1.2.2 Les États-Unis : l'essor d'une grande puissance

Au début du XXᵉ siècle, les États-Unis deviennent la première puissance agricole et industrielle du monde. Ils fournissent le quart du blé, la moitié du coton, les trois quarts du maïs mondial. Leur production industrielle est égale à celles de la Grande-Bretagne, de la France et de l'Allemagne réunies, avec un sous-sol qui livre entre le tiers et la moitié du charbon, du fer, du plomb, du zinc, du cuivre, et 70 % du pétrole, produits dans le monde. Plus du tiers de tous les produits industriels fabriqués sur la Terre le sont aux États-Unis 21.

Cette énorme puissance économique repose sur toute une série de facteurs favorables. Importantes ressources naturelles, énorme marché intérieur de 100 millions de consommateurs continuellement gonflé par l'immigration et sévèrement protégé de la concurrence étrangère, système de production efficace marqué par une mécanisation poussée et la standardisation des produits, grande concentration des entreprises (trusts Morgan et Rockefeller), investissements étrangers très importants : tout concourt à l'essor phénoménal de cette économie.

21 L'essor des États-Unis

Production (en millions de tonnes)	1870	1914
Blé	6,4	24
Charbon	30	520
Pétrole	0,7	35
Acier	1	32
% de la production industrielle mondiale	23 %	36 %

Quel est le produit qui connaît la plus forte hausse ?

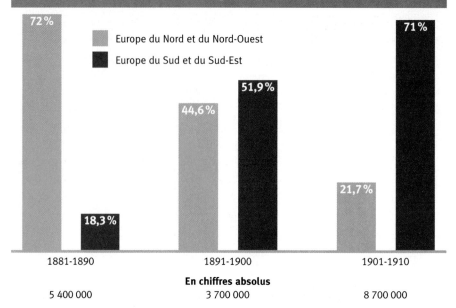

22 La composition de l'immigration aux États-Unis

Europe du Nord et du Nord-Ouest
Europe du Sud et du Sud-Est

72%
18,3%
1881-1890

44,6%
51,9%
1891-1900

21,7%
71%
1901-1910

En chiffres absolus

5 400 000   3 700 000   8 700 000

1. Calculez le nombre d'immigrants en chiffres absolus par provenance.
2. Quel est le pourcentage d'augmentation des immigrants venant de l'Europe du Sud et du Sud-Est entre 1881 et 1910 ?

▶ **Melting pot**
Expression anglaise désignant la fusion des différentes cultures d'origine des immigrants dans le « creuset » de la nation que forment les États-Unis.

La société américaine, pendant ce temps, arrive à une sorte de tournant. Vers 1890, en même temps que se terminent la « conquête de l'Ouest » et l'ère des pionniers *cow-boys* ou *farmers*, la population s'urbanise rapidement, tandis que l'immigration amène maintenant, après les Anglo-Saxons, les Allemands et les Scandinaves du début, une majorité de Slaves, de Juifs et de Latins, le plus souvent pauvres et sans instruction, qui se fixent dans les villes et dont l'assimilation dans le *melting pot* sera plus lente ㉒.

Les abus du capitalisme sauvage amènent par ailleurs des protestations de plus en plus nombreuses, particulièrement dans les milieux intellectuels (écrivains, journalistes, Églises) ㉓. De là naît le mouvement progressiste, qui réussit à faire adopter toute une série de réformes (lois antitrusts, arbitrage des conflits de travail, parcs nationaux contre la spéculation foncière, démocratisation de la vie publique, etc.), particulièrement sous les présidents Theodore Roosevelt (1900-1908) et Woodrow Wilson (1912-1920).

23 Jack London critique les *money-makers*

J'ai rencontré des hommes qui, dans leurs diatribes contre la guerre, invoquaient le nom du Dieu de paix, et qui distribuaient des fusils entre les mains des Pinkertons pour abattre les grévistes dans leurs propres usines. J'ai connu des gens que la brutalité des assauts de boxe mettait hors d'eux-mêmes, mais qui se faisaient complices de fraudes alimentaires par lesquelles périssaient chaque année plus d'innocents que n'en massacra l'Hérode aux mains rouges.

J'ai vu des piliers d'église qui souscrivaient de grosses sommes aux Missions étrangères, mais qui faisaient travailler des jeunes filles dix heures par jour dans leurs ateliers pour des salaires de famine, et par le fait encourageaient directement la prostitution.

Tel monsieur respectable, aux traits affinés d'aristocrate, n'était qu'un homme de paille prêtant son nom à des sociétés dont le but secret était de dépouiller la veuve et l'orphelin. Tel

autre qui parlait posément et sérieusement des beautés de l'idéalisme et de la bonté de Dieu, venait de rouler et de trahir ses associés dans une grosse affaire. Tel autre encore qui dotait de chaires les universités et contribuait à l'érection de magnifiques chapelles, n'hésitait pas à se parjurer devant les tribunaux pour des questions de dollars et de gros sous.

Jack London
Le Talon de fer, 1907.

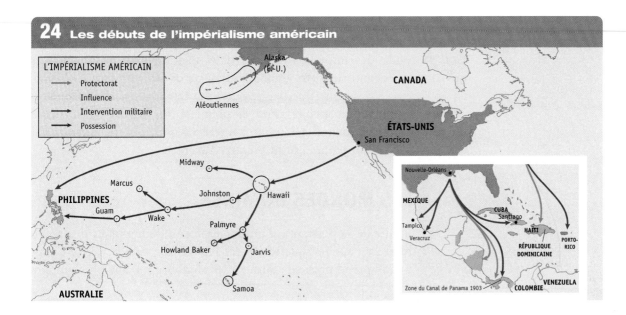

Conséquence du développement économique, un impérialisme américain émerge, qui n'ose pas dire son nom, mais qui s'exerce avec autant de vigueur que celui des autres puissances, bien qu'il puisse sembler en contradiction avec l'isolationnisme et l'anticolonialisme traditionnels du pays. C'est une guerre courte et victorieuse en vue de « libérer » Cuba de l'emprise espagnole qui sonne la charge : en 1898, en plus du protectorat sur Cuba, les États-Unis prennent possession, entre autres, de Porto Rico, de Hawaii et des Philippines. Puis, leurs interventions se multiplient dans la zone des Caraïbes : Panama, Saint-Domingue, Haïti, Nicaragua, Venezuela, Honduras, Mexique, etc. **24** En 1905, ils jouent même les médiateurs dans la guerre russo-japonaise. Encore attachés en principe à l'isolationnisme, les États-Unis deviennent ainsi, au tournant du XXᵉ siècle, une puissance mondiale.

1.2.3 Le Japon : entre féodalisme et modernité

Le Japon constitue un cas à part dans ce monde du tournant du XXᵉ siècle. Il est en effet le seul, hors du monde occidental, à avoir entrepris de s'industrialiser à l'occidentale, mais sans abdiquer son indépendance politique et en préservant l'essentiel de sa civilisation et de sa culture.

L'industrialisation est déclenchée par le haut : c'est l'État impérial lui-même qui lance le mouvement, dans le souci premier de préserver l'indépendance nationale et d'éviter le sort de tous les pays confrontés au défi européen. C'est ce qu'on appelle la révolution Meiji, du nom donné à l'empereur Mutsuhito, qui règne sur le Japon de 1867 à 1912. Malgré la surpopulation, malgré le manque de ressources, c'est à coups de volonté politique que le Japon moderne va se forger, favorisé par les habitudes de frugalité puisées dans la religion shintoïste, l'orgueil national, la fidélité à l'Empereur divinisé et la transformation rapide des samouraïs en capitaines d'industrie **25**.

25 Le décollage du Japon

	Primaire	Secondaire	Tertiaire
Population active (% du total)			
1880	82,5	5,5	12
1925	52	17,1	30,9
Production d'acier			
1896		1 000 tonnes	
1913		255 000 tonnes	
Évolution de la population			
1890		40 millions d'habitants	
1920		56 millions d'habitants	

Comparez, en chiffres absolus et en taux de croissance, la production d'acier du Japon avec celle des États-Unis (doc. 21).

Mais la faiblesse des ressources disponibles est cruciale, et l'expansionnisme devient un moyen essentiel pour se les procurer. Le Japon entre donc dans la ronde des impérialismes par deux victoires aussi spectaculaires qu'inattendues contre les deux grandes puissances de son voisinage : la Chine, en 1895, et la Russie, en 1905. La déroute, à la fois terrestre et navale, de la Russie, crée un véritable choc : pour la première fois depuis le XVIe siècle, un peuple non occidental a remporté une écrasante victoire militaire sur une puissance européenne. Lourd présage d'avenir…

1.3 LES MONDES DOMINÉS

Au faîte de sa puissance, l'Europe exerce sa domination, directe ou indirecte, sur presque toutes les régions du monde. Cette domination prend plusieurs formes, des plus abruptes aux plus subtiles.

1.3.1 Colonies et protectorats

C'est dans les différentes formes de colonialisme direct que cette domination est la plus poussée.

Certains territoires sont, à titre de colonies, de véritables possessions des pays dominateurs, où l'autorité de ces derniers s'exerce librement, parfois même sans la moindre apparence d'autonomie locale. L'Afrique noire tout entière, à l'exception du Liberia, de l'Éthiopie et de l'Union sud-africaine, est dans cette situation, de même que l'Algérie et la Libye en Afrique du Nord. Près de 60 % du continent asiatique est également colonisé sous cette forme, la Russie se taillant ici la part du lion avec la Sibérie, loin devant la Grande-Bretagne avec la « perle » de son empire : les Indes.

Malgré leur statut général de colonies au sens strict, tous ces territoires sont diversement administrés, depuis l'*indirect rule* pratiquée par les Anglais et laissant une certaine marge de manœuvre à l'administration locale, jusqu'à la politique officielle française de l'assimilation qui, sous couvert d'intégration totale des populations indigènes, maintient ces dernières dans une situation réelle de rigoureuse infériorité. Mais qu'il soit en territoire britannique, français, allemand, belge, néerlandais ou autre, partout l'indigène est un être de seconde zone, assujetti à des lois particulières. Par exemple, il est astreint au travail forcé sous forme de corvées, contraint à des cultures obligatoires axées essentiellement sur les besoins des métropoles, interdit de syndicalisation et de grève.

L'autre forme de colonialisme, mieux déguisée, se nomme protectorat. Tunisie, Maroc, Cambodge pour la France, Égypte pour la Grande-Bretagne, portent cette appellation. Il s'agit de territoires où se maintiennent la plupart des apparences d'une autorité indigène (sultan au Maroc, khédive en Égypte, roi au Cambodge), mais où cette administration traditionnelle est systématiquement « doublée » d'une structure métropolitaine qui détient la réalité du pouvoir **26**.

En Inde, la Grande-Bretagne mêle colonialisme « pur » et protectorat, en préservant l'existence de plus de 550 États princiers qui forment, avec les territoires directement reliés à la couronne britannique, un inextricable enchevêtrement dont la seule unité est l'appartenance à l'Empire. L'Angleterre suscite, à travers toute cette mosaïque, la naissance d'une élite éduquée à la britannique et qui doit servir au maintien de sa domination.

Le vrai maître de l'Égypte était le ministre d'Angleterre [...]. Lord Cromer était, en effet, proconsul d'Égypte ; et il l'était sans autre titre que celui d'agent diplomatique et consul général de Grande-Bretagne, ni plus ni moins que celui du Danemark ou du Portugal.

C'est lui qui avait institué en Égypte ce régime sans précédent et sans analogue qu'un de ses collaborateurs, sir Alfred Milner (depuis lord Milner), a spirituellement qualifié d'« aussi indéfinissable qu'indéfini ». Régime de fait s'il en fut. En droit, rien n'était changé au statut de l'Égypte, toujours province turque dotée de l'autonomie. Mais, en fait, l'Angleterre tenait ou maniait tout. À la base, une occupation militaire britannique, officiellement provisoire, mais ne comportant pas de terme défini, donc bénéficiaire de cette vertu du provisoire, qui est de durer. Au sommet, un diplomate représentant l'Angleterre, diffuseur d'une influence anglaise omnipotente, inspirateur des actes du khédive et de la politique de ses ministres, au besoin interprète des volontés impératives de Londres. À côté de chacun des principaux ministres égyptiens, un conseiller britannique, fonctionnaire khédivial, mentor de l'Excellence indigène, comme lord Cromer l'était de l'Altesse régnante. Au-dessous, dans les administrations de l'État, des fonctionnaires anglais au service égyptien, en nombre croissant. Dans l'armée égyptienne, commandée par un sirdar de nationalité britannique, des officiers anglais, généralement instructeurs. Au Soudan, un condominium anglo-égyptien réservant à un Anglais le poste de gouverneur général.

_____

F. Charles-Roux
Souvenirs diplomatiques d'un âge révolu.
Cité dans *Les Mémoires de l'Europe*,
t. V, Paris, Robert Laffont, 1973.

Pour ses colonies de peuplement (Canada, Australie, Nouvelle-Zélande, Union sud-africaine), la Grande-Bretagne a mis au point un régime spécial qui leur assure une très large mesure d'autonomie interne et ne réserve guère à la mère patrie que l'autorité sur les relations extérieures et la Cour suprême de justice. On a donné à ce statut le titre de dominion, inventé de toutes pièces, pour la création du Canada fédéral en 1867, d'après un verset biblique : « *He shall have dominion from sea to sea.* » (« Il exercera son pouvoir d'une mer à l'autre. »)

> Que signifient les mots *proconsul, khédive, mentor, sirdar* ?

1.3.2 Les pays sous tutelle

Dans quelques pays, la plupart du temps vieux empires vermoulus jadis puissants, les Européens dominent à travers une sorte de tutelle qui leur permet d'avoir la haute main sur des secteurs clés de l'économie et donc du pouvoir politique. Tel est le cas, à des degrés divers, de l'Empire ottoman et de la Chine.

L'Empire ottoman, qui a dominé jusqu'au XVIIIᵉ siècle presque toute la région du Danube et des Balkans, est devenu « le vieillard malade de l'Europe ». Ébranlé par des soulèvements nationalistes, il a peu à peu, au cours du XIXᵉ siècle, perdu pratiquement toutes ses possessions européennes, sa frontière ayant reculé depuis les environs de Vienne, où son expansion avait été bloquée en 1683, jusqu'à ceux de Constantinople, où il se retrouve confiné en 1913 **27**. Cette lente désintégration s'est accompagnée d'un endettement de plus en plus important face aux puissances européennes. En 1875, cette dette atteignait 275 millions de livres sterling et son coût représentait 50 % de tous les revenus de l'État. Les pays créanciers ont alors imposé, en 1881, une administration internationale qui s'est emparée directement des revenus générés par les monopoles et les douanes pour rembourser la dette de l'Empire.

27 Le dépeçage de l'Empire ottoman

> Identifiez les trois personnages de cette caricature. À quel ou quels événements fait-elle allusion ?

Cette tutelle financière s'est accompagnée d'une pénétration économique de plus en plus forte dans les banques, les chemins de fer (Berlin–Byzance–Bagdad), les mines, les services publics, et de privilèges d'*exterritorialité* en faveur des ressortissants européens, qui échappent ainsi aux lois et aux taxes imposées aux sujets de l'Empire.

Paradoxalement, la désagrégation de la puissance ottomane jadis glorieuse y provoque une véritable renaissance littéraire et intellectuelle, ainsi que des aspirations de réforme qui se heurtent à l'immobilisme du pouvoir. En 1908, une révolte de ceux qu'on appelle les Jeunes Turcs amène au pouvoir un nouveau sultan (Mohammed V). Mais la centralisation et la « turquification » intempestives déclenchées par les révoltés victorieux ne font que provoquer une résistance de plus en plus vive chez les peuples soumis (Arabes, Kurdes, Arméniens), et l'inexorable déclin n'en est qu'accéléré. À travers la révolte des Jeunes Turcs commence cependant à se profiler la Turquie moderne.

La Chine constitue un cas d'espèce dans ces mondes dominés du tournant du XXe siècle. Trois guerres désastreuses, au cours du XIXe siècle, l'ont forcée à s'ouvrir aux puissances occidentales et même au Japon (politique dite de la Porte ouverte), et elle apparaît maintenant dépecée par une pléthore de grands appétits, au premier rang desquels se placent la Russie, la Grande-Bretagne et la France. Les « traités inégaux » qui lui ont été imposés prévoient des territoires à bail, morceaux de Chine totalement contrôlés par tel ou tel pays dominant, des ports et des villes « ouverts » à tous, avec des quartiers réservés que les étrangers administrent en toute indépendance, et des concessions qui abandonnent aux Européens, entre autres, les chemins de fer, les mines, la navigation, voire la douane et le service postal ! Partout s'applique le principe de l'exterritorialité : l'étranger n'est pas soumis aux lois chinoises, mais à celles de son propre pays **28**.

Cette situation va provoquer, au tournant du XXe siècle, un vaste soulèvement antioccidental, la révolte des Boxers, noyée dans le sang par l'intervention combinée de huit pays étrangers, dont le Japon. Après cet ultime sursaut d'une Chine traditionaliste qui refuse toute modernisation, la révolution véritable éclate en 1911, avec le renversement de l'empereur et la proclamation de la République par Sun Yat-sen. Ce dernier ne parvient cependant pas à s'assurer le contrôle de cet immense pays, et la Chine entre dans une longue et sanglante anarchie. Mais là aussi, la domination européenne est, à terme, condamnée.

28 **La Chine au début du XXe siècle**

☐ Influence russe
☐ Occupation russe (1900-1905)
☐ Influence britannique
☐ Influence française
☐ Influence allemande
☐ Influence japonaise
☐ Territoires hors influence
☐ Territoires à bail
○ Principaux ports ou villes ouverts aux étrangers

EMPIRE RUSSE
MONGOLIE Suzeraineté chinoise (influence russe)
MANDCHOURIE
Sakhaline (Russie)
SIN KIANG
MONGOLIE INTÉRIEURE
Vladivostok
Pékin
JAPON
Port-Arthur (Russie)
Tien Tsin
Wei Hai Wei (G.-B.)
Tsing Tao (All.)
Nankin
TIBET
CHINE
Shanghaï
Mer de Chine
NÉPAL
BOUTHAN
Tchong-King
Riou-Kiou (Japon)
EMPIRE DES INDES (G.-B.)
Nanning
Formose (Japon)
Canton
Hanoï
Hong Kong (G.-B.)
Macao (Port.)
INDOCHINE FRANÇAISE
Kouang-Tchéou (Fr.)
Hainan

1.3.3 L'Amérique latine

Au tournant du XXe siècle, l'immense sous-continent sud-américain, avec ses prolongements caraïbes, est dans une situation quelque peu contradictoire, avec une vingtaine de pays théoriquement souverains mais dans lesquels l'influence étrangère, au premier chef celle des États-Unis, joue un rôle d'importance souvent capitale.

Économiquement parlant, l'Amérique latine est encore très majoritairement agricole à la fin du XIXe siècle. Mais des investissements étrangers de plus en plus importants, d'origine anglaise puis surtout américaine, créent des enclaves industrielles tournées vers l'extérieur (extraction minière, pétrole) ou encore des services publics modernes (transports, électricité) et un réseau bancaire tentaculaire qui couvre l'ensemble du sous-continent. La zone caraïbe, plus spécialement, devient ainsi rapidement la chasse gardée des États-Unis, paradis bananier (Amérique centrale) ou sucrier (Cuba) contrôlé par quelques entreprises géantes (United Fruit) et régulièrement soumis à l'intervention armée du « grand frère » pour protéger ou restaurer ses privilèges et ses profits.

Politiquement, le caudillisme issu de la phase des indépendances au début du XIXe siècle continue de dominer à travers l'ensemble du continent. On désigne par ce vocable « un régime de pouvoir personnel entre les mains d'un autocrate souvent *charismatique* appelé le *caudillo*, disposant de la force matérielle (*garde prétorienne*), appuyé sur une clientèle personnelle et habile à se perpétuer au pouvoir en excluant la contestation politique et en assurant un arbitrage politique et social qui garantit aux amis et partisans, en échange de leur fidélité, la protection du pouvoir, les fonctions, la richesse et les honneurs » (L. Manigat, *L'Amérique latine au XXe siècle, t. 1 : 1889-1929*, Seuil, 1991, p. 86). Mais ce caudillisme doit maintenant s'ajuster à des aspirations nouvelles, tant du côté de la démocratisation que de celui des réformes sociales, de même qu'aux nouvelles conditions engendrées par une industrialisation mise sur pied et contrôlée de l'étranger. On assiste donc à l'apparition de caudillos nouveau genre, chefs de partis politiques, arrivés au pouvoir par voie électorale, experts en constitutions taillées sur mesure, voire teintés d'antiaméricanisme (Zelaya au Nicaragua, 1893-1909). Mais ce ne sont que ravalements de façade.

C'est du Mexique que vient l'éruption la plus grave de ce volcan encore en dormance. La révolution qui éclate en 1910 **29**, et dont les soubresauts dureront une trentaine d'années, constitue « l'un des événements les plus importants du XXe siècle latino-américain » (L. Manigat, *op. cit.*). Révolution libérale, elle amènera l'instauration d'un régime présidentiel démocratique (au moins sur papier), de même que la séparation de l'Église et de l'État et l'exclusion de l'Église de la propriété foncière et de l'instruction publique ; révolution sociale, elle mettra en place une véritable charte du travail et, surtout, le début d'une réforme agraire en faveur des paysans ; révolution nationale, elle proclamera la pleine propriété de la nation mexicaine sur les richesses naturelles du pays. Mais tous ces résultats ne viendront qu'à la suite d'une longue période de confusion et de violences.

> **Charismatique**
> Se dit d'une personnalité jouissant d'une grande popularité, d'un grand prestige, d'une grande influence sur les masses.

> **Garde prétorienne**
> Éléments militaires qui soutiennent et protègent un dictateur, un tyran (par référence à la garde personnelle des empereurs romains de l'Antiquité).

29 La Révolution mexicaine

Zapatistas, José Clemente Orozco (1883-1949).

Conclusion

Au tournant du XXe siècle, le monde est donc marqué par la suprématie de l'Europe, où se déploie une deuxième phase d'industrialisation dans des sociétés en voie d'urbanisation. Les États s'ouvrent, à des degrés très divers, aux mécanismes démocratiques, tout en étendant partout dans le monde leurs réseaux d'influence et de domination multiforme.

À côté de cette Europe au faîte de sa puissance, trois futurs géants se dessinent, qui viendront bientôt modifier considérablement les grands équilibres planétaires.

Tandis que l'impérialisme européen maintient d'immenses régions et de nombreux peuples en situation coloniale, dans les mondes dominés éclatent çà et là des mouvements révolutionnaires annonciateurs de profonds changements à venir. Une Turquie, une Chine, une Amérique latine nouvelles se profilent derrière ces mouvements encore confus et embryonnaires.

Pendant ce temps, sur cette Europe apparemment vouée à un développement continu sinon harmonieux, les nuages, pourtant, s'amoncellent : montée des nationalismes, conflit des impérialismes, agitation des peuples dominés préparent les conditions d'un immense bouleversement qui, à travers une nouvelle « guerre de Trente Ans » (1914-1945), changera la face du monde.

Questions de révision

1. Décrivez les principaux aspects de la deuxième phase de la Révolution industrielle.

2. Décrivez la hiérarchie des classes sociales dans l'Europe industrialisée du tournant du XXe siècle.

3. Quels sont les grands mécanismes de la démocratie parlementaire à l'époque ?

4. Quels sont les mobiles de l'expansion coloniale européenne ?

5. Quels sont les aspects essentiels de l'économie, de la société et de l'État russes au tournant du XXe siècle ?

6. Quels facteurs favorisent la puissance économique des États-Unis, et comment ces derniers se lancent-ils dans l'impérialisme à la fin du XIXe siècle ?

7. Comment le Japon échappe-t-il à la domination européenne et avec quel résultat ?

8. Quelles sont les deux formes majeures que prend le colonialisme ?

9. Pourquoi dit-on de l'Empire ottoman qu'il est le « vieillard malade de l'Europe » ? Qu'est-ce que la révolte des Jeunes Turcs ?

10. Dans quelle situation la Chine se trouve-t-elle au début du siècle ?

11. Qu'est-ce que le caudillisme et comment évolue-t-il au tournant du XXe siècle ?

12. Quels sont les aspects fondamentaux de la Révolution mexicaine ?

1. Faites un résumé du chapitre sous forme de plan détaillé (résumé schématique).

2. Sur une carte muette du monde, délimitez les espaces placés sous domination européenne, localisez les empires coloniaux britannique et français, et identifiez trois points de friction entre pays impérialistes.

3. Sur une carte muette de la grande région balkanique, illustrez le recul de l'Empire ottoman entre 1815 et 1914.

4. Le taylorisme : bienfait ou malédiction? Pour qui? À court ou à long terme?

> Pour aller plus loin

(NOTE : sauf mention contraire, le lieu d'édition est Paris.)

publications

AMBROSI, C. *L'Apogée de l'Europe, 1871-1918*. A. Colin, coll. « U » série Histoire, 6e éd., 1996, 284 p.

BERGÈRE, M.-C. *Sun Yat-sen*. Fayard, 1994, 543 p.

CABANEL, P. *Nation, nationalités et nationalismes en Europe, 1850-1920*. Ophrys, coll. « Documents Σ Histoire », 1995, 262 p.

GIRAULT, R. *Diplomatie européenne : nations et impérialismes, 1871-1914*. A. Colin, coll. « U » n° 343, 3e éd., 1997, 286 p.

KARPAT, K. H. *The politicization of Islam : reconstructing identity, state, faith, and community in the late Ottoman state*. Oxford, Oxford University Press, coll. « Studies in Middle Eastern history », 2001, 533 p.

LATOUCHE, S. *L'occidentalisation du monde*. Éd. La découverte, coll. « Agalma », 1992, 143 p.

MANIGAT, L. *L'Amérique latine au XXe siècle. T. 1, 1889-1929*. Seuil, coll. « Points Histoire » n° 146, 1991, 488 p.

MAYER, A. *La Persistance de l'Ancien Régime : l'Europe de 1848 à la Grande Guerre*. Flammarion, coll. « Champs » n° 212, 1990, 353 p.

MÉLANDRI, P. *Histoire des États-Unis depuis 1865*. Nathan, coll. « Fac. Histoire », 7e éd., 2000, 348 p.

OUDIN, B. *Villa, Zapata, et le Mexique en feu*. Gallimard, coll. « Découvertes » n° 54, 1989, 176 p.

PAILLARD, Y.-G. *Expansion occidentale et dépendance mondiale : fin du XVIIIe siècle-1914*. A. Colin, coll. « U » série Histoire contemporaine, 1994, 340 p.

PLANA, M. *Pancho Villa et la révolution mexicaine*. Casterman/Giunti, coll. « XXe siècle » n° 4, 1993, 127 p.

RUHLMANN, J. *Histoire de l'Europe au XXe siècle. Tome I, 1900-1918*. Bruxelles, Éd. Complexe, coll. « Questions au XXe siècle » n° 71, 1994, 480 p.

ZORGBIBE, C. *L'impérialisme*. Presses universitaires de France, coll. « Que sais-je? » n° 1816, 1996, 127 p.

cédérom

1848-1914 — Toute une histoire. Réunion des musées nationaux, 1996.

films

America, America, de Elia Kazan, avec Stathis Giallelis et Frank Wolff. É.-U., 1963. 174 min. L'histoire de deux frères appartenant à la minorité grecque de Turquie, soumise à une très dure oppression, et qui décident d'émigrer vers les États-Unis au début du siècle. Superbe film, l'un des meilleurs de Kazan, avec des images magnifiques en noir et blanc.

Les destinées sentimentales, de Olivier Assayas, avec Charles Berling et Emmanuelle Béart. Fr., 2000. 180 min. Vaste fresque dans le milieu de la bourgeoisie industrielle française de la première moitié du siècle. Disponible en DVD.

Chapitre 2

PLAN DU CHAPITRE

2.1   LES ORIGINES
2.1.1 Une controverse jamais éteinte
2.1.2 Trois grandes rivalités
2.1.3 Les systèmes d'alliances et la course aux armements
2.1.4 28 juin 1914 : l'engrenage

2.2   LE CONFLIT
2.2.1 De la guerre de mouvement à la guerre de position
2.2.2 Une guerre totale
2.2.3 De la crise au dénouement (1917-1918)

2.3   1919 : LA PAIX ?
2.3.1 La conférence de Paris et les traités de paix
2.3.2 Les faiblesses de la Paix
2.3.3 Bilan et répercussions

La « Grande Guerre » (1914-1919)

En 1914 éclate le plus grand conflit militaire qui ait marqué l'histoire humaine jusque-là. Bien que les facteurs initiaux et les zones de combat en soient essentiellement européens, ce conflit prend des dimensions mondiales par l'implication des colonies, ne serait-ce que pour fournir la chair à canon nécessaire, et par l'entrée continuelle de nouveaux belligérants dans l'un ou l'autre camp en présence. Mondial, le conflit l'est surtout par ses répercussions, capitales, sur l'histoire universelle. Il marque le début d'un monde nouveau, à la fois dans le déclin relatif de l'Europe et la montée de puissances nouvelles, et dans les profondes remises en cause politiques, économiques, sociales, culturelles et morales qu'il entraîne dans son sillage.

D'où ce conflit tire-t-il ses origines ? Quelles en sont les caractéristiques essentielles sur les plans économique, social, politique et proprement militaire ? Comment ce conflit se règle-t-il et quelles sont ses répercussions profondes sur les sociétés qui y ont été impliquées ?

1 Symbole dramatique de l'aveuglement des dirigeants et même des peuples en 1914 : file de soldats aveuglés par les gaz toxiques après la bataille d'Estaires, avril 1918.

2

L'explication historique ne peut pas être plus simple que ne l'est le comportement des groupes humains. Lorsqu'elle isole un des aspects de ce comportement, elle le dénature, car, entre la sollicitation des intérêts matériels et l'impulsion des nationalismes, les influences sont réciproques. En 1914, l'allure des relations entre les États ou les peuples aurait été, certes, bien différente si la vie économique du monde n'avait pas subi, au cours du demi-siècle précédent, des transformations profondes. Mais la guerre européenne a-t-elle été le résultat nécessaire de ce heurt entre les intérêts matériels ? En fait, le conflit n'est survenu qu'à l'heure où se sont heurtés violemment les desseins politiques : souci de sauvegarder la sécurité, ou désir de puissance. Sans doute, dans ces desseins mêmes, les intérêts économiques pouvaient-ils avoir une place, car les gouvernements et les peuples n'ignoraient pas les avantages matériels que leur vaudrait un succès. Mais ce n'est pas ce calcul qui a guidé leur résignation ou leur choix. L'impulsion efficace a été celle du sentiment national et des mouvements de passion.

Pierre Renouvin
Histoire des relations internationales,
t. VI, vol. II, Paris, Hachette, 1955.

> D'après l'auteur, la Première Guerre mondiale est-elle d'abord une guerre économique ?

3

Chronologie

1914

28 JUIN
Attentat de Sarajevo

23 JUILLET
Ultimatum austro-hongrois à la Serbie

28 JUILLET
Déclaration de guerre de l'Autriche-Hongrie à la Serbie

1ᵉʳ AOÛT
Déclaration de guerre de l'Allemagne à la Russie

3 AOÛT
Déclaration de guerre de l'Allemagne à la France

4 AOÛT
Déclaration de guerre de la Grande-Bretagne à l'Allemagne

SEPTEMBRE
Début de la guerre des tranchées

OCTOBRE
Départ du premier contingent canadien vers l'Europe

NOVEMBRE
Entrée en guerre de l'Empire ottoman

1915
Entrée en guerre de l'Italie et de la Bulgarie

1916
Entrée en guerre de la Roumanie

1917
Entrée en guerre de la Grèce et des États-Unis
Grèves et mutineries chez les belligérants
Révolutions en Russie ; armistice germano-russe

1918
Traité de Brest-Litovsk entre la Russie et l'Allemagne
Éclatement de l'Empire austro-hongrois

11 NOVEMBRE, 11:00 GMT
Arrêt des combats

1919
Conférence de Paris
Traité de Versailles avec l'Allemagne
Traité de Saint-Germain-en-Laye avec l'Autriche
Traité de Neuilly avec la Bulgarie
Création de la Société des Nations

1920
Traité de Sèvres avec la Turquie
Traité de Trianon avec la Hongrie

2.1   **LES ORIGINES**

Les origines de la Première Guerre mondiale forment un écheveau extrêmement complexe. Par-delà quelques grandes « écoles » d'interprétation qui s'opposent quant au facteur qu'il faudrait considérer comme fondamental, trois grandes rivalités se dégagent de l'analyse de la situation internationale à la veille du conflit. Ces rivalités forment la base de systèmes d'alliances tellement perfectionnés que l'engrenage déclenché par l'attentat de Sarajevo ne pourra être stoppé à temps.

2.1.1 Une controverse jamais éteinte

L'analyse des causes générales de ce qu'on appelle la « Grande Guerre » fait toujours l'objet de controverses entre les historiens. Trois grandes explications globales en ressortent.

L'une d'elles attribue aux facteurs économiques le rôle moteur : la guerre serait le résultat inévitable du développement du capitalisme européen. Ce dernier, en effet, cherche alors fébrilement des sources de matières premières et des débouchés commerciaux toujours plus importants, entraînant ainsi une compétition étendue au monde entier. Selon cette première interprétation, ce serait cette compétition qui aurait entraîné inexorablement le recours aux armes **4**. D'ailleurs, ce recours aux armes serait lui-même un facteur d'abord économique, rattaché aux intérêts de puissants groupes de fabricants et de marchands de canons (Krupp en Allemagne, Schneider en France) avides de maximiser leurs profits.

Alléguant au contraire que la plupart des dirigeants économiques des grandes puissances sont plutôt défavorables à la guerre, une autre explication accorde au phénomène du nationalisme la responsabilité première. Nationalisme expansionniste d'une Allemagne jeune et dynamique, nationalisme revanchard d'une France en perte de vitesse face à sa puissante voisine et, surtout, nationalismes opprimés dans les grands empires, particulièrement en Autriche-Hongrie menacée d'éclatement interne par la pression de plus d'une demi-douzaine de minorités, slaves pour la plupart. Le sentiment national serait ainsi le principal porteur de la « psychose de guerre » qui s'empare de l'Europe dès le début du siècle.

D'autres, enfin, font ressortir le délicat échafaudage des systèmes d'alliances, tellement serrées en 1914 que le moindre conflit local pouvait très rapidement s'étendre à toute l'Europe par le simple jeu des engagements diplomatiques — la plupart secrets — qui liaient entre elles les différentes puissances. Ces engagements diplomatiques ont suscité à leur tour, en plus d'une folle course aux armements, de savants plans de mobilisation destinés à assurer la plus grande rapidité dans le déclenchement des opérations militaires et qui, mis en œuvre de façon quasi automatique, pouvaient difficilement être annulés par les autorités politiques, une fois la crise déclenchée.

En fait, aucune de ces explications globales n'est satisfaisante par elle-même. Chacune aide à faire comprendre les origines de la guerre par un point d'insistance différent, mais c'est vraiment la conjonction et l'interaction de tous ces facteurs qui créent la situation globale explosive d'où va jaillir la conflagration, à travers trois rivalités fondamentales.

---

4 **Lénine : la guerre du capitalisme**

Contre le groupe franco-anglais [...] s'est dressé un autre groupe capitaliste, le groupe allemand, encore plus rapace, encore plus doué pour le brigandage, qui est venu s'asseoir au banquet du festin capitaliste alors que toutes les places étaient déjà prises, apportant avec lui de nouveaux procédés de développement de la production capitaliste, une meilleure technique et une organisation incomparable dans les affaires [...].

La voilà, l'histoire économique ; la voilà l'histoire diplomatique de ces dernières dizaines d'années, que nul ne peut méconnaître. Elle seule vous indique la solution du problème de la guerre et vous amène à conclure que la présente guerre est, elle aussi, le produit de la politique de classes qui sont aux prises, de la politique de deux colosses qui, bien avant les hostilités, avaient étendu sur le monde entier les tentacules de leur exploitation financière et s'étaient partagé économiquement le monde. Ils devaient se heurter, car, du point de vue capitaliste, un nouveau partage de cette domination était devenu inévitable.

Lénine
Cité par J. Droz, *Les Causes de la Première Guerre mondiale.*

D'où la Première Guerre mondiale tire-t-elle son origine essentielle, d'après Lénine ?

2.1.2 Trois grandes rivalités

Trois antagonismes majeurs opposent les principales puissances européennes au début du siècle.

La rivalité entre l'Autriche-Hongrie et la Russie se concentre dans la région des Balkans, véritable « poudrière de l'Europe » **5**. C'est de là en effet que provient ce que l'Empire austro-hongrois considère comme la plus grande menace à sa sécurité, tant intérieure qu'extérieure : l'agitation nationaliste serbe. Encouragés par la Serbie récemment libérée d'une domination turque vieille de plusieurs siècles, les Serbes de la province autrichienne de Bosnie-Herzégovine sont en état de rébellion *larvée* contre Vienne, et cette agitation ne fait qu'encourager les autres minorités slaves de l'Empire (Croates, Tchèques, Slovaques) à secouer elles aussi le joug austro-hongrois (voir page 12).

▶ **Larvé**
Qui n'éclate pas.

Or, les Serbes trouvent appui, dans leur lutte, sur la Russie, qui se présente comme le grand protecteur de tous les Slaves, mais qui est surtout intéressée aux détroits du Bosphore et des Dardanelles, sous juridiction ottomane. Ces détroits sont en effet la porte de sortie essentielle de la Russie vers l'Ouest, et l'Empire russe a donc intérêt à affaiblir les grandes puissances de la région en y soutenant les revendications nationalistes afin d'y imposer sa suprématie et d'y bloquer l'impérialisme de son rival austro-hongrois. Dès lors, tout affrontement austro-serbe devient inévitablement austro-russe. D'autant plus qu'en 1914, le régime tsariste au bord de l'effondrement cherche une diversion qui permettrait d'éloigner l'explosion sociale qui le menace (voir page 13) et de refaire autour de lui l'unité du peuple russe. Par ailleurs, il ne pourrait plus tolérer la nouvelle humiliation que lui vaudrait l'écrasement de son allié serbe.

La rivalité franco-allemande plonge ses racines dans une histoire plusieurs fois séculaire, et elle a été dramatiquement ravivée par la guerre de 1870-1871, où une France vaincue a dû accepter un humiliant traité par lequel, entre autres, elle devait payer des réparations de guerre à l'Allemagne et lui céder deux riches provinces du Nord-Est : l'Alsace et la Lorraine. Mais au-delà de la volonté de laver cet affront et de récupérer ses provinces perdues, la France est surtout marquée par l'inquiétude que suscite la simple existence, tout à côté d'elle, de cette énorme puissance qu'est devenu l'Empire allemand depuis sa création en 1871. La masse de sa population, l'abondance de ses richesses, le développement de son industrie et, surtout, la formidable puissance de ses forces armées ne peuvent qu'inquiéter une France déclassée sur presque tous les plans et isolée diplomatiquement par la politique du chancelier Bismarck.

Pour faire face à ce danger, la France n'a d'autre choix que de se rapprocher de la Russie, seule capable de faire contrepoids et de prendre l'Allemagne à revers. Ce rapprochement franco-russe, scellé par une alliance formelle en 1895, engendre à son tour l'inquiétude en Allemagne et pousse cette dernière à se rapprocher de l'Autriche-Hongrie et de l'Empire ottoman afin de briser la menace

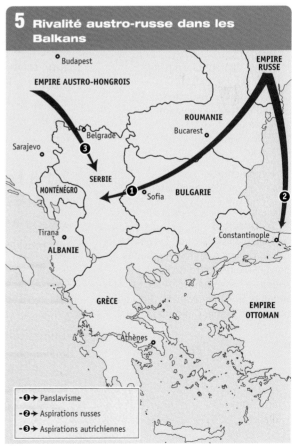

5 **Rivalité austro-russe dans les Balkans**

- **❶** ➔ Panslavisme
- **❷** ➔ Aspirations russes
- **❸** ➔ Aspirations autrichiennes

Nous étions encerclés. Notre voisin occidental, le peuple français, est le plus agité, le plus ambitieux, le plus vaniteux de tous les peuples d'Europe, le plus militariste et le plus nationaliste. À l'est, nous sommes entourés de peuples slaves, pleins d'aversion pour les Allemands qui les ont initiés à une civilisation supérieure; ceci s'applique aux Russes, davantage aux Tchèques et surtout aux Polonais, qui revendiquent une partie de l'Allemagne orientale. Les relations entre Allemands et Anglais ont varié au cours des siècles. John Bull daignait favoriser et protéger son pauvre cousin allemand, et même l'employer, de temps en temps, à quelque grosse besogne, mais il ne voulait pas admettre qu'il eût les mêmes droits que lui. Au fond, personne ne nous aimait.

B. von Bülow
Mémoires, Paris, Plon, 1931.

Qui est l'auteur de ce texte, Bernhard von Bülow? Son plaidoyer vous semble-t-il favoriser la recherche du compromis?

▷ **Hégémonique**
Relatif au pouvoir dominateur d'un État sur d'autres.

▷ *Mitteleuropa*
Mot allemand désignant l'ensemble des territoires autrefois regroupés dans l'Empire austro-hongrois ou soumis à son influence (Autriche, Hongrie, Bohême-Moravie, Slovaquie, Slovénie, Croatie, Galicie).

d'encerclement **6**. Devenue solidaire des intérêts de ses alliés autrichiens et turcs, l'Allemagne bloque donc indirectement les visées russes dans les Balkans, tandis qu'une politique coloniale intempestive la remet encore en conflit avec la France, cette fois au sujet du Maroc.

La rivalité anglo-allemande a des dimensions à la fois européennes et mondiales, à la fois économiques et stratégiques.

Face au continent européen, la politique de la Grande-Bretagne a toujours été déterminée par un principe fondamental : l'équilibre. Plusieurs fois menacée d'invasion par une puissance continentale *hégémonique* (l'Espagne au XVIe siècle, la France de Napoléon), l'Angleterre a voulu éviter ce danger en structurant le continent sur la base de trois ou quatre grandes puissances à peu près équilibrées. Ainsi assurée de la sécurité des îles britanniques, l'Angleterre a pu se lancer à la conquête d'un vaste empire colonial aux dimensions planétaires et dominer de très haut l'ensemble des marchés mondiaux grâce à son avance technologique (Révolution industrielle) et à l'abondance de ses capitaux. Tout cet édifice repose sur un facteur essentiel : la maîtrise des mers.

Or, au début du siècle, l'Allemagne met en péril à la fois l'équilibre continental européen, la position dominante de la Grande-Bretagne sur les marchés mondiaux et la maîtrise britannique des mers. Sur le continent, en effet, elle est en passe de devenir puissance hégémonique et de constituer à son profit une *Mitteleuropa* à laquelle même l'alliance entre la France et une Russie somme toute peu sûre ne pourrait offrir de contrepoids suffisant. Et sur les mers, l'Allemagne s'est lancée, depuis 1890, dans la construction accélérée d'une formidable marine de guerre dont le Royaume-Uni estime qu'elle n'a pas besoin, vu son peu de possessions outre-mer. Effectivement, cette marine répond d'abord à une nécessité économique, celle d'écouler les immenses surplus d'acier que l'industrie allemande produit sans pouvoir les vendre sur les marchés mondiaux, toujours dominés par la Grande-Bretagne. Pour rétablir l'équilibre continental, la Grande-Bretagne doit donc se rapprocher à la fois de la France et de la Russie et affaiblir l'Allemagne, tandis que la menace allemande sur mer pourrait être éliminée par une guerre navale préventive qui aurait d'autant plus de chances de réussir qu'elle ne serait pas trop longtemps retardée…

2.1.3 Les systèmes d'alliances et la course aux armements

Ainsi se mettent en place, au début du siècle, les grands systèmes d'alliances qui président au déclenchement de la guerre **7**.

La Triple-Alliance, ou Triplice, regroupe déjà depuis 1882 l'Allemagne et l'Autriche-Hongrie avec un troisième partenaire, l'Italie, à vrai dire assez peu enthousiaste. Elle a, en effet, un contentieux lancinant avec l'Autriche à propos des « terres irrédentes », territoires peuplés d'Italiens mais sous domination autrichienne. De fait, l'Italie s'engage secrètement envers la France, dès 1902, à demeurer neutre en cas de conflit franco-allemand. Ce sera plutôt l'Empire ottoman qui, venant s'aligner avec l'Allemagne et l'Autriche-Hongrie quelques mois après le début du conflit, deviendra le troisième pilier de cette alliance.

7 Les alliances, 1914-1918

États de la Triple Entente et alliés
Empires centraux et alliés
États neutres ou non engagés

Face à cette Triple-Alliance, la Triple-Entente a d'abord été lancée par une alliance franco-russe conclue en 1893, puis complétée par une « Entente cordiale » franco-britannique en 1904. Le rapprochement anglo-russe, plus difficile du fait des affrontements entre les deux pays en Perse et en Afghanistan, est finalement réalisé en 1907 par un partage des zones d'influence.

Dès lors, les deux systèmes d'alliances bien en place, la moindre crise locale peut déclencher un conflit généralisé par simple réaction en chaîne, et une véritable « psychose de guerre » s'empare des gouvernements et des opinions publiques dans toute l'Europe : une sorte de résignation fébrile, d'excitation inquiète, qui insinue dans les esprits l'idée qu'une guerre est inévitable. Et il n'y a pas de plus sûre façon, pour rendre une guerre inévitable, que de croire qu'elle l'est…

À la fois cause et conséquence de cette psychose de guerre, la course aux armements déjà en marche depuis le début du siècle s'exacerbe autour de 1910 : les uns après les autres, tous les pays accroissent les effectifs de leurs armées, augmentent leurs budgets militaires, renforcent leurs dispositifs de défense, modernisent leur matériel de guerre **8**. Les dirigeants justifient les sacrifices exigés des peuples pour cette escalade (hausse des impôts, allongement de la durée du service militaire obligatoire) en invoquant justement le danger de guerre, ce qui ne fait qu'exaspérer le sentiment national et alimenter encore la psychose de guerre. Les alliances se resserrent, et l'Europe entre dans une période de « paix armée » où la moindre étincelle peut tout déclencher.

D'après cette carte, quelle serait la plus grande faiblesse des « empires centraux » ?

8 La course aux armements

Dépenses militaires par tête d'habitant (en dollars)	1890	1914
Empire britannique	4,03	8,53
France	4,87	7,33
Allemagne	2,95	8,52
Italie	2,63	3,81
Russie	1,32	2,58
Autriche-Hongrie	1,56	3,48

Quel est le pays où les dépenses militaires s'accroissent le plus ?

10 L'Allemagne solidaire de l'Autriche-Hongrie

L'Autriche ne veut plus supporter ce travail souterrain de la Serbie ni tolérer l'attitude de provocation continuelle de ses petits voisins de Belgrade [...] L'Autriche veut maintenant régler ses comptes avec la Serbie et elle nous fait part de ses intentions [...] Ce n'est pas nous qui avons poussé l'Autriche à sa résolution actuelle. Mais nous ne devons et ne pouvons arrêter son bras. Si nous le faisions, l'Autriche (et nous-mêmes) pourrions nous reprocher avec raison de lui avoir enlevé la dernière possibilité de réhabilitation politique. Son abaissement et ses divisions intérieures en seraient encore accélérés, sa situation dans les Balkans serait pour toujours compromise. Vous conviendrez bien avec moi que l'affermissement absolu de l'hégémonie russe dans les Balkans n'est pas admissible pour nous. La conservation de l'Autriche et, même, d'une Autriche aussi forte que possible est pour nous une nécessité, pour des motifs d'ordre extérieur comme intérieur.

Lettre du secrétaire d'État aux Affaires étrangères allemand à l'ambassadeur d'Allemagne à Londres, 18 juillet 1914.

Pourquoi l'Allemagne tient-elle tant à appuyer l'Autriche ?

Dans ce contexte survolté, les castes militaires ont tendance à s'imposer aux dirigeants politiques, et cela d'autant plus là où le contrôle démocratique est faible ou inexistant, comme c'est le cas dans les empires allemand, austro-hongrois ou russe. En Allemagne particulièrement, cette caste estime que, la guerre étant devenue inévitable, il ne faut pas la différer, car la réorganisation de l'armée russe et l'extension du service militaire en France risquent de priver l'Allemagne de la supériorité dont elle dispose maintenant.

Ce qui accroît encore la fébrilité de l'Allemagne, c'est la nécessité dans laquelle elle sera, si la guerre se déclenche, de faire face sur deux fronts : la France à l'ouest et la Russie à l'est. Pour échapper à cet étau, le général Schlieffen a mis au point dès 1890 un plan grandiose selon lequel toutes les forces allemandes doivent d'abord être concentrées contre la France qui, envahie à travers la Belgique, doit être vaincue en 60 jours, laissant l'Allemagne libre de retourner toute sa puissance contre la Russie. Seule la rapidité d'exécution peut permettre à ce plan audacieux de réussir, et c'est pourquoi l'Allemagne doit déclarer la guerre la première et mettre ses armées en marche dès le moment de la déclaration, sans possibilité de faire demi-tour.

2.1.4 28 juin 1914 : l'engrenage

Le 28 juin 1914, jour même de la fête nationale serbe, l'héritier au trône d'Autriche-Hongrie, l'archiduc François-Ferdinand, effectue une visite officielle à Sarajevo, capitale de cette Bosnie peuplée de Serbes que l'Autriche vient tout juste d'annexer en 1908 ⑨. Un étudiant bosniaque venu de la Serbie voisine, Gavrilo Princip, assassine l'archiduc et sa femme. Vienne réagit d'abord plutôt calmement, mais, assurée de l'appui inconditionnel de Berlin ⑩, elle décide, froidement, que l'heure a sonné de « régler le problème serbe » et envoie, le 23 juillet, un ultimatum à la Serbie, soigneusement rédigé de façon à être inacceptable à cette dernière.

9 Sarajevo (28 juin 1914)

L'archiduc François-Ferdinand et son épouse montent dans la voiture où ils vont être assassinés quelques minutes plus tard.

La Serbie accepte pourtant tous les points de l'ultimatum à l'exception d'un seul, qui lui imposerait de renier son indépendance nationale en acceptant l'entrée de la police autrichienne sur son territoire. Cet unique refus suffit néanmoins à l'Autriche pour déclarer la guerre à la Serbie le 28 juillet. Deux jours plus tard, la Russie déclenche la mobilisation générale de toutes ses forces armées, y compris celles qui sont postées sur sa frontière avec l'Allemagne. Cette dernière déclare la guerre à la Russie le 1er août, envahit la Belgique le lendemain et déclare la guerre à la France le 3. Le 4 août, la Grande-Bretagne déclare la guerre à l'Allemagne. Ainsi éclate le plus sanglant conflit jamais vu depuis les origines de l'humanité.

Peut-on en attribuer la responsabilité première à un pays en particulier ? Au premier abord, tous les yeux se tournent vers l'Allemagne, qui sera d'ailleurs officiellement tenue pour responsable dans les traités de 1919. Et il ne fait pas de doute qu'en donnant un « chèque en blanc » à l'Autriche pour régler une fois pour toutes la question serbe, en déclarant la guerre à la Russie et à la France, en envahissant la Belgique au mépris de la neutralité de cette dernière, garantie par des accords internationaux, l'Allemagne porte une lourde responsabilité dans le déclenchement du conflit.

Mais l'Autriche-Hongrie ? Après tout, c'est elle qui a mis en branle l'engrenage, malgré l'acceptation presque intégrale de son ultimatum par la Serbie. Et la Russie, en décrétant une mobilisation générale et non sur sa seule frontière avec l'Autriche, devait savoir qu'elle entraînait fatalement l'Allemagne dans la guerre, ce qui, en raison de l'alliance franco-russe, impliquait nécessairement l'intervention française.

À côté de ces trois responsables principaux, la France et la Grande-Bretagne ne peuvent être complètement innocentées, la première pour n'avoir pas su calmer son alliée russe, la seconde pour ses hésitations qui ont pu encourager les empires centraux dans leur politique d'intimidation.

Bien sûr, personne n'a vraiment voulu une guerre générale — et sûrement pas cette guerre-là — mais l'Autriche-Hongrie ne veut pas laisser passer l'occasion d'éliminer la Serbie, dont les ambitions menacent son intégrité sinon son existence ; la Russie ne veut pas être une nouvelle fois humiliée en laissant les Serbes se faire écraser ; l'Allemagne ne veut pas voir son alliée l'Autriche-Hongrie constamment affaiblie par l'agitation des nationalités encouragées par les Russes ; la France ne veut pas voir une Allemagne encore renforcée par une éventuelle victoire sur la Russie ; et la Grande-Bretagne ne veut pas laisser grossir sur le continent une puissance qui pourrait un jour lui contester sa suprématie mondiale. Et tous sont entrés allègrement dans un impérialisme dominateur, dans une exaltation du nationalisme et dans une course aux armements dont l'issue finale ne pouvait guère faire de doute.

Mais personne ne peut soupçonner que ce que l'écho transmet, à travers toute l'Europe, en ce début d'août 1914, ce n'est pas tant le clairon des rassemblements militaires que le glas de l'Europe elle-même, ou plutôt de la domination qu'elle exerce sur le monde depuis près de trois siècles.

2.2 LE CONFLIT

Cette guerre ne sera pas celle que tout le monde prévoyait, c'est-à-dire « fraîche et joyeuse », courte et rapide, avec décision emportée « à l'arraché » et retour à la paix pour Noël .

11 « À Berlin ! »
Départ de soldats français pour le front.

« Nach Paris ! »
Départ de soldats allemands pour le front.

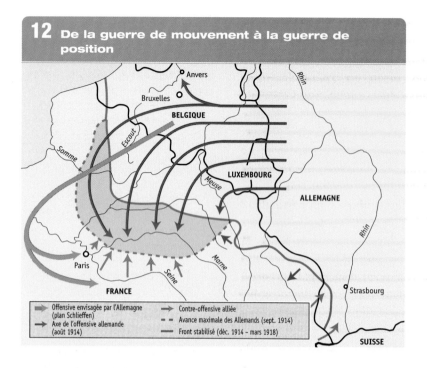

Offensive envisagée par l'Allemagne (plan Schlieffen)
Axe de l'offensive allemande (août 1914)
Contre-offensive alliée
Avance maximale des Allemands (sept. 1914)
Front stabilisé (déc. 1914 – mars 1918)

13 **Soldats canadiens dans les tranchées à Vimy (France)**

2.2.1 De la guerre de mouvement à la guerre de position

Entre le plan Schlieffen allemand, qui exigeait des avancées de dizaines de kilomètres par jour, et le « rouleau compresseur » de la cavalerie russe, qui devait déferler à travers les plaines de l'Allemagne orientale, tout était prévu pour une guerre de mouvement, facilitée d'ailleurs par le réseau ferroviaire, devenu pour la première fois un élément crucial de la stratégie militaire **12**.

Mais après des départs fulgurants, les deux offensives sont stoppées net au bout de quelques semaines, les Allemands au nord de Paris (bataille de la Marne) et les Russes en Prusse orientale (Tannenberg). Alors commence une guerre imprévue : la guerre de tranchées. C'est le retour à la guerre de siège des siècles passés, mais étendue cette fois sur des centaines de kilomètres, depuis la mer du Nord jusqu'à la frontière suisse, depuis la Baltique jusqu'aux Carpates, et opposant des millions de combattants **13**.

Ainsi s'organise une guerre de position dans laquelle les armées se font face, tapies dans de profondes tranchées qui zigzaguent sur des kilomètres de long et sur plusieurs rangs de profondeur et d'où l'on ne sort pour se lancer à l'assaut qu'avec des pertes effroyables. Car au début de la guerre, l'armement favorise plutôt la défensive : canons lourds, mitrailleuses, fils barbelés, champs de mines. Dans le nord de la France, le front ainsi délimité ne se déplacera guère de plus de 15 kilomètres dans les 3 années suivantes, et sur ces 15 kilomètres tomberont plus de 4 millions d'hommes, fauchés dans leur plus bel âge **14**.

La guerre sera longue : le système de défense de ces tranchées rend toute « percée » impossible. Les armes nouvelles : mortier à tir courbe, gaz asphyxiants, aviation, ne modifient pas fondamentalement cette situation. Seul le char d'assaut y parviendra, mais pas avant 1918 de façon décisive.

La longueur du conflit entraîne son extension géographique. Peu à peu, simplement par désir de profiter de la situation pour s'assurer certains avantages, ou sous la pression des belligérants ou de leur propre opinion publique, pratiquement tous les pays d'Europe y sont entraînés : l'Empire ottoman dès novembre 1914, ce qui étend tout de suite la guerre au Moyen-Orient ; l'Italie et la Bulgarie en 1915 ; la Roumanie en 1916 ; la Grèce en 1917. Quatorze pays d'Europe sont finalement entrés dans le conflit. Et la guerre déborde du continent : on se bat au Moyen-Orient et, quoique moins intensément, dans les colonies d'Afrique ; dès août 1914, le Japon a déclaré la guerre à l'Allemagne pour s'emparer de ses bases en Chine, et la Chine elle-même suit en 1917 pour ne pas être en reste. Onze pays d'Amérique vont même entrer dans la danse, la plupart de façon évidemment tout à fait symbolique, sauf dans le cas des États-Unis, dont l'entrée en guerre en 1917 sera capitale (voir page 36).

Ces soldats inconnus nous rataient sans cesse, mais tout en nous entourant de mille morts, on s'en trouvait comme habillés. Je n'osais plus remuer. Ce colonel, c'était donc un monstre! À présent, j'en étais assuré, pire qu'un chien, il n'imaginait pas son trépas! Je conçus en même temps qu'il devait y en avoir beaucoup des comme lui dans notre armée, des braves, et puis tout autant sans doute dans l'armée d'en face. Qui savait combien? Un, deux, plusieurs millions peut-être en tout? Dès lors ma frousse devint panique. Avec des êtres semblables, cette imbécillité infernale pouvait continuer indéfiniment... Pourquoi s'arrêteraient-ils? Jamais je n'avais senti plus implacable la sentence des hommes et des choses.

Serais-je donc le seul lâche sur la terre? pensais-je. Et avec quel effroi!... Perdu parmi deux millions de fous héroïques et déchaînés et armés jusqu'aux cheveux? Avec casques, sans casques, sans chevaux, sur motos, hurlants, en autos, sifflants, tirailleurs, comploteurs, volants, à genoux, creusant, se défilant, caracolant dans les sentiers, pétaradant, enfermés sur la terre comme dans un cabanon, pour y tout détruire, Allemagne, France et Continents, tout ce qui respire, détruire, plus enragés que les chiens, adorant leur rage (ce que les chiens ne font pas), cent mille fois plus enragés que mille chiens et tellement plus vicieux! Nous étions jolis! Décidément, je le concevais, je m'étais embarqué dans une croisade apocalyptique.

L.-F. Céline
Voyage au bout de la nuit, Gallimard, 1952 (ouvrage paru en 1932).

Ils découvraient les propriétés physiques, antérieures et comme indifférentes à toute stratégie, du « million d'hommes » : sa fluidité, son aptitude à réparer sur place les trous qu'on lui fait; à envelopper, engluer, amortir la pointe qui le pénètre; à ployer sous le coup, à s'incurver sans se rompre; à s'allonger par coulure à travers tout un territoire pour y tendre une frontière provisoire et vivante, le « million d'hommes » se trouvant juste appartenir au même ordre de grandeur que les dimensions des États; la facilité qu'il a de s'accrocher au terrain, de s'y coller aux moindres saillies, d'y creuser presque instantanément avec son million de paires de bras une éraflure continue où il se loge comme une gale, et le long de laquelle il se met à produire vers l'avant une espèce de frémissement de feu, de vibration mortelle; comme si quelque chose d'exaspéré, de brûlant, d'intouchable devenait l'une des lignes naturelles du sol. Tout le rôle du chef n'étant plus alors que d'acheminer au mieux, jusqu'aux derniers étirements de cette multitude, des aliments, des munitions, des ordres d'une simplicité élémentaire, et des hommes neufs pour remplacer, aux endroits qui s'indiquent tout seuls, les hommes détruits.

Jules Romains
Les Hommes de bonne volonté, t. 15 : *Prélude à Verdun*, Flammarion, 1965.

La nature et la durée de ce conflit en font le plus sanglant de l'histoire, plus encore que la Seconde Guerre mondiale compte tenu de l'aire des combats et des effectifs engagés. Encore aujourd'hui, on reste incrédule devant des chiffres qui ont profondément traumatisé les contemporains : dans la bataille de Verdun, de février à décembre 1916, plus de 500 000 morts pour un résultat nul sur le terrain; sur la Somme, de juillet à novembre 1916, 600 000 morts encore pour un déplacement de 11 kilomètres de la ligne de front; en avril 1917, l'« offensive Nivelle » fait 30 000 morts et 80 000 blessés en deux jours! Dès la fin de 1914, la Russie a déjà perdu 1 300 000 hommes...

2.2.2 Une guerre totale

La durée du conflit et l'effroyable saignée qu'il occasionne en font la première véritable guerre totale de l'histoire, en rupture profonde avec les guerres traditionnelles, qui avaient somme toute un impact assez limité sur la vie civile.

Ce qui frappe dès l'abord, c'est la mobilisation des effectifs, poussée à un degré jamais vu. Dès le début du conflit, 12 millions de soldats sont déjà à pied d'œuvre, et ce nombre se gonfle de mois en mois, à mesure que les décrets de mobilisation sont appliqués et que de nouveaux pays s'ajoutent, jusqu'à dépasser les 80 millions **15**. La généralisation du service militaire obligatoire fait ainsi rassembler sous les drapeaux des masses de combattants dont l'habillement, le transport, le ravitaillement en nourriture et en munitions posent des problèmes imprévus. Par exemple, au début de la guerre, chaque pièce d'artillerie française est approvisionnée d'environ 1 400 projectiles, et une production de 10 000 obus par jour est considérée comme

16 Emprunts et « planche à billets » :
le financement de la guerre en France
(en milliards de francs)

Emprunts	intérieurs	extérieurs	Total
1914	2 323	51	2 374
1915	16 752	2 853	19 605
1916	18 433	8 847	27 280
1917	18 588	11 885	30 473
1918	24 293	8 695	32 988
1919	27 653	11 348	39 001
Masse monétaire	**1912**	**1919**	
Billets de banque	5,7	37,3	
Masse totale	27,0	67,2	

17 Les femmes prennent la relève

Femmes travaillant à l'usine au Québec.

suffisante. En 1918, c'est 300 000 obus par jour dont on aura besoin, et une grosse bataille fait tirer jusqu'à 20 millions de projectiles en quelques jours.

Il faut donc forger de toutes pièces une industrie de guerre, et afin qu'elle réponde adéquatement aux nécessités des combats, l'État est appelé à réglementer, contrôler, rationner des ressources qui s'épuisent. Les énormes dépenses occasionnées par cet effort de guerre exigent des sources de financement sans cesse croissantes. Tous les gouvernements se rabattent alors sur l'impôt sur le revenu, jusqu'alors considéré comme illégitime dans le cadre de l'idéologie libérale, sur l'emprunt (les fameux « bons de la Victoire ») et, évidemment, sur la « planche à billets » (émission de monnaie), ce qui favorise l'inflation, phénomène alors tout nouveau **16**. Ces traits seront d'une portée incalculable sur l'évolution des institutions et des mentalités dans les sociétés capitalistes.

Par ailleurs, cette industrie de guerre a besoin de main-d'œuvre, et il faudra la recruter en grande partie chez les femmes, qui prennent la relève des hommes envoyés au front **17**. Ce développement soudain et massif du travail des femmes va faire plus que toutes les campagnes des suffragettes dans le sens de l'émancipation de celles que l'on considérait, à toutes fins utiles, comme des mineures (voir page 9). Le droit de vote, par exemple, leur sera finalement accordé dans de nombreux pays (au Canada, en 1917 au fédéral).

L'économie de guerre entraîne la guerre économique, qui vise à atteindre l'adversaire dans ses capacités de production en tarissant ses approvisionnements venant de l'extérieur. Les Franco-Britanniques mettent ainsi les empires centraux en état de blocus, la flotte britannique bouclant l'Atlantique Nord et la flotte française, la Méditerranée. L'Allemagne riposte avec la guerre sous-marine, à la fois pour pratiquer des brèches dans ce blocus et pour effectuer un contre-blocus en s'attaquant à tous les navires, même neutres, se dirigeant vers la France ou la Grande-Bretagne. Cette guerre sous-marine est tellement efficace qu'au début de 1917, les Allemands entrevoient la possibilité d'arracher aux Britanniques cette maîtrise des mers sans laquelle ces derniers ne sauraient maintenir leur statut de grande puissance.

Toute cette mobilisation, matérielle et humaine, tous ces sacrifices, de sang ou de conditions de vie, la durée même de la guerre, donnent au facteur moral une importance de plus en plus grande. Le perdant sera celui qui « craquera » le premier. Il faut donc soutenir le moral, sur le front et derrière le front, et c'est le rôle de la propagande et de la censure. Tous les États, même les plus démocratiques, y ont recours. Parlements muselés, presse bâillonnée, opinions publiques soumises au « bourrage de crâne » marquent la volonté des gouvernements d'échapper à toute critique et de maintenir l'« union sacrée » contre un ennemi diabolisé dont on exagère à plaisir les atrocités et dont on minimise les succès **18**. Les communiqués de guerre sont enthousiastes, voire triomphalistes; les mauvaises nouvelles, supprimées. Ces pratiques ne seront pas, non plus, sans conséquence sur l'évolution des sociétés dites « libérales ».

Interdiction de publier des renseignements de nature à nuire à nos relations avec les pays alliés, les neutres, ou relatifs aux négociations politiques.

Interdiction en outre d'attaquer les officiers, de parler des formations nouvelles, de reproduire des articles parus dans les journaux étrangers.

Avis de décès : ne doivent pas indiquer le lieu où le défunt est tombé.

Interdiction de publier des articles concernant expériences ou mise en service d'engins nouveaux, des cartes postales ou illustrations reproduisant des canons ou des engins de guerre nouveaux ou du matériel ancien modèle, dans un paysage pouvant faire découvrir le lieu de l'emploi.

Interdiction de publier des interviews de généraux.

Surveiller tout ce qui pourrait sembler une propagande pour la paix.

Interdiction de publier cartes postales renfermant scènes ou légendes de nature à avoir une fâcheuse influence sur l'esprit de l'armée ou de la population, cartes postales représentant matériel nouveau, armes, engins de toute nature.

Suppression des manchettes en tête des communiqués officiels.

_____

Cité dans J. J. Becker
Les Français dans la Grande Guerre, Paris, Robert Laffont, 1980.

2.2.3 De la crise au dénouement (1917-1918)

L'année 1917 est cruciale. Sur le terrain, l'impasse est totale. L'équilibre des forces est tel que ni la victoire ni la défaite ne semblent possibles, pour qui que ce soit. Alors que des crises internes se développent chez tous les belligérants, deux événements internationaux vont permettre le déblocage : le retrait russe et l'entrée en guerre des États-Unis.

Les crises internes se développent à la fois sur le front et à l'arrière. Sur le front, le ras-le-bol des combattants, lancés à l'aveuglette dans des assauts stupides et meurtriers, atteint le point de saturation [19]. Les désertions se multiplient, des mutineries éclatent : 230 dans la seule armée française, touchant la moitié des divisions ; plusieurs dans la marine de surface allemande ; un nombre incalculable en Russie. Des fraternisations spontanées regroupent les soldats par-dessus les lignes de front. À l'arrière, l'augmentation des cadences dans les usines et le retard des salaires sur l'inflation suscitent de plus en plus de grèves, et les partis socialistes, qui avaient concouru aux enthousiasmes d'août 1914, s'opposent de plus en plus vigoureusement à la guerre [20]. Le Reichstag (Parlement) allemand lui-même vote une motion de paix.

Mais ces manifestations de lassitude, d'ailleurs sévèrement réprimées, comptent bien peu, pour l'issue de la guerre, à côté des deux événements cruciaux que sont le retrait de la Russie et l'intervention des États-Unis, événements qui, en 1917, marquent un tournant de tout le XXe siècle. C'est en effet à partir de là que se mettent en place les conditions qui mèneront le monde à l'hégémonie des deux superpuissances après 1945.

Au moment de son entrée en guerre, en 1914, la Russie était au bord de l'effondrement interne. Son régime politique, totalement déconsidéré malgré les timides réformes décrétées par le tsar en 1905 (voir page 15), se révèle incapable d'organiser l'effort de guerre. L'armée, immense, est fort mal équipée (il n'y a même pas un fusil pour chaque soldat) et encore plus mal commandée par des officiers presque tous issus d'une aristocratie de plus en plus détestée. La réquisition des usines et des chemins de fer pour les besoins militaires désorganise la production et le transport des biens de première nécessité, et la famine frappe dans les villes, mal ravitaillées.

Après quelques victoires initiales, les armées russes sont arrêtées en Prusse orientale dès septembre 1914, puis les défaites s'accumulent, les désertions

La « chanson de Craonne »

Adieu la vie, adieu l'amour,
Adieu toutes les femmes !
C'est bien fini, c'est pour
   toujours
De cette guerre infâme.
C'est à Craonne, sur le plateau,
Qu'on doit laisser sa peau,
Car nous sommes tous
   condamnés
Nous sommes les sacrifiés.
C'est malheureux de voir sur les
   grands boulevards
Tous ces gros qui font la foire
Si pour eux la vie est rose,
Pour nous c'est pas la même
   chose
Au lieu de s'cacher, tous ces
   embusqués
Feraient mieux d'monter aux
   tranchées
Pour défendre leurs biens, car
   nous n'avons rien
Nous autres les pauvres
   purotins.
Tous les camarades sont
   étendus là
Pour défendre les biens de
   ces messieurs-là.
C'eux qu'ont le pognon, ceux-là
   reviendront
Car c'est pour eux qu'on crève
Mais c'est fini car les troufions
Vont tous s'mettre en grève.
Ce sera votre tour, messieurs
   les gros,
De monter sur l'plateau
Car si vous voulez la guerre
Payez-la de votre peau.

C'est aujourd'hui une lassitude qui confine au découragement et qui a pour cause bien moins les restrictions apportées à l'alimentation publique et les difficultés d'approvisionnement que la déception causée par l'échec de l'offensive de nos armées en avril, le sentiment que des fautes militaires ont été commises, que des pertes élevées ont été subies sans profit appréciable, que tout effort nouveau serait sanglant et vain [...]. Les propos tenus par les soldats venant du front sont en grande partie la cause de cet affaissement moral de la population [...].

Dans les campagnes, l'énervement est moins sensible que dans les villes; les paysans travaillent, mais ils ne cachent pas que « ça dure trop »; [...] ils deviennent [...] indifférents aux idées d'efforts collectifs [...] aux appels patriotiques [...].

Dans les villes [...] la population [...] est plus nerveuse : les ouvriers, les gens du peuple s'indignent de la longueur de la lutte, supportent impatiemment la cherté croissante de la vie, s'irritent de voir les gros industriels travaillant pour la guerre faire des profits considérables [...]. Influencés par la révolution russe, ils rêvent déjà de comités d'ouvriers et de soldats, et de révolution sociale [...].

Rapport du préfet de l'Isère au ministre de l'Intérieur, 17 juin 1917.

et les mutineries se multiplient, le moral s'effondre, les pertes humaines sont effroyables. Deux révolutions vont alors secouer cet immense empire jusqu'au tréfonds (voir chapitre 3). La seconde d'entre elles, en novembre, porte au pouvoir les bolcheviks, qui ouvrent aussitôt des négociations séparées avec l'Allemagne. Acceptant de payer très cher une paix dont il a besoin pour faire sa révolution, le gouvernement bolchevique retire son pays du conflit par le traité de Brest-Litovsk en mars 1918. Dès lors, libérée du front oriental, toute l'armée allemande va refluer vers le front français, où sa supériorité sera telle qu'elle pourra emporter la décision.

C'est l'entrée en guerre des États-Unis qui va rendre impossible cette issue. En 1914, ceux-ci s'étaient cantonnés dans leur isolationnisme traditionnel face aux conflits européens, à la fois par souci de maximiser les profits qu'ils pourraient retirer de leur commerce avec toutes les parties en conflit, et parce que la composition ethnique de leur population, mélange hétérogène d'immigrés venus de tous les coins de l'Europe, leur interdisait pratiquement de prendre parti pour un côté ou pour l'autre.

La guerre sous-marine allemande va renverser la situation. Dès le départ, elle amène les États-Unis à orienter leur commerce extérieur très majoritairement vers les pays de l'Entente, auxquels ils vont consentir des prêts de loin supérieurs à ceux qui sont accordés aux empires centraux **21**. Au début de 1917, les premiers atteignent 2,3 milliards de dollars et les seconds, à peine 27 millions. Les États-Unis ne peuvent plus, désormais, prendre le risque d'une victoire allemande : elle leur coûterait beaucoup trop cher.

Au même moment, l'Allemagne déclare la guerre sous-marine « à outrance », abandonnant la relative retenue dont elle avait fait preuve jusque-là envers les bateaux neutres. Cette décision entraîne immédiatement la paralysie générale dans les ports de la côte est et, de proche en proche, un ralentissement de toute l'économie étasunienne. L'opinion publique bascule, et le président Wilson, qui n'attendait plus que cela, déclare la guerre à l'Allemagne le 6 avril 1917 **22**.

Désormais, la victoire est hors de portée de l'Allemagne. L'énorme potentiel industriel et financier des États-Unis passe définitivement du côté de l'Entente. Plus lentement, la petite armée étasunienne de 130 000 soldats se gonfle jusqu'à plus de 3 millions, dont les premiers contingents se déploient sur les champs de bataille juste à temps pour bloquer les grandes offensives allemandes du printemps et de l'été 1918 **23**.

Au mois d'août, sentant la victoire leur échapper, les dirigeants militaires allemands quittent subitement le devant de la scène, laissant aux civils le soin de négocier un armistice avant qu'il ne soit trop tard. Les alliés turcs, bulgares, austro-hongrois ayant tour à tour déclaré forfait, la révolution ayant éclaté en Allemagne même et forcé le kaiser Guillaume II à abdiquer, l'armistice est finalement conclu et les combats s'arrêtent le 11 novembre à 11 heures du matin.

21 Les exportations américaines 1914-1917 (premiers trimestres) en pourcentage

Destinataires	1914	1915	1916	1917
Pays de l'Entente et leurs alliés	65	74	87	89
Pays neutres	16	24	12	10
Allemagne et ses alliés	19	2	0,40	0,95

La présente guerre sous-marine que l'Allemagne fait au commerce est une guerre contre l'humanité.

[…]

C'est une chose terrible que de conduire ce grand peuple pacifique à la guerre, à la plus effrayante et la plus désastreuse de toutes les guerres, à cette guerre dont la civilisation elle-même semble être l'enjeu. Mais le droit est plus précieux que la paix et nous combattrons pour les biens qui ont toujours été les plus chers à nos cœurs, pour la démocratie, pour le droit de ceux qui, courbés sous l'autorité, doivent avoir enfin voix dans la conduite du gouvernement, pour les droits et les libertés des petites nations, pour que le règne universel du droit, fondé sur une entente entre les peuples libres, assure la paix et la sécurité à toutes les nations et rende le monde lui-même enfin libre.

_____

Message du président Wilson au Congrès, 2 avril 1917.

2.3 1919 : LA PAIX ?

Quelle paix peut-on envisager après un pareil carnage ? L'Europe est méconnaissable : tous les empires continentaux de 1914 ont disparu dans la tourmente ; les zones de combat sont ravagées jusqu'à revêtir l'apparence du sol lunaire **24** ; les peuples, saignés comme du bétail, sont en état de choc ; les économies sont ruinées ; la pensée elle-même est désemparée.

2.3.1 La conférence de Paris et les traités de paix

En entrant en guerre, les États-Unis avaient annoncé une paix d'un type nouveau, basée sur des principes moraux et politiques de haute tenue : liberté des mers, suppression des barrières économiques, droit des peuples à l'*autodétermination*, désarmement, création d'une « association générale des nations » pour assurer la paix et la sécurité à tous les États (les « Quatorze Points » du président Wilson) **25**. C'est sur cette base que s'ouvre à Paris, en janvier 1919, une énorme conférence internationale réunissant plus de 1 000 délégués officiels de 27 États ou nations, sans compter d'innombrables délégations officieuses, dont celles des vaincus, qui ne sont pas invités.

Les positions des ex-belligérants sont fort inégales. La France, qui fait figure de grand vainqueur, est, en fait, épuisée. Sur le front occidental, toute la guerre s'est déroulée sur son sol, dans une région à la fois peu étendue et extrêmement riche qui a été ravagée au point où l'on se demande si les terres pourront jamais être remises en culture. Proportionnellement à sa population, elle a perdu plus d'hommes que l'Allemagne vaincue.

La Grande-Bretagne, second grand vainqueur, n'a presque pas connu de destructions chez elle et a perdu somme toute un nombre plutôt limité de soldats. En revanche, sa situation financière est profondément détériorée, elle est lourdement endettée et sa prépondérance mondiale est, à terme, condamnée.

Le grand, l'absolu vainqueur, ce sont les États-Unis. Créanciers de l'Europe pour plus de 10 milliards de dollars, ils jouissent d'une économie considérablement développée par l'effort de guerre, d'une armée à peine touchée par les combats, d'un sol inviolé et de marchés extérieurs agrandis par le recul des Britanniques. De plus, ils sont en position d'arbitrage, car c'est leur intervention qui a décidé de l'issue de la guerre, et ils ont annoncé un programme de paix qui tranche de très loin, par sa hauteur de vues, avec les petites mesquineries territoriales dont l'Europe est friande.

Quelle conception de l'humanité la première phrase de ce texte vous semble-t-elle révéler ?

23 « La Fayette, nous voici ! »
Arrivée des soldats étasuniens en France.

Commentez la phrase du général étasunien Pershing citée comme titre de ce document.

▶ **Autodétermination**
Détermination du statut politique d'un pays par ses habitants.

24 L'apparence du sol lunaire…
Photo d'un champ de bataille, 1916.

[...] C'est donc le programme de la paix du monde qui constitue notre programme. Et ce programme, le seul possible selon nous, est le suivant :

1. *Des conventions de paix, préparées au grand jour ; après quoi il n'y aura plus d'ententes particulières et secrètes d'aucune sorte entre les nations, mais la diplomatie procédera toujours franchement et en vue de tous.*

2. *Liberté absolue de la navigation sur mer, en dehors des eaux territoriales, aussi bien en temps de paix qu'en temps de guerre [...].*

3. *Suppression de toutes les barrières économiques et établissement de conditions commerciales égales pour toutes les nations consentant à la paix et s'associant pour son maintien.*

4. *Échange de garanties suffisantes que les armements seront réduits au minimum compatible avec la sécurité intérieure.*

5. *Un arrangement librement débattu de toutes les revendications coloniales, basé sur la stricte observation du principe que, dans le règlement de ces questions de souveraineté, les intérêts des populations en jeu pèseront d'un même poids que les revendications équitables du gouvernement dont le titre sera à définir. [...]*

6. *Évacuation de tous les territoires russes [...] donner à la Russie l'occasion de déterminer, sans être entravée ni embarrassée, l'indépendance de son propre développement et de sa politique nationale [...].*

7. *La Belgique — Le monde entier sera d'accord qu'elle doit être évacuée et restaurée.*

8. *Tout territoire français devra être libre et les régions envahies devront être restaurées. Le tort fait à la France par la Prusse en 1871, en ce qui concerne l'Alsace-Lorraine [...] devra être réparé [...].*

9. *Le rétablissement de la frontière italienne devra être effectué suivant les lignes de nationalité clairement reconnaissables.*

10. *Aux peuples d'Autriche-Hongrie [...] on devra donner plus largement l'occasion d'un développement autonome.*

11. *La Roumanie, la Serbie, le Monténégro devront être évacués [...].*

12. *Une souveraineté sûre sera assurée aux parties turques de l'Empire ottoman, mais les autres nationalités qui se trouvent en ce moment sous la domination turque devront être assurées d'une sécurité indubitable de leur existence [...].*

13. *Un État polonais indépendant devra être établi. Il devra comprendre les territoires habités par les populations incontestablement polonaises auxquelles on devra assurer un libre accès à la mer.*

14. *Il faut qu'une association générale des nations soit constituée en vertu de conventions formelles ayant pour objet d'offrir des garanties mutuelles d'indépendance politique et d'intégralité territoriale aux petits comme aux grands États.*

Discours des « Quatorze Points » de Wilson devant le Congrès des États-Unis, 8 janvier 1918.

Montrez :
1. comment les « Quatorze Points » de Wilson répondent aux origines de la guerre et à l'entrée des États-Unis dans le conflit ;
2. jusqu'où ce programme a été, ou non, appliqué dans les traités de paix.

Du côté des vaincus, l'Empire ottoman a déjà perdu ses possessions arabes, et sa capitale, Constantinople, est occupée par les armées victorieuses. Quant à l'Empire austro-hongrois, il n'existe plus dans les faits, depuis la proclamation à Prague d'une république tchécoslovaque, la sécession de la Hongrie et la révolution qui a chassé de Vienne l'empereur Charles et proclamé la république d'Autriche.

L'Allemagne, enfin, se trouve dans une situation assez étrange. Faisant figure de grande vaincue (et de grande accusée), elle n'a pourtant pas été, sur le terrain, vraiment battue. Son sol n'a été violé par aucun soldat ennemi, ses destructions sont minimes et ses pertes en hommes sont inférieures à celles de la France en proportion de sa population. Elle est toutefois en état de révolution intérieure (les « spartakistes » sont maîtres de Berlin) et, dès l'armistice, l'armée allemande, soulagée de la guerre extérieure, s'est retournée contre l'agitation intérieure, dans une véritable guerre civile qui affaiblit pendant des mois le nouveau gouvernement républicain (voir page 58).

Les négociations, et les traités qui en sortent, sont à l'image de ces rapports de forces et, aussi, de la difficulté d'inscrire concrètement, dans la réalité des choses, un principe comme celui des nationalités, qui exige que chaque nationalité dispose d'un État souverain, ou à tout le moins d'une très large mesure d'autonomie intérieure.

Plusieurs traités sont signés ㉖, dont le plus important est celui de Versailles, avec l'Allemagne ㉗. Celle-ci perd un certain nombre de territoires (14 % du total), dont au premier chef l'Alsace-Lorraine, remise à la France. Plus grave peut-être : elle est désarmée, ses forces étant plafonnées à 100 000 volontaires et dépourvues de matériel lourd, de chars, d'avions et de sous-marins, et toutes ses frontières sont démilitarisées. On lui confisque tous ses avoirs à l'étranger, toute sa flotte de commerce et tous ses brevets. Il y a pire encore : déclarée officiellement responsable de la guerre, et forcée à se reconnaître telle puisqu'elle devra signer le traité, l'Allemagne est astreinte à des réparations dont le montant n'est pas fixé.

De nouveaux pays voient le jour ㉘. Aux pays baltes détachés de l'Empire russe (Estonie, Lettonie, Lituanie) s'ajoutent la Pologne — dotée d'un

27 Signature du traité de Versailles dans la galerie des Glaces du château de Versailles (28 juin 1919)

Au centre : Clemenceau, président de la Conférence ; à sa droite, Wilson ; à sa gauche, Lloyd George. Tableau de sir William Orpen, Imperial War Museum.

28 L'Europe des traités

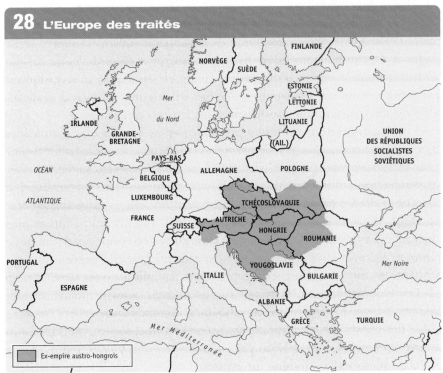

Ex-empire austro-hongrois

26 Les traités de paix, 1918-1920

1. Traité de Brest-Litovsk entre la Russie et l'Allemagne, 3 mars 1918 :
   - la Russie perd 800 000 km² de territoire ;
   - nouveaux États : Finlande, Estonie, Lettonie, Lituanie, Pologne.

2. Traité de Versailles avec l'Allemagne, 28 juin 1919 :
   - cession de territoires (14 % du territoire en Europe et toutes les colonies) ;
   - désarmement : limite de 100 000 hommes, sans artillerie lourde, chars, avions, sous-marins, marine de guerre ;
   - internationalisation des grands fleuves (Rhin, Elbe, et autres) ;
   - reconnaissance de responsabilité première dans le déclenchement de la guerre ;
   - réparations en nature et en argent à verser aux vainqueurs.

3. Traités de Saint-Germain-en-Laye avec l'Autriche, 10 septembre 1919, et de Trianon avec la Hongrie, 4 juin 1920 :
   - disparition de l'Autriche-Hongrie ; division de l'Autriche et de la Hongrie ;
   - cession de territoires, particulièrement à la Roumanie ;
   - naissance de la Tchécoslovaquie et de la Yougoslavie ;
   - désarmement et réparations.

4. Traité de Sèvres avec la Turquie, 10 août 1920 :
   - démembrement de l'Empire ottoman : perte des territoires non turcs ;
   - internationalisation des détroits (Bosphore et Dardanelles).

Ce traité sera annulé et remplacé par le traité de Lausanne en 1923 (voir page 65).

Article 231

Les Gouvernements alliés et associés déclarent et l'Allemagne reconnaît que l'Allemagne et ses alliés sont responsables, pour les avoir causés, de toutes les pertes et de tous les dommages subis par les Gouvernements alliés et associés et leurs nationaux, en conséquence de la guerre qui leur a été imposée par l'agression de l'Allemagne et de ses alliés.

Article 232

Les Gouvernements alliés et associés exigent et l'Allemagne en prend l'engagement que soient réparés tous les dommages causés à la population civile des Puissances alliées et associées et à ses biens.

Article 233

Le montant desdits dommages, pour lesquels réparation est due par l'Allemagne, sera fixé par une commission interalliée qui prendra le titre de Commission des réparations [...].

Extrait du traité de Versailles, partie VIII.

En quoi ces articles équivalent-ils à exiger de l'Allemagne un « chèque en blanc » ?

corridor d'accès à la mer Baltique qui coupe l'Allemagne en deux morceaux — la Tchécoslovaquie, une Autriche et une Hongrie nouvelles, ainsi que la Yougoslavie, qui regroupe, autour des Serbes aux vastes ambitions, plusieurs autres peuples slaves du Sud. La Roumanie, battue militairement mais alliée des vainqueurs, voit sa superficie doublée au détriment de la Hongrie. La Turquie regroupe les seules possessions turques de l'Empire ottoman disloqué.

Au Moyen-Orient, les territoires arabes de l'Empire ottoman sont répartis entre Français et Britanniques sous la forme de « mandats ». Il s'agit d'une sorte de fiction juridique par laquelle un pays reçoit de la communauté internationale le mandat d'administrer, sans limite de temps, un territoire où les vainqueurs prétendent que la population n'est pas encore prête pour l'indépendance. En Afrique et en Asie, toutes les colonies allemandes sont également remises sous forme de mandats à l'un ou à l'autre des pays vainqueurs.

Enfin, tous les traités contiennent une même section, portant sur la création d'une Société des Nations (SDN) et pourvoyant à son organisation interne (voir page 62). Assez bizarrement, cette SDN devient ainsi un des éléments de la « punition » infligée aux vaincus, qui en sont exclus tout en étant soumis à ses règles…

2.3.2 Les faiblesses de la Paix

Au total, ne serait-ce que du point de vue des nationalités, l'Europe issue des traités de 1919-1920 semble mieux dessinée que celle de 1914. Les populations en situation de minorités nationales ont été réduites de 50 %. Et pourtant, aucune paix, peut-être, ne sera plus critiquée que celle-là, et dans 20 ans seulement, l'Europe s'embrasera de nouveau tout entière. C'est que les traités contiennent au moins trois faiblesses qui les rendent caduces dès leur signature.

Une première faiblesse concerne le tracé des frontières. On avait annoncé, promis même, que celles-ci suivraient désormais les lignes des nationalités. Mais l'accomplissement de cet engagement se révéla une tâche impossible, particulièrement en Europe centrale : il aurait fallu diviser des villes, des rues, des maisons même. Finalement, le principe a donc été bafoué à peu près partout, et les peuples lésés, justement parce qu'on leur avait fait miroiter de grands espoirs, se sentent plus frustrés que jamais.

Or, il se trouve que les plus graves entorses au principe des nationalités frappent les Allemands : ils se retrouvent, nombreux, dans ce corridor donné à la Pologne pour lui permettre l'accès à la mer ; ce sont eux qui habitent les monts de Bohême incorporés à la Tchécoslovaquie ; ce sont eux encore qui peuplent, seuls maintenant, la nouvelle Autriche, à qui les traités interdisent pourtant de se réunir à l'Allemagne (*Anschluss*). Interdiction d'autant plus aberrante que, coupée désormais de l'arrière-pays qui avait fait la force de l'Empire austro-hongrois, l'Autriche n'est plus un État très viable.

Pour rendre les choses encore plus difficiles, on a multiplié comme à plaisir les contradictions. Pour justifier le tracé du corridor polonais, on a invoqué le principe, éminemment valable, de l'accès à la mer. Mais l'Autriche et la Hongrie vaincues sont, elles, coupées de tout accès à la mer. Dans les monts de Bohême, on a invoqué le principe, valable également, d'une frontière naturelle plus facile à défendre, principe aussitôt renié pour la frontière entre la Hongrie et la Roumanie. Une telle accumulation de contradictions enlève au traité toute crédibilité morale.

Une seconde faiblesse touche à toute la question de la déclaration de responsabilité de l'Allemagne et des paiements de réparation qui en découlent. D'abord, le fameux article 231 du traité, qui établit la responsabilité première de l'Allemagne dans le déclenchement du conflit, est, d'emblée, tout à fait abusif. Et de forcer le peuple allemand tout entier, sous la menace, à accepter ce qui constitue une grossière distorsion de l'histoire, est encore plus abusif. Surtout que sur cet « aveu » de culpabilité se greffe une série de clauses tout à fait concrètes, selon lesquelles l'Allemagne devra remettre aux vainqueurs, à titre de réparations, d'énormes quantités de matériel (bateaux de pêche, bétail, matériel ferroviaire) et, surtout, devra signer une sorte de chèque en blanc pour un montant à fixer ultérieurement par une Commission des réparations où l'Allemagne ne siégera pas **29**.

Toutes ces faiblesses nous amènent finalement à une dernière, la plus globale, la plus irrémissible. Un traité n'est toujours, en fin de compte, que la transcription juridique d'un rapport de force donné, dans telle ou telle conjoncture historique, et ne peut durer que tant que ce rapport reste inchangé. Or, dans le cas de l'Allemagne, le traité de Versailles est déjà, avant même que les chefs d'États y apposent leur signature, en porte-à-faux sur l'état réel des forces.

Car l'Allemagne, il faut bien le répéter, n'a pas été vraiment battue en 1918. Son armée se repliait en bon ordre et n'avait pas perdu sa cohésion au moment de l'armistice. Plus important encore : sur le plan psychologique, le peuple allemand n'a absolument pas conscience d'avoir été vaincu, et les manifestations de joie n'ont pas été moins tonitruantes à Berlin qu'à Paris ou à Londres, ce 11 novembre 1918.

Or, en dépit de cette réalité, le traité représente un véritable écrasement diplomatique, mis au point sans aucune participation de l'Allemagne et présenté comme un seul bloc, à prendre ou à laisser, sous la menace d'une reprise de la guerre. Aux yeux des Allemands, ce n'est pas un traité : c'est un diktat, imposé par un vainqueur arrogant et cupide. Jamais ils ne pourront l'accepter **30**. Et il se trouve que le gouvernement qui, malgré ses

30 Un diktat

Jamais une paix aussi accablante et aussi ignominieuse n'a été infligée à un peuple avec plus de brutalité que la paix honteuse de Versailles au peuple allemand. Dans toutes les guerres des derniers siècles, des négociations entre vainqueurs et vaincus avaient précédé la conclusion de la paix. Mais une paix sans négociations préalables, une paix dictée comme celle de Versailles, est aussi peu une vraie paix qu'il n'y a transfert de propriété lorsqu'un brigand renverse à terre un malheureux et le contraint ensuite à lui remettre son porte-monnaie.

[...] Pour garder le géant enchaîné, on a mis deux sbires à ses flancs, la Pologne et la Tchécoslovaquie, qui ont reçu le droit, conservé aussi par les vainqueurs, d'augmenter librement leurs forces militaires, tandis que notre armée, autrefois la plus forte et la plus brave du monde, était réduite à n'être qu'une force de police à peine suffisante pour maintenir l'ordre à l'intérieur.

B. von Bülow
op. cit., p. 42.

Qu'est-ce qui semble inacceptable à ce témoin : le contenu même du traité ou les circonstances qui ont entouré sa préparation et sa mise en vigueur ?

31 Les moyens de la revanche

La paix conserve et resserre l'unité de l'État allemand. Voilà ce qu'elle a de doux. Cette concession essentielle n'aggrave pas seulement, pour le désarmement, les difficultés de la surveillance. Nous répétons que la puissance politique engendre toutes les autres, et un État de soixante millions d'hommes, le plus nombreux de l'Europe occidentale et centrale, possède dès maintenant cette puissance politique. Tôt ou tard, l'Allemagne sera tentée d'en user. Elle y sera même poussée par les justes duretés que les alliés ont mises dans les autres parties de l'acte de Versailles. Tout est disposé pour faire sentir à 60 millions d'Allemands qu'ils subissaient en commun, indivisiblement, un sort pénible. Tout est disposé pour leur donner l'idée et la faculté de s'en affranchir, et les entraves elles-mêmes serviront de stimulant.

J. Bainville
Journal, Paris, Plon.

Y a-t-il contradiction entre la paix « douce » évoquée dans ce document et la paix « accablante » du document précédent ?

« Curieux, je crois entendre un enfant pleurer », dit Clemenceau à Orlando, Lloyd George et Wilson. (Cet enfant aura 20 ans en 1940...) Caricature de Will Dyson dans *Daily Herald*, 1919.

▶ **Gérontocratie**
Gouvernement exercé par des vieillards et généralement marqué par son immobilisme.

protestations, se voit finalement dans l'obligation d'avaler cette humiliation, est le premier gouvernement démocratique et socialiste de l'histoire de l'Allemagne. Mauvais présage.

Allons plus loin. A-t-on même suffisamment affaibli l'Allemagne pour que sa volonté de revanche, inaltérable, ne soit pas en mesure de s'exercer ? Malgré ses pertes territoriales, l'Allemagne demeure, et de loin, le pays le plus peuplé, le plus vaste, et l'un des plus riches de toute l'Europe à l'ouest de la Russie. C'est finalement pour des raisons économiques, de même que par crainte de voir le pays basculer dans le communisme, que les auteurs du traité, tout en stimulant la volonté de revanche de l'Allemagne, ne lui ont pas enlevé les moyens de cette revanche **31**. Erreur capitale, irrémédiable.

1919 : la paix ? Le maréchal Foch dira : « Une trêve, pour 20 ans. » **32**

2.3.3 Bilan et répercussions

La Grande Guerre, à la fois par son bilan et par ses répercussions, laisse une marque indélébile sur l'histoire du XXᵉ siècle.

Le bilan humain, d'abord, est effroyable **33**. Dix millions de morts et un grave déficit des naissances vont amener un bouleversement démographique sans précédent, immédiatement visible sur la pyramide des âges **34**. La France est la plus durement touchée, et le vieillissement prématuré de sa population engendre une *gérontocratie* peu dynamique et dont l'obsession première sera de revenir à une « Belle Époque » pourtant définitivement révolue. D'autre part, 21 millions de blessés, que l'État va s'engager à secourir, vont peser lourdement sur les budgets sociaux, tout autant que sur le maintien à vif de lancinants souvenirs dans la psychologie collective.

Soumise au choc de la guerre, la société est déstabilisée par les scandaleux bénéfices engrangés par les profiteurs de guerre : banquiers, commerçants, gros fermiers ou industriels fournisseurs des armées et des gouvernements, qui affichent volontiers leur réussite, suscitant la rancœur des combattants et de ceux que la guerre a appauvris. Ceux-ci se recrutent chez les rentiers, dont les revenus fixes ont été rongés par l'inflation, et les salariés, dont le pouvoir d'achat s'est considérablement réduit (de 25 % en Italie et en Allemagne). Enfin, la guerre donne aux femmes une place nouvelle dans la société. Le travail féminin s'est généralisé, même dans les classes bourgeoises, et les professions libérales s'ouvrent timidement aux femmes, dont

Quel est le pays qui a souffert le plus, démographiquement parlant, de la guerre ?

33 **Les pertes des principaux belligérants durant la Grande Guerre**

Pays	Morts et disparus (en milliers)	Pourcentage des morts et disparus par rapport à la population active	Pourcentage des morts et blessés par rapport au total des appelés
France	1 400	10,5	60
Royaume-Uni	744	5,1	37
Italie	750	6,2	—
États-Unis	68	0,2	—
Allemagne	2 000	9,8	41
Autriche-Hongrie	1 543	9,5	38

34 Les répercussions démographiques

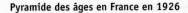

Les effets de la guerre sont visibles dans le déséquilibre entre les hommes et les femmes, dans le déficit des naissances et surtout dans le « creux » de la tranche d'âge des 30-50 chez les hommes.

Pyramide des âges en France en 1926

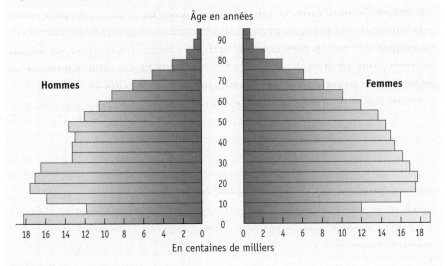

l'émancipation se traduit par l'apparition de la « garçonne » aux cheveux courts qui scandalise par sa liberté d'allure.

Le bilan économique est lourd. Destructions matérielles inouïes (mais la Seconde Guerre mondiale fera beaucoup mieux…), endettement phénoménal même chez les pays vainqueurs, dévaluation de la monnaie et inflation, démantèlement d'espaces économiques bien intégrés, particulièrement en Europe centrale, perte de marchés internationaux au profit des États-Unis et du Japon : l'économie européenne vient de vivre une secousse dont elle ne se relèvera peut-être jamais, du moins à l'échelle mondiale. Par ailleurs, les nécessités de l'effort de guerre ont amené les États à intervenir de façon massive dans le jeu des forces économiques, innovation capitale pour l'avenir.

35 Le déclin de l'Europe

Dès 1920, un géographe s'interroge…

Jusqu'ici c'était un fait élémentaire de géographie économique que l'Europe dominait le monde de toute la supériorité de sa haute et antique civilisation. Son influence et son prestige rayonnaient depuis des siècles jusqu'aux extrémités de la terre. Elle dénombrait avec fierté les pays qu'elle avait découverts et lancés dans le courant de la vie générale, les peuples qu'elle avait nourris de sa substance et façonnés à son image, les sociétés qu'elle avait contraintes à l'imiter et à la servir.

Quand on songe aux conséquences de la Grande Guerre, qui vient de se terminer, sur cette prodigieuse fortune, on peut se demander si l'étoile de l'Europe ne pâlit pas et si le conflit dont elle a tant souffert n'a pas commencé pour elle une crise vitale qui présage la décadence. En décimant ses multitudes d'hommes, vastes réserves de la vie où puisait le monde entier; en gaspillant ses richesses matérielles, précieux patrimoine gagné par le travail des générations; en détournant pendant plusieurs années les

esprits et les bras du labeur productif vers la destruction barbare; en éveillant par cet abandon les initiatives latentes ou endormies de ses rivaux, la guerre n'aura-t-elle pas porté un coup fatal à l'hégémonie de l'Europe sur le monde?

Albert Dernangeon
Le Déclin de l'Europe, 1920.
Cité dans *Les Mémoires de l'Europe*, t. VI, Paris, Robert Laffont, 1973.

Le bilan politique est d'une importance capitale. Sur le plan des régimes politiques, avec la disparition de tous les empires, la guerre semble se solder par une victoire de la démocratie, ce que les vainqueurs ne manquent pas de célébrer avec ostentation. Et pourtant, avec les entorses à la démocratie parlementaire que la guerre a entraînées, avec la Révolution bolchevique dont elle a favorisé l'éclatement, avec les frustrations et les humiliations nationales que les traités ont provoquées, avec la crise idéologique et morale qui se manifeste au sortir de la guerre, cette victoire de la démocratie n'est qu'un leurre. Dans 20 ans, à part quelques rares exceptions, tous les pays d'Europe auront basculé dans des régimes dictatoriaux à côté desquels ceux qui sont disparus pendant la guerre paraîtront comme des paradis de liberté.

À l'échelle mondiale, la Première Guerre marque le véritable début du déclin de l'Europe, que la Seconde mènera à son terme **35**. L'Europe a perdu sa prépondérance économique et a dû se mettre en état de dépendance, particulièrement face aux États-Unis, à la fois pour son ravitaillement, pour sa production industrielle et pour son approvisionnement en capitaux. New York va supplanter Londres comme première place financière du monde, tandis que le dollar américain concurrence la livre sterling comme monnaie de change internationale. Même dans leurs propres colonies, les pays européens ont vu pâlir leur autorité morale, et les sacrifices qu'ils ont exigés des peuples colonisés provoquent chez ces derniers des aspirations nouvelles, peu compatibles avec le maintien des vieilles soumissions. Au Moyen-Orient, en Inde, dès 1919, les premières manifestations nationalistes annoncent des temps nouveaux et difficiles (voir chapitre 3).

Enfin, la guerre provoque une profonde crise de civilisation. Toutes les bases idéologiques de la civilisation européenne ont été mises à mal. La croyance dans les capacités de la raison humaine, la foi dans le progrès, la conviction que la science amènerait une vie meilleure ont été oblitérées par ce carnage inutile, par l'exaltation du militarisme et de la violence aveugle, par le bourrage de crâne et la censure, par le déchaînement de nationalismes exaspérés jusqu'à l'inconscience. Le désarroi des esprits est grand **36**,

36 Le désarroi

Il n'a pas suffi à notre génération d'apprendre par sa propre expérience comment les plus belles choses et les plus antiques, et les plus formidables et les mieux ordonnées sont périssables par accident, elle a vu, dans l'ordre de la pensée, du sens commun, et du sentiment, se produire des phénomènes extraordinaires, des réalisations brusques de paradoxes, des déceptions brutales de l'évidence.

Je n'en citerai qu'un exemple : les grandes vertus des peuples allemands ont engendré plus de maux que l'oisiveté jamais n'a créé de vices. Nous avons vu, de nos yeux vu, le travail consciencieux,

l'instruction la plus solide, la discipline et l'application les plus sérieuses, adaptés à d'épouvantables desseins.

Tant d'horreurs n'auraient pas été possibles sans tant de vertus. Il a fallu, sans doute, beaucoup de science pour tuer tant d'hommes, dissiper tant de biens, anéantir tant de villes en si peu de temps : mais il a fallu non moins de qualités morales. Savoir et Devoir, vous êtes donc suspects?

P. Valéry
« La crise de l'esprit », dans *Variété*, Paris, Gallimard, 1924.

d'autant plus que ce sont probablement les intellectuels qui, après les paysans, ont payé le plus lourd tribut, du moins en France, où la moitié des 10 promotions des grandes écoles (Polytechnique, Normale supérieure, etc.) précédant le conflit ont été fauchées sur les champs de bataille.

Ainsi, privée des certitudes et des espoirs qu'elle portait depuis l'époque des Lumières, l'Europe de 1919 sombre dans un pessimisme qui constitue pour l'avenir immédiat un très lourd présage **37**.

---

37 Une amère victoire

11 novembre 1918…

Les cloches sonnaient. Le canon tonnait. Le travail s'était arrêté net [...]. [...] ne résistant plus à la frénésie des Parisiens que je percevais jusque dans ma retraite, je sortis à mon tour. Bientôt je fus entraînée, bousculée par une foule qui hurlait de joie et de haine. Sans doute était-elle belle cette déferlante mer humaine avec ses drapeaux, ses poilus portés en triomphe, ses armes prises à l'ennemi et traînées le long des trottoirs, ses fanfares, ses embrassades, ses farandoles et ses femmes en deuil. Elle me parut affreuse. Pire! Imbécile. Elle fêtait une victoire aux vertus de laquelle, certes, j'avais cru, à laquelle j'avais collaboré de toutes mes forces minuscules; mais, de seconde en seconde, cette victoire me paraissait moins digne d'être célébrée. Ces manifestants étaient des sauvages. Ils glorifiaient leur manque de sagesse, le triomphe de leur agressivité… Une bande de manifestants fit irruption dans le café où je rêvais, le cœur et l'esprit torturés :

– À boire! hurlèrent-ils au patron. À boire pour cette gueule cassée!

Ils encadraient avec mille précautions un soldat dont la mâchoire fracassée et l'œil atteint avaient été tant bien que mal raccommodés. Le malheureux fut assis sur le comptoir. Un loustic sonna du cor. Les bouchons sautèrent et le rite du champagne les absorba tous.

Mon croissant me resta dans la gorge. J'étais seule.

Je ne pensais comme personne.

Louise Weiss
Mémoires d'une Européenne.
Cité dans *Les Mémoires de l'Europe*, t. VI, Paris, Robert Laffont, 1973.

> Quel est le sens des mots *poilus* et *farandole*?

Conclusion

Déclenché dans un contexte de domination européenne sur le monde, la Grande Guerre a profondément modifié la géographie politique de l'Europe, déstabilisé ses sociétés, secoué son économie, ébranlé sa civilisation. Ce faisant, elle a amorcé de façon irréversible son déclin à l'échelle mondiale, tout en s'achevant sur des solutions diplomatiques qui, par leurs faiblesses mêmes, préparent un autre conflit, plus effroyable encore.

Questions de révision

1. Quelles sont les trois grandes explications globales qui divisent les historiens quant aux origines de la Grande Guerre ?

2. Expliquez les trois rivalités majeures qui opposent les grandes puissances européennes au début du XXe siècle.

3. Décrivez le climat de « paix armée » qui précède le conflit.

4. Comment peut-on départager les responsabilités dans le déclenchement des hostilités ?

5. Quelles sont les caractéristiques qui valent à ce conflit le qualificatif de « guerre totale » ?

6. Dégagez l'importance de l'année 1917 dans l'évolution du conflit et pour la suite de l'histoire du XXe siècle.

7. Décrivez les positions respectives des ex-belligérants au moment où s'ouvre la conférence de Paris.

8. Quels sont les principaux éléments du traité de Versailles, et comment peut-on affirmer que ce traité « stimule la volonté de revanche de l'Allemagne sans lui enlever les moyens de cette revanche » ?

9. Analysez les grandes faiblesses de la Paix de 1919.

10. Dressez un bilan général de la Grande Guerre.

EXERCICES

TRAVAUX

SUJETS DE DISCUSSION

1. Faites un résumé du chapitre sous forme de plan détaillé (résumé schématique).

2. Sur une carte muette de l'Europe de 1914, identifiez tous les belligérants de la Première Guerre mondiale.

3. Sur une carte muette de l'Europe de 1920, localisez les nouveaux États issus du conflit.

4. Dans les journaux québécois de l'époque (*La Presse*, *Le Devoir* ou autres sur microfilm), étudiez la présentation qui est faite de certains événements marquants de la Première Guerre mondiale (par exemple, l'attentat de Sarajevo et la crise de juillet-août 1914, l'implication du Canada dans la guerre, y compris la question de la conscription, les traités de 1919, etc.).

5. Était-on véritablement en mesure, en 1919, de faire une « meilleure » paix, plus durable ?

> Pour aller plus loin

(NOTE : *sauf mention contraire, le lieu d'édition est Paris.*)

publications

AUDOIN-ROUZEAU, S., et A. BECKER. *14-18, retrouver la guerre.* Gallimard, coll. « Bibliothèque des histoires », 2000, 272 p.

BECKER, J.-J. *1917 en Europe, l'année impossible.* Bruxelles, Éd. Complexe, coll. « Questions au XXᵉ siècle », 1997, 204 p.

— *La Première guerre mondiale.* Belin, coll. « Belin Sup Histoire », 2003, 367 p.

— *Le traité de Versailles.* Presses universitaires de France, coll. « Que sais-je ? » nº 3643, 2002, 127 p.

FERRO, M. *La Grande guerre : 1914-1918.* Gallimard, coll. « Folio Histoire » nº 29, 1990, 412 p.

LEJEUNE, D. *Les causes de la Première guerre mondiale.* A. Colin, coll. « Cursus », 1992, 128 p.

MOSSE, G. L. *De la grande guerre au totalitarisme : la brutalisation des sociétés européennes.* Hachette littératures, coll. « Pluriel », 2003, 291 p.

RENOUVIN, P. *La Première guerre mondiale.* Presses universitaires de France, coll. « Que sais-je ? » nº 326, 9ᵉ éd., 1998, 127 p.

ROUSSEAU, F. *La guerre censurée : une histoire des combattants européens de 14-18.* Seuil, coll. « Points Histoire » nº 330, 2003, 462 p.

Les grands romans de la guerre de 14-18. Presses de la Cité, coll. « Omnibus », 1994, 1170 p. (6 romans réunis en un volume : H. BARBUSSE, *Le feu* ; R. DORGELÈS, *Les Croix de bois* ; J. KESSEL, *L'équipage* ; E. JÜNGER, *Orages d'acier* ; A. ZWEIG, *Éducation héroïque devant Verdun* ; J. THARAUD, *La randonnée de Samba Diouf*.)

cédérom

La guerre 1914-1918. Prod. Liris interactive/Pathé interactive/Cliosoft/Épimédia, 1997.

site Internet

Site de la BBC, très riche pour l'histoire : *http://www.bbc.co.uk/history/war/wwone/*

films

La chambre des officiers, de François Dupeyron, avec E. Caravaca et S. Azéma. Fr., 2001. 135 min. Un officier français défiguré par un obus dès le début de la guerre passe toute cette dernière dans une chambre d'hôpital pour se faire reconstruire le visage. Superbe film particulièrement émouvant. Grande sobriété, justesse dans les situations et les dialogues, acteurs parfaits.

La grande illusion, de Jean Renoir, avec Jean Gabin et Pierre Fresnay. Fr., 1937. 114 min. Prisonniers de guerre dans un camp pendant la Grande Guerre. Où est cette « grande illusion » : dans la solidarité entre Français de toutes classes ou dans la solidarité de classe entre aristocrates français et allemands ? Un des chefs-d'œuvre de Renoir. Esthétique typique du cinéma des années trente. Magnifiques acteurs. Offert en DVD.

Laurence d'Arabie (*Lawrence of Arabia*), de David Lean, avec Peter O'Toole, Alec Guiness et Omar Sharif. G.-B., 1962. 216 min. Le rôle de l'officier britannique T. E. Lawrence dans la révolte arabe, prise dans le jeu ambigu de la Grande-Bretagne au Moyen-Orient. Le chef-d'œuvre absolu du film historique à grand déploiement. Offert en DVD (plusieurs versions, dont la meilleure est sur deux disques avec une section DVD-ROM).

Les sentiers de la gloire (*Paths of Glory*), de Stanley Kubrick, avec Kirk Douglas et Adolphe Menjou. É.-U., 1957. 87 min. Procès en cour martiale pour des soldats français qui ont refusé d'obéir aux ordres dans les tranchées. Un des chefs-d'œuvre de Kubrick. Superbes images en noir et blanc. Offert en DVD.

La vie et rien d'autre, de Bertrand Tavernier, avec P. Noiret et S. Azéma. Fr., 1989. 135 min. Un général français reçoit pour mission, la guerre finie, de trouver la dépouille d'un soldat inconnu pour un tombeau à installer sous l'Arc de triomphe à Paris. Tableau impressionnant des régions dévastées après la fin des combats et de la recherche de morts, de disparus et d'amnésiques par les familles éplorées. Très beau film. Noiret à son meilleur.

Chapitre 3

PLAN DU CHAPITRE

3.1 LA NAISSANCE DU SYSTÈME SOVIÉTIQUE (1917-1929)

3.1.1 Les révolutions de 1917-1918

3.1.2 Guerre civile et communisme de guerre

3.1.3 De Lénine à Staline

3.2 À L'OUEST : L'IMPOSSIBLE RETOUR À LA STABILITÉ

3.2.1 L'Europe en difficulté

3.2.2 Les États-Unis : isolationnisme et prospérité

3.2.3 La sécurité collective : à la recherche de la paix

3.3 HORS D'EUROPE : DES SIGNES ANNONCIATEURS

3.3.1 Le monde arabo-musulman

3.3.2 L'Asie

L'après-guerre (1919-1929)

L'événement de loin le plus important découlant de la Grande Guerre est sans contredit la Révolution russe, qui va marquer l'ensemble du siècle d'une façon fondamentale. À partir de 1917, la vie de tous les peuples, de toutes les sociétés, sera touchée de plus ou moins près par cet événement, unique dans l'histoire universelle. Pendant que commence à se développer l'expérience bolchevique, le monde occidental essaie tant bien que mal de « revenir à la normale » et de se griser pour oublier l'hécatombe qui vient de se terminer. Dans les mondes dominés, les premiers mouvements révolutionnaires de masse amorcent cependant des changements qui témoignent déjà de l'impact de la guerre sur les grands équilibres mondiaux.

Comment le mouvement révolutionnaire russe a-t-il abouti à l'instauration du régime soviétique et comment ce régime a-t-il fait face aux énormes difficultés auxquelles le pays était confronté? Comment, en Europe de l'Ouest et aux États-Unis, cherchait-on à retrouver une certaine stabilité, après le grand bouleversement de 1914-1918? Quels étaient, hors d'Europe, les signes annonciateurs des grands craquements qui allaient bientôt secouer la suprématie européenne?

1 **11 novembre 1918**

Ces foules en liesse savent-elles à quel point le monde a changé?

2

La révolution russe ne pouvait pas être un fait purement russe, n'intéressant que l'histoire nationale de la Russie : c'est en Russie que triomphe un phénomène international par un concours fortuit de circonstances — la guerre, la défaite, la mauvaise organisation militaire, l'absence de traditions démocratiques. Mais elle aurait pu tout aussi bien commencer ailleurs. C'est une révolution qui se veut universelle. D'emblée, la révolution russe et son avenir sont solidaires du reste de l'Europe. Réciproquement, en butte à l'hostilité des Alliés, le gouvernement bolchevique cherche à se donner de l'air en provoquant des révolutions qui fassent diversion. Les communistes russes ont la conviction de proposer au monde un exemple de portée universelle. Une partie des masses ouvrières a les yeux tournés vers ce qui se passe en Russie. C'est une expérience grosse d'espérances. Ces « dix jours qui ébranlèrent le monde » provoquent ailleurs des répercussions et des contrecoups. La révolution russe apparaît à l'opinion démocratique ou socialiste de l'Occident comme l'héritière des révolutions de 1789 et de 1848. Le mythe de la révolution soviétique cristallise les aspirations au renouveau, à la paix, à l'internationalisme.

René Rémond
Introduction à l'histoire de notre temps, t. 3, Paris, Seuil, coll. « Points Histoire », n° 14, 1974.

3

Chronologie

1917	Révolutions de février (mars) et d'octobre (novembre) en Russie Déclaration Balfour sur la Palestine
1918	Dictature bolchevique en Russie, début de la guerre civile
1919	Insurrection spartakiste à Berlin « Mouvement du 4 mai » en Chine Instauration des mandats au Moyen-Orient Constitution de la république de Weimar en Allemagne Fondation des « Faisceaux italiens de combat » par Mussolini Rejet du traité de Versailles par le Sénat des États-Unis
1920	Traité de Sèvres concernant la Turquie
1921	Retour au pouvoir des républicains aux États-Unis Victoire des bolcheviks, mutinerie de Cronstadt et NEP (nouvelle politique économique) en Russie Conférence de Washington Guerre gréco-turque
1922	Naissance de l'URSS
1922-1923	Hyperinflation en Allemagne
1923	Traité de Lausanne avec la Turquie (annule le traité de Sèvres) Proclamation de la république de Turquie
1924	Plan Dawes pour le paiement des réparations allemandes Mort de Lénine, début de la lutte pour sa succession
1925	Pacte de Locarno Mort de Sun Yat-sen ; Jiang Jieshi, chef du Guomindang
1927	Staline installe son pouvoir personnel Rupture Guomindang-communistes
1928	Pacte Briand-Kellogg
1929	Plan Young pour le paiement des réparations allemandes Krach de Wall Street, début de la crise économique

3.1 LA NAISSANCE DU SYSTÈME SOVIÉTIQUE (1917-1929)

L'éclatement et le déroulement de la Révolution russe sont intimement liés à la guerre. Dès le départ, les faiblesses économiques et technologiques de la Russie la rendaient incapable de soutenir l'énorme effort que nécessite une guerre moderne, et l'on a vu comment cette guerre avait rapidement tourné en débandade générale des armées russes sur le front et en désorganisation complète de l'économie intérieure (voir page 35).

3.1.1 Les révolutions de 1917-1918

Plusieurs foyers d'agitation contre le tsarisme, déjà à l'œuvre bien avant la guerre, vont être galvanisés par la longue suite de défaites auxquelles le tsar lui-même fait l'erreur de s'associer en assumant personnellement la direction des opérations, sur le front, en 1915 : agitation des nobles libéraux et des bourgeois pour des réformes constitutionnelles de type parlementaire, agitation des étudiants contre la censure, agitation des ouvriers pour l'amélioration des conditions de travail et des protections sociales et, surtout, dans cette société où ils forment 85 % de la population, agitation des paysans contre les grands propriétaires. S'ajoutent à cela l'agitation des soldats sacrifiés sans pitié dans des batailles toujours perdues et celle de différentes minorités nationales ou religieuses (Polonais, Ukrainiens, montagnards du Caucase, musulmans) contre la russification brutale menée par le pouvoir. Toutes ces turbulences, fouettées par le désastre militaire, vont culminer et fusionner en 1917.

Après deux années et demie de défaites militaires et de difficultés de ravitaillement qui ont provoqué de graves disettes dans les villes, la première explosion a lieu en mars : c'est la Révolution de février (le calendrier russe de cette époque « retarde » de 13 jours sur le calendrier occidental, que nous adoptons ici). Le 7 mars, à Petrograd (ex-Saint-Pétersbourg), des émeutes de la faim éclatent, menées surtout par des femmes, dans les interminables files d'attente devant des magasins toujours vides. Le lendemain, Journée internationale des femmes, les manifestations continuent avec, cette fois, la participation des ouvriers, dont le mouvement de grève se généralise rapidement. Le 12 mars, le tsar ordonne à l'armée d'ouvrir le feu, mais les soldats refusent et se joignent aux manifestants 4. Trois jours plus tard, le tsar abdique et la Russie se retrouve brusquement en république. Une semaine d'émeutes a mis fin à cinq siècles d'autocratie.

Alors, à la vitesse de l'éclair, cet immense empire sombre dans l'anarchie la plus complète. Dans les campagnes, les paysans procèdent déjà au partage spontané des terres ; dans les usines, des comités ouvriers prennent la direction des opérations et chassent patrons, cadres et techniciens ; dans l'armée, les soldats se constituent en comités et élisent leurs

4 12 mars 1917
Les soldats se rallient à la foule.

officiers. À Petrograd, un gouvernement provisoire hâtivement constitué par la Douma tente de remplir le vide du pouvoir avec un projet de démocratie parlementaire libérale inspiré des modèles occidentaux et amorce le processus d'élection d'une assemblée constituante.

Cependant, face au gouvernement provisoire dirigé par Lvov puis par Alexandre Kerenski (1881-1970), un contre-pouvoir se lève aussitôt : le soviet de Petrograd, formé de délégués des ouvriers en grève et des soldats mutinés, et qui, se prévalant de la volonté populaire qu'il prétend incarner, prend des décisions qui contredisent ou dépassent celles qui sont prises par le gouvernement provisoire ❺. Bientôt, toutes les grandes villes auront leur soviet, et personne ne sait plus qui dirige le pays, ou plutôt, personne n'arrive effectivement à le faire.

C'est la guerre, encore, qui va débloquer l'impasse. Le gouvernement provisoire veut la poursuivre, espérant que la chute du tsarisme va galvaniser les troupes et amener quelques victoires qui permettraient de redresser le front et d'éviter une amputation du pays. Les alliés occidentaux font également pression pour maintenir le front russe en activité. Mais l'armée russe, tout simplement, n'existe plus. Et ce que souhaite avant tout le peuple russe, c'est la paix, et du pain.

Dès lors, les soviets ont le vent dans les voiles, et un groupe prend de plus en plus d'ascendant à l'intérieur des soviets : ce sont les bolcheviks, dirigés par Vladimir Oulianov, dit Lénine (1870-1924). Les bolcheviks constituent l'aile majoritaire (en russe : *bolchevik*) du Parti social-démocrate, dont le programme vise à la collectivisation des terres et des moyens de production et qui jouit d'une grande audience auprès du prolétariat ouvrier. Lénine, qui a le sens des formules, lance le slogan capable de rallier tout le monde : « Le pain aux affamés, la terre aux paysans, la paix aux peuples, le pouvoir aux soviets. »

L'anarchie qui se développe pousse Lénine à s'emparer du pouvoir par un coup d'État, facilement réalisé dans la nuit du 6 au 7 novembre par les Gardes rouges organisées par Trotsky. Le congrès panrusse des soviets élit alors un Conseil des commissaires du peuple présidé par Lénine, qui annonce : « Nous passons maintenant à l'édification de l'ordre socialiste. » C'est ce qu'on appelle la Révolution d'octobre.

---

❺ L'appel du soviet de Petrograd (27 février 1917)

L'ancien régime a conduit le pays à la ruine et la population à la famine. Il était impossible de la supporter plus longtemps et les habitants de Petrograd sont sortis dans les rues pour dire leur mécontentement. Ils ont été reçus à coups de fusil. [...]

Mais les soldats n'ont pas voulu agir contre le peuple et ils se sont tournés contre le gouvernement. Ensemble, ils ont saisi les arsenaux, les fusils et d'importants organes du pouvoir.

Le combat continue et doit être mené à sa fin. Le vieux pouvoir doit être vaincu pour laisser la place à un gouvernement populaire. Il y va du salut de la Russie.

Afin de gagner ce combat pour la démocratie, le peuple doit créer ses propres organes de gouvernement. Hier, 26 février, s'est formé un soviet de députés ouvriers composé de représentants des usines, des ateliers, des partis et organisations démocratiques et socialistes. Le Soviet, installé à la Douma, s'est fixé comme tâche

essentielle d'organiser les forces populaires et de combattre pour la consolidation de la liberté politique et du gouvernement populaire.

Le Soviet a nommé des commissaires pour établir l'autorité populaire dans les quartiers de la capitale. Nous invitons la population tout entière à se rallier immédiatement au Soviet, à organiser des comités locaux dans les quartiers et à prendre entre ses mains la conduite des affaires locales.

1. *La grande propriété foncière est abolie immédiatement et sans indemnité.*
2. *Les domaines des propriétaires fonciers de même que toutes les terres des nobles, des monastères, de l'Église, avec tout leur cheptel mort ou vif, leurs bâtiments et toutes leurs dépendances, passent à la disposition des comités agraires de canton et des soviets de députés paysans de district, jusqu'à ce que la question soit réglée par l'Assemblée constituante.*
3. *Tout dommage causé à la propriété confisquée, qui appartient dorénavant au peuple tout entier, est déclaré crime grave passible du tribunal révolutionnaire.*
   […]
5. *Les terres des simples paysans et simples cosaques ne sont pas confisquées.*

Mais qu'est-ce, concrètement, que le socialisme? Et qu'est-ce que ce nouveau gouvernement « soviétique », sinon un autre gouvernement provisoire, aussi impuissant que le précédent? Les soviets multiplient les décrets, courant au plus pressé, et le mot *socialisme* viendra, après coup, légitimer cette improvisation.

Première priorité : rallier les paysans, sur lesquels les bolcheviks, parti essentiellement ouvrier, n'ont à peu près aucun ascendant. Le décret sur la terre abolit la grande propriété sans indemnité **6**, mais les paysans, satisfaits sur ce point, refusent de livrer leurs surplus sur le marché parce que la monnaie y perd sa valeur de jour en jour. Il faut donc envoyer dans les campagnes des détachements ouvriers qui réquisitionnent les surplus, ce qui amène tout simplement les paysans à limiter leur production **7**. Les ouvriers des villes, menacés de famine, vont alors échanger leurs produits industriels contre des denrées, établissant un troc à l'échelle locale qui désorganise tous les circuits économiques du pays.

Pour combattre cette socialisation « sauvage », le gouvernement est donc amené à la socialisation « par en haut », c'est-à-dire à l'étatisation pure et simple de toute l'économie. Mais l'État russe, comme la société et l'économie, est désintégré. Une seule force répond encore au gouvernement bolchevique, et c'est le Parti bolchevique. C'est donc le Parti qui devra assumer la régulation qui, dans une économie capitaliste, est assurée par le marché. C'est encore le Parti qui devra se substituer aux anciens cadres disparus pour recréer une société civile, elle aussi dissoute dans l'anarchie **8**.

Mais s'il veut accomplir ces tâches, le Parti ne peut tolérer quelque contestation que ce soit de son pouvoir, ni de l'intérieur (« fractionnisme »), ni de l'extérieur. Tout dissident devient un « ennemi de classe », et dès décembre 1917 est formée la Tchéka, redoutable police politique chargée de supprimer toute opposition par tous les moyens, y compris la terreur **9**. L'assemblée constituante, finalement élue en janvier 1918 et au sein de laquelle les bolcheviks n'ont obtenu que le quart des sièges, est dispersée par les Gardes rouges dès sa première séance, tandis que les soviets eux-mêmes sont épurés à l'été, marquant la fin du régime véritablement « soviétique » et le début de la dictature bolchevique.

L'hiver infligeait à la population des villes un véritable supplice. Ni chauffage ni éclairage, et la famine accablante! Enfants, vieillards faibles mouraient par milliers. Le typhus faisait des coupes claires. Tout cela, je l'ai longuement vu et vécu. Dans les grands appartements désertés de Petrograd, les gens se réunissaient tous dans une seule pièce, vivant les uns sur les autres autour d'un petit poêle en fonte ou en brique, établi sur le parquet et dont la cheminée enfumait un coin de fenêtre. On l'alimentait avec le parquet des pièces voisines, avec le dernier mobilier, avec des livres [...]. On se nourrissait d'un peu d'avoine et de cheval à demi-pourri; on se partageait, dans le cercle de famille, un morceau de sucre en fragments infimes et chaque bouchée prise hors tour provoquait des drames [...]. Pour entretenir le ravitaillement coopératif, on envoyait dans les campagnes lointaines des détachements de réquisition que les moujiks chassaient souvent à coups de fourche et quelquefois massacraient. Des paysans féroces ouvraient le ventre au commissaire, le remplissaient de blé et le laissaient sur le bord de la route pour que l'on comprît bien.

V. Serge
Mémoires d'un révolutionnaire (1901-1941), Paris, Seuil, coll. « Points Politique », 1978.

8 La « primitivation » de la société

En 1917, la société civile russe à l'occidentale n'était qu'à moitié constituée. C'était une société civile européenne moderne greffée sur une société de seigneurs et de paysans beaucoup plus archaïque, beaucoup plus primitive qui n'avait pas eu le temps de moderniser et de fortifier le pays tout entier, pour qu'il puisse résister aux tensions créées par une guerre totale moderne. Le résultat de cet état de choses? L'effondrement complet de cette société, le gouvernement incapable de maîtriser les forces économiques déclenchées par une guerre pareille, la société trop faible pour y résister toute seule provoquent une primitivation exceptionnelle de la société russe.

Ce nivellement social et cet effondrement reviennent à une primitivation de la société russe, mais primitivation qui ne signifie pas un retour à la société russe de l'ancien régime : autocratie, noblesse et paysannerie servile. Dans la société russe de Pierre le Grand et de Nicolas 1er, ce système fonctionnait : c'était une société primaire simple. La primitivation exceptionnelle qu'on retrouve en 1917-1918 n'est donc pas un retour à cet ancien régime, mais une dissolution dans l'anarchie, ce qui est tout à fait autre chose. Cette primitivation est le résultat du nivellement social et de l'effondrement économique, et elle renforce le nivellement social, qui est

le caractère unique de la révolution russe, sa « spécificité » dans l'histoire des révolutions européennes.

Dans toutes les autres révolutions européennes, il y a eu changement de la société, mais jamais dissolution de la société existante. En effet, les deux conditions qui ont produit cette dissolution sociale manquaient : la guerre totale moderne et une société civile trop faible pour soutenir la guerre. C'est cette primitivation exceptionnelle de la société qui constitue le facteur unique principal du déroulement de la révolution russe [...].

M. Malia
Comprendre la Révolution russe, Paris, Seuil, coll. « Points Histoire », 1980.

9 Origine de classe et présomption de culpabilité

La Tchéka ne lutte ni pour la justice ni contre tel ou tel individu. Nous sommes l'organe d'extermination de la bourgeoisie en tant que classe. Durant un interrogatoire, je ne me pose pas la question de savoir si tel ou tel a agi contre le pouvoir soviétique. Je me demande : à quelle classe cet individu appartient-il? Quelle est son éducation, sa profession? Et, seulement si c'est un travailleur, je

me pose la question : a-t-il pu trahir sa classe ou agir contre nous? Enfin, éventuellement, je m'efforcerai d'amener l'accusé à reconnaître ses fautes — l'aveu couronnera alors la présomption par l'origine.

Dzerjinski,
septembre 1918.

> Qu'est-ce qui distingue la Révolution russe de toutes les autres révolutions européennes, selon l'auteur, et quelles sont les conditions qui ont produit cette spécificité?

> Qui est l'auteur de ce document?
> Note : En 1921, la Tchéka comptera 283 000 agents. La police politique du tsar, en 1915, ne dépassait pas 15 000 membres.

3.1.2 Guerre civile et communisme de guerre

La guerre, encore une fois, va donner une nouvelle impulsion au mouvement révolutionnaire. Mais il ne s'agit plus de la guerre contre l'Allemagne, qui a été finalement réglée dans un traité désastreux (Brest-Litovsk, 1918), après un appel, aussi généreux qu'illusoire de la part d'un vaincu, à une paix « sans annexions ni indemnités » (décret sur la paix) ❿. À Brest-Litovsk, la Russie doit abandonner 800 000 km² de territoire, le quart de sa population, le tiers de ses ressources agricoles, les trois quarts de son fer et de son charbon. Ce traité permet cependant aux bolcheviks de consolider leur pouvoir en démontrant au peuple russe qu'ils sont capables de tenir leurs engagements. Par ailleurs, le même traité inspirera la sévérité des vainqueurs occidentaux envers l'Allemagne un an plus tard.

Mais, sitôt liquidé ce conflit d'où tout était parti, le gouvernement bolchevique se trouve devant une guerre civile dans laquelle il risque de sombrer à son tour. Des révolutionnaires dissidents, opposés aux bolcheviks ou même au communisme, entrent en rébellion dans certaines régions et

Le gouvernement ouvrier et paysan, créé par la révolution des 24 et 25 octobre et s'appuyant sur les soviets des députés ouvriers, soldats et paysans, propose à tous les peuples belligérants et à leurs gouvernements d'entamer des pourparlers immédiats en vue d'une paix juste et démocratique. [...] cette paix, le gouvernement estime qu'elle ne peut être qu'une paix immédiate, sans annexions et sans contributions de guerre. [...]

Le gouvernement abolit la diplomatie secrète en exprimant pour sa part sa ferme intention de mener tous les pourparlers tout à fait ouvertement devant tout le peuple [...].

Le gouvernement invite tous les gouvernements et les peuples de tous les pays belligérants à conclure immédiatement un armistice.

1. *Égalité et souveraineté des peuples de Russie.*
2. *Droit des peuples de Russie de disposer d'eux-mêmes jusqu'à séparation et constitution d'un État indépendant.*
3. *Suppression de tous privilèges et limitations nationaux ou religieux.*
4. *Libre développement des minorités nationales et groupes ethniques habitant le territoire russe.*

s'emparent de quelques villes. Des généraux fidèles au tsarisme lèvent des armées « blanches » en Sibérie, en Ukraine, aux portes mêmes de Petrograd. Des minorités nationales décident d'aller bien au-delà du décret sur les peuples adopté par les soviets et proclament leur indépendance (Baltes, Géorgiens) **11**. Les Polonais, récemment libérés, veulent profiter du désordre pour arrondir leurs possessions et, enfin, les puissances de l'Entente, outrées de la défection russe et inquiètes de la propagation du bolchevisme chez elles, envoient des corps expéditionnaires par la mer Noire, la Baltique, la mer Blanche et jusqu'à Vladivostok sur le Pacifique **12**.

Au printemps 1919, les bolcheviks ne détiennent plus qu'un bastion central réduit à peu près à l'ancienne Moscovie d'Ivan le Terrible (XVᵉ siècle). Mais ils font face. Le « communisme de guerre » accentue la mainmise de l'État, donc du Parti, sur l'économie et la société (suppression de la monnaie, de toute façon pratiquement disparue, militarisation du travail), et l'Armée rouge est créée par Trotsky, avec un service militaire obligatoire qui fournit bientôt 600 000 hommes en état de combattre (et encore plus de déserteurs…). Parallèlement, la création du Komintern (IIIᵉ Internationale)

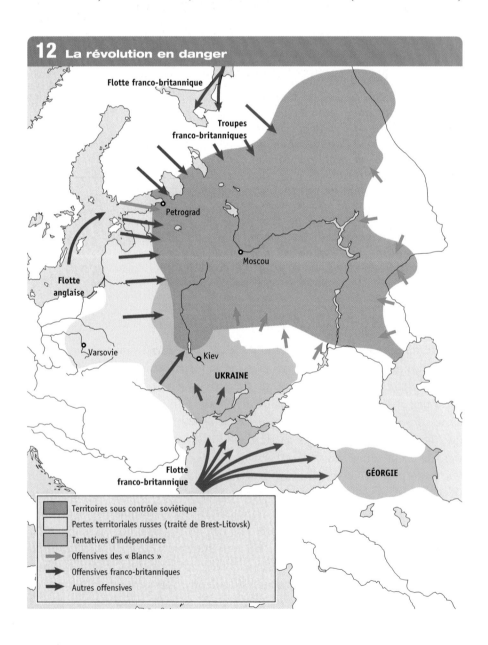

12 La révolution en danger

Flotte franco-britannique

Troupes franco-britanniques

Petrograd

Moscou

Flotte anglaise

Varsovie

Kiev

UKRAINE

Flotte franco-britannique

GÉORGIE

Territoires sous contrôle soviétique
Pertes territoriales russes (traité de Brest-Litovsk)
Tentatives d'indépendance
Offensives des « Blancs »
Offensives franco-britanniques
Autres offensives

permet aux bolcheviks de prendre les pleins pouvoirs sur les partis communistes du monde entier, dans l'espoir qu'une révolution mondiale vienne au secours de la « patrie socialiste ».

Favorisée par sa position centrale et par un réseau ferroviaire serré qui lui permet de se porter rapidement d'un point à un autre, l'Armée rouge défait l'une après l'autre les armées blanches qui attaquent de tous côtés. La victoire des bolcheviks est également favorisée par la division entre les opposants, qui vont des socialistes-révolutionnaires aux partisans du retour au tsarisme, et par le manque total de sens politique des généraux blancs qui, dans les régions qu'ils contrôlent, annulent le partage des terres déjà accompli. Quant aux puissances étrangères, sortant tout juste d'une guerre meurtrière, elles hésitent à se lancer dans un nouveau conflit lointain et compliqué et, craignant des mutineries dans leurs propres troupes, elles finissent par se retirer. Mais leur intervention contribue à accentuer la méfiance des bolcheviks à l'égard des puissances capitalistes et à isoler du concert des nations la future URSS pendant de longues années.

Au début de 1921, la victoire bolchevique est à peu près complète. Mais l'Empire russe n'est plus que l'ombre de lui-même. Les niveaux de production agricole et industrielle sont à 15 % de ceux d'avant 1914, à 2,5 % seulement pour le charbon et l'acier (sur un territoire réduit, il est vrai). Selon l'historien Martin Malia, c'est « un effondrement unique dans l'histoire des sociétés industrielles modernes ». Après la guerre étrangère et la guerre civile, la famine et la maladie font d'effroyables ravages : plus de 12 millions de victimes en tout **13**.

Plus grave encore : la fin de la guerre civile rend la dictature des bolcheviks de plus en plus insupportable à une bonne partie de la population, d'autant plus que le communisme de guerre s'avère une véritable catastrophe, au moins dans l'agriculture. En 1921, une nouvelle révolution couve sous la cendre, anti-bolchevique cette fois. Les paysans, décidément les mal-aimés

13 **La famine, 1920-1921**

Quel reproche majeur le Comité révolutionnaire de Cronstadt adresse-t-il aux communistes ?

---

14 La révolte de Cronstadt

Étant donné que les soviets actuels n'expriment pas la volonté des ouvriers et des paysans, [il faut] : 1º procéder immédiatement à la réélection des soviets au moyen du vote secret; 2º établir la liberté de parole et de presse; 3º accorder la liberté de réunion aux syndicats et aux organisations paysannes; [...] 11º donner aux paysans la pleine liberté d'action en ce qui concerne les terres et aussi le droit de posséder du bétail [...].

Résolution des escadres de la flotte de la Baltique, 1er mars 1921.

En faisant la révolution d'Octobre, la classe ouvrière avait espéré obtenir son émancipation. Mais il en résulta un esclavage encore plus grand de l'individualité humaine.

Le pouvoir de la monarchie policière passa aux mains des usurpateurs — les communistes — qui, au lieu de laisser la liberté au peuple, lui réservèrent la peur des geôles de la Tchéka… De fait, le pouvoir communiste a substitué à l'emblème glorieux des travailleurs — la faucille et le marteau — cet autre symbole : la baïonnette et la grille, ce qui a permis à la nouvelle bureaucratie, aux commissaires et aux fonctionnaires communistes de s'assurer une vie facile et confortable. Mais ce qui est le plus abject et le plus criminel,

c'est l'esclavage spirituel instauré par les communistes : ils mirent la main aussi sur la pensée, sur la vie morale des travailleurs, obligeant chacun à penser selon leur formule. À l'aide des syndicats étatisés, ils attachèrent l'ouvrier à la machine et transformèrent le travail en nouvel esclavage. [...] Il devient maintenant évident que le parti communiste n'est pas, comme il feignait de l'être, le défenseur des travailleurs. Les intérêts de la classe ouvrière lui sont étrangers. Après avoir obtenu le pouvoir, il n'a qu'un seul souci : ne pas le perdre [...].

Extraits des *Izvestia*, journal publié par le Comité révolutionnaire de Cronstadt.

du régime, entrent en révolte dans plusieurs provinces et, comme en 1905, comme en 1917, une mutinerie éclate même dans la flotte où les marins de Cronstadt, la grande base navale près de Petrograd, dénoncent la « confiscation » de la Révolution soviétique par les bolcheviks **14**. Pour ces derniers, le symbole est accablant : ce sont ces mêmes marins qui ont été le fer de lance de la Révolution d'octobre…

3.1.3 De Lénine à Staline

Lénine comprend alors qu'il faut faire une pause (« on ne peut pas édifier le socialisme sur des ruines »). Ayant d'abord fait brutalement réprimer la mutinerie de Cronstadt par les troupes de Trotsky, il décide d'abandonner le communisme de guerre et instaure une nouvelle politique économique (la NEP, d'après les initiales russes). Il s'agit d'un retour massif au capitalisme privé : suppression des réquisitions agricoles et liberté pour les paysans de commercialiser leur production ; dénationalisation de l'artisanat, du petit commerce et des entreprises industrielles de moins de 20 ouvriers ; concessions diverses au capital étranger. En parallèle, cependant, l'État conserve la haute main sur les banques, les transports et les grandes usines, et maintient un secteur socialiste dans les autres domaines, la NEP n'étant qu'un compromis temporaire destiné à permettre à long terme le retour en force du bolchevisme.

Très rapidement, la situation économique se redresse **15**. La production agricole retrouve en 1925 son niveau de 1913, tandis que la production industrielle est remise en marche et que la monnaie, rétablie, se stabilise. Mais l'embellie est de courte durée : dès 1925 prend forme, inexorable, une « crise des ciseaux » entre des prix agricoles en baisse constante et des prix industriels toujours à la hausse. Les agriculteurs ne peuvent plus moderniser leur outillage, tandis que l'industrie se voit menacée de perdre ses principaux clients. À cela s'ajoute la nécessité d'investir massivement pour renouveler une machinerie industrielle qui date du début du siècle et dont la détérioration est irréversible.

Par ailleurs, la NEP soulève de plus en plus d'opposition en favorisant le développement d'une classe aisée de paysans (les koulaks) et de commerçants et d'industriels (appelés *nepmen*), dont le niveau et le style de vie contredisent l'idéologie officielle et qui suscitent le scandale chez grand nombre de communistes sincères, voire la simple jalousie des envieux.

En quelle année les résultats de la NEP semblent-ils plafonner ? Dans quel sens peut-on parler d'une consommation « théorique » par habitant ?

15 Les résultats de la NEP dans l'agriculture

Années de la récolte	Surfaces ensemencées (millions d'hectares)	Production totale (millions de tonnes)	Population (millions d'habitants)	Consommation théorique par habitant
1922	66,2	56,3	132	4,6
1923	78,6	57,4	135,5	4,25
1924	82,9	51,4	139	3,69
1925	87,3	74,7	143	5,22
1926	93,7	78,3	147	5,32
1927	94,7	72,8	149	4,88
1928	92,2	73,3	150,5	4,87

16 La formation de l'URSS

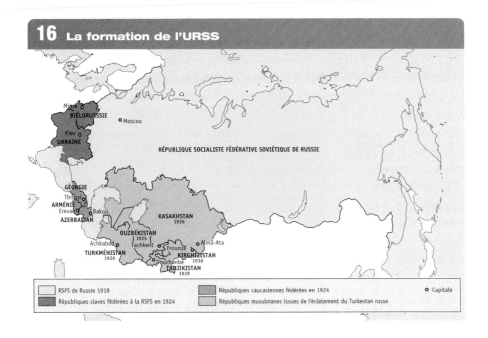

RÉPUBLIQUE SOCIALISTE FÉDÉRATIVE SOVIÉTIQUE DE RUSSIE

BIÉLORUSSIE
Minsk
Moscou
Kiev
UKRAINE

GÉORGIE
Tbilissi
ARMÉNIE
Erevan
Bakou
AZERBAÏDJAN
KASAKHSTAN
1936
OUZBÉKISTAN
1925
Achkabad
Tachkent
Frounze
Alma-Ata
TURKMÉNISTAN
1926
KIRGHIZISTAN
1936
Douchanbé
TADJIKISTAN
1929

☐ RSFS de Russie 1918
☐ Républiques slaves fédérées à la RSFS en 1924
☐ Républiques caucasiennes fédérées en 1924
☐ Républiques musulmanes issues de l'éclatement du Turkestan russe
○ Capitale

Entre-temps, le vieil Empire russe, amputé mais toujours immense, est transformé en fédération et devient en 1922 l'Union des républiques socialistes soviétiques (URSS), rassemblant une trentaine d'entités territoriales aux statuts diversifiés (républiques socialistes, républiques autonomes, républiques démocratiques, régions autonomes) **16**. L'Union combine une très grande centralisation économique et politique avec une large autonomie culturelle pour les républiques, le tout étroitement encadré par le Parti communiste de l'Union soviétique, parti unique auquel la Constitution réserve le rôle dirigeant. De nombreuses réformes sociales sont par ailleurs entreprises, en particulier pour l'émancipation des femmes **17** **18**.

17 L'émancipation des femmes

Tableau de propagande à destination des femmes musulmanes. Tournant le dos à l'ordre ancien (famille, village, minaret), foulant son voile aux pieds, la femme émancipée porte son étendard vers la société nouvelle.

18 Législation en faveur des femmes

1er novembre 1917
Décret sur la Sécurité sociale : congés payés de maternité 8 semaines avant et après l'accouchement.

18 décembre 1917
Institution du mariage civil, du divorce ; abolition de toute discrimination entre enfants légitimes et illégitimes.

10 juillet 1918
1re Constitution soviétique rendant les femmes électrices et éligibles.

1er septembre 1918
Égalité de salaires pour les ouvriers et les employés sans discrimination de sexe.

17 octobre 1918
Promulgation du 1er Code de la Famille.

18 novembre 1920
Décret autorisant l'avortement.

28 décembre 1920
Décret recommandant instamment d'attirer les femmes dans la vie économique du pays.

En comparaison avec ce document, en quelle année les femmes sont-elles devenues électrices et éligibles au Canada ? Au Québec ?

À quelle ou quelles régions de l'URSS cette affiche de propagande semble-t-elle destinée ?

19 Lénine et Staline

Lénine mort en 1924, une longue crise de succession met aux prises deux aspirants farouchement opposés, Léon Trotsky (de son vrai nom Lev Davidovitch Bronstein, 1879-1940) et Joseph Vissarionovitch Djougatchvili, dit Staline (1879-1953) **19**. Le premier représente l'aile radicale des bolcheviks, peu enthousiaste pour la NEP, méfiante face à la bureaucratisation croissante du régime et convaincue qu'une révolution socialiste ne peut pas se faire dans un seul pays. Le second est avant tout un homme d'appareil. Il a joué un rôle plutôt effacé dans la révolution et la guerre civile, mais il a pris solidement la direction du Parti à travers son poste de secrétaire général et ne croit guère à la révolution mondiale. Après plusieurs années de luttes intestines parfois violentes, Staline triomphe de tous ses adversaires, fait expulser Trotsky d'URSS et instaure, en 1927, un régime personnel qui va durer un quart de siècle et laisser dans son sillage une marque qu'il sera difficile d'effacer (voir page 106).

3.2 À L'OUEST : L'IMPOSSIBLE RETOUR À LA STABILITÉ

Pendant que la Russie vit les soubresauts de sa révolution, le monde occidental essaie tant bien que mal de faire face aux séquelles de la Grande Guerre.

3.2.1 L'Europe en difficulté

C'est d'abord l'impact de la Révolution russe qui déferle sur presque toute l'Europe. Épuisés par des années de privations, trompés par leurs dirigeants, galvanisés par la victoire des communistes russes, libérés des servitudes anciennes par l'éclatement des empires, les peuples d'Europe entrent en effervescence.

Nulle part le mouvement n'est plus profond qu'en Allemagne, qui portait, encore mieux que la Russie, les espoirs des révolutionnaires, car la classe ouvrière y était beaucoup plus développée. Quelques jours avant l'armistice de 1918, les marins de la base de Kiel hissent le drapeau rouge et le mouvement se déploie rapidement dans les ports de la Baltique et jusqu'à Berlin, où un soviet d'ouvriers et de soldats (les « spartakistes ») se rend maître de la ville après l'abdication du kaiser **20**, tandis qu'en Bavière s'installe une « république des conseils ». En Hongrie, Béla Kun (1886-1937) instaure une république de type soviétique qui nationalise les moyens de production et procède à la distribution des terres. La Grande-Bretagne, la France et l'Italie sont touchées par d'immenses mouvements de grève dans les usines et, surtout en Italie, par des agitations paysannes.

20 Les spartakistes à Berlin (5 janvier 1919)

La réaction, féroce, ne se fait pas attendre. En Allemagne, le gouvernement social-démocrate dirige sur Berlin l'armée et les « corps francs », bandes de soldats démobilisés en quête de vengeance, qui reprennent la ville après une « semaine sanglante » et assassinent les leaders spartakistes Karl Liebknecht (1871-1919) et Rosa Luxemburg (1870-1919). Les uns après les autres, les gouvernements révolutionnaires installés à Munich, à Bade, à Brunswick sont dissous. En Hongrie, envahie et pillée par la Roumanie avec l'approbation des Occidentaux, l'amiral Horthy abolit la république et instaure une dictature personnelle qui durera près de 20 ans. Dans toute l'Europe centrale s'installent progressivement des régimes autoritaires marqués d'un anticommunisme obsessif.

L'Allemagne, évidemment, n'avait rien de commun avec la Russie de 1917. Les ouvriers et même les paysans y jouissaient d'une situation matérielle bien meilleure et d'une protection sociale très avancée pour l'époque, l'armée était tout à fait opérationnelle et la paix était acquise, fût-ce au prix d'une certaine humiliation.

Une fois écartée la menace révolutionnaire, l'Allemagne se dote d'une constitution impeccablement démocratique, avec suffrage universel et représentation proportionnelle, et sa capitale est symboliquement déménagée à Weimar, ville de Goethe et de Schiller. La république de Weimar ainsi créée s'ouvre sur une période de troubles de bien mauvais augure. La violence politique se déploie dans toute l'Allemagne : deux tentatives de coup d'État, dont celle de Hitler à Munich en 1923, plus de 350 assassinats politiques, des mouvements séparatistes en Rhénanie et en Bavière, marquent le développement d'une intense agitation d'extrémistes de toutes tendances. Née des dépenses de la guerre et du versement des réparations dues aux vainqueurs, une inflation galopante réduit pratiquement à zéro la valeur de la monnaie en quelques mois (le dollar américain vaut 4 200 milliards de marks en 1923!) **21**. Ce phénomène traumatise profondément les classes moyennes, pour qui le régime de Weimar n'est qu'impuissance et désunion.

Les vainqueurs occidentaux, quant à eux, sont aux prises avec de grandes difficultés et parviennent mal à retrouver leur stabilité.

La France doit faire face aux énormes coûts de sa reconstruction, de même qu'aux charges sociales que représentent ses centaines de milliers de mutilés de guerre. De plus, un très grand nombre de petits épargnants ont été durement touchés par le refus du gouvernement soviétique de rembourser les emprunts effectués sous le régime tsariste. Le franc amorce une dégringolade dans laquelle il va perdre 90 % de sa valeur en 5 ans. L'instabilité politique reflète la situation économique et sociale, et les gouvernements ont peine à se maintenir au pouvoir.

La Grande-Bretagne entre en dépression dès 1920. Sa suprématie mondiale a sombré dans la guerre. Les États-Unis et le Japon lui ont arraché des marchés qu'elle ne pouvait plus maintenir, les destructions subies par sa flotte

21 **La valeur du dollar en marks**

juillet 1914	4,2
Janvier 1920	64,8
juillet 1920	39,5
janvier 1921	76,7
janvier 1922	191,8
juillet 1922	493,2
janvier 1923	17 792,0
juillet 1923	353 410,0
août 1923	4 620 455,0
septembre 1923	98 860 000,0
octobre 1923	25 260 203 000,0
15 novembre 1923	4 200 000 000 000,0

Calculez les taux de dévaluation du mark pour les années 1920, 1922 et 1923 respectivement. Laquelle de ces années est la plus catastrophique ?

Dans la vallée du Pô, la ville est, en général, moins « rouge » que la campagne, parce qu'en ville se trouvent les seigneurs agrariens, les officiers des garnisons, les étudiants des universités, les fonctionnaires, les rentiers, les membres des professions libérales, les commerçants. C'est dans ces catégories que se recrutent les fascistes et ce sont elles qui fournissent les cadres des premières escouades armées. L'expédition punitive part donc presque toujours d'un centre urbain et rayonne dans la campagne environnante. Montées sur des camions [...], les « Chemises noires » se dirigent vers l'endroit qui est le but de l'expédition. Une fois arrivé, on commence par frapper à coups de bâton tous ceux qu'on rencontre dans les rues, qui ne se découvrent pas au passage des fanions ou qui portent une cravate, un mouchoir, un corsage rouge. Si quelqu'un se révolte, s'il y a un geste de défense, si un fasciste est blessé ou un peu bousculé, la « punition » s'amplifie. On se précipite au siège de la Bourse du travail, du Syndicat, de la coopérative, à la Maison du Peuple, on enfonce les portes, on jette dans la rue mobilier, livres, marchandises et on verse des bidons d'essence : quelques minutes après, tout flambe. Ceux qu'on trouve dans le local sont frappés sauvagement ou tués.

A. Tasca
Naissance du fascisme,
Paris, Gallimard, 1967.

Dans quelles catégories socio-professionnelles se recrutent les fascistes italiens ?

---

de commerce la privent de revenus importants, son rôle financier est sérieusement compromis par son endettement envers les États-Unis et le vieillissement de ses équipements industriels lui donne plusieurs années de retard sur ses concurrents. En 1921, il y a déjà deux millions de chômeurs qui ne survivent que par l'assistance sociale. Sur la scène politique, le Parti travailliste, fondé au début du siècle par le mouvement syndical, est en passe de supplanter le vieux Parti libéral dans le système biparti britannique, tandis que l'Irlande insurgée mène une longue guérilla de quatre ans qui s'achève par la « partition » de l'île et la naissance de l'État libre d'Irlande, ou Éire (1921).

C'est en Italie que la situation se révèle le plus explosive. Au début des années vingt, un mouvement massif d'occupation des terres se répand dans toute la péninsule et jusqu'en Sicile, tandis que dans le Nord industrialisé des milliers d'usines sont occupées par leurs ouvriers. Afin de combattre cette menace révolutionnaire, un journaliste, ancien socialiste, Benito Mussolini (1883-1945), fonde en 1919 les « Faisceaux italiens de combat » (en italien *Fasci...,* d'où fascisme). Ces groupes de choc adoptent la chemise noire comme uniforme et se ruent dans les campagnes ou dans les usines occupées pour y mener des expéditions punitives marquées d'incendies, de pillages et de meurtres **22**. En 1922, après avoir menacé de « marcher sur Rome » avec ses troupes, Mussolini se voit confier le pouvoir par le roi lui-même, avec l'approbation du grand patronat. Il lui faudra quatre années pour faire descendre sur l'Italie la chape de plomb d'un régime tout à fait nouveau : le fascisme (voir chapitre 5).

3.2.2 Les États-Unis : isolationnisme et prospérité

Les *roaring twenties* marquent, pour les États-Unis, à la fois un repli vers l'isolationnisme traditionnel, une réaction contre le progressisme du début du siècle incarné par le Parti démocrate et une vague de prospérité sans précédent.

Ironiquement, c'est l'activité fébrile déployée par le président Wilson au cours des négociations de 1919 qui va amener sa chute. Méfiants face à son internationalisme, opposés aux mesures interventionnistes prises pendant la guerre, inquiets de la propagation du bolchevisme symbolisée par la naissance de deux partis communistes, les milieux conservateurs réussissent à faire basculer la majorité au Sénat dans le camp républicain lors des élections législatives de 1918. Or, la Constitution des États-Unis exige que les traités soient ratifiés par le Sénat à une majorité des deux tiers. Wilson, incapable de rallier des appuis suffisants, voit donc « son » traité rejeté par le Sénat, et les États-Unis refusent ainsi de devenir membres de la Société des Nations.

En 1921, les républicains reviennent à la Maison-Blanche pour 12 ans, avec le slogan « *Back to normalcy* ». Pendant qu'une véritable chasse aux sorcières se déclenche contre les « rouges » (affaire Sacco et Vanzetti), de nouveaux quotas d'immigration réduisent sévèrement l'arrivée d'éléments « indésirables » (Italiens, Slaves, Juifs), au profit du vieux fonds anglo-saxon et protestant **23**. Pour protéger l'Amérique traditionnelle contre la poussée des Noirs, des Juifs, des bolcheviks, le vieux Ku Klux Klan des années 1870 refait surface dans tout le Sud, pratiquant impunément l'incendie et le lynchage.

	Europe du Nord et de l'Ouest	Europe du Sud et de l'Est
Nombre annuel moyen d'immigrants, 1907-1914	176 893	685 531
Quotas annuels selon la loi de 1921 (3 % des nationaux installés en 1910)	198 082	158 367
Quotas annuels selon la loi de 1924 (2 % des nationaux installés en 1890)	140 999	21 847

Dans le Sud aussi se développe le fondamentalisme biblique, qui veut maintenir une interprétation littérale des Saintes Écritures contre l'assaut des conceptions modernistes. En 1925, un célèbre procès vite baptisé « procès du singe » est intenté à un jeune professeur qui expose devant ses élèves la théorie évolutionniste de Darwin. Le procès devient une affaire nationale, drainant vers le Tennessee une pléthore de journalistes, de scientifiques, de prédicateurs de toutes tendances qui y voient l'occasion d'une bataille décisive entre le Bien et le Mal, la Vérité et l'Erreur, Dieu et Satan…

La recherche de la pureté morale va aussi mener jusqu'à la prohibition complète, à travers tout le territoire, de la fabrication, de la vente et de la consommation de toute boisson alcoolique **24**. Et c'est même par la voie d'un amendement à la Constitution (le 18e) que cette interdiction est promulguée! Sommet de puritanisme naïf ou de bêtise, la prohibition n'aura finalement pour effet que de multiplier les ateliers et les débits clandestins et de développer le gangstérisme à une échelle jamais vue. On ne peut pas impunément forcer toute une société à vivre hors la loi, et les années de prohibition forment la base de l'ascension rapide du crime organisé aux États-Unis.

Dans ce climat de rectitude morale et de retour à l'ère des pionniers, se développe une prospérité économique remarquable. Les États-Unis disposent de capitaux considérables, provenant en partie des intérêts perçus sur les prêts consentis aux belligérants pendant la guerre et sur les placements de capitaux à l'étranger (17 milliards de dollars en 1929), ainsi que des surplus de leur balance commerciale. Le pouvoir d'achat augmente par l'amélioration des salaires et surtout par la mise en place du crédit à la consommation. La concentration des entreprises et des capitaux se poursuit, les lois antitrusts ne sont à peu près plus appliquées, tandis que la standardisation des produits et la taylorisation du travail entraînent une phénoménale hausse de productivité : en 1925, les usines Ford produisent une automobile toutes les 10 secondes. Cette prospérité est d'ailleurs soigneusement protégée par des tarifs douaniers renforcés.

En fait, la société américaine entre, la première, dans l'ère de la consommation de masse, alimentée par la publicité qui couvre plus de la moitié de la surface des journaux et envahit la radio naissante. La population vit maintenant à 56 % dans les villes, dont les plus grandes entrent dans l'ère du gratte-ciel, qui atteint presque les

> À quel pourcentage du nombre annuel moyen d'immigrants pour la période 1907-1914 la loi de 1924 réduit-elle l'immigration, pour chacune des deux régions ?

24 La prohibition
Destruction de tonneaux de bière.

400 mètres de hauteur avec le Chrysler Building à New York. Mais dans ces villes qui effraient et fascinent tout à la fois, comme dans les campagnes, bon nombre d'Étasuniens demeurent en marge de cette société de consommation, et les chômeurs, les nouveaux immigrés, les Noirs, les petits agriculteurs, les Amérindiens subissent le renforcement des inégalités que la prospérité laisse dans son sillage **25**.

3.2.3 La sécurité collective : à la recherche de la paix

Sur le plan des relations internationales, les années vingt sont dominées par la recherche de la sécurité collective et l'apaisement des tensions.

À cette fin, les traités de 1919-1920 contenaient tous une section commune portant sur la création d'une Société des Nations (SDN), objectif central du président Wilson qui avait sacrifié beaucoup de ses principes pour sauver ce qu'il considérait comme la clé essentielle de la paix future. À la base, il s'agissait de placer les relations internationales sous le contrôle continuel de l'opinion publique, de régler préventivement les conflits par un arbitrage multilatéral permanent et d'amorcer un désarmement général auquel celui des seuls vaincus ne devait être qu'un prélude.

Établie à Genève, la SDN comprend une Assemblée générale où siègent tous les membres avec une voix chacun (les membres ne peuvent être que des États souverains, selon le sens anglais du mot *nation*), doublée d'un Conseil réunissant quatre membres permanents (France, Royaume-Uni, Italie et Japon, les États-Unis s'étant désistés). Or, des vices structurels rendent assez aléatoire l'efficacité de la Société. Afin de respecter scrupuleusement la souveraineté des États-membres, une disposition exige l'unanimité pour la plupart des votes importants, ce qui semble bien idéaliste dans des rapports étatiques à l'échelle mondiale. De plus, les sanctions contre les membres qui violent le Pacte sont d'application facultative, et la Société est dépourvue de toute force armée.

D'autre part, il manque dès le départ plusieurs joueurs essentiels : les pays vaincus, exclus provisoirement ; la Russie soviétique, qui n'a pas signé les traités ; et les États-Unis, qui ont annulé la signature de leur président. Tout cela est de mauvais augure pour l'avenir de cette première tentative d'assurer la paix sur des bases nouvelles.

D'ailleurs, dès 1921-1922, c'est en dehors de la SDN que se négocient une série d'accords sur les problèmes soulevés par la montée de la puissance japonaise dans le Pacifique. À la conférence de Washington, les grandes puissances, tentant de préserver le statu quo, se garantissent mutuellement leurs possessions dans la région, s'engagent à maintenir l'indépendance et l'intégrité territoriale de la Chine, où la liberté de commerce sera totale, et acceptent de limiter le tonnage de leurs flottes de guerre (États-Unis et

26 Une facture trop élevée?

Un total de 132 milliards [de marks-or] représente environ 2 ans $\frac{1}{2}$ de revenu national allemand avant la guerre […]. À première vue, le chiffre demandé ne paraît pas présenter un caractère exorbitant. Amorti sur 30 ans avec un taux de 4%, il doit correspondre à une annuité de 7,5 milliards de marks-or, soit 14% du revenu national. Autrement dit, les Allemands devraient payer, pendant 30 ans, 14% de leur production de richesses […]. Voyons maintenant en termes de commerce extérieur : les exportations allemandes s'élevant, en 1913, à 10 800 millions de marks, une annuité de 7 500 millions oblige à relever de 65% le volume exporté.

Là est la grande difficulté : […] pour que [l'] adversaire acquitte son dû, il faut qu'il soit économiquement fort, qu'il produise beaucoup et exporte beaucoup, au détriment peut-être des créanciers. En outre, cette force économique risque tôt ou tard de se convertir en potentiel militaire.

A. Sauvy
Histoire économique de la France (1918-1939), Paris, Fayard, 1965.

Grande-Bretagne : 525 000 tonnes chacune ; Japon : 315 000 tonnes ; France et Italie : 175 000 tonnes chacune). En échange de quelques territoires d'où il se retire (Shantoung, Sakhaline), le Japon se voit ainsi consacré troisième puissance navale du monde.

Mais le problème le plus ardu, c'est celui des réparations allemandes. On a vu (page 41) que le traité de Versailles énonçait le principe des réparations, mais sans en chiffrer le montant. Il faudra 2 ans à une commission spéciale, où l'Allemagne ne siégera pas, pour fixer l'état des paiements à 132 milliards de marks-or, somme énorme bien qu'inférieure aux coûts de reconstruction des régions dévastées **26**. L'Allemagne ayant manqué à ses versements annuels, la France occupe militairement la Ruhr en 1923, ce à quoi le gouvernement allemand réplique par un ordre de grève générale dans la région occupée et la suspension de tout paiement.

Alors qu'on s'achemine vers une crise grave, les États-Unis font accepter leur arbitrage en 1924 : le plan Dawes diminue les annuités allemandes pour cinq ans, l'Allemagne recevra des capitaux américains pour lui venir en aide, les dettes de guerre des alliés envers les États-Unis seront réduites (de 50% dans le cas de la France) et la France évacuera la Ruhr. En 1929, on adopte un plan définitif, le plan Young, qui réduit le montant total des réparations à 38 milliards de marks-or, payables en 59 annuités (jusqu'en 1988!). Deux mois plus tard éclate le krach de Wall Street, qui va rendre inopérant tout cet échafaudage (voir chapitre 4) **27**.

Néanmoins, le règlement du contentieux franco-allemand sur les réparations, ainsi que le souci des dirigeants allemands d'honorer leurs obligations conformément au plan Dawes, ont amené un climat de détente qui se généralise. En 1925, le pacte de Locarno établit une garantie mutuelle des frontières entre la France, la Belgique et l'Allemagne, qui reconnaît ainsi librement, pour la première fois, une partie au moins du traité de Versailles, en échange de quoi elle est admise à la SDN en 1926.

Dans un grand élan généreux — et plutôt naïf —, 60 États adhèrent alors au pacte Briand-Kellogg, signé à Paris en 1928 entre la France et les États-Unis. Il s'agit d'une renonciation solennelle à la guerre comme moyen d'action entre les États. Mais aucune sanction n'est prévue, et cette sorte d'apogée du pacifisme va bientôt sombrer dans la crise qui éclate en 1929.

> Quelle est la difficulté majeure évoquée par Sauvy dans le problème des réparations allemandes?

27 Une facture trop basse?

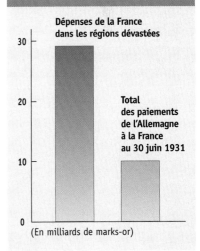

Dépenses de la France dans les régions dévastées

Total des paiements de l'Allemagne à la France au 30 juin 1931

(En milliards de marks-or)

> Quelle proportion des dépenses de reconstruction de la France les paiements effectifs de l'Allemagne représentent-ils?

3.3 HORS D'EUROPE : DES SIGNES ANNONCIATEURS

À l'échelle mondiale, l'effet le plus important de la Grande Guerre est d'avoir mis en branle des forces qui finiront par faire éclater la suprématie européenne. Le point d'aboutissement de ce processus ne surviendra qu'après la Seconde Guerre mondiale, mais les années vingt en voient déjà poindre çà et là des signes annonciateurs.

3.3.1 Le monde arabo-musulman

Pendant la guerre, la Grande-Bretagne s'était placée en position de force pour toutes les questions reliées au Moyen-Orient, et particulièrement au sort de l'Empire ottoman. Une série d'entretiens, de promesses plus ou moins voilées, d'accords secrets, voire de simples lettres, avait créé un enchevêtrement inextricable entre des intérêts contradictoires, prévoyant à la fois le démantèlement de l'Empire, l'indépendance du peuple arabe, la création d'un foyer national juif en Palestine et le renforcement des intérêts français et britanniques dans la région.

Seule la Turquie réussira à échapper partiellement au sort qu'on lui réservait, et il est particulièrement significatif que, de tous les vaincus de 1918, elle ait été le seul pays à obtenir l'annulation du traité qui lui avait été imposé (traité de Sèvres, 1920), elle qui était pourtant considérée comme une entité négligeable.

Ce renversement de la situation turque est dû particulièrement à l'action d'un homme, Mustafa Kemal, dit Atatürk (« père des Turcs », 1881-1938), fondateur de la Turquie moderne . Déjà immensément populaire par sa défense victorieuse des Dardanelles contre une expédition franco-britannique pendant la guerre, il est expulsé de Constantinople, lors de l'occupation de la ville en 1918, par un sultan trop complaisant envers les vainqueurs, et part vers l'intérieur du pays pour organiser la résistance. Il forme bientôt un parti politique, qui obtient la majorité aux élections de 1919, et établit à Ankara, en plein centre de l'Anatolie, un gouvernement provisoire qui désavoue le sultan en avril 1920.

Là-dessus arrive le traité de Sèvres, reçu comme un camouflet arrogant de l'Occident : non seulement les territoires arabes sont-ils détachés de l'ex-Empire, ce que Kemal est prêt à accepter, mais l'Arménie devient indépendante, le Kurdistan sera appelé à un plébiscite (référendum), l'Italie et la Grèce reçoivent des morceaux de territoire turc, et les détroits de Constantinople sont démilitarisés et placés sous contrôle international. Appuyé par la masse du peuple turc, Kemal décide de faire face. Refusant carrément le traité, jouant habilement sur les mésententes entre les vainqueurs, il s'en prend directement aux Grecs qui ont occupé Smyrne et les rejette à la mer après plusieurs mois de furieux combats (1921).

28 Mustafa Kemal Atatürk

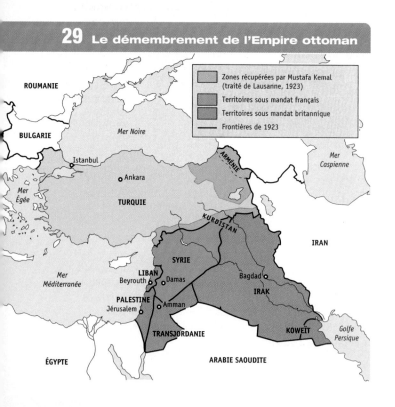

29 Le démembrement de l'Empire ottoman

Zones récupérées par Mustafa Kemal (traité de Lausanne, 1923)
Territoires sous mandat français
Territoires sous mandat britannique
Frontières de 1923

Kemal est maintenant en position d'exiger un nouveau traité, signé à Lausanne en 1923 **29**. La Turquie récupère l'ensemble des territoires turcs et le contrôle des détroits, tandis que l'Arménie, déjà soumise à un véritable génocide pendant la guerre, perd l'indépendance promise et que le plébiscite au Kurdistan ne sera jamais tenu. Un accord secondaire prévoit le déplacement obligatoire des minorités grecque de Turquie (1 300 000 personnes) et turque de Grèce (500 000), première expérience de cette « purification ethnique » dont le XXᵉ siècle offrira hélas bien d'autres exemples…

Au sommet de sa popularité et de sa puissance, Kemal entreprend alors de faire de la Turquie un État moderne, industriel et laïque, sur le modèle européen. À l'instar des « despotes éclairés », il impose d'autorité, parfois avec brutalité, un torrent de réformes qui marquent l'émergence d'une Turquie nouvelle. Proclamation de la République et transfert de la capitale à Ankara (1923), suppression des communautés et ordres religieux et interdiction de porter leurs costumes (1925), réforme complète du droit civil et criminel sur des modèles occidentaux et abolition de la polygamie (1926), introduction de l'alphabet latin (1928), changement du nom de Constantinople en Istanbul (1930), droit de voter et d'être élues accordé aux femmes (1934) : rien n'échappe à cette volonté insatiable de réforme. Sauf, peut-être, les mentalités d'une grande partie de la population, surtout dans les campagnes, qui demeure attachée à ses traditions et voit s'agrandir le fossé qui la sépare d'une élite de plus en plus européanisée.

Le mécontentement gronde aussi contre l'Occident, mais sans grand succès, dans les territoires arabes de l'ex-Empire ottoman. Pendant la guerre, la Grande-Bretagne avait activement soutenu (Lawrence d'Arabie) la révolte arabe dirigée par le shérif Hussein de La Mecque, y allant même d'une promesse plutôt vague d'indépendance au peuple arabe. Mais les traités de 1919 divisent le « Croissant fertile » (Irak, Syrie, Liban, Palestine) entre la France et la Grande-Bretagne, sous la fiction juridique de mandats confiés par la Société des Nations pour « assister » les peuples indigènes dans leur marche vers l'indépendance, pour laquelle les Européens ne les jugent pas encore prêts **30**.

En Syrie et au Liban, sous mandat français, et en Irak, sous mandat britannique, l'agitation

> Dans quelle catégorie de mandat se placent les territoires arabes du Moyen-Orient, comme la Syrie ?

30 Le régime des mandats

Article 22

Territoires qui ont cessé d'être sous la domination des États qui les gouvernaient précédemment et qui sont habités par des peuples incapables de se diriger eux-mêmes.

Le bien-être et le développement de ces peuples forment une mission sacrée de civilisation. [...] Il convient de confier la tutelle de ces peuples aux nations développées qui sont le mieux à même d'assumer cette responsabilité : elles exerceraient cette tutelle au nom de la Société des Nations.

Le caractère du mandat doit différer selon le degré de développement du peuple, la situation géographique du territoire, ses conditions économiques :

A. Certaines communautés qui appartenaient autrefois à l'Empire ottoman ont atteint un degré de développement tel que leur existence comme nations indépendantes peut être reconnue provisoirement, à condition que les conseils et l'aide d'un mandataire guident leur administration jusqu'au moment où elles pourront se conduire toutes seules.

B. Le degré de développement d'autres peuples, spécialement ceux d'Afrique centrale, exige que le mandataire y assume l'administration du territoire à des conditions qui, avec la prohibition de la traite des esclaves, le trafic d'armes et d'alcool, garantiront la liberté de conscience et de religion, sans autres limitations que le maintien de l'ordre public, l'interdiction d'établir des fortifications et de donner aux indigènes une instruction militaire si ce n'est pour la police ou la défense, et qui assumeront aux autres membres de la Société l'égalité des échanges et du commerce.

C. Enfin des territoires tels que le Sud-Ouest africain ou les îles du Pacifique austral, éloignés de tout centre de civilisation et de superficie restreinte, ne sauraient mieux être administrés que sous les lois du mandataire comme une partie intégrante de son territoire.

Extrait du pacte de la SDN.

1. *Nous demandons l'indépendance politique complète et absolue de la Syrie […].*
2. *Nous demandons que le gouvernement de cette Syrie soit une Monarchie constitutionnelle démocratique, largement décentralisée et respectant les droits des minorités, et que le roi soit l'émir Fayçal, qui a conduit notre glorieuse lutte de libération et mérité notre entière confiance […].*
3. *Considérant que les Arabes de Syrie ne sont pas naturellement moins doués que d'autres races plus avancées et qu'ils ne sont d'aucune façon moins développés que les Bulgares, Serbes, Grecs et Roumains au moment de leurs indépendances, nous protestons contre l'Article 22 du pacte de la Société des Nations, qui nous relègue parmi les nations à demi développées requérant les soins d'une puissance mandataire. […]*
5. *[…] nous chercherons l'assistance de la Grande-Bretagne, pourvu que cette assistance ne viole pas l'indépendance complète et l'unité de notre pays et que la durée de cette assistance n'excède pas [20 ans].*
6. *Nous ne reconnaissons aucun droit au gouvernement français sur aucune partie de notre territoire syrien et nous refusons qu'il nous porte assistance ou qu'il ait quelque pouvoir que ce soit dans notre pays, en quelque circonstance ou lieu que ce soit.*
7. *Nous nous opposons aux ambitions des Sionistes de créer un foyer (Commonwealth) juif dans la partie sud de la Syrie, appelée Palestine, de même qu'à l'immigration sioniste où que ce soit dans notre pays; car nous ne reconnaissons pas leur titre mais les considérons comme un grave danger pour notre peuple aux points de vue national, économique et politique. Nos compatriotes Juifs jouiront de nos droits communs et assumeront nos responsabilités communes.*

Cité dans L. Stavrianos,
The World since 1500,
New York, Prentice-Hall, 1982. (Trad. G. L.)

* La Syrie d'alors comprend les États actuels de Syrie, du Liban, de Jordanie et d'Israël.

Comment expliquer les attitudes différentes du Congrès de Syrie face à la Grande-Bretagne d'une part et à la France d'autre part? Qu'est-ce que le sionisme?

32 La déclaration Balfour

Le gouvernement de Sa Majesté envisage favorablement l'établissement en Palestine d'un foyer national pour le peuple juif, et emploiera tous ses efforts pour la réalisation de cet objectif, étant clairement entendu que rien ne sera fait qui puisse porter atteinte ni aux droits civils et religieux des collectivités non juives existant en Palestine, ni aux droits et au statut politique dont les Juifs jouissent dans les autres pays.

Lettre du ministre des Affaires étrangères Balfour à Lord Rothschild, représentant la Fédération sioniste, 7 novembre 1917.

se développe jusqu'à de véritables révoltes armées, sévèrement réprimées. Une fois l'ordre restauré, les puissances mandataires tentent la conciliation (les Anglais installent Fayçal, fils de Hussein, comme roi d'Irak en 1921), mais avec un succès mitigé. Les Arabes ne veulent tout simplement pas du régime des mandats **31**. Et à l'extérieur des territoires sous mandats, ils secouent même le protectorat britannique en Égypte, qui devient théoriquement indépendante en 1922, tandis que le protectorat français au Maroc est mis à mal par le soulèvement du Rif (1925).

C'est en Palestine que s'installent les conditions d'une tragédie qui, aujourd'hui encore, continue jour après jour à faire verser le sang. En 1917, sous la pression du mouvement sioniste préconisant le retour des Juifs en Palestine, le gouvernement britannique s'était engagé, dans ce qu'on appelle la déclaration Balfour, à « favoriser en Palestine l'établissement d'un foyer national pour le peuple juif », sans préjudice des droits civils et religieux des communautés non juives **32**. Langage volontairement vague, mais tout de même assez contradictoire avec les promesses faites aux Arabes. Dès l'instauration du mandat britannique, l'immigration juive en Palestine s'accélère et elle deviendra encore plus forte après l'arrivée au pouvoir de Hitler en Allemagne en 1932. De 1919 à 1939, la population juive de Palestine passe de 65 000 à 450 000.

L'ampleur de ce mouvement inquiète bientôt les Arabes de la région, qui accusent l'Occident de se débarrasser sur leur dos de son antisémitisme séculaire. Les attaques contre les Juifs se multiplient, ces derniers organisent leur autodéfense, et la Grande-Bretagne, après avoir créé de toutes pièces un État arabe de Transjordanie (à l'est du Jourdain) soustrait à l'application de la déclaration Balfour, ne parvient pas à imaginer un compromis acceptable pour la Palestine proprement dite (à l'ouest du Jourdain).

En fait, le Moyen-Orient est en train de devenir cette poudrière qu'il restera jusqu'à nos jours (voir chapitre 12).

3.3.2 L'Asie

Sur le continent asiatique, c'est en Inde et en Chine que se situent les changements les plus importants **33**.

L'immense Empire britannique des Indes a déjà vu la naissance, dès la fin du XIXᵉ siècle, de divers mouvements d'opposition à la tutelle britannique, et le Parti du Congrès a été créé en 1885 par des dirigeants nationalistes modérés, cherchant moins la fin du *British rule* que l'obtention de réformes touchant leur propre société, par exemple l'abolition de la coutume de l'immolation des femmes sur le bûcher avec leurs maris décédés. Mais au tournant du siècle, une nouvelle génération, plus radicale, prend la tête du mouvement et n'hésite plus à recourir au terrorisme à l'occasion.

Après avoir fourni plus d'un million de soldats pour la guerre en Europe, l'Inde est ravagée en 1918-1919 par une épouvantable famine qui fait quelque 13 millions de morts. Alors apparaît un petit homme à la figure devenue légendaire, Mohandas Gandhi, dit le Mahatma (« la Grande Âme », 1869-1948), qui donne l'impulsion décisive en faisant pénétrer dans les masses paysannes l'aspiration à l'indépendance **34**. Son programme est simple : boycottage général des produits britanniques (il donne l'exemple en s'habillant d'un tissu qu'il fabrique de ses propres mains), résistance passive et indépendance, et cela, s'il le faut, dans le cadre du Commonwealth qui est justement en voie de succéder à l'Empire.

Cette fois, l'agitation devient tellement générale que, malgré l'emprisonnement de Gandhi et après quelques bavures, comme le massacre d'Amritsar, où l'armée britannique fait 400 morts en tirant dans une foule sans défense (13 avril 1919), la Grande-Bretagne doit lâcher du lest. En 1929, elle annonce qu'elle accordera le statut de dominion à l'Inde. Mais c'est trop peu, trop tard : le Congrès refuse l'offre et exige l'indépendance. L'agitation

33 La civilisation européenne vue d'Asie

La civilisation d'Europe est une machine à broyer. Elle consume les peuples qu'elle envahit, elle extermine ou anéantit les races qui gênent sa marche conquérante. C'est une civilisation de cannibales ; elle opprime les faibles et s'enrichit à leurs dépens. Elle sème partout les jalousies et les haines ; elle fait le vide devant elle. C'est une civilisation scientifique et non humaine. Sa puissance lui vient de ce qu'elle concentre toutes ses forces vers l'unique but de s'enrichir [...]. Sous le nom de patriotisme, elle manque à la parole donnée, elle tend sans honte ses filets, tissus de mensonges, elle dresse de gigantesques et monstrueuses idoles dans les temples élevés au Gain, le Dieu qu'elle adore. Nous prophétisons que cela ne durera pas toujours.

Rabindranath Tagore
Discours prononcé à l'université de Tokyo le 18 juin 1916.

Qui était Rabindranath Tagore ?

34 Gandhi

Par ce filage artisanal qu'il pratiquait tous les jours, le Mahatma voulait redonner aux paysans le sens de leur dignité et montrer qu'on pouvait se passer des produits anglais.

reprend, de moins en moins « passive », la violence croît, Gandhi est une nouvelle fois emprisonné puis relâché, et une nouvelle réforme en 1937 permet aux nationalistes de remporter 7 des 11 provinces aux élections. Cependant, la guerre qui éclate en 1939 va stopper brutalement cette évolution.

En Chine, la révolution de 1911 avait bien destitué l'empereur et proclamé la République (voir page 20), mais le gouvernement de Sun Yat-sen (1866-1925) ne contrôlait qu'un petit territoire autour de Guangzhou (Canton), tandis que le reste de l'« Empire du milieu » avait éclaté en dizaines de principautés féodales sous l'autorité de seigneurs de la guerre qui pillaient sans vergogne les provinces.

La Chine, pourtant entrée en guerre du côté de l'Entente tout comme le Japon, s'était néanmoins vu imposer par ce dernier un véritable protectorat économique (ultimatum des « 21 demandes », 1915), que les traités de 1919 laissent inchangé malgré les protestations chinoises. Cette humiliation fouette le nationalisme chinois, et d'immenses manifestations étudiantes se tiennent dans toutes les grandes villes le 4 mai 1919 pour dénoncer à la fois les appétits du Japon et les traités de paix. Sun Yat-sen ne voit alors d'autre issue que de se rapprocher de l'URSS, qui lui envoie des conseillers militaires et politiques grâce auxquels son parti, le Guomindang, devient bientôt, avec ses 600 000 membres encadrés à la soviétique, le parti le plus puissant du pays. Sur ordre de Moscou, le petit parti communiste chinois de Mao Zedong doit s'allier avec le Guomindang.

La mort de Sun Yat-sen en 1925 amène au pouvoir Jiang Jieshi (Tchang Kaï-chek, 1887-1975) **35**, soutenu par les milieux capitalistes, qui part à la reconquête du pays, réunifié presque complètement sous son égide avec la prise de Beijing (Pékin) en 1928. Victorieuse, la coalition

35 Jiang Jieshi et Sun Yat-sen lors d'une cérémonie à l'académie militaire de Wampoah, mai 1924

Guomindang-communistes éclate, et une lutte implacable et féroce s'engage entre les deux groupes, marquée par de véritables massacres de communistes à Shanghai et à Guangzhou en 1927. Pendant que Jiang Jieshi développe le capitalisme industriel et commercial au détriment du prolétariat urbain et des masses paysannes, les communistes créent dans le Sud-Est, dans les campagnes, une République populaire chinoise qui regroupe bientôt plus de 10 millions d'habitants et où les grandes propriétés sont partagées entre les paysans pauvres, sans indemnisation des propriétaires. À la différence du bolchevisme soviétique, le communisme chinois s'implante donc d'abord chez les paysans, ce qui lui donne une base sociale autrement plus solide.

Craignant la contagion du mouvement, Jiang Jieshi attaque les bases rouges et force les communistes à entreprendre leur célèbre Longue Marche (1934-1935), véritable odyssée de 12 000 km qui ne laissera que 20 000 survivants sur 135 000 partants quand elle s'arrêtera finalement, au bout d'un an, dans les montagnes du Shaanxi (36). Autour de la ville de Yanan s'installe alors solidement le noyau d'où les communistes repartiront après 1945 pour l'étape ultime de la conquête du pouvoir (voir page 173).

36 La guerre civile en Chine

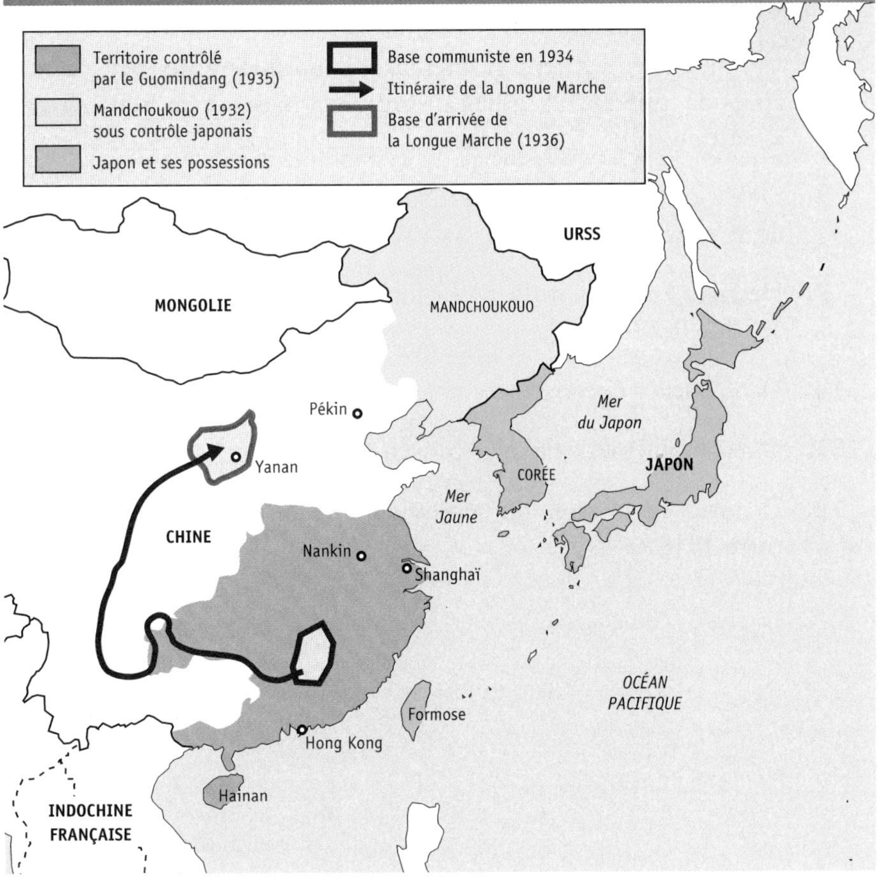

Territoire contrôlé par le Guomindang (1935)
Mandchoukouo (1932) sous contrôle japonais
Japon et ses possessions
Base communiste en 1934
Itinéraire de la Longue Marche
Base d'arrivée de la Longue Marche (1936)
URSS
MONGOLIE
MANDCHOUKOUO
Pékin
Yanan
CHINE
Nankin
Shanghaï
Mer du Japon
CORÉE
JAPON
Mer Jaune
Formose
Hong Kong
Hainan
OCÉAN PACIFIQUE
INDOCHINE FRANÇAISE

Conclusion

Les années qui suivent le premier conflit mondial sont marquées par le thème de la révolution. Révolution bolchevique qui instaure en Russie la première tentative de « socialisme réel », à la fois source d'immenses espoirs pour les défavorisés et de panique chez les possédants dans tous les pays occidentaux; tentatives, diverses et toutes vouées à l'échec, de révolution de type bolchevique en Europe centrale et occidentale, particulièrement en Allemagne; révolution par en haut dans la Turquie kémaliste; révolte arabe avortée; agitation, pas aussi « non violente » que Gandhi l'aurait souhaité, en Inde; révolution chinoise marquée au coin de la guerre civile.

Pendant que d'immenses masses sont ainsi agitées, l'Europe se remet lentement de l'hécatombe en essayant tant bien que mal d'en liquider les contentieux les plus aigus, tandis que les États-Unis, premiers et plus grands bénéficiaires du conflit mondial, se replient sur leur isolationnisme traditionnel et connaissent une prospérité largement factice qui va s'écrouler avec fracas, un certain jour de 1929.

Questions de révision

1. Décrivez l'évolution générale du mouvement révolutionnaire de 1917 en Russie, en faisant ressortir l'influence de la guerre sur cette évolution.

2. Expliquez pourquoi et comment la révolution des soviets se transforme en dictature du Parti bolchevique.

3. Décrivez les principales forces en présence dans la guerre civile en Russie et expliquez les facteurs de la victoire de l'Armée rouge.

4. En quoi consiste la NEP, dans quelles circonstances a-t-elle été implantée et quels en ont été les résultats?

5. À quels facteurs peut-on attribuer l'échec de la révolution spartakiste en Allemagne, et quels éléments importants marquent les premières années de la république de Weimar?

6. Dans quelles circonstances Mussolini arrive-t-il au pouvoir en Italie?

7. Comment se manifeste le « retour à la normale » aux États-Unis après la guerre, et quelles sont les bases de la prospérité américaine?

8. Qu'est-ce que la Société des Nations, et quelles sont les raisons de sa relative inefficacité?

9. Décrivez l'évolution du problème des réparations allemandes de 1919 à 1929.

10. Dans quelles circonstances naît la Turquie moderne?

11. Quels problèmes agitent le Moyen-Orient dans les années vingt?

12. Décrivez l'évolution du mouvement révolutionnaire en Chine entre 1919 et 1935.

1. Faites un résumé du chapitre sous forme de plan détaillé (résumé schématique).

2. Lénine pouvait-il faire l'économie de la terreur pour instaurer le bolchevisme en Russie?

3. Peut-on faire un rapprochement entre la prohibition de l'alcool aux États-Unis dans l'entre-deux-guerres et celle de la drogue aujourd'hui, ici et dans le monde?

4. Une organisation internationale fondée sur la libre adhésion d'États souverains, comme la SDN ou l'ONU, peut-elle contraindre ses membres et, pour cela, utiliser la force militaire, sans renier ses propres fondements?

5. Les Arabes de Palestine avaient-ils raison de refuser la création d'un foyer national juif sur leur territoire? Les Juifs d'Europe avaient-ils un droit strict à s'installer en Palestine? Quelle ou quelles autres solutions pouvait-on trouver à la « question juive », considérant les 1 000 années de persécutions dont les Juifs avaient été victimes en Europe avant même le génocide perpétré par Hitler?

Pour aller plus loin

(NOTE : sauf mention contraire, le lieu d'édition est Paris.)

publications

BIANCO, L. *Les Origines de la révolution chinoise : 1915-1949.* Gallimard, coll. « Folio Histoire » n° 15, 3ᵉ éd., 1997, 378 p.

CARRÈRE D'ENCAUSSE, H. *Lénine.* Hachette littératures, coll. « Pluriel », 2000, 684 p.

DANIEL, G. *Atatürk : une certaine idée de la Turquie.* L'Harmattan, 2000, 439 p.

DELIÈGE, R. *Gandhi.* Presses universitaires de France, coll. « Que sais-je? » n° 3501, 1999, 126 p.

FERRO, M. *La Révolution de 1917.* Albin Michel, coll. « Bibliothèque de l'évolution de l'humanité » n° 27, 1997, 1092 p.

MALIA, M. *La tragédie soviétique : histoire du socialisme en Russie, 1917-1991.* Seuil, coll. « Points Histoire » n° 257, 1999, 686 p.

MARBEAU, M. *La Société des nations.* Presses universitaires de France, coll. « Que sais-je? » n° 3593, 2001, 127 p.

SOFRI, G. *Gandhi et l'Inde.* Casterman/Giunti, coll. « XXᵉ siècle » n° 22, 1996, 191 p.

THALMANN, R. *La République de Weimar.* Presses universitaires de France, coll. « Que sais-je? » n° 2300, 3ᵉ éd., 1995, 127 p.

films

Gatsby le magnifique (The Great Gatsby), de Jack Clayton, avec Robert Redford et Mia Farrow. É.-U., 1974. 144 min. Adaptation d'un célèbre roman de F. Scott Fitzgerald. La vie oisive de la grande bourgeoisie en Nouvelle-Angleterre dans les *roaring twenties*. Offert en DVD.

Inherit the wind, de Stanley Kramer, avec Spencer Tracy et Frederic March. É.-U., 1960. 128 min. Reconstitution du « procès du singe » (voir page 61). Bonne reconstitution d'époque. Éblouissant duel d'acteurs. Offert en DVD.

Les Rouges (Reds), de Warren Beatty, avec Warren Beatty et Diane Keaton. É.-U., 1981. 194 min. La vie de John Reed, journaliste étasunien de gauche, témoin et participant de la Révolution russe et de la guerre civile (il est enterré au Kremlin). Aperçu intéressant sur les milieux procommunistes aux États-Unis à l'époque, avec la participation de témoins encore vivants. Comédiens charismatiques.

Chapitre 4

PLAN DU CHAPITRE

4.1 DU KRACH DE WALL STREET À LA CRISE MONDIALE

4.1.1 Les États-Unis : de la prospérité à la crise

4.1.2 De la crise étasunienne à la crise mondiale

4.1.3 La crise internationale

4.2 LES TENTATIVES DE RÉPONSE À LA CRISE

4.2.1 Les pesanteurs de l'idéologie et les politiques de déflation

4.2.2 Les politiques de relance : le *New Deal* aux États-Unis

4.2.3 Les politiques de relance dans d'autres pays

4.3 BILAN ET LEÇONS DE LA CRISE

4.3.1 Le bilan économique et social

4.3.2 Un libéralisme renouvelé

La Grande Dépression (1929-1939)

Le grand coup de tonnerre qui éclate à la Bourse de New York en octobre 1929, et qui découle en droite ligne des séquelles de la Grande Guerre, annonce la crise économique la plus profonde, la plus étendue et la plus longue de tous les temps. Crise généralisée de toute l'économie (agricole, industrielle, commerciale et financière), crise sociale, crise politique, elle s'étend à tous les pays à l'exception de l'URSS, dure sans rémission pendant 10 longues années et n'est pas encore résolue au moment où se déclenche la Seconde Guerre mondiale qui, d'ailleurs, y trouve pour une large part ses origines.

Comment, donc, cette crise s'est-elle déclenchée aux États-Unis ? Comment a-t-elle pu s'étendre pratiquement au monde entier ? Comment a-t-on tenté de la résoudre, et avec quels résultats ? Quels impacts cette crise a-t-elle eus sur l'évolution économique, sociale et politique du monde capitaliste ?

Observez attentivement l'attitude de la majorité des hommes dans les premiers rangs. Que peut-on en déduire ?

1 Le refuge Meurling à Montréal en 1932

763 VITRE ST. WEST **Colonial Store & Fixture** Co. Limited GENERAL CONTRAC

Chronologie

Si l'on cherche avec des yeux d'historien les causes du formidable ébranlement économique qui commence en 1929, on constate bien vite que les éléments constitutifs ordinaires des crises [...] sont estompés, sinon effacés, par un événement historique : la Première Guerre mondiale et ses répercussions.

Répercussions sur les appareils de production et les courants commerciaux, sans doute ; mais ce ne sont pas les plus graves. [...] Moins bien aperçu d'abord, et surtout beaucoup moins compris, le dérèglement du système monétaire mondial du XIXᵉ siècle s'est avéré finalement beaucoup plus dangereux. En fait, l'inaptitude à faire face à ce problème peut être considérée comme un des drames majeurs de l'entre-deux-guerres.

Cette inaptitude a pris bien des aspects divers. Ce fut d'abord, dans les premières années, l'obstination de bien des dirigeants à vouloir appliquer les idées et les recettes traditionnelles à une situation entièrement inédite. [...] Mais aussi les effets de l'inflation sur la psychologie des foules eurent des conséquences amples et durables. Il ne faut pas oublier non plus [...] que les théoriciens les plus brillants et les plus en avance sur leur époque [...] jouèrent un rôle d'apprentis sorciers. En maintenant par des moyens artificiels la stabilité des prix, on remettait en cause l'ensemble des mécanismes économiques, et c'est l'ensemble de la politique économique qu'il eût fallu, du même coup, repenser.

Jacques Néré
La Crise de 1929, Paris, A. Colin, 1968.

1929 — **OCTOBRE**
Krach de Wall Street

1930 — Hausse des tarifs douaniers (É.-U., Canada)
Assurance-chômage en Grande-Bretagne

1931 — **MARS**
Faillite du Kredit-Anstalt en Autriche

JUIN
Fermeture des banques en Allemagne
Suspension des paiements de réparation

JUILLET
Moratoire du président Hoover sur
les réparations et les dettes de guerre

SEPTEMBRE
Abandon de l'étalon-or par la Grande-Bretagne

1932 — Conférence d'Ottawa, retour au protectionnisme
en Grande-Bretagne
Défaite du président Hoover aux élections américaines

1933 — F. D. Roosevelt, président des États-Unis
Adolf Hitler, chancelier d'Allemagne
Conférence de Londres

1934 — Dévaluation du dollar étasunien

1936 — Victoire du Front populaire aux élections françaises
J. M. Keynes : *Théorie générale de l'emploi, de l'intérêt et de la monnaie*
Réélection de Roosevelt

1938 — Fin du Front populaire en France

Quel est, d'après J. Néré, un des drames majeurs de l'entre-deux-guerres sur le plan économique ? Quels sont les aspects de ce drame ?

DU KRACH DE WALL STREET À LA CRISE MONDIALE

B ien que certains éléments annonciateurs de la crise économique puissent être décelés dans plusieurs pays, particulièrement en Europe, dans les années vingt, c'est vraiment le *krach* de Wall Street qui en constitue l'élément déclencheur, et c'est depuis les États-Unis que la crise va se répandre dans le monde.

▶ **Krach**
Effondrement du prix des valeurs cotées en Bourse.

4.1.1 Les États-Unis : de la prospérité à la crise

On a décrit dans le chapitre précédent (voir page 61) la prospérité inouïe qui a déferlé sur les États-Unis à la suite de la Grande Guerre et à cause d'elle. Derrière cette façade clinquante, cependant, les nuages s'amoncelaient. L'agriculture était entrée en crise dès le début des années vingt à cause de la reprise de la production agricole en Europe après la fin des combats, ce qui avait fermé des débouchés importants aux agriculteurs étasuniens. Dans le domaine industriel, la prospérité était trop concentrée dans quelques secteurs de pointe (automobile surtout, électroménager), au détriment des piliers traditionnels de l'économie (charbon, textile, chemin de fer).

Mais la faiblesse la plus grave de cette économie à l'éclat trompeur, c'était l'écart grandissant entre la hausse de la production (26 % entre 1921 et 1925) et celle des salaires (14 % pour la même période), ce qui fait que la production ne pouvait plus s'écouler que par l'extension indéfinie du crédit, soutenue par l'appât de la publicité. Tout l'appareil de production devenait peu à peu en porte-à-faux vis-à-vis du pouvoir d'achat **4**.

> Entre 1929 et 1931, est-ce la productivité ou le pouvoir d'achat qui a subi la plus forte baisse ?

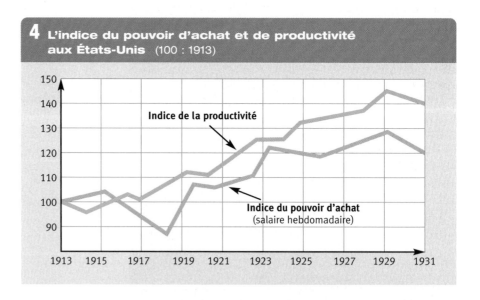

4 **L'indice du pouvoir d'achat et de productivité aux États-Unis** (100 : 1913)

Indice de la productivité

Indice du pouvoir d'achat (salaire hebdomadaire)

Au même moment, les profits faisaient un bond spectaculaire de 85 %. Hésitant à investir ces énormes capitaux dans une production déjà excédentaire, leurs détenteurs s'étaient tournés vers le marché boursier, y déclenchant un boom spéculatif comme on en avait rarement vu **5**. Alors que la production industrielle stagnait, les valeurs industrielles s'envolaient. Le marché boursier avait perdu tout contact avec les réalités économiques **6**. La moindre perturbation pouvait faire s'écrouler ce château de cartes.

Le quartier de la Bourse, à New York, grouille d'hommes d'affaires fébriles.

6 **La Bourse en folie**

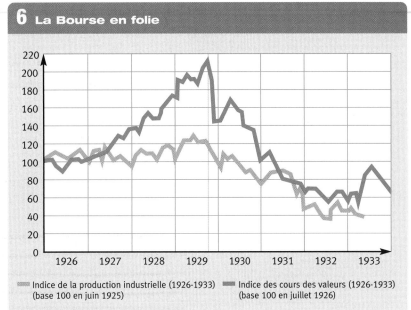

Indice de la production industrielle (1926-1933) (base 100 en juin 1925) Indice des cours des valeurs (1926-1933) (base 100 en juillet 1926)

Une hausse des taux d'intérêt, décrétée à l'été 1929 par la Réserve fédérale (l'organisme qui joue le rôle de banque centrale aux États-Unis), va fournir cette perturbation. Le 23 octobre, l'ouragan se déchaîne. Pendant 22 jours consécutifs, les cours s'effondrent. Après le Jeudi noir du 24, où 12 millions d'actions sont offertes en vente, le Mardi noir du 29 atteint le record absolu avec plus de 16 millions de titres liquidés en catastrophe. Après trois semaines infernales, la baisse ralentit, mais elle va néanmoins se poursuivre jusqu'en 1932, et les actions auront alors perdu les trois quarts de leur valeur de 1925, soit près de 74 milliards de dollars aux livres. Jamais marché boursier n'a été frappé d'une telle commotion.

Ce krach boursier va déclencher à son tour une crise économique généralisée, l'une des plus graves de l'histoire 7.

Transcrivez ce tableau en graphique (histogrammes ou courbes).

7 **La crise américaine**

	1929	1930	1931	1932
Indice de la cote boursière				
(1935-1939 = 100)	(sept.) 238	(juin) 175	(juin) 125	(juin) 36
Indice des prix de gros				
(1926 = 100)	95,3	86,4	73	64
Indice de la production industrielle				
(1928 = 100)	(avril) 111 (nov.) 96	—	(févr.) 78	(févr.) 62 (avril) 54
Nombre de faillites :				
• d'établissements bancaires	642	1 345	2 298	
• d'entreprises industrielles et commerciales	22 909	26 355	28 285	31 822
Nombre de chômeurs				
(en millions)	1,5	4,5	7,7	11,9
Commerce extérieur (en millions de dollars)				
• Exportations	5 241	3 843	2 424	1 611
• Importations	4 399	3 061	2 091	1 323
Revenu national				
(en milliards de dollars)	87,4	75	59	41,7

Une des impressions les plus vives qu'on retire d'une visite aux salles d'attente des agences pour l'emploi est le silence qui y règne. Hommes et femmes se tiennent debout, enveloppés dans l'amertume de leurs pensées, les yeux plongés dans le vague, penchés sur leur misère intérieure. Les hommes s'appuient contre le mur dans l'attente de leur bol de soupe. Et si l'un d'eux parle à son voisin immédiat, c'est presque en chuchotant et en s'exprimant par monosyllabes. Puis ses yeux retombent sur le sol et il rumine ses pensées. Alors l'observateur éprouve fortement le sentiment d'une catastrophe collective, d'une dépression si grande qu'on en reste muet et si inexplicable qu'il n'y a rien à dire. Ils restent debout et ils attendent, ils attendent interminablement de la soupe, du travail, un lit, tout en sachant qu'ils attendront à nouveau le jour suivant.

New York Times, mars 1931.
Cité dans M. Lambin,
Histoire 1re, Hachette, 1994.

Peut-on faire un rapprochement entre ce texte et la photo de la page 72 ?

Le secteur bancaire est le premier touché, avec des millions de déposants affolés qui veulent retirer leurs fonds. Incapables de couvrir le montant des dépôts, les banques les plus faibles s'écroulent, entraînant dans leur faillite les avoirs de leurs clients, tandis que les plus fortes doivent tout de même suspendre leurs opérations de crédit.

Alors les consommateurs, privés de crédit, diminuent leurs achats, les stocks s'empilent dans les entrepôts, les industries diminuent leur production et licencient leurs employés. Le chômage massif qui se développe à toute vitesse accentue encore la baisse de la consommation, renforçant les effets de l'effondrement du système de crédit.

Le désastre économique entraîne une immense crise sociale. Après la classe agricole déjà sinistrée, toutes les catégories sociales sont touchées, ou peu s'en faut, à des niveaux, il est vrai, fort inégaux. Ouvriers « cols bleus » et employés « cols blancs » sont frappés de plein fouet, mais le chômage atteint aussi les classes moyennes, qui basculent dans la misère. En mars 1933, avec 12 800 000 chômeurs, c'est un quart de la population active des États-Unis qui se trouve sans travail, pendant qu'une bonne partie du reste voit diminuer tant ses heures de travail que son salaire horaire **8**.

9 Le visage pathétique de l'Amérique en crise

Migrant mother, photographie de D. Lange.

Terres abandonnées (une catastrophe naturelle, le *Dust Bowl*, a encore aggravé la détresse des agriculteurs), usines fermées, bureaux et cabinets professionnels déserts, familles réfugiées dans des bidonvilles de cabanes goudronnées (on les appelle « hoovervilles », du nom du président !), deux millions d'Étasuniens partis, sur les routes ou accrochés à des wagons de marchandises, à la poursuite du mirage californien : le visage de l'Amérique devient pathétique, relayé par la littérature (John Steinbeck, *Les Raisins de la colère*), la photographie (Dorothea Lange) **9**, le cinéma.

Indice

Produits industriels

Produits agricoles

1925 1926 1927 1928 1929 1930 1931 1932 1933 1934

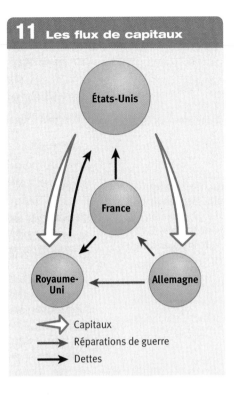

États-Unis

France

Royaume-Uni

Allemagne

Capitaux
Réparations de guerre
Dettes

4.1.2 De la crise étasunienne à la crise mondiale

La crise étasunienne se répercute, foudroyante, dans le monde entier, à l'exception de l'URSS, entrée résolument dans un régime d'économie planifiée juste avant l'éclatement de la crise (voir page 103).

Cette transmission résulte de la conjonction de deux facteurs. D'une part, les prix des produits étasuniens sur les marchés mondiaux s'affaissent, obligeant tous les concurrents à s'aligner sur eux **10**. Les pays fournisseurs de produits agricoles ou de matières premières sont les plus durement touchés : Canada, Argentine, pays d'Europe centrale, Japon. D'autre part, pour faire face à leurs difficultés, les États-Unis doivent stopper leurs prêts à l'étranger et même rapatrier leurs capitaux. Or, de nombreux pays d'Europe dépendent d'un apport constant de capitaux étasuniens : au premier chef l'Autriche, pays économiquement non viable ; l'Allemagne, pour ses paiements de réparation (voir page 63) ; et, ultimement, la France et le Royaume-Uni, qui comptent sur ces paiements pour, entre autres, rembourser leurs énormes dettes de guerre envers les États-Unis **11**.

L'Autriche est la première touchée, avec la faillite de sa plus grande banque en mars 1931. Puis la contagion gagne l'Allemagne, qui cesse ses paiements de réparation en juin. Les États-Unis annoncent alors un moratoire sur les paiements de réparation et de dettes de guerre, mais la situation continue à se dégrader. En septembre, la Grande-Bretagne abandonne l'étalon-or et dévalue sa livre sterling, première monnaie internationale, de 25 %. Finalement, la France est touchée à son tour au début de 1932. Ainsi, c'est l'ensemble des flux de capitaux entre l'Europe et les États-Unis, partant de ces derniers et y revenant en bout de piste, qui sont profondément perturbés, accentuant encore la crise étasunienne dans une spirale apparemment sans fin.

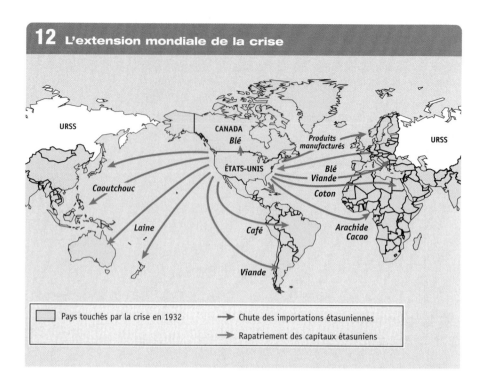

12 **L'extension mondiale de la crise**

Pays touchés par la crise en 1932   ⟶ Chute des importations étasuniennes

⟶ Rapatriement des capitaux étasuniens

Quant aux « pays neufs » (Canada, Australie, Nouvelle-Zélande) et aux pays des mondes dominés d'Asie et d'Amérique latine, c'est la chute du cours des matières premières et des prix agricoles qui y fait des ravages **12**. Blé, laine, minéraux voient leurs prix s'effondrer. La débâcle particulièrement grave des « produits de dessert », cacao ou café, précipite la ruine des planteurs brésiliens et de leurs ouvriers agricoles. Les exportations de la plupart de ces pays chutent de 50 % entre 1929 et 1932, proportion qui atteint 70 % pour la Bolivie et la Chine et plus de 80 % pour le Chili. Même l'URSS est indirectement touchée par le cyclone, car elle ne pourra pas atteindre les objectifs d'exportation de produits bruts sur lesquels elle mise, dans le cadre du premier plan quinquennal, pour gonfler l'excédent de sa balance commerciale.

Partout, la crise se traduit par les mêmes symptômes : baisse de la consommation, de la production, de l'investissement et des prix, faillites d'entreprises, hausse spectaculaire du chômage, extension de la misère. En 1933, il y a plus de 30 millions de chômeurs complets dans le monde en dehors de l'URSS.

4.1.3 La crise internationale

La crise internationale se manifeste d'abord sur le plan financier, puis sur les plans monétaire et commercial.

L'arrêt des crédits étasuniens, combiné à l'abandon de l'étalon-or par la Grande-Bretagne et à la dépréciation de la livre sterling puis à la dévaluation du dollar étasunien lui-même (41 % en janvier 1934), engendre une crise des moyens de paiement internationaux. Plusieurs pays, en effet, particulièrement les nouveaux États créés par les traités de paix, n'ont pas d'encaisse-or et gagent leur monnaie sur les devises, prétendument solides, des pays détenteurs d'importants stocks d'or : États-Unis au premier chef, France et Grande-Bretagne.

13 Le commerce mondial, 1929-1933

Milliards de dollars-or

- 2897,7
- 2813,9
- 2738,9
- 2189,5
- 1833,9
- 1679,6
- 1206,0
- 993,7
- 992,4
- 1056,9

Janvier 1929 — Juillet 1929 — Janvier 1930 — Juillet 1930 — Janvier 1931 — Juillet 1931 — Janvier 1932 — Juillet 1932 — Janvier 1933 — Mars 1933

L'anarchie qui s'installe dans le système monétaire international entraîne une véritable guerre des monnaies, où s'affrontent trois ou quatre blocs d'importance inégale : la zone sterling, qui regroupe, autour du Royaume-Uni, une quarantaine de pays ; la zone dollar, qui s'étend sur les Amériques ; et la zone franc français, qui ne dépasse guère les limites de l'État français et de son empire colonial. À côté de ces zones relativement vastes autour de « nations nanties », c'est-à-dire disposant encore de réserves (or monétaire, marchés coloniaux), se crée le bloc des « nations prolétaires », dépourvues de ces réserves, où existe un sévère *contrôle des changes,* et qui tentent de pallier la faiblesse de leur monnaie par le *troc.* Ce bloc réunit, autour de l'Allemagne et de l'Italie, la plupart des pays d'Europe centrale et orientale, en voie de devenir de véritables satellites de la puissance allemande dominante.

La désintégration du système monétaire international entraîne celle du commerce international. Aux prises avec la crise des moyens de paiement, tous les pays ont recours aux mesures protectionnistes pour défendre leur marché intérieur, ce qui amène un véritable effondrement du commerce international, qui perd les deux tiers de sa valeur-or entre 1929 et 1933 **13**.

Après celle du marché intérieur, cette débandade des marchés internationaux semble rendre rigoureusement impossible, à tout pays, une sortie de crise quelconque en dehors d'une concertation internationale. Une vaste conférence internationale est donc convoquée à Londres en 1933 pour proclamer une « trêve douanière » et restaurer la stabilité des changes, mais elle échoue misérablement sur l'écueil d'égoïsmes nationaux exacerbés. Désormais, chaque pays va s'occuper de régler en solitaire sa propre crise — ce qui est bien le meilleur moyen de n'y jamais parvenir et de se rapprocher plutôt, dangereusement, du bruit des canons…

▷ **Contrôle des changes**
Réglementation par l'État des opérations de change entre la monnaie nationale et les monnaies étrangères.

▷ **Troc**
Échange direct d'un produit contre un autre, sans utilisation de monnaie.

4.2 LES TENTATIVES DE RÉPONSE À LA CRISE

À cause des pesanteurs de l'idéologie libérale classique, les premières réponses à la crise vont dans le sens de la déflation. L'échec de cette politique amène des tentatives de relance dont le bilan, pour plus positif qu'il soit, n'apparaît pas suffisant pour parler d'une véritable sortie de crise.

4.2.1 Les pesanteurs de l'idéologie et les politiques de déflation

La théorie libérale classique considère la crise comme un mal nécessaire, voire comme un bien souhaitable dans certaines situations. La crise permet en effet une relance de l'investissement par la baisse des taux d'intérêt, pendant que l'accroissement du chômage, en rendant les salariés moins exigeants et moins combatifs, permet une baisse substantielle du coût de production et la restauration des taux de profit peu à peu grugés pendant la période d'expansion précédente **14**. La crise balaie également les entreprises les moins solides, et les faillites ont un effet d'assainissement général des affaires en éliminant les « canards boiteux ». Seules survivent les entreprises les plus performantes. Par ailleurs, la chute des prix incite les producteurs à l'innovation technique et à la recherche de nouveaux produits ou de nouveaux secteurs, ce qui permet, une fois passée la phase difficile, de nouveaux départs prometteurs.

Dans cette vision des choses, la crise est donc, en général, « créatrice » et, après une « adaptation difficile », la reprise est automatique et inéluctable, à une condition essentielle : il faut que l'État respecte rigoureusement les « lois du marché » et n'intervienne surtout pas pour relancer l'économie avant que celle-ci n'ait atteint son point de reprise « naturelle ». Une telle intervention ne saurait déboucher que sur une reprise artificielle et éphémère, prolongeant finalement la crise au lieu de l'enrayer.

> D'après l'auteur, comment aurait-on pu diminuer la rigueur de la crise et l'intensité du chômage qui en est résulté ?

---

14 La déflation vue par un partisan

D'une façon générale, il est vrai de dire que si les taux des salaires étaient moins rigides, le chômage se trouverait sensiblement réduit; dans les industries qui sont atteintes les premières par les changements économiques, en particulier, une souplesse plus grande de ces taux atténuerait certainement l'ampleur de la violence des répercussions d'une telle évolution. N'eût été la prédominance de l'opinion d'après laquelle les taux des salaires devaient être maintenus à tout prix afin de sauvegarder le pouvoir d'achat du consommateur, la rigueur de la crise actuelle et l'intensité du chômage qui en est résulté eussent été sensiblement moindres. [...]

C'est une vérité pénible et il n'est pas surprenant que des hommes humanitaires, et spécialement ceux qui, n'appartenant pas eux-mêmes à la classe des salariés, éprouvent une répugnance naturelle à dire quoi que ce soit qui aille jusqu'à impliquer un désir de voir la situation d'autres individus s'aggraver temporairement, se montrent peu disposés à l'admettre. Mais on ne saurait la repousser que si l'on est incapable de se rendre compte de la place qu'occupe le contrat de salaire dans l'industrie moderne.

[...] Si la demande se réduit, ce sont les bénéfices qui en subissent les premières conséquences. Il est juste qu'il en soit ainsi, car il appartient à l'entrepreneur d'assumer les principaux risques de l'entreprise.

Mais les bénéfices ne sont pas indéfiniment compressibles, pas plus d'ailleurs que les éléments de coût autres que les salaires. De sorte que si le changement survenu est quelque peu profond, il faut, soit modifier les taux des salaires, dans le sens de la réduction, soit laisser inemployée une partie de la main-d'œuvre offerte à l'ancien prix.

L. Robbins
La Grande Dépression, 1929-1934,
Paris, Payot, 1935.

L'État, en toute logique, ne doit cependant pas se contenter d'un rôle purement passif. Il doit favoriser les mécanismes correcteurs qui restaureront la confiance des investisseurs, au besoin en imposant d'autorité des assainissements préalables à toute reprise. Entre autres, l'État doit mettre en place une politique de baisse des salaires, en réduisant d'abord ceux de ses propres salariés, ce qui lui permettra par ailleurs de réduire ses dépenses. Car l'autre priorité absolue, c'est l'équilibre budgétaire, mis à mal par la réduction des rentrées fiscales et l'accroissement des dépenses sociales. Il faut donc à la fois augmenter les impôts et surtout sabrer dans les dépenses, en particulier éviter de secourir les chômeurs, ce qui ne contribuerait qu'à prolonger la crise. C'est ce qu'on appelle une politique de déflation.

Sous l'emprise de cette théorie libérale, tous les pays vont donc pratiquer d'abord une politique de déflation : recherche forcenée de l'équilibre budgétaire par le président Hoover aux États-Unis et réduction générale des salaires et des prestations de chômage en Grande-Bretagne, en Allemagne et en France, mesures particulièrement brutales pour les classes populaires **15**.

Au bout de quelque temps, toutes ces politiques débouchent sur un échec monumental **16**. Échec budgétaire d'abord, la dépression réduisant les revenus des gouvernements bien au-delà de la réduction de leurs dépenses. Échec économique indiscutable, la réduction des dépenses publiques asphyxiant l'appareil de production. Échec social, évidemment, les sacrifices les plus lourds pesant sur les plus démunis et le chômage continuant de grimper en flèche. Échec politique enfin, l'approfondissement des difficultés des peuples se répercutant sur les gouvernements, frappés d'instabilité, voire sur la vie démocratique elle-même, menacée par la montée des extrémismes.

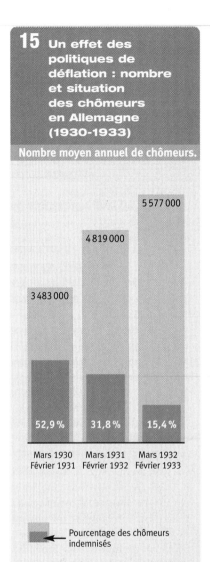

15 Un effet des politiques de déflation : nombre et situation des chômeurs en Allemagne (1930-1933)

Nombre moyen annuel de chômeurs.

5 577 000

4 819 000

3 483 000

52,9 %	31,8 %	15,4 %
Mars 1930 Février 1931	Mars 1931 Février 1932	Mars 1932 Février 1933

Pourcentage des chômeurs indemnisés

Comment, d'après l'auteur, les remèdes fiscaux ont-ils aggravé le mal économique ?

Combien y avait-il de chômeurs non indemnisés pour chacune des années ? De quel pourcentage ce nombre s'est-il accru, sur les trois années ?

---

16 La déflation vue par un adversaire

[...] les ministres des Finances et à leur suite les présidents du Conseil, rarement spécialisés en matière économique, furent tous hypnotisés par le déficit budgétaire, qui atteignait environ six milliards par an, au début de la législature.

Ils n'ont vu que lui, ont diagnostiqué en lui l'infirmité à guérir alors qu'il n'en était que la conséquence. Pour tenter de le résorber, ils ont appliqué des remèdes fiscaux qui, aggravant le mal économique, cause du mal budgétaire, allaient droit à l'encontre du but poursuivi et faisaient renaître le déficit qu'ils prétendaient combler. Ce fut la politique dite de « déflation budgétaire », de réduction des dépenses de l'État, c'est-à-dire de baisse de salaires des

travailleurs publics et par voie de conséquence de bien des salariés, les patrons se hâtant de suivre l'exemple de l'État quand ils ne s'étaient pas, avant celui-ci, engagés dans la même voie.

Inutile d'insister sur les méfaits de la déflation à la ville. Le cantonnier, le lampiste, le facteur, le retraité, le mutilé et avec eux l'ouvrier d'usine ou l'employé de bureau voient leurs salaires réduits, sans que baisse en proportion le coût de la vie, sans que diminuent les impôts. N'ayant d'autres ressources que leurs salaires, ils sont contraints de dépenser moins, c'est-à-dire d'acheter moins de produits aux commerçants et aux agriculteurs, et d'économiser sur la nourriture et les vêtements puisque

le prix des denrées a moins diminué que les salaires, quand il a diminué.

L'acheteur a supporté certes le premier les conséquences. Mais le vendeur également. Les petits commerçants, les transporteurs, les cafetiers même se rendent compte aujourd'hui qu'ils sont victimes des décrets-lois par ricochet. Nous voici engrenés dans le cycle infernal [...] la misère des uns entraîne la détresse des autres [...] Et l'on voudrait, par la ruine générale des citoyens, équilibrer les finances de l'État? Allons donc.

J. Moch
Arguments et Documents contre capitalisme, crise, déflation, Paris, Éditions du Parti socialiste SFIO, 1936.

4.2.2 Les politiques de relance : le *New Deal* aux États-Unis

La déflation ayant échoué, peu à peu les gouvernements en viennent à inventer empiriquement, dans le feu de l'action, en rupture avec les dogmes libéraux, des solutions de remplacement que l'on peut regrouper sous le vocable de « politiques de relance ».

Ce sont ici les États-Unis qui ouvrent la voie, avec le célèbre *New Deal* proposé et mis en œuvre par un nouveau président, Franklin Delano Roosevelt, qui s'installe à la Maison-Blanche en mars 1933 et y restera, réélu trois fois de suite, jusqu'à sa mort en 1945. Entouré d'une équipe particulièrement dynamique et compétente (le *brain trust*), Roosevelt propose des mesures interventionnistes : c'est l'État qui doit prendre l'initiative et rechercher des solutions que l'entreprise est incapable de mettre en œuvre.

Appuyé à fond par une opinion publique qu'il a su galvaniser par son charisme personnel et ses promesses de renouveau, Roosevelt lance ainsi, dès le début de son mandat, une série ininterrompue d'initiatives dans tous les domaines, destinées autant à frapper les esprits qu'à relever l'économie : renforcement du système bancaire et protection des déposants, embauche massive de chômeurs par l'administration fédérale (jusqu'à quatre millions en six mois !) pour d'immenses travaux d'équipement comme la Tennessee Valley Authority, déficit budgétaire énorme pour l'époque **17**, dévaluation du dollar, création de la Securities and Exchange Commission pour surveiller la Bourse. De grandes lois marquent l'intervention nouvelle de l'État dans l'économie des États-Unis : National Industrial Recovery Act instaurant des conventions collectives et un salaire minimum dans chaque branche de l'industrie, Agricultural Adjustment Act assurant un niveau de prix garantis aux agriculteurs, Social Security Act créant, pour la première fois aux États-Unis, un régime d'assurance-chômage et de retraite.

Cette activité inépuisable, qui se heurte d'ailleurs à de puissantes oppositions jusqu'en Cour suprême (invalidation de plusieurs mesures jugées inconstitutionnelles), transforme de façon profonde et durable le système

À quoi peut-on reconnaître approximativement, sur ce graphique, le début du *New Deal* ?

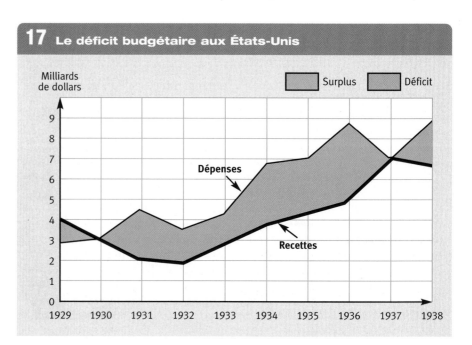

17 Le déficit budgétaire aux États-Unis

Il suffit simplement de se rappeler quelles conditions prévalaient en 1932 pour réaliser le changement étonnant qui s'est fait jour en huit ans dans notre mentalité nationale.

[...] En tant que nation, nous avons accepté, une fois pour toutes, que l'individu ne doit pas porter la responsabilité exclusive de son incapacité à faire face aux problèmes économiques du chômage ou de la vieillesse qui, de toute évidence, dépassent ses compétences et que la société, dans son ensemble, doit endosser une part substantielle du fardeau. [...] Et finalement, nous avons réaffirmé dans ces huit dernières années une doctrine américaine originelle qui avait été tout bonnement oubliée dans les décennies précédentes : à savoir que le pays existe pour le bien-être et le bonheur de ses habitants; et que, lorsqu'il ne remplit pas cette mission, la réforme est à l'ordre du jour, aussi draconienne qu'elle soit et quel que soit le déplaisir qu'elle inspire aux minorités privilégiées.

The New Republic, 20 mai 1940.
Cité dans Claude Fohlen, *De la crise à la victoire, 1929-1945*, Nancy, Presses universitaires de Nancy, 1988.

politique et économique des États-Unis. Le pouvoir présidentiel en sort renforcé, au détriment du délicat équilibre mis en place en 1787. Le fédéralisme évolue dans le sens d'une centralisation plus grande. Sur le plan social, le syndicalisme se développe avec la création d'une deuxième centrale syndicale (Congress of Industrial Organization, CIO, 1936). Bien que bruyamment dénoncé par le patronat, le *New Deal* sert pourtant assez bien les intérêts du capitalisme privé, favorisant même la concertation industrielle en suspendant la loi antitrust.

Quant à la crise elle-même, on doit reconnaître que, malgré tous ses efforts, Roosevelt ne réussit pas vraiment à la juguler. La descente est stoppée, la production industrielle retrouve en 1937 son niveau de 1929, mais pour repartir aussitôt à la baisse tandis que le chômage repart à la hausse. Mais c'est en quelque sorte psychologiquement que quelque chose a changé : le *New Deal* a permis à la société étasunienne, dans son ensemble, de renouer avec l'espoir, à l'image de son président qui sait si bien faire rayonner autour de lui la confiance et l'optimisme **18**.

> Peut-on faire un rapprochement entre la « doctrine américaine originelle » évoquée dans ce texte et la Déclaration d'indépendance des États-Unis en 1776 ?

4.2.3 Les politiques de relance dans d'autres pays

La Grande-Bretagne a déjà pris l'initiative de deux mesures contraires à l'orthodoxie libérale : abandon de l'étalon-or en 1931 et retour au protectionnisme en 1932. L'État intervient ensuite pour favoriser la concentration des entreprises, amorçant un redressement économique réel bien qu'inégal selon les régions et les industries. Dans le domaine social, la stabilité des salaires et la construction de quatre millions de logements amènent une amélioration du niveau de vie jusque parmi les pauvres, tandis que le chômage régresse de 50 % entre 1933 et 1937. Mais la société anglaise demeure fortement marquée par l'inégalité, le tiers supérieur des familles disposant de 96 % de la richesse nationale.

En France, la crise amène au pouvoir en 1936 le Front populaire, coalition quelque peu fragile entre communistes, socialistes et radicaux. Confronté dès le premier jour à un immense mouvement de grèves et d'occupations d'usines, le gouvernement négocie avec patronat et syndicat un relèvement substantiel des salaires (de 7 % à 15 % selon les secteurs) complété par un ensemble de lois sociales, dont la plus importante institue des vacances payées obligatoires de 15 jours par année et la semaine de 40 heures.

Partout on entendait les mêmes réflexions.

— Pensez, Monsieur, me dit une ouvrière, qu'avec mon mari et les enfants on va pouvoir enfin aller « chez nous » en Bretagne. Il y a si longtemps qu'on n'a pas vu les « vieux ».

— Vous êtes bien contente, alors?

— Ah! oui, et les petits aussi.

Et chacun de parler de « son » voyage avec les camarades d'atelier, car beaucoup sont venus en groupe.

— Vous voyez, clame bien haut un rude travailleur, cela c'est grâce au gouvernement de Front populaire que vous l'avez!

— C'est que, vous savez, me confie un autre, nous n'avons jamais eu de vacances, nous.

Dans la soirée, nous avons pu assister à la sortie d'une grande usine de la banlieue. On eût dit une sortie d'école après la dernière classe. Comme des gosses qui partent en vacances, tous, plus ou moins bruyamment, exprimaient leur joie faite tout à la fois d'espoirs contenus et d'étonnement. Au milieu des rires, les adieux se faisaient comme au départ d'un lointain voyage.*

———————————

Le Populaire (organe du Parti socialiste), juillet 1936.

L'été 1936 voit pour la première fois des masses d'ouvriers partir à la campagne dans une atmosphère inoubliable de fête joyeuse et ensoleillée **19**. Mais les grands intérêts lésés réagissent durement : fuite des capitaux, freinage de la production, refus d'embauche maintiennent l'économie dans son marasme, pendant que se déchaîne l'agitation de la droite **20**. En moins de deux ans, l'échec est patent : le Front populaire est rompu et la loi des 40 heures, abrogée.

C'est cependant dans des pays périphériques que se réalisent, loin du feu des projecteurs, les politiques de relance les plus audacieuses et les plus durables. En Scandinavie, la Suède réoriente massivement sa production vers le marché intérieur et utilise à fond le déficit budgétaire pour relancer la consommation. En Australasie, la Nouvelle-Zélande met sur pied la première tentative globale et cohérente d'État-providence par le Social Security Act de 1938. Ainsi, aux antipodes de l'Europe éprouvée, d'anciennes colonies (Australie et Nouvelle-Zélande) en viennent à incarner le bien-être social et

> En cherchant dans une encyclopédie ou un dictionnaire illustré, identifiez le personnage affalé dans le fauteuil. En quoi cette caricature peut-elle être qualifiée d'hostile au Front populaire ?

20 Propagande contre le Front populaire en France

Léon Blum

voient s'élever leur niveau de vie général : l'espérance de vie y dépasse de 10 ans celle des pays européens.

Certains pays vont cependant adopter des politiques de relance d'un tout autre type, fondées sur la recherche de l'*autarcie*. C'est le cas, particulièrement, de l'Allemagne, de l'Italie et du Japon. La volonté de réduire au minimum les échanges avec l'extérieur conduit à une politique de grands travaux axés sur le réarmement, au développement du troc et des accords de *compensation* avec l'étranger, réduisant autant que possible le besoin de devises, et au contrôle de sources de matières premières et de marchés. Cette orientation rend nécessaire la consolidation d'un espace suffisamment important pour fournir tout ce dont le pays a besoin. L'autarcie débouche ainsi inévitablement sur la guerre de conquête, lancée dès 1931 par le Japon en Mandchourie et qui mènera le monde entier à l'abîme.

> **Autarcie**
> État d'un pays qui n'a pas besoin de ressources extérieures pour suffire à ses besoins ; économie fermée.

> **Compensation**
> Accord de paiement entre deux pays, par lequel les achats et les ventes sont mis en relation afin de réduire au minimum les déplacements de monnaie.

4.3 BILAN ET LEÇONS DE LA CRISE

Dix ans après le coup de tonnerre de Wall Street, où en est-on ?

4.3.1 Le bilan économique et social

Sur le plan strictement économique, la crise n'est toujours pas vraiment résolue, sauf peut-être dans le cas de l'Allemagne (mais à quel prix, immédiat et futur…). Au début de 1937, la plupart des pays ont retrouvé un niveau de production équivalent à celui de 1929. Mais dès la fin de l'année, l'économie mondiale connaît une rechute brutale et le chômage reprend sa course vers le haut, tandis que le commerce international stagne toujours, victime de l'aggravation du protectionnisme et des politiques d'autarcie **21**. C'est le réarmement, en train de se généraliser devant ces menaces, qui permettra, en définitive, de sortir de la crise. Piteux résultat…

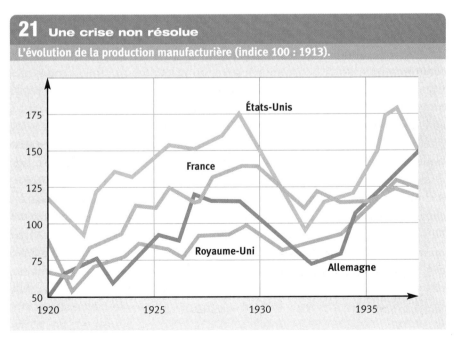

21 **Une crise non résolue**

L'évolution de la production manufacturière (indice 100 : 1913).

> Comment expliquer que l'Allemagne soit le seul de ces pays dont la courbe ne s'infléchisse pas vers le bas après 1937 ?

Sur le plan social, la crise a un énorme impact. Toutes les catégories sociales sont touchées, inégalement il est vrai. À côté des ruraux et des salariés de l'industrie et du commerce, les classes moyennes ont été frappées de tous côtés. Les dévaluations ont fait fondre leurs modestes économies, l'effondrement de la consommation a poussé à la faillite artisans et boutiquiers, les politiques de déflation se sont attaquées aux fonctionnaires. C'est d'ailleurs parmi ces divers groupes que la mise en cause de la démocratie libérale est la plus répandue et la plus radicale, et que le fascisme recrute la majorité de ses adhérents (voir chapitre 5).

Car les impacts politiques ne sont pas moins profonds. Devant l'incapacité des régimes démocratiques à résoudre la crise, les solutions de remplacement apparaissent de plus en plus séduisantes. Le communisme fait d'importants progrès en France et en Allemagne, tandis que la crainte d'une nouvelle flambée révolutionnaire pousse les classes dirigeantes et les milieux d'affaires à soutenir les mouvements de type fasciste vers lesquels se tournent les classes moyennes. Même dans les pays où ces solutions extrêmes n'exercent pas beaucoup d'attrait (Grande-Bretagne, États-Unis, Canada), l'instabilité des gouvernements devient la règle, la longévité du président Roosevelt apparaissant comme une exception.

C'est surtout la politique économique qui, du fait de la crise, subit une véritable mutation, d'abord dans la pratique puis dans l'élaboration d'une nouvelle théorie générale qu'on qualifie de nouveau libéralisme.

4.3.2 Un libéralisme renouvelé

C'est à un économiste anglais, John Maynard Keynes (1883-1946), qu'on doit la mise au point d'une nouvelle synthèse théorique permettant d'ajuster le capitalisme libéral aux nécessités nouvelles (*Théorie générale de l'emploi, de l'intérêt et de la monnaie*, 1936).

Keynes rejette d'emblée la vision traditionnelle d'une crise « bienfaitrice » et d'une relance inévitable lorsque les « lois » du marché sont respectées. Il ne croit guère à un automatisme du marché s'exerçant dans une sorte de monde intemporel. L'offre ne crée pas automatiquement une demande suffisante pour absorber la production. En un certain sens, Keynes humanise l'économie en la faisant dépendre essentiellement des décisions des hommes, qu'ils soient producteurs ou consommateurs. Et pour les grands équilibres économiques, c'est la demande effective qui prime (consommation des ménages et investissements des entreprises). C'est son insuffisance qui crée et qui prolonge la crise des années trente.

Il faut donc restaurer la demande effective globale, et Keynes propose à cette fin des moyens qui sont aux antipodes de ceux des économistes classiques. D'une part, c'est l'État qui doit jouer le rôle clé dans le « réamorçage de la pompe ». Au lieu de licencier du personnel et de baisser les salaires, il doit au contraire maintenir le pouvoir d'achat des salaires, secourir les chômeurs et embaucher. Il faut abaisser les taux d'intérêt pour stimuler l'investissement. Il faut baisser les impôts et hausser les dépenses de l'État pour stimuler la consommation. Il faut par conséquent ne pas hésiter à créer des déficits budgétaires et non pas rechercher l'équilibre dans ce domaine. Ou plutôt, l'équilibre budgétaire à rechercher doit se comprendre à l'échelle

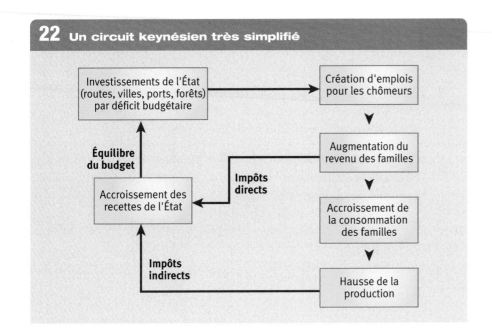

d'un cycle économique complet et non d'un seul exercice financier. Les déficits subis pendant la phase de dépression seront comblés par les surplus de la phase d'expansion, au cours de laquelle le temps viendra de hausser les impôts et de réduire les dépenses **22**.

En d'autres termes, Keynes demande à l'État de mettre en place une politique anticyclique, destinée à réduire l'ampleur des fluctuations et la durée de la phase dépressive, ce qu'il est le seul à pouvoir faire. Mais tout en préconisant une large intervention de l'État dans l'ajustement des mécanismes économiques, Keynes ne remet pas en question les bases fondamentales du capitalisme fondé sur l'entreprise privée et la libre concurrence. Sa théorie vise à fournir à l'entreprise privée les moyens de s'exercer plus efficacement, mais non à permettre à l'État de se substituer à elle. C'est pourquoi on peut qualifier sa théorie de libéralisme renouvelé, que tous les États capitalistes vont adopter après 1945, non sans succès, avant de le remettre en cause dans les années quatre-vingt. De là vient d'ailleurs la confusion sémantique dans laquelle nous sommes plongés de nos jours. Ce qu'on appelle aujourd'hui « néolibéralisme » n'a en effet rien de nouveau : ce n'est que le retour au libéralisme classique pur et dur d'avant Keynes, avec désengagement de l'État, obsession du déficit zéro, réduction des protections sociales et *tutti quanti*.

Conclusion

Les années trente ont vu se déployer dans le monde entier, à l'exception de l'URSS, la plus grave et la plus longue crise économique et sociale de l'histoire moderne. Issue des suites de la Grande Guerre, déclenchée par le fameux krach de Wall Street, propagée depuis les États-Unis par le relais des prix internationaux et des flux de capitaux, la crise frappe indistinctement tous les pays et tous les secteurs de l'économie et se traduit par une contraction générale de la consommation, de la production, de l'investissement, des prix et des salaires et par la hausse phénoménale du chômage, entraînant dans la misère des millions d'humains dans toutes les catégories sociales.

Empêtrés dans les pesanteurs des théories libérales classiques qui leur laissent fort peu de marge d'intervention, tous les États réagissent d'abord par des politiques de déflation qui ne font qu'aggraver la situation, puis mettent sur pied, non sans incohérences parfois, des programmes de relance qui amènent une véritable redéfinition de l'État libéral, désormais investi de responsabilités et de pouvoirs d'intervention nouveaux.

Sur le plan politique, la crise se traduit par une certaine instabilité dans les gouvernements démocratiques, soumis aux sautes d'humeur de l'électorat. Mais au-delà des sautes d'humeur, c'est tout le système de la démocratie libérale qui est remis en cause, ce qui favorise l'essor de partis ou de mouvements préconisant son renversement pur et simple. La crise affaiblit donc les démocraties et renforce les dictatures. Or, l'option communiste n'ayant pratiquement aucune chance de s'imposer en Occident, c'est le fascisme qui y est appelé aux plus grands succès dans quelques pays, entraînant sur le destin de toute l'humanité d'encore plus vastes malheurs.

Questions de révision

1. Décrivez les faiblesses de la prospérité aux États-Unis dans les années vingt et montrez comment ces faiblesses déclenchent le boom spéculatif de la Bourse de New York.

2. Par quel mécanisme le krach boursier entraîne-t-il une crise économique généralisée aux États-Unis, et quels sont les aspects essentiels de cette crise ?

3. Quels sont les mécanismes de transmission de la crise étasunienne vers le monde et particulièrement vers l'Europe ?

4. Décrivez la propagation de la crise à travers les principaux pays d'Europe.

5. Expliquez l'aspect monétaire et l'aspect commercial de la crise internationale.

6. Comment la théorie libérale classique voit-elle le phénomène des crises économiques en général ?

7. Donnez des exemples de politiques de déflation et montrez l'échec de ces politiques.

8. Décrivez quelques aspects du *New Deal* et faites-en le bilan.

9. Par quoi le gouvernement du Front populaire en France s'est-il fait surtout remarquer ?

10. Quel bilan économique, social et politique peut-on dresser de la crise, 10 ans après son éclatement ?

11. Expliquez comment la recherche de solutions nationales entre en contradiction avec la dimension mondiale de la crise. Donnez des exemples concrets.

12. Expliquez les aspects majeurs de la théorie keynésienne. Pourquoi peut-on la qualifier de libéralisme renouvelé ?

EXERCICES

TRAVAUX

SUJETS DE DISCUSSION

1. Faites un résumé du chapitre sous forme de plan détaillé (résumé schématique).

2. La spéculation, et particulièrement la spéculation boursière, joue-t-elle un rôle positif dans l'économie?

3. « Libéralisme renouvelé » de Keynes et « néolibéralisme » actuel : où est la nouveauté? (Répondez à partir des documents 14 et 16 et de discours de personnages publics actuels.)

Pour aller plus loin

(NOTE : sauf mention contraire, le lieu d'édition est Paris.)

publications

ARTAUD, D. *L'Amérique en crise. Roosevelt et le New Deal.* A. Colin, 1987, 240 p.

BRUNET, J.-P., et coll. *D'une guerre mondiale à l'autre : 1914-1945.* Hachette Supérieur, coll. « HU Histoire » série Histoire de l'humanité, 2003, 295 p.

DELFAUD, P. *Keynes et le keynésianisme.* Presses universitaires de France, coll. « Que sais-je? » n° 1686, 5e éd., 1991, 125 p.

GALBRAITH, J. K. *La Crise économique de 1929.* Payot, 1989, 220 p.

GAZIER, B. *La Crise de 1929.* Presses universitaires de France, coll. « Que sais-je? » n° 2126, 4e éd., 1995, 127 p.

HENRY, G.-M. *La Crise de 1929.* A. Colin, coll. « Cursus » série Économie, 2000, 174 p.

MOSSUZ-LAVAU, J., et H. REY. *Les Fronts populaires.* Casterman/Giunti, coll. « XXe siècle » n° 11, 1994, 159 p.

NÉRÉ, J. *Les Crises économiques au XXe siècle.* A. Colin, coll. « Cursus » série Économie, 1989, 160 p.

films

Bound for Glory, de Hal Ashby, avec David Carradine. É.-U., 1976. 147 min. La vie du chanteur folk engagé Woodie Guthrie dans les milieux populaires des années trente. Excellente biographie, très bien documentée et mise en images. Offert en DVD.

Brother, can you spare a dime?, de Philippe Mora. G.-B., 1975. 109 min. Film de montage d'actualités, un des meilleurs sur le sujet. Grande richesse documentaire. Offert en DVD.

On achève bien les chevaux (*They shoot horses, don't they?*), de Sydney Pollack, avec Jane Fonda et Michael Sarrazin. É.-U., 1969. 120 min. Des victimes de la crise tentent de s'en sortir en participant à un marathon de danse épuisant et cruel. Offert en DVD.

Les Raisins de la colère (*Grapes of wrath*), de John Ford, avec Henry Fonda et John Carradine. É.-U., 1940. 128 min. Adaptation du roman éponyme de Steinbeck. Style presque documentaire. Un grand film de Ford avec Fonda dans un de ses meilleurs rôles. Offert en DVD.

La Turlute des années dures, de Richard Boutet et Pascal Gélinas. Can., 1983. 90 min. Excellent film de montage d'actualités sur la crise au Canada et au Québec.

Chapitre 5

PLAN DU CHAPITRE

5.1 LE FASCISME : ORIGINES ET IDÉOLOGIE
5.1.1 Un phénomène déterminé
5.1.2 Les origines
5.1.3 Les militants
5.1.4 L'idéologie

5.2 LE FASCISME AU POUVOIR
5.2.1 La marche vers le pouvoir
5.2.2 L'État fasciste

5.3 L'URSS SOUS STALINE
5.3.1 L'économie planifiée
5.3.2 Le stalinisme
5.3.3 La nouvelle société soviétique

5.4 LES DICTATURES TRADITIONNELLES

La **montée** des **dictatures**

Derrière l'apparente victoire des grandes démocraties contre les empires autoritaires, la Grande Guerre a favorisé, dans les faits, des entorses de toutes sortes aux principes démocratiques et un net renforcement du pouvoir exécutif, seul capable d'assurer la cohésion et la rapidité de décision exigées par la conduite de la guerre. Aussi, les années vingt ont-elles vu disparaître, sous la pression des frustrations dues aux traités et des nationalismes exacerbés, la plupart des régimes démocratiques instaurés dans les nouveaux États.

La crise des années trente accentue encore la dérive antidémocratique et fait triompher, dans deux pays, une idéologie et un système sociopolitique qui s'affirment aux antipodes de la démocratie : le fascisme. Au même moment s'installe dans la Russie bolchevique un régime stalinien qui a peu à envier à l'autocratie des tsars, tandis qu'à travers toute l'Europe l'aire démocratique rétrécit comme une peau de chagrin devant la poussée de dictatures plus traditionnelles.

Qu'est-ce donc que le fascisme? D'où tire-t-il ses origines et ses adhérents? Comment, en Italie et en Allemagne, se hisse-t-il jusqu'au pouvoir et comment l'exerce-t-il? Par ailleurs, qu'est-ce que le stalinisme et comment transforme-t-il radicalement la société soviétique? Enfin, comment l'aire démocratique se rétrécit-elle à l'époque, en Europe et dans le monde?

1 L'avènement de la société de masse, prélude au totalitarisme

La marche des zéros, Werner Heldt, 1935.

2

Révolutionnaire, le fascisme? Oui, si la « révolution » consiste à jeter bas ce qui lui est immédiatement antérieur. À savoir la démocratie libérale bourgeoise, fille de l'Europe des Lumières et très médiocrement implantée dans les pays où il triomphe à la faveur de la guerre et de la crise. Oui, si l'on prend le mot « révolution » au sens de rotation dans le temps, ce qui implique fondamentalement un retour aux « sources », une régression dont est porteuse à bien des égards la mythologie de « l'homme nouveau ». Ce guerrier rendu à l'état de nature qu'incarne le SS ou ce soldat-laboureur conçu sur le modèle du légionnaire romain dont rêve Mussolini à l'heure de la « révolution culturelle » fasciste. En ce sens de retour à la barbarie qui est présent dans les premiers balbutiements du fascisme, la guerre dont il s'est nourri et qu'il nourrit à son tour paraît être la conclusion logique de cette « révolution conservatrice ». Que celle-ci ait été balayée avec l'effondrement des puissances de l'Axe ne signifie pas que nous soyons à l'abri d'autres formes de totalitarismes rouges et noirs empruntant au modèle défunt une partie de sa thématique. L'ethnologisation n'exclut pas la vigilance.

P. Milza
« Penser le fascisme »,
dans Versailles, A. (dir.),
Penser le XXe siècle,
Paris, Complexe, 1990.

> En quel sens peut-on qualifier le fascisme de « révolutionnaire » ?

3

Chronologie

ITALIE

1919	Formation des Faisceaux italiens de combat
1921	Fondation du Parti national fasciste
1922	Mussolini appelé au gouvernement
1925	Mussolini annonce la dictature
1926	Lois « fascistissimes »
1929	Accords du Latran avec l'Église catholique
1934	Intégration des syndicats dans les corporations
1938	Création de la Chambre des Faisceaux et Corporations Législation anti-juive

ALLEMAGNE

1921	Fondation du Parti national-socialiste des ouvriers allemands (NSDAP)
1924	Hitler rédige *Mein Kampf*
1925	Formation des SS
1930	Spectaculaire poussée électorale des nazis
1932	Recul électoral des nazis
1933	Hitler nommé chancelier Interdiction des partis et des syndicats Ouverture du camp de Dachau
1934	Hitler devient Reichsfürher
1935	Lois de Nuremberg contre les Juifs
1938	« Nuit de cristal » : pogrom général contre les Juifs
1939	Lois eugéniques : élimination des malades mentaux

UNION SOVIÉTIQUE

1928	Dictature personnelle de Staline Premier plan quinquennal
1929	Collectivisation des campagnes
1930	Premiers procès contre les « saboteurs »
1932	Passeport intérieur obligatoire
1933	Deuxième plan quinquennal Début des purges à l'intérieur du Parti communiste
1935	Lopin privé et marché libre pour les kolkhoziens
1936	Grands procès de Moscou (jusqu'en 1939)
1938	Troisième plan quinquennal Généralisation du livret ouvrier

LE FASCISME : ORIGINES ET IDÉOLOGIE

Dans le langage courant, le mot *fascisme* peut désigner une foule de réalités extrêmement diversifiées et perd peu à peu son sens à mesure qu'on l'accole à presque n'importe quoi. Il est essentiel de lui redonner toute sa signification en le distinguant des phénomènes qui n'ont avec lui qu'un rapport parfois fort lointain.

5.1.1 Un phénomène déterminé

On a vu (page 60) l'origine du mot : il vient du nom de ces *Fasci italiani de combattimento,* groupes fondés par Mussolini dans l'immédiat après-guerre et qui lui ont permis d'accéder au pouvoir. Dans son sens le plus restreint, le mot *fascisme* désigne donc le régime mis en place en Italie au début des années vingt et qui va progressivement, de façon quelque peu improvisée, prendre son visage définitif au bout de plusieurs années de tâtonnements.

Mais ce régime va très vite inspirer, ne serait-ce qu'en ce qui a trait aux manifestations externes (salut à main levée), un autre mouvement, d'une tout autre dimension, qui prendra le pouvoir en Allemagne en 1933 et marquera à jamais l'histoire de l'humanité : le nazisme, ou hitlérisme. Dans son sens le plus fort, le mot *fascisme* réunit donc, sur la base de leur identité fondamentale et malgré leurs différences parfois assez grandes, les deux régimes de Mussolini et de Hitler, qui présentent des caractères communs qu'on ne retrouve pas dans les autres régimes dictatoriaux qui se multiplient tout autour d'eux ou qui fleurissent encore à notre époque.

C'est donc dans ce sens que nous emploierons ici le mot *fascisme* et ce sont les traits particuliers communs aux deux régimes que nous étudierons, quitte à faire ressortir les principales différences entre les deux.

5.1.2 Les origines

Les origines du fascisme sont complexes. Certaines sont générales et se retrouvent presque partout en Occident ; d'autres sont particulières à l'Italie et à l'Allemagne. Les premières peuvent remonter assez loin dans le temps et relèvent d'une véritable crise de civilisation, aggravée de façon plus immédiate par les grands bouleversements des débuts du siècle.

Sur un plan très général, le fascisme est d'abord la manifestation la plus extrême d'une crise de civilisation qui remonte au milieu du XIXᵉ siècle et qui présente des aspects tant socioéconomiques qu'idéologiques.

La Révolution industrielle, qui atteint sa pleine maturité à cette époque, a un effet destructeur sur les sociétés traditionnelles en brisant les réseaux d'intégration qui en assuraient la stabilité : communauté villageoise, atelier artisanal, corporation de métier, groupe religieux. La déqualification de la main-d'œuvre, devenue simple force de travail, la concentration de cette force de travail dans les manufactures, autour d'énormes machines dont elle a perdu et la propriété et le contrôle, l'exode vers des villes mal équipées où l'on s'entasse dans les conditions les plus sordides ont déstructuré les sociétés traditionnelles et provoqué l'avènement de la société de masse, c'est-à-dire d'une société formée essentiellement d'individus isolés et déracinés, qui cherchent confusément de nouvelles formes d'intégration dans le tissu social.

Parallèlement à ce bouleversement économique et social, l'industrialisation, de par ses excès peut-être, a déclenché une remise en cause radicale de tout l'héritage des Lumières : confiance dans les capacités de la Raison, certitude que la Science amène le bien-être général, foi dans le Progrès, aspirations démocratiques. À la fin du XIXe siècle, tout ce credo est sérieusement contesté par de nouveaux courants philosophiques qui réhabilitent les valeurs de l'instinct, exaltent l'inégalité entre les humains, rejettent le scientisme au profit de la foi aveugle et, dans les cas extrêmes, appellent de leurs vœux l'apparition d'un groupe de surhommes, destiné à « se hausser à ses devoirs supérieurs, à la réalisation d'un être plus élevé » en réduisant à l'esclavage la foule immense des humains inférieurs ❹.

Cette crise de civilisation, déjà lointaine, est aggravée de façon immédiate par les grands bouleversements des années 1914-1930 : guerre mondiale, crise économique et révolution bolchevique.

La guerre exalte le militarisme et les vertus guerrières, soulève les passions nationales et renforce les antagonismes sociaux en frappant de façon très inégale les différentes catégories sociales. La crise dévoile l'impuissance des États démocratiques à combattre les abus les plus criants du libéralisme économique et amène une dégradation des conditions de vie qui frappe de façon particulièrement brutale les classes moyennes, humiliées de perdre leur statut et de basculer dans le prolétariat.

À cela s'ajoute la menace révolutionnaire incarnée depuis 1917 par le bolchevisme russe et qui risque de faire rapidement tache d'huile dans les pays où l'industrialisation est beaucoup plus poussée, et donc la classe ouvrière beaucoup plus nombreuse, que dans l'ex-empire des tsars. Menacées dans leur pouvoir et dans leurs biens, les classes possédantes cherchent un bouclier pour se protéger du danger et suivent d'un œil bienveillant le développement des formations paramilitaires fascistes.

Tous ces facteurs sont en place dans tous les pays d'Europe, et pourtant le fascisme ne se hissera jusqu'au pouvoir que dans deux d'entre eux : l'Italie et l'Allemagne. C'est que dans ces pays, deux facteurs particuliers ajoutent leur poids et achèvent la préparation du terrain.

D'une part, la crise de civilisation et la crise économique et sociale s'y conjuguent avec l'humiliation nationale issue des traités de 1919 (voir page 31). Les thèmes de la « victoire mutilée » en Italie (bien que victorieuse, elle a été frustrée par les traités) et du « coup de poignard dans le dos » en Allemagne (les civils ont trahi l'armée en arrêtant le combat) ont de profondes résonances dans l'opinion publique et sont cultivés, enrichis, développés par la propagande fasciste.

D'autre part, ces deux pays n'ont guère de profonde tradition démocratique. Nés dans les années 1870, ils n'ont connu que des régimes autoritaires masqués sous des apparences de vie parlementaire. Paradoxalement, la situation est encore pire, de ce point de vue, après l'avènement en Allemagne de la république de Weimar, aux structures pourtant démocratiques (voir page 59). C'est que cette république est, jusqu'à un certain point, imposée de l'extérieur par les vainqueurs de la guerre et que, dès sa naissance, elle est mise dans l'obligation d'accepter l'humiliation du traité de Versailles. Dès le départ, les institutions démocratiques sont donc, en Allemagne, associées à la défaite et à l'opprobre, et il sera facile pour les fascistes de convaincre les Allemands de rejeter l'ensemble de cet héritage empoisonné…

❹ Surhommes et esclaves

Jusqu'ici toute élévation du type humain a été l'œuvre d'une société aristocratique, et il en sera toujours ainsi; autrement dit elle a été l'œuvre d'une société hiérarchique qui croit à l'existence de fortes différences entre les hommes et qui a besoin d'une forme quelconque d'esclavage. [...]

Une aristocratie saine [...] devra prendre sur elle de sacrifier sans mauvaise conscience une foule d'êtres humains qu'elle réduira et rabaissera, dans son intérêt, à l'état d'hommes diminués, d'esclaves, d'instruments. Sa croyance fondamentale doit être que la société n'a pas le droit d'exister pour elle-même, mais qu'elle ne doit être que le soubassement et la charpente qui permettront à une élite de se hausser à ses devoirs supérieurs, à la réalisation d'un être plus élevé [...].

[...] vivre, c'est essentiellement dépouiller, blesser, dominer ce qui est étranger et plus faible, l'opprimer, lui imposer durement sa propre forme, l'englober et au moins, au mieux, l'exploiter [...]; de nos jours on s'exalte partout [...] sur l'état futur de la société où « l'exploitation n'existera plus » : de tels mots sonnent à mes oreilles comme si l'on promettait d'inventer une forme de vie qui s'abstiendrait volontairement de toute fonction organique. L'« exploitation » n'est pas le propre d'une société vicieuse ou d'une société imparfaite et primitive : elle est inhérente à la vie dont elle constitue une fonction primordiale, elle découle très exactement de la volonté de puissance, qui est la volonté de la vie.

F. Nietzsche
Par-delà le bien et le mal, 1886.

5.1.3 Les militants

À l'origine, les militants des mouvements fascistes se recrutent essentiellement dans les classes moyennes. Petits paysans propriétaires, petits et moyens commerçants des campagnes et des villes, petits industriels, membres de professions libérales, étudiants en très grand nombre, employés, fonctionnaires forment les éléments proportionnellement les plus nombreux et les plus déterminés du fascisme. En Italie par exemple, en 1921, ces groupes forment près des deux tiers des 150 000 inscrits au parti de Mussolini. Les ouvriers, quant à eux, restent très réticents devant l'option fasciste : en Allemagne, les élections aux conseils d'usines en 1931 ne donnent que 0,5 % des voix aux nazis, qui en récoltent pourtant 37,4 % dans l'ensemble de la population aux élections générales de 1932 **5**.

Deux facteurs, surtout, expliquent cette adhésion prépondérante des classes moyennes au fascisme. D'abord, ce sont les classes moyennes qui, proportionnellement, ont été les plus durement touchées par l'inflation des années vingt et surtout par la crise des années trente. Paysans, la chute des prix agricoles les a acculés à la ruine et ils ont même parfois dû abandonner leur terre, reprise par les créanciers; commerçants ou professionnels, ils ont vu la clientèle les déserter; petits industriels, ils ont dû fermer leurs usines; employés ou fonctionnaires, ils ont été réduits au chômage par l'approfondissement de la crise et les politiques de déflation; épargnants, leurs modestes placements ont été réduits à néant par la tornade inflationniste qui a suivi la guerre; étudiants, ils se retrouvent devant un avenir bouché où leur formation ne semble pas leur promettre le rang social auquel ils aspirent.

Or, devant cette menace de *prolétarisation,* ils refusent absolument toute solution qui s'apparenterait au communisme égalitaire et rejettent une transformation radicale de la société qui se ferait au bénéfice d'une classe considérée comme inférieure, les ouvriers, avec laquelle ils ne sauraient s'identifier sans un profond sentiment de déchéance. Ils veulent à tout prix conserver, ou retrouver, un rang social qu'ils considèrent comme supérieur à celui des ouvriers, même quand leurs salaires sont moins élevés. Mais le capitalisme libéral ne les attire guère non plus, puisqu'il est responsable de leurs malheurs. Désorientés, impuissants, angoissés, pleins de rage accumulée, ils cherchent confusément une échappatoire à leur situation, et la fuite dans l'irrationnel derrière un chef tout-puissant leur semble l'ultime planche de salut.

Lancé au départ par les classes moyennes, le fascisme va cependant, à mesure que se développe la crise économique, recevoir l'appui à la fois du

▷ **Prolétarisation**
Le fait d'être réduit à la condition de *prolétaire.*

▷ **Prolétaire**
Personne exerçant un métier manuel et vivant exclusivement des revenus de son travail.

5 **Le Parti nazi dans la société allemande**
Comparaison entre la structure sociale de la société et celle du Parti en 1930 (en pourcentage)

Groupes professionnels	Société allemande	Parti nazi	Indice (société = 100)
Ouvriers	45,9	28,1	61,2
Employés	12,0	25,6	213,3
Paysans	10,6	14,0	132,1
Indépendants	9,0	20,7	230,0
Fonctionnaires	4,2	6,6	157,1
Enseignants	0,9	1,7	188,9
Autres	17,4	3,3	—

6 Le chômage et la poussée des nazis

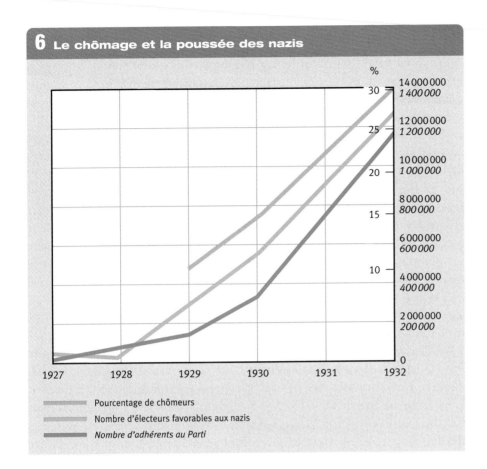

Établissez le nombre des adhérents et celui des électeurs pour chacune des années 1930, 1931 et 1932, et calculez le taux de croissance de chaque groupe entre 1930 et 1932.

Légende :
- Pourcentage de chômeurs
- Nombre d'électeurs favorables aux nazis
- *Nombre d'adhérents au Parti*

grand capital et d'une partie importante des ouvriers, notamment ceux qui sont sans emploi. En Allemagne, le parallélisme est saisissant entre l'augmentation du taux de chômage, celle du nombre d'adhérents au Parti nazi et celle du nombre de votes en sa faveur ❻. Quant à l'appui du grand capital, il n'arrive qu'assez tard et plutôt du bout des lèvres, lorsqu'il devient évident que les fascistes s'approchent irrésistiblement du pouvoir. L'intention très nette était, pour le grand capital, de réduire le fascisme au rôle de simple instrument au service de ses intérêts, intention qui sera d'ailleurs en partie déçue ❼.

Dégagez quatre objectifs poursuivis par le grand capital dans son appui à Hitler.

7 Le soutien du grand capital

Avant d'entreprendre ce pas, je me concertai avec un grand nombre de dirigeants de l'économie et m'informai de leur état d'esprit. Ils aspiraient à l'arrivée au pouvoir d'un Führer fort, pour former un gouvernement durable. Lorsque le NSDAP* subit son premier revers, le 6 novembre 1932, un soutien par l'économie allemande devint urgent. Un intérêt commun du grand capital résidait dans la peur du bolchevisme et l'espoir que les nationaux-socialistes, une fois au pouvoir, créeraient en Allemagne les *fondements d'une politique et d'une économie stables. Un autre intérêt commun était le souhait de mettre en pratique le programme économique de Hitler, dont un point essentiel était que l'économie devait se diriger elle-même pour résoudre les problèmes posés par la direction politique […]. On attendait également une nouvelle conjoncture économique par la distribution de plus grosses commandes de l'État : n'oublions pas que Hitler prévoyait l'accroissement de l'armée allemande* *de 100 000 à 300 000 hommes, la construction d'autoroutes du Reich, l'amélioration des moyens de transport, en particulier les chemins de fer du Reich, un développement des industries comme celles de l'automobile ou de l'avion et des industries annexes.*

Déclaration du banquier Kurt V. Schröder.

* NSDAP : Parti national-socialiste des ouvriers allemands (« nazi », pour l'allemand *nationalsozialism*).

Avant tout, le fascisme, en ce qui concerne, en général, l'avenir et le développement de l'humanité, et en dehors de toute considération de politique actuelle, ne croit pas à la possibilité ni à l'utilité de la paix perpétuelle. C'est pourquoi il repousse le pacifisme qui cache une renonciation à la lutte et une lâcheté, en face du sacrifice. Seule la guerre porte au maximum de tension toutes les énergies humaines et imprime un sceau de noblesse aux peuples qui ont le courage de l'affronter. Toutes les autres épreuves sont des succédanés qui ne placent jamais l'homme en face de lui-même, dans l'alternative de la vie et de la mort. C'est pourquoi une doctrine qui part du postulat préalable de la paix est étrangère au fascisme. De même que sont étrangères à l'esprit du fascisme, même si elles ont été acceptées, pour ce qu'elles peuvent avoir d'utile dans certaines situations politiques, toutes les constructions internationales et sociétaires, lesquelles, comme le démontre l'histoire, peuvent s'éparpiller au vent, dès que des éléments sentimentaux, idéaux ou pratiques ébranlent le cœur des peuples. Cet esprit anti-pacifiste, le fascisme le transpose également dans la vie des individus.

B. Mussolini
Qu'est-ce que le fascisme?

> À quoi Mussolini fait-il allusion quand il parle des « constructions internationales et sociétaires » ?

5.1.4 L'idéologie

Au-delà d'un anticommunisme viscéral qui attire tant les classes moyennes, l'idéologie fasciste est un amalgame plutôt hétéroclite de phraséologie révolutionnaire, de nostalgie romantique d'un « paradis perdu » et d'exaltation des pulsions les plus irrationnelles.

Sa base fondamentale est l'apologie de la violence, justifiée par le recours au « darwinisme social » intégral. Il s'agit d'une application à la vie sociale de la théorie de la sélection naturelle de Darwin, d'ailleurs mal comprise et surtout appliquée à un domaine où son auteur s'était bien gardé de s'avancer. Les fascistes perçoivent la vie sociale comme un conflit perpétuel, mettant aux prises des individus, des groupes, des peuples, des races, foncièrement inégaux et dont les éléments « supérieurs » doivent assurer par la violence leur domination sur les autres, la preuve de leur supériorité étant précisément qu'ils arrivent à le faire. Sur le plan des rapports entre les peuples, cette idéologie débouche nécessairement sur l'antipacifisme, le militarisme et finalement l'appétit de conquête. La guerre est bien l'un des éléments constitutifs du fascisme **8**.

Un second trait fondamental de cette idéologie, c'est la négation de toute individualité et le contrôle absolu de l'État sur l'ensemble de la vie sociale dans ses dimensions les plus diverses : économiques, politiques et culturelles. C'est ce qu'on appelle une idéologie totalitaire : l'individu, tout simplement, n'existe pas. C'est le Tout, c'est-à-dire la masse, ou la race d'après les nazis, qui est la seule valeur de référence. Et la seule institution apte à encadrer cette totalité, c'est l'État, qui doit donc étendre son pouvoir non seulement sur les individus, mais aussi sur toutes les institutions intermédiaires : associations professionnelles, organismes culturels, clubs sportifs, colonies de vacances, Églises, etc. **9**

Anti-individualiste, le fascisme est pour l'État; et il est pour l'individu dans la mesure où celui-ci coïncide avec l'État [...]. Il s'oppose au libéralisme classique, issu du besoin de réaction à l'absolutisme et dont la fonction historique s'épuisa du jour où l'État devint la conscience et la volonté populaire elles-mêmes.

Le libéralisme niait l'État au profit de l'individu; le fascisme réaffirme l'État comme la vraie réalité de l'individu; et si la liberté doit être l'attribut de l'homme véritable et non ce fantoche auquel songeait le libéralisme individualiste, le fascisme est pour la liberté et pour l'unique liberté sérieusement définie : la liberté de l'État et de l'individu dans l'État.

Car pour le fasciste tout est dans l'État et rien d'humain, rien de spirituel n'existe et n'a tant soit peu de valeur en dehors de l'État. En ce sens le fascisme est totalitaire et l'État fasciste, synthèse et unité de toute valeur, interprète, développe et dynamise toute l'existence du peuple.

En dehors de l'État, pas d'individu, pas de groupes (partis politiques, associations, syndicats, classes). C'est pourquoi le fascisme s'oppose au socialisme qui durcit le mouvement historique de la lutte des classes et ignore l'unité de l'État qui fond les classes sociales dans une seule réalité économique et morale. Et de manière analogue, il s'oppose au syndicalisme de classes [...].

B. Mussolini
Art. « Fascisme » dans
Enciclopedia italiana, 1934.

Cette élévation de l'État au rang d'absolu entraîne nécessairement la déification du chef, incarnation suprême des aspirations de la masse. Le chef est infaillible; l'article VII du Décalogue des milices fascistes affirme : « Le Duce a toujours raison. » Rudolf Hess s'écrie : « Hitler, c'est l'Allemagne! L'Allemagne, c'est Hitler! » Cette identification débouche sur un autre des traits fondamentaux du fascisme : l'exaltation de l'irrationnel, éternelle fascination des humains devant des malheurs qui semblent échapper aux capacités de l'intelligence. Hitler dit à ses militants : « La raison vous eût déconseillé de venir à moi et seule la foi vous l'a commandé », et les militants hurlent leur adhésion à cette négation de leur faculté de réfléchir, avant d'aller précipiter dans d'immenses brasiers des bibliothèques entières, tentative démentielle d'anéantir tout l'héritage de la pensée humaine.

Là réside peut-être une réponse clé à ce nœud toujours mystérieux du fascisme, qui persiste à ne pas se laisser cerner totalement malgré l'innombrable quantité d'études qui lui ont été consacrées. Comment, en effet, des millions d'hommes et de femmes, appartenant à ces hautes cultures italienne et allemande qui ont fourni à l'Occident et à l'humanité tout entière plusieurs de leurs plus grands penseurs et artistes, comment ces hommes et ces femmes ont-ils pu se lancer avec tant d'enthousiasme dans cette aventure insensée, qui était la négation même de leur humanité? C'est qu'on les conviait à abandonner toute responsabilité individuelle, à s'en remettre, dans la paix de leur cœur et le silence de leur conscience, à Celui qui allait les mener vers quelque Terre promise, qui n'était rien d'autre que la dissolution de soi-même dans le grand Tout. Fascination du néant, chevillée au plus profond de l'humanité, que philosophes, artistes et mystiques n'ont pas cessé d'explorer depuis des millénaires…

5.2 LE FASCISME AU POUVOIR

Du « fascisme-mouvement » au « fascisme-régime », l'évolution se fait dans le sens d'un rapprochement avec l'oligarchie dirigeante, et cette alliance fonde l'État fasciste.

5.2.1 La marche vers le pouvoir

Organisés sur le modèle militaire, les partis fascistes impressionnent par leur discipline, leur uniforme, leurs emblèmes, leurs défilés. Ils convainquent par leur propagande, omniprésente et savamment orchestrée. Dans la lutte pour le pouvoir, ils utilisent la violence pour éliminer leurs adversaires et terroriser l'électorat. Bastonnades, passages à tabac, interruptions d'assemblées adverses, vols de scrutins, voire assassinats : rien ne leur répugne, et la vie politique se résout bientôt à la bagarre de rues, éloignant et neutralisant par le fait même les citoyens qui croient encore à la valeur du débat démocratique.

Et pourtant, les fascistes n'auront pas à conquérir le pouvoir par la force. Ce sont les autorités constituées qui vont elles-mêmes appeler Mussolini et Hitler au pouvoir, après avoir complaisamment fermé les yeux sur leurs débordements, pendant qu'elles pourchassaient avec vigueur ceux de leurs adversaires. Par ailleurs, les besoins financiers des partis fascistes et leur soif de pouvoir vont les amener à abandonner certains éléments « révolutionnaires » de leur programme, dirigés contre le grand capital, et à prendre un « virage à droite » qui les dédouane définitivement auprès des classes dirigeantes.

10 La « marche sur Rome » (30 octobre 1922)

Installé au pouvoir la veille, Mussolini peut parader sans danger à la tête de ses Chemises noires...

Ce rapprochement entre le fascisme et les classes dirigeantes est décisif pour l'avenir du mouvement. Abandonnant une partie de leur pouvoir politique pour sauvegarder leur pouvoir économique, les classes dirigeantes permettent au fascisme d'offrir à ses militants des espoirs de promotion sociale qui les galvanisent.

Ainsi, en 1922, après avoir brisé par la force une grève générale organisée par les socialistes, les fascistes italiens menacent de marcher sur Rome si on ne leur remet pas le pouvoir (24 octobre). Refusant de faire front — ce qui aurait été relativement facile —, le roi demande cinq jours plus tard à Mussolini de former un gouvernement. Devenu premier ministre le 29, Mussolini organise malgré tout, le lendemain, une « marche sur Rome » d'opérette, à la tête de laquelle il peut parader sans danger **10**. Relativement modéré pendant trois ans, il instaure vraiment sa dictature par les lois « fascistissimes » de 1926.

En Allemagne, les nazis ne rencontrent devant eux qu'une gauche profondément divisée entre communistes et socialistes plus modérés. Totalement télécommandés de Moscou à travers le Komintern, les communistes voient dans les socialistes leurs ennemis principaux et n'hésitent même pas, au Reichstag (Parlement), à voter avec les nazis contre les socialistes. Cette attitude aveugle, fruit de l'écrasement des « spartakistes » en 1919 (voir page 58) et des querelles intestines des bolcheviques en Russie, ouvre la voie du pouvoir à Hitler.

À partir de 1930, la crise économique favorise la montée des partis extrêmes. Devant la poussée communiste, les nazis se déchaînent, multiplient leurs voix par huit en 1930 et, en juillet 1932, obtiennent 230 sièges sur 607 avec 14 millions de votes. S'appliquant dès lors à rendre le pays ingouvernable, par la paralysie du Parlement et la terreur dans la rue, ils provoquent le déclenchement de nouvelles élections en novembre. Malgré le déploiement massif de leurs méthodes les plus brutales, ils perdent 2 millions de voix et 34 sièges, pendant que les communistes continuent leur montée avec 6 millions de voix **11**. Le président Hindenburg, pressé par l'armée et les milieux industriels, inquiets, nomme Hitler chancelier le 30 janvier 1933. Le soir même, un immense défilé aux flambeaux traverse Berlin, ouvrant à l'Allemagne et au monde les portes d'une très longue nuit... **12**

11 Nazis contre communistes dans les élections allemandes, 1928-1932

Dates	NSDAP (Parti nazi)			Communistes		
	Voix	%	Sièges	Voix	%	Sièges
1928-5-10	810 000	2,6	12	3 265 000	10,6	54
1930-9-14	6 383 000	18,3	107	4 592 000	13,1	77
1932-7-31	13 800 000	37,3	230	5 283 000	14,3	89
1932-11-6	11 700 000	33,1	196	5 980 000	16,9	100

Dans la soirée du 30 janvier, pour fêter la victoire de Hitler, les nationaux-socialistes organisent une retraite aux flambeaux. En colonnes épaisses, encadrés par des musiques qui jouent des airs militaires et rythment la marche du sourd battement de leurs grosses caisses, ils surgissent des profondeurs du Tiergarten; ils passent sous le quadrige triomphal de la porte de Brandebourg. Les torches qu'ils brandissent forment un fleuve de feu, un fleuve aux ondes pressées, intarissables, un fleuve en crue, qui pénètre, d'une poussée souveraine, au cœur de la cité. Et de ces hommes en chemises brunes, bottés, disciplinés, alignés, dont les voix bien réglées chantent à pleine gorge des airs martiaux, se dégage un enthousiasme, un dynamisme extraordinaires. Les spectateurs qui font la haie se sentent gagnés par une contagion chaleureuse. Ils poussent, à leur tour, une longue clameur, sur laquelle se détachent l'inexorable martèlement des bottes et les accents cadencés des chants. Le fleuve de feu passe devant l'ambassade de France, d'où je regarde, le cœur serré, étreint de sombres pressentiments, son sillage lumineux [...].

A. François-Poncet
Souvenirs d'une ambassade à Berlin.
Cité dans *Les Mémoires de l'Europe*, t. VI, Paris, Robert Laffont, 1973.

1. La science corruptrice

Ma pédagogie est dure. Je veux une jeunesse brutale, intrépide, terrible, une jeunesse devant laquelle le monde prendra peur. Elle doit pouvoir supporter la douleur. Elle ne doit rien avoir de faible ou de tendre en elle [...]. Ma jeunesse doit être solide et belle [...]. Je ne veux pas d'éducation intellectuelle. La science corrompt la jeunesse. Je les laisserais volontiers apprendre seulement ce qu'ils acquerraient volontairement par goût du jeu. Mais ils doivent apprendre à vaincre la peur de la mort dans les épreuves les plus dures. Ceci est l'étape de la jeunesse héroïque. De celle-ci sortira l'étape de l'homme qui est la mesure et le milieu du monde, de l'homme créateur, de l'homme-dieu [...].

A. Hitler
Mein Kampf.

2. La science corrompue... les mathématiques à l'école nazie

Un aliéné coûte quotidiennement 4 marks, un invalide 5,5 marks, un criminel 3,5 marks. Dans beaucoup de cas, un fonctionnaire ne touche que 4 marks, un employé 3,5 marks, un apprenti 2 marks.

1. *Faites un graphique avec ces chiffres.*
2. *D'après des estimations prudentes, il y a en Allemagne environ 300 000 aliénés, épileptiques, etc., dans les asiles. Calculez combien coûtent annuellement ces 300 000 aliénés et épileptiques. Combien de prêts aux jeunes ménages à 1 000 marks pourrait-on faire si cet argent pouvait être économisé?*

Cité par Alfred Grosser,
Dix Leçons sur le nazisme, 1976.

3. La fondation de la Jeunesse hitlérienne

L'avenir du peuple allemand dépend de sa jeunesse. La jeunesse allemande tout entière doit donc être préparée à ses tâches futures. C'est pourquoi le gouvernement du Reich a décidé cette loi, qui est promulguée :

1. *Toute la jeunesse allemande à l'intérieur du Reich est rassemblée dans la Hitlerjugend (Jeunesse hitlérienne).*
2. *En dehors de la famille et de l'école, toute la jeunesse allemande sera éduquée corporellement, moralement et intellectuellement dans la Jeunesse hitlérienne, dans l'esprit du national-socialisme pour le service du peuple et de la communauté.*
3. *La mission de l'éducation de toute la jeunesse allemande dans la Jeunesse hitlérienne est confiée au Chef de la Jeunesse allemande du parti national-socialiste. Il a la position d'une autorité suprême du Reich avec siège à Berlin et est subordonné immédiatement au Führer et Reichskanzler.*

1er décembre 1936

4. Le résultat...

Je prête devant Dieu ce serment sacré : je jure d'obéir inconditionnellement au Führer du Reich et du peuple allemand, Adolf Hitler, Commandant suprême de la Wehrmacht, et d'être prêt, comme un soldat courageux, à risquer ma vie à tout instant pour tenir ce serment.

Serment de la Wehrmacht.

On remarquera que l'obéissance, *inconditionnelle*, est jurée à un *homme*, et non à un pays ou à un peuple.

Le mouvement national-socialiste est, par nature, un mouvement masculin. [...]

Si nous éliminons les femmes de la vie publique, ce n'est pas que nous désirions nous priver d'elles. C'est parce que nous voulons leur rendre leur honneur essentiel. La vocation la plus élevée de la femme, c'est toujours celle d'épouse et de mère, et si nous nous laissions détourner de ce point de vue, ce serait un malheur impensable. L'État racial (völkisch) n'a pas pour rôle d'élever une colonie d'esthètes pacifistes et de dégénérés. Son idéal n'est ni l'honorable bourgeois ni la vieille fille vertueuse mais bien l'incarnation arrogante de la force virile et des femmes (Weiber) capables de mettre au monde de vrais hommes.

Cité par R. Thalmann, *Être femme sous le IIIᵉ Reich,* Paris, Robert Laffont, 1982.

5.2.2 L'État fasciste

L'État fasciste, totalitaire, cherche à prendre en mains le contrôle de tous les secteurs de la vie collective. En politique, c'est le règne du parti unique, qui s'identifie avec l'État : tous les fonctionnaires, à tous les niveaux, doivent obligatoirement en être membres. L'éducation et la formation de la jeunesse sont particulièrement visées, tous les jeunes, sans exception, étant embrigadés dans des organisations de masse (Balillas en Italie, Jeunesse hitlérienne en Allemagne). L'éducation, d'ailleurs, est d'abord et avant tout celle du corps ; pour l'intelligence, il suffit de s'en remettre au chef **13**. Tous les secteurs d'activité, toutes les occupations sont enrégimentés de façon similaire : paysans, ouvriers, étudiants, femmes, activités culturelles, sportives, artistiques ont leurs organisations. Celles des femmes sont centrées exclusivement sur leur fonction de procréation : le fascisme écarte systématiquement les femmes de toute vie publique **14**. Tous les moyens de communication de masse sont sous la coupe du Parti-État : radio, cinéma, presse. Une censure sévère frappe toutes les manifestations culturelles : théâtre, musique, expositions artistiques.

Une police spéciale tentaculaire (Ovra, Gestapo) est chargée de la surveillance et de la répression de la moindre dissidence et recourt aux pires violences pour arracher des aveux, briser les volontés, terroriser par la seule mention de son nom. Dès la prise du pouvoir, les nazis mettent sur pied un système concentrationnaire où les règles de la plus élémentaire humanité n'existent plus. De 1933 à 1938, 435 000 Allemands sont arrêtés et poursuivis pour crime d'« opposition ». En 1939, il y a déjà une centaine de camps, dont Dachau et Buchenwald, renfermant près d'un million de détenus **15**.

Mais la répression ne saurait suffire. Il faut conquérir « les reins et les cœurs ». C'est l'objet de la propagande, déjà intense avant la prise du pouvoir, qui se déploie avec une vigueur et un faste délirants à partir du moment où toutes les ressources de l'État sont mises à sa disposition. Une des originalités du fascisme est d'être la première dictature technologique de l'histoire. Ses trois moyens de propagande essentiels sont la radio — qui pénètre dans chaque maison et dans les coins les plus reculés —, le cinéma — où l'immensité de l'image et l'obscurité de la salle contribuent à dissoudre l'individualité du spectateur et ses facultés critiques — et les grandes

15 Des camps, déjà...

L'univers concentrationnaire place ses victimes hors de l'humanité.

16 La propagande par le spectacle

« dans la paix de leur cœur et le silence de leur conscience » ...

manifestations de masse, gigantesques liturgies destinées à frapper les imaginations et dont les documents visuels de l'époque nous laissent, aujourd'hui encore, une impression très forte, mélange de stupeur, non dénuée parfois d'une certaine admiration, et de révulsion devant les conséquences terrifiantes de ce « viol des foules » (S. Tchakhotine) **16**.

Au-delà de ces traits généraux qui leur sont communs, les régimes de Mussolini et de Hitler présentent cependant entre eux des différences qui ne sont pas négligeables.

Le régime mussolinien est, d'une part, basé sur un principe assez vague qu'on appelle le corporatisme. Il s'agit de surmonter la lutte des classes en fusionnant patrons et ouvriers dans une structure unique d'inspiration médiévale : la corporation. Dans la pratique, l'organisation corporative n'est qu'un autre rouage du Parti-État, d'où les vrais représentants ouvriers sont exclus. D'autre part, en comparaison avec le régime hitlérien, le fascisme italien n'est qu'un « totalitarisme inachevé » : son militarisme n'a que peu de prise sur le peuple italien ; les éléments traditionalistes conservent une influence considérable sur la société ; l'Église romaine, bien que coopérant avec le régime, échappe à son emprise et maintient ses propres organisations, comme l'Action catholique ; la monarchie elle-même demeure en place et, bien qu'elle soit incarnée par un roi veule et complaisant, elle représente pour beaucoup d'Italiens une légitimité supérieure à celle dont peut se targuer Mussolini. À titre d'exemple de ce caractère inachevé du fascisme italien, on peut souligner que le système des camps de concentration n'existe pas dans l'Italie mussolinienne (mais on utilise largement l'exil intérieur pour réduire les dissidents au silence).

En Allemagne, la doctrine est plus poussée et basée essentiellement sur le racisme, en particulier le racisme anti-juif : l'antisémitisme **17**. Vieille obsession tenace de l'Occident ravivée à la fin du XIXᵉ siècle, l'antisémitisme

17 Races supérieures, races inférieures

La loi la plus générale et la plus impitoyable en ce monde est la lutte pour la vie et son épanouissement, la lutte des races pour leur espace vital, c'est-à-dire avec la nature et, si besoin est, avec d'autres peuples s'opposant à l'épanouissement de leur propre vie nationale. [...] La manière dont races et peuples mènent cette lutte pour l'espace vital est déterminante pour l'idéal national, culturel et pédagogique. Les uns choisissent la voie de la frugalité, de la discipline, de la ténacité, du travail, et d'une pénétration presque insensible dans des régions déjà peuplées. Ceux-là se caractérisent en général par une fécondité au-dessus de la moyenne, mais évitent autant que possible la lutte ouverte pour assurer à leur descendance un espace vital.

À ces « races de coolies et de fellabs » se rattachent le surnombre de la population du globe, le gros des hommes de couleur d'Asie et d'Afrique et les populations Est-baltes et asiatiques de la Russie. Une fraction restreinte, mais puissante, de la population mondiale a choisi le parasitisme. Feignant intelligemment de s'assimiler, elle cherche à s'établir parmi les peuples sédentaires, à priver ceux-ci du fruit de leur travail par des ruses mercantiles et, en minant perfidement leur esprit, à prendre elle-même le pouvoir. L'espèce la plus connue et la plus dangereuse de cette race est la juiverie.

Le troisième groupe, enfin, mène la lutte avec franchise, audace, et conscience de sa supériorité raciale. C'est le groupe des races de Seigneurs et de Guerriers. Elles affrontent la nature pour lui arracher nourriture et trésors du sol, d'abord comme chasseurs, ensuite comme bergers et paysans. Mais elles savent aussi prendre le glaive en main si l'on menace leur liberté ou si d'autres races, notamment des races inférieures, refusent à leur descendance un espace vital insuffisamment exploité. Seules ces races se sont avérées créatrices sur le plan culturel et capables de former des États. La plus importante d'entre elles est la race nordique qui a conquis plus de la moitié du globe grâce à sa puissance de travail et sa combativité, et le domine pratiquement en son entier par sa technique et sa science. De ces races, la plus grande de toutes est la race allemande.*

Extrait d'un texte idéologique du Parti nazi.

Illustration antisémite—Trois Juifs palabrent pendant que trois enfants allemands lisent une affiche annonçant une manifestation nazie (extrait d'un livre pour enfants, 1935).

Par quels procédés cette image cherche-t-elle à propager la haine antisémite ?

sert d'échappatoire commode aux malheurs de la crise. Explication simple, claire, facile et universelle : le Juif est responsable de tout ce qui va mal… La persécution des Juifs, commencée dès les premières années d'existence du Parti nazi par d'innombrables brimades, devient en 1933 l'un des éléments clés du régime hitlérien ⑱. Pillages généralisés, lois de Nuremberg de 1935 et multiples ordonnances anti-juives, « Nuit de cristal » de 1938, marquent l'effroyable marche vers la « solution finale » de 1941-1945 (voir page 157) ⑲. Par ailleurs, le nazisme est aussi un totalitarisme achevé, qui impose ses objectifs aux forces qui l'ont porté au pouvoir et qui se réalisera pleinement pendant la guerre sous la forme de l'État SS, intégralement antirationnel et inhumain.

Cela dit, il est indéniable que les nazis ont relancé l'économie allemande avec un certain succès, réduisant fortement le chômage et remettant en marche, mieux que les démocraties occidentales empêtrées dans la crise, l'appareil de production ⑳. Mais ce résultat, bâti sur l'oppression de tout un peuple, est vicié à la base par l'objectif ultime, inlassablement poursuivi, de la guerre de conquête. Ce sont les recrues militaires (et aussi le travail forcé) qui contribuent à la baisse du chômage. Ce sont les industries militaires qui redémarrent. Les fameuses autoroutes sont des voies stratégiques. La politique nataliste ne vise qu'à augmenter le nombre de soldats. Dès 1936, Hitler a donné le mot d'ordre : « 1° L'armée allemande doit être prête à entrer en action dans quatre ans ; 2° Dans quatre ans, l'économie allemande doit être capable de supporter une guerre. » ㉑

19 La législation anti-juive

Pénétré du fait que la pureté du sang allemand est la condition nécessaire pour le maintien du peuple allemand, et animé de la volonté inflexible d'assurer à tout jamais l'avenir du peuple allemand, le Reichstag a voté à l'unanimité la loi suivante, qui est ainsi promulguée :

1. *Les mariages entre Juifs et ressortissants allemands ou de sang apparenté sont interdits. Les mariages qui seraient célébrés en contravention de cette loi sont déclarés nuls, même s'ils sont célébrés à l'étranger pour tourner la loi.*
2. *Les relations entre Juifs et Allemands ou personnes de sang apparenté, en dehors du mariage sont interdites.*
3. *Les Juifs n'ont pas le droit d'employer dans leur ménage des ressortissantes allemandes ou de sang apparenté de moins de 45 ans.*

Extrait des
« Lois de Nuremberg »,
15 septembre 1935.

Tout Juif doit déclarer et évaluer la totalité de ses biens sur le territoire national et à l'étranger dans leur état au jour de l'entrée en vigueur de cette ordonnance [...]. [...] Cette obligation de déclarer et d'évaluer s'applique également au conjoint non juif d'un Juif.

22 avril 1938.

Les installations de médecins juifs doivent cesser le 30 septembre 1938.

25 juillet 1938.

Le comportement hostile envers le peuple et l'État allemands des Juifs qui ne reculent pas devant de lâches assassinats exige des moyens de défense énergique et une punition sévère [...].

[En conséquence] une contribution d'un montant de un milliard de reichsmarks sera imposée à l'ensemble des Juifs de nationalité allemande au profit de l'État allemand [...].

12 novembre 1938.

Il est interdit aux Juifs, à partir du 1er janvier 1939, de s'occuper de commerce de détail, d'expéditions et d'affaires de transports, de comptoirs d'achat, aussi bien que d'exercer le métier d'artisan indépendant. En outre il leur est interdit, à partir du même jour, sur tous les marchés, d'exposer des denrées ou des produits fabriqués, de faire pour eux de la publicité et d'en prendre des commandes [...].

Un Juif ne peut pas être membre d'une coopérative de consommation. Les membres juifs de telles coopératives seront exclus à partir du 31 décembre 1938. Un avis particulier d'exclusion n'est pas nécessaire [...].

18 novembre 1938.

20 L'économie allemande sous les nazis

	Nombre de chômeurs (en millions)	Salaires (en % du PNB)	Production industrielle (indice 100 = 1928)	
			Biens de consommation	Biens d'équipement
1933	3,7	63	80	56
1934	2,3	62	91	81
1935	1,8	61	95	99
1936	1,1	59	100	114
1937	0,5	58	107	130
1938	0,2	57	116	144

21 Les investissements publics en Allemagne
(en millions de reichsmarks)

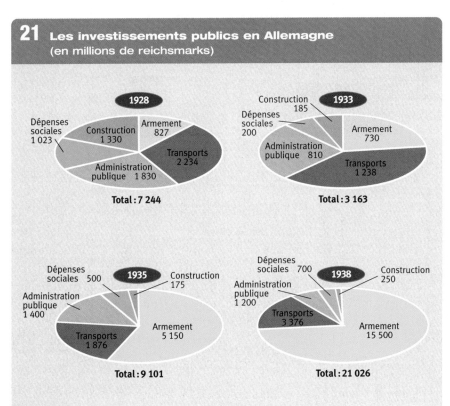

1928
Dépenses sociales 1 023
Construction 1 330
Armement 827
Administration publique 1 830
Transports 2 234
Total : 7 244

1933
Construction 185
Dépenses sociales 200
Administration publique 810
Armement 730
Transports 1 238
Total : 3 163

1935
Dépenses sociales 500
Construction 175
Administration publique 1 400
Transports 1 876
Armement 5 150
Total : 9 101

1938
Dépenses sociales 700
Administration publique 1 200
Construction 250
Transports 3 376
Armement 15 500
Total : 21 026

Quel pourcentage le secteur de l'armement représente-t-il pour chacune des années ? Quel a été le taux de croissance de ce secteur pour l'ensemble de la période ? Comparez ces chiffres avec ceux des dépenses sociales.

5.3 L'URSS SOUS STALINE

Pendant que le fascisme se déploie sur l'Italie et sur l'Allemagne, le stalinisme s'installe en Union soviétique. Bien que les deux régimes partent de postulats idéologiques radicalement antinomiques et que l'anticommunisme soit le fondement irréductible du fascisme, ces deux totalitarismes sont comparables sur tant de points qu'ils nous apparaissent, ainsi qu'en un miroir, comme le reflet inversé l'un de l'autre.

5.3.1 L'économie planifiée

En 1928, Joseph Staline a triomphé de tous ses adversaires dans la course à la succession de Lénine, les résultats de la NEP commencent à montrer des signes d'essoufflement (voir page 56) et l'objectif de bâtir le « socialisme dans un seul pays » exige impérativement l'édification rapide d'une grande industrie, particulièrement d'une industrie lourde. Il s'agit de rattraper un retard de 50 ans sur les pays capitalistes, sans quoi la Révolution bolchevique

La tâche essentielle du plan quinquennal consistait à faire passer notre pays, avec sa technique arriérée, parfois médiévale, dans la voie d'une technique nouvelle, moderne.

La tâche essentielle du plan quinquennal consistait à transformer l'URSS, de pays agraire et débile, qui dépendait des caprices des pays capitalistes, en un pays industriel et puissant, parfaitement libre et indépendant des caprices du capitalisme mondial.

La tâche essentielle du plan quinquennal consistait, tout en transformant l'URSS en un pays industriel, à éliminer jusqu'au bout les éléments capitalistes, à élargir le front des formes socialistes de l'économie et à créer une base économique pour la suppression des classes en URSS, pour la construction d'une société socialiste. [...]

La tâche essentielle du plan quinquennal consistait à faire passer la petite économie rurale morcelée dans la voie de la grande économie collectivisée, d'assurer par là même la base économique du socialisme à la campagne et de liquider ainsi la possibilité de restauration du capitalisme en URSS.

Enfin, la tâche du plan quinquennal consistait à créer dans le pays toutes les conditions techniques et économiques nécessaires pour relever au maximum la capacité de défense du pays, pour lui permettre d'organiser une riposte vigoureuse à toutes tentatives d'intervention armée, à toutes tentatives d'agression armée de l'extérieur, d'où qu'elles viennent.

———————
J. Staline
Doctrine de l'URSS, 1938.

> Résumez les cinq tâches essentielles que Staline confie au plan quinquennal.

23 Une brigade d'ouvriers « de choc » partant pour la campagne afin d'« aider » les paysans à organiser les kolkhozes

et l'URSS ne survivront pas. Aux yeux des dirigeants soviétiques, cela ne peut se faire que par la planification étatique rigoureuse de l'économie et par l'expropriation de la paysannerie, qui fournira à la fois les capitaux, le ravitaillement et la main-d'œuvre nécessaires.

C'est dans ce contexte que Staline amorce, en octobre 1928, le grand tournant du premier plan quinquennal, avec deux objectifs essentiels : donner à l'économie des structures socialistes et développer en priorité l'industrie lourde **22**. Dans ce domaine, les objectifs à atteindre sont presque chimériques : augmentation de 50 % de la production industrielle et de 300 % pour l'industrie lourde, qui recevra 80 % des investissements, tout cela en cinq ans! (En 1929, Staline lancera même le mot d'ordre « le plan quinquennal en quatre ans! ».)

L'une des conditions essentielles de cette industrialisation massive est l'augmentation de la productivité agricole, laquelle ne peut être obtenue, pense-t-on, que par la collectivisation des terres, qui ne progresse qu'à pas de tortue depuis la révolution de 1917. À l'automne 1929, Staline annonce donc la collectivisation obligatoire et la « liquidation des koulaks en tant que classe ». L'opération, menée avec brutalité **23**, se heurte immédiatement à une formidable opposition dans les campagnes, les paysans préférant abattre leur bétail plutôt que de le remettre à la ferme collective (*sovkhoze :* « ferme d'État » ; *kolkhoze :* « ferme coopérative »). Cette opposition n'étant pas, et de loin, le fait des seuls koulaks (propriétaires aisés), le mot *koulak* en vient à désigner tout opposant à la collectivisation, et la « liquidation en tant que classe » se transforme en liquidation physique, mettant un point final au mythe léniniste de l'alliance ouvriers-paysans, toujours démenti dans les faits depuis 1917 **24**.

Le bilan est catastrophique : arrestations, déportations, exécutions touchent de 5 à 10 millions de paysans, la production stagne ou même baisse, le nombre de têtes de bétail diminue de 40 à 50 %. Pendant l'hiver 1932-1933, une terrible famine, encore une fois, sévit dans les campagnes et fait plus d'un million de victimes en Ukraine seulement. En 1935, devant cet échec patent, les paysans sont autorisés à conserver un lopin individuel dont

Par trains entiers, les paysans déportés partaient vers le Nord glacial, les forêts, les steppes, les déserts, populations dépouillées de tout; et les vieillards crevaient en route, on enterrait les nouveau-nés sur le talus des routes, on semait dans toutes les solitudes de petites croix de branchage ou de bois blanc. Des populations, traînant sur des chariots tout leur pauvre avoir, se jetaient vers les frontières de Pologne, de Roumanie, de Chine et passaient — pas tout entières, bien sûr — malgré les mitrailleuses. En un long message au gouvernement, d'un style noble, la population de l'Abkhasie sollicita l'autorisation d'émigrer en Turquie.

J'ai vu et su tant de choses sur le drame de ces années noires qu'il me faudrait un livre pour en témoigner. J'ai parcouru plusieurs fois l'Ukraine affamée, la Géorgie en deuil et durement rationnée, j'ai séjourné en Crimée pendant la famine, j'ai vécu toute la misère et l'anxiété des deux capitales plongées dans le dénuement, Moscou et Léningrad. Combien de victimes fit la collectivisation totale, résultat de l'imprévoyance, de l'incapacité et de la violence totalitaires? Un savant russe, M. Prokopovitch, fit ce calcul d'après les statistiques soviétiques officielles — au temps, du reste, où l'on emprisonnait et fusillait les statisticiens.

Jusqu'à 1929, le nombre de foyers paysans ne cesse de s'accroître :

1928 : vingt-quatre millions cinq cent mille foyers,

1929 : vingt-cinq millions huit cent mille foyers.

La collectivisation finie, en 1936, il n'y a plus que vingt millions six cent mille foyers. En sept années, près de cinq millions de familles ont disparu.

Victor Serge
Mémoires d'un révolutionnaire, 1901-1941, Paris, Seuil, coll. « Points Politique », 1978.

ils pourront vendre la production sur le marché libre. Ces lopins, représentant 3 % des terres, assureront bientôt 21 % de la production et nourriront 40 % du cheptel. Mais, en fait, sur un monceau de trois à quatre millions de cadavres, Staline vient de mettre fin à la vieille paysannerie russe. Il s'agit d'une date charnière dans l'histoire de cette partie du monde.

L'effort d'industrialisation se poursuit cependant sans accroc majeur, favorisé d'ailleurs par l'exode rural, qui augmente la population des villes de 50 % et fait doubler le nombre des ouvriers. Alors que dans tout le monde capitaliste la production s'effondre, la croissance globale de l'industrie soviétique atteint le chiffre renversant de 250 % (du moins selon les sources soviétiques, il est vrai toujours sujettes à caution en ces matières). Le deuxième plan, adopté en 1933, poursuit sur cette lancée. Des chantiers gigantesques frappent les imaginations : Magnitogorsk, Dniepropetrovsk deviennent les symboles du socialisme en marche. En 1939, l'URSS est devenue la troisième puissance industrielle du monde, après les États-Unis et l'Allemagne **25**.

Comment ce tableau reflète-t-il les difficultés de la collectivisation dans les campagnes ?

25 Les résultats des deux premiers plans quinquennaux (d'après les sources soviétiques)

	1928	1932	1937
Population (en millions)	150,5	163,0	163,6
Céréales (en millions de tonnes)	73,3	69,8	95,9
Ovins et bovins (en millions de têtes)	± 190,0	92,7	± 150,0
Tracteurs	1 800	50 800	± 60 000
Charbon (en millions de tonnes)	36,4	64,4	127,3
Pétrole (en millions de tonnes)	11,6	21,4	27,8
Électricité (en milliards de kWh)	5,0	13,5	35,0
Acier (en millions de tonnes)	4,3	5,9	17,5
Camions	700	23 700	± 100 000
Coton (en millions de m²)	2 698	2 694	3 448

Sur quelles bases repose l'immense pouvoir de l'appareil policier ?

De tels résultats ne sauraient être acquis, bien sûr, qu'au prix de grandes souffrances humaines. Les camps de travail forcé jouent un rôle essentiel, avec leurs millions de paysans déportés, d'opposants condamnés, de victimes des purges. Le niveau de vie général chute de 40 %. Avec le livret ouvrier qui rive le travailleur à son usine, une forme de servage est rétablie. Le sacrifice conscient de l'industrie légère au profit de l'industrie lourde prive la population dans ses besoins essentiels de logement, de vêtement, de chauffage, dans des villes submergées par l'afflux de l'exode rural. Enfin, les tensions sociales et politiques engendrées par ces efforts et ces souffrances contribuent à l'instauration d'un régime de terreur policière et de dictature personnelle auquel on donne — à défaut de mieux — le nom de stalinisme.

5.3.2 Le stalinisme

Le pouvoir personnel de Staline lui vient d'abord de son poste de secrétaire général du Parti communiste. À la fin des années vingt, des centaines de milliers de nouveaux adhérents sont admis, qui noient rapidement les « anciens », compagnons de Lénine et artisans de la révolution de 1917. Or, dans cette société soviétique, l'appartenance au Parti est la seule façon de se hisser vers le haut de l'échelle sociale, le conformisme et l'obéissance aveugle étant les meilleurs moyens d'y parvenir. Les nouveaux adhérents sont donc redevables au secrétaire général de tous leurs privilèges, et le Parti tend à devenir un simple instrument docile tout en développant un culte de la personnalité qui va très rapidement atteindre des sommets d'abêtissement **26**.

Mais la base fondamentale du stalinisme, par-delà ce parti vidé de toute substance, c'est véritablement la police secrète. C'est elle qui, par la terreur, s'assure de la docilité de la société. C'est elle qui élimine les opposants. C'est elle, surtout, qui administre le Goulag, cet « archipel » de camps de concentration où plusieurs millions de condamnés sont astreints aux travaux forcés dans les conditions les plus épouvantables, faisant de la police secrète un rouage économique essentiel dans le système stalinien **27**.

Appuyé sur cette police secrète, Staline va d'abord purger le Parti communiste de ses vieux militants, trop peu enthousiastes à l'égard des tendances nouvelles du régime. En 1933, une première purge exclut 20 % des membres. L'économie connaissant des difficultés, on se lance à la chasse aux « saboteurs », ennemis infiltrés dans l'appareil du Parti ou de l'État. Ingénieurs,

28 Des « éléments antisoviétiques »

Un grand nombre d'anciens koulaks et de criminels, déportés dans les régions éloignées de la Sibérie et du Grand Nord, puis revenus chez eux, sont impliqués aujourd'hui dans toute une série d'actions de diversion terroriste et d'activités anti-soviétiques, aussi bien dans les Kolkhozes et les sovkhozes que dans les transports et les entreprises. Le Comité central propose à tous les secrétaires des organisations régionales du Parti et à tous les représentants régionaux du NKVD* de recenser tous ces éléments anti-soviétiques. Les plus actifs seront immédiatement arrêtés et fusillés [...]. Les autres, moins actifs, mais néanmoins anti-soviétiques, seront internés et déportés. Le Comité central proposera dans un délai de cinq jours la composition des troïkas ainsi que la quantité de personnes à fusiller et à déporter.

_____

Télégramme de Staline envoyé le 2 juillet 1937 aux responsables du Parti au niveau des régions et des républiques.

* NKVD : Commissariat du peuple aux affaires intérieures (police politique).

29 La terreur

1. Ordre est donné aux organismes d'instruction d'accélérer la tenue des procès de ceux qui sont accusés de préparation ou d'exécution d'actes terroristes;
2. Ordre est donné aux organes juridiques de ne pas suspendre l'exécution des sentences de mort frappant les crimes de cette catégorie dans le but de réserver les possibilités de grâce, du fait que le Præsidium du Comité central exécutif de l'URSS ne considère pas comme possible de recevoir les pétitions de cette nature;
3. Ordre est donné aux organismes du commissariat des Affaires intérieures d'exécuter les sentences de mort contre les criminels de la catégorie ci-dessus immédiatement après le prononcé de ces sentences.

_____

Ordre du Comité central, 1er décembre 1934.

économistes suspects sont déportés ou fusillés (c'est dans un camp que Tupolev dessine ses premiers avions) **28**. À partir de 1935, la terreur s'intensifie, les purges s'accélèrent et de retentissants procès amènent les plus célèbres compagnons de Lénine (Kamenev, Zinoviev, Boukharine) à des « aveux » spectaculaires de complot anticommuniste, après quoi les repentis sont fusillés ou poussés au suicide.

Dès lors, la terreur ne connaît plus de limites : officiers de l'armée, diplomates, écrivains, militants de la base, simples citoyens sont exécutés ou disparaissent dans le Goulag **29**. La terreur dépasse même les frontières de l'URSS : dirigeants de partis communistes de l'extérieur convoqués à Moscou et qui ne reviennent jamais, dissidents soviétiques en exil assassinés dans les pays d'accueil (Trotsky au Mexique). Le nombre exact des victimes est impossible à chiffrer, mais atteint plusieurs millions selon toutes les estimations. La purge frappe 70 % des membres du Comité central, 80 % des militants recrutés avant 1927, 80 % des colonels et 90 % des généraux de l'Armée rouge.

1. *Une idéologie élaborée, consignée en un corps de doctrine officiel, qui embrasse tous les aspects vitaux de l'existence humaine et à laquelle on suppose qu'adhère, au moins passivement, tout individu vivant dans cette société; de façon caractéristique, cette idéologie est centrée sur la projection d'un stade final et parfait de l'humanité : elle contient donc une affirmation millénariste, basée sur le refus radical de la société existante ainsi que sur la conquête du monde en vue d'une société nouvelle.*

2. *Un parti unique de masse, dirigé, de façon typique, par un seul homme, le « dictateur », et comprenant un pourcentage relativement faible de la population totale, masculine et féminine* (environ 10 %), *mais disposant d'un puissant noyau passionnément et aveuglément voué à l'idéologie [...].*

3. *Un système de terreur, physique et psychologique, se réalisant par le contrôle qu'exerce le Parti, avec l'appui de la police secrète [...]; la terreur — que ce soit celle de la police secrète ou bien la pression sociale maintenue par le Parti — se fonde sur une exploitation systématique de la science moderne et, tout particulièrement, de la psychologie scientifique.*

4. *Un monopole presque complet, et fondé en technologie, du contrôle des moyens de communication de masse, comme la presse, la radio et le cinéma; ce monopole est entre les mains du Parti et du gouvernement.*

5. *Un monopole, également fondé en technologie et quasi complet, de l'usage de tous les instruments de lutte armée.*

6. *Un contrôle centralisé et la direction de toute l'économie, par la coordination bureaucratique d'entités corporatives jadis indépendantes; typiquement, cette coordination s'étend à beaucoup d'autres associations et activités de groupe.*

Carl J. Friedrich et Z. K. Brzezinski
Reproduit avec la permission des éditeurs de *Totalitarian Dictatorship and Autocracy*, Cambridge, Mass., Harvard University Press, © 1956, 1965, par le Président et ses collègues de Harvard.

Parti unique, culte du chef, police secrète, terreur, système concentrationnaire : le stalinisme possède un grand nombre de traits communs avec le fascisme. Il s'agit même d'un totalitarisme encore plus complet que celui de Hitler, puisque toute la vie économique relève directement du Parti-État, ce qui n'est pas le cas dans l'Allemagne nazie.

Faut-il pour autant identifier l'un avec l'autre ces deux régimes au point de les rendre interchangeables ? Leurs bases idéologiques, d'une part, sont pourtant bien aux antipodes l'une de l'autre. L'État nazi, fondé sur une conception pessimiste et foncièrement inégalitaire de l'humanité, se considère comme la forme parfaite de l'organisation sociale, destinée à durer « mille ans ». Le communisme, fondé sur une conception optimiste et égalitaire de l'humanité, se considère comme un régime transitoire orienté vers la disparition de l'État lui-même dans une société sans classes. Leurs bases sociales, d'autre part, divergent considérablement, le fascisme étant essentiellement un mouvement des classes moyennes appuyé par le grand capital, tandis que le stalinisme se recrute d'abord chez les ouvriers et l'intelligentsia, dans un Parti-État qui monopolise lui-même directement le grand capital.

Peut-être, finalement, est-ce l'irréalisme complet de ces deux conceptions qui leur fait adopter des formes extérieures et des méthodes de fonctionnement qui se renvoient les unes aux autres comme l'image inversée d'une même réalité : l'esprit totalitaire **30**.

5.3.3 La nouvelle société soviétique

À la veille de la Seconde Guerre mondiale, la société soviétique a été profondément transformée, à la fois dans sa répartition géographique et dans sa structure de classe.

Ce n'est plus la bourgeoisie la classe exploiteuse qui touche la plus-value, mais c'est la bureaucratie qui s'est décerné cet honneur. À notre sens, en URSS, les propriétaires, ce sont les bureaucrates, car ce sont eux qui tiennent la force entre leurs mains. [...]

En réalité, l'État bureaucratique verse, de différentes manières, la plus-value à ses fonctionnaires formant une classe privilégiée, installée dans l'État [...]. Dans la société soviétique, les exploiteurs ne s'approprient pas directement la plus-value, ainsi que fait le capitaliste en encaissant les dividendes de son entreprise, mais ils le font d'une manière indirecte, à travers l'État, qui encaisse toute la plus-value nationale, puis la répartit entre ses fonctionnaires mêmes. [...] [Ceux-ci] jouissent, ainsi que tous les bureaucrates, des « services » étatiques payés avec la plus-value [...].

Dans son ensemble, la bureaucratie extorque la plus-value aux producteurs directs par une colossale majoration des frais généraux dans les entreprises « nationalisées » [...]. Nous voyons donc que l'exploitation passe de sa forme individuelle à une forme collective, en correspondance avec la transformation de la propriété. Il s'agit d'une classe en bloc, qui en exploite une autre en correspondance avec la propriété de classe et qui, par des voies intérieures, passe à la distribution entre ses membres par le moyen de son État à elle (on doit s'attendre à l'hérédité des charges bureaucratiques). Les nouveaux privilégiés avalent la plus-value à travers la machine de l'État, qui n'est pas seulement un appareil d'oppression politique, mais aussi un appareil d'administration économique de la nation.

Bruno Rizzi
L'U.R.S.S. : Collectivisme bureaucratique,
La Bureaucratisation du monde,
Paris, Éditions Champ Libre/Ivrea, 1976.

De gigantesques migrations ont rendu les campagnes méconnaissables et créé de toutes pièces de nouvelles villes-champignons. Un tiers de la population vit maintenant dans les villes. Mais à partir de 1932, le passeport intérieur obligatoire soumet au contrôle policier tous les déplacements à l'intérieur du territoire.

Malgré son idéologie officielle, cette société est très inégalitaire. L'éventail des salaires va de 1 à 20, celui des revenus réels étant encore plus large. Le salaire moyen des femmes est à 50 % du salaire moyen général. Les paysans sont toujours les parias du système : exclus de la sécurité sociale, légalement attachés à leur lieu de travail, soumis à des corvées, collectivement responsables, à travers le kolkhoze, des livraisons obligatoires, ce sont les nouveaux serfs du « socialisme réel ». Les ouvriers, qui devraient être les choyés de cette « dictature du prolétariat », sont en meilleure posture. Sécurité de l'emploi, éducation gratuite, faible coût du logement et des transports, salaire d'appoint des femmes ont amélioré sensiblement leur niveau de vie. Mais alors que leur salaire double entre 1933 et 1937, le prix des denrées essentielles (viande, lait, sucre) triple ou quadruple. Et à partir de 1938, la généralisation du livret ouvrier enchaîne le travailleur à son usine aussi solidement que le paysan à son kolkhoze.

La classe sociale qui, à tout point de vue, sort gagnante de ces bouleversements, est toute nouvelle : c'est celle de l'« intelligentsia », ou des « apparatchiks », mots passe-partout qui désignent à la fois les intellectuels, écrivains et artistes (pour autant que ces mots aient encore un sens...) au service du régime et les préposés à la gestion du Parti et de l'État. Leur nombre est évalué entre 7 et 14 millions. Bénéficiant de salaires nettement supérieurs à tous les autres, ils reçoivent toutes sortes de gratifications (logement et voiture de fonction), ont leurs magasins réservés bien approvisionnés et peuvent se déplacer relativement plus librement, le tout selon une hiérarchie extrêmement complexe **31**.

Entre ces différentes couches sociales, le système soviétique assure malgré tout une mobilité assez grande par la structure du Parti, tandis que

Qu'est-ce que la plus-value ? Comment la bureaucratie extorque-t-elle la plus-value aux producteurs ? Que signifie l'expression *frais généraux* ? Comment l'État verse-t-il la plus-value aux bureaucrates ?

l'éducation se généralise, depuis le niveau élémentaire rendu obligatoire en 1930 (il ne l'est pas encore au Québec à l'époque) jusqu'à l'université, où le nombre d'étudiants est multiplié par cinq entre 1929 et 1939. Les femmes, surtout, vont bénéficier de cette grande ouverture de l'éducation et se hisser, plus que partout ailleurs, dans les hautes sphères de la science, de la technologie et de la médecine. Cette émancipation contraste fortement avec la vision fasciste, qui fait de la femme une simple machine à reproduire la chair à canon.

5.4 LES DICTATURES TRADITIONNELLES

À côté des régimes proprement fascistes, particuliers à l'Italie et à l'Allemagne, et du régime stalinien, les dictatures qu'on qualifie de « traditionnelles » font tache d'huile dans l'Europe des années trente et même au-dehors.

Bien qu'elles soient toutes inspirées peu ou prou du modèle fasciste, elles se distinguent des régimes italien et allemand en ce qu'elles ne sont pas fondées essentiellement sur les classes moyennes et qu'elles se soucient assez peu d'intégrer les masses et d'amener une transformation en profondeur de la société. Elles ne font que garantir et perpétuer le pouvoir des oligarchies traditionnelles qui, après avoir brisé les forces révolutionnaires avec l'aide des mouvements fascistes, absorbent ou éliminent ces derniers, quitte à adopter certaines de leurs méthodes.

La plupart des pays d'Europe basculent les uns après les autres dans des régimes de ce type, à l'exception de la France, de la Grande-Bretagne, des pays scandinaves, des Pays-Bas, de la Suisse et, cas unique dans l'Europe centrale et orientale, de la Tchécoslovaquie [32]. En Espagne, une terrible guerre civile de 3 ans (voir page 144) amène au pouvoir en 1939 le général Francisco Franco (1892-1975), dont le régime est destiné à dépasser de loin tous les autres en longévité : il durera plus de 35 ans.

Hors d'Europe, des dictatures traditionalistes s'installent en Amérique latine et en Asie.

Au Brésil, où la crise économique a ruiné les producteurs de café (on en vient même à utiliser le café pour chauffer les locomotives), un coup d'État militaire porte au pouvoir Getúlio Vargas (1883-1954), qui instaure une dictature personnelle de 20 ans sur un modèle assez proche de celui de Mussolini. Après un début plutôt réformiste (extension du droit de vote, entre autres aux femmes, sécurité sociale, syndicalisme), le régime prend, à partir de 1934, un virage de plus en plus marqué vers la droite : suppression des partis et des syndicats, censure, police secrète. Parallèlement, Vargas cherche à industrialiser le pays et à diminuer sa dépendance à l'égard de l'extérieur en instaurant une économie mixte avec une importante intervention de l'État. Déposé par l'armée en 1945, il sera réélu président en 1950 et se suicidera en 1954, au moment où l'armée allait le déposer une nouvelle fois.

Au Mexique, où la révolution (voir page 21) s'est achevée en 1920, le président Plutarco Calles, élu en 1924, instaure un régime de plus en plus dictatorial où se multiplient les assassinats politiques. En 1930 sont créées les Chemises dorées, organisation fasciste, et une véritable hystérie anti-communiste se déchaîne. Lázaro Cárdenas (1895-1970), élu président en 1934 comme homme de paille de Calles, exile cependant son protecteur en 1936

Régime parlementaire (démocratie libérale)
Régime autoritaire traditionaliste
Régime fasciste
Régime communiste

et renoue avec les grands projets de la révolution : réforme agraire, éducation, santé, syndicalisme libre et, finalement, nationalisation des sociétés pétrolières en 1938.

En Asie, la République chinoise de Jiang Jieshi (Tchang Kaï-chek) est un régime autoritaire appuyé sur les grands propriétaires terriens et la bourgeoisie d'affaires et qui mène une véritable guerre rangée aux communistes solidement installés autour de Yanan dans la province de Shenxi. Le Japon, où depuis 1889 l'empereur tout-puissant a octroyé une Constitution instaurant quelques apparences de démocratie, la réalité du pouvoir appartient d'une part aux deux géants de l'économie, Mitsui et Mitsubishi et, d'autre part, à l'armée, nostalgique de l'ordre ancien et de plus en plus encline à l'expansionnisme. À partir de 1931, l'armée s'impose au jeune empereur Hirohito (1901-1989) et devient la force politique essentielle du pays, lançant ce dernier dans une politique d'agression qui mènera à la Seconde Guerre mondiale. Les libertés sont restreintes, les médias et l'éducation deviennent des moyens de propagande, mais le maintien des traditions, l'absence de parti unique et l'échec du coup d'État tenté par l'armée en 1936 empêchent de parler ici de totalitarisme.

33 Un fascisme du cru...

Saisie de matériel du Parti national social-chrétien à Montréal en 1940.

Même dans les pays demeurés démocratiques, les mouvements fascisants s'agitent, sans grand succès toutefois : British Union of Fascists en Grande-Bretagne, Croix-de-Feu en France, Rexistes en Belgique, Chemises grises aux Pays-Bas, Chemises bleues en Éire, Union nationale en Norvège, voire Parti nazi américain de Rockwell ou encore Parti national social-chrétien d'Adrien Arcand au Québec **33**. Dans la plupart de ces cas, la propagande fasciste se heurte à des traditions démocratiques bien ancrées et ne peut pas tabler sur un sentiment d'humiliation nationale tel qu'il existait en Italie et en Allemagne.

Conclusion

Préparé par la profonde crise de civilisation qui secoue l'Occident depuis le milieu du XIXe siècle, favorisé par la Grande Guerre et ses résultats, porté au pouvoir par la crise économique, le fascisme instaure en Italie et en Allemagne des régimes nouveaux, sans comparaison même avec ceux qui s'en inspirent le plus. Ils sont caractérisés par une alliance entre les oligarchies dirigeantes traditionnelles et les classes moyennes, un souci poussé d'intégrer les masses, l'utilisation maximale des moyens de communication modernes, une exaltation de la violence et de la guerre comme « seule hygiène du monde », le refus de toute pensée rationnelle, la déification du chef omniscient et, en Allemagne, le racisme et l'antisémitisme.

En URSS s'installe un tout autre régime, totalitaire lui aussi, mais sur des bases idéologiques opposées, des bases sociales très différentes, la collectivisation forcée de l'agriculture, le développement obsessionnel de l'industrie lourde, une certaine émancipation des femmes. Fascisme et stalinisme se rejoignent cependant sur plusieurs points, comme le refus de toute dissidence, l'élimination des partis et des syndicats libres, l'utilisation systématique de la terreur, le système concentrationnaire et le culte délirant de la personnalité.

Mais l'objectif ultime du fascisme, sa raison d'être, c'est la guerre. Et à partir de 1933, dans une Europe qui n'a pas encore refermé les cicatrices de la Grande Guerre et où la faiblesse des démocraties face à la crise offre un violent contraste avec la force apparente des dictatures, les dirigeants fascistes préparent consciemment, méthodiquement, le déclenchement d'une conflagration telle que le monde n'en a jamais connue, et dont l'humanité ne sortira pas sans soulever sur elle-même des questions qui n'ont pas cessé de la hanter depuis.

Questions de révision

1. Décrivez les origines générales du fascisme.

2. Expliquez les facteurs particuliers qui permettent de comprendre que le fascisme ne soit parvenu au pouvoir que dans deux pays, l'Italie et l'Allemagne.

3. Dans quels groupes sociaux les mouvements fascistes recrutent-ils surtout leurs militants ? Pourquoi ?

4. Expliquez les principaux éléments de l'idéologie fasciste.

5. Décrivez les moyens grâce auxquels le fascisme se hisse au pouvoir en Italie et en Allemagne.

6. Décrivez les caractéristiques fondamentales de l'État fasciste et dégagez quelques différences entre le régime de Mussolini et celui de Hitler.

7. Décrivez les objectifs et faites le bilan de la planification économique en URSS entre 1928 et 1938.

8. Quelles sont les caractéristiques du régime stalinien ? En quoi diffère-t-il du fascisme et en quoi lui ressemble-t-il ?

9. Quelles sont les caractéristiques du totalitarisme, selon Friedrich et Brzezinski ?

10. Décrivez la situation des paysans et des ouvriers dans la société soviétique des années trente.

11. Expliquez la base économique du pouvoir de la nouvelle classe dirigeante soviétique.

12. Quelles différences de fond peut-on établir entre le fascisme et les dictatures traditionalistes qui se multiplient dans l'Europe de l'entre-deux-guerres ?

1. Faites un résumé du chapitre sous forme de plan détaillé (résumé schématique).

2. Sur une carte muette de l'Europe avec les frontières de l'entre-deux-guerres, illustrez le rétrécissement de l'aire démocratique à cette époque, en délimitant les zones et en identifiant les pays selon leur régime politique : démocratie, fascisme, communisme, dictature traditionnelle.

3. Sous la forme d'un graphique ou d'un réseau de concepts, représentez tout ce qui tombe sous l'autorité d'un État totalitaire.

4. Comment peut-on se prémunir contre cette fascination qu'exercent encore aujourd'hui les idéologies et les mouvements qui nient concrètement la liberté et la dignité de la personne au profit d'une sorte de dissolution dans un grand Tout?

5. Est-il justifiable, historiquement parlant, d'assimiler complètement l'un à l'autre le fascisme et le stalinisme?

> Pour aller plus loin

(NOTE : *sauf mention contraire, le lieu d'édition est Paris.*)

publications

AYÇOBERRY, P. *La Question nazie. Essai sur les interprétations du national-socialisme : 1922-1975.* Seuil, coll. « Points Histoire » no 39, 1979, 314 p.

— *La société allemande sous le IIIe Reich : 1933-1945.* Seuil, coll. « Points Histoire » no 246, 1998, 434 p.

BROUÉ, P. *Communistes contre Staline : massacre d'une génération.* Fayard, coll. « Pour une histoire du XXe siècle », 2003, 439 p.

CARRÈRE D'ENCAUSSE, H. *L'URSS de la Révolution à la mort de Staline : 1917-1953.* Seuil, coll. « Points Histoire » no 179, 1993, 375 p.

COLLOTTI, E. *Hitler et le nazisme.* Casterman/Giunti, coll. « XXe siècle » no 12, 1994, 158 p.

DREYFUS, F.-G. *Le troisième Reich.* Librairie générale française, coll. « Le Livre de poche, Références : Histoire », 1998, 351 p.

FERRO, M. (éd.). *Nazisme et communisme : deux régimes dans le siècle.* Hachette littératures, coll. « Pluriel. L'histoire en revue », 1999, 278 p.

FINZI, R. *L'Antisémitisme. Du préjugé au génocide.* Firenze, Casterman/Giunti, coll. « XXe siècle », 1997, 128 p.

FITZPATRICK, S. *Le stalinisme au quotidien : la Russie soviétique dans les années 30.* Flammarion, 2002, 415 p.

GROSSER, A. *10 leçons sur le nazisme.* Bruxelles, Éd. Complexe, coll. « La Mémoire du siècle », 1991, 288 p.

GUÉRIN, D. *Sur le fascisme.* La Découverte, coll. « [Re]découverte. Documents et témoignages », 2001, 463 p. (Réunit deux classiques de Guérin : *La Peste brune* et *Fascisme et grand capital.*)

KERSHAW, I. *Hitler : essai sur le charisme en politique.* Gallimard, coll. « Folio Histoire » no 104, 2001, 413 p.

— *Qu'est-ce que le nazisme? Problèmes et perspectives d'interprétation.* Gallimard, coll. « Folio Histoire », 1997, 534 p.

MERLIO, G. *Les résistances allemandes à Hitler.* Tallandier, 2003, 463 p.

MOSSE, G. L. *La Révolution fasciste. Vers une théorie générale du fascisme.* Seuil, 2003, 266 p.

NOLTE, E. *Les fondements historiques du national-socialisme.* Monaco, Éd. du Rocher, coll. « Démocratie ou totalitarisme », 2002, 174 p.

— *La guerre civile européenne, 1917-1945 : national-socialisme et bolchevisme.* Éd. des Syrtes, 2000, 665 p.

POLIAKOV, L. *Bréviaire de la haine. Le IIIe Reich et les Juifs*. Bruxelles, Presses Pocket, coll. « Agora » n° 137, 1993, 397 p.

WOLTON, T. *Rouge-brun : le mal du siècle*. J.-C. Lattès, 1999, 406 p.

° films

Amarcord, de Federico Fellini, avec Pupella Maggio et Armando Brancia. It., 1973. 127 min. La société italienne de Rimini dans les années trente. Du pur Fellini : humour, amour, compassion, humanisme, poésie... Offert en DVD.

Le Conformiste (Il Conformista), de Bernardo Bertolucci, avec Jean-Louis Trintignant et Stefania Sandrelli. It., 1970. 115 min. Un jeune italien fasciste reçoit l'ordre d'assassiner son ancien professeur. Une plongée dans les motivations individuelles profondes qui peuvent pousser à adhérer au fascisme. Du grand Bertolucci, avec un Trintignant inquiétant.

Les Damnés (The Damned), de Luchino Visconti, avec Dirk Bogarde et Ingrid Thulin. It., 1969. 155 min. Une famille de riches industriels dans l'Allemagne nazie. Grande fresque à la Visconti. Reconstitution hallucinante de la « Nuit des longs couteaux ». Offert en DVD.

Une journée particulière, de Ettore Scola, avec Marcello Mastroianni et Sophia Loren. It.-Can., 1977. 105 min. Le jour de la visite de Hitler à Rome, deux êtres marginaux se retrouvent seuls dans un immeuble déserté par les résidants partis acclamer les dictateurs. Rencontre, sublime, de deux solitudes. Mastroianni et Loren dans leurs plus beaux rôles. Un pur chef-d'œuvre. Offert en DVD.

Triomphe de la volonté (Triumph of the Will – Triumph des Willens), de L. Riefenstahl. All., 1935. 114 min. Le film référence de la propagande cinématographique. Tourné lors du congrès du Parti nazi à Nuremberg en 1934. Son coup de maître est de se présenter comme un simple documentaire, alors que tout le congrès a été une fantastique mise en scène entièrement réglée en fonction du film à faire, avec d'énormes moyens financiers et techniques. Et le film a d'autant plus d'impact que, visuellement, il est d'une grande beauté esthétique, avec plusieurs images inoubliables. Offert en DVD.

Chapitre 6

PLAN DU CHAPITRE

6.1 UNE MUTATION CULTURELLE

6.1.1 Progrès matériels et nouveaux comportements

6.1.2 Vers une culture de masse

6.1.3 L'impact de la guerre

6.2 LE MOUVEMENT DES SCIENCES

6.2.1 Les sciences physiques et biologiques

6.2.2 Les sciences humaines

6.3 LES GRANDS COURANTS DE L'ART

6.3.1 Aux origines de l'art contemporain

6.3.2 La rupture surréaliste

6.3.3 Le muralisme : une peinture pour le peuple ?

6.3.4 L'architecture nouvelle

6.3.5 L'évolution du langage musical

6.3.6 Naissance et épanouissement du cinéma

Société et culture en Occident (1900-1939)

Dans la première moitié du XXe siècle, ce ne sont pas que des secousses économiques ou politiques qui touchent les sociétés occidentales. Les progrès matériels entraînent de nouveaux comportements sociaux et une culture de masse commence à se forger à travers les médias, les loisirs, la propagande, tandis que la science effectue des percées décisives. Parallèlement, les grands courants artistiques reflètent les désarrois engendrés par la guerre et par les totalitarismes, qui veulent embrigader l'art, comme tout le reste, au service de leurs fins.

Quelles sont les conditions nouvelles du mouvement culturel, scientifique et artistique dans l'entre-deux-guerres ? Jusqu'à quel point ces conditions nouvelles sont-elles le résultat de la Grande Guerre ? Comment les progrès matériels ouvrent-ils la voie à une culture de masse ? Quels reflets de cette époque pouvons-nous retracer à travers sa production artistique ?

1 *L'homme à la croisée des chemins, D. Rivera, 1934*

Fresque murale du palais des Beaux-Arts, Mexico (détail).

Chronologie

SCIENCES ET TECHNIQUES

1895 Röntgen : les rayons X
Première projection de cinéma

1896 Becquerel : la radioactivité

1897 Thomson : l'électron

1900 Planck : les quanta

1905 Einstein : la relativité

1919 Rutherford : le proton

1920 Première émission de radio

1921 Calmette et Guérin : le BCG

1922 Banting et Best : l'insuline

1924 De Broglie : la mécanique ondulatoire
Heisenberg : le principe d'incertitude

1925 Watson : le behaviorisme

1926 Premières expériences de télévision

1928 Premier enregistrement sur ruban magnétique

1929 Fondation de la revue *Annales*
Fleming : la pénicilline

1931 Anderson : l'électron positif

1934 Chadwick : le neutron
F. et I. Joliot-Curie : la radioactivité artificielle

1935 Invention du radar

1938 Invention du nylon

1939 Fission de l'uranium

ARTS

1905 Fauvisme (peinture)

1907 Début du cubisme (peinture)

1910 Début de l'art abstrait (peinture)

1913 Stravinsky : *Le Sacre du printemps* (musique)

1916 Griffith : *Intolérance* (cinéma)

1919 Création du Bauhaus (architecture)

1920 Wiene : *Le Cabinet du Dr Caligari* (cinéma)

1922 Murnau : *Nosferatu le vampire* (cinéma)

1923 Début du muralisme mexicain (peinture)
Honeger : *Pacific 231* (musique)
Gance : *La Roue* (cinéma)

1924 Manifeste surréaliste
Le jazz gagne Chicago

1925 Eisenstein : *Le Cuirassé Potemkine* (cinéma)
Chaplin : *La Ruée vers l'or* (cinéma)

1926 Keaton : *Le Mécano de la General* (cinéma)

1927 Lang : *Metropolis* (cinéma)
Premier film sonore

1928 Buñuel : *Un chien andalou* (cinéma)

1929 Rivera : fresques du Palais national à Mexico (peinture)
Naissance de Tintin (bande dessinée)
Naissance de Popeye (bande dessinée)
Naissance de Tarzan (bande dessinée)
Empire State Building (New York) (architecture)

1930 Dovjenko : *La Terre* (cinéma)

1931 Lang : *M. le Maudit* (cinéma)
Dalí : *Persistance de la mémoire* (peinture)
Naissance de Dick Tracy (bande dessinée)

1933 Fermeture du Bauhaus par ordre des nazis

1934 Riefenstahl : *Triomphe de la volonté* (cinéma)

1935 Gershwin : *Porgy and Bess* (musique)

1936 Wright : *Fallingwater* (architecture)

1938 Eisenstein et Prokofiev : *Alexandre Nevski* (cinéma)
Carné : *Quai des Brumes* (cinéma)

1939 J. Renoir : *La Règle du jeu* (cinéma)
Fleming : *Autant en emporte le vent* (cinéma)

1941 Welles : *Citizen Kane* (cinéma)

6.1   UNE MUTATION CULTURELLE

D e la Belle Époque (1890-1914) aux Années folles (1920-1930), le monde occidental connaît une véritable mutation culturelle. Le développement continu des progrès matériels entraîne de nouveaux comportements sociaux, et l'entre-deux-guerres voit se mettre en place les prémices d'une culture de masse qui va s'épanouir et se généraliser après 1945.

6.1.1 Progrès matériels et nouveaux comportements

C'est vraiment après la Première Guerre que le pétrole et l'électricité, déjà largement utilisés dans une foule de domaines industriels, commencent à provoquer des changements profonds dans les comportements sociaux. Et c'est probablement dans le domaine des transports que l'avènement du moteur électrique et, surtout, du moteur à explosion a les répercussions les plus marquées. L'obsession de la vitesse s'empare des esprits. On la poursuit sur les rails, puis sur les routes, où l'automobile chasse la voiture à chevaux, et enfin et surtout dans les airs, avec le développement spectaculaire de l'aviation.

L'entre-deux-guerres voit l'apogée du chemin de fer, avec des réseaux qui, en Europe, relient toutes les villes importantes en quelques heures, tandis qu'un tissu serré de lignes secondaires dessert toutes les régions jusque dans les hautes montagnes. Dans les villes et aux alentours, les réseaux de métro (abréviation de « chemin de fer métropolitain ») et de trains de banlieue se densifient, installant dans les mœurs le va-et-vient journalier entre un lieu de travail et un lieu de résidence de plus en plus éloignés l'un de l'autre. Cette facilité de déplacement accentue le mouvement d'urbanisation déjà amorcé au XIXᵉ siècle.

Le chemin de fer devient un véritable phénomène de civilisation, transportant toutes les classes sociales : les unes, d'un bout à l'autre de l'Europe dans les luxueux *sleepings* (wagons-lits) Pullman ; les autres, entassées dans les wagons de troisième classe, vers la mer ou la montagne pour les congés payés ; les autres encore, à travers l'Amérique à la recherche d'une vie nouvelle ; d'autres enfin, sur des lignes à l'exotisme envoûtant prometteur d'aventures — Orient-Express, Transsibérien, Berlin–Bagdad, Le Cap–Le Caire. Romanciers (Maurice Dekobra : *La Madone des sleepings*), cinéastes (Abel Gance : *La Roue*), voire musiciens (Arthur Honegger : *Pacific 231*) célèbrent dans leurs œuvres les monstres d'acier dévoreurs d'espace ❸.

L'automobile, cependant, avec ses développements dans le domaine des camions et des autobus, commence déjà à concurrencer le chemin de fer. Plusieurs constructeurs ayant adopté la fabrication en série inaugurée par Ford, la voiture individuelle ou familiale devient à la portée des classes moyennes tout en bénéficiant de perfectionnements qui la rendent beaucoup plus sûre. En 1938, il y a déjà 30 millions de véhicules automobiles sur les routes aux États-Unis ! ❹

❸ La mystique du chemin de fer

Nord-Express, affiche d'Adolphe Mouron, dit Cassandre, 1927.

À noter que l'échelle est télescopée entre les échelons 3 et 10. Quelle est l'utilité de cette façon de faire ?

❹ La croissance du parc automobile
(en millions de véhicules)

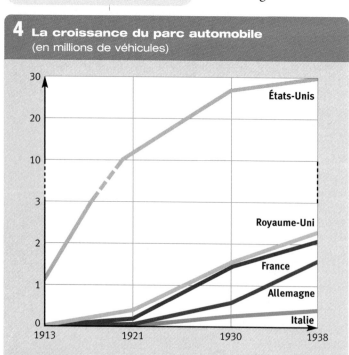

Mais ce qui frappe surtout l'imagination populaire, c'est le développement fulgurant de l'aviation. Entre 1919 et 1939, c'est la course aux « premières » et aux records. En 1927, Charles Lindbergh réussit l'impensable : la traversée de l'Atlantique New York–Paris sans escale dans un monomoteur, un exploit insensé de 33 heures qui déclenche un enthousiasme inouï. Puis viendront Tokyo–Paris, Londres–Melbourne, Moscou–Los Angeles via le pôle Nord, etc. En 1939, le record de vitesse est de 755 km/h et le record d'altitude, de 16 440 m. Signe des temps : plusieurs aviatrices (Maryse Bastié, Amelia Earhart) s'illustrent dans ce domaine, dont l'aspect technique et sportif semble mieux convenir aux hommes selon les préjugés traditionnels. En dehors de ces exploits abondamment rapportés dans la presse, l'aviation commerciale tisse lentement sa toile autour de la planète, transportant principalement du courrier et quelques passagers bien nantis. L'écrivain français Antoine de Saint-Exupéry s'inspire, dans plusieurs de ses œuvres (*Courrier sud, Vol de nuit*), de son expérience dans l'établissement d'une ligne aéropostale depuis la France jusqu'au Chili, au-dessus de l'Atlantique Sud et de la cordillère des Andes.

5 Radio et propagande

Hitler se préparant à lancer sa haine sur les ondes.

Le moyen de transport le plus utilisé entre les continents demeure cependant le bateau, avec ces somptueux paquebots (*Queen Mary, Normandie*) qui traversent l'Atlantique en quatre jours et qui, par leur luxe, leur clientèle, leur atmosphère d'éloignement des problèmes du monde, font partie de la mythologie de l'époque.

Car pour la première fois de son histoire, l'humanité entre dans l'ère des déplacements fréquents, comme si elle avait réussi à surmonter l'immémoriale contrainte de l'espace. Trains, cars, voitures, motocyclettes, sortent les populations de leur isolement, donnent à la main-d'œuvre industrielle la possibilité de fuir les quartiers surpeuplés des villes pour s'établir sur les franges urbaines dans des milieux moins nocifs, permettent les excursions du dimanche aux citadins qui renouent avec la campagne dont ils ont gardé la nostalgie, ouvrent à tous des horizons nouveaux.

6.1.2 Vers une culture de masse

Pendant que les moyens de transport brassent les populations, les moyens d'information et de communication à distance introduisent le vaste monde jusque dans les habitations les plus reculées. La presse écrite reste un véhicule essentiel, et la presse quotidienne atteint des sommets de diffusion avec, en Grande-Bretagne par exemple, 360 exemplaires vendus pour 1 000 habitants.

Mais la merveille de l'époque, c'est la radio. Une presse parlée apparaît, plus immédiate, et le poste de radio devient à certaines heures le centre du monde. Roosevelt, entre autres, l'utilise à fond pour populariser son *New Deal* dans ses célèbres « causeries au coin du feu » hebdomadaires, où son sens de la communication fait merveille. La propagande des régimes totalitaires exploite les ondes avec une efficacité redoutable (haut-parleurs extérieurs diffusant à travers toutes les villes les discours des chefs) **5**. La radio fait

Dès que l'assassin sort de la foule, [les reporters cinématographiques] redoublent de hardiesse et de précision. Malgré la panique et l'affolement du pauvre service d'ordre, ils parviennent à filmer l'attentat. Trois d'entre eux sont blessés. Mais le document irrécusable qu'ils rapportent est d'un intérêt poignant. On y voit la molle formation du cortège après le débarquement du roi et la montée à 10 à l'heure de la Canebière aux acclamations d'une foule qui ne reste sagement sur les trottoirs que parce qu'elle le veut bien. On y voit, place de la Bourse, l'assassin fendre les barrages inexistants, sauter sur le marchepied et tirer sur le souverain qui s'affaisse. On y voit, une seconde, M. Barthou[1] descendre en chancelant de l'auto royale. On y voit tout cela et vingt autres détails déchirants ou navrants, mais vous ne le verrez pas. Ce qui passe dans les salles n'est plus qu'un reportage tronqué, amputé des scènes mêmes de l'attentat, par ordre. Par ordre du gouvernement, couvrant la Sûreté nationale qui, après avoir commis la faute, recourt à l'arbitraire et à l'abus de pouvoir pour essayer de la masquer.

A. Lang
Cité dans Jeanne et Ford,
Le Cinéma et la Presse,
Paris, Colin, 1961.

1. Louis Barthou, ministre français des Affaires étrangères, blessé mortellement.

également accéder une foule de gens à l'art musical, jazz ou classique, au théâtre, voire à la production dramatique spécialement conçue pour la radio. La puissance d'évocation de ce média est démontrée de façon spectaculaire par la véritable panique qui s'empare de tout l'est des États-Unis pendant la diffusion d'une adaptation radiophonique de *La Guerre des mondes,* de H. G. Wells, réalisée par Orson Welles en 1938, épisode à jamais fameux de l'histoire des médias. À cette date, 80 % des foyers américains possèdent un poste de radio.

Après le son transmis par les ondes, le son conservé et reproduit : c'est dans l'entre-deux-guerres que le disque et le phonographe sortent définitivement des laboratoires et des cercles d'initiés pour conquérir le marché de la consommation. On peut difficilement s'imaginer l'éblouissement que provoque, dans un salon parfois modeste, l'irruption d'un grand orchestre symphonique ou de la voix d'un célèbre chanteur d'opéra. Malgré tous les défauts de la reproduction, les auditeurs restaient saisis par l'émotion.

À côté de cette percée des ondes, la percée de l'image : photographie, bande dessinée, cinéma, contribuent à forger une culture de masse qui tend à s'uniformiser. La photo accompagne dans la presse le reportage écrit, voire devient elle-même la base de l'information dans le photoreportage, où excellent des magazines à grand tirage comme *Life* ou *Paris-Match,* qui tire déjà à un million d'exemplaires un an après sa fondation. La bande dessinée, née bien avant 1914 dans le cadre de la littérature enfantine, prend son véritable essor et sa forme moderne avec le texte dans l'image (les « bulles »). La plupart de ses grands héros naissent alors : Tintin et Babar en Europe, Popeye et Superman en Amérique, dont les aventures hebdomadaires ou mensuelles sont suivies avidement par un énorme public.

Mais le cinéma demeure probablement le plus important de ces moyens de communication de masse (*mass media*), à la fois par son caractère industriel, qui en fait une activité économique importante, et par son impact proprement médiatique, qui engendre tant le *star system* hollywoodien que le film de propagande. Devenu « sonore et parlant » à la fin des années vingt, il multiplie son audience dans les années trente, offrant à la fois les actualités filmées, qui transportent le spectateur au cœur de l'action la plus dramatique (assassinat du roi de Yougoslavie, 9 octobre 1934) **6**, et le film d'évasion, qui comble les rêves des victimes de la crise en mettant en scène des personnages fabuleusement riches dans des châteaux somptueux remplis de téléphones blancs…

Le cinéma constitue par ailleurs un formidable moyen de propagande, que les régimes totalitaires ne tardent pas à mettre à leur service, avec un succès qui demeure malgré tout assez difficile à mesurer. Ce cinéma domestiqué va néanmoins atteindre des sommets de perfection formelle avec *Triomphe de la volonté* de Leni Riefenstahl, œuvre de référence du film de propagande, tournée avec d'énormes moyens financiers et techniques lors du congrès du Parti nazi à Nuremberg en 1934.

Le développement rapide des moyens de communication de masse suscite malgré tout des réticences **7 8** et inquiète fort certains milieux, comme le clergé catholique, particulièrement au Québec, qui dénonce pêle-mêle la radio et le cinéma, ce qui d'ailleurs ne l'empêche pas de les utiliser à ses propres fins (*Heure catholique* à la radio, films des abbés Tessier et Proulx).

Il n'est pas jusqu'au sport qui devienne affaire de masse, voire de politique. Bien que le sport « actif » soit somme toute réservé aux mieux nantis, le sport de spectacle devient un fait de civilisation, mobilisant d'immenses foules dans des stades aux dimensions toujours plus vastes. On atteint souvent les 100 000 places et, pendant la guerre, l'architecte de Hitler, Albert Speer, dressera les plans d'un stade de 300 000 sièges. Football, baseball, rugby, cyclisme profitent aussi de la radio, qui retransmet dans tous les coins les grands événements et crée des vedettes instantanées avec les champions de l'heure (Babe Ruth). Les Jeux olympiques deviennent des événements médiatiques, et ceux de Berlin en 1936 sont restés fameux par l'utilisation qu'en fait l'Allemagne nazie pour les besoins de sa propagande nationale et internationale. Les athlètes allemands et « nordiques » y brillent d'ailleurs de tous leurs feux, sauf dans les épreuves de sprint où, au grand désarroi de Hitler qui y assiste parfois en personne, quatre médailles d'or sont remportées haut la main par Jesse Owens, un Noir américain…

6.1.3 L'impact de la guerre

L'ampleur de la Première Guerre mondiale ébranle la société jusque dans ses fondements. Autant pour les individus que pour les collectivités du monde industrialisé, les règles du jeu et les points de référence sont profondément secoués. Une véritable crise de conscience contraint les intellectuels, les artistes et les scientifiques à se redéfinir et à rechercher de nouveaux horizons.

---

7 Contre la radio

La radio est trop généreuse. Elle dévalorise ses trésors en les distribuant gratuitement sur la voie publique [...]. Elle moud, sans interruption, comme un orgue de Barbarie, des tragédies, des drames lyriques et des symphonies sublimes mêlés, d'ailleurs, à tous les déchets du café-concert. Elle diminue ainsi dangereusement les prestiges des œuvres d'art. Tout le monde peut, désormais, tutoyer les grands aristocrates de la pensée. Le tenancier du bar le plus mal famé n'a qu'à tourner un bouton pour appeler comme des domestiques, Debussy, Racine, Chopin, Verlaine, Mozart ou Musset, dont les voix pures, se mêleront aux conversations crapuleuses, jusqu'au moment où la clientèle réclamera l'expulsion brutale de ces importuns.

Autant il est souhaitable de voir la beauté mise à la portée de tout le monde, autant il est dangereux de dépouiller les chefs-d'œuvre de l'auréole de respect à laquelle ils ont droit. Dans ce domaine, la radio porte chaque jour de graves responsabilités. Avant qu'un automatisme redoutable ait rendu cet effort impossible, il faut réviser soigneusement tous les rouages et tous les ressorts du formidable engrenage radiophonique, qui doit être notre esclave et non notre maître.

E. Vuillermoz (1938)
Cité dans *La Révolution des échanges au XXᵉ siècle*,
Paris, La Documentation française, 1975.

---

8 Contre le cinéma

C'est un divertissement d'ilotes, un passe-temps d'illettrés, de créatures misérables, ahuries par leur besogne et leurs soucis. C'est, savamment empoisonnée, la nourriture d'une multitude que les puissances de Moloch ont jugée, condamnée et qu'elles achèvent d'avilir.

Un spectacle qui ne demande aucun effort, qui ne suppose aucune suite dans les idées, ne soulève aucune question, n'aborde sérieusement aucun problème, n'allume aucune passion, n'éveille au fond des cœurs aucune lumière, n'excite aucune espérance, sinon celle, ridicule, d'être « star » à Los Angeles. [...] J'affirme qu'un peuple soumis pendant un demi-siècle au régime actuel des cinémas américains s'achemine vers la pire décadence.

Georges Duhamel
Scènes de la vie future,
Mercure de France, 1930.

Qu'est-ce qu'un ilote ?
Que signifie l'expression « les puissances de Moloch » ?

9 La rage de vivre

Les Noctambules, Otto Dix, 1928. L'artiste transcrit avec force le climat des Années folles : à côté du *dancing* où le « beau monde » cherche à s'étourdir dans le charleston, des mutilés de guerre hantent les bas-fonds et leurs prostituées, harcelés par des chiens.

Beaucoup d'intellectuels sont saisis d'un sentiment de pessimisme et de désespoir et communiquent cet état d'esprit par leurs œuvres littéraires ou artistiques. Durant la guerre, la science et la technologie ont mis en branle des forces qu'on n'est plus sûr de pouvoir maîtriser. Par ailleurs, le recyclage de beaucoup d'inventions et d'innovations du temps de guerre (ne serait-ce que l'endettement massif…) alimente un insatiable goût de consommer et de se distraire chez les masses qui en ont été si longtemps privées **9**.

Ainsi naissent les Années folles (appelées *roaring twenties* aux États-Unis), marquées par une frénésie de consommation et une recherche de plaisirs qui servent de compensation aux privations, aux angoisses et aux horreurs du conflit. Le jazz, le tango, le charleston, venus d'Amérique, imposent des rythmes nouveaux, langoureux ou survoltés. Le spectacle de music-hall devient extravagant, avec ses *girls* empanachées de plumes exécutant des chorégraphies au caractère sexuel sans équivoque. Les « vieux » ayant fait la preuve de leur ineptie tout au long de l'interminable carnage, la jeunesse cherche l'émancipation face à toutes les valeurs intellectuelles et morales des aînés, d'ailleurs sérieusement déboulonnées par la psychanalyse freudienne. Les comportements sexuels fracassent le voile trompeur de puritanisme derrière lequel l'ère victorienne s'était réfugiée **10**.

10 Le scandale des bien-pensants

[…] Qui niera que le Jazz band *ne porte en lui tous les gestes, au moins esquissés, de la barbarie la plus noire ?*

Nous n'attendons plus que le pal.

[…] J'aperçois deux nègres et cinq visages pâles, en proie à des convulsions, et tirant d'instruments barbares : gongs, crécelles, calebasses, les sons les plus infernaux. Ces démons entraînaient, au rythme de leur danse macabre, des femmes plus que nues qui se raidissaient entre les bras de leurs cavaliers, chaque fois que le nègre le plus nègre poussait

un cri d'écorché vif. […] Les fétichistes sont là.

Et pourtant ! Nous sommes la civilisation la plus chrétienne du monde. La vierge française veille toujours sur sa tapisserie ou sur son missel. La femme forte, plus précieuse que la perle, est vivante toujours aux feuilles de la Bible […].

Francis Jammes, 1926.
Cité dans J.-M. Lambin, *Histoire 1re*, Hachette, 1994.

Ce phénomène ne touche finalement qu'une couche assez mince de la population (bourgeoisie aisée disposant de temps et d'argent pour les loisirs) et seulement quelques pays occidentaux (France, Allemagne, Grande-Bretagne, États-Unis). Il donne néanmoins aux années vingt un aspect scintillant qui a gardé jusqu'à nos jours son pouvoir de séduction et de nostalgie **11**.

12 Femmes au travail dans une usine d'obus

Françaises travaillant dans une usine d'obus en 1915.

11 Freud et Joséphine Baker...

Le jazz devenait langoureux, les guitares hawaïennes faisaient entendre leurs miaulements, et déjà c'en était fini des premières danses sommaires de l'après-guerre, et l'on se déhanchait à la mode nègre. L'exotisme à bas prix pénétrait les milieux les plus simples : […] on dansait le charleston et la upa-upa, et les dominos avaient laissé la place au mahjong, où l'on jonglait avec les vents et les fleurs. Les femmes portaient la robe au genou, en forme de chemise, la taille basse, les cheveux souvent coupés à « la garçonne », comme on disait alors […] cependant que se levait une étoile nouvelle, bien faite pour cette époque : les vingt ans crépus, agiles et noirs de Joséphine Baker. Aux carrefours de Montparnasse, la foule cosmopolite continuait d'affluer, on montrait aux étrangers la place de Lénine, tous les chauffeurs de taxi étaient princes russes […] on employait à force les expressions « climat » et « sous le signe de », on disait de toute chose qu'elle était « formidable », on découvrait encore la drogue, la pédérastie, le voyage, Freud, la fuite et le suicide. Bref, tous les éléments de la douceur de vivre.

R. Brasillach
Notre avant-guerre,
Paris, Plon, 1949.

L'émancipation — toute relative — des femmes, du moins de certaines d'entre elles, est également constitutive de l'impact de la guerre. La participation féminine à l'effort de guerre constitue un tournant majeur dans la longue marche vers l'égalité des sexes. Le départ des hommes vers le front a amené les femmes à assumer un grand nombre de tâches nouvelles : soutiens de famille, ouvrières en usine d'armements **12**, auxiliaires aux armées, conductrices de tramways… Ne serait-ce que pour des raisons électoralistes, les dirigeants politiques ont dû reconnaître cette réalité en étendant le droit de vote aux femmes de façon plus ou moins large. Après la guerre, les revendications féministes se concentrent sur la défense des travailleuses et sur l'éducation, clé essentielle vers l'égalité véritable. Dès le début des années vingt, l'émancipation des femmes se reflète de façon visible, voire provocante, dans l'allure garçonne : port du pantalon, usage du tabac en public, cheveux courts.

Mais ces apparences peuvent être trompeuses. Car la guerre a aussi exalté les vertus guerrières, la « fraternité virile » des tranchées, la soif de gloire militaire, toutes vertus associées à la masculinité et dont plusieurs hommes garderont la nostalgie bien après la fin des combats. Par ailleurs, la démobilisation des soldats et leur retour vers leurs tâches traditionnelles amènent un certain reflux des femmes vers les leurs, bien qu'il ne s'agisse pas d'un retour intégral à la situation antérieure.

Cependant, la montée du fascisme, si tributaire justement des vertus guerrières, amène en Italie et en Allemagne une importante régression dans le statut socioéconomique des femmes, considérées dès lors comme destinées exclusivement à servir leur mari, à donner des soldats à la nation, voire à assurer le repos du guerrier.

Comment interpréter l'allusion aux chauffeurs de taxi ? Qui était Joséphine Baker ?

6.2 LE MOUVEMENT DES SCIENCES

6.2.1 Les sciences physiques et biologiques

Le tournant du XXᵉ siècle voit une telle accumulation de découvertes scientifiques qu'on peut parler d'une deuxième révolution dans ce domaine, après celle des XVIIᵉ et XVIIIᵉ siècles illustrée par Newton et qui avait, depuis lors, constitué la base de l'évolution des sciences.

Et c'est précisément l'univers newtonien, fondé sur une vision continue du monde, qui va voler en éclats devant l'hypothèse capitale de la discontinuité de la matière, seule capable d'expliquer des phénomènes jusque-là inconnus comme les rayons X, découverts par Röntgen en 1895 **13**, la radioactivité (Becquerel, 1896) et l'électron (Thomson, 1897). En 1900, Max Planck étend ce principe de discontinuité à l'énergie elle-même, par sa théorie des quanta, puis en 1905, Einstein pousse jusqu'à la discontinuité de la lumière par la découverte des photons. En 1911, Rutherford décrit la structure de l'atome, semblable à un micro-système solaire avec son noyau autour duquel gravitent les électrons.

À partir de là, la synthèse newtonienne ne tient plus, et il revient à Albert Einstein d'en proposer une nouvelle, la théorie de la relativité, qui fonde la physique du XXᵉ siècle. Le temps, l'espace et le mouvement ne sont pas absolus, mais relatifs à la position de l'observateur et à son propre mouvement dans l'espace. La matière et l'énergie ne sont pas des catégories distinctes, mais deux expressions d'une même réalité physique (c'est la célèbre formule $E = mc^2$). Le temps est la quatrième dimension de l'espace. Sur ces bases nouvelles s'édifient tout à la fois la physique atomique et l'exploration spatiale, secteurs fondamentaux de la physique du XXᵉ siècle.

Sur la voie ouverte par Einstein, les découvertes s'accumulent après la guerre : les protons (Rutherford, 1919), l'électron positif (Anderson, 1931), le neutron (Chadwick, 1934). Frédéric et Irène Joliot-Curie découvrent la radioactivité artificielle en 1934. (Irène Joliot-Curie, Prix Nobel de chimie 1935 avec son mari, était la fille de Pierre et Marie Curie, elle-même Prix Nobel de chimie 1911 après avoir été, conjointement avec son mari et Henri Becquerel, Prix Nobel de physique 1903. Cas unique : trois Prix Nobel entre une mère et sa fille…) Les bases de la mécanique ondulatoire, qui

---

13 Les rayons X

La perplexité du savant

— *Est-ce de la lumière ?*
— *Non…*
— *Est-ce donc de l'électricité ?*
— *Pas sous une forme connue.*
— *Qu'est-ce que c'est donc ?*
— *Je n'en sais rien.*

Ayant découvert l'existence d'une nouvelle espèce de rayons, je me mis à examiner quelles pouvaient être leurs propriétés. L'expérience montra bientôt qu'ils possédaient une puissance de pénétration dont la grandeur n'était comparable à rien de connu. Ils traversaient le papier, le bois et les étoffes avec facilité, l'épaisseur de ces substances ne produisant aucune différence perceptible, jusqu'à une certaine limite. Ils passaient à travers tous les métaux expérimentés, avec une facilité qui variait, grossièrement *parlant, avec la densité du métal (raison inverse !).*

———————

Interview de Röntgen.

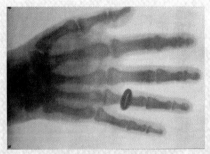

La photo qui a stupéfié l'Europe : première radiographie (main de Mᵐᵉ Röntgen).

L'enthousiasme du public

Quoi qu'il en soit de ces vues théoriques sur les rayons et les radiations invisibles, il faut bien avouer que la découverte de M. Röntgen a fait dans le monde un bruit inaccoutumé, surtout parce qu'elle s'est présentée sous forme d'une expérience saisissante : la fameuse photographie du squelette d'une main vivante ! Quoi ! On peut pénétrer l'invisible ! Il y a des rayons qui « voient » ce que l'homme ne peut apercevoir ! On peut distinguer ce qui existe à travers les tissus ! Des rayons doués de la double vue ! La photographie à travers les corps opaques, etc. ! Et la photographie de la main décharnée a fait vite le tour de l'Europe…

———————

Journal *Le Correspondant.*
Cité dans *Les Mémoires de l'Europe*, t. VI, Paris, Robert Laffont, 1973.

associe les ondes aux particules matérielles, sont établies par Louis H. de Broglie en 1924, tandis que Heisenberg énonce le principe d'incertitude, faisant des phénomènes physiques de simples probabilités (1924). Enfin, la fission de l'uranium est réalisée en Allemagne en 1939, ouvrant la voie tant à la bombe atomique qu'aux futures centrales nucléaires.

Mais la seconde révolution scientifique ne se limite pas à ces percées, aussi spectaculaires que décisives, de la physique : d'autres sciences sont touchées. Les sciences biologiques connaissent un essor spectaculaire avec l'apparition de la génétique (Morgan) et de la microbiologie (Pasteur, Koch). La recherche médicale fait un pas de géant avec les Canadiens Banting et Best, qui isolent l'insuline en 1922. Le BCG, première arme efficace contre la tuberculose, est mis au point par Calmette et Guérin (1921), tandis que la pénicilline, découverte en 1929 par Alexander Fleming, ouvre la voie féconde des antibiotiques. Déjà les chirurgiens commencent à pratiquer des greffes d'organes, et les chercheurs multiplient les découvertes de nouvelles hormones et de nouveaux gènes.

6.2.2 Les sciences humaines

Les sciences humaines ne sont pas en reste et se renouvellent tout en poursuivant leur spécialisation. Les sciences du comportement (que d'aucuns appellent « sciences de l'âme ») sont marquées de façon décisive par l'avènement de la psychanalyse, créée par Sigmund Freud au tournant du siècle et qui ouvre des avenues insoupçonnées sur la vie psychique. Freud affirme que les comportements humains sont régis le plus souvent par de puissantes forces intérieures qui échappent à la conscience du sujet et que, justement, Freud nomme « l'inconscient » **14**. La vie en société demande la maîtrise des pulsions instinctuelles et peut ainsi engendrer des désordres psychiques nés de frustrations et de sentiments de culpabilité. Pour guérir l'individu de ces dysfonctionnements, Freud met au point la méthode psychanalytique, fondée sur la recherche par le sujet lui-même des origines de ses difficultés jusque dans sa plus tendre enfance.

La psychologie voit l'éclosion de l'école behavioriste avec J. B. Watson (1878-1958), qui affirme que la psychologie n'est autre que la science expérimentale du comportement observable et qu'elle est apte à modeler à volonté les actions humaines. Watson affirme qu'il faut dépasser la tendance explicative et se concentrer sur l'observation des réactions du sujet aux stimulus qui se présentent à lui, afin de découvrir les relations objectives et constantes entre le sujet et son environnement. L'« homme intérieur » n'intéresse pas le behavioriste. Tout peut être fait par apprentissage : « Donnez-moi une douzaine d'enfants sains, bien constitués, et l'espèce de monde qu'il me faut pour les élever, et je m'engage, en les prenant au hasard, à les former de manière à en faire des spécialistes de mon choix, médecin, commerçant, juriste et même mendiant ou voleur, indépendamment de leurs talents, penchants, tendances, aptitudes, ainsi que de la profession et de la race de leurs ancêtres » (Watson, *Behaviorism*, 1925 ; cité par R. Mucchielli, *Histoire de la philosophie et des sciences humaines,* Bordas, 1979).

On voit tout de suite les prolongements qu'une telle conception, inspirée des travaux de Pavlov sur le réflexe conditionné, peut avoir en pédagogie. L'Américain B. F. Skinner inventera bientôt sa « machine à enseigner », grâce

---

14 **L'hypothèse de l'inconscient**

L'hypothèse de l'inconscient est nécessaire et légitime, et [...] nous possédons de multiples preuves de l'existence de l'inconscient. Elle est nécessaire, parce que les données de la conscience sont extrêmement lacunaires ; aussi bien chez l'homme sain que chez le malade, il se produit fréquemment des actes psychiques qui, pour être expliqués, présupposent d'autres actes qui, eux, ne bénéficient pas du témoignage de la conscience.

Ces actes ne sont pas seulement les actes manqués et les rêves, chez l'homme sain, et tout ce qu'on appelle symptômes psychiques et phénomènes compulsionnels chez le malade ; notre expérience quotidienne la plus personnelle nous met en présence d'idées qui nous viennent sans que nous en connaissions l'origine, et de résultats de pensée dont l'élaboration nous est demeurée cachée.

Tous ces actes conscients demeurent incohérents et incompréhensibles si nous nous obstinons à prétendre qu'il faut bien percevoir par la conscience tout ce qui se passe en nous en fait d'actes psychiques ; mais ils s'ordonnent dans un ensemble dont on peut montrer la cohérence, si nous interpolons les actes inconscients inférés.

S. Freud
Métapsychologie, 1915.

[Les jeunes historiens] se sentaient quelque peu fatigués de l'érudition pour l'érudition, de la solitude de l'histoire politique réduite à celle des hommes politiques, de la solitude de l'histoire diplomatique réduite à celle des diplomates, et de l'histoire militaire réduite aux képis des généraux; sans compter l'histoire institutionnelle réduite aux commentaires des textes juridiques. [...] Du moins était-ce la vision, un peu sommaire et injuste, que la jeunesse historienne avait alors de ses aînés. Pour elle, le renouveau venait de deux horizons; d'abord de l'histoire économique pourtant pratiquée dès la fin du XIXᵉ siècle, mais relevée depuis peu par le grand Pirenne, Sée, Hauser, Coornaert; ensuite et peut-être surtout de la retentissante activité des Annales*. [...] L'élargissement des points de vue, l'orientation sociale, sinon sociologique, la pluridisciplinarité avant le mot, la nouveauté des enquêtes et des thèmes proposés (l'or, les prix, les moulins, les noblesses, l'alimentation, les sensibilités), tout cela paraissait fort digne d'intérêt. Ce qui séduisait vraiment, c'était tout de même une intelligence exceptionnelle, un franc-parler souvent agressif, beaucoup d'insolence, pas mal d'orgueil [...] Mais ce qui emporta les adhésions, c'est qu'on voyait aux* Annales *les paysans labourer autre chose que des cartulaires, selon l'expression de Marc Bloch, et, suivant le mot de Lucien Febvre, les historiens flairer la chair humaine avec délectation.*

Pierre Goubert
Cité dans Pierre Daix, *Braudel*, Flammarion, 1995.

Qu'est-ce qu'un cartulaire ?
Quels éléments attiraient la jeunesse historienne vers la «nouvelle histoire» proposée par les *Annales* ?

à laquelle l'étudiant poursuit seul un apprentissage soigneusement programmé dans lequel il ne peut cheminer qu'en donnant la « bonne réponse » qui ouvre l'étape suivante.

L'histoire connaît elle aussi sa grande révolution à travers l'apparition de l'« école française » autour de Lucien Febvre et de Marc Bloch, qui fondent en 1929 une revue appelée à un grand retentissement : *Les Annales d'histoire économique et sociale*. Pour cette « nouvelle histoire », trois idoles de l'histoire traditionnelle sont à détruire : la primauté absolue de l'histoire politique (l'« histoire-bataille »), l'importance excessive accordée aux individus (l'histoire des rois et des empereurs) et le souci minutieux de la chronologie (l'histoire par les dates). Face à ces idoles, la nouvelle histoire privilégie l'histoire économique et sociale, l'histoire des civilisations, l'histoire des mentalités, l'histoire des conditionnements géographiques (la géo-histoire), tout cela abordé dans le « temps long », celui des permanences plus que des ruptures, celui des structures profondes qui transcendent la chronologie et forment l'essentiel de l'évolution humaine **15**.

16 *Le cri*, Edward Munch, 1893
La distorsion des formes traduit l'angoisse intérieure.

6.3 LES GRANDS COURANTS DE L'ART

6.3.1 Aux origines de l'art contemporain

Un des traits les plus marquants du début du XXᵉ siècle, dans l'art occidental, est l'influence des formes « exotiques » avec lesquelles les Européens sont entrés en contact par l'impérialisme. Des formes plus raffinées, comme la peinture chinoise, ou plus « primitives », comme la sculpture ou la musique africaines, sont intégrées, à des degrés divers, à l'esthétique occidentale.

En peinture, l'impressionnisme, qui s'éteint vers 1886 après avoir « libéré la couleur », laisse la place à un foisonnement d'écoles aussi diverses que passagères. Le fauvisme, qui dure à peine plus que le temps d'une exposition (1905), recourt à l'utilisation de tons purs, dans des coloris parfois totalement irréalistes (Vlaminck : *Paysage aux arbres rouges*). L'expressionnisme, né en Allemagne, traduit l'angoisse par le fantastique, la distorsion des formes, la dérision (Kokoschka, Munch) **16**. Après la guerre, ce courant continuera de fleurir avec Otto Dix (voir page 122) et George Grosz, et s'étendra même au cinéma (voir page 132). Le futurisme se présente comme un rassemblement de tous les arts autour d'un modernisme exacerbé et quelque peu inquiétant (Boccioni).

Mais la rupture radicale avec toute la tradition occidentale est apportée par le cubisme, lancé autour de 1910 par Pablo Picasso (1881-1973), l'un des plus grands artistes du XXᵉ siècle, et par Georges Braque (1882-1963). Abandon complet de la perspective, vision rationnelle et analytique d'objets sans référence à l'espace ou à la lumière, multiplication d'angles de vision différents d'un même objet, influence de l'art nègre, marquent le renouvellement total du langage pictural **17**. Avec la naissance, en parallèle, de l'art abstrait (Kandinsky) **18**, la porte est ouverte à toute la peinture contemporaine.

6.3.2 La rupture surréaliste

Après les innovations formelles du début du siècle, l'art de l'entre-deux-guerres est surtout marqué par la grande rupture surréaliste, qui touche toutes les formes d'expression artistique.

C'est en pleine guerre mondiale, à Zurich en 1916, que naît un mouvement de rejet absolu, brutal, provocant, de toute la société et de l'art bourgeois : le dada, mot bien choisi pour exprimer le nihilisme total de ses fondateurs, Tristan Tzara et Marcel Duchamp. Anticonformiste, antibelliciste, anarchiste jusqu'au rejet de l'art lui-même, le mouvement connaît juste après la guerre un certain succès de scandale avec, par exemple, une sculpture de Duchamp qui n'est rien d'autre qu'un urinoir renversé… Désarticulation du langage dans des chansons ponctuées de hurlements et de hoquets ou dans des poésies composées en découpant des mots dans un journal et en tirant au hasard dans un tas ainsi formé, destruction du concept même d'œuvre d'art par l'utilisation de simples objets d'usage quotidien, le dadaïsme porte en lui-même sa propre désintégration, mais il va donner naissance à l'un des mouvements intellectuels et artistiques les plus importants du siècle : le surréalisme.

Ce sont en effet des dadaïstes mécontents de l'action exclusivement destructrice du dada qui lancent le mouvement surréaliste en 1922 autour d'André Breton, Louis Aragon et Paul Éluard. La volonté contestataire du dada demeure, mais les surréalistes veulent la compléter par la construction d'une culture nouvelle fondée sur l'importance du subconscient, du rêve, en libérant l'univers intérieur dont chacun est dépositaire « en l'absence de tout contrôle exercé par la raison ». En littérature, par exemple, cette « surréalité » va surgir de l'écriture automatique, où l'écrivain transcrit tout ce qui lui passe par la tête au moment où il écrit, sans autre cohérence que celle de son subconscient **19**.

17 *Violon et cruche*, Georges Braque, 1910

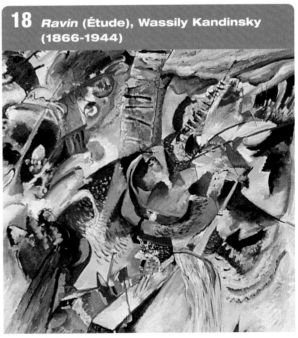

18 *Ravin* (Étude), Wassily Kandinsky (1866-1944)

Surréalisme, n. m.

Automatisme psychique pur par lequel on se propose d'exprimer, soit verbalement, soit par écrit, soit de toute autre manière, le fonctionnement réel de la pensée. Dictée de la pensée, en l'absence de tout contrôle exercé par la raison, en dehors de toute préoccupation esthétique ou morale.

Encycl. Philos. *Le surréalisme repose sur la croyance à la réalité supérieure de certaines formes d'associations négligées jusqu'à lui, à la toute-puissance du rêve, au jeu désintéressé de la pensée. Il tend à ruiner définitivement tous les autres mécanismes psychiques et à se substituer à eux dans la résolution des principaux problèmes de la vie.*

Manifeste du Surréalisme, 1924.

1° *Nous n'avons rien à voir avec la littérature. Mais nous sommes très capables, au besoin, de nous en servir comme tout le monde.*

2° *Le surréalisme n'est pas un moyen d'expression nouveau ou plus facile, ni même une métaphysique de la poésie. Il est un moyen de libération totale de l'esprit et de tout ce qui lui ressemble.*

3° *Nous sommes bien décidés à faire une Révolution.*

4° *Nous avons accolé le mot de surréalisme au mot de Révolution, uniquement pour montrer le caractère désintéressé, détaché et même tout à fait désespéré de cette révolution.*

5° *Nous ne prétendons rien changer aux erreurs des hommes, mais nous pensons bien leur démontrer la fragilité de leurs pensées, et sur quelles assises mouvantes, sur quelles caves, ils ont fixé leurs tremblantes maisons.*

6° *Nous lançons à la société cet avertissement solennel. Qu'elle fasse attention à ses écarts, à chacun des faux pas de son esprit, nous ne la raterons pas…*

7° *Nous sommes des spécialistes de la Révolte. Il n'est pas un moyen d'action que nous ne soyons capables au besoin d'employer…*

Le surréalisme n'est pas une forme poétique.

Il est un cri de l'esprit qui retourne vers lui-même et est bien décidé à broyer désespérément ses entraves.

Déclaration du 27 janvier 1925.

20 *Prémonition de la guerre civile, S. Dalí, 1936*

C'est dans le domaine pictural que le surréalisme est peut-être le plus connu, l'image se prêtant idéalement à la représentation des associations incongrues, des atmosphères oppressantes, des formes irréelles qui peuplent nos rêves ou nos cauchemars. La peinture surréaliste atteint ainsi des sommets avec Max Ernst, René Magritte et le plus universellement célèbre de tous, Salvador Dalí, dont les fameuses « montres molles » (*Persistance de la mémoire*) datent de 1931. Ces peintres allient des techniques de dessin d'un grand réalisme et d'une grande précision avec des images totalement oniriques, d'où la grande puissance d'impact de leurs œuvres [20].

Le surréalisme s'exprime aussi au cinéma, art onirique par excellence, avec un Luis Buñuel (*Un chien andalou,* 1928) ou une Germaine Dulac (*La Coquille et le Clergyman,* 1927). Buñuel restera fidèle à l'inspiration surréaliste de bout en bout de son œuvre, jusque dans les années quatre-vingt (*Cet obscur objet du désir,* 1977).

Mais le surréalisme, se voulant véritablement mode de vie autant que mouvement esthétique, tombera rapidement dans une sorte de totalitarisme de la pensée et même de la vie, rejetant tout ce qui s'éloigne tant soit peu des normes édictées par la « Centrale » sous l'autorité de son « Pape », André Breton. Le mouvement va donc éclater assez rapidement, mais il aura laissé sur l'art de notre siècle une marque indélébile.

En marge du surréalisme, Picasso lui-même revient alors à des formes plus classiques (« périodes bleue et rose »), tandis qu'éclate le symbolisme fantastique et coloré de Marc Chagall exprimant la profondeur du judaïsme russe. Joan Miró illustre l'abstraction avec des compositions raffinées mêlant formes géométriques et formes libres dans des couleurs lumineuses. On peut situer par ailleurs

Paul Klee , l'un des plus grands peintres du siècle, au point de jonction entre l'expressionnisme, le cubisme et l'abstraction, dans des toiles merveilleuses d'équilibre et de spontanéité. Enfin, aux États-Unis, Georgia O'Keeffe signe des œuvres dans lesquelles la transcription scrupuleuse de la réalité (nombreuses toiles représentant des fleurs) débouche sur un univers totalement nouveau, d'une sensualité diffuse dans de riches coloris.

6.3.3 Le muralisme : une peinture pour le peuple ?

Du point de vue de son impact sur les foules, et fort éloignée des avant-gardes réservées aux initiés, c'est la grande peinture murale mexicaine qui constitue la véritable révolution picturale de l'entre-deux-guerres.

Le muralisme mexicain est fils de la révolution qui a ensanglanté le pays pendant de longues années (voir page 21). Artistes engagés, très influencés par le marxisme qu'ils complètent d'un *indigénisme* alors assez peu répandu, les muralistes mexicains veulent faire sortir l'art du cadre trop étroit de la toile sur chevalet, destinée à être accrochée dans quelque salon aristocratique ou dans quelque musée. Il faut une peinture qui, à la fois par ses sujets, par sa technique et par son esthétique, pourra être vue et immédiatement comprise par le plus grand nombre. La fresque murale, de grandes dimensions, de style résolument figuratif, à la fois narratif et symbolique, puisant son inspiration dans l'histoire tourmentée du peuple mexicain, répond parfaitement à ces exigences.

C'est l'État mexicain lui-même qui lance le mouvement, en demandant à plusieurs peintres de couvrir de fresques les murs de certains bâtiments publics. Trois très grands artistes vont tout de suite révéler des talents exceptionnels : José Clemente Orozco (1883-1949), David Alfaro Siqueiros (1896-1974) et surtout Diego Rivera (1886-1957), l'un des plus grands peintres du XXe siècle. Les fresques, qui couvrent d'immenses surfaces (1 480 m² au Secrétariat de l'Éducation publique à Mexico, par exemple), plongent avec force l'observateur dans les grands événements de l'histoire mexicaine, décrivent avec minutie les civilisations précolombiennes, leurs techniques, leurs coutumes, jettent un œil critique sur le Mexique contemporain, dans des compositions parfaitement maîtrisées où des centaines d'humbles gens du peuple occupent la plus grande place 22.

Les trois grands muralistes mexicains seront tous invités aux États-Unis, où leur œuvre fera parfois scandale (le magnat John D. Rockefeller ordonne la destruction de la murale de Rivera au Rockefeller Center, parce qu'on y voit la tête de Lénine…), mais jettera aussi les germes d'un muralisme qui s'épanouira dans les années soixante et fera tache d'huile, touchant le Canada et le Québec, ainsi que l'Europe occidentale.

21 *Portrait en jaune*, Paul Klee, 1921

▸ **Indigénisme**
Attitude générale de valorisation des cultures amérindiennes et d'appui à leurs luttes contre l'assimilation.

23 *Sagrada Familia, Antonio Gaudí (1852-1926)*
Cathédrale, Barcelone.

22 *Juarez et la Constitution de 1857, D. Rivera*
Fresque du Palais national, Mexico.

24 Bâtiment du Bauhaus à Dessau

6.3.4 L'architecture nouvelle

Cette époque propice aux ruptures secoue même l'architecture, art plutôt traditionaliste parce que très dépendant des pouvoirs publics et des classes dirigeantes et qui, depuis le début du XIXe siècle, s'est contenté à peu près exclusivement de copier tous les styles sans en créer aucun. Néo-gréco-romain, néogothique, néorenaissance, néoclassique, néo-oriental : tout y est passé, sans laisser d'œuvre importante, sauf pour ces immenses structures d'acier et de verre érigées pour quelque exposition coloniale ou universelle.

C'est le « *modern style* », ou « art nouveau », qui va lancer l'architecture vers le renouvellement des formes au tournant du siècle. L'art nouveau multiplie les courbes, les arabesques, les motifs végétaux, dans une liberté inventive, un mysticisme sensuel qui apportent à l'époque une dimension de rêve dans un univers trop scientiste et, peut-être aussi, une note féminine dans un univers trop exclusivement masculin. À Barcelone, l'architecte Antonio Gaudí pousse cette tendance jusqu'à un baroquisme dont l'Espagne a toujours été une terre d'élection **23**.

Après la guerre, c'est justement contre cet envahissement démesuré de la décoration que réagit l'école fonctionnaliste, issue du mouvement Bauhaus dirigé par Walter Gropius en Allemagne. Les besoins grandissants des agglomérations urbaines, de même que les techniques nouvelles de la structure d'acier et du béton armé jouent également un rôle moteur dans la naissance de cette école. Le fonctionnalisme veut faire disparaître la distinction entre l'intérieur et l'extérieur du volume bâti, en dépouillant la forme extérieure de tout ornement surajouté, en concevant cette forme sur la base du parallélépipède, où les murs ne sont plus porteurs mais simples rideaux, pour lesquels on peut utiliser le verre sans aucune restriction. L'immeuble même construit par Gropius pour abriter son école se veut l'incarnation de cette nouvelle vision des choses **24**. Fermé en 1933 sur ordre des nazis qui y voient la négation de « l'âme allemande », le Bauhaus voit ses membres s'exiler vers l'Europe et surtout les États-Unis, transplantant dans leurs pays d'accueil leurs conceptions esthétiques.

Bien qu'il ait réalisé peu d'œuvres avant 1939, le Suisse Charles-Édouard Jeanneret, dit Le Corbusier, prône un renouvellement total de l'art de construire, à partir de la maison individuelle jusqu'aux plus grandes agglomérations urbaines. Ses grandioses projets de ville favorisent des édifices en hauteur avec de vastes dégagements, des voies de circulation hiérarchisées, des édifices sur pilotis, des ceintures de verdure, mais leur côté visionnaire et quelque peu utopique n'était pas fait pour attirer la faveur des décideurs (il aurait fallu détruire et rebâtir Paris et sa banlieue…). Néanmoins, les idées de Le Corbusier auront une grande influence sur les architectes et urbanistes après 1945.

Aux États-Unis, la vogue des gratte-ciel, déjà amorcée par un Louis Sullivan à Chicago avant la guerre, s'enfle avec les années de prospérité, atteignant pour l'Empire State Building de New York les 84 étages sur 381 mètres de hauteur **25**. Assez curieusement, ces mastodontes sont la plupart du temps ornés de décorations médiévales (arcs-boutants, gargouilles) ou issues d'autres époques historiques (l'Angleterre des Tudor, par exemple), qui apparaissent tout à fait incongrues dans un tel contexte.

C'est Frank Lloyd Wright (1869-1959) qui se fait l'inspirateur du renouveau architectural américain en fusionnant le fonctionnalisme Bauhaus, les traditions japonaises et le souci d'intégrer l'habitation à l'environnement. Cette synthèse atteint au chef-d'œuvre avec la fameuse maison bâtie directement sur une cascade d'eau à Bear Run en Pennsylvanie (*Fallingwater*, maison Kaufmann, 1936) **26**.

6.3.5 L'évolution du langage musical

La musique, enfin, va connaître elle aussi sa révolution postromantique. Influencée par les timbres et les rythmes venus de cultures lointaines, cette révolution éclate — littéralement — le 29 mai 1913, lors de la présentation, dans une atmosphère presque d'émeute, du ballet *Le Sacre du printemps*, chorégraphié par Diaghilev sur une musique d'Igor Stravinsky (un esprit malicieux parlera de « massacre du tympan »). Dans des conditions moins spectaculaires, l'Autrichien Arnold Schoenberg (1874-1951) rompt avec cinq siècles d'héritage occidental par ses recherches sur la musique sérielle ou la musique dodécaphonique, particulièrement aptes à représenter l'angoisse, le macabre, le sentiment de dérèglement de cette période de ruptures. De par les difficultés qu'elle pose à l'auditeur non averti, cette musique demeure cependant confinée à des cercles plutôt restreints. Elle sera, par ailleurs, condamnée comme « dégénérée » et « bolchevique » par les nazis, et Schoenberg, parce que Juif, sera chassé de son poste à l'Académie de Berlin après l'arrivée de Hitler au pouvoir.

L'entre-deux-guerres est marqué par un certain retour au classicisme (Ravel : *La Valse, Boléro*) et par la volonté de nombreux compositeurs, en accord avec l'affirmation des nationalismes renforcée par la guerre, d'intégrer les traditions folkloriques de leur peuple dans leurs œuvres. Le Hongrois Béla Bartók (1881-1945), le Finlandais Jean Sibelius (1865-1957), l'Espagnol Manuel de Falla (1876-1946), le Brésilien Heitor Villa-Lobos (1887-1959) illustrent cette tendance.

25 L'Empire State Building, New York

26 *Fallingwater, Frank Lloyd Wright, 1936*

C'est pendant ce séjour à Londres que je m'intéressai pour la première fois au jazz. L'orchestre Billy Arnold, tout fraîchement arrivé de New York, jouait dans un dancing des environs de Londres, à Hammersmith [...].

[...] En allant souvent à Hammersmith, et en m'asseyant tout près des musiciens, j'essayais d'analyser, d'assimiler ce que j'entendais. Qu'on était loin des tziganes d'avant-guerre qui nous susurraient à l'oreille des suavités d'une fadeur répugnante, des ports de voix des chanteurs, du goût le plus douteux, soutenus par les tremblements du cymbalum, de la crudité de nos bals musettes où l'accordéon, la clarinette et le piston s'expliquaient avec franchise. Ici, l'art du timbre était d'une extrême subtilité : l'apparition du saxophone, broyeur de rêves, de la trompette, tour à tour dramatique ou langoureuse, de la clarinette, souvent employée dans l'aigu, du trombone lyrique frôlant de la coulisse le quart de ton dans le crescendo du son et de la note, ce qui intensifiait le sentiment; et le piano reliait, retenait cet ensemble si divers mais non disparate, à la ponctuation subtile et complexe de la batterie, espèce de battement intérieur, de pulsation indispensable à la vie rythmique de la musique. L'emploi constant de la syncope dans la mélodie était d'une liberté contrapuntique telle qu'elle faisait croire à une improvisation désordonnée alors qu'il s'agissait d'une mise au point remarquable nécessitant des répétitions quotidiennes.

Darius Milhaud
Notes sans musique,
Paris, Julliard, 1949.

Au même moment, favorisé par l'intervention des États-Unis dans la guerre et par la fascination qu'ils exercent sur l'Europe, le jazz se répand à travers tout le monde occidental. Passé du spontanéisme de ses origines louisianaises (musique Dixie) à des formes plus recherchées, il réunit, au début des années vingt à Chicago, des formations orchestrales élargies créées par un Joe Oliver, un Fletcher Henderson ou un Duke Ellington. Totalement monopolisé depuis ses débuts par les Noirs, dont il exprime à merveille la sensibilité pleine de réminiscences africaines, il est repris par des musiciens blancs qui l'enrichissent d'apports juifs et irlandais **27**. L'influence de cette musique devenue immensément populaire grâce à la radio se fait sentir même sur des musiciens plus « établis », comme Ravel, Stravinsky (*Ragtime*, 1922) et surtout, plus directement encore, George Gershwin (1898-1937), Juif russe de Brooklyn, qui donne avec l'opéra *Porgy and Bess* (1935) le chef-d'œuvre de la fusion du jazz avec l'héritage musical occidental.

6.3.6 Naissance et épanouissement du cinéma

Mais par-dessus tout, dans le domaine artistique, l'événement capital de cette époque reste, sans contredit, l'invention du cinéma, dont la première projection publique a lieu à Paris en 1895. Le « divertissement de foire » des frères Lumière va connaître dès le départ une ascension absolument foudroyante. En 15 ans, les grandes sociétés de production, comme Pathé et Gaumont en France, Fox et Goldwyn aux États-Unis, ouvrent leurs studios, et les cinéastes abordent tous les genres, depuis le documentaire jusqu'au dessin animé, en passant par les films comiques, historiques, policiers, les westerns, les adaptations de pièces de théâtre, etc. Dès avant la guerre, la plupart des éléments de l'esthétique cinématographique ont été explorés : cadrage, mouvements de caméra, éclairage et surtout montage, qui en constitue l'élément essentiel. Avec *Intolérance* (1916), l'Américain D. W. Griffith (1875-1948) a donné au cinéma ses lettres de noblesse en portant la technique du montage à des sommets jamais dépassés.

Devenu ce formidable moyen de communication dont nous avons parlé plus haut, le cinéma de l'entre-deux-guerres se développe aussi en tant qu'art autonome, déjà baptisé « Septième » par référence aux six arts fondamentaux de la tradition : peinture, sculpture, architecture (arts plastiques ou Beaux-Arts), poésie, musique et danse (arts rythmiques). Le cinéma se veut art total, à la fois plastique et rythmique, et son esthétique originale s'affirme déjà de façon éblouissante dans quelques chefs-d'œuvre.

Dans les années vingt, c'est peut-être l'expressionnisme allemand qui pousse le plus loin l'audace esthétique avec des œuvres sombres dans lesquelles dominent le crime, l'horreur et le fantastique, dans des décors très recherchés où l'éclairage délimite des zones d'ombre et de lumière violemment contrastées. L'œuvre phare de cette école est *Le Cabinet du D*ʳ *Caligari*, de Robert Wiene (1920), qui stupéfia le public au point de provoquer des bagarres dignes de celles qu'avait déclenchées *Le Sacre du printemps*, notamment à Los Angeles, où les étudiants voulurent interdire l'entrée de

Qui est Darius Milhaud ? Parle-t-il en connaisseur ? Quels instruments lui apparaissent les plus marquants dans le jazz ?

la salle où le film était présenté. La force quelque peu hallucinante de l'expressionnisme se retrouve dans les œuvres d'un F. W. Murnau (*Nosferatu le vampire*, 1922) et d'un Fritz Lang (*Metropolis*, 1927). L'arrivée des nazis en 1933 et leur volonté démentielle de mettre le cinéma au service de l'État totalitaire vont pratiquement tuer l'art cinématographique allemand et autrichien, dont les meilleurs créateurs s'exileront aux États-Unis (F. Lang, E. Lubitsch, B. Wilder, O. Preminger et combien d'autres).

La Révolution russe entraîne, après 1922, une véritable explosion du cinéma soviétique, dans une direction tout à fait à l'opposé de l'expressionnisme. Il s'agit ici de faire du cinéma-vérité (*kino-pravda*) voire du « cinéma-œil », de filmer la réalité telle qu'elle se présente, et de rejeter toute mise en scène, c'est-à-dire le décor, l'éclairage, le costume, le maquillage, l'acteur lui-même. Cette posi-

28 Le cinéma selon Eisenstein

Nous voulons entrer dans la vie. Si nous faisons un film qui concerne la vie de la flotte, nous allons à Odessa, à Sébastopol, nous entrons dans le milieu des matelots, nous étudions l'atmosphère, les sentiments de ces gens et nous parvenons ainsi à rendre vraiment le sentiment du milieu qui nous intéresse.

Si c'est un film paysan comme La Ligne générale, *nous allons au village, nous passons notre temps parmi les paysans et nous parvenons ainsi à exprimer la couleur locale et le sentiment de la terre. De même avec les acteurs et les divers interprètes. [...] Le film abstrait ne s'occupait pas d'organiser ni de provoquer les émotions principalement sociales de l'auditoire, tandis que le film de masses s'occupe principalement d'étudier comment on peut par l'image et la composition des images provoquer l'émotion de l'auditoire. Nous n'avons plus la ressource du sujet à aventures, du sujet policier ou autre; il nous fallait donc trouver dans l'image même et dans les modes de montage, les moyens de provoquer les émotions cherchées.*

C'est une question dont nous nous sommes beaucoup occupés.

Après avoir travaillé dans cette direction, nous sommes parvenus à accomplir la plus grande tâche de notre art : filmer par l'image les idées abstraites, les concrétiser en quelque sorte; et cela, non pas en traduisant une idée par quelque anecdote ou quelque histoire, mais en trouvant directement dans l'image ou dans les combinaisons d'images les moyens de provoquer des réactions sentimentales, prévues et escomptées à l'avance. [...]

Il s'agit de réaliser une série d'images composée de telle sorte qu'elle provoque un mouvement affectif, qui éveille à son tour une série d'idées. De l'image au sentiment, du sentiment à la thèse. Il y a évidemment en procédant ainsi le risque de devenir symbolique; mais vous ne devez pas oublier que le cinéma est le seul art concret, qui soit en même temps dynamique, et qui puisse déclencher les opérations de la pensée.

Cité dans L. Moussinac, *Eisenstein*, Paris, Seghers, 1964.

tion excessive, qui aurait pu réduire le cinéma aux films d'actualités, avait le mérite de concentrer toute l'esthétique cinématographique dans le montage et donnera au cinéma muet deux de ses plus grands chefs-d'œuvre : *Le Cuirassé Potemkine* (Eisenstein, 1925) et *La Terre* (Dovjenko, 1930). Le film d'Eisenstein, tourné sur les lieux mêmes de l'action qu'il raconte (un épisode de la révolution de 1905) et dans lequel les foules sont les seuls « héros » (marins sur le bateau, habitants de la ville), possède une puissance révolutionnaire qui lui vient d'un montage inouï faisant alterner scènes de foules et gros plans de visages, scènes d'agitation et scènes de recueillement, répression militaire féroce et foule innocente désarmée. La séquence dite des escaliers d'Odessa est devenue une pièce d'anthologie, peut-être la séquence la plus célèbre de toute l'histoire du cinéma, avec ce fameux bébé dans sa poussette abandonnée qui roule vers le bas des marches, au milieu de la fusillade... 28

Pendant ce temps, le cinéma s'illustre aux États-Unis dans la comédie avec deux créateurs de génie, Charles Chaplin (*La Ruée vers l'or*, 1925) et Buster Keaton (*Le Mécano de la* General, 1926), dont la fantaisie débridée n'a jamais été dépassée 29, et dans le genre étasunien par excellence, le western, qui atteint à la grande œuvre avec *La Caravane vers l'Ouest* de James Cruze (1923).

> Comment, d'après Eisenstein, le cinéma-vérité peut-il provoquer l'émotion sans recourir aux histoires d'aventures, aux intrigues policières, etc. ?

29 *Les temps modernes,*
Charlie Chaplin, 1936

30 Le film le plus vu de l'histoire
du cinéma

In new screen splendor...
The most magnificent picture ever!

DAVID O. SELZNICK'S PRODUCTION OF MARGARET MITCHELL'S

"GONE WITH THE WIND"

STARRING

CLARK GABLE
VIVIEN LEIGH
LESLIE HOWARD OLIVIA de HAVILLAND

En 1927, l'avènement du parlant vient remettre en cause une partie de l'héritage esthétique du cinéma muet, et plusieurs artisans y voient la déchéance de leur art. Certains grands noms du muet seront réduits à la stérilité ou à l'oubli (Buster Keaton, entre autres). Mais de nombreux auteurs accueillent avec avidité les possibilités offertes par le son et, dès 1931, Fritz Lang donne, avec *M. le Maudit,* une première réussite, où le son joue un rôle dramatique crucial (sifflement annonciateur du tueur). En URSS, Eisenstein pousse à fond la recherche sur les liens entre l'image et le son et réalise, en collaboration avec le compositeur Sergeï Prokofiev, une autre œuvre maîtresse, *Alexandre Nevski* (1938), déjà toute pénétrée du grand affrontement qui se prépare avec l'Allemagne nazie.

Le réalisme social profite également de l'avènement du parlant, particulièrement en France avec Marcel Carné (*Quai des Brumes,* 1938) et Jean Renoir (*La Règle du jeu,* 1939). Le parlant provoque par ailleurs l'éclosion de la comédie musicale, autre genre typiquement étasunien, qui atteint des sommets de sophistication avec Busby Berkeley, créateur d'éblouissants numéros de danse filmés avec une totale maîtrise (*Gold Diggers,* 1935).

Mais le film qui, à la fois par son scénario et par sa réalisation, marque un tournant dans l'histoire du cinéma sera réalisé en 1940 par un jeune créateur de génie, déjà célèbre par ses activités comme acteur et metteur en scène au théâtre et à la radio, Orson Welles, qui fait ainsi son entrée fracassante à Hollywood. Son *Citizen Kane,* inspiré de la vie du magnat de la presse à sensation W. R. Hearst, fusionne avec un art consommé des apports tant de l'expressionnisme allemand que du réalisme français, du montage soviétique, des bandes d'actualités, voire du théâtre shakespearien, dans une œuvre baroque et somptueuse qui est toujours considérée comme l'un des plus grands chefs-d'œuvre du septième art.

Après le son, la couleur. L'entre-deux-guerres s'achève sur la présentation d'une réalisation ambitieuse et grandiose, tournée dans les splendeurs du tout nouveau procédé Technicolor, et qui demeure, encore aujourd'hui, malgré sa faiblesse du point de vue purement esthétique, le film le plus vu de toute l'histoire du cinéma : *Autant en emporte le vent* de Victor Fleming (1939) **30**.

Mais au moment où ce film sort, c'est un véritable ouragan qui va déferler sur le monde et mettre un point final à cette période foisonnante, suspendue entre deux guerres.

Conclusion

La première moitié du XXe siècle a vu l'émergence d'une culture nouvelle, la culture de masse, favorisée par de grandes percées techniques dans le domaine des transports et des communications. Une seconde révolution scientifique a pénétré à la fois le cœur de l'atome et celui du comportement humain. Les artistes, à travers la grande rupture surréaliste ou en dehors d'elle, traduisent dans leurs œuvres l'éclatement des valeurs et des certitudes héritées des siècles passés, dans une profusion d'écoles qui ajoute encore à l'intense bouillonnement qui marque la période.

À partir de 1933 cependant, ce bouillonnement s'affadit, mis en échec par les totalitarismes et paralysé jusqu'à un certain point par la montée des périls que personne ne semble en mesure de conjurer et qui va déboucher sur l'un des plus grands reculs de civilisation que le monde ait jamais connus.

Questions de révision

1. Décrivez les principaux progrès matériels de l'entre-deux-guerres dans les domaines du transport et des communications, ainsi que les comportements nouveaux qui en découlent.

2. Quels liens peut-on établir entre la Grande Guerre et les conditions nouvelles de la vie culturelle et artistique des années qui suivent?

3. Quelles sont les principales percées de la période dans les sciences physiques? Dans les sciences humaines?

4. À quoi s'intéresse la « nouvelle histoire »?

5. En quoi le cubisme constitue-t-il une rupture radicale avec toute la tradition picturale occidentale?

6. Qu'est-ce que le surréalisme? Nommez-en quelques figures importantes.

7. Quelles sont les caractéristiques du muralisme mexicain et quel est son représentant le plus important?

8. Qu'est-ce que le fonctionnalisme en architecture?

9. Quelles sont les caractéristiques de l'urbanisme selon Le Corbusier?

10. Comment évolue la musique de jazz dans l'entre-deux-guerres?

11. Dégagez les tendances majeures et nommez quelques réalisateurs et quelques œuvres qui marquent l'évolution du cinéma en Allemagne, en Union soviétique, aux États-Unis et en France.

1. Faites un résumé du chapitre sous forme de plan détaillé (résumé schématique).

2. Explorez les ressources d'Internet et assemblez une collection virtuelle personnelle de reproductions d'œuvres d'artistes de l'entre-deux-guerres.

3. Jeux olympiques et politique : de Berlin 1936 à Los Angeles 1984, en passant par Munich 1972 et Moscou 1980, faites ressortir les implications de la politique internationale dans la « grande fête du sport ».

4. Visionnez le film *Le Cuirassé Potemkine* et faites-en ressortir le caractère « révolutionnaire ».

> Pour aller plus loin

(NOTE : sauf mention contraire, le lieu d'édition est Paris.)

publications

BALEN, N. *L'Odyssée du jazz.* L. Levi, 1997, 767 p.

BERGEROT, F. *Le jazz dans tous ses états : histoire, styles, foyers, grandes figures.* Larousse, coll. « Comprendre, reconnaître », 2001, 276 p.

BERNARD, E. *L'Art moderne, 1905-1945.* Larousse, coll. « Comprendre, reconnaître » nº 1, 1999, 143 p.

BOUILLON, J.-P. et autres. *L'Art du XXᵉ siècle : 1900-1939.* Citadelles & Mazenod, coll. « L'art et les grandes civilisations » nº 26, 1996, 609 p.

CHAVOT, P. *L'ABCdaire du surréalisme.* Flammarion, collection « ABCdaire » série Art, 2001, 119 p.

DUPLESSIS, Y. *Le Surréalisme.* Presses universitaires de France, coll. « Que sais-je ? » nº 432, 17ᵉ éd., 2002, 127 p.

GOLDMANN, A. *Les Années folles.* Casterman/Giunti, coll. « XXᵉ siècle » nº 9, 1994, 159 p.

JENGER, J. *Le Corbusier, l'architecture pour émouvoir.* Gallimard, coll. « Découvertes » nº 179, 1993, 160 p.

KETTENMANN, A. *Diego Rivera, 1886-1957 : un esprit révolutionnaire dans l'art moderne.* Taschen, coll. « La petite collection », 2001, 95 p.

PASSERON, R. *Le Surréalisme.* Terrail, 2001, 202 p.

THIÉBAUT, P. *Gaudi : bâtisseur visionnaire.* Gallimard, coll. « Découvertes Gallimard : arts » nº 408, 2001, 126 p.

ZERBST, R. *Gaudí, 1852-1926 : Antoni Gaudí i Cornet, une vie en architecture.* Taschen, 2002, 239 p.

cédéroms

L'Art nouveau. Prod. KAIROS Vision.

Brancusi par Brancusi. Les Films d'ici/RMN/Centre Georges-Pompidou, 1995.

Charlie Chaplin. Infogrames, 1997.

Le Cinéma des Lumière. Réunion des musées nationaux/Capa Production/Microfolie's/Educagri Éditions, 1995.

Gaudi. Diseñoy Realización Multimedia/Réunion des musées nationaux, 1994.

Matisse, Aragon, Prokofiev. Arborescence, 1995.

Musée d'Orsay. Visite virtuelle. Prod. Montparnasse Multimedia/Réunion des musées nationaux, 1999.

Le Mystère Magritte. Virtuo Production, 1996.

Picasso : un homme, une œuvre, une légende. Grolier Interactive, 1996.

Salvador Dali. EMME Interactive, 1997.

Pour tout ce qui concerne la peinture, quatre références incontournables :

Artchive : *http://www.artchive.com/*

Artcyclopedia : *http://www.artcyclopedia.com/*

Web Gallery of Art : *http://gallery.euroweb.hu/*

Web Museum : *http://www.ibiblio.org/wm/*

Pour Le Bauhaus :
http://www.bauhaus.de/english/bauhaus1919/index.htm

Pour Diego Rivera : *http://www.diegorivera.com*

Pour Frank Lloyd Wright :
http://www.greatbuildings.com/architects/ Frank_Lloyd_Wright.html

http://www.wam.umd.edu/~stwright/FLWr/

films

Alexandre Nevski, de Sergeï Eisenstein, avec Nikolai Cherkasov. URSS, 1938. 112 min. La lutte d'Alexandre Nevski (1220-1263), grand-duc de Novgorod, pour libérer la Russie moscovite du joug mongol et la défendre contre l'envahissement des hordes germaniques. Fusion très poussée de la musique (Prokofiev) et des images. Offert en DVD.

Le Cabinet du Dr Caligari, de Robert Wiene. All., 1920. 71 min. Le film phare de l'expressionnisme allemand. Intrigue sombre et tarabiscotée à souhait. Offert en DVD.

Citizen Kane, de Orson Welles, avec O. Welles et Joseph Cotton. É.-U., 1941. 119 min. Le chef-d'œuvre de Welles et un des 10 meilleurs films jamais tournés. L'histoire d'un magnat de la presse à sensation dans la première moitié du siècle. Inspiré de la vie de W. R. Hearst, qui tenta sans succès de bloquer la sortie du film. Offert en DVD.

Le Cuirassé Potemkine, de Sergeï Eisenstein. URSS, 1925. 75 min. Un épisode de la révolution de 1905 en Russie : les matelots du cuirassé *Potemkine* se mutinent et reçoivent l'appui des habitants d'Odessa sur la mer Noire. Tourné sur les lieux et avec les habitants de la ville. Un des 10 meilleurs films jamais tournés. Montage hallucinant. Offert en DVD.

Freud, de John Huston, avec Montgomery Clift et Susannah York. É.-U., 1962. 139 min. Freud en début de carrière, à la recherche des causes de la psychose.

Intolérance, de D. W. Griffith. É.-U., 1916. 163 min. Un des films les plus ambitieux de l'histoire du cinéma. Quatre intrigues couvrant 25 siècles montées en parallèle dans un rythme de plus en plus accéléré qui laisse pantois. Le film croule sous la mégalomanie de son réalisateur, mais il reste une pièce de collection. Version restaurée, à la vitesse de projection de l'époque (non accélérée), avec scènes teintées comme dans la version originale et trame sonore sur orgue, offerte en DVD.

Le Mécano de la General (*The General*), de et avec Buster Keaton. É.-U., 1926. 75 min. Aventures guerrières et sentimentales d'un amoureux à la recherche de sa belle dans les affres de la guerre de Sécession. Le chef-d'œuvre de Keaton. Offert en DVD.

Metropolis, de Fritz Lang. All., 1927. 153 min. (Le minutage peut varier beaucoup selon les différentes versions.) Lutte des ouvriers contre les dirigeants dans une ville futuriste. Esthétique expressionniste très forte. Version restaurée avec trame musicale orchestrale de 1927, offerte en DVD.

Les Palmes de Monsieur Schutz, de Claude Pinoteau, avec Isabelle Huppert, Charles Berling et Philippe Noiret. Fr., 1997. 106 min. L'histoire de la découverte de la radioactivité par Pierre et Marie Curie. Passionnant aperçu des conditions de la recherche scientifique au début du XXe siècle.

La Règle du jeu, de Jean Renoir. Fr., 1939. 110 min. Chassés-croisés de maîtres et de serviteurs dans un château, avec meurtre à la clé. Renoir ouvre au scalpel la bourgeoisie française à la veille de la Seconde Guerre mondiale. Du grand Renoir. Offert en DVD.

Les Temps modernes (*Modern Times*), de Charles Chaplin, avec Chaplin et Paulette Goddard. É.-U., 1936. 87 min. Les tribulations d'un ouvrier dans la tourmente de la crise des années trente. Le chef-d'œuvre de Chaplin. Version restaurée offerte en DVD.

La Terre, de Alexandre Dovjenko. URSS, 1930. 75 min. Collectivisation des terres dans un village ukrainien, avec une vision très positive. Un chef-d'œuvre du cinéma muet. Intense poésie des images. Offert en DVD.

Chapitre 7

PLAN DU CHAPITRE

7.1 LA POLITIQUE INTERNATIONALE DANS LES ANNÉES TRENTE

7.1.1 Les États revendicateurs

7.1.2 Les États satisfaits

7.1.3 Les États neutres

7.2 LA MARCHE À L'ABÎME

7.2.1 Les conflits préparatoires

7.2.2 La mise en œuvre du programme nazi

7.2.3 La mondialisation du conflit

7.3 UNE GUERRE D'UN TYPE NOUVEAU

7.3.1 Une guerre économique et technologique

7.3.2 Une guerre idéologique

7.3.3 Une guerre d'anéantissement

7.4 L'EUROPE ET L'ASIE SOUS LA BOTTE

7.4.1 L'exploitation des vaincus

7.4.2 Collaboration et résistance

7.4.3 Le génocide

7.5 1945 : ANNÉE ZÉRO ?

7.5.1 Une victoire au goût de cendre

7.5.2 L'Europe et l'Asie en ruines

La Seconde Guerre mondiale (1939-1945)

En 1939 (dès 1937 en Extrême-Orient) s'ouvre le plus effroyable conflit de l'histoire humaine. Il est, pour une large part, le fruit de la grande crise économique des années trente et de la montée du fascisme, elles-mêmes résultats de la Grande Guerre de 1914-1918. En fait, dans sa dimension européenne tout au moins, la Seconde Guerre mondiale n'est que la deuxième phase d'une « grande guerre civile de l'Europe », commencée en 1914 et suspendue provisoirement par la paix boiteuse de 1919, simple trêve due essentiellement à l'épuisement des belligérants. Préparé de longue main et présentant des aspects radicalement nouveaux, ce conflit ravage l'Europe et l'Asie avant d'entraîner dans son tourbillon des États-Unis pourtant bien abrités dans leur île-continent, et s'achève sur de telles horreurs que toute l'histoire humaine semble y basculer dans un avenir incertain et terrifiant.

Comment les conditions de l'éclatement de ce conflit sont-elles préparées par la politique internationale des différents États dans les années trente ? Quelles sont les caractéristiques qui font de ce conflit une guerre d'un type nouveau ? Comment se conduisent vainqueurs et vaincus dans les pays occupés ? Sur quel bilan ce conflit s'achève-t-il en 1945 ?

1 *Le Visage de la guerre*, S. Dali, 1940

2

Car sur un point au moins règne un consensus entre historiens : la dimension des horreurs de la Seconde Guerre mondiale. D'abord du fait des pertes et des souffrances. En deuils et en destructions 1939-1945 a en effet largement surpassé 1914-1918 : plus de 50 millions de morts, le calvaire des déportés dans les camps de concentration, la bombe atomique lancée sur Hiroshima et Nagasaki… Mais plus que tout le génocide : politique d'extermination de masses entières, menée systématiquement et scientifiquement contre les Juifs, les Tziganes, les malades mentaux, entamée contre les populations slaves de Pologne, de Russie, de Yougoslavie. Ici l'absolu dans la négation de l'homme transcende les catégories habituelles de l'histoire.

La caractéristique de la Seconde Guerre mondiale est donc son aspect multidimensionnel en même temps que planétaire. Une guerre totale entraînant à la fois une lutte à mort entre coalitions géantes et une gestion par l'État de la société tout entière. Guerre idéologique, guerre nationale, guerre d'extermination raciale, guerre civile, la Seconde Guerre mondiale a été tout cela à la fois : c'est bien là ce qui fait sa nature singulière et spécifique dans l'histoire du XXᵉ siècle.

F. Bédarida
« Penser la Seconde Guerre mondiale »,
dans *Penser le XXᵉ siècle*,
Bruxelles, Éd. Complexe, 1990.

3

1931 Agression japonaise en Mandchourie

1933 Accession de Hitler au pouvoir (janvier)
Départ du Japon et de l'Allemagne de la SDN

1934 Entrée de l'URSS à la SDN

1935 Réarmement allemand
Première loi de neutralité aux États-Unis
Rapprochement franco-soviétique
Invasion italienne en Éthiopie

1936 Remilitarisation de la Rhénanie (mars)
Gouvernements de Front populaire élus en Espagne et en France
Début de la guerre d'Espagne

1937 Guerre sino-japonaise
Bombardement de Guernica

1938 Annexion de l'Autriche par l'Allemagne (mars)
Annexion de la région des Sudètes par l'Allemagne (septembre)

1939 Entrée des troupes allemandes à Prague, disparition de la Tchécoslovaquie (mars)
Pacte germano-soviétique (août)
Invasion allemande en Pologne (septembre)
France, Grande-Bretagne, Canada déclarent la guerre à l'Allemagne

1940 Invasion allemande en Norvège, au Danemark, aux Pays-Bas, en Belgique, en France (mai)
Bataille d'Angleterre (juillet-septembre)

1941 Invasion allemande en URSS (juin)
Attaque japonaise sur Pearl Harbor et entrée en guerre des États-Unis (décembre)

1942 Début du reflux des puissances de l'Axe
Batailles de Midway, d'El-Alamein, de Stalingrad

1943 Contre-offensive soviétique
Débarquement allié en Italie, qui se retire de la guerre

1944 Débarquement de Normandie (juin)
Après libération de son territoire, entrée de l'armée soviétique en Pologne et en Roumanie
Élimination de la flotte japonaise

1945 Capitulation de l'Allemagne (mai)
Bombardement atomique sur Hiroshima et Nagasaki (août)
Capitulation du Japon (septembre)

LA POLITIQUE INTERNATIONALE DANS LES ANNÉES TRENTE

Relativement plus simples que celles de la Grande Guerre, les origines de la Seconde Guerre mondiale sont à chercher avant tout dans la volonté de quelques États, au premier chef l'Allemagne nazie, d'agrandir leur territoire par la force des armes, volonté qui ne trouve devant elle que des résistances pusillanimes et sans coordination.

7.1.1 Les États revendicateurs

En tête des États revendicateurs, l'Allemagne hitlérienne apparaît d'emblée la plus menaçante. Adolf Hitler arrive au pouvoir, en janvier 1933, avec un programme bien arrêté : d'abord réarmer l'Allemagne, en dérogation au diktat humiliant de 1919 (voir page 41), puis rassembler dans un « Grand Reich » tous les territoires habités par des Allemands (Autriche, région des Sudètes en Tchécoslovaquie, « corridor » polonais) et enfin déclencher la guerre de conquête de l'« espace vital » nécessaire à l'épanouissement de la « race supérieure » de l'humanité **4**. Cet espace vital se trouve vers l'Est, dans les grandes et riches plaines de Pologne et d'URSS et les champs pétrolifères de Roumanie et du Caucase. Mais pour éviter cette fois une guerre sur deux fronts, comme en 1914, il faudra d'abord éliminer la France avant de se lancer vers l'Est.

L'Italie mussolinienne, fruit de l'improvisation, n'a pas de programme aussi précis, mais convoite la région balkanique, où la disparition de l'Autriche-Hongrie a laissé un vide, et rêve de refaire autour d'elle l'unité de la Méditerranée, nouvelle *mare nostro* inspirée de l'antique *mare nostrum* du temps de l'Empire romain. Elle convoite également la Corne de l'Afrique, où se trouve le dernier territoire non encore colonisé de ce continent : l'Éthiopie. Déjà entourée de deux colonies italiennes, l'Érythrée et la Somalie, l'Éthiopie pourrait devenir une source abondante de produits agricoles et de matières premières en même temps qu'un déversoir pour le surplus de population italienne.

Le Japon, qui a été particulièrement touché par la crise à cause de sa dépendance presque complète des marchés extérieurs,

> À quel phénomène historique réfère l'expression « l'éternelle marche des Germains vers le sud et vers l'ouest » ? Où précisément Hitler situe-t-il l'espace vital allemand ?

4 L'« espace vital »

La politique extérieure de l'État raciste doit assurer les moyens d'existence sur cette planète de la race que groupe l'État, en établissant un rapport sain et conforme aux lois naturelles entre le nombre et l'accroissement de la population d'une part, l'étendue et la valeur du territoire d'autre part.

De plus, on ne doit considérer comme rapport sain que la situation dans laquelle l'alimentation d'un peuple est assurée par les seules ressources de son propre territoire. Tout autre régime, dureerait-il des siècles et des millénaires, n'en est pas moins malsain et, tôt ou tard, arrive à causer un préjudice, sinon la ruine du peuple considéré.

Seul un espace suffisant sur cette terre assure à un peuple la liberté de l'existence.

De plus, on ne peut juger de l'étendue nécessaire d'un territoire de peuplement d'après les seules exigences du temps présent, ni même d'après l'importance de la production agricole, rapportée au chiffre de la population. [...]

Aussi, nous autres nationaux-socialistes, biffons-nous délibérément l'orientation de la politique extérieure d'avant-guerre. Nous commençons là où l'on avait fini il y a six cents ans. Nous arrêtons l'éternelle marche des Germains vers le sud et vers l'ouest de l'Europe, et nous jetons nos regards sur l'est.

Nous mettons terme à la politique coloniale et commerciale d'avant-guerre et nous inaugurons la politique territoriale de l'avenir.

Mais si nous parlons aujourd'hui de nouvelles terres en Europe, nous ne saurions penser d'abord qu'à la Russie et aux pays limitrophes qui en dépendent. [...] L'État gigantesque de l'Est est mûr pour l'effondrement. Et la fin de la domination juive en Russie sera aussi la fin de la Russie en tant qu'État. Nous avons été élus par le destin pour assister à une catastrophe, qui sera la preuve la plus solide de la justesse des théories racistes au sujet des races humaines.

A. Hitler
Mein Kampf.

Le Japon n'a pas le choix : il doit mourir de faim s'il ne peut établir sa domination. Pays hautement industrialisé, son sol ne recèle aucune des matières premières indispensables à la grande industrie (ni fer, ni charbon); et, ce qui est plus angoissant, l'agriculture japonaise ne peut nourrir l'immense population du pays qui se développe et passe de 33 millions en 1872 à 70 millions en 1934, l'accroissement se poursuivant au rythme actuel d'un million par an.

Comment nourrir un surplus de 40 millions d'habitants quand l'industrie n'est pas basée sur des richesses naturelles et doit entretenir un peuple avec les profits de la transformation, *avec la marge entre le coût des matières premières (à importer) et les prix des produits vendus à l'étranger? Telle est la question. Aussi le Japon doit-il, pour vivre, écouler 60 % de sa production : car le spectre de la faim est la base même du dynamisme nippon.*

Le progrès technique a engendré la surpopulation *et le chômage : la main-d'œuvre abondante et les bas prix des salaires sont proverbiaux. Dans les campagnes aussi, la misère est générale et des populations entières connaissent la famine. On cite des districts où la population qui s'adonnait à l'élevage du ver à soie en est réduite à se nourrir d'écorces d'arbres. [...]*

À l'encontre d'autres impérialismes, l'impérialisme nippon peut s'expliquer par une nécessité vitale : mourir ou s'étendre, tel est le dilemme; exporter ses produits ou le trop-plein de sa population. *Tout aussi impérieuse, l'obligation de se procurer des matières premières. D'où l'impulsion irrésistible à l'expansion sous toutes ses formes : celles des marchands d'abord, impérialisme à l'américaine et anticolonial; celles des armes, s'il le faut, là où des résistances se manifestent; guerre économique sur tous les fronts.*

Revue économique internationale, Bruxelles, 1934.

cherche à s'emparer par la force des régions d'où il tire ses matières premières et baptise d'un élégant euphémisme cette « aire de coprospérité », qui n'est guère autre chose qu'un espace vital dont il désire s'assurer la pleine possession **5**. Cette aire englobe la Chine (du moins sa façade maritime), l'Asie du Sud-Est, l'Indonésie, les Philippines, voire l'Australie.

La crise économique mondiale fournit à ces trois États revendicateurs un contexte propice aux agressions, et chaque agression réussie incite à en déclencher une nouvelle, face à des États satisfaits engourdis.

7.1.2 Les États satisfaits

Face aux États revendicateurs, les États satisfaits veulent maintenir pour l'essentiel le statu quo issu des traités de 1919.

La France, traumatisée par l'horreur des combats de la Grande Guerre, qui pour l'essentiel se sont déroulés sur son sol, vieillie prématurément par la saignée démographique qui en est résultée, très profondément divisée à l'intérieur entre une extrême-droite fascisante et une extrême-gauche communiste qui paralysent des gouvernements instables, cherche d'abord sa sécurité. Elle croit la trouver, entre autres, dans la construction d'un formidable mur de protection, la ligne Maginot, nouvelle « muraille de Chine » construite à coups de milliards sur la frontière franco-allemande et que les Allemands contourneront tout simplement en 1940. Elle croit la trouver aussi dans une solidarité internationale qui mobiliserait en sa faveur, en cas de menace allemande, quantité de petits pays d'Europe de l'Est mais d'abord et surtout la Grande-Bretagne. Refusant toute initiative solitaire, la France se condamne ainsi à toujours réagir après coup aux agressions allemandes et à toujours être mise devant des faits accomplis qu'il lui sera pratiquement impossible de renverser.

La Grande-Bretagne a renoué dès 1919 avec le vieux principe qui l'a toujours si bien servi : l'équilibre européen. Dans cette optique, l'idée a vite prévalu que les traités de 1919 avaient été une erreur, affaiblissant l'Allemagne et renforçant la France au-delà de tout équilibre. La politique britannique, au cours des années trente, consiste donc à « apaiser » les États revendicateurs en acceptant leurs exigences considérées comme « raisonnables » (réarmement allemand ou annexion de l'Autriche, par exemple), afin d'éviter à tout prix un nouveau conflit. C'est la politique de l'*appeasement,* qui se complète par un refus poli mais obstiné de s'engager formellement et concrètement derrière la France en cas de difficultés de cette dernière. L'attitude combinée de ces deux grandes démocraties en arrive ainsi à produire un seul résultat : encourager l'agression.

7.1.3 Les États neutres

Deux États « neutres » complètent le tableau, et ce n'est pas sur eux qu'il faudra compter pour renverser la situation.

Les États-Unis, prestement retournés à leur isolationnisme par le refus du Sénat de ratifier les traités de 1919 (voir page 60), pourraient redevenir intéressés par la situation européenne s'il n'en tenait qu'au président Roosevelt, disciple de Wilson et interventionniste convaincu. Mais le Congrès, se méfiant de ses affinités wilsoniennes, va lui lier les mains par une série de lois dites de neutralité. Conformément à ces lois, les États-Unis, devant une guerre quelle qu'elle soit, mettront un embargo complet sur toute fourniture d'armes aux belligérants et exigeront pour les fournitures non militaires que l'acheteur paie comptant et en assure le transport sur ses propres bateaux (c'est le principe du *cash and carry*). Le Congrès veut ainsi prévenir précisément ce qui a provoqué l'intervention étasunienne dans la Grande Guerre en 1917 (voir page 36). Mais au fond, malgré leur apparence et leur appellation de Lois de neutralité, ces lois ne peuvent qu'encourager encore les États revendicateurs, puisque ce ne sont pas eux qui auraient besoin de l'aide des États-Unis et qu'ils peuvent compter sur le fait que leurs adversaires n'y auront pas accès.

L'Union soviétique, mise au ban de la société internationale par la révolution de 1917 et elle-même désireuse de couper les ponts avec le capitalisme, surtout après 1928 (premier plan quinquennal), s'inquiète cependant des visées de l'Allemagne nazie, dont elle ne peut ignorer qu'elle est la cible privilégiée. Aussi, dès 1933, l'URSS cherche à briser son isolement, et cela de trois façons. D'une part, elle se rapproche de la France, espérant faire revivre l'alliance franco-russe du début du siècle. Elle demande d'autre part son admission à la Société des Nations, où elle entre en 1934. Elle abandonne enfin le mot d'ordre « classe contre classe », lancé aux partis communistes d'Europe et selon lequel priorité absolue devait être accordée à la lutte finale du prolétariat contre la bourgeoisie, au prix même d'une lutte contre les socialistes « traîtres à la cause ». La nouvelle directive venue du Kremlin consiste à se rapprocher des socialistes et de toutes les forces antifascistes, même bourgeoises, afin de créer des fronts populaires qui pourront faire échec à la montée du fascisme intérieur.

Si l'on met à part l'Union soviétique, on voit donc que rien ne s'oppose sérieusement aux agressions des États revendicateurs, et l'URSS elle-même finira par jeter toute l'Europe occidentale en pâture à Hitler (pacte germano-soviétique de 1939), avant d'être emportée à son tour dans la tourmente par l'invasion allemande de 1941.

7.2 LA MARCHE À L'ABÎME

À partir de 1931, les différentes politiques que nous venons d'esquisser conduisent à une série de crises ou de conflits qui débouche finalement sur une guerre générale.

7.2.1 Les conflits préparatoires

C'est en Asie qu'éclate le premier conflit préparatoire. L'expansion japonaise, un moment contenue par le traité de Washington (voir page 62), reprend de plus belle en 1931 par l'invasion de la Mandchourie, où les Japonais créent l'État fantoche du Mandchoukouo, placé sous l'autorité toute théorique du dernier empereur de Chine, P'ou-yi, détrôné en 1911 **6**. La SDN, saisie de cet acte d'agression caractérisée d'un de ses membres envers un autre, condamne officiellement le Japon, mais ne peut guère aller plus loin que des sanctions symboliques (non-reconnaissance du Mandchoukouo), parce qu'elle n'a pas de pouvoir coercitif sur ses États membres et que les grandes puissances ne l'appuient que timidement. Cette condamnation officielle s'avère tout de même suffisante pour entraîner le départ du Japon de la SDN, départ qui marque le début de la lente désintégration de l'organisation internationale.

Profitant des dissensions qui opposent communistes et nationalistes en Chine (voir page 69), les Japonais entreprennent ensuite le grignotage de la Chine du Nord, atteignant bientôt les environs de Pékin. Communistes et nationalistes chinois suspendent alors leurs différends et concluent un accord pour combattre ensemble les Japonais. Ces derniers déclarent officiellement la guerre à la Chine le 26 juillet 1937 et entrent à Pékin le 8 août, marquant

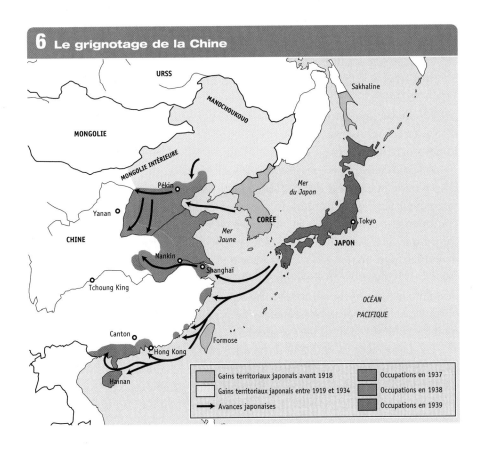
6 Le grignotage de la Chine

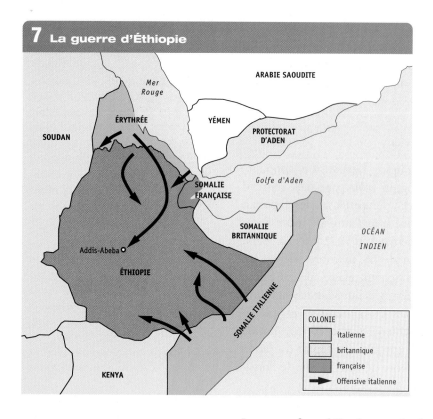

7 La guerre d'Éthiopie

ARABIE SAOUDITE

Mer
Rouge

ÉRYTHRÉE

SOUDAN

YÉMEN

PROTECTORAT
D'ADEN

SOMALIE
FRANÇAISE

Golfe d'Aden

SOMALIE
BRITANNIQUE

*OCÉAN
INDIEN*

Addis-Abeba

ÉTHIOPIE

SOMALIE ITALIENNE

KENYA

COLONIE
- italienne
- britannique
- française
- → Offensive italienne

ainsi le véritable début de la Seconde Guerre mondiale. Dans le monde, personne — pas même les États-Unis, dont les intérêts sont, à terme, menacés par l'expansion japonaise —, n'a réagi autrement que par des discours. Agression réussie, agression à imiter…

Le 3 octobre 1935, les troupes italiennes envahissent l'Éthiopie à partir des colonies italiennes d'Érythrée et de Somalie **7**. Essayant de racheter sa désolante attitude dans la crise de Mandchourie, la SDN vote quatre jours plus tard des sanctions contre l'agresseur : interdiction des ventes d'armes et des prêts au gouvernement italien, ainsi que des importations de marchandises italiennes. Mais aucune mesure n'est prévue (blocus, par exemple) pour faire respecter ces sanctions, qui de toute façon ne concernent que les membres de l'organisation, dont l'Allemagne et le Japon ne font déjà plus partie. La Grande-Bretagne, dont la route des Indes par Suez pourrait être menacée par l'expansionnisme italien, envoie 144 vaisseaux de guerre croiser en Méditerranée orientale en guise de démonstration de force. Cette démonstration est cependant vouée d'emblée à l'échec par l'interdiction donnée aux escadres — et connue de Mussolini — d'ouvrir le feu sur les convois italiens en direction de l'Afrique, et même par le refus britannique de fermer tout simplement le canal de Suez aux navires italiens. De toute évidence, l'Angleterre n'est pas prête à la guerre, et l'immense déséquilibre des forces sur le terrain permet aux Italiens d'entrer à Addis-Abeba le 5 mai 1936 et de proclamer l'annexion de l'Éthiopie à l'Italie le 9 mai. Le 4 juillet, la SDN lève ses sanctions (ce qui n'empêchera pas l'Italie de s'en retirer l'année suivante), et une nouvelle agression vient d'ajouter ses lézardes à l'édifice de la sécurité collective, tout en favorisant le rapprochement entre l'Italie et l'Allemagne.

À la différence de la guerre sino-japonaise et de la guerre italo-éthiopienne, la guerre d'Espagne est d'abord une guerre civile, mettant aux prises le gouvernement légal de la République espagnole, de type front populaire, démocratiquement élu en 1936, et une vaste coalition d'insurgés allant du clergé catholique aux partisans de la monarchie déchue, en passant par les fascistes de la Phalange, appuyée sur la majorité de l'armée derrière un général rebelle, Francisco Franco. Le gouvernement républicain peut compter sur la majorité des paysans (il a promis une réforme agraire) et des ouvriers, sur une bonne partie de la bourgeoisie libérale et sur les « régionalistes » catalans et basques, mais sa faiblesse militaire est évidente face aux insurgés.

La guerre civile va rapidement prendre des dimensions internationales avec l'intervention massive de l'Italie et de l'Allemagne du côté de Franco. Mussolini voudrait en effet profiter de ce conflit pour améliorer ses positions en Méditerranée occidentale grâce à la complaisance attendue d'un gouvernement franquiste qui lui devrait une partie de sa victoire et fournit donc à Franco 80 000 hommes, des chars, des avions. Souhaitant se rapprocher de l'Espagne pour mieux encercler la France, Hitler, quant à lui, envoie aux insurgés sa « Légion Condor » (10 000 hommes) et surtout ses escadrilles aériennes, car il veut aussi utiliser cette guerre comme banc d'essai pour une stratégie militaire toute nouvelle comportant entre autres le bombardement massif des villes par l'aviation : le *blitzkrieg,* ou guerre éclair. La première ville martyre de cette nouvelle étape dans l'histoire de la guerre est Guernica, dont la destruction par l'aviation allemande, en avril 1937, secoue l'opinion internationale avant de faire l'objet d'une toile hallucinante de Picasso.

Toute l'Europe, toute l'Amérique se passionnent pour la guerre d'Espagne qui, outre qu'elle menace l'équilibre des forces en Méditerranée, incarne l'immense conflit qui couve entre fascisme et démocratie ⑧. De tous les coins du monde, des volontaires accourent en Espagne se mettre au service de la république en péril ⑨ dans des « brigades internationales » dont l'efficacité militaire n'est pas toujours à la hauteur du généreux idéalisme. Le médecin montréalais Norman Bethune organise une unité de soins d'urgence pendant que les volontaires canadiens et québécois du bataillon Mackenzie-Papineau font le coup de feu. Même des Allemands antinazis viennent se battre pour le Front populaire.

Mais devant le refus de la France d'intervenir (bien qu'elle aussi soit dirigée par un Front populaire), devant la froide indifférence du Royaume-Uni, l'appui italo-allemand donne finalement la victoire à Franco en 1939, au terme d'une guerre de trois ans marquée par une cruauté insensée, véritable répétition générale du conflit qui s'annonce. Quelques mois plus tard, en effet, toute l'Europe va sombrer dans la tragédie.

8 La guerre comme croisade

Une lutte terrible éclatait sur l'une des plus nobles terres de l'Europe, et opposait en combats sanglants le fascisme et l'anti-fascisme. L'Espagne ainsi achevait de transformer en combat spirituel et matériel à la fois, en croisade véritable, la longue opposition qui couvait dans le monde moderne. [...] Par toute la planète, des hommes ressentaient comme leur propre guerre, comme leurs propres victoires et leurs propres défaites, le siège de Tolède, le siège d'Oviedo, la bataille de Teruel, Guadalajara, Madrid et Valence. Le coolie chinois, le manœuvre de Belleville, le voyou perdu dans les brouillards de Londres, le chercheur d'or pauvre et déçu, le maître des pâturages hongrois ou argentins pouvaient tressaillir d'angoisse ou de plaisir devant quelque nom mal orthographié, dans quelque journal inconnu. Dans la fumée grise des obus [...] les contradictions idéologiques se résolvaient, en cette vieille terre des actes de foi et des conquérants, par la souffrance, par le sang, par la mort.

Robert Brasillach
Les Sept Couleurs, Paris, Plon.
(L'auteur est un journaliste et écrivain français d'extrême droite, fusillé en 1945 pour collaboration avec l'Allemagne.)

9 « Solidarité internationale avec l'Espagne »
Affiche en faveur du Front populaire espagnol.

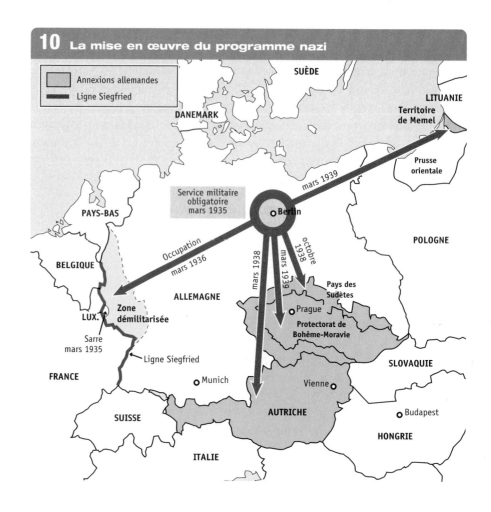

10 **La mise en œuvre du programme nazi**

Annexions allemandes
Ligne Siegfried

SUÈDE
DANEMARK
LITUANIE
Territoire de Memel
Prusse orientale
PAYS-BAS
Service militaire obligatoire mars 1935
mars 1939
Berlin
POLOGNE
BELGIQUE
Occupation mars 1936
octobre 1938
mars 1938
mars 1939
Pays des Sudètes
ALLEMAGNE
LUX.
Zone démilitarisée
Prague
Protectorat de Bohême-Moravie
Sarre mars 1935
Ligne Siegfried
SLOVAQUIE
FRANCE
Munich
Vienne
Budapest
SUISSE
AUTRICHE
HONGRIE
ITALIE

7.2.2 La mise en œuvre du programme nazi

Car pendant que se déroulent ces conflits préparatoires, l'Allemagne hitlérienne n'a cessé de poursuivre obstinément, au milieu de l'apathie et de l'aveuglement général, un programme pourtant annoncé en détail dès *Mein Kampf*, huit ans avant la prise du pouvoir par Hitler **10**.

La priorité va, bien sûr, au réarmement, sans quoi rien d'autre ne serait envisageable. Le 14 octobre 1933, l'Allemagne quitte la SDN et, après 15 mois de réarmement clandestin, Hitler annonce, le 16 mars 1935, le rétablissement du service militaire obligatoire, le gonflement des effectifs terrestres à 1 000 000 d'hommes et la renaissance de l'aviation et de la marine de guerre allemandes. Face à ce défi direct aux stipulations du traité de Versailles, la Grande-Bretagne ne se contente pas d'accepter le fait accompli : elle va même jusqu'à signer avec l'Allemagne un accord naval qui autorise cette dernière à se doter d'une flotte de guerre égale à 35 % du tonnage de la flotte britannique pour les navires de surface et à 100 % pour les sous-marins ! Ainsi va l'*appeasement*...

Le 7 mars 1936, Hitler tente un coup plus risqué en envoyant un détachement de troupes allemandes s'installer en Rhénanie (démilitarisée par le traité de Versailles), c'est-à-dire en contact direct avec la frontière française. La France crie son indignation, mais, abandonnée par la Grande-Bretagne — qui n'y voit qu'une volonté normale pour l'Allemagne de protéger sa

Pendant que Hitler fait sauter Mussolini sur son index, les dirigeants français jouent à saute-mouton, les petits pays d'Europe centrale font la ronde et Chamberlain observe (en bas, à droite). Roosevelt et Staline sont absents...

frontière —, elle laisse faire. Et pourtant, à ce moment-là, il lui serait facile de s'opposer par la force à cette initiative, mais les élections approchent, et la dernière chose dont l'opinion publique française veut entendre parler, c'est bien d'une nouvelle guerre contre l'Allemagne.

Ce 7 mars 1936 est la date charnière. À partir de là, tout s'enchaîne irrésistiblement. Hitler a pris la vraie mesure de la mollesse de ses opposants et sait « jusqu'où il peut aller trop loin » **11**, tandis que la France ne pourra plus intervenir militairement contre de nouvelles agressions allemandes vers l'Europe centrale, parce qu'elle devra se heurter de front aux fortifications de la ligne Siegfried rapidement érigées sur la frontière franco-allemande.

L'annexion au Reich de territoires peuplés d'Allemands peut donc commencer, d'abord par l'annexion de l'Autriche — l'*Anschluss* —, réalisée sans coup férir le 12 mars 1938, après quoi Hitler réclame le rattachement des Allemands de Tchécoslovaquie (les Sudètes), qui lui est accordé cette fois en bonne et due forme par la conférence de Munich le 29 septembre. Réunis à la hâte, en pleine nuit, autour d'une petite carte géographique, Hitler, Mussolini, Chamberlain (premier ministre britannique) et Daladier (chef du gouvernement français) ratifient le dépècement de la Tchécoslovaquie, pourtant alliée de la France et qui n'a même pas été invitée. Au petit matin, Hitler signe à l'intention de Chamberlain une déclaration selon laquelle il n'a plus aucune revendication en Europe. Rayonnant, Chamberlain rentre

Faites l'analyse de cette caricature en montrant le rapport qui peut exister entre l'attitude des dirigeants qui y sont représentés et la politique de leurs gouvernements.

12 « L'avant-goût d'une coupe amère... »

Ils [les accords de Munich] peuvent être résumés de façon fort simple : le dictateur a réclamé d'abord une livre sterling, le pistolet au poing. Quand on la lui eut donnée, il a réclamé deux livres sterling, le pistolet au poing. Finalement, il a bien voulu se contenter de prendre une livre dix-sept shillings et six pence, et le solde en assurances de bonne volonté pour l'avenir. [...]

Tout est consommé. Silencieuse, lugubre, abandonnée, brisée, la Tchécoslovaquie s'enfonce dans l'ombre. Elle a souffert à tous points de vue de ses liens d'association avec cette France qui lui servait de guide et dont elle a si longtemps suivi la politique. [...] Je ne reproche pas à notre peuple, loyal et brave [...] l'explosion naturelle et spontanée de sa joie et de son soulagement à l'annonce que la dure épreuve lui serait pour le moment épargnée. Mais il faut qu'il sache la vérité. Il faut qu'il sache que nous avons subi une défaite sans avoir fait la guerre, une défaite dont les conséquences vont pendant longtemps se faire sentir ; il faut qu'il sache que tout l'équilibre européen est bouleversé et que, pour la première fois, ces paroles terribles ont été prononcées contre les démocraties occidentales : « Tu as été pesé dans la balance et tu as été trouvé léger. » Et n'allez pas croire que ce soit fini. Non, ce n'est que le commencement. Ce n'est que la première gorgée, l'avant-goût d'une coupe amère qui nous sera tendue d'année en année, à moins que, par un suprême effort, nous nous dressions pour défendre la liberté comme aux temps d'autrefois.

W. Churchill
Discours aux Communes.

13 Une offre qu'on ne peut refuser...

Mais, en réalité, le fait est beaucoup plus clair et bien simple : que proposions-nous, nous autres Français et Anglais, à Staline? Nous lui disions : « On maintient les frontières de 1919, on maintient le droit des peuples à disposer d'eux-mêmes, on maintient l'indépendance des petits peuples, vous nous aidez à cela, vous courez le risque de guerre et vous aurez ensuite droit à tous les honneurs de la Société des Nations et des démocraties. »

Et puis d'autre part, Hitler lui disait : « Moi, voilà ce que je vous propose : vous avez perdu des territoires, vous allez les retrouver; vous avez perdu la Bessarabie, je vous la donne; vous avez perdu la Pologne jusqu'à la ligne Curzon, je vous la donne; vous avez perdu les pays baltes, je vous les rends et puis vous n'aurez pas la guerre par-dessus le marché, vous resterez en dehors. »

Voilà la ligne maîtresse de la politique soviétique; ne pas avoir la guerre. Et c'est ce qu'expliquait le général Schweissguth dans un rapport qu'il remit à Léon Blum en 1936 et qui est dans nos archives : « La politique de Staline consiste à rejeter sur l'ouest un orage qu'il sent venir à l'est. » Or, cela fait admirablement ses affaires. En pressant le bouton, en signant le pacte germano-russe, il déclenchait le conflit de notre côté alors que justement, tout notre objectif était que la guerre, si elle éclatait, devait être faite aussi bien à l'est qu'à l'ouest.

Il n'eut donc pas à hésiter et il a pris pour son pays le choix qui lui semblait le plus avantageux.

Témoignage fourni par M. Georges Bonnet[1]
Cité dans Voilliard et coll., *Documents d'histoire contemporaine*, t. II, Paris, A. Colin, 1964.

1. Ministre français des Affaires étrangères en 1939.

Cette interprétation du pacte germano-soviétique vous semble-t-elle juste? L'auteur de ce témoignage vous semble-t-il parler en connaissance de cause?

Churchill a-t-il raison d'affirmer que «tout l'équilibre européen est bouleversé» au lendemain des accords de Munich?

à Londres et, brandissant la feuille de papier dans la brise automnale, s'écrie : « Voici la paix pour notre époque! »... **12**

Six mois plus tard (mars 1939), les troupes allemandes occupent sans résistance ce qui reste de la partie occidentale de la Tchécoslovaquie, première annexion d'un territoire non peuplé d'Allemands, et, pendant qu'un État fantoche pronazi s'installe en Slovaquie, pendant que Mussolini, enhardi, s'empare de l'Albanie, Hitler passe à l'étape suivante : la revendication du corridor polonais. Cette fois, c'en est trop : France et Grande-Bretagne, enfin réunies, s'engagent à s'opposer par les armes à toute nouvelle agression.

Mais c'est trop tard. L'URSS, ayant totalement perdu confiance en elles, se retire du jeu et décide de gagner du temps en signant, à la stupéfaction générale, un pacte de non-agression avec l'Allemagne (23 août 1939), accompagné d'un accord secret où elle reçoit la moitié de la Pologne, les États baltes d'Estonie et de Lettonie, et la Bessarabie roumaine, en retour de quoi elle fournira à l'Allemagne du blé et du pétrole.

Ce fameux pacte germano-soviétique de 1939 a évidemment suscité d'immenses controverses, depuis l'annonce même de sa signature jusqu'à nos jours (il a servi aux États baltes d'argument juridique et moral essentiel pour réclamer leur indépendance de l'URSS en 1989). Quel avantage Staline retirait-il de ce pacte? Par-delà la récupération de territoires perdus par Lénine à Brest-Litovsk en 1918 (voir page 39), on affirme surtout qu'il gagnait ce dont il avait alors le plus urgent besoin pour se préparer à affronter une guerre qu'il savait inévitable avec l'Allemagne : du temps **13**. Et pourtant, quand l'attaque allemande viendra, près de deux ans plus tard, elle trouvera une URSS dans un état d'impréparation tragique, et Staline, dûment informé à l'avance de cette attaque, refusera d'y croire jusqu'au bout. Par ailleurs, en libérant Hitler sur son front oriental et en fournissant à ses troupes et à sa machine de guerre du blé et du pétrole, Staline lui facilitait la conquête de l'Europe et le rendait ainsi encore plus formidable dans son invasion de l'URSS. La plupart des historiens considèrent aujourd'hui que, de la part de Staline, ce pacte a été une erreur monumentale qui a amené sur l'URSS des malheurs aussi insondables qu'inutiles.

Une semaine plus tard, le 1er septembre, libéré de son ennemi russe, Hitler déclenche l'invasion de la Pologne et reçoit les déclarations de guerre de la France et de la Grande-Bretagne. Pour la seconde fois en 25 ans, l'Europe bascule dans une guerre générale. Cette fois, la responsabilité essentielle ne fait pas de doute : c'est la volonté d'un homme et de son régime, connue de tous et depuis longtemps, qui a mené à l'abîme. Mais cette volonté n'aurait pas prévalu sans l'effondrement moral de la France et de la Grande-Bretagne, sans l'indifférence satisfaite des États-Unis et sans le revirement *in extremis* de l'Union soviétique.

7.2.3 La mondialisation du conflit

La Pologne, prise dans l'étau germano-russe, est vaincue en trois semaines. Français et Britanniques n'ont rien fait pour l'aider. Suivent sept mois de calme plat, qu'on appelle la « drôle de guerre », puis, en mai 1940, toute l'armée allemande déferle vers l'Ouest, engloutit les Pays-Bas et la Belgique, submerge les deux tiers de la France. Au bout de six semaines de combats confus et désespérés, cette dernière demande un armistice, qui est signé le 22 juin à l'endroit et dans le wagon même où a été signé celui de 1918. En descendant du wagon, Hitler piaffe littéralement de joie : il a réussi à effacer le diktat de Versailles, obsession de toute sa vie **14**.

14 Une vengeance assouvie

Le 22 juin 1940, dans le même wagon où l'Allemagne avait dû signer l'armistice de 1918, c'est la France, maintenant, qui s'incline.

15 « Nous nous battrons... »

Bien qu'en vérité une grande partie de l'Europe et plus d'un État ancien et fameux soient tombés, ou puissent encore tomber, dans les griffes de la Gestapo et de tout l'odieux appareil de la domination nazie, nous ne fléchirons, ni ne faillirons. Nous marcherons jusqu'à la fin, nous nous battrons en France, nous nous battrons sur les mers et sur les océans, nous nous battrons dans les airs avec une force et une confiance croissantes, nous défendrons notre île quel qu'en soit le prix, nous nous battrons sur les plages, nous nous battrons sur nos aérodromes, nous nous battrons dans les champs et dans les rues, nous nous battrons dans les collines; nous ne nous rendrons jamais. Et même si, ce que je ne crois pas un instant possible, notre île ou une grande partie de cette île devait être subjuguée et affamée, alors notre Empire au-delà des mers, armé et gardé par la flotte britannique, continuerait le combat, jusqu'à ce que, au temps choisi par Dieu, le Nouveau Monde, avec toute sa force et sa puissance, s'avance pour secourir et libérer l'Ancien.

W. Churchill
Discours au Parlement,
4 juin 1940.

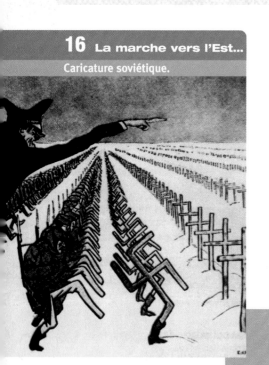

16 La marche vers l'Est...
Caricature soviétique.

Désormais seule dans la lutte, la Grande-Bretagne se donne un nouveau premier ministre, Winston Churchill, qui lui promet gravement « du sang, des peines, de la sueur et des larmes » **15**, et résiste si bien au bombardement sauvage de ses villes que Hitler abandonne bientôt son projet d'invasion et réoriente ses forces vers les Balkans, la Grèce, la Crète et l'Afrique du Nord, dans l'espoir de couper la route des Indes. Et finalement, le 21 juin 1941, déchirant sans avertissement le pacte germano-soviétique d'août 1939, l'Allemagne envahit l'URSS et, après une progression foudroyante, arrive devant Moscou dès le 2 octobre **16**.

L'entrée en guerre de l'URSS donne au conflit une nouvelle dimension, tant géographique qu'idéologique, mais c'est l'entrée des États-Unis qui va lui donner sa dimension planétaire ultime.

Déjà, depuis 1940, l'administration Roosevelt appuie de plus en plus ouvertement la Grande-Bretagne et elle a même adopté, de concert avec elle, la charte de l'Atlantique, qui n'est rien de moins qu'une déclaration des buts de guerre poursuivis par les deux signataires et l'amorce d'une grande coalition antinazie. Mais pour sortir le peuple des États-Unis de son isolationnisme, il faut un grand choc, et c'est le Japon qui le fournit le 7 décembre 1941 en attaquant par surprise et en détruisant, en rade de Pearl Harbor à Hawaii, la flotte étasunienne du Pacifique. Le lendemain de ce « jour de l'infamie », comme le qualifie Roosevelt, les États-Unis entrent en guerre à la fois contre le Japon, l'Allemagne et l'Italie. La guerre est devenue véritablement mondiale.

7.3 UNE GUERRE D'UN TYPE NOUVEAU

La Seconde Guerre mondiale présente des caractéristiques nouvelles qui en font un tournant dans l'histoire humaine. Certaines de ces caractéristiques étaient déjà présentes lors de la Grande Guerre de 1914-1918, mais ce nouveau conflit les développe à une échelle encore jamais vue et en ajoute de nouvelles qui font paraître bien fragile l'avenir de l'humanité.

7.3.1 Une guerre économique et technologique

Beaucoup plus encore que la Première, la Seconde Guerre mondiale se joue sur le plan économique. La mobilisation des ressources pour l'effort de guerre est complète. La main-d'œuvre féminine s'accroît considérablement, les biens de consommation sont rigoureusement rationnés, voire éliminés s'ils ne sont pas de première nécessité. Le pillage systématique des pays conquis, la

Dépôt de matériel étasunien en Italie, 1944.

réquisition de leur force de travail au service du conquérant accroissent le potentiel de ce dernier.

En URSS, le déplacement massif d'usines complètes vers l'Est, au-delà de l'Oural, permet de conserver les capacités industrielles nécessaires pour que les ouvriers soviétiques, dans des journées de plus de 12 heures, produisent les chars, les avions, les munitions nécessaires à la reconquête des terres envahies. En Allemagne, malgré les intenses bombardements alliés, la production de guerre fait plus que tripler de 1942 à 1944. Mais c'est aux États-Unis, « arsenal de la démocratie », qu'on atteint les chiffres les plus stupéfiants : pour l'ensemble de la guerre, 275 000 avions, 90 000 chars, des navires jaugeant un total de 55 millions de tonnes… **17**

La guerre économique devient une dimension essentielle des stratégies : blocus de l'adversaire, bombardement de ses centres industriels et de ses réseaux de communication, conquête de ses régions riches en ressources et destruction de ses flottes marchandes commandent des opérations militaires parfois hasardeuses (tentative de débarquement britannique en Norvège, intervention allemande en Afrique du Nord, attaque allemande sur le Caucase et sur Stalingrad).

L'effort économique se porte aussi, de plus en plus, sur la technologie et la recherche scientifique. Les innovations se multiplient, dans tous les domaines, depuis l'armement lui-même jusqu'à la médecine et à l'informatique, qui fait son apparition. Le radar, le sonar, le porte-avions, le moteur à réaction, la fusée stratosphérique, enfin, et surtout, la bombe atomique, s'ajoutent à l'arsenal guerrier. L'usage de la pénicilline et de la transfusion sanguine se généralise. Le nylon atteint le stade industriel pour la confection des parachutes. Les premiers ordinateurs apparaissent, gigantesques et balourds à nos yeux d'aujourd'hui, mais ils permettent, entre autres, aux Britanniques de percer le secret du code de chiffrage allemand.

Production industrielle, recherche-développement et effort de guerre deviennent ainsi étroitement solidaires, préparant l'émergence des complexes militaro-industriels de notre époque.

7.3.2 Une guerre idéologique

Préparée de longue main et déclenchée par la volonté d'États fascistes qui y voient un « sceau de noblesse » pour leurs peuples, cette guerre possède une dimension idéologique essentielle, que n'avait pas la précédente. En face des puissances de l'Axe (Berlin–Rome–Tokyo), qui affichent leur mépris absolu de la dignité humaine et affirment leur supériorité raciale et leur volonté de réduire en esclavage les peuples conquis, la « Grande Alliance » (Grande-Bretagne – États-Unis – URSS) proclame sa foi en l'homme, sa volonté de restauration démocratique, sa défense de la liberté des peuples opprimés. Quelles que soient les contradictions entre ce discours et les réalités concrètes qu'il contribue à masquer, les combattants ont bien le sentiment de vivre une sorte de grande lutte implacable entre la Liberté et l'Oppression, entre la Civilisation et la Barbarie, ou encore entre la Chrétienté et le Bolchevisme, bref entre le Bien et le Mal, de quelque côté que l'on situe l'un ou l'autre **18**.

Ce caractère idéologique donne au conflit une dimension de véritable guerre civile à l'intérieur même des sociétés emportées dans la tourmente, du moins en Europe. Car le fascisme, bien avant de se lancer en guerre, a fait tache d'huile, se ralliant par avance une partie parfois non négligeable de ses futures victimes. Une fois ses hordes lâchées, il rencontre partout des complicités qui facilitent ses conquêtes et contribuent à maintenir son joug sur les vaincus. Les mouvements de résistance auront donc à combattre à la fois l'occupant et son collaborateur local, dans des luttes fratricides dont les traces ne sont pas encore effacées, un demi-siècle plus tard.

7.3.3 Une guerre d'anéantissement

Mais le trait le plus inquiétant de cette guerre, pour tout l'avenir de l'humanité, c'est qu'elle est une guerre d'anéantissement. (Nous ne parlons pas ici du génocide, qui ne relève pas de la stratégie militaire et que nous aborderons plus loin.) Il y eut parfois, dans l'histoire de l'humanité, des épisodes localisés d'anéantissement de populations ; mais ce qui ressort cette fois, c'est, d'une part, une volonté consciente et généralisée d'anéantir l'adversaire et, d'autre part, la possibilité concrète de le faire grâce à la technique.

Anéantissement physique, d'abord : les bombardements, surtout aériens, rasent jusqu'au sol des villes entières, ravageant toutes les infrastructures, entre autres les barrages hydroélectriques, dont la rupture provoque d'immenses et meurtrières inondations. Varsovie, trois fois ravagée, est détruite à 90 %, et Coventry en Angleterre, et Caen en France, et tant de villes soviétiques qu'on a peine à y croire, et Shanghai, et Tokyo, construite pratiquement toute en bois et que l'aviation des États-Unis tapisse à plusieurs reprises de bombes incendiaires, détruisant 277 000 bâtiments sur 90 kilomètres carrés **19**.

Anéantissement des humains, aussi. Car ces grands bombardements ont des visées essentiellement terroristes : il s'agit de briser le moral de l'ennemi en lui infligeant de telles pertes civiles, et parmi les populations les plus démunies (femmes, enfants, vieillards), qu'il finira par demander grâce. Le bombardement anglo-américain sur Dresde, ville superbe et sans importance militaire, qui dure 14 heures sans interruption les 13 et 14 février 1945, provoque un « ouragan de chaleur » qui multiplie par 10 l'effet dévastateur des bombes, tuant au moins 35 000 personnes. Les bombardements sur

Tokyo font 200 000 morts. Et bien sûr, à Hiroshima, une seule bombe atomique tue, en quelques secondes, près de 80 000 habitants (40 000 à Nagasaki, mais les estimations divergent largement dans les deux cas) et laisse des dizaines de milliers de survivants condamnés à une mort lente dans d'inexprimables souffrances.

Le terrorisme guerrier ne se résume évidemment pas aux bombardements aériens. Sur le terrain, des populations entières sont passées par les armes, méthodiquement, dans les plaines de Pologne et d'Ukraine ou dans des villages martyrs que les envahisseurs vaincus sèment tout au long de leur retraite (Lidice en Tchécoslovaquie, Oradour-sur-Glane en France). La vie humaine a-t-elle jamais pesé si peu depuis que l'humanité existe?

19 L'anéantissement
Berlin en ruines, 1945.

7.4 L'EUROPE ET L'ASIE SOUS LA BOTTE

En Europe comme en Asie, les pays envahis sont exploités dans toutes leurs richesses et déchirés par la lutte entre collaborateurs et résistants. Dans l'Europe nazie, le génocide annihile toutes les normes de la conscience humaine.

7.4.1 L'exploitation des vaincus

Bien que les Japonais se présentent en Indochine, en Indonésie, voire aux Philippines, comme des libérateurs venus affranchir les peuples colonisés de l'oppression européenne et les associer au Japon dans une « sphère de co-prospérité », l'occupation nippone, en Asie du Sud-Est comme en Chine [20], se traduit par un pillage rigoureux, la mise au travail forcé des autochtones (entre autres, des milliers de femmes mises au service des « loisirs » de la

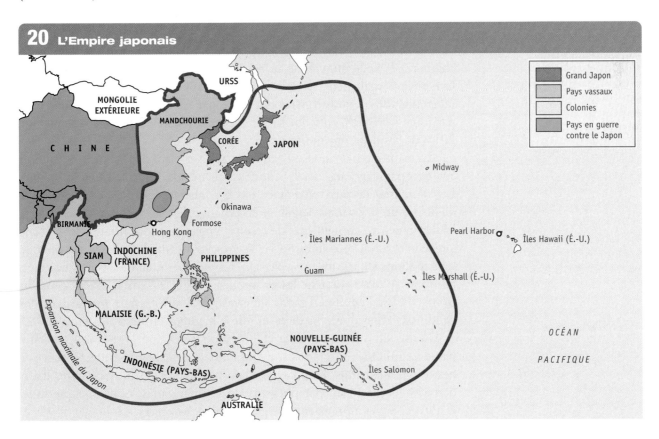

20 L'Empire japonais

	Grand Japon
	Pays vassaux
	Colonies
	Pays en guerre contre le Japon

URSS

MONGOLIE EXTÉRIEURE

MANDCHOURIE

CHINE

CORÉE

JAPON

Midway

Okinawa

BIRMANIE

Formose

Hong Kong

Pearl Harbor

Îles Hawaii (É.-U.)

Îles Mariannes (É.-U.)

SIAM

INDOCHINE (FRANCE)

PHILIPPINES

Guam

Îles Marshall (É.-U.)

MALAISIE (G.-B.)

Expansion maximale du Japon

INDONÉSIE (PAYS-BAS)

NOUVELLE-GUINÉE (PAYS-BAS)

Îles Salomon

OCÉAN PACIFIQUE

AUSTRALIE

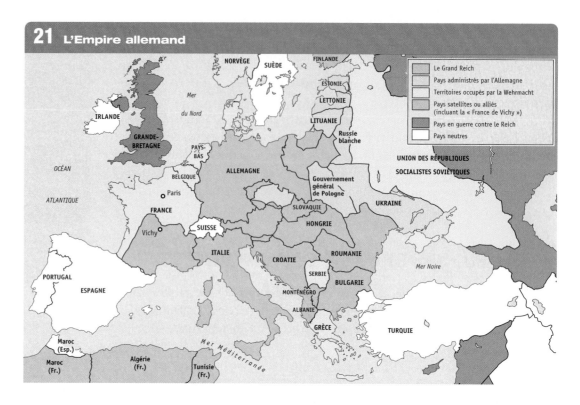

Le Grand Reich
Pays administrés par l'Allemagne
Territoires occupés par la Wehrmacht
Pays satellites ou alliés (incluant la « France de Vichy »)
Pays en guerre contre le Reich
Pays neutres

soldatesque), la confiscation de toutes les ressources au profit de l'occupant. Les troupes japonaises ont l'obligation stricte de « vivre sur le pays », et une immense flotte draine vers le Japon tous les produits dont il a besoin.

L'Europe nazifiée connaît le même sort **21**. Les nations vaincues, ou même « alliées » (Hongrie, Roumanie), doivent fournir au Reich des quantités de plus en plus grandes de matières premières et de produits finis, soit gratuitement sous forme de « tribut », soit contre paiement, mais à des taux de change fixés par le conquérant et relevant de l'extorsion pure et simple. En janvier 1944, les pays occupés d'Europe occidentale fournissent 25 % du charbon, 30 % du minerai de fer, 40 % de la bauxite utilisés par l'Allemagne. On prélève également chez les vaincus des « frais d'occupation » et des indemnités de guerre atteignant en France, par exemple, 400 millions de francs par jour! Le Reich ponctionne ainsi chez les vaincus eux-mêmes quelque 20 % de ses dépenses militaires.

La main-d'œuvre aussi est exploitée, soit sur place dans les usines acquises à vil prix par les grands cartels industriels allemands, soit en Allemagne même. Le volontariat (appuyé en France par des salaires alléchants et la promesse de libérer un prisonnier de guerre en échange de trois volontaires partis vers l'Allemagne) ne donnant pas de résultat satisfaisant, on instaure en 1942 le Service de travail obligatoire (STO), qui va fournir à l'Allemagne plus de sept millions de travailleurs, paysans ou ouvriers qualifiés, venus de toute l'Europe. À cela s'ajoutent les prisonniers de guerre, spécialement ceux du front de l'Est, réduits à l'esclavage et astreints aux travaux forcés dans des conditions telles que plus de la moitié y meurent en quelques mois **22**.

Enfin, un vaste projet de colonisation provoque l'expulsion de leurs terres de millions de Polonais, d'Ukrainiens, de Biélorusses, remplacés par des colons allemands. Le pillage s'étend par ailleurs jusqu'aux œuvres d'art, drainées vers le Reich par plusieurs de ses dignitaires, dont quelques-uns, d'ailleurs, n'y comprenaient pas grand-chose (Gœring).

La question scolaire est un des problèmes fondamentaux que nous avons à régler, et avec elle celle du tri de la jeunesse. Pour la population non allemande de l'Est, il n'y aura pas d'école d'un niveau supérieur à l'école primaire à quatre classes. Le but de cette école primaire devra être simplement :

Enseigner le calcul jusqu'à 500 ; enseigner à écrire son nom ; enseigner que c'est un commandement de Dieu d'obéir aux Allemands et d'être honnête, brave et travailleur. Je ne tiens pas la lecture pour nécessaire. En dehors de cette école, il n'en existera pas d'autres dans l'Est.

Les parents de « bon sang » auront le choix entre : soit donner leurs enfants — et comme ils n'en auront vraisemblablement plus d'autres, disparaîtra ainsi le danger que parmi ces peuples de sous-hommes de l'Est ne se forme une élite susceptible de rivaliser avec la nôtre —, soit partir en Allemagne et y devenir de loyaux citoyens.

Si ces mesures sont strictement appliquées au cours des deux années à venir, la population du Gouvernement général ne se composera plus que d'individus de race inférieure auxquels pourront venir s'ajouter des éléments refoulés des provinces de l'Est ou de toutes les autres parties du Reich allemand, présentant les mêmes caractères raciaux.

Cette population sera à notre disposition en tant que peuple de travailleurs subalternes, et elle fournira à l'Allemagne [...] une main-d'œuvre pour tous les travaux tels que la construction de routes et d'édifices, l'exploitation de carrières [...] ; elle sera mieux alimentée et mieux entretenue que sous la domination polonaise et, malgré son manque de culture, elle sera appelée, sous la direction sévère, raisonnable et juste du peuple allemand, à participer à ses entreprises culturelles, en se chargeant des travaux les plus grossiers.

Mémoire de Himmler (mai 1940)
Cité dans *Les Mémoires de l'Europe*, t. VI, Paris, Robert Laffont, 1973.

À quoi réfère l'expression « Gouvernement général » ? Que pensez-vous de la remarque de Himmler sur la lecture ?

23 La collaboration d'État

Afin de protéger l'Europe d'une bolchévisation qui détruirait notre culture jusque dans ses bases, l'Allemagne s'est préparée à une lutte gigantesque. Le sang de sa jeunesse va couler. Je voudrais que vous sachiez que le Gouvernement français ne reste pas indifférent devant l'ampleur immense des sacrifices, auxquels votre pays consent volontairement, et dans notre malheur, je voudrais vous dire, spontanément et simplement, que la France est disposée, selon ses possibilités et sans aucun ajournement, à contribuer pour sa part à vos efforts. L'Allemagne a mobilisé, en vue de la plus grande bataille de l'histoire, les éléments les plus jeunes et les plus actifs de son peuple, elle a, par conséquent, besoin d'hommes. Je comprends ces nécessités et je suis prêt à mettre mon aide à votre disposition.

J'ai le désir, en conséquence, que des Français, aussi nombreux que possible, prennent dans vos usines la place de ceux qui partent sur le front de l'Est. [...] La France est représentée, de façon symbolique, sur le front de l'Est par la légion anti-bolchevique. Il serait possible d'en augmenter les effectifs, et le Gouvernement français a décidé de donner, à tous les anciens et futurs volontaires, l'assurance que leurs intérêts personnels et ceux des membres de leurs familles seront sauvegardés avec équité.

Lettre de Pierre Laval, chef du gouvernement de Vichy, à Ribbentrop, ministre allemand des Affaires étrangères, 12 mai 1942.

7.4.2 Collaboration et résistance

La collaboration avec l'occupant est suscitée pour des raisons très diverses et prend plusieurs formes. Parfois, elle n'est que le produit de vieux antagonismes nationaux ou régionaux, comme chez les Croates par haine des Serbes ou chez les Ukrainiens par haine des Russes, ou encore chez les peuples d'Asie par haine des colonisateurs. Elle peut être le fait d'individus plus ou moins isolés, ralliés à l'occupant par intérêt personnel, par attirance idéologique ou simplement par la peur.

Mais la collaboration la plus profonde, celle qui va déchirer le plus tragiquement les peuples où elle se pratique, est la collaboration d'État, faite au nom d'une « Europe régénérée » et de la croisade contre le bolchevisme, et appuyée par une partie appréciable de l'opinion publique, cet appui fût-il plus de résignation que d'enthousiasme. Le cas le plus dramatique est celui de la France, dont le gouvernement, réfugié à Vichy, abandonne à l'occupation allemande les trois cinquièmes de son territoire et met en place, dans la zone qui lui reste, un régime fasciste qui n'hésite pas à instaurer une législation antisémite sévère (port obligatoire de l'étoile jaune), avant de fournir aux trains de la mort leurs cargaisons de victimes **23**.

Contre l'occupant et ses collaborateurs, partout la Résistance s'organise. À l'Est, où la sauvagerie nazie ne connaît aucune limite, la résistance est

24 La mort du résistant

1944, quelque part en France... (En mortaise, le sourire devant la mort.)

massive, mobilisant des centaines de milliers de « partisans », d'obédience surtout communiste. En Yougoslavie, les maquis approchent le million de combattants. Ces résistances intérieures sont souvent divisées entre une gauche antifasciste, qui pratique la lutte armée à la fois pour renverser l'occupant et reconstruire la société sur des bases socialistes ou communistes, et une résistance plus conservatrice, essentiellement nationaliste. Ces clivages vont parfois mener à des affrontements entre résistants eux-mêmes, allant jusqu'à la guerre civile en Grèce après la libération du pays.

La résistance intérieure est la plupart du temps soutenue par une résistance « extérieure », représentée par les gouvernements en exil des pays vaincus, pour la plupart réfugiés à Londres. Avec l'appui indéfectible de Churchill et l'aide financière anglo-américaine, ces gouvernements soutiennent le moral des résistants en leur donnant une voix et surtout en leur parachutant les moyens de combat grâce auxquels ils pourront jouer un rôle non négligeable dans la victoire finale : renseignements, sabotages, batailles rangées, insurrections dans les villes à l'approche des armées alliées, libération de régions entières, voire de tout un pays, comme la Yougoslavie. Dans toute l'Europe, et jusqu'en Allemagne même, où résister constituait un acte d'héroïsme inouï, la résistance a permis de préserver, à travers la longue nuit nazie, le sens du courage et de la dignité humaine **24**.

7.4.3 Le génocide

Le génocide, qui n'est pas un acte de guerre, donne à cette longue nuit son aspect le plus effroyable, capable de remettre en cause l'idée même qu'on peut se faire de l'humanité. Bien antérieur à la guerre et constitutive, comme cette dernière, de l'essence même du nazisme, la volonté d'annihiler, au sens absolu du terme, certains groupes de « sous-hommes », a hanté les fondateurs, théoriciens et militants du mouvement depuis les tout premiers débuts. Elle est dirigée contre les communistes, les homosexuels, les victimes de tares héréditaires et d'infirmités de toutes sortes, les Tziganes et surtout, avec une férocité sans bornes, les Juifs.

L'extermination systématique, méthodique, scientifique, consciente de tous les Juifs d'Europe est décidée le 1er janvier 1942 à la conférence de Wannsee. Elle a été précédée, dès 1940, du rassemblement des Juifs d'Europe de l'Est, particulièrement de Pologne, dans d'immenses ghettos (435 000 personnes à Varsovie), entièrement clos, où la promiscuité, la malnutrition, la surpopulation, la maladie et la répression déciment rapidement les habitants.

Dès l'invasion de l'URSS à l'été 1941, des groupes spéciaux appelés *Einsatzgruppen* suivent les armées allemandes et passent systématiquement les Juifs par les armes (à Babi Yar, près de Kiev, 50 000 massacrés en deux jours).

Mais à partir de 1942, l'entreprise prend des dimensions nouvelles et reçoit le titre de « solution finale ». Il s'agit de faire disparaître, le plus rapidement et au moindre coût possible, 11 millions d'êtres humains. On va donc organiser la mise à mort sur une base industrielle : le camp d'extermination. Ce camp d'un type nouveau ne recrute pas de main-d'œuvre, ne contient pas de grands baraquements où vivent les détenus; il n'y a pas de détenus, sauf le petit nombre nécessaire à la bonne marche de l'opération, qui consiste uniquement à faire mourir, chaque jour, le maximum possible d'hommes, de femmes et d'enfants. La machine à tuer, c'est la chambre à gaz, où l'on entasse les victimes jusqu'à 3 000 à la fois, après avoir récupéré tout ce qu'on peut sur leur personne : bijoux évidemment, mais aussi vêtements et cheveux, réquisitionnés pour l'économie allemande. Puis on jette dans la chambre le gaz cristallisé, du zyklon-B, qui met jusqu'à 20 longues minutes à faire son œuvre, semant la mort dans des conditions inimaginables **25**. Les cadavres sont ensuite dépouillés manuellement de leurs dents en or ou d'un dernier bijou caché, puis acheminés vers le four crématoire, en activité jour et nuit. Le « rendement » de ces fours se révélant insuffisant, on brûle aussi les cadavres à l'air libre, dans d'immenses fosses où le brasier humain ne s'éteint jamais.

Sur la vingtaine de camps qui forment l'univers concentrationnaire nazi et où la mort frappe partout en permanence, six sont spécialement consacrés à l'entreprise d'extermination **26**, faisant à eux seuls près de trois millions

26 L'univers concentrationnaire

(Ne sont pas indiqués les camps de prisonniers de guerre, réservés aux militaires de pays occidentaux.)

Limites de l'Allemagne en 1939
✳ Camp de concentration
▼ Camp d'extermination
☆ Ghetto

25 Après les gaz, l'ouverture de la chambre...

Comme des colonnes de basalte, les hommes sont encore debout, n'ayant pas la moindre place pour tomber ou pour s'incliner. Même dans la mort, on reconnaît encore les familles, se serrant les mains. On a peine à les séparer, en vidant les chambres pour le prochain chargement. On jette les corps bleus, humides de sueur et d'urine, les jambes pleines de crotte et de sang périodique. Deux douzaines de travailleurs s'occupent de contrôler les bouches, qu'ils ouvrent au moyen des crochets de fer. « Or à gauche, pas d'or à droite! » D'autres contrôlent anus et organes génitaux en cherchant monnaie, diamants, or, etc. Des dentistes arrachent au moyen de martels les dents d'or, ponts, couronnes. Au milieu d'eux le capitaine Wirth. Il est dans son élément, et me montrant une grande boîte de conserve, remplie de dents, il me dit : « Voyez vous-même le poids de l'or! C'est seulement d'hier et d'avant-hier! Vous ne vous imaginez pas ce que nous trouvons chaque jour, des dollars, des diamants, de l'or! »

Rapport Gerstein
Cité dans R. Frank, et autres, *Histoire — 1re A/B/S*, Belin, 1988, p. 343.
(L'auteur de ce rapport, le SS Kurt Gerstein, se suicide en 1945 après avoir vainement tenté d'alerter l'opinion mondiale.)

L'immense complexe d'Auschwitz-Birkenau était à la fois camp de travail et camp d'extermination. À l'arrivée du train, on divisait les voyageurs en deux groupes. La file de gauche, formée de femmes, d'enfants et de vieillards, passe directement à la chambre à gaz. La file de droite mourra dans les travaux forcés.

de victimes raflées à travers toute l'Europe, depuis les pays baltes jusqu'en Grèce, depuis la France, dont le gouvernement collaborationniste de Vichy effectue lui-même les rafles, jusqu'en Ukraine. À Treblinka, à Auschwitz, ce sont 12 000 à 15 000 victimes qui périssent, chaque jour, jour après jour… **27**

Question lancinante : qui savait quoi ? Malgré les pieuses dénégations, l'évidence s'impose : un très grand nombre de personnes savaient beaucoup, depuis les habitants des bourgs voisins des camps qui voyaient des trains entiers remplis de voyageurs entassés dans des wagons à bestiaux revenir vides et qui sentaient l'odeur des crématoires, jusqu'aux dizaines de milliers de dirigeants, fonctionnaires, scientifiques, ingénieurs, entrepreneurs, ouvriers, cheminots, tortionnaires chargés de créer et de faire fonctionner cette entreprise aux dimensions gigantesques **28**. Même les plus hauts dirigeants alliés avaient été informés dès 1942 par quelques témoins directs miraculeusement échappés de l'enfer, qui les avaient suppliés, eux qui rasaient des villes entières sans justification militaire, d'ensevelir Auschwitz sous un tapis de bombes, seule manière d'arrêter l'incessant carnage. Ils ne furent pas entendus.

C'est ainsi que la « solution finale du problème juif » est devenue la seule et unique « réalisation » durable du nazisme. La judéité européenne a effectivement été détruite **29**. À tel point que la folie antisémite, privée de ses victimes, s'attaque aujourd'hui à leur mémoire en profanant leurs cimetières (jusqu'à Montréal même…) ou, pire encore, en niant la réalité même du génocide, ajoutant à l'annihilation physique celle de la mémoire.

Camp de Bergen-Belsen, 1945.

Les victimes juives	
Tuées dans les ghettos	800 000
Massacrées par les *Einsatzgruppen*	1,3 million
Camps de la mort	3 millions (dont 2,7 millions dans les 6 « camps d'extermination »)
Total	**5,1 millions**

Les camps d'extermination		
Camps	**Temps de « fonctionnement »**	**Nombre de victimes**
Kulmhof (ou Chelmno)	Déc. 1941-sept. 1942, puis juin-juillet 1944	150 000
Belzec	Mars-déc. 1942	550 000
Sobibor	Avril-juin 1942, puis oct. 1942-oct. 1943	200 000
Treblinka	Juillet 1942-oct. 1943	750 000
Majdanek	Sept. 1942-sept. 1943, puis nov. 1943	50 000
Auschwitz	Fév. 1942-nov. 1944	1 000 000
Total		**2 700 000**

7.5 1945 : ANNÉE ZÉRO ?

À la fin de 1942, le vent tourne. Les puissances de l'Axe sont stoppées dans leur progression jusque-là irrésistible, et le reflux commence.

7.5.1 Une victoire au goût de cendre

L'offensive allemande en URSS s'arrête à Stalingrad, investie le 13 septembre 1942 et où, après cinq longs mois d'une bataille titanesque, pour la première fois, l'armée allemande capitule, les Russes faisant plus de 100 000 prisonniers. En novembre 1942, l'offensive allemande en Égypte est bloquée à El-Alamein, puis l'Afrikakorps est refoulé jusqu'en Tunisie, où il capitule en mai 1943. Dans l'Atlantique, les sous-marins allemands sont mis en échec par l'organisation méthodique des convois de ravitaillement, dotés de puissants moyens de détection et de protection. Dans le Pacifique, la flotte japonaise a perdu sa suprématie dès juin 1942 (bataille de Midway), et le débarquement des marines à Guadalcanal (février 1943) marque le début du reflux.

Dès lors, tout n'est qu'une question de temps : l'écrasante supériorité des Alliés en hommes, en matériel, en capacité de production, rend inévitable la défaite de l'Axe. Pendant que les armées soviétiques progressent à travers toute l'Europe de l'Est et pénètrent en Allemagne, les Anglo-Américains et leurs alliés débarquent successivement en Afrique du Nord, en Sicile, en Italie, en Normandie et en Provence et arrivent sur le Rhin en janvier 1945. Dans leur reflux, les anciens vainqueurs multiplient les actes d'abomination, détruisent et massacrent aveuglément, pendant que les Alliés sèment la terreur et la mort par leurs « bombardements de saturation » en territoire ennemi.

Les Alliés avaient prévu que, cette fois, il n'y aurait pas de négociation, pas d'armistice. Seule une capitulation sans condition allait pouvoir mettre fin aux combats. Le 8 mai 1945, ravagée, exsangue, sa capitale détruite, son Führer suicidé, l'Allemagne capitule. Le 6 août, un avion étasunien jette la première bombe atomique sur Hiroshima, et Nagasaki connaît le même sort trois jours plus tard, devant une humanité stupéfiée. Le 2 septembre 1945, la capitulation du Japon est signée sur le cuirassé Missouri dans la baie de Tokyo, mettant un terme à la guerre la plus effroyable de l'histoire humaine.

7.5.2 L'Europe et l'Asie en ruines

L'Europe et l'Asie ne sont que monceaux de cadavres et de ruines **30**. Cinquante millions d'êtres humains ont péri, dont un tiers pour la seule URSS. Trente millions d'autres ont été déplacés, certains à des milliers de kilomètres de leur foyer. Des millions de réfugiés, de déportés dans les camps maintenant abandonnés, errent sur les routes, hagards et pitoyables, dans un chaos indescriptible. Les destructions sont inconcevables : toujours pour la seule URSS, 6 millions de maisons, 70 000 villages, 1 700 villes sont détruits, en tout ou en partie. Les dommages matériels sont évalués à plus de 2 billions de dollars, et pour perpétrer ces destructions les belligérants ont dépensé 1,1 billion de dollars : plus de 3 billions de dollars envolés en fumée. Mais où donc étaient passés ces centaines de milliards inépuisables pendant la crise ?

Les ruines morales ne sont pas moins graves. Jamais peut-être, dans toute son histoire, l'humanité n'a atteint un pareil niveau de dégradation morale. La volonté systématique de déshumanisation, appuyée par la mise en œuvre de techniques d'une efficacité terrifiante, a fait reculer, semble-t-il à l'infini, les bornes de la barbarie. Devant Auschwitz, l'histoire s'est arrêtée ; quelque chose s'est brisé, au plus profond de la conscience humaine. Sera-ce l'humanité tout entière qu'il faudra refaire ?

30 Hiroshima, 1945

Conclusion

Par son étendue planétaire, par l'ampleur de ses destructions, par son caractère technologique autant qu'idéologique, par la volonté d'anéantissement qui l'a portée, par le génocide qu'elle a favorisé, par les cicatrices qui en restent encore, la Seconde Guerre mondiale est un événement capital du XXe siècle et peut-être l'un des plus importants de l'histoire de l'humanité.

En 1945, le champignon atomique dissipé, deux superpuissances émergent du cauchemar ; deux superpuissances, il est vrai, inégales, mais qui vont présider aux destinées de la planète pour le demi-siècle qui suit, dans la guerre froide ou la coexistence.

Questions de révision

1. Décrivez et expliquez les orientations générales de la politique étrangère des grandes puissances dans les années trente.

2. Expliquez les enjeux et les résultats du conflit sino-japonais, de la guerre d'Éthiopie et de la guerre d'Espagne.

3. Quelles ont été les principales étapes de la mise en œuvre du programme nazi jusqu'au 1er septembre 1939 ?

4. Comment cette guerre est-elle devenue véritablement mondiale entre 1939 et 1941 ?

5. Montrez l'importance de la dimension économique et technologique dans cette guerre.

6. Décrivez l'aspect idéologique de cette guerre et les conséquences qui en découlent dans les pays touchés.

7. En quoi cette guerre peut-elle être qualifiée de guerre d'anéantissement ?

8. Montrez différents aspects de l'exploitation des pays vaincus.

9. Comment la collaboration et la résistance se manifestent-elles dans les pays vaincus ?

10. Qu'entendent les nazis par la « solution finale du problème juif » ? Par quels moyens cette solution est-elle mise en œuvre et avec quels résultats ?

11. Comment la guerre prend-elle fin et sur quel bilan ?

1. Faites un résumé du chapitre sous forme de plan détaillé (résumé schématique).

2. Sur une carte muette de l'Europe, tracez les contours de l'Empire hitlérien à son maximum d'extension et identifiez ses composantes.

3. À Munich, la France avait-elle concrètement d'autres options possibles, réalistes, que celle de s'incliner devant Hitler?

4. Un résistant qui sait que l'attentat qu'il prépare risque d'entraîner en représailles l'exécution de dizaines, voire de centaines de ses compatriotes (exemples : fosses ardéatines à Rome, village de Lidice en Tchécoslovaquie), doit-il quand même passer à l'action?

5. En vertu de quel(s) critère(s), par exemple, un citoyen français qui ne pratique aucune religion, qui s'habille, mange, parle, vit à peu près comme tous les autres Français, et dont les ancêtres sont venus d'Espagne s'installer en France il y a plus de 400 ans, peut-il être considéré comme un Juif?

> Pour aller plus loin

(NOTE : sauf mention contraire, le lieu d'édition est Paris.)

publications

AGAMBEN, G. *Ce qui reste d'Auschwitz : l'archive et le témoin.* Payot & Rivages, coll. « Rivages poche. Petite bibliothèque », 2003, 192 p.

ASSÉO, H., et autres (dir.) *La violence de guerre, 1914-1945 : approches comparées des deux conflits mondiaux.* Bruxelles, Éd. Complexe, coll. « Histoire du temps présent », 2002, 348 p.

BENSOUSSAN, G. *Auschwitz en héritage? : d'un bon usage de la mémoire.* Mille et une nuits, 2003, 300 p.

COURTOIS, S., et A. RAYSKI (dir.). *Qui savait quoi? L'extermination des Juifs, 1941-1945.* La Découverte, coll. « Cahiers Libres », 1987, 235 p.

DURAND, Y. *Le Nouvel Ordre européen nazi.* Bruxelles, Éd. Complexe, coll. « Questions au XXᵉ siècle » nᵒ 20, 1990, 341 p.

GRYNBERG, A. *La Shoah, l'impossible oubli.* Gallimard, coll. « Découvertes » nᵒ 236, 1995, 176 p.

HILBERG, R. *La Destruction des Juifs d'Europe.* Gallimard, coll. « Folio Histoire » nᵒˢ 38 et 39, 1992, 2 vol., 1095 p.

HOESS, R. *Le Commandant d'Auschwitz parle.* La Découverte, 1995, 290 p.

HUSSON, É. *Une culpabilité ordinaire? Hitler, les Allemands et la Shoah.* François-Xavier de Guibert, 1997, 198 p.

MASSON, P. *La Seconde guerre mondiale : stratégies, moyens, controverses.* Tallandier, 2003, 796 p.

MAYER, A. *La Solution finale dans l'histoire.* La Découverte, coll. « La Découverte-poche. Sciences humaines et sociales », 2002, 566 p.

MICHEL, H. *La Seconde guerre mondiale.* Omnibus, 2001, 977 p.

PRESSAC, J.-C. *Les Crématoires d'Auschwitz : la machinerie du meurtre en masse.* Éd. du CNRS, coll. « Histoire 20ᵉ siècle », 1993, 153 p.

ROUSSET, D. *L'univers concentrationnaire.* Hachette littératures, coll. « Pluriel » nᵒ 913, 1998, 190 p.

VILAR, P. *La guerre d'Espagne : 1936-1939.* Presses universitaires de France, coll. « Que sais-je? » nᵒ 2338, 5ᵉ éd., 2002, 125 p.

WIEVIORKA, A. (dir.) *Les Procès de Nuremberg et de Tokyo.* Bruxelles, Éd. Complexe, 1996, 328 p.

cédéroms

L'Histoire de la Shoah. Softissimo, 1997.

Histoires du ghetto de Varsovie, fenêtres sur la mémoire. Montparnasse Multimedia, 1997.

Le Jour J, Normandie 44. Coprod. MilleMédias/ Montparnasse Multimedia, 1994.

Opération Teddy Bear. Flammarion, 1996.

La Résistance en France, une épopée de la liberté. Montparnasse Multimedia, 1997.

Seconde Guerre mondiale – Histoire parallèle. Dir. Marc Ferro. Coprod. Montparnasse Multimedia/ Arte éditions. Hybride PC/Mac, 1996.

sites Internet

Internet regorge de sites antisémites « négationnistes » (qui nient la réalité du génocide). On trouvera l'antidote à cette cyber-haine dans les sites suivants :
http://www.anti-rev.org/
http://www.holocaust-history.org/

films

Allemagne année zéro, de Roberto Rossellini. It.-Fr.-All., 1947. 78 min. La vie sombre des Berlinois dans la ville dévastée à la fin de la guerre. Un des chefs-d'œuvre du néoréalisme italien. Tourné sur place avec des acteurs non professionnels. Offert en DVD.

Amen, de Costa-Gavras, avec Ulrich Tukur et Mathieu Kassovitz. Fr.-All.-Roum.-É.-U., 2002. 132 min. L'histoire vécue de l'officier SS Kurt Gerstein qui a tenté en vain d'alerter les Alliés, le Pape et même les chefs religieux allemands sur les chambres à gaz. Offert en DVD.

Le bateau (Das Boot), de Wolfgang Petersen, avec Jürgen Prochnow et Herbert Grönemeyer. All., 1981. 149 min. La vie de l'équipage dans un sous-marin allemand en mission en Méditerranée. Excellente reconstitution. Grande tension dramatique. Offert en DVD.

Le jour le plus long (The Longest Day), de Ken Annakin et autres, avec plusieurs vedettes (Burton, Connery, Fonda, Mitchum, Wayne, etc.). É.-U., 1962. 180 min. Reconstitution minutieuse des préparatifs et de la première journée du débarquement de Normandie en 1944 tels qu'ils ont été vécus d'un côté et de l'autre du conflit, d'après le livre de Cornelius Ryan. Grande valeur documentaire (filmé en noir et blanc). Offert en DVD.

La liste de Schindler (Schindler's List), de Steven Spielberg, avec Liam Neeson et Ben Kingsley. É.-U., 1993. 197 min. L'histoire vécue d'un industriel allemand qui sauve ses employés juifs de l'extermination. Grande valeur documentaire malheureusement entachée d'une scène qui constitue une erreur grossière et dangereuse pouvant laisser croire à des spectateurs mal informés que les chambres à gaz n'étaient que des salles de douches… Offert en DVD.

Lucie Aubrac, de Claude Berri, avec Carole Bouquet et Daniel Auteuil. Fr., 1997. 115 min. L'histoire vécue d'une résistante et femme de résistant qui réussit à tirer son mari des griffes de la Gestapo. Offert en DVD.

Le pianiste (The Pianist), de Roman Polanski, avec Adrien Brody. É.-U., 2002. 150 min. L'histoire vécue d'un pianiste juif polonais miraculeusement épargné du génocide. Très prenante reconstitution d'époque. Offert en DVD.

Shoah, de Claude Lanzmann. Fr., 1985. 544 min. Un tour de force : plus de neuf heures de projection sans aucune image d'archive, avec seulement des témoignages, de rescapés évidemment, mais aussi de bourreaux et de « spectateurs », tels ces Polonais qui prenaient possession des maisons et des biens abandonnés par les Juifs après leur rafle ou qui esquissaient le signe de la gorge coupée au passage des trains de condamnés et qui se le rappellent aujourd'hui en souriant… Un film hallucinant. Offert en DVD.

Chapitre 8

PLAN DU CHAPITRE

8.1 À LA RECHERCHE DE LA PAIX

8.1.1 La Grande Alliance face à la victoire

8.1.2 De la SDN à l'ONU

8.1.3 Les premiers craquements (1945-1947)

8.2 LA GUERRE FROIDE (1947-1953)

8.2.1 La formation du bloc atlantique

8.2.2 La formation du bloc continental

8.2.3 Les affrontements

8.3 LA COEXISTENCE DANS LES CRISES (1953-1962)

8.3.1 Un nouveau climat

8.3.2 De Budapest à Berlin : une Europe mal apaisée

8.3.3 Le bord du gouffre : Cuba (1962)

8.4 LA DÉTENTE (1963-1975)

8.4.1 De l'armistice à la détente

8.4.2 La fissuration des blocs

8.4.3 L'abcès vietnamien

8.5 LE RETOUR DE LA GUERRE FROIDE (1975-1989)

8.5.1 La dégradation de la détente

8.5.2 La course aux armements

De la guerre froide à la guerre froide (1945–1989)

Les relations internationales sont dominées, au lendemain de la Seconde Guerre mondiale, par les deux grands vainqueurs, les États-Unis et l'Union soviétique. Deux États aux vastes espaces et aux populations immenses, largement extra-européens, succèdent ainsi aux anciennes grandes puissances européennes, engoncées dans leur continent trop morcelé et saignées par deux guerres fratricides. Formidable puissance militaire, auréolée d'un immense prestige moral dû aux souffrances insondables que le nazisme lui a infligées, l'URSS doit cependant, au sortir de la guerre, concéder la première place aux seuls États-Unis, dont le territoire n'a pas été touché par les combats, dont les capacités de production atteignent la moitié des capacités mondiales et qui détiennent le monopole de l'arme nucléaire.

À partir de 1945, une compétition féroce va jeter l'une contre l'autre les deux superpuissances, compétition qui durera plus de 40 ans, s'étendra au monde entier et entraînera çà et là des conflits armés au cours desquels les deux adversaires ont cependant la sagesse d'éviter le contact direct, avant de déboucher sur une détente incertaine bientôt suivie d'affrontements renouvelés.

Comment la Grande Alliance antinazie se désagrège-t-elle, après la victoire, pour faire place à deux blocs antagonistes dans une guerre froide aux dimensions planétaires ? À travers quelles crises cette guerre froide va-t-elle laisser place à une détente pas toujours assurée, avant de reprendre de plus belle dans les années quatre-vingt ?

1 **L'ombre du champignon atomique plane, menaçante, sur les relations internationales depuis 1945**

Essai nucléaire étasunien sur l'atoll de Bikini, 1946.

Chronologie

2

1945 Conférences de Yalta et de Potsdam
Fondation de l'Organisation des Nations
Unies

1946 Discours de Churchill à Fulton

1947 Proclamation de la doctrine Truman
Création du Kominform
Élaboration de la doctrine Jdanov

1948 « Coup de Prague »
Le Kominform expulse la Yougoslavie
de ses rangs
Début du plan Marshall

1948-1949 Blocus de Berlin

1949 Création de l'Organisation du traité de
l'Atlantique Nord (OTAN)
Création du Conseil d'assistance économique
mutuelle (CAEM)
Naissance de la République fédérale
d'Allemagne (RFA) et de la République
démocratique allemande (RDA)
Victoire des communistes en Chine ;
proclamation de la République populaire

1950-1953 Guerre de Corée

1953 Mort de Staline

1954 Lancement du thème de la « coexistence
pacifique » par les Soviétiques

1955 Signature du pacte de Varsovie
Réarmement de l'Allemagne dans le cadre
de l'OTAN

1956 Khrouchtchev lance la déstalinisation
Révolte hongroise

1957 Mise en orbite, par les Soviétiques, du
premier satellite artificiel de la Terre

1958-1961 Deuxième crise de Berlin

1957 Rupture sino-soviétique

1961 Début de l'engagement américain
au Vietnam

1962 Crise des fusées (Cuba)

1963 Premières négociations É.-U.–URSS sur
l'armement nucléaire
Retrait de la France du dispositif militaire
intégré de l'OTAN

1964 Chute de Khrouchtchev ; avènement
de Brejnev

1967 Voyage de De Gaulle au Québec

1968 Traité de non-prolifération des armes
nucléaires
« Printemps de Prague »
Offensive du Têt au Vietnam

1969 Richard Nixon devient président
des États-Unis

1972 Reconnaissance officieuse de la Chine
populaire par les États-Unis
Reconnaissance mutuelle des deux
Allemagnes
Accord SALT I

1973 Entrée des deux Allemagnes à l'ONU
Retrait des États-Unis au Vietnam

1976 Réunification du Vietnam

1977 Début de l'installation des fusées
soviétiques SS-20 en Europe de l'Est

1979 Invasion du Cambodge par le Vietnam
Victoire des sandinistes au Nicaragua
Intervention soviétique en Afghanistan
Accord SALT II (non ratifié par les États-Unis)

1980 Élection de Ronald Reagan à la présidence
des États-Unis

1983 Intervention des États-Unis à Grenade
(Antilles)
Début de l'installation des fusées Pershing
et des missiles Cruise en Europe de l'Ouest
Lancement de l'Initiative de défense
stratégique (IDS) par le président Reagan

8.1 À LA RECHERCHE DE LA PAIX

L a « Grande Alliance » entre le Royaume-Uni, les États-Unis et l'Union soviétique, instituée pour combattre la menace nazie, résiste mal à l'effondrement de cette dernière. Après avoir gagné la guerre, l'Alliance doit maintenant gagner la paix, ce qui s'avère souvent plus difficile. Pendant qu'est fondée une nouvelle organisation internationale, les premières divisions se manifestent entre les vainqueurs.

8.1.1 La Grande Alliance face à la victoire

Dès 1941, soit plusieurs mois avant leur propre entrée en guerre, les États-Unis s'étaient solidarisés avec la Grande-Bretagne, restée seule en lice contre Hitler après la défaite française. Une loi dite du « prêt-bail » permettait de fournir aux Britanniques du matériel étasunien, et les chefs des deux gouvernements, lors d'une célèbre rencontre sur un vaisseau de guerre en plein océan, avaient proclamé solennellement leurs buts de guerre dans la charte de l'Atlantique : pas d'annexion territoriale, droit des peuples à l'auto-détermination, liberté des mers, réduction des armements.

L'attaque allemande contre l'URSS amène les deux puissances anglo-saxonnes à se rapprocher de cette dernière et, après l'entrée en guerre des États-Unis en décembre 1941, ce qu'on appellera la Grande Alliance prend forme, quoique encore mal assurée et pleine de sous-entendus et d'arrière-pensées. Chaque partenaire se soucie en effet de l'après-guerre, cherchant à s'assurer de nouvelles zones d'influence et à bloquer les initiatives concurrentes de ses alliés. C'est ainsi qu'à travers de nombreuses rencontres à différents niveaux (Casablanca, Québec, Téhéran), des négociations parfois ardues tentent tout à la fois de définir des stratégies communes pour assurer la victoire et de jeter les bases du retour à la paix.

En février 1945 se tient la conférence de Yalta , alors que la situation politico-militaire globale est tout à l'avantage de Staline. D'une part, en effet, tandis que les alliés occidentaux piétinent toujours sur le Rhin, les Soviétiques sont aux portes de Berlin et se sont d'ores et déjà assuré la maîtrise de toute l'Europe centrale et orientale, Tchécoslovaquie exceptée. D'autre part, les États-Unis ont besoin que l'URSS entre en guerre contre le Japon, afin de hâter la défaite de ce dernier, qui résiste opiniâtrement, île par île, à la poussée des *marines*. Les accords de Yalta portent sur la formation de l'Organisation des Nations Unies, sur la tenue d'élections libres dans les pays libérés, particulièrement en Pologne, sur l'occupation de l'Allemagne par les vainqueurs et sur un important déplacement des frontières polonaises vers l'Ouest, au détriment de l'Allemagne et au bénéfice de l'URSS. Loin d'être un « partage du monde » entre

3 Yalta, février 1945

Churchill et Staline entourent un Roosevelt dont les traits portent la marque de la maladie qui l'emportera peu après.

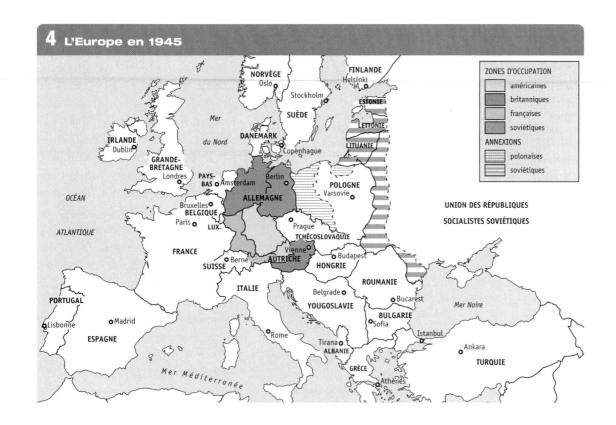

superpuissances ou un « nouveau Munich » où les Occidentaux se seraient écrasés devant les exigences de Staline comme la France et la Grande-Bretagne devant celles de Hitler en 1938, ces accords de Yalta reflètent assez bien la situation du moment. Bien sûr, Staline ne tiendra pas son engagement quant à des élections libres en Pologne, mais les Occidentaux n'avaient guère de moyens concrets pour l'y contraindre.

Après la capitulation de l'Allemagne, la conférence de Potsdam (juillet 1945) décide le désarmement complet et la « dénazification » du vaincu, entièrement placé sous une occupation militaire répartie en quatre zones (étasunienne, soviétique, britannique et française) à l'intérieur desquelles chaque occupant prélèvera ses « réparations » **4**.

Mais, derrière ces apparences de cohésion et d'harmonie entre les vainqueurs, on peut déjà percevoir la ligne de faille qui va bientôt les diviser. Alors que les bombardements atomiques sur Hiroshima et Nagasaki permettent aux États-Unis d'exclure l'Union soviétique du règlement de la guerre en Asie et de faire peser sur elle une menace à peine voilée quant à ses ambitions en Europe, tant les Anglo-Américains que les Soviétiques installent, dans les pays qu'ils libèrent, des gouvernements à leur dévotion.

8.1.2 De la SDN à l'ONU

Le 26 juin 1945, à San Francisco, 52 États signent la charte des Nations Unies, fondant ainsi une nouvelle organisation internationale qu'on veut plus efficace que la défunte Société des Nations. (Noter que, dans ces deux cas, le mot *nation* est pris dans son sens anglais d'État souverain et non dans son sens français de groupe humain conscient de son unité et ayant la volonté de vivre en commun.)

L'Assemblée générale proclame la présente Déclaration universelle des droits de l'homme comme l'idéal commun à atteindre par tous les peuples et toutes les nations, afin que tous les individus et tous les organes de la société, ayant cette Déclaration constamment à l'esprit, s'efforcent par l'enseignement et l'éducation de développer le respect de ces droits et libertés et d'en assurer, par des mesures progressives d'ordre national et international, la reconnaissance et l'application universelles et effectives, tant parmi les populations des États membres eux-mêmes que parmi celles des territoires placés sous leur juridiction.

Article premier — Tous les êtres humains naissent libres et égaux en dignité et en droits. Ils sont doués de raison et de conscience et doivent agir les uns envers les autres dans un esprit de fraternité.

Article 2 — Chacun peut se prévaloir de tous les droits et libertés proclamés dans la présente Déclaration, sans distinction aucune, notamment de race, de couleur, de sexe, de langue, de religion, d'opinion politique ou de toute autre opinion, d'origine nationale ou sociale, de fortune, de naissance ou de toute autre situation.

De plus, il ne sera fait aucune distinction fondée sur le statut politique, juridique ou international du pays ou du territoire dont une personne est ressortissante, que ce pays ou territoire soit indépendant, sous tutelle, non autonome ou soumis à une limitation quelconque de souveraineté.

Article 3 — Tout individu a droit à la vie, à la liberté et à la sûreté de sa personne.

Article 4 — Nul ne sera tenu en esclavage, ni en servitude. L'esclavage et la traite des esclaves sont interdits sous toutes leurs formes.

Article 5 — Nul ne sera soumis à la torture, ni à des peines ou traitements cruels, inhumains ou dégradants.

Article 6 — Chacun a le droit à la reconnaissance en tous lieux de sa personnalité juridique.

Article 7 — Tous sont égaux devant la loi et ont droit sans distinction à une égale protection de la loi. Tous ont droit à une protection égale contre toute discrimination qui violerait la présente Déclaration et contre toute provocation à une telle discrimination.

Article 8 — Toute personne a droit à un recours effectif devant les juridictions nationales compétentes contre les actes violant les droits fondamentaux qui lui sont reconnus par la Constitution ou par la loi.

Article 9 — Nul ne peut être arbitrairement arrêté, détenu ou exilé.

Article 10 — Toute personne a droit, en pleine égalité, à ce que sa cause soit entendue équitablement et publiquement, par un tribunal indépendant et impartial, qui décidera, soit de ses droits et obligations, soit du bien-fondé de toute accusation en matière pénale dirigée contre elle.

Article 11 — 1. Toute personne accusée d'un acte délictueux est présumée innocente jusqu'à ce que sa culpabilité ait été légalement établie au cours d'un procès public où toutes les garanties nécessaires à sa défense lui auront été assurées.

— 2. Nul ne sera condamné pour des actions ou des omissions qui, au moment où elles auront été commises, ne constitueraient pas un acte délictueux d'après le droit national ou international. De même, il ne sera infligé aucune peine plus forte que celle qui était applicable au moment où l'acte délictueux a été commis.

Article 12 — Nul ne sera l'objet d'immixtions arbitraires dans sa vie privée, sa famille, son domicile ou sa correspondance, ni d'atteintes à son honneur et à sa réputation. Toute personne a droit à la protection de la loi contre de telles immixtions ou de telles atteintes.

Article 13 — 1. Toute personne a droit de circuler librement et de choisir sa résidence à l'intérieur de l'État.

— 2. Toute personne a droit de quitter tout pays, y compris le sien, et de revenir dans son pays.

[...]

Dès son préambule, la Charte donne à l'Organisation des Nations Unies des objectifs beaucoup plus larges que ceux de la Société des Nations. Au-delà du maintien de la paix et de la sécurité internationales, l'ONU devra en effet promouvoir les droits humains fondamentaux **5**, l'égalité des sexes et le progrès économique et social de tous les peuples. Par ailleurs, les décisions de l'Organisation seront exécutoires, et il sera possible de créer une force militaire formée de contingents de différents pays membres pour faire respecter ces décisions.

Le pivot central de l'ONU est l'Assemblée générale des membres, où chacun ne dispose que d'une seule voix et où les décisions importantes requièrent une majorité des deux tiers. Spécialement chargé du maintien de la paix et de la sécurité internationales, le Conseil de sécurité comprend 5 membres permanents (États-Unis, URSS, Royaume-Uni, France, Chine) et 6 membres (10 depuis 1966) élus pour deux ans par l'Assemblée générale. Chacun des membres permanents dispose d'un droit de veto, c'est-à-dire qu'il peut bloquer toute décision du Conseil par son seul vote. Le Conseil étant seul habilité à décider l'envoi de Casques bleus, on s'assure ainsi, sur ce point crucial, de l'unanimité entre les cinq Grands. Un secrétaire général, élu par l'Assemblée sur recommandation du Conseil, veille à l'application des décisions de l'Organisation et à son administration interne **6**.

Toute une constellation d'institutions spécialisées gravite autour de ces rouages centraux, et c'est surtout au sein de ces

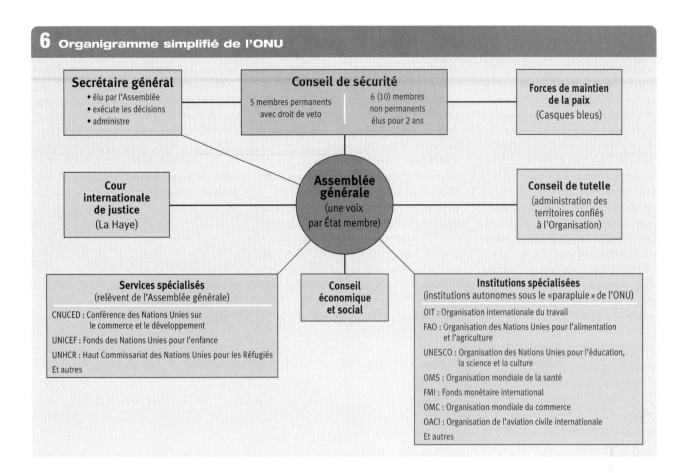

institutions spécialisées que se fait le travail le plus concret et le plus irremplaçable de l'Organisation. Les rouages centraux sont en effet souvent paralysés par les divergences d'intérêts entre les pays et les blocs, particulièrement pendant la guerre froide, où l'utilisation fréquente du veto par les Grands condamne le Conseil de sécurité à l'impuissance.

Car l'ONU ne peut guère être autre chose que le reflet de rapports de force qui échappent à son contrôle et deviendra donc elle-même l'un des lieux d'affrontement de la guerre froide.

8.1.3 Les premiers craquements (1945-1947)

La guerre n'est pas encore finie que les premiers craquements dans l'édifice de la Grande Alliance se font entendre. Dès novembre 1944, après la retraite des troupes allemandes de Grèce, une guerre civile éclate entre résistants grecs procommunistes et pro-occidentaux, et la Grande-Bretagne intervient immédiatement pour neutraliser les communistes. Ces derniers recevant l'appui des pays voisins passés au communisme (Albanie, Yougoslavie, Bulgarie), la guerre s'éternise et Londres se voit acculée, en 1947, à solliciter l'intervention des États-Unis. Mis devant ses responsabilités, le géant américain ne pourra plus retourner à son isolationnisme comme en 1919.

Pendant ce temps, les accords de Yalta et de Potsdam sont régulièrement bafoués, à la fois par Staline, qui refuse de tenir des élections libres en Pologne, et par les Occidentaux, qui arrêtent le démantèlement industriel et la dénazification dans leurs zones d'occupation en Allemagne, par crainte de voir les Allemands affamés et désespérés basculer vers le communisme.

Une ombre est descendue sur les scènes si récemment éclairées par la victoire alliée. Nul ne sait ce que la Russie soviétique et son organisation internationale communiste entendent faire dans l'immédiat et quelles sont les limites, s'il y en a, à leur mouvement d'expansion et de prosélytisme. J'ai beaucoup d'admiration et de respect pour le vaillant peuple russe et pour mon camarade de guerre, le Maréchal Staline […]. Il est de mon devoir, cependant, de vous exposer certains faits concernant la situation actuelle en Europe.

De Stettin dans la Baltique à Trieste dans l'Adriatique, un rideau de fer est tombé sur le continent. Derrière cette ligne se trouvent toutes les capitales des anciens États d'Europe centrale et de l'Est […] et toutes sont soumises, d'une manière ou d'une autre, non seulement à l'influence soviétique mais à un contrôle étroit et, dans certains cas, croissant de Moscou […]. Les partis communistes, qui étaient très faibles dans ces États de l'Est de l'Europe, ont obtenu une prééminence et un pouvoir qui dépassent de beaucoup leur importance et ils cherchent partout à exercer un contrôle totalitaire. Des gouvernements policiers s'installent à peu près partout, au point qu'à l'exception de la Tchécoslovaquie, il n'y a pas de vraie démocratie […].

Quelles que soient les conclusions qu'on puisse tirer de ces faits, cette Europe n'est certainement pas l'Europe libérée pour laquelle nous avons combattu. Ni une Europe qui offrirait les éléments essentiels d'une paix permanente.

W. Churchill
Discours à l'université de Fulton
(Missouri), 5 mars 1946.

La « guerre froide » est un conflit dans lequel les parties s'abstiennent de recourir aux armes l'une contre l'autre.

L'expression, qui a été employée pour la première fois par le prince Juan Manuel d'Espagne, au XIVᵉ siècle, a été reprise par le financier américain Bernard Baruch, au début de 1947, et popularisée par le journaliste Walter Lippmann. Elle désigne habituellement la confrontation soviéto-américaine qui a suivi la dissolution, après 1945, de la coalition antihitlérienne. […]

Dans chaque cas, les belligérants cherchent à marquer le maximum de points en employant toutes les ressources de l'intimidation, de la propagande, de la subversion, voire de la guerre locale, mais en étant bien déterminés à éviter de se trouver impliqués dans des opérations armées les mettant directement aux prises. Quand le désir de ne pas se laisser entraîner dans une confrontation militaire prend le pas sur celui de l'emporter, la « coexistence pacifique » se substitue à la guerre froide.

André Fontaine
Article « Guerre froide »,
Encyclopædia Universalis, vol. 8.

Brutalement privée de l'aide étasunienne dès le lendemain de la capitulation allemande, l'URSS installe peu à peu, à travers toute l'Europe centrale et orientale, des gouvernements entièrement placés sous son influence. Elle exige en même temps de la Turquie l'établissement d'un contrôle commun sur les détroits du Bosphore et des Dardanelles, renouant ainsi avec une très ancienne préoccupation du vieil impérialisme russe (voir page 27) — et avec une non moins ancienne inquiétude de la Grande-Bretagne quant à la sécurité de ses routes maritimes en Méditerranée orientale.

Le 5 mars 1946, dans un discours retentissant prononcé à Fulton, dans le Missouri, Churchill, qui n'est plus premier ministre britannique, annonce la fin de la Grande Alliance : « De Stettin dans la Baltique à Trieste dans l'Adriatique, un rideau de fer est tombé sur le continent... » **7**

8.2 LA GUERRE FROIDE (1947-1953)

Depuis l'Allemagne jusqu'à la Corée, deux blocs vont s'affronter, que nous appellerons respectivement le bloc atlantique et le bloc continental, dans une guerre froide qui n'est ni la guerre, ni la paix, mais un climat de tension parfois très forte alimentée par des crises successives **8** **9**.

8.2.1 La formation du bloc atlantique

On peut dater du 12 mars 1947 le début « officiel » de la guerre froide. Ce jour-là, le président Harry Truman énonce devant le Congrès de Washington ce qu'on appellera la doctrine Truman : les États-Unis s'engagent à fournir toute l'aide économique et militaire requise aux pays menacés par le communisme et voulant rester « libres ». Quatre cents millions de dollars sont immédiatement offerts à la Grèce et à la Turquie, mais cette politique dite d'« endiguement » (*containment*) a une portée mondiale et marque à la fois la fin d'une *pax britannica* que le Royaume-Uni n'est plus en mesure d'assurer et le refus des États-Unis de revenir à leur isolationnisme traditionnel.

Cet engagement politico-militaire est immédiatement complété d'un engagement financier qui contribue à solidifier le bloc atlantique en voie de formation. Le 5 juin 1947, le secrétaire d'État George Marshall annonce un plan de reconstruction de l'Europe, qui portera désormais son nom. Le plan Marshall prévoit une aide directe, sous forme de dons de plusieurs milliards de dollars, offerte à tous les pays d'Europe, y compris l'Union soviétique.

Aussitôt acceptée par 16 pays d'Europe occidentale, l'aide est refusée par le Kremlin, qui interdit en outre à ses gouvernements vassaux de s'en prévaloir. Ce refus est motivé à la fois par l'obligation, limitée mais réelle, faite aux bénéficiaires, d'ajuster leurs budgets aux priorités définies par Washington et par la nécessité de consacrer une large partie de l'aide reçue à des achats aux États-Unis. Sans doute aussi aurait-il été gênant, pour le fer de lance du communisme international, de devoir sa reconstruction, aussi peu que ce soit, au porte-étendard du capitalisme…

Le plan Marshall, malgré la volonté de certains de ses auteurs, contribue ainsi à l'approfondissement de la grande coupure qui divise déjà l'Europe. L'Union soviétique n'étant pas, et de très loin, en mesure de fournir aux pays de sa sphère d'influence des ressources comparables à celles des États-Unis, un gouffre de plus en plus profond va se creuser entre deux Europes. Vingt ans plus tard, l'une d'elles portera encore les traces des bombardements de la Seconde Guerre mondiale, alors que l'autre aura à peu près rattrapé le niveau de vie nord-américain **10**.

9 Les blocs

Cette logique de la guerre froide, selon laquelle celui qui n'est pas un allié ne peut être qu'un ennemi, implique l'organisation des blocs. Le bloc a deux caractères :

Il exige une union globale qui touche les armées, l'économie, les régimes et, bien sûr, la politique internationale. Le concept de guerre froide suggérant un conflit total et permanent, l'alliance classique ne saurait convenir : le dispositif doit, lui aussi, être total et permanent. Le caractère quasi religieux de l'affrontement idéologique efface toute frontière entre politique intérieure et politique extérieure. Enfin, le bloc tend à imposer une manière de vivre : à l'Ouest, l'« American way of life » ; à l'Est, « les lendemains qui chantent ».

Le bloc s'appuie sur une puissance directrice. Celle-ci est à la fois le protecteur incontesté, même s'il est parfois pesant, et la synthèse parfaite des valeurs qui assurent et justifient la solidarité du bloc. Le bloc résulte bien d'un monde où se déploient des idéologies détentrices de vérités absolues et de promesses d'un bonheur terrestre. C'est l'ère de l'exclusivisme et du manichéisme.

P. Moreau-Defarges
Les Relations internationales dans le monde d'aujourd'hui, Éd. S.T.H., 1992.

> En quoi les blocs de la guerre froide sont-ils différents des alliances classiques ?

> Calculez le montant des dons et classez par ordre décroissant les cinq pays ayant reçu le plus d'aide américaine. Quelles constatations pouvez-vous en faire ?

10 Bilan de l'aide américaine à l'Europe
Du 1er juillet 1945 au 30 juin 1952 (en millions de dollars)

Pays bénéficiaires	Plan Marshall (ERP[1])	Aide totale montant	Aide totale % de dons
Royaume-Uni	2 675	6 364	30 %
France	2 060	4 480	55 %
Allemagne de l'Ouest	1 174	3 630	96 %
Italie	1 034	2 390	86 %
Grèce	387	1 448	94 %
Pays-Bas	893	1 045	69 %
Autriche	492	933	98 %
Belgique et Luxembourg	537	734	77 %
Turquie	89	343	70 %
Norvège	199	270	63 %
Danemark	231	270	81 %
Irlande	139	146	12 %
Suède	103	109	80 %
Trieste	30	44	100 %
Portugal	33	42	21 %
Islande	17	25	76 %
Pays n'appartenant pas à l'OECE[2]			
Yougoslavie	—	485	89 %
Autres pays	167	4 129	90 %
Total	**10 260**	**26 887**	**68 %**

1. ERP : *European Recovery Program*.
2. OECE : Organisation européenne de coopération économique.

La vérité, c'est que les besoins de l'Europe en produits alimentaires et autres produits essentiels, essentiellement de l'Amérique, au cours des trois ou quatre années à venir, dépassent à ce point sa capacité de paiement qu'elle a besoin d'une aide supplémentaire importante si on veut lui éviter de graves troubles économiques, sociaux et politiques.

En dehors des effets démoralisants sur le monde en général et des risques de troubles résultant du désespoir des peuples en cause, les conséquences sur l'économie américaine sont claires pour tous. Il est logique que les États-Unis fassent tout ce qui est en leur pouvoir pour favoriser le retour du monde à une santé économique normale sans laquelle il ne peut y avoir ni stabilité politique ni paix assurée.

Notre politique n'est dirigée contre aucun pays, ni doctrine, mais contre la faim, la pauvreté, le désespoir et le chaos. Son but devrait être le rétablissement d'une économie mondiale saine de façon à permettre le retour à des conditions politiques et sociales dans lesquelles peuvent exister des institutions libres.

Discours du général Marshall, secrétaire d'État des États-Unis, à l'université Harvard, 5 juin 1947.

Relevez dans ce discours les passages qui laissent soupçonner que, sous des apparences d'universalisme, le plan Marshall était surtout un élément de la politique des blocs dans la guerre froide.

Il serait un peu naïf de croire que le plan Marshall était motivé par une générosité désintéressée. Le souvenir de la crise de 1929 était dans tous les esprits, et la reconstruction d'une Europe qui serait en mesure de renouer rapidement ses liens commerciaux avec les États-Unis apparaissait à ces derniers comme le meilleur moyen de maintenir leurs capacités de production, que la guerre avait portées bien au-delà de leurs propres besoins **11**.

Les États du bloc atlantique vont finalement consolider leurs rapports dans une véritable alliance en créant, en avril 1949, l'Organisation du traité de l'Atlantique Nord (OTAN), à la fois alliance militaire défensive et organisme de coopération politique et économique.

8.2.2 La formation du bloc continental

Face à ce bloc, dont le centre géographique est un océan, s'organise un bloc continental, regroupant l'URSS et ceux qu'on appelle ses « pays satellites » **12**. Il prend d'abord la forme d'un organe de coordination des partis communistes du monde entier, le Kominform, créé à Moscou en octobre 1947 et dont l'objectif réel est de soumettre plus étroitement les partis au contrôle du Kremlin. Déjà les communistes ont reçu l'ordre de se retirer des quelques gouvernements occidentaux de coalition où ils occupent certains postes ministériels (France, Italie), et la réplique à la doctrine Truman sera fournie par le principal idéologue du Kremlin, Jdanov : le monde est divisé en deux camps irréconciliables, et l'URSS dirige le camp « démocratique et anti-impérialiste ». Il va sans dire que les mots *démocratie* et *impérialisme* n'ont pas ici le sens qu'on leur donne en Occident, la guerre froide ayant touché jusqu'au vocabulaire. Cette « doctrine Jdanov » trouve ses premières applications dès le début de 1948, à l'égard de la Tchécoslovaquie et de la Yougoslavie.

En Tchécoslovaquie, un gouvernement de front national multipartite s'est installé à Prague après la défaite de l'Allemagne, sous la présidence d'Édouard Beneš, celui-là même qui, en 1938, avait dû accepter l'humiliation de l'accord de Munich (voir page 147). En janvier 1948, les communistes exigent la démission des ministres non communistes, font défiler dans les rues de Prague leurs milices en armes et forcent rapidement Beneš à s'incliner. C'est le « coup de Prague » : la Tchécoslovaquie bascule dans le bloc continental. La doctrine Jdanov et la logique de la guerre froide ne sauraient tolérer de régime pluraliste à mi-chemin entre les blocs.

En juin 1948, aboutissement d'une longue crise qui remonte à la fin de la guerre, la Yougoslavie de Tito est brutalement exclue du Kominform. Staline ne peut en effet tolérer cet État communiste qui doit sa libération des nazis à ses seuls résistants et non à l'Armée rouge, et qui veut instaurer une forme de communisme national basé sur l'autogestion, en contradiction flagrante avec le stalinisme. Même un véritable blocus économique ne réussit pas à venir à bout de Tito, promptement qualifié de « fasciste », mais qui sait — comme Staline d'ailleurs — que les Occidentaux n'accepteraient pas une intervention militaire qui amènerait les Soviétiques jusqu'aux rives de l'Adriatique. La Yougoslavie devient ainsi le seul pays communiste non soviétique d'Europe.

Ainsi raffermi sur les plans politique et idéologique, le bloc continental se dote d'un organisme d'intégration économique, le CAEM (Conseil d'assistance économique mutuelle) ou « Comecon », et finalement d'une organisation militaire, le pacte de Varsovie (1955), réplique de l'OTAN.

En 1949, la victoire des communistes en Chine accroît subitement le bloc continental d'un immense territoire, le plus peuplé du monde. La guerre civile entre nationalistes et communistes chinois, suspendue durant l'agression du Japon (voir page 143), a en effet repris de plus belle dès la capitulation de ce dernier. Mais le régime nationaliste pro-occidental de Jiang Jieshi (Tchang Kaï-chek), qui a montré peu d'ardeur face aux Japonais, est en pleine décomposition, sa corruption et son inefficacité lui faisant perdre peu à peu ses soutiens tant en Chine qu'à l'extérieur. Les communistes, massivement appuyés par les paysans que séduit leur programme de réforme agraire, déclenchent l'offensive finale à l'automne 1948, entrent à Pékin au début de 1949 et proclament la République populaire de Chine le 1er octobre, tandis que les dernières forces nationalistes se réfugient sur l'île de Taiwan (Formose), emportant avec elles toute l'encaisse-or de la Banque de Chine.

Cette spectaculaire avancée du bloc continental aggrave sensiblement la tension internationale, ouvrant un « second front » dans la guerre froide. Les États-Unis refusent obstinément de reconnaître le régime de Pékin et maintiennent sous perfusion une « république de Chine » réduite à quelques îles et qui continuera néanmoins d'occuper le siège de la Chine à l'ONU pendant plus de 20 ans.

12 L'Europe des blocs, 1955

États membres de l'OTAN (Organisation du traité de l'Atlantique Nord)

États membres du Pacte de Varsovie

États neutres

Autre État communiste

- - - - Rideau de fer

○ Capitale

● Autre ville

8.2.3 Les affrontements

Deux affrontements majeurs vont jeter l'un contre l'autre les deux blocs antagonistes : le blocus de Berlin et la guerre de Corée.

En 1948, la question allemande n'est toujours pas résolue. L'ancien Reich est découpé en quatre zones d'occupation et les vainqueurs ne s'entendent pas sur ce que l'Allemagne doit devenir. Mais les Occidentaux, inquiets de ce qu'ils perçoivent comme une menace communiste, ont déjà commencé à fusionner leurs trois zones et à y remettre en marche l'appareil de production, créant même une nouvelle monnaie, le *deutsch mark,* qui risque d'écraser rapidement le mark utilisé en zone soviétique.

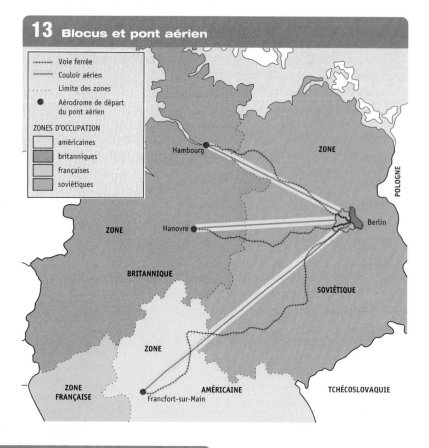

13 Blocus et pont aérien

Voie ferrée
Couloir aérien
Limite des zones
● Aérodrome de départ du pont aérien

ZONES D'OCCUPATION
américaines
britanniques
françaises
soviétiques

Hambourg

ZONE

POLOGNE

ZONE   Hanovre

Berlin

BRITANNIQUE

SOVIÉTIQUE

ZONE

ZONE
FRANÇAISE

AMÉRICAINE
Francfort-sur-Main

TCHÉCOSLOVAQUIE

Cependant, les Soviétiques tiennent un otage : la ville de Berlin, entièrement enclavée en zone soviétique, mais elle-même divisée en quatre secteurs d'occupation auxquels les Occidentaux n'ont d'accès que par des couloirs terrestres et aériens strictement limités . En juin 1948, coup de théâtre : les Soviétiques bloquent toutes les voies d'accès terrestres, condamnant à l'asphyxie les secteurs occidentaux de la ville, où vivent plus de deux millions d'habitants. C'est le début de la première « crise de Berlin ».

Convaincus que céder à Berlin signifierait le début d'un recul général, les Occidentaux répliquent par un gigantesque pont aérien qui va permettre d'acheminer par avion, en un an, 2 500 000 tonnes de marchandises des plus diverses sur la ville qui manque de tout. Devant cet exploit technique sans précédent qu'il n'a pas prévu, Staline doit finalement déclarer forfait, un affrontement militaire direct étant impensable, et le blocus est levé en mai 1949, ce qui marque une victoire plus que symbolique pour le bloc atlantique.

La crise a toutefois rendu inévitable la création, en 1949, de deux Allemagnes : la République fédérale d'Allemagne, regroupant les trois zones d'occupation occidentales, et la République démocratique allemande, recoupant la zone soviétique, tandis que Berlin, toujours divisée, symbolise le monde bipolaire de la guerre froide. Berlin-Ouest, isolée aux confins de l'Allemagne de l'Est, va ainsi devenir un avant-poste du capitalisme au sein même du bloc communiste, situation lourde de dangers.

Beaucoup plus grave est la crise qui éclate en 1950 à l'autre bout du monde et qui risque de dégénérer en troisième guerre mondiale.

La Corée, possession japonaise depuis le début du siècle, a été divisée en 1945 de part et d'autre du 38e parallèle : dictature proaméricaine au Sud, dictature prosoviétique au Nord. Quelque peu méfiante de l'influence qu'une Chine maintenant communiste pourrait exercer dans la région, l'Union soviétique encourage les Coréens du Nord à réaliser à leur profit la réunification du pays. Le 25 juin 1950, les troupes nord-coréennes franchissent sans avertissement le 38e parallèle et déferlent vers le Sud, bousculant tout devant elles 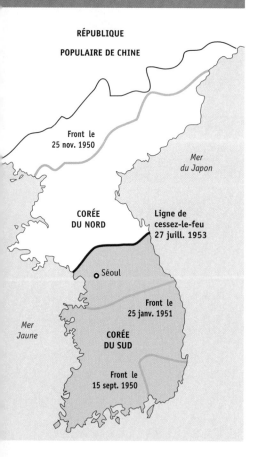.

Le président Truman décide aussitôt d'appliquer sa politique d'endiguement, fait bombarder le Nord et envoie un puissant corps expéditionnaire sous le commandement du général Douglas MacArthur, grand vainqueur de la guerre contre le Japon. Profitant du fait que l'URSS boycotte les réunions du Conseil de sécurité de l'ONU pour protester contre le maintien du siège de la Chine au gouvernement de Taiwan, les États-Unis font placer l'opération sous l'égide de l'organisation internationale.

14 La guerre de Corée

RÉPUBLIQUE
POPULAIRE DE CHINE

Front le
25 nov. 1950

Mer
du Japon

CORÉE
DU NORD

Ligne de
cessez-le-feu
27 juill. 1953

○ Séoul

Front le
25 janv. 1951

Mer
Jaune

CORÉE
DU SUD

Front le
15 sept. 1950

À la fin de la guerre, nous étions la nation la plus puissante de l'Univers, matériellement, et, au moins en potentiel, intellectuellement et moralement. Nous aurions pu avoir l'honneur d'être un phare dans le désert de la destruction, une preuve vivante, étincelante, que la civilisation n'était pas prête encore à se suicider. Hélas! nous avons misérablement échoué, tragiquement, nous n'avons pas été à la hauteur de la situation.

Nous nous retrouvons dans une position d'impuissance. Pourquoi? Parce que notre unique et puissant ennemi a débarqué sur nos rivages? Non! À cause des trahisons de ceux qui ont été si bien traités par notre Nation. Ce ne sont pas les pauvres ou les minorités ethniques qui ont vendu ce pays à l'encan, ce sont bien *plutôt ceux qui ont profité de tout ce que le pays le plus riche de la Terre leur a offert : les plus belles demeures, les meilleures études et les meilleurs postes dans l'administration. Cela crève les yeux au Département d'État. C'est là que sont les pires, les brillants jeunes gens élevés dans la pourpre [...]. Je dis que le Département d'État, un des plus importants de nos ministères, est complètement infesté de communistes. Je connais, j'ai dans la main, les cas de 57 individus qui sont membres du Parti communiste, ou tout au moins lui sont tout dévoués; cependant ils n'en continuent pas moins à façonner notre politique étrangère.*

J. McCarthy
Discours du 20 février 1950.

Mais une fois la Corée du Sud libérée, MacArthur envahit la Corée du Nord, où ses troupes arrivent en vue de la frontière chinoise en novembre. Mao Zedong décide alors d'intervenir en lançant des centaines de milliers de « volontaires » chinois dans la mêlée. Submergés, les Étasuniens refluent vers le Sud et MacArthur demande à Truman d'autoriser des bombardements directement en territoire chinois, à l'arme atomique si besoin est. Convaincu que cette action déclencherait une troisième guerre mondiale, Truman relève le général de son commandement (1951). Les fronts étant à peu près stabilisés autour du 38e parallèle, des pourparlers interminables s'engagent, qui aboutissent en 1953 à l'armistice de Panmunjom. Chaque camp retourne à ses positions de départ, consacrant ainsi la division de la Corée entre les deux blocs.

Cette longue guerre inutile et coûteuse en vies humaines marque l'apogée de la guerre froide. Une véritable psychose anticommuniste déferle sur les États-Unis, où le sénateur Joe McCarthy, secondé par Richard Nixon, pourchasse les communistes dans tous les azimuts, fait dresser d'interminables listes de suspects, défère devant sa « Commission des activités antiaméricaines » de nombreux et prestigieux témoins plus ou moins forcés à la délation, étend sa purge jusqu'aux milieux du cinéma, où une « liste noire » prive de leur gagne-pain bon nombre de scénaristes, de comédiens et de réalisateurs de talent **15**. Charlie Chaplin lui-même, dégoûté, s'exile en Europe, comme plusieurs autres.

Pendant ce temps, le secrétaire d'État John Foster Dulles multiplie les alliances, dans une tentative d'encerclement planétaire de la menace communiste : ANZUS pour l'Australasie (1951), OTASE pour l'Asie du

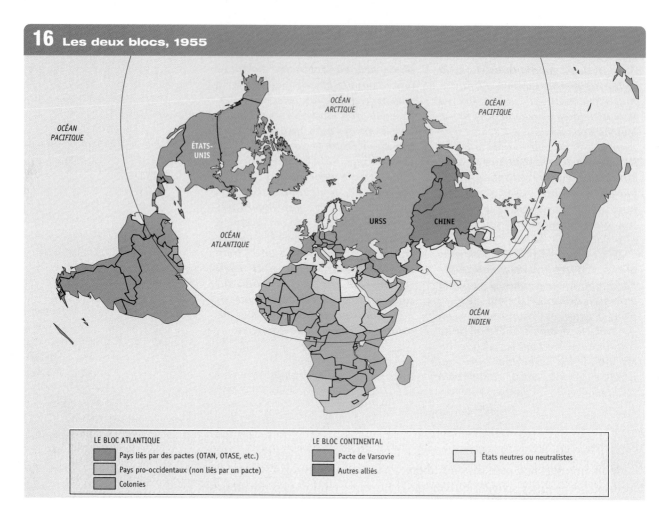

LE BLOC ATLANTIQUE

▨ Pays liés par des pactes (OTAN, OTASE, etc.)

☐ Pays pro-occidentaux (non liés par un pacte)

▨ Colonies

LE BLOC CONTINENTAL

▨ Pacte de Varsovie

▨ Autres alliés

☐ États neutres ou neutralistes

Sud-Est (1954), CENTO pour le Moyen-Orient (1955) . Il va même jusqu'à proposer le réarmement de l'Allemagne dans le cadre de l'OTAN, ce qui sera fait en 1955, 10 ans seulement — qui l'eût cru? — après la chute du IIIe Reich…

Le bloc continental n'est pas en reste d'hystérie. D'immenses purges frappent jusqu'au sommet les partis communistes d'URSS et des pays satellites. Comme dans les années trente, des procès spectaculaires débouchent sur des aveux incroyables suivis d'exécutions, de suicides, d'emprisonnements. Une vague d'antisémitisme même se développe, alimentée par de sombres rumeurs de médecins juifs tentant d'assassiner Staline…

8.3 LA COEXISTENCE DANS LES CRISES (1953-1962)

L'année 1953, qui voit la mort de Staline et la fin de la guerre de Corée, marque un « dégel » dans cette crispation générale.

8.3.1 Un nouveau climat

C'est la nouvelle équipe dirigeante soviétique, au sein de laquelle Nikita Khrouchtchev va bientôt s'imposer, qui est largement responsable du nouveau climat. Dès 1953, Malenkov lance l'expression de « coexistence pacifique », tendant ainsi au bloc atlantique une sorte de rameau d'olivier **17**. Cette initiative inattendue du Kremlin répond à des conditions nouvelles.

Sur le plan strictement militaire d'abord, les États-Unis ne sont plus les seuls possesseurs de l'arme atomique depuis que les Soviétiques se sont dotés de la bombe A (type Hiroshima) en 1949 et de la bombe H (à hydrogène) en 1953, un an seulement, cette fois, après les Étasuniens. Ces moyens monstrueux, s'ils étaient utilisés, amèneraient à coup sûr la fin de l'humanité : les Soviétiques produiront bientôt un engin de 60 mégatonnes, c'est-à-dire l'équivalent de 60 millions de tonnes de dynamite, 500 fois la bombe d'Hiroshima! Plus important encore, les Soviétiques se dotent peu à peu de vecteurs (bombardiers et surtout fusées) capables d'atteindre directement le territoire étasunien. Cette perspective de « destruction mutuelle assurée » (MAD) permet à l'Union soviétique de se libérer quelque peu de son complexe de citadelle assiégée et aux deux superpuissances de marquer un temps de réflexion devant les conséquences apocalyptiques d'une escalade dans la guerre froide.

Sur le plan économique, c'est l'Union soviétique surtout qui a intérêt à stopper la folle course aux armements, afin de reconvertir vers la production civile une partie des immenses ressources englouties dans cette course. Les projets grandioses de Khrouchtchev pour rattraper le niveau de vie des Étasuniens, et même pour le dépasser à l'horizon de 1970, nécessitent une longue période de paix. Car le peuple soviétique, à qui l'on promet le paradis sur terre depuis 1917, n'a guère connu que des privations depuis cette date. D'autre part, avec le retour des démocrates à la Maison-Blanche en 1961, même les États-Unis, aux ressources apparemment inépuisables, voudront consacrer des moyens plus importants à la « guerre à la pauvreté » dans leur propre société.

Tout cela amène donc un climat nouveau, marqué par la fin des guerres de Corée et d'Indochine (voir page 231), la dissolution du Kominform (1956), de nombreux voyages d'amitié des dirigeants soviétiques en Occident (Khrouchtchev aux États-Unis en 1959) et par la signature de plusieurs accords de coopération et d'échange technique, scientifique, voire artistique.

8.3.2 De Budapest à Berlin : une Europe mal apaisée

Ce dégel n'exclut cependant pas les soubresauts, qui rappellent constamment que les blocs n'ont pas encore fait la paix.

En Europe, la révolte hongroise de 1956 demeure à peu près confinée à l'intérieur du bloc continental (voir page 215). C'est au moment où les nouveaux dirigeants, débordés, sont entraînés un peu malgré eux à retirer le pays du pacte de Varsovie et à proclamer sa neutralité que les chars soviétiques interviennent, écrasant l'insurrection dans le sang au cours d'une longue semaine de combats de rues, pendant que l'Occident hurle son indignation sans lever le petit doigt. Il est vrai qu'au même moment l'Occident est lui-même embourbé dans la crise de Suez, où il ne joue pas le plus beau rôle (voir page 265), mais il y a des chasses gardées que les Grands s'engagent tacitement à respecter...

Au point de contact de ces chasses gardées se situe justement la ville de Berlin, où éclate en 1958 une deuxième crise qui semble ramener tout le monde aux heures sombres de la guerre froide. Vitrine de l'Occident en

17 Khrouchtchev et la coexistence pacifique

Quelles sont les tâches ultérieures du Parti en politique extérieure?

Appliquer d'une façon constante la politique léniniste de coexistence pacifique des différents États, indépendamment de leur régime social. Lutter activement pour la paix et la sécurité des peuples, pour la confiance entre les États, en s'efforçant de transformer la détente internationale obtenue en une paix durable. [...] L'établissement de relations d'amitié durables entre les deux plus grandes puissances du monde, l'Union soviétique et les États-Unis d'Amérique, aurait une importance majeure pour le renforcement de la paix dans le monde entier [...]. Si l'on faisait reposer les relations entre l'URSS et les États-Unis sur les cinq principes de la coexistence pacifique [...] : respect mutuel de l'intégrité territoriale et de la souveraineté, non-agression, non-ingérence dans les affaires intérieures, égalité et avantage réciproque, coexistence pacifique et coopération économique [...] cela aurait une portée vraiment exceptionnelle pour toute l'humanité [...].

Extrait du rapport au XXᵉ Congrès du Parti communiste de l'Union soviétique, 1956.

18 Le mur de Berlin, 1961

plein territoire communiste, et soigneusement entretenue pour jouer ce rôle, Berlin-Ouest est devenue l'aimant irrésistible vers lequel affluent, en nombre toujours croissant, les Allemands de l'Est à qui est interdit le passage vers la République fédérale. Pour arrêter cette hémorragie coûteuse pour l'Allemagne de l'Est, Khrouchtchev exige la transformation de Berlin en ville libre neutralisée, à défaut de quoi il remettra le contrôle de tous les accès à la ville entre les mains de la République démocratique. Le refus catégorique des Occidentaux amène trois années de tension qui débouchent finalement, en août 1961, sur l'érection par les Soviétiques d'un mur infranchissable qui ceinture tout Berlin-Ouest, coupant les rues, traversant les maisons, séparant les familles, interdisant aux Allemands tout passage d'un côté à l'autre. C'est le « mur de la Honte », qui va demeurer pendant 30 ans le symbole scandaleux et détesté de la division de l'Europe **18**.

8.3.3 Le bord du gouffre : Cuba (1962)

En 1962, alors que le climat international est passablement dégradé par la récente crise de Berlin et par l'affaire de l'avion U2 (avion espion étasunien abattu au-dessus du territoire soviétique), Khrouchtchev prend une initiative téméraire qui va mener le monde au bord de la troisième guerre mondiale. Cette initiative est favorisée par une sorte d'euphorie qui s'est emparée de l'URSS depuis 1957, année où le premier satellite artificiel (*Spoutnik 1*) a été mis en orbite autour de la Terre par une fusée soviétique, ouvrant subitement l'infini de l'espace à la compétition entre les blocs. Pour la première fois depuis 1945, l'Union soviétique détient une avance technologique sur les États-Unis, et dans un domaine crucial : celui des fusées à longue portée. La tentation d'exploiter à fond cette avance est irrésistible, et la révolution cubaine va fournir, semble-t-il, une occasion inespérée de prendre pied en plein « centre mou » du bloc atlantique.

La victoire de la révolution cubaine en 1959 a amené les États-Unis à décréter le blocus économique de Cuba, ce qui n'a fait qu'accentuer le rapprochement du chef cubain Fidel Castro avec l'URSS (voir page 237). L'arme économique ayant échoué, les États-Unis organisent en 1961 un débarquement de forces cubaines anti-castristes, recrutées, entraînées et transportées par la CIA, au lieu-dit « baie des Cochons » (Playa Giron), mais l'opération s'avère un échec piteux après le refus du président Kennedy de faire intervenir l'aviation étasunienne. Échaudé tout de même, Fidel Castro demande alors à l'URSS d'assurer la défense de son île, ce que Khrouchtchev s'empresse d'accepter.

En octobre 1962, des photographies aériennes apportent aux dirigeants étasuniens la preuve que les Soviétiques sont en voie d'ériger à Cuba des rampes de lancement de fusées nucléaires à moyenne portée (de 1 500 à 3 000 km) capables d'atteindre en quelques minutes toutes les grandes villes de la côte est **19**. Pour les États-Unis, le défi est insupportable et, le 22 octobre, Kennedy réplique par un acte de guerre : Cuba sera mis en état de blocus naval complet (appelé prudemment « embargo »), et tous les bateaux à destination de l'île seront arraisonnés en pleine mer, fouillés et refoulés s'ils transportent des armements **20**. Plus d'une dizaine de cargos soviétiques font alors route vers Cuba, probablement protégés par des sous-marins, et, pendant six longues journées, le monde entier retient son souffle.

Avancé au-delà de toute prudence, Khrouchtchev doit reculer. Habile et soucieux avant tout d'éviter un holocauste nucléaire, Kennedy lui offre une porte de sortie en promettant de ne pas envahir Cuba. Le numéro un soviétique ordonne alors à ses bateaux de faire demi-tour et accepte de démanteler ses

19 La crise des fusées, 1962

Ligne du blocus américain
Cargos soviétiques

3 000 kilomètres de Cuba

1 500 kilomètres de Cuba

CANADA
ÉTATS-UNIS
Montréal
Boston
Chicago
Detroit
New York
Washington
OCÉAN ATLANTIQUE
Dallas
OCÉAN PACIFIQUE
MEXIQUE
Golfe du Mexique
La Havane
CUBA

En quoi l'utilisation du mot « embargo » dénote-t-il le souci de Kennedy d'éviter que la crise ne dérape vers un conflit armé ?

20 « Une modification délibérément provocatrice et injustifiée du statu quo... »

[...] Mais cette implantation secrète, rapide et extraordinaire de missiles communistes, dans une région bien connue comme ayant un lien particulier et historique avec les États-Unis et les pays de l'hémisphère occidental, en violation des assurances soviétiques et au mépris de la politique américaine et de celle de l'hémisphère — cette décision soudaine et clandestine d'implanter pour la première fois des armes stratégiques hors du sol soviétique — constitue une modification délibérément provocatrice et injustifiée du statu quo, qui ne peut être acceptée par notre pays, si nous voulons que nos amis ou nos ennemis continuent à avoir confiance dans notre courage et notre parole.

Les années 1930 nous ont enseigné une leçon claire : les menées agressives, si on leur permet de s'intensifier sans contrôle et sans contestation, mènent finalement à la
guerre. Notre pays est contre la guerre. Nous sommes également fidèles à notre parole. Notre détermination inébranlable doit donc être d'empêcher l'utilisation de ces missiles contre notre pays ou n'importe quel autre, et d'obtenir leur retrait ou leur élimination de l'hémisphère occidental [...].

[...] Nous ne risquerons pas prématurément ou sans nécessité le coût d'une guerre nucléaire mondiale dans laquelle même les fruits de la victoire n'auraient dans notre bouche qu'un goût de cendre, mais nous ne nous déroberons pas devant ce risque, à quelque moment que nous ayons à y faire face.

Agissant donc pour la défense de notre propre sécurité et de celle de l'hémisphère occidental tout entier, et en vertu des pouvoirs qui m'ont été conférés par la Constitution, et confirmés par la résolution du Congrès, j'ai donné des ordres pour
que soient prises immédiatement les premières mesures suivantes :

Premièrement : pour arrêter l'édification de ce potentiel offensif, un embargo rigoureux est instauré sur tout équipement militaire offensif acheminé vers Cuba. Tous les bateaux, de n'importe quelle sorte, se dirigeant vers Cuba, venant de n'importe quel pays ou de n'importe quel port, devront rebrousser chemin s'il est établi qu'ils contiennent des cargaisons d'armes offensives. Cet embargo sera étendu au besoin à d'autres types de cargaisons ou de transports. Nous n'interdisons pas cependant, pour le moment, l'accès des produits de première nécessité, comme les Soviétiques ont tenté de le faire durant leur blocus de Berlin en 1948. [...]

Discours télévisé du président Kennedy, 22 octobre 1962.

Nous avons expédié là-bas des moyens de défense, que vous appelez moyens offensifs. Nous les avons expédiés afin que ne fût pas menée une attaque contre Cuba, afin que ne fussent pas admises des actions irréfléchies.

J'éprouve respect et confiance à l'égard de la déclaration que vous avez faite dans votre message du 27 octobre 1962, selon laquelle il n'y aura pas d'attaque contre Cuba, qu'il n'y aura pas d'invasion, et non seulement de la part des États-Unis, mais également des autres pays de l'hémisphère occidental, ainsi qu'il est dit dans votre message.

Alors, les motifs qui nous ont poussés à accorder une aide de telle nature à Cuba disparaissent également. Voilà pourquoi nous avons indiqué à nos officiers — et ces moyens, comme je vous l'ai déjà communiqué, se trouvent entre les mains d'officiers soviétiques — de prendre les mesures adéquates pour interrompre la construction des objectifs indiqués, les démonter et les ramener en Union soviétique.

Lettre de Khrouchtchev à Kennedy, 27 octobre 1962.

bases cubaines sous la supervision de l'ONU **21**. La crise s'apaise rapidement, mais la perspective d'une fin du monde s'étant soudain concrétisée, une vraie détente va devenir possible **22**. Les seules « victimes » de la crise seront Nikita Khrouchtchev, qui perdra son poste en 1964, et peut-être Kennedy lui-même, dont l'assassinat, le 22 novembre 1963, pourrait bien avoir été motivé par ce que les milieux anti-castristes aux États-Unis estiment être sa mollesse face à la question cubaine.

Quel argument Khrouchtchev invoque-t-il pour retirer ses missiles de Cuba sans s'avouer vaincu ?

8.4 LA DÉTENTE (1963-1975)

La crise des fusées ayant amené le monde au bord du gouffre, les deux superpuissances s'efforcent d'instaurer un nouveau climat de « paix tiède ».

22 Les deux « K »

Nikita Khrouchtchev et John F. Kennedy.

8.4.1 De l'armistice à la détente

Cette volonté nouvelle se traduit d'abord sous la forme d'une sorte d'armistice nucléaire, après l'installation d'un « télétype rouge » reliant directement Washington et Moscou afin de prévenir le déclenchement accidentel de l'holocauste, thème angoissant qui inspire, entre autres, quelques films chocs (*Dr Strangelove,* de Stanley Kubrick, et *Fail Safe,* de Sidney Lumet).

En 1963, un premier traité interdit les essais nucléaires autres que souterrains. En 1968, un grand traité sur la non-prolifération de l'arme nucléaire est signé par une soixantaine d'États qui s'y engagent à ne pas fournir d'armes nucléaires à d'autres pays, à ne pas les aider à en fabriquer et à ne pas en acquérir pour eux-mêmes s'ils n'en possèdent pas déjà. Il manque cependant deux signatures importantes à ce traité : celles de la France et de la Chine, toutes deux détentrices de l'arme nucléaire, chacune méfiante à l'égard du chef de file de son propre bloc et convaincue que ce chef de file ne risquerait pas sa propre destruction pour protéger un de ses alliés contre d'éventuelles visées hostiles.

Parallèlement, de nouvelles équipes dirigeantes se mettent en place, tant à Moscou qu'à Washington, qui révisent en profondeur les doctrines traditionnelles de la guerre froide.

À Moscou, Leonid Brejnev, qui succède au flamboyant Khrouchtchev, renonce aux « aventures » et préfère consolider le statu quo. Il mène donc une politique prudente et noue avec l'Occident des relations économiques grâce auxquelles il espère combler un retard technologique qui se creuse de plus en plus au détriment de l'URSS (course à la Lune gagnée par les États-Unis). Il espère aussi recevoir les livraisons de céréales essentielles pour compenser l'inefficacité notoire de l'agriculture soviétique.

À Washington arrive au pouvoir en 1969 un nouveau président, Richard Nixon. Prenant acte du déclin relatif des États-Unis dans le jeu planétaire tout autant que de la nécessité dans laquelle se trouve l'URSS de bénéficier de transferts technologiques des Occidentaux, Nixon propose, sous l'influence de son conseiller Henry Kissinger, une nouvelle doctrine fondée sur la retenue réciproque et sur les marchandages planétaires (le *linkage*) **23**.

Les résultats de ces changements dans les équipes dirigeantes ne se font pas attendre. Le problème allemand va enfin pouvoir être réglé, par la reconnaissance mutuelle des deux Allemagnes dans leurs frontières issues de la guerre et par leur entrée à l'ONU en 1973. Étasuniens et Soviétiques commencent à parler de plafonner les armements nucléaires, et le premier accord SALT (*Strategic Armements Limitation Treaty*) est signé en 1972 **24**. En 1972-1973, des visites de Nixon à Moscou et de Brejnev à Washington sont marquées par la signature d'accords de coopération fort avantageux pour l'URSS (et pour les États-Unis aussi, qui s'ouvrent des marchés nouveaux). En 1972, dans une initiative spectaculaire qui constitue le coup de maître de sa présidence et qui vise, entre autres, à faire pression sur Moscou, Richard Nixon effectue un voyage officiel en Chine et les États-Unis accordent la reconnaissance diplomatique à la République populaire, qui pourra enfin occuper le siège de la Chine à l'ONU, en lieu et place de Taiwan. Quelques mois plus tard, les États-Unis se retirent également du bourbier vietnamien (voir page 183).

23 La doctrine Nixon-Kissinger

Le Président élu et moi-même avions défini [...] un certain nombre de principes qui [...] allaient servir de base à notre façon de considérer les relations américano-soviétiques. Ces principes étaient les suivants :

Le principe du réalisme : Nous tenions, dans nos négociations avec l'Union soviétique, à aborder uniquement les causes précises de tension au lieu de nous limiter à des considérations générales. [...] Nous respecterions l'engagement idéologique des dirigeants soviétiques. Nous ne perdrions pas de vue le fait que nos deux pays avaient des intérêts divergents dans de nombreux domaines. Nous ne nous imaginions pas que les bonnes relations personnelles ou les bons sentiments mettraient fin aux tensions de l'après-guerre, mais nous étions prêts à explorer les domaines dans lesquels nous avions des intérêts communs et à conclure des accords précis fondés sur des conditions de stricte réciprocité.

Le principe de la retenue : Les deux superpuissances ne pouvaient continuer à entretenir des relations convenables si l'une d'elles voulait obtenir des avantages unilatéraux ou tirer parti des crises survenant dans certains pays. Nous étions résolus à contrecarrer les entreprises hasardeuses des Soviétiques, mais nous étions prêts, aussi, à négocier les conditions d'un véritable apaisement des tensions. Nous ne favoriserions pas une détente destinée à leurrer d'éventuelles victimes; nous préconisions, au contraire, une détente fondée sur une politique de retenue réciproque. Nous souhaitions appliquer le principe « de la carotte et du bâton ».

Le principe du linkage : Selon nous, les événements survenant à différents endroits du globe étaient tous liés. Le 6 février, dans une déclaration à la presse, j'avais utilisé le mot « linkage » explicitement : « En ce qui concerne le linkage entre le climat politique et la situation stratégique [...] le Président [...] souhaiterait traiter le problème de la paix dans tous les domaines où celle-ci est en cause, et non pas uniquement d'un point de vue militaire. »

H. Kissinger
À la Maison-Blanche, 1968-1973,
Paris, Fayard, 1979.

Quels sont les trois principes de la « doctrine Nixon-Kissinger » ?

En considérant ce graphique, laquelle des deux superpuissances a, d'après vous, le plus d'intérêt à plafonner les armements stratégiques ?

24 La course aux armements jusqu'à l'accord SALT I

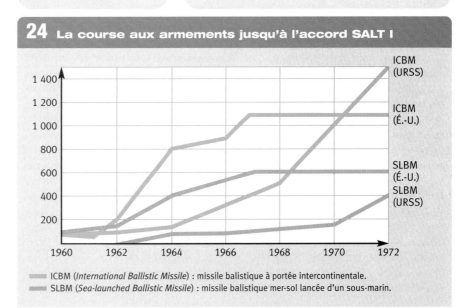

ICBM (*International Ballistic Missile*) : missile balistique à portée intercontinentale.
SLBM (*Sea-launched Ballistic Missile*) : missile balistique mer-sol lancée d'un sous-marin.

8.4.2 La fissuration des blocs

Le climat de détente va permettre aux contradictions internes de se manifester, dans chacun des blocs.

C'est le « défi gaullien » qui introduit une fissure dans le bloc atlantique. Profondément attaché à la grandeur de la France et à son indépendance nationale, le général de Gaulle, de retour au pouvoir en 1958, conteste le leadership des États-Unis au sein de l'Alliance atlantique et du monde non communiste, et multiplie les initiatives en ce sens : création d'une force nucléaire française indépendante et retrait des forces françaises du dispositif militaire intégré de l'OTAN, offensive contre la suprématie du dollar par la reconstitution des stocks d'or de la Banque de France, condamnation de l'intervention étasunienne au Vietnam, appui aux peuples d'Amérique latine dans leur volonté d'émancipation, proclamation du fameux « Vive le Québec libre ! », lancé du balcon de l'hôtel de ville de Montréal au terme d'une visite fracassante dans un Québec en pleine ébullition 25. Pour spectaculaires qu'elles soient, et revigorantes pour bien des peuples soumis à l'hégémonie des superpuissances, ces initiatives n'ébranlent pas en profondeur la solidarité atlantique sous le « parapluie » étasunien.

Beaucoup plus fondamentale est la rupture sino-soviétique, qui lézarde le bloc continental au point de le diviser en deux camps hostiles. Les origines de cette rupture sont multiples, depuis la volonté des dirigeants chinois d'échapper à la satellisation économique et politique au profit de Moscou jusqu'à des divergences idéologiques profondes quant à la nature du communisme, en passant par la doctrine de coexistence pacifique que les Chinois dénoncent comme une trahison des idéaux révolutionnaires 26, voire par de vieux contentieux territoriaux remontant à l'impérialisme russe du XIXᵉ siècle. À la fin des années soixante, le monde communiste est bel et bien scindé en deux, Pékin se ralliant plutôt les communistes du tiers-monde, où la « voie chinoise » apparaît mieux adaptée aux réalités du sous-développement. L'Albanie est le seul pays d'Europe à opter pour Pékin, mais elle présente justement des traits caractéristiques du sous-développement.

Quels éléments les communistes chinois invoquent-ils pour accuser l'URSS de collaboration avec les États-Unis ?

---

26 **La rupture sino-soviétique vue par la Chine**

La divergence entre la direction du PCUS[1] et nous dans la question de la guerre et de la paix est une divergence entre deux lignes différentes : il s'agit de savoir s'il faut ou non combattre l'impérialisme, s'il faut ou non soutenir la lutte révolutionnaire, s'il faut ou non mobiliser les peuples du monde entier pour s'opposer au plan de guerre de l'impérialisme, s'il faut ou non s'en tenir au marxisme-léninisme.

Le PCC[2], comme tous les autres partis authentiquement révolutionnaires, s'est toujours trouvé à la pointe du combat contre l'impérialisme et pour la défense de la paix mondiale. Nous soutenons que, pour

sauvegarder la paix mondiale, il faut sans cesse dénoncer l'impérialisme, mobiliser et organiser les masses populaires pour qu'elles luttent contre l'impérialisme, qui a les États-Unis pour chef de file, il faut compter sur le développement des forces du camp socialiste, sur les luttes révolutionnaires du prolétariat et des travailleurs de tous les pays, sur la lutte de libération des nations opprimées, sur la lutte de tous les peuples et de tous les pays pacifiques, sur le vaste front uni contre l'impérialisme américain et ses laquais. [...]

La direction du PCUS recourt au chantage nucléaire pour intimider les nations et les peuples opprimés

du monde entier, elle ne leur permet pas de faire la révolution et elle collabore avec l'impérialisme américain pour étouffer l'« étincelle » de la révolution, l'aidant ainsi à appliquer en toute liberté sa politique d'agression et de guerre dans les zones intermédiaires situées entre les États-Unis et le camp socialiste.

_____

Le Quotidien du Peuple (organe du PCC), 19 novembre 1963.

1. PCUS : Parti communiste d'Union soviétique.
2. PCC : Parti communiste chinois.

8.4.3 L'abcès vietnamien

Pendant que les blocs s'acheminent vers la détente et connaissent des fissurations internes, un abcès de fixation empêche toutefois de parler d'un véritable retour à la paix : le Vietnam, où la première puissance militaire du monde s'enfonce de plus en plus dans un bourbier.

Le gouvernement proaméricain du Vietnam du Sud ayant refusé de tenir — de peur de les perdre — les élections prévues dans les accords de Genève de 1954 (voir page 232), un Front national de libération (FNL) a vu le jour en 1960, largement inspiré par les communistes et appuyé par le Vietnam du Nord. Invoquant la « théorie des dominos », selon laquelle une victoire communiste au Vietnam du Sud entraînerait toute l'Asie du Sud-Est dans le bloc continental, les États-Unis décident de venir en aide au gouvernement de Saigon, d'abord avec des conseillers militaires, puis avec des troupes régulières et des bombardements massifs tant au Sud qu'au Nord. En 1968, alors que le contingent étasunien approche le demi-million d'hommes, le FNL déclenche la spectaculaire et coûteuse « offensive du Têt » (Nouvel An vietnamien) sur plus d'une centaine de villes et de bases militaires , atteignant jusqu'aux jardins de l'ambassade des États-Unis à Saigon.

Ébranlés sur le terrain, en proie à une profonde crise morale intérieure qui se traduit par d'immenses manifestations contre la guerre, isolés par la réprobation mondiale, les États-Unis comprennent que cette guerre est sans issue et ouvrent des négociations avec l'adversaire. L'arrivée de Richard Nixon à la Maison-Blanche (1969) entraîne un désengagement partiel des forces étasuniennes, combiné à une intensification brutale des bombardements sur le Vietnam du Nord (le jour de Noël 1972, Hanoi subit un bombardement plus massif encore que Dresde en février 1945). Les bombardements massifs s'étendent même au Laos et au Cambodge, par où transite l'aide nord-vietnamienne à destination du Sud. Mais la situation ne cesse malgré tout de se dégrader dans le Sud, et un accord de cessez-le-feu est finalement conclu en janvier 1973 : les troupes étasuniennes se retireront dans les trois mois. La guerre entre Vietnamiens se poursuit cependant pendant deux ans encore, et Saigon tombe finalement aux mains des insurgés le 30 avril 1975, au milieu de scènes dramatiques qui semblent symboliser devant le monde entier la plus grande défaite militaire de l'histoire des États-Unis .

27 Avion américain détruit sur la base de Da-Nang, 1968

28 Bilan d'une guerre

La guerre chimique

	Défoliation (en ha)	Destruction de récoltes (en ha)
1964	21 550	4 054
1965	37 900	19 855
1966	310 400	45 071
1967	594 579	88 525
1968	518 900	34 825

Bombardements étasuniens sur le Vietnam, le Laos, le Cambodge (en tonnes)

1966	496 319
1967	932 119
1968	1 437 370
1969	1 387 259
1970	977 446
1971	763 160
1972	1 084 359
Total	**7 078 032**

Le coût de la guerre

1. En vies humaines	Morts	Blessés
Étasuniens	56 869	303 704
Sud-Vietnamiens militaires	254 257	783 602
Sud-Vietnamiens civils	430 000	1 000 000
Nord-Vietnamiens et Viêt-congs	1 027 085	inconnu

2. En dépenses (États-Unis)

140 milliards de dollars pour les années 1967, 1968, 1969, soit 3 % du PNB

8.5 LE RETOUR DE LA GUERRE FROIDE (1975-1989)

Alors que le désengagement des États-Unis au Vietnam semblait devoir élargir l'espace de la détente, le milieu des années soixante-dix marque pourtant une dégradation sensible de l'environnement international, à tel point que le spectre d'un retour à la guerre froide vient hanter les esprits des dirigeants et des peuples.

8.5.1 La dégradation de la détente

Cette dégradation est surtout le fait des Soviétiques, qui avancent résolument plusieurs pions sur l'échiquier planétaire, alors que les États-Unis apparaissent engourdis par le traumatisme de leur échec vietnamien.

En Asie du Sud-Est, c'est, après la chute de Saigon, la réunification des deux Vietnams au profit du Nord en 1976 qui marque la poussée soviétique. Les communistes vietnamiens, pris entre la Chine et l'Union soviétique, préfèrent se rapprocher de cette dernière, plus lointaine et moins suspecte d'hégémonisme dans cette partie du monde. Une fois réunifié, le Vietnam va étendre son protectorat sur toute l'Indochine — au Laos de façon indirecte et au Cambodge par une invasion militaire, en 1979, justifiée devant l'opinion internationale par les excès sanguinaires des dirigeants « Khmers rouges » prochinois. Un gouvernement fantoche provietnamien est installé à Phnom Penh, et la Chine se trouve subitement entourée de régimes prosoviétiques.

En Afrique, les Soviétiques profitent de la décolonisation tardive des colonies portugaises pour implanter leur influence en Angola et au Mozambique, tandis qu'une révolution interne amène au pouvoir en Éthiopie de jeunes officiers marxistes-léninistes. Mais la présence soviétique sur le continent africain se fait surtout par Cubains interposés. Les troupes cubaines s'installent en effet en Angola, au Mozambique, en Éthiopie, en Tanzanie, voire au Congo et au Bénin, faisant de la petite île des Caraïbes la première puissance étrangère sur le continent, à la fois mercenaire de Moscou et porte-étendard de l'antiaméricanisme. L'Union soviétique acquiert ainsi des positions stratégiques cruciales sur la route du pétrole, qui doit contourner l'Afrique depuis la fermeture du canal de Suez lors de la guerre des Six Jours en 1967 (voir page 266).

Les Soviétiques semblent même pousser leur avantage jusque dans l'arrière-cour du géant adverse, avec le développement de foyers de guérilla au Salvador et au Guatemala, et surtout la victoire, au Nicaragua (1979), de l'insurrection sandiniste, mouvement révolutionnaire se réclamant du souvenir d'Augusto Sandino (voir page 235). Bien que ce soient avant tout des conditions locales qui expliquent ces phénomènes (dictature de Somoza au Nicaragua), ils sont présentés par les États-Unis comme le fruit d'un complot soviéto-cubain contre les intérêts étasuniens dans la région. Le fait que les États-Unis y soutiennent sans discontinuer les régimes les plus répressifs pousse, il est vrai, les mouvements insurrectionnels à prendre appui sur la révolution cubaine, ne serait-ce que de façon symbolique. C'est d'ailleurs le « lâchage » de Somoza par le président Carter, au nom de sa politique des droits humains, qui assure la victoire des sandinistes au Nicaragua.

Entrée des troupes soviétiques à Kaboul, décembre 1979.

C'est cependant en Asie centrale que l'avancée soviétique est la plus directe, la plus puissante et la plus « déstabilisante » pour l'équilibre international, du moins telle qu'on la présente dans le bloc atlantique. En Afghanistan, en 1978, un coup d'État renverse la monarchie et amène au pouvoir un gouvernement prosoviétique qui doit aussitôt faire face à de vigoureux mouvements de résistance intérieure. À la fin de 1979, devant la menace d'effondrement du régime, les troupes soviétiques interviennent en masse **29** et une véritable guerre se déclenche, que plusieurs vont qualifier de « Vietnam soviétique ». Pendant que Moscou déploie plus de 100 000 hommes lourdement armés et fait donner l'aviation, les rebelles s'appuient sur des bases au Pakistan pour alimenter la résistance à l'envahisseur dans des conditions particulièrement éprouvantes.

La guerre d'Afghanistan constitue le point tournant de cette période. Condamnée par l'Assemblée générale de l'ONU (à une énorme majorité de 104 voix contre 18), dénoncée unanimement par les pays islamiques, l'URSS voit son prestige moral sérieusement entamé, particulièrement auprès des pays du monde arabo-musulman **30**. Dans le bloc atlantique, la clameur indignée et un peu trop vertueuse qui se déchaîne marque, pour les États-Unis, la fin d'une sorte d'assoupissement international.

Jusqu'à cette intervention en Afghanistan, en effet, la réplique des États-Unis à la poussée soviétique a été marquée par une sorte de torpeur consécutive à l'échec vietnamien et à l'affaiblissement du pouvoir présidentiel dans le scandale du Watergate qui a entraîné la démission du président Nixon.

> Pourquoi cet appel des résistants afghans est-il adressé de façon spécifique aux Turkmènes et aux Tadjiks? Cela pourrait-il nous dévoiler un indice des raisons de l'intervention soviétique en Afghanistan?

30 **La résistance afghane**

Tract à l'intention des soldats soviétiques :

Militaires de l'armée soviétique! Turkmènes, Tadjiks, Sibériens!

Vous vous trouvez en Afghanistan en tant que soldats d'une armée d'occupation impérialiste, vous vous battez contre le peuple paisible d'Afghanistan, qui jamais ne vous a fait de mal. Avec vos mains, vous servez le système politique qui, en U.R.S.S., a privé l'homme des libertés démocratiques élémentaires et a créé une nouvelle classe dirigeante d'oppresseurs et d'exploiteurs, des queues permanentes devant les magasins, un manque chronique d'articles de première nécessité et de beaucoup de produits d'alimentation. Vous versez votre sang et le sang des Afghans innocents pour coloniser un pays étranger. On ne vous a pas envoyés ici pour aider l'Afghanistan comme peuvent vous le dire les responsables du Parti. On vous a transformés en instrument de l'expansionnisme et du banditisme international de l'impérialisme moscovite. [...]

Vive les mouvements de libération nationale œuvrant chez les peuples d'U.R.S.S.! Vive les combattants œuvrant pour l'indépendance nationale et la liberté! Vive les gouvernements indépendants nationaux et démocratiques de vos pays! Vive le peuple héroïque de l'Afghanistan et son gouvernement indépendant!

Mort à l'U.R.S.S., prison des peuples, mort au bolchevisme! Liberté aux peuples! Liberté aux hommes!

Bloc antisoviétique des peuples (ABN) (organisation prochinoise), novembre 1980.

À partir de 1977, le nouveau président James (Jimmy) Carter met de l'avant sa « politique des droits humains », qui l'amène à s'éloigner de régimes particulièrement détestables (Nicaragua de Somoza, Iran du shah) et à s'en remettre à des intermédiaires pour les interventions les plus voyantes (la France en Afrique). Taxée de faiblesse et d'angélisme devant la poussée soviétique, cette politique est abandonnée à l'occasion de la guerre d'Afghanistan qui, combinée à la révolution iranienne (voir page 274), secoue la léthargie des États-Unis et ouvre une période de tension renouvelée entre les deux superpuissances **31**.

La défaite électorale de Carter en 1980 et l'arrivée à la Maison-Blanche d'un champion de l'antisoviétisme, Ronald Reagan, va remettre la guerre froide à l'ordre du jour. Qualifiant l'URSS d'« empire du Mal » et les partisans de Somoza de « combattants de la liberté », le nouveau président prend le contre-pied de son prédécesseur. En Amérique centrale, Washington finance la guérilla antisandiniste de la *Contra* et fait miner les ports nicaraguayens, en contravention des règles du droit international. Lorsque le Congrès coupe les subsides à la *Contra,* le président organise en secret toute une structure d'aide illégale financée par des ventes secrètes d'armes à l'Iran de Khomeiny, pourtant ennemi juré des intérêts étasuniens au Moyen-Orient. En 1983, Washington expédie des troupes sur l'île de Grenade pour renverser un gouvernement procubain. En Afrique, les insurrections anticommunistes d'Angola et du Mozambique reçoivent l'aide des États-Unis, qui se rapprochent également de l'Union sud-africaine raciste et de la dictature pro-occidentale et corrompue de Mobutu au Zaïre. Enfin, à travers le Pakistan du dictateur Zia ul-Haq, les rebelles afghans vont aussi profiter des largesses de Washington et être en mesure de faire pièce aux troupes soviétiques, de plus en plus embourbées.

Mais la résistance afghane puisant largement son inspiration aux sources religieuses d'un islam fondamentaliste particulièrement rigoureux, l'aide

---

31 « Une menace pour la paix mondiale »

Nous sommes confrontés à l'un des défis les plus graves de l'histoire de la nation. L'invasion soviétique en Afghanistan est une menace pour la paix mondiale, pour les relations Est-Ouest et pour la stabilité régionale ainsi que pour le mouvement du pétrole. L'attaque soviétique contre l'Afghanistan et l'extermination impitoyable de son gouvernement ont modifié de façon très menaçante la situation stratégique dans cette partie du monde. Elle a amené l'Union soviétique à une distance d'où l'océan Indien et même le golfe Persique peuvent être frappés. Elle a éliminé un État tampon entre l'Union soviétique et le Pakistan, et place l'Iran face à une nouvelle menace. Ces deux pays sont maintenant beaucoup plus

vulnérables à l'intimidation politique soviétique. Si cette intimidation s'avérait efficace, l'Union soviétique pourrait très bien contrôler une région d'un intérêt stratégique et économique vital pour la survie de l'Europe occidentale, de l'Extrême-Orient et finalement des États-Unis.

Il est clair que le sous-continent asiatique tout entier est menacé, et spécialement le Pakistan. Je demande donc au Congrès, en priorité, de voter un ensemble d'aides économiques et militaires destiné à aider le Pakistan à se défendre lui-même.

Président James Carter
Discours prononcé devant le Congrès,
le 21 janvier 1980.

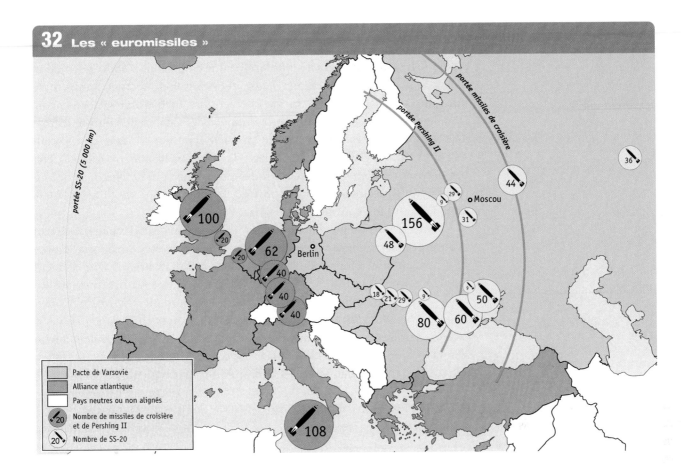

Légende de la carte :
- Pacte de Varsovie
- Alliance atlantique
- Pays neutres ou non alignés
- 20 Nombre de missiles de croisière et de Pershing II
- 20 Nombre de SS-20

logistique et financière des États-Unis contribue ainsi, par un de ces retournements si fréquents en histoire, à l'essor d'un mouvement islamiste radical qui, après avoir chassé les Soviétiques d'Afghanistan, y offrira au réseau Al-Qaïda le sanctuaire d'où surgira la grande offensive terroriste anti-américaine des années 1990-2000 (voir page 320)…

8.5.2 La course aux armements

Après quelques années de répit consécutives à l'accord SALT I de 1972, la course aux armements reprend de plus belle au milieu des années quatre-vingt. L'effort se porte essentiellement, dans un premier temps, sur les missiles de portée intermédiaire, non touchés par l'accord SALT, et sur la multiplication des têtes portées par chaque missile (MIRV : *Multiple Independent Re-entry Vehicles*). Cette percée technologique entraîne une nouvelle donne stratégique qui ne fait qu'accélérer la course-poursuite.

À partir de 1977, l'URSS installe ainsi 330 fusées SS-20 en Europe orientale, plaçant toute l'Europe occidentale sous la menace directe du feu nucléaire (chaque SS-20 porte 3 têtes de 150 kilotonnes chacune à 5 000 km de distance). Les États-Unis, quant à eux, mettent au point l'engin balistique Pershing II et le missile Cruise (missile de croisière) volant à très basse altitude, échappant à la détection radar et équipé d'un système de guidage sophistiqué lui donnant une grande précision. Pour répliquer au déploiement des SS-20, les États-Unis installent en Europe de l'Ouest, à partir de 1983, malgré d'immenses protestations pacifistes, une centaine de Pershing et plus de 400 missiles de croisière **32**.

La même année, le président Reagan annonce le lancement de l'Initiative de défense stratégique (IDS), mieux connue sous le nom de « Guerre des étoiles ». Il s'agit d'un projet supersophistiqué de détection et de destruction dans l'espace des missiles ennemis, devant assurer la protection complète du territoire national face à la menace soviétique. Bien qu'elle relève encore largement de la science-fiction, cette initiative dégrade un peu plus un climat déjà tendu, car sa réalisation signifierait que l'« équilibre de la terreur » serait rompu, les États-Unis étant désormais à l'abri d'une frappe soviétique. Cette perspective inquiète même les alliés des États-Unis, qui craignent le découplage entre une Amérique bien protégée et une Europe de l'Ouest laissée seule face au bloc continental.

Toutes ces décisions, outre qu'elles réveillent l'angoisse des peuples devant des perspectives d'apocalypse, provoquent l'ensablement des négociations de désarmement, qui s'étaient multipliées depuis quelques années. Difficilement mené à terme, l'accord SALT II (1979) ne sera même pas présenté au Congrès de Washington pour ratification, les pourparlers MBFR (*Mutual Balanced Forces Reduction*) pour la réduction des forces en Europe piétinent, les entretiens sur les forces nucléaires intermédiaires (FNI) ne donnent aucun résultat, ni les négociations START (*Strategic Armement Reduction Talks*), entreprises sans conviction en 1982 et qui tournent rapidement à l'impasse.

33 La guerre permanente ?

La guerre est toujours perçue dans sa discontinuité. Or, avec le développement des armes économiques, l'hypothèse de la guerre continue paraît plus vraisemblable dans un monde surarmé. Le conflit armé apparaît alors comme un moment de crise aiguë dans une situation d'agressivité réciproque constante. Plus généralement, la guerre peut être considérée comme un facteur économique, même si ses déterminants ne sont pas exclusivement économiques. La menace de guerre est d'ailleurs souvent aussi efficace que la guerre elle-même pour le pays dominant.

La guerre continue est suscitée par plusieurs causes, d'ordre directement économique :
— *Les dépenses militaires constituent un volant de sécurité, à grande inertie, pour contrôler la croissance du surplus (défini comme l'écart entre la puissance productive et l'absorption de la production). La guerre permet le gaspillage organisé, créant une demande artificielle propre à écouler le surplus. Elle se présente comme un instrument de régulation.*
— *La menace de guerre offre un soutien logistique puissant aux négociations commerciales, soit par la protection offerte en échange d'avantages économiques, soit par la crainte produite (approvisionnement en pétrole), soit encore par l'aide qu'elle apporte aux régimes favorables au développement de relations asymétriques entre les pays (rapports américano-chiliens).*
— *Enfin, la guerre peut favoriser la mise en place, rendue nécessaire par la crise, d'un nouveau mode de production.*

J. Fontanel
L'Économie des armes, Paris, La Découverte-Maspéro, 1983.

Quels seraient les avantages économiques d'un état de guerre permanente ?

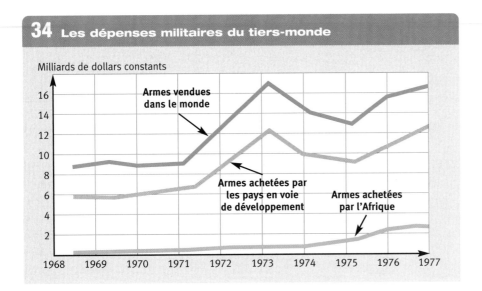

Milliards de dollars constants

Armes vendues dans le monde

Armes achetées par les pays en voie de développement

Armes achetées par l'Afrique

Pendant que les budgets militaires des deux superpuissances atteignent des niveaux fantastiques (6 % du PIB des États-Unis et jusqu'à 13 % de celui de l'URSS), la course aux armements se déchaîne dans le monde entier et particulièrement dans le tiers-monde, où des régimes instables et corrompus (par qui?) sont trop heureux de bénéficier de la nouvelle guerre froide pour se suréquiper, avant tout en vue d'assurer le maintien de leurs propres peuples dans la soumission. En 1982, les dépenses militaires de l'ensemble du monde totalisent 500 milliards de dollars, soit plus de 1 million de dollars à la minute. Les armements sont devenus l'un des postes clés du commerce international, les États-Unis et l'URSS assurant à eux seuls près des trois quarts des ventes, suivis de loin par la France et la Grande-Bretagne 33. Les pays du Moyen-Orient effectuent 57 % des achats mondiaux, consacrant ainsi leur rôle de « poudrière » de la planète, contre 13 % à l'Afrique et 12 % à l'Amérique latine 34. Ce qui, dans le cas de l'Afrique, représente tout de même 65 milliards de dollars, pour un continent où se concentrent la plupart des pays les plus pauvres du monde. Pays pauvres, ou peuples appauvris?... 35

Conclusion

La Seconde Guerre mondiale a créé deux grands vainqueurs inégaux, les États-Unis et l'Union soviétique, qui basculent très vite d'une « Grande Alliance » pleine de sous-entendus dans une guerre froide où, entouré chacun de son bloc d'alliances, ils évitent de se retrouver directement face à face sur les champs de bataille. Après la guerre de Corée, une coexistence malaisée s'installe sur un « équilibre de la terreur » qui côtoie de bien près l'holocauste nucléaire lors de la crise des fusées de 1962. Une détente certaine, mais non dépourvue de conflits persistants, s'installe vers le milieu des années soixante, libérant des forces centrifuges qui lézardent la solidarité interne des blocs. Les espoirs de paix véritable qui se dessinent au milieu des années soixante-dix sont toutefois obscurcis par la reprise de la guerre froide, marquée par une sensible dégradation de la détente et par la relance d'une course éperdue aux armements.

Il faudra rien de moins qu'une immense secousse pour modifier de façon décisive les grands équilibres planétaires issus de la Seconde Guerre mondiale. Cette secousse aura lieu à la fin des années quatre-vingt (voir chapitre 14).

Questions de révision

1. Quelles sont les décisions majeures prises par les membres de la Grande Alliance lors des conférences de Yalta et de Potsdam ?

2. Décrivez les principaux rouages de l'ONU ; expliquez précisément où se situe et en quoi consiste le droit de veto.

3. Comment se manifestent les « premiers craquements » de la Grande Alliance entre 1945 et 1947 ?

4. En quoi consistent la doctrine Truman et le plan Marshall ? Comment marquent-ils le début de la guerre froide du côté du bloc atlantique ?

5. Décrivez la naissance et l'extension du bloc continental entre 1947 et 1955.

6. Décrivez les origines, les enjeux et les résultats des principaux conflits qui marquent la période : première crise de Berlin, guerre de Corée, seconde crise de Berlin, crise des fusées, guerre du Vietnam.

7. Qu'entend-on par la « coexistence pacifique » et quelles sont les conditions nouvelles qui la rendent possible après 1953 ?

8. Montrez comment de nouvelles équipes dirigeantes apportent d'importants rajustements dans les relations entre les blocs vers le milieu des années soixante.

9. Quelles sont les bases essentielles du schisme sino-soviétique ?

10. Décrivez les initiatives soviétiques et les ripostes des États-Unis qui marquent le retour de la guerre froide après 1973. En quoi la guerre d'Afghanistan constitue-t-elle un tournant dans cette évolution ?

11. Comment se manifeste la course aux armements après 1972 ?

EXERCICES >
TRAVAUX >
SUJETS DE DISCUSSION >

1. Faites un résumé du chapitre sous forme de plan détaillé (résumé schématique).

2. Sur une carte muette du monde, localisez les deux blocs de la guerre froide, ainsi que les zones principales de leurs affrontements.

3. Une organisation internationale telle que l'ONU, fondée sur la libre adhésion d'États souverains, est-elle vraiment en mesure d'assurer la paix mondiale ?

4. Dans les relations internationales, une politique « humaniste » comme celle de Carter donnerait de moins bons résultats qu'une politique belliciste comme celle de Reagan. Discutez.

> Pour aller plus loin

(NOTE : sauf mention contraire, le lieu d'édition est Paris.)

publications

BERSTEIN, S., et autres (dir.) *Histoire du XXᵉ siècle. Tome 3 : 1973 à nos jours, vers la mondialisation.* Hatier, coll. « Initial », 2001, 383 p.

GROSSER, P. *Les Temps de la guerre froide : réflexions sur l'histoire de la guerre froide et sur les causes de sa fin.* Bruxelles, Éd. Complexe, coll. « Questions au XXᵉ siècle » nᵒ 77, 1995, 466 p.

HEFFER, J. *La fin du XXᵉ siècle : de 1973 à nos jours.* Hachette Supérieur, coll. « HU Histoire », série Histoire de l'humanité, 2000, 320 p.

JEANNESSON, S. *La guerre froide.* La Découverte, coll. « Repères » nᵒ 351, 2002, 122 p.

MILZA, P. *Les Relations internationales de 1945 à 1973.* Hachette, coll. « Carré Histoire » nᵒ 29, 1996, 239 p.

— *Les Relations internationales de 1973 à nos jours.* Hachette, coll. « Carré Histoire » nᵒ 35, 1996, 255 p.

MIQUEL, P. *Histoire du monde contemporain : 1945-1999.* Fayard, 1999, 665 p.

SOULET, J.-F., et S. GUINLE-LORINET. *Le monde depuis la fin des années 60 : précis d'histoire immédiate.* A. Colin, coll. « U », série Histoire contemporaine, 1998, 380 p.

SOUTOU, G.-H. *La guerre de cinquante ans : les relations Est-Ouest, 1943-1990.* Fayard, 2001, 767 p.

VAÏSSE, M. *Les Relations internationales depuis 1945.* A. Colin, coll. « Cursus », série Histoire, 5ᵉ éd., 1996, 191 p.

ZORGBIBE, C. *Histoire des relations internationales.* Tome III : *Du système de Yalta aux missiles de Cuba, 1945-1962.* Tome IV : *Du schisme Moscou-Pékin à l'après-guerre froide, 1962 à nos jours.* Hachette, coll. « Pluriel. Référence », 1995, 353 p. et 465 p., respectivement.

cédéroms

À la conquête de l'histoire. De 1945 à nos jours. Cube Systèmes multimedia.

Nuklear. Encyclopédie de la dissuasion. Prod. Microfolie's.

films

C'est l'apocalypse (*Apocalypse Now*), de Francis Ford Coppola, avec Martin Sheen et Marlon Brando. É.-U, 1979. 153 min. Le grand film sur la guerre du Vietnam. Rythme lent d'épopée tragique. Offert en DVD en plusieurs versions.

Docteur Folamour (*Dr Strangelove or : How I Learned to Stop Worrying and Love the Bomb*), de Stanley Kubrick, avec Peter Sellers et George C. Scott. É.-U., 1964. 93 min. Un bombardier nucléaire étasunien est dirigé par erreur au-dessus du territoire soviétique et les procédures de sécurité font qu'il est impossible de communiquer avec son équipage et d'annuler sa mission. Comédie noire brillamment servie par des comédiens magnifiques (Peter Sellers joue trois rôles). Du grand Kubrick. Offert en DVD.

Fail-Safe, de Sidney Lumet, avec Henry Fonda et Walter Matthau. É.-U., 1964. 112 min. Exactement sur le même thème que le précédent, un très bon film dramatique. Offert en DVD.

Thirteen Days, de Roger Donaldson, avec Kevin Costner et Bruce Greenwood. É.-U., 2000. 145 min. La crise des fusées de 1962 telle qu'elle fut vécue à la Maison-Blanche. Offert en DVD.

Le troisième homme (*The Third Man*), de Carol Reed, avec Orson Welles, Joseph Cotten et Alida Valli. G.-B., 1949. 104 min. Un journaliste américain enquête sur la mort suspecte d'un ancien ami dans la Vienne occupée par les vainqueurs de 1945. Un chef-d'œuvre dans le plus pur style expressionniste. Offert en DVD.

Le Tunnel (*Der Tunnel*), de Roland Suso Richter, avec Heino Ferch et Nicolette Krebitz. All., 2001. 150 min. Reconstitution de l'histoire vécue d'une évasion de Berlin-Est par un tunnel creusé sous le mur. Bonne valeur documentaire. Offert en DVD.

Chapitre **9**

PLAN DU CHAPITRE

9.1   LE MONDE CAPITALISTE
**9.1.1 L'euphorie de
la croissance (1945-1973)**
**9.1.2 Une nouvelle dépression
(1973-1989)**
**9.1.3 La construction
de l'Europe**
9.1.4 Les États-Unis
9.1.5 Le « miracle » japonais
**9.2   LE MONDE SOVIÉTO-
COMMUNISTE**
**9.2.1 L'URSS : les aléas du
« modèle » soviétique**
**9.2.2 Les démocraties
populaires : les aléas
de la satellisation**
**9.2.3 La Chine : l'autre
communisme**

Deux mondes en parallèle (1945-1989)

Pendant que se déploient sur l'ensemble du globe les grandes manœuvres de la guerre froide et de la détente, chacun des deux mondes en présence connaît une évolution intérieure contrastée, entre croissance et ralentissement économique, réussite et contestation parfois violente du « modèle », émergence de forces nouvelles et résistance de l'ordre établi.

Quelles sont les bases, les manifestations et les limites de la croissance économique des pays capitalistes au cours des « Trente Glorieuses »? Pourquoi cette croissance est-elle interrompue au début des années soixante-dix? Comment les grands pays ou ensembles du monde capitaliste évoluent-ils? Quels changements la mort de Staline amène-t-elle dans le monde soviéto-communiste? Pourquoi ces changements débouchent-ils sur un échec et comment cet échec rend-il inévitable la grande remise en cause des années quatre-vingt? De quoi est fait cet « autre communisme » qui s'affirme en Chine?

1 *Les constructeurs*, Fernand Léger, 1950

Chronologie

2

1944	Conférence de Bretton Woods : création du FMI
1947	Création du GATT
1948	Début du plan Marshall Schisme yougoslave
1949	Création du CAEM (Comecon)
1950	Loi sur le mariage et réforme agraire en Chine
1953	Mort de Staline Réconciliation de l'URSS avec Tito Premier plan quinquennal en Chine
1956	Rapport secret de Khrouchtchev au XXe Congrès du PCUS Soulèvements populaires en Pologne et en Hongrie
1957	Premier vol du *Spoutnik* Création de la Communauté économique européenne (CEE) Rupture sino-soviétique
1958	Début du « grand bond en avant » en Chine
1959	Ouverture du Marché commun de la CEE
1961	John F. Kennedy devient président des États-Unis
1963	Assassinat de Kennedy
1964	Khrouchtchev remplacé par Brejnev
1965	Début de la « grande révolution culturelle prolétarienne » en Chine
1968	Assassinats de Martin Luther King et de Robert Kennedy « Printemps de Prague »
1969	Richard Nixon devient président des États-Unis
1970	Émeutes ouvrières en Pologne
1971	Suppression de la convertibilité du dollar étasunien en or
1973	Premier choc pétrolier Naissance de « l'Europe des Neuf »
1976	Mort de Mao Zedong
1977	James (Jimmy) Carter devient président des États-Unis
1979	Second choc pétrolier Première élection du Parlement européen au suffrage universel
1980	Accords de Gdańsk
1981	Ronald Reagan devient président des États-Unis Coup d'État militaire en Pologne
1985	Mikhaïl Gorbatchev devient secrétaire général du Parti communiste de l'Union soviétique (PCUS)
1986	« Europe des Douze »
1987	Entrée en vigueur de l'Acte unique européen
1988	Légalisation de Solidarité
1989	Massacre de la place Tiananmen à Beijing

A u cours des 40 années qui suivent la fin de la guerre, les démocraties libérales vont connaître trois décennies de croissance économique vertigineuse suivies d'une nouvelle plongée en dépression. Pendant qu'une Europe unifiée s'édifie lentement sur les ruines d'un passé séculaire de conflits sans fin dont la leçon semble enfin avoir été comprise, les États-Unis passent de leur tranquille certitude sur la supériorité de l'*American way of life* à sa remise en cause radicale par le plus puissant courant de contestation interne de leur histoire. Et le Japon réussit comme par miracle à se sortir de la catastrophe de 1945 et à prendre sa place dans le peloton de tête des grandes puissances économiques.

9.1.1 L'euphorie de la croissance (1945-1973)

C'est aux 30 années qui suivent la Seconde Guerre mondiale que l'économiste Jean Fourastié a accolé l'expression « les Trente Glorieuses » **3**. Il s'agit en effet d'une période, comparable à nulle autre, d'expansion économique forte et continue **4**. Elle est due à plusieurs facteurs essentiels et encadrée par deux institutions nouvelles.

Les facteurs de cette croissance exceptionnelle sont multiples. L'essor démographique en est un des plus déterminants, avec le fameux « baby-boom », qui fait augmenter de 29 % la population des pays industrialisés du monde capitaliste pour l'ensemble de la période. Le progrès technique en est un autre, stimulé surtout, hélas! par la course aux armements qui s'enclenche irrémédiablement après la guerre de Corée et qui fait du complexe militaro-industriel, dénoncé par le président Eisenhower lui-même dès 1960, un des rouages vitaux de l'économie. En effet, ses retombées bénéficient à la population civile, particulièrement sous forme d'emplois nombreux et bien rémunérés.

Un troisième moteur de la croissance est l'investissement productif, favorisé à la fois par le drainage de l'épargne au sein d'un réseau d'établissements financiers de plus en plus développé, par l'autofinancement des sociétés à même leurs profits et par les dépenses publiques d'infrastructures (réseau routier, communications). L'État ne se limite d'ailleurs pas à ces investissements publics, mais alimente également la croissance par des politiques budgétaires et monétaires de stabilisation inspirées de Keynes et par la mise en place d'un

---

3 Les Trente Glorieuses

Ce ne peut être qu'une idée infantile, celle qui envisage un progrès si absolu que la condition humaine soit, en peu d'années, affranchie de toute contrainte, contradiction, souffrance ou gêne, que le bonheur coule à pleins flots, [...] que les gouvernements soient bienfaisants et puissants tout en étant libéraux, que les planificateurs soient parfaitement informés et ne commettent jamais d'erreurs dans l'appréciation du bien des peuples [...]. Cependant, resteront sans nul doute parmi les plus marquantes années de l'histoire des hommes celles où la France comme l'Occident tout entier montrent une nouvelle voie au monde (et même si ces résultats sont encore insuffisants et précaires), ont affranchi de grandes masses d'hommes de la famine et de la misère millénaire, réduit à 15 % la mortalité infantile, donné à l'homme moyen la possibilité d'une information, d'une culture intellectuelle et spirituelle qui n'étaient naguère données qu'à une infime minorité.

Jean Fourastié
Les Trente Glorieuses,
Paris, Fayard, 1979.

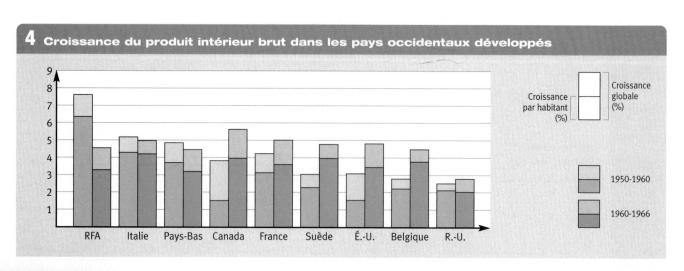

4 Croissance du produit intérieur brut dans les pays occidentaux développés

Croissance par habitant (%) — Croissance globale (%)

1950-1960

1960-1966

RFA · Italie · Pays-Bas · Canada · France · Suède · É.-U. · Belgique · R.-U.

vaste système de sécurité sociale qui contribue à maintenir un niveau minimal de consommation dans les classes défavorisées.

Enfin, l'expansion des échanges internationaux contribue puissamment au dynamisme de ces Trente Glorieuses. Cette expansion est favorisée par la libéralisation du commerce et le développement des investissements transnationaux au sein des firmes multinationales. Entre 1950 et 1975, pendant que la production mondiale croît de 5 % par année, le commerce international croît de 7 %, tandis que le volume des transactions financières internationales est multiplié par six.

À côté de ces facteurs fondamentaux, deux institutions, mises sur pied à la fin de la Seconde Guerre pour prévenir les difficultés qui avaient suivi la Première, fournissent l'encadrement nécessaire à une croissance sans soubresauts : le Fonds monétaire international et le GATT (*General Agreement on Tariffs and Trade*).

Un nouveau système monétaire international a d'abord été mis en place par les accords de Bretton Woods (1944). Toutes les monnaies seront librement convertibles, entre elles et avec le dollar étasunien, sur la base de taux de change fixes. Les États-Unis détenant les deux tiers du stock d'or mondial, seul le dollar étasunien sera convertible en or, sur une base fixe de 35 dollars l'once. Le bon fonctionnement de ce système est assuré par la création d'un Fonds monétaire international (FMI), sorte de caisse mutuelle à laquelle chaque pays verse une cotisation (quota) proportionnelle à son importance économique, en échange de quoi ce pays obtient un droit de tirage en dollars et en devises étrangères pour équilibrer sa balance des paiements afin de maintenir la parité de sa monnaie à plus ou moins 1 % du taux fixé **5**.

Ainsi se trouve écarté le spectre de l'instabilité monétaire, qui a joué un si grand rôle dans les difficultés de l'entre-deux-guerres. Devenu, comme on le dit à l'époque, « *as good as gold* », le dollar étasunien est promu monnaie de réserve internationale et détrône définitivement la livre sterling. Combinée au pouvoir prépondérant qu'exercent les États-Unis sur le FMI, au sein duquel le droit de vote est proportionnel au quota de chaque membre, cette situation assure l'hégémonie financière de l'Oncle Sam sur une bonne partie de l'humanité **6**.

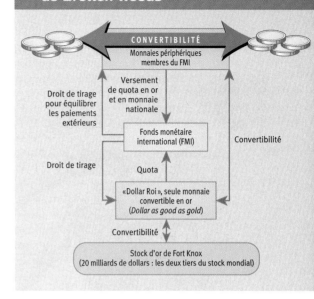

5 Le système monétaire de Bretton Woods

CONVERTIBILITÉ
Monnaies périphériques membres du FMI

Droit de tirage pour équilibrer les paiements extérieurs

Versement de quota en or et en monnaie nationale

Fonds monétaire international (FMI)

Convertibilité

Droit de tirage

Quota

«Dollar Roi», seule monnaie convertible en or (*Dollar as good as gold*)

Convertibilité

Stock d'or de Fort Knox (20 milliards de dollars : les deux tiers du stock mondial)

Quels sont les avantages du dollar étasunien sur l'or ?

6 La suprématie du dollar étasunien

Les accords de Bretton Woods ont fait du dollar la seule véritable monnaie mondiale : partout reçue, voire sollicitée avec empressement, mieux même que l'or. [...] Sur l'or, il a des avantages marqués : dès lors que ses détenteurs prennent la précaution de le placer en bons du Trésor des États-Unis, il porte intérêt (« C'est de l'or qui rapporte »); il permet de se procurer partout, et spécialement aux États-Unis [...], produits ou services très recherchés, plus facilement même qu'avec de l'or, puisque celui-ci ne circule plus comme monnaie.

Les États-Unis voient aussi, grâce au système de Bretton Woods, se renforcer puissamment leur rôle de banquier du monde, qu'ils avaient commencé à exercer dans l'entre-deux-guerres. Après 1945, l'affaiblissement du Royaume-Uni est tel que les États-Unis le distancent irrémédiablement dans ce rôle. Ils deviennent ainsi les intermédiaires obligés dans le grand commerce international. [...]

Enfin, les États-Unis tiennent en main, non seulement en fait mais statutairement, tout le régime. Au FMI, les voix sont fonction des quotas

déposés par les différents États membres, et de la place tenue par leurs monnaies. [...] Or les États-Unis [...] ont toujours réussi depuis 1945 à garder plus de 20 % des voix, ce qui leur donne un droit de veto.

Les besoins en dollars, au lendemain de la Deuxième Guerre mondiale, étaient tels que tout système permettant d'atténuer le dollar gap généralisé dont souffrait alors le monde eût été accueilli avec empressement.

Mathiex et Vincent
Aujourd'hui, Paris, Masson, 1985.

Quel est l'avantage d'utiliser une échelle semi-logarithmique pour le graphique 2 ?

Également pour exorciser le souvenir lancinant des années trente, un accord général sur les tarifs douaniers et le commerce est signé en 1947 afin de libéraliser les échanges. Le GATT préconise une sorte de « désarmement douanier » par l'abaissement des barrières tarifaires et non tarifaires (par exemple les contingentements) entre les pays, la réciprocité de traitement entre les signataires (« clause de la nation la plus favorisée ») et l'élimination des pratiques déloyales comme le *dumping.* Le GATT fournit surtout un cadre de négociations relativement souple, auquel adhèrent dès le départ 23 pays assurant 80 % du commerce mondial.

Ainsi donc sont mises en place les conditions d'une croissance ininterrompue de 30 années, phénomène à peu près unique depuis le début de l'âge industriel au XIXᵉ siècle.

Au tournant des années soixante-dix, toutefois, cette « glorieuse » croissance commence à donner des signes d'essoufflement. Et cet essoufflement prend désormais un caractère structurel, c'est-à-dire indissolublement lié aux modalités mêmes de cette croissance. D'une part, la hausse continue des salaires, nécessaire pour assurer l'écoulement d'une production tournant à plein régime, entraîne peu à peu une baisse du taux de profit des entreprises **7**. D'autre part, la croissance s'accompagne d'une « inflation rampante » qu'il semble impossible de stopper ou même de ralentir **8**. L'accroissement de la demande entraîne en effet le gonflement de la masse monétaire, en particulier sous forme de crédit à la consommation (généralisation des cartes de crédit), sans lequel l'expansion ne pourrait se poursuivre. On passe ainsi, vers 1960, d'une situation de manque de dollars (*dollar gap*) à une situation d'excès, tandis qu'à l'échelle internationale, la balance des paiements des États-Unis est devenue déficitaire **9**. La crédibilité du dollar étasunien, base du système de Bretton Woods, en est sérieusement entamée, et plusieurs

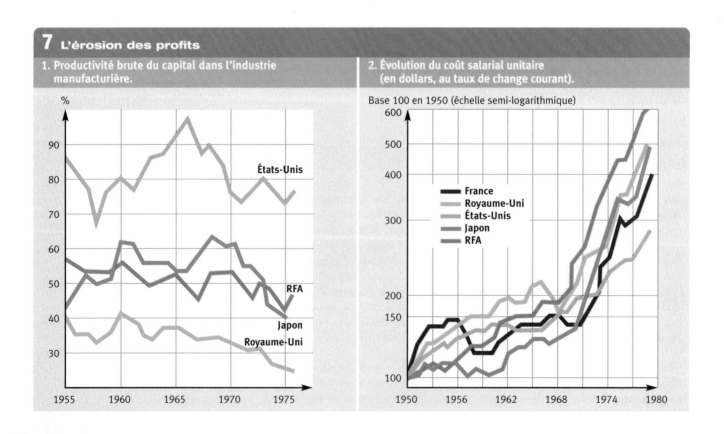

7 L'érosion des profits

1. Productivité brute du capital dans l'industrie manufacturière.

États-Unis
RFA
Japon
Royaume-Uni

2. Évolution du coût salarial unitaire (en dollars, au taux de change courant).

Base 100 en 1950 (échelle semi-logarithmique)

France
Royaume-Uni
États-Unis
Japon
RFA

8 L'« inflation rampante »		
Taux moyen de la hausse annuelle des prix à la consommation		
Pays	1952-1962 (%)	1962-1971 (%)
Belgique	1,1	3,6
Canada	1,1	3,1
États-Unis	1,3	3,3
France	3,7	4,2
Italie	2,3	4,1
Japon	3,3	5,7
Pays-Bas	2,5	5,2
RFA	1,3	3,0
Royaume-Uni	3,0	4,7
Suisse	1,4	3,8

9 Le déficit de la balance des États-Unis (en milliards de dollars)

Balance des paiements				
	Balance des paiements courants	Solde des mouvements de capitaux à long terme	Solde des mouvements de capitaux à court terme	Solde global
1947-1949	+ 7,4	− 6,5	+ 1,0	+ 1,9
1950-1957	+ 2,2	− 3,8	+ 0,3	− 1,3
1958-1967	+ 4,0	− 6,1	− 0,4	− 2,5
1968-1973	+ 0,4	− 4,6	− 9,0	− 13,2

Balance commerciale					
1961	5 588	1965	4 951	1969	638
1962	4 561	1966	3 926	1970	2 185
1963	5 241	1967	3 860	1971	12 049
1964	6 831	1968	624		

Quel est le pays où l'inflation augmente le moins ? Et celui où elle augmente le plus ?

pays échangent leurs dollars contre de l'or, faisant fondre les réserves de Fort Knox de 25 à 10 milliards de dollars.

À ces facteurs structurels fondamentaux s'ajoutent les difficultés de la « régulation keynésienne » de l'économie. On a vu (page 86) comment l'économiste Keynes avait proposé de résoudre la crise des années trente. Après la guerre, tous les pays développés du bloc atlantique ont adopté à divers degrés des mesures inspirées du modèle keynésien, qui se traduisent par une augmentation de l'intervention de l'État dans l'économie et par la mise en place de l'État-providence. Cette évolution entraîne évidemment un alourdissement des impôts et des charges sociales des entreprises, mais aussi le recours au déficit budgétaire par les gouvernements, entraînés dans une dynamique irrésistible. Or, le modèle keynésien aurait plutôt exigé, en période de croissance, d'engendrer des surplus budgétaires en réduisant les dépenses de l'État, alors que c'est l'inverse qui se produit, alimentant l'inflation.

C'est dans cette conjoncture déjà passablement dégradée que vont éclater, au début des années soixante-dix, deux événements qui marquent la fin brutale des Trente Glorieuses et plongent le monde capitaliste dans une nouvelle dépression.

9.1.2 Une nouvelle dépression (1973-1989)

Le 15 août 1971, le président des États-Unis, Richard Nixon, annonce la suppression complète de la convertibilité du dollar étasunien en or. C'est la fin du système de Bretton Woods et de la stabilité monétaire qu'il avait assurée. Désormais, il n'y a plus d'étalon de change international, et toutes les monnaies vont « flotter », c'est-à-dire fluctuer les unes par rapport aux autres selon la loi du marché. Rendue inévitable par l'énorme déficit commercial des États-Unis, cette décision déclenche une insécurité monétaire qui généralise l'inflation, encourage la spéculation au détriment

10 Le triomphe du dollar-papier

En utilisant l'arme du pétrole et du dollar, les États-Unis ont fait capituler l'Europe et le Japon sur un point décisif. [...] Ils ont fait reconnaître le dollar-papier en lieu et place de l'or comme moyen international de paiement. Cela impliquait que l'immense accumulation des dettes liquides américaines (plus de 200 milliards de dollars en 1977) allait s'accroître chaque année, alimentée par le montant croissant de nouveaux déficits américains et des achats massifs de services réels payés au poids du papier, ce qui constituait, en fait, un prélèvement de biens réels sur les pays créanciers en faveur des États-Unis. Cela signifiait aussi que le système perdait tout contrôle sur le mécanisme inflationniste lié à l'emploi du dollar-papier comme moyen de paiement international, sa fabrication étant dominée par les intérêts spécifiques du capitalisme américain.

J.-P. Vigier
Le Monde diplomatique,
Paris, mai 1978.

de l'investissement productif et désorganise les échanges internationaux en rendant imprévisibles les conditions de la concurrence. Dans les faits, cela signifie aussi que c'est désormais le dollar-papier qui remplace l'or comme moyen de paiement international, permettant ainsi aux États-Unis de solder à peu de frais, par la planche à billets, leur dette internationale avec un dollar dévalué **10**. Cette dévaluation du dollar conduit par ailleurs au second événement clé : le choc pétrolier.

En octobre 1973, à l'occasion de la guerre du Kippour (voir page 268), les pays arabes membres de l'OPEP (Organisation des pays exportateurs de pétrole) imposent le quadruplement des prix du pétrole en trois mois. L'opération, complétée par la nationalisation des installations occidentales, a deux objectifs : forcer l'Occident à reconnaître la légitimité des revendications arabes sur la Palestine et, peut-être surtout, contrebalancer la baisse des prix réels provoquée par la dévaluation du dollar étasunien, base de calcul des prix du pétrole. Ce premier « choc pétrolier » sera suivi d'un second, en 1979-1980, dû à une réduction de l'offre consécutive à la guerre Iran-Irak. En 1982, le prix du pétrole aura été multiplié par 10 par rapport à 1972 (de 3 dollars à plus de 30 dollars le baril). Or, le pétrole à bon marché a été au cœur de la croissance capitaliste depuis les années cinquante et fournit en 1970 près de 40 % de toute l'énergie consommée dans le monde.

Dans les pays importateurs, le choc pétrolier a pour effet à la fois d'accélérer la hausse des prix et de déclencher des mesures d'austérité qui amplifient une crise déjà amorcée, les gouvernements cherchant, d'une part, à freiner la consommation intérieure pour diminuer la facture pétrolière et, d'autre part, à accroître les exportations pour rééquilibrer leur balance commerciale. Pour

> Quel est l'avantage, pour les États-Unis, de la non-convertibilité du dollar en or ?

> Quelles sont les différences majeures entre la crise des années trente et celle des années soixante-dix, d'après ce texte ?

11 1929, 1974 : l'Histoire ne se répète pas...

Il y a bien des points communs entre la dégradation actuelle et l'entre-deux-guerres : paralysie des politiques antérieurement employées, montée du chômage (même si elle est beaucoup plus lente), instabilité financière des États périphériques et des entreprises du centre, déséquilibre des échanges extérieurs et désordres monétaires. [...]

Cependant, quelques différences énormes sautent aux yeux. La première tient aux dispositifs de protection sociale qui garantissent à la plupart des chômeurs dans les pays occidentaux un niveau de vie minimal, sans doute chichement défini parfois, et inégalitaire, mais réel. La détresse prend donc une dimension

d'exclusion sociale et psychologique avant tout. Ensuite, si l'engagement de l'État dans la vie économique est souvent critiqué, il n'en reste pas moins vrai que les possibilités d'intervention publique sont sans commune mesure, dans leur ampleur et leur rapidité, avec celles des années trente. Sans se faire d'illusions sur la clairvoyance des responsables gouvernementaux, on doit souligner qu'ils ont à leur disposition des techniques puissantes de prévision et d'évaluation économique : on peut tester les effets immédiats de telle ou telle mesure sur un pays, même si la modélisation d'ensemble souligne plus les contraintes actuelles qu'elle n'indique comment s'en affranchir.

Ces estimations faisaient cruellement défaut en 1929. Enfin quelles que soient leurs réussites, les États socialistes de l'Est ne constituent plus une alternative [sic] crédible, à la différence de l'URSS isolée avant le second conflit mondial, qui poursuivait une croissance industrielle lourde brillante face au marasme américain. Les contreparties sociales, policières, agricoles de cet effort n'ont été soulignées que plus tard.

B. Gazier
La Crise de 1929, Paris,
Presses universitaires de France,
coll. « Que sais-je ? », 1983.

les pays sous-développés importateurs de pétrole, entièrement dépendants de leurs exportations de matières premières, il s'agit d'une véritable catastrophe.

Mais la crise qui se déclenche ainsi au début des années soixante-dix n'a pas grand-chose en commun avec celle à laquelle évidemment tout le monde pense, celle des années trente **11**. Celle-là s'était caractérisée par un recul généralisé de presque tous les indicateurs économiques (production, prix, salaires, commerce international) et par la hausse vertigineuse du chômage (voir chapitre 4).

Cette fois, les indicateurs refusent de suivre le modèle. La production non seulement ne recule pas, mais maintient un taux de croissance de 3 %, nettement inférieur à celui des Trente Glorieuses, mais sans commune mesure avec l'effondrement de 40 % essuyé dans les années trente. Les prix aussi continuent de monter, et cette hausse elle-même s'accélère, le taux d'inflation dépassant, en 1980, le double de ce qu'il était 20 ans plus tôt **12**. Or, phénomène totalement incongru dans ce contexte, le chômage aussi progresse : il frappe 40 millions de personnes (10 % de la population active) en 1986 dans les pays de l'OCDE (Europe de l'Ouest et Amérique du Nord) **13**. Cette conjonction radicalement nouvelle de l'inflation et du chômage amène l'apparition d'un mot nouveau chez les économistes : la *stagflation* (contraction de *stagnation* et d'*inflation*).

Devant cette crise que personne n'a prévue, gouvernants et experts sont désarçonnés. La première réaction, en stricte orthodoxie keynésienne, est d'adopter

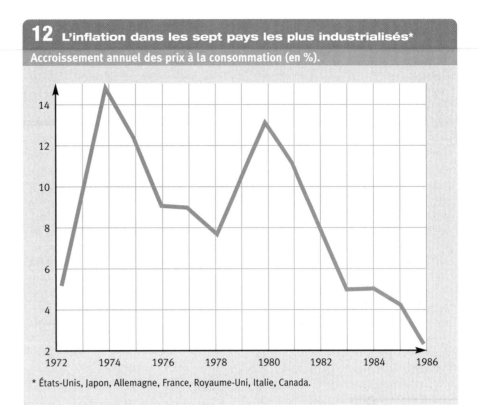

12 **L'inflation dans les sept pays les plus industrialisés***
Accroissement annuel des prix à la consommation (en %).

* États-Unis, Japon, Allemagne, France, Royaume-Uni, Italie, Canada.

Y a-t-il eu hausse des prix entre 1980 et 1986 ?

Dans quel pays la hausse du chômage est-elle la plus forte ? La plus faible ?

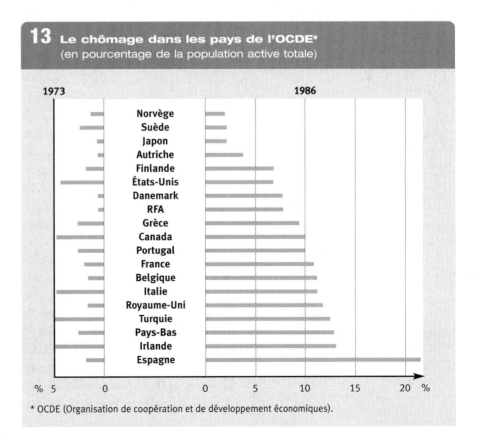

13 **Le chômage dans les pays de l'OCDE***
(en pourcentage de la population active totale)

* OCDE (Organisation de coopération et de développement économiques).

[Selon l'économie de l'offre] Pour revenir à la prospérité et à la stabilité, il faut rétablir l'économie du marché dans ses droits, d'où elle a été chassée par des décennies de croissance ininterrompue de l'interventionnisme étatique. L'économie de l'offre prend ainsi le contre-pied exact des deux principaux messages de la pensée keynésienne : à savoir, d'une part, que l'État doive prendre soin par ses interventions des échecs économiques du marché, de la production des services sociaux essentiels et de la redistribution des revenus ; qu'il doive assurer d'autre part le maintien du plein-emploi des ressources par une politique macro-économique, monétaire et budgétaire, de régulation de la conjoncture.

La stratégie de l'économie de l'offre est de diminuer simultanément les impôts directs sur les personnes et sur les entreprises et les dépenses publiques d'intervention économique et sociale : il devrait en

résulter une relance telle de l'investissement et de l'activité que le déficit budgétaire s'annulerait rapidement. [...]

L'économie de l'offre, on le voit, prend le contre-pied exact de tout l'enseignement de la science économique, non seulement depuis Keynes mais depuis les néo-classiques. Tout son édifice théorique repose finalement sur les deux hypothèses fondamentales suivantes : l'offre crée sa propre demande. Elle ne cherche rien de moins qu'à renouer avec les principes de l'économie classique, celle du XIXe siècle où la politique économique se réduisait au laisser-faire, et où le seul bon État était l'État minimum.

Christian Stoffaës
« La Reaganomie en perspective »,
Économie et prospective internationale,
Paris, La Documentation française, n° 9,
1er trim. 1983.

> En quoi consiste la stratégie de l'économie de l'offre ? En quoi cette stratégie est-elle antikeynésienne ?

des politiques de relance axées sur le soutien à la consommation par la sauvegarde de l'emploi et le développement des dépenses publiques. Mises en place par les travaillistes en Grande-Bretagne, les gaullistes et les socialistes en France, les démocrates aux États-Unis, les libéraux au Canada, ces politiques se révèlent impraticables, car, intervenant dans un contexte de stagflation, elles ne font qu'alimenter l'inflation sans résorber le chômage. Par ailleurs, elles ne tiennent pas compte de la mondialisation des échanges et profitent donc surtout à la concurrence étrangère, favorisant les exportations japonaises ou allemandes. La recherche d'une sortie de crise dans un seul pays, déjà inadéquate dans les années trente, se révèle carrément utopique 40 ans plus tard.

Autour de 1980, changement de cap : ce sont des politiques dites monétaristes qui sont mises en place un peu partout. Ces politiques, axées sur l'offre plutôt que sur la demande, ont pour objet de stimuler cette offre en s'attaquant prioritairement à l'inflation par un contrôle très strict de la masse monétaire (taux d'intérêt élevés), par une stratégie de rigueur budgétaire (lutte au déficit), par le désengagement de l'État (dénationalisation, déréglementation), par la réduction des charges sociales et des impôts directs (particulièrement sur les hauts revenus) et par l'affaiblissement des syndicats, dont les demandes salariales jugées excessives sont présentées comme l'une des causes fondamentales de la crise **14**.

Cette « médecine de choc » est appliquée de façon brutale en Grande-Bretagne à partir de 1979 par le gouvernement conservateur de Margaret Thatcher et aux États-Unis à partir de 1981 par l'administration républicaine de Ronald Reagan, avant de s'étendre ensuite de proche en proche dans tout le bloc atlantique, tant dans la France au gouvernement pourtant socialiste qu'au Canada et au Québec.

Aux États-Unis, par exemple, la « reaganomie » marque le début du démantèlement de l'édifice du *New Deal* rooseveltien (voir page 82). Recul draconien de la législation sociale, déréglementation tous azimuts, réapparition des bidonvilles et multiplication des sans-abri rappellent les images dramatiques de l'époque de Hoover. Une dure récession fait reculer le PIB (produit intérieur brut) vers des taux négatifs, tandis que le chômage atteint un sommet depuis les années trente (quoique encore bien en deçà du taux de ces années-là). La déréglementation provoque une concurrence sauvage et les faillites se multiplient, pendant que l'activité boursière s'emballe par

Depuis la profonde récession de 1982, les États-Unis ont bénéficié de la plus longue période de croissance en temps de paix de leur histoire. Dix-sept millions d'emplois ont été créés. Le chômage est revenu à 5,5 % par rapport à ses sommets de 10,7 % en 1982. Le rythme annuel de l'inflation a été ramené à 4 % contre 14,5 % durant l'été 1980. Les taux d'intérêt sur les bons du Trésor sont redescendus à 7,4, contre 15 % huit ans auparavant. Mais comment cela est-il arrivé? Certainement pas de la façon dont les conseillers de M. Reagan,

partisans de « l'économie de l'offre », l'avaient suggéré. Un allègement massif de la fiscalité était censé stimuler l'épargne privée et l'investissement. Le déficit du budget devait ainsi disparaître avant la fin du premier mandat de M. Reagan.

Dans les faits, la part de l'épargne privée dans le produit national brut (PNB) est tombée de 19 % à 16 % ; l'investissement privé est inférieur à son niveau de 1979; le déficit budgétaire a atteint, en moyenne, 4,3 % du PNB, et la dette nationale s'est accrue de plus de 1 000 milliards de dollars,

soit davantage que durant les deux cents premières années de l'histoire des États-Unis. Qu'est-il donc arrivé? D'où vient la prospérité? La réponse est simple : elle a été largement financée par le reste du monde. Durant les six dernières années, les Américains ont consommé et investi quelques milliards de dollars de plus qu'ils n'ont produit.

S. Marris
« La vie à crédit »,
Le Monde, 25 octobre 1968.

la spéculation jusqu'au krach de l'automne 1987. Malgré ses promesses solennelles, Reagan ne réduit cependant pas le déficit budgétaire qui, bien au contraire, s'envole, stimulé par les dépenses militaires de la « nouvelle guerre froide ». Pour financer ce déficit qui prend la dimension d'un gouffre, on fait appel aux capitaux étrangers par la hausse des taux d'intérêt, et bientôt les États-Unis accumulent la dette la plus élevée de tous les pays du monde (plus d'un billion de dollars en 1985), tandis que les pays pauvres sont littéralement asphyxiés **15** **16**.

Au milieu des années quatre-vingt, la crise mondiale dure depuis 10 ans et les politiques monétaristes ont tout au plus provoqué une légère remontée sur des bases plutôt fragiles, tout en entraînant des coûts sociaux très élevés.

16 L'endettement des États-Unis

9.1.3 La construction de l'Europe

Au milieu de ces aléas du modèle capitaliste, une puissance, lentement, émerge : l'Europe unifiée, qui semble vouloir ainsi exorciser des siècles de luttes fratricides ayant débouché, en 1939-1945, sur l'horreur absolue.

Au lendemain de la guerre, l'Europe occidentale est dans une situation difficile. Moins ravagée que l'Europe orientale, elle a néanmoins subi d'importants dommages matériels, ses circuits économiques sont désorganisés et son manque de moyens de paiement l'empêche de se procurer aux États-Unis, seuls en mesure de les lui fournir, les denrées alimentaires et les produits industriels dont elle a un urgent besoin. Le rationnement sévère maintenu malgré la fin du conflit, d'importantes pénuries de charbon et la misère généralisée entraînent des troubles sociaux graves au début de 1947.

C'est le plan Marshall qui permettra de sortir de l'impasse. Combiné à d'autres programmes d'aide financière, le plan Marshall dirige vers l'Europe occidentale plus de 10 milliards de dollars — la plupart sous forme de dons —, les grandes bénéficiaires en étant la Grande-Bretagne, la France, l'Allemagne de l'Ouest et l'Italie (voir page 171). Une des conditions fixées par les États-Unis est que les pays d'Europe se concertent afin de répartir cette aide, ce qui amène la création de la première institution « européenne » : l'OECE (Organisation européenne de coopération économique), qui deviendra en 1960 l'OCDE (Organisation de coopération et de développement économiques).

Ainsi lancée à l'initiative des États-Unis, la construction européenne progresse, non sans difficultés. Après un Conseil de l'Europe dénué de vrais pouvoirs (1949), une première intégration économique sectorielle voit le jour en 1951 avec la CECA (Communauté européenne du charbon et de l'acier). En 1957, à Rome, les membres de la CECA signent les traités instituant la Communauté économique européenne, consacrant leur marche vers l'unification par l'ouverture du Marché commun le 1er janvier 1959 **17**. Le succès de cette « Europe des Six » attire bientôt des demandes d'adhésion qui, après de très longs palabres, permettent à la Grande-Bretagne, au Danemark et à l'Éire (République d'Irlande) d'entrer dans ce qui devient l'Europe des Neuf le 1er janvier 1973.

Seconde puissance économique du monde avec ses 250 millions d'habitants, la CEE semble alors ralentir sa marche, ayant quelque embarras à achever son union douanière devant les tentations protectionnistes issues de la crise mondiale. L'instabilité monétaire pousse à la création, en 1979, d'un système monétaire européen basé sur une monnaie de compte, l'ECU (*European Currency Unit*), défini par référence à un panier de diverses monnaies nationales. Mais l'Europe communautaire peine à

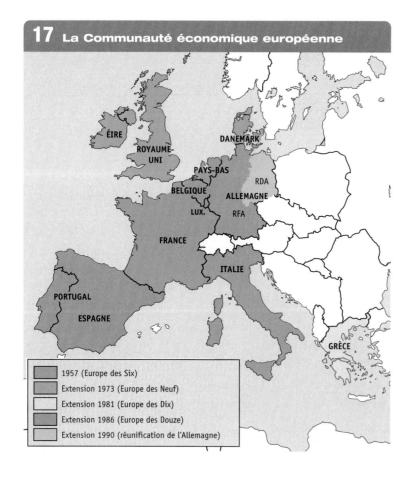

17 La Communauté économique européenne

ÉIRE
ROYAUME-UNI
DANEMARK
PAYS-BAS
BELGIQUE
LUX.
RDA
ALLEMAGNE
RFA
FRANCE
ITALIE
PORTUGAL
ESPAGNE
GRÈCE

1957 (Europe des Six)
Extension 1973 (Europe des Neuf)
Extension 1981 (Europe des Dix)
Extension 1986 (Europe des Douze)
Extension 1990 (réunification de l'Allemagne)

définir une attitude commune dans la crise pétrolière, dans la lutte contre l'inflation et le chômage, et dans le domaine de la technologie de pointe. Sur le plan politique, la première élection au suffrage universel d'un Parlement européen, en 1979, ressemble plutôt à une série d'élections nationales parallèles. L'extension de la Communauté se poursuit cependant vers l'Europe du Sud, avec les adhésions de la Grèce (1981), et de l'Espagne et du Portugal (1986), qui portent l'« Europe des Douze » à 315 millions d'habitants en 1986. L'année suivante entre en vigueur ce qu'on appelle l'Acte unique, élargissant la sphère de compétence des institutions communautaires à la recherche technologique, à l'environnement et à la politique étrangère et fixant à 1992 l'achèvement intégral du marché intérieur.

La construction d'une Europe économiquement forte n'est pas sans engendrer des tensions avec ses partenaires. Une véritable guerre économique à trois se développe entre la CEE, les États-Unis et le Japon. Les exportations de ce dernier quadruplent entre 1975 et 1986, ce qui suscite de vives tensions et des accusations croisées de protectionnisme et de déloyauté. Une querelle éclate entre les États-Unis et la CEE à propos de la construction du gazoduc sibérien, essentiel aux besoins de l'Europe, mais que les États-Unis condamnent comme un transfert de haute technologie profitable à l'URSS, allant même jusqu'à imposer des sanctions aux firmes européennes engagées dans ce mégaprojet. Les malentendus politiques ne sont pas moins importants, particulièrement sur les « euromissiles » (Pershing et Cruise), où les gouvernements européens doivent composer avec des mouvements pacifistes de vastes dimensions, et sur la « Guerre des étoiles » (voir page 188).

9.1.4 Les États-Unis

De l'autre côté de l'Atlantique, les États-Unis atteignent l'apogée de leur puissance tout de suite après la guerre. Les pertes dues au conflit sont extrêmement limitées (« seulement » 300 000 morts, soit 70 fois moins que l'URSS), et le potentiel industriel, épargné par les bombardements, a doublé, atteignant la moitié du potentiel mondial. Détenteurs d'un stock d'or monétaire apparemment inépuisable, leur flotte marchande représentant les deux tiers de la flotte mondiale, produisant à eux seuls plus que le reste du monde dans certains secteurs clés (aluminium, caoutchouc synthétique, navires, automobiles, avions), assurant le quart des échanges mondiaux, ils disposent d'une suprématie économique totale, voire des denrées nécessaires à la survie alimentaire d'une partie de l'humanité.

La récession qui avait suivi la Première Guerre ayant été évitée par le plan Marshall et la guerre de Corée, l'Amérique des années cinquante plonge goulûment dans la société de l'abondance. Aux prises avec un Congrès hostile de plus en plus gagné par l'hystérie anticommuniste, le président Truman, démocrate, est remplacé en 1953 par le général Dwight D. Eisenhower, républicain, l'organisateur de la victoire de 1945 sur le théâtre européen. La paix rétablie en Corée, le président Eisenhower parvient dans une certaine mesure à rassurer les esprits, cherchant à maintenir les positions des États-Unis sans mettre en danger la fragile détente qui s'amorce.

Les États-Unis sont secoués dans leur quiétude à la fin des années cinquante par le lancement du *Spoutnik* soviétique, premier satellite artificiel autour de la Terre, dont le fameux « bip! bip! », capté par toutes les radios, est reçu comme une humiliation nationale. Un vent de renouveau amène à la Maison-Blanche celui qui incarne la jeunesse, le dynamisme et l'espoir : John Fitzgerald Kennedy, à 43 ans le plus jeune président de l'histoire des États-Unis (il est même plus jeune qu'un certain Ronald Reagan, qui sera président 20 ans plus tard…). Profondément imbu de ce qu'on appelle la mission et les valeurs « américaines », Kennedy propose une « nouvelle frontière » : celle de la course à l'espace tout autant que de la déségrégation raciale, de la lutte à la pauvreté, de l'aide au tiers-monde **18**.

Cependant, sa « mollesse » face à Cuba (baie des Cochons, crise des fusées; voir page 179), sa lutte contre le crime organisé, ses démêlés avec la CIA (Central Intelligence Agency) et le FBI (Federal Bureau of Investigation) lui valent de puissantes et tenaces inimitiés qui contribuent certainement, quoique à des degrés encore mal précisés, à son assassinat à Dallas le 22 novembre 1963. Ce jour-là, quelque chose s'est brisé au plus profond de l'Amérique et d'une partie du monde.

Les années qui suivent sont celles du désenchantement et du doute, durant lesquelles les États-Unis vont risquer l'éclatement autour de deux abcès majeurs : la guerre du Vietnam et la question raciale.

Au Vietnam, où Kennedy a déjà expédié des conseillers militaires, son successeur Lyndon Johnson, pris dans l'engrenage, gonfle les effectifs jusqu'à 500 000 hommes, dans une guerre « sale » quotidiennement relayée jusque dans les foyers par la télévision et soulevant l'indignation morale d'une bonne partie du peuple étasunien. Toute la décennie 1960 gravite autour

---

La Nouvelle Liberté de Woodrow Wilson[1] avait promis à notre pays un nouveau cadre politique et économique. Le New Deal de Franklin Roosevelt[2] promettait la sécurité et l'assistance à tous ceux qui étaient dans le besoin. Mais la Nouvelle Frontière dont je parle n'est pas une série de promesses, c'est une série de problèmes. Elle résume non point ce que j'ai l'intention d'offrir au peuple américain, mais ce que j'ai l'intention de lui demander. Elle fait appel à sa fierté, non à son portefeuille. Elle promet davantage de sacrifices et non davantage de tranquillité.

Mais je vous dis que nous sommes devant la Nouvelle Frontière, que nous le voulions ou non. Au-delà de cette frontière s'étendent les domaines inexplorés de la science et de l'espace, des problèmes non résolus de paix et de guerre, des poches d'ignorance et de préjugés non encore réduites, et les questions laissées sans réponse de la pauvreté et des surplus.

J'estime que notre temps exige intention, imagination, innovation et décision. Je vous demande d'être les nouveaux pionniers de cette Nouvelle Frontière […].

J. F. Kennedy
Discours d'acceptation de l'investiture démocrate,
15 juillet 1960.

1. Président démocrate élu en 1912.
2. Président démocrate élu en 1932.

---

19 Le syndrome vietnamien

Dans ce moment de tension, où partout jaillit l'espoir que ce cessez-le-feu pourrait mener à la paix, le monde devrait quelques instants réfléchir à ce que cela exige de nous, Américains. Si l'homme vit de symboles, alors tout ce dont nous vivons est menacé.

Arrêter les bombardements, s'asseoir à la table des rebelles, accepter un régime de coalition, franc ou déguisé, c'est admettre que nous avons perdu la guerre. Et cela, reconnaissez-le, c'est vraiment très dur.

Tout ce à quoi tient l'Amérique est en jeu. L'Amérique? Pas seulement elle : tout ce qu'admire notre monde moderne. C'est la machine, c'est le prestige de la machine qui est en jeu au Vietnam. C'est Boeing, c'est General Electric, c'est Goodyear et la General Dynamic. C'est le viseur électronique, le camion amphibie et le radar-qui-voit-la-nuit… C'est le défoliant et l'herbicide et le déodorant et le dépilatoire. Ce sont les produits et

les marques que, depuis l'enfance, conditionnés, nous vénérons. C'est l'idéal de notre jeunesse, c'est la foi en la technologie, en les solutions mécanisées à tous les problèmes, la foi en le Dieu-Gadget. C'est cette foi que ces petits guérilleros mal léchés ont mise en péril. Négocier avec eux, c'est admettre que la machine ne sert à rien à l'homme, que notre guerre splendidement informatisée, avec ses gadgets assassins les plus sophistiqués et les plus nombreux qui aient jamais existé, la puissance de feu la plus écrasante qui ait jamais été concentrée, a RATÉ.*

Nous demander de renier notre foi en la General Motors, c'est demander à Jeanne d'Arc de renoncer à sa foi en Dieu.

I. F. Stone
In a Time of Torment, 13 février 1967.
Cité dans R. Frank et coll.,
Histoire-Terminale A/B/C/D, Belin, 1989.

de cette guerre : le complexe militaro-industriel accroît encore son importance économique, la jeunesse entre massivement en dissidence contre cette société égoïste et impérialiste qui lui répugne (mouvement hippie) **19** et les États-Unis voient leur prestige sévèrement entamé même auprès de leurs meilleurs amis.

Quant au problème racial, persistant malgré toutes les bonnes volontés, il explose finalement en soulèvements urbains incontrôlables, particulièrement après l'assassinat du leader noir Martin Luther King en 1968 **20**. La même année, Robert Kennedy, frère du président assassiné et lui-même candidat à la présidence, tombe à son tour sous les balles d'un meurtrier, et il semble que cette descente aux enfers n'aura plus de fin **21**.

L'arrivée au pouvoir de Richard Nixon en 1969, dans une Amérique en transe, marque un retour au pragmatisme. En politique étrangère, celui-ci réussit en effet, malgré sa réputation de « faucon », à retirer son pays du cloaque vietnamien (voir page 183) et à normaliser ses relations avec la Chine communiste, ce qui contribue pour beaucoup à ramener un certain calme. En politique intérieure toutefois, son administration est marquée par le scandale du Watergate, qui révèle aux étasuniens incrédules les côtés les plus sordides du personnage et provoque sa démission en 1974.

L'élection présidentielle de 1976 amène à la Maison-Blanche un presque inconnu, Jimmy Carter, qui a déclaré qu'il procéderait au « grand ménage » de l'administration ardemment souhaité par les électeurs. Mais c'est la politique étrangère qui retiendra surtout son attention, avec les accords de Camp David entre Israël et l'Égypte, l'invasion soviétique en Afghanistan et la crise des otages de l'ambassade des États-Unis à Téhéran. Ce qui est perçu comme sa mollesse dans ces deux derniers dossiers, de même que la dégradation de la situation économique (hausse du chômage et de l'inflation et forte chute du dollar), entraînent une baisse de popularité du président, qui est chassé du pouvoir à l'élection présidentielle de novembre 1980, où il n'obtient que 41 % des voix contre 51 % pour Ronald Reagan.

Malgré les indéniables difficultés économiques engendrées par ses politiques monétaristes, Reagan sera l'un des présidents les plus populaires des États-Unis, surtout à cause du ton de fermeté qu'il utilise face à l'URSS et à ses immenses talents de communicateur. À la fin de son mandat toutefois, le scandale de l'Irangate (vente secrète et illégale d'armes à l'Iran pour financer l'aide à la *Contra* nicaraguayenne interdite par le Congrès) semble ramener le pays aux heures sombres de Nixon. Malgré tout, lorsqu'il quitte la Maison-Blanche en 1989, Reagan est toujours aussi populaire que lorsqu'il y est entré, faveur que seul Eisenhower aura connu depuis 1945.

20 « Brûle! »

Si tu doutes, brûle. Le feu est le dieu du révolutionnaire. Le feu, c'est le théâtre immédiat. Aucune parole n'égale le feu. Les politiciens ne remarquent les pauvres que lorsque les ghettos brûlent. Le premier livret militaire qui a brûlé a fait trembler la terre sous le Pentagone. Brûle le drapeau, brûle les églises. Brûle! brûle! brûle! L'Amérique s'écroule; le choix : révolution ou cataclysme. L'autorité morale sur le pays n'est plus l'Église mais la Révolution.

Jerry Rubin
Do it!
Cité dans R. Frank et coll., *op. cit.*

21 L'Amérique divisée

Aux Jeux olympiques de Mexico (1986), deux médaillés portant les couleurs des États-Unis lèvent le poing ganté de noir et baissent la tête pendant que joue l'hymne national étasunien, dans un geste spectaculaire de défi, relayé à travers le monde par les caméras de télévision.

22 Renonciation à la guerre

Art. 9. Aspirant sincèrement à une paix internationale fondée sur la justice et l'ordre, le peuple japonais renonce à jamais à la guerre en tant que droit souverain de la nation, ou à la menace, ou à l'usage de la force comme moyen de règlement des conflits internationaux.

Pour atteindre le but fixé au paragraphe précédent, il ne sera jamais maintenu de forces terrestres, navales et aériennes, ou autre potentiel de guerre. Le droit de belligérance de l'État ne sera pas reconnu.

Extrait de la constitution japonaise.

23 Le « modèle » japonais

Les employés ont fortement conscience d'appartenir à un même groupe, et le dévouement dont ils font preuve à l'égard de leur entreprise confine à la ferveur religieuse. Il n'y a pas un pays au monde où il y ait autant de gens intelligents et instruits qui travaillent aussi dur pour de maigres salaires, tout en restant fidèles à leur société. Les employés des entreprises japonaises diffèrent de leurs collègues nord-américains ou européens, non par leur niveau d'intelligence ou d'instruction, mais par leur fidélité à leur société et par leur conscience de groupe. Personne, en Angleterre, n'accepterait de faire des heures supplémentaires sans être payé, et il n'y a pas un Français qui hésiterait à prendre quatre semaines de congé de crainte que cela ne fasse du tort à son entreprise. Et pourtant, au Japon, en plein 20e siècle, la majorité des travailleurs refusent encore de prendre deux semaines consécutives de congé annuel parce que cela pourrait mettre leur entreprise en difficulté.

Shuichi Kato
« La Reconstruction du groupe japonais »,
Japan Quarterly.
Cité dans S. Berstein et coll., *Histoire-Terminale*, Hatier, 1983.

9.1.5 Le « miracle » japonais

Le monde capitaliste se complète, en Asie, d'un élément dont la fulgurante remontée pulvérise toutes les prévisions. Vaincu, ruiné, bouleversé moralement par une capitulation que les vieilles traditions d'honneur des samouraïs, tout autant que la propagande de guerre, avaient rendue impensable et par la première occupation étrangère de son histoire, le Japon de 1945 ne semble guère promis à un brillant avenir. Dans moins de 25 ans seulement, il sera pourtant devenu la troisième puissance économique du monde, après avoir connu le plus haut taux de croissance de tous les pays (10 % l'an) jusque dans les années soixante-dix.

À l'origine de ce « miracle » devenu terme de référence (on dit « une croissance à la japonaise »), de nombreux facteurs se conjuguent. Une population abondante se contentant d'un faible niveau de vie et l'extrême faiblesse des dépenses militaires (la renonciation à la guerre est inscrite en toutes lettres dans la constitution de 1946) **22** se combinent à une structure organisationnelle originale axée sur l'existence de très grands groupes économiques polyvalents. Ces groupes réunissent industries, banques et firmes d'import-export et se financent à même leurs capitaux propres, les profits pouvant ainsi être systématiquement réinvestis plutôt que redistribués en dividendes à des actionnaires. L'État japonais joue par ailleurs un rôle crucial quoique discret, par une planification souple favorisant la production plutôt que la consommation et donnant priorité aux exportations dans les relations avec l'extérieur.

À quoi il faut ajouter la persistance de mentalités ancestrales chez des patrons soucieux de progrès et chez des employés entièrement dévoués **23**, le maintien d'un fort secteur économique traditionnel aux salaires extrêmement faibles, véritable enclave de sous-développement intérieur dont l'exploitation permet la fulgurante percée des industries de pointe **24**,

24 Usine de montage de véhicules automobiles robotisée au Japon

et enfin l'aide financière et technique des États-Unis, particulièrement au moment de la guerre froide.

Sur le plan politique, la constitution de 1946 instaure une sorte de monarchie parlementaire où l'empereur, déchu de ses attributs divins, « règne sans gouverner ». Ce cadre imposé par le vainqueur — la constitution est rédigée en anglais — assure cependant une grande stabilité, un seul et même parti occupant sans interruption le pouvoir depuis 1948 (la tutelle des États-Unis prend fin en 1952) dans une société où la vie politique suscite assez peu de débats, sauf sur la question des rapports avec les États-Unis (bases militaires et armes nucléaires).

9.2 LE MONDE SOVIÉTO-COMMUNISTE

Au moment où le monde capitaliste vit ses Trente Glorieuses, le monde soviéto-communiste connaît également une période de croissance très forte, mais sur des bases profondément différentes et marquée de soubresauts importants.

9.2.1 L'URSS : les aléas du « modèle » soviétique

L'Union soviétique sort de la guerre victorieuse, avec un territoire qui a presque retrouvé les dimensions de la Russie des tsars grâce à l'annexion des États baltes et de la partie orientale de la Pologne. Mais elle est dévastée et exsangue, et les trois années qui suivent (1945-1948) sont terribles, certaines régions connaissant encore une fois la famine en raison de deux mauvaises récoltes. Par rapport à 1940, la production des biens agricoles a fondu de moitié, celle des chaussures, de 70 % et celle du sucre, de 80 %. Le salaire ouvrier représente à peine 40 % de celui de 1940. Toute la progression du niveau de vie depuis 1933 a été perdue. Des millions de sans-abri errent dans les villes détruites.

Le quatrième plan quinquennal (1946-1950) s'attelle à la tâche de reconstruction sur la même base que les plans d'avant-guerre : expropriation de la paysannerie (travail non rémunéré, fournitures obligatoires à des prix très bas fixés par l'État, seul acheteur), priorité absolue à l'industrie lourde (88 % des investissements), remise à « plus tard » de l'amélioration des conditions de vie des masses soviétiques. La mystique des mégaprojets demeure, financés par le travail gratuit des esclaves du Goulag (la construction du canal Volga-Don aurait coûté la vie à 250 000 forçats). La croissance recherchée est une croissance extensive, c'est-à-dire basée sur la création de nouvelles unités de production et non sur une augmentation de la productivité par une meilleure combinaison des facteurs de production (capital, travail). L'usure des machines et des hommes ainsi que le gaspillage sont la rançon de cette orientation : la production de fonte et d'acier retrouve en 1950 son niveau de 1940, mais en consommant 50 % plus de charbon et d'électricité.

Bien que le cinquième plan quinquennal, le dernier de l'ère stalinienne, tombe carrément dans la folie des grandeurs (création d'une mer d'eau douce en Sibérie, plantation de milliers de kilomètres carrés de bandes forestières) et soit très vite abandonné après la mort du dirigeant, l'URSS émerge malgré tout comme la deuxième puissance économique mondiale, avec un taux de croissance annuel moyen de 15 % dans le secteur industriel, impressionnant

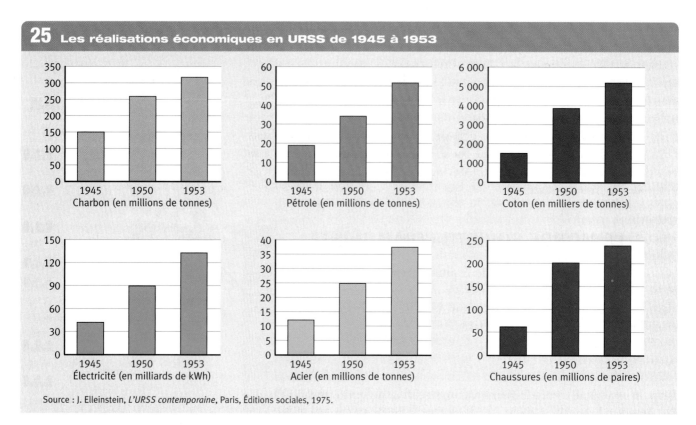

Source : J. Elleinstein, *L'URSS contemporaine*, Paris, Éditions sociales, 1975.

résultat symbolisé par l'explosion de la première bombe H soviétique en 1953 **25**.

En même temps qu'un retour aux grandes orientations économiques des années trente, le régime politique renoue, par-delà la guerre — où il a connu une certaine détente —, avec les vieux démons du stalinisme. Le culte de la personnalité atteint des sommets effarants, Staline se présentant désormais comme le génie militaire organisateur de la victoire. L'épuration, exploitant à fond le thème de la « collaboration avec l'ennemi », frappe des peuples entiers, sauvagement déportés par centaines de milliers (400 000 Lituaniens, 400 000 Allemands de la Volga, 400 000 Tchétchènes, 200 000 Tatars de Crimée, etc.). Une répression impitoyable frappe les intellectuels, dans le climat de la guerre froide. Un charlatan, Lyssenko, qui affirme que les lois de l'hérédité sont des inventions bourgeoises, épure l'Académie des sciences et expédie ses contradicteurs dans les camps du Goulag. Écrivains et artistes se voient prescrire les règles esthétiques du « réalisme socialiste » **26**. De grands compositeurs comme Prokofiev et Chostakovitch voient leurs œuvres retirées des programmes pour « formalisme

> Quelles sont les caractéristiques d'une œuvre conforme au réalisme socialiste ?

26 Le réalisme socialiste

Jdanov, idéologue du Parti communiste soviétique, définit la voie à suivre :

Le camarade Staline a appelé nos écrivains « les ingénieurs des âmes ». Cette définition a une profonde signification [...]. Le peuple attend des écrivains soviétiques une véritable arme idéologique, une nourriture spirituelle qui l'aide à réaliser les plans de la grandiose édification socialiste, du relèvement et du développement de l'économie nationale de notre pays [...]. Se guidant sur la méthode du réalisme socialiste, étudiant consciencieusement et attentivement notre réalité, s'efforçant de pénétrer plus profondément la nature du processus de notre évolution, *l'écrivain doit éduquer le peuple et l'armer idéologiquement. Tout en choisissant les meilleurs sentiments, les vertus de l'homme soviétique, en lui montrant son avenir, nous devons montrer en même temps à nos gens ce qu'ils ne doivent pas être, nous devons fustiger les survivances du passé, les survivances qui empêchent les hommes soviétiques d'aller de l'avant. Les écrivains soviétiques doivent aider le peuple, l'État, le parti, à éduquer notre jeunesse [...].*

A. Jdanov
Sur la littérature, la philosophie et la musique, Paris, La Nouvelle Critique, 1950.

antipopulaire et antinational ». Des centaines d'intellectuels juifs sont exécutés pour « cosmopolitisme », dans une vague d'antisémitisme qui renoue avec les traditionnels *pogroms* du temps des tsars.

La mort de Staline, le 5 mars 1953, marque la fin d'une époque. Pendant presque 30 ans, il a détenu un pouvoir illimité, soumettant son pays à une terrible révolution économique et sociale, imposant à son peuple un lourd fardeau, réprimant toute forme d'opposition. Sa disparition est aussitôt suivie de mesures de soulagement, particulièrement en faveur des paysans et des internés du Goulag. Le cinquième plan est révisé et, pour la première fois, la progression des biens de consommation devrait devancer celle des biens d'équipement (13 % contre 12 %), tandis qu'on importe d'Occident, en puisant dans l'excédent de devises, les produits rares que sont devenus le beurre, la viande et les fruits, réservés cependant aux grandes villes. Après deux années de luttes intestines pour la succession de Staline, Nikita Khrouchtchev prend la direction des affaires et lance de façon fracassante la déstalinisation par son fameux rapport secret présenté au XXᵉ Congrès du Parti communiste en 1956 **27**.

Dénonciation impitoyable du stalinisme dans toutes ses manifestations, le rapport fait l'effet d'une bombe dans le monde entier, et particulièrement chez les communistes sincères, totalement abasourdis. Bien que nullement excessive, cette dénonciation a tout de même un double objectif politique : il s'agit, d'une part, de dégager le Parti communiste de toute responsabilité dans l'organisation de la terreur, entièrement attribuée au seul Staline, et, d'autre part, d'assurer à Khrouchtchev l'appui de l'appareil du Parti contre la vieille garde stalinienne. Sur le plan idéologique, il s'agit également de « blanchir » l'héritage léniniste, voire le socialisme tout entier, en faisant du stalinisme une déviation aberrante, contraire aux fondements mêmes de la révolution bolchevique.

▶ **Pogrom**
Explosion de violence antisémite, souvent organisée par les autorités, marquée de pillages et de massacres.

Citez les passages de ce texte dans lesquels Khrouchtchev présente Staline comme seul responsable de la terreur et le stalinisme comme contraire aux principes révolutionnaires.

27 Khrouchtchev — Le « rapport secret »

C'est Staline qui a conçu la notion d'« ennemi du peuple ». Cette expression rendait automatiquement inutile d'établir la preuve des erreurs idéologiques de l'homme ou des hommes engagés dans une controverse ; cette expression rendit possible l'utilisation de la répression la plus cruelle, en violation de toutes les normes de la légalité révolutionnaire, contre tous ceux qui, de quelque manière que ce soit, n'étaient pas d'accord avec lui, contre ceux qui étaient seulement suspects d'intentions hostiles, contre ceux qui avaient mauvaise réputation. Cette notion d'« ennemi du peuple » supprimait en fait toute possibilité de lutte idéologique, toute possibilité de faire connaître son point de vue sur telle ou telle question même de caractère pratique. Pour l'essentiel, la seule preuve de culpabilité dont il était réellement fait usage, contre toutes les normes de la science juridique contemporaine, était la « confession » de l'accusé lui-même. Et, comme l'ont prouvé les enquêtes ultérieures, les « confessions » étaient obtenues au moyen de pressions physiques contre l'accusé.

Cela a conduit à des violations manifestes de la légalité révolutionnaire, et il en a résulté qu'un grand nombre de personnes parfaitement innocentes, qui dans le passé avaient défendu la ligne du Parti, furent victimes de la répression [...].

La commission a pris connaissance d'une grande quantité de pièces des archives du N.K.V.D. et d'autres documents et établi de nombreux faits relatifs à la fabrication de procès contre des communistes, à de fausses accusations, à de flagrants abus contre la légalité socialiste — qui eurent pour conséquence la mort d'innocents. Il est apparu avec évidence que de nombreux activistes du Parti, des soviets et de l'économie, qui avaient été traités d'« ennemis » en 1937-1938, ne furent jamais en fait ni des ennemis, ni des espions, ni des saboteurs, mais ont toujours été d'honnêtes communistes [...].

[...] Camarades, nous devons abolir le culte de la personnalité d'une manière décisive, une fois pour toutes. Nous devons tirer de cette période des conclusions appropriées concernant le travail idéologique, théorique et pratique.

_____

Rapport secret de Khrouchtchev au XXᵉ Congrès du PCUS, 24 février 1956.

La victoire de Khrouchtchev, premier authentique prolétaire à parvenir à la tête du régime depuis la révolution de 1917, ouvre les vannes d'une réforme en profondeur de l'économie et de la société soviétiques. Décentralisation économique, nouveau plan septennal dont l'objectif est de rattraper les pays capitalistes avancés, relèvement des prix agricoles et rémunération pour le travail fourni au kolkhoze, disparition du culte de la personnalité (Stalingrad elle-même, ville symbole, est rebaptisée Volgograd), réforme du code pénal (disparition du concept d'« ennemi du peuple »), libéralisation de la vie culturelle (autorisation du jazz et des livres de Soljenitsyne) et même révision des statuts du Parti en faveur des militants de la base (interdiction d'exercer plus de trois mandats consécutifs) marquent ce véritable « dégel », sans compter la coexistence pacifique avec le bloc atlantique dont il a été question au chapitre précédent (voir page 176).

Mais, dans sa hâte, Khrouchtchev accumule les erreurs, les contradictions et surtout les ennemis. Les réformes agricoles sont un échec et, en 1963, pour la première fois dans l'histoire soviétique, il faut importer 18 millions de tonnes de blé. La décentralisation de l'économie détruit la cohésion d'ensemble et mécontente des milliers de technocrates envoyés en province. Les enfants des classes privilégiées rechignent devant le stage de deux ans dans la production imposé aux étudiants. Les contradictions de la politique extérieure et surtout l'aventure ratée des fusées à Cuba (voir page 179) achèvent de liguer contre « Monsieur K » toute une *nomenklatura* inquiète de ses privilèges. Le 14 octobre 1964, le Comité central du Parti « libère de toutes ses fonctions » le chef du Parti et du gouvernement soviétique. Signe des temps : il ne sera pas exécuté et coulera des jours tranquilles dans sa *datcha* des environs de Moscou jusqu'à sa mort en 1971 **28**.

L'équipe qui lui succède entreprend sans tarder une remise en ordre du Parti et de l'économie. Échappant à la purge habituelle, le Parti revient aux structures d'antan avec l'annulation du principe du renouvellement systématique des dirigeants. La déstalinisation est stoppée, la lutte contre les dissidents reprend avec vigueur. En économie, la décentralisation est annulée, mais le plan tiendra désormais mieux compte des coûts réels et l'entreprise pourra conserver une part de ses bénéfices. Ces réformes, toutefois, limitées

▶ **Nomenklatura**
Mot russe désignant l'ensemble des fonctionnaires de l'État et du Parti communiste.

D'après cette analyse, quelle aurait été l'erreur capitale de Khrouchtchev ?
▼

28 L'héritage de Khrouchtchev

Ce serait une erreur de qualifier Khrouchtchev de « libéral », de « conservateur », de « progressiste » ou de « réactionnaire ». Il était tout cela à la fois. Peut-être voulait-il sincèrement rompre avec le passé stalinien et le sien propre. C'est à lui qu'échut la mission essentielle de dénoncer les crimes du régime stalinien, de libérer des millions de détenus et de réhabiliter à titre posthume des millions d'autres. C'est sous lui que furent abrogées les lois anti-ouvrières, que les impôts furent allégés, que le système d'assurance sociale fut amélioré, que la construction de logements fit un bond, que les emprunts furent abolis. Il serait juste de dire que seules les réformes qui ne mettaient pas le système en danger étaient effectives. Les bases, elles, demeuraient immuables : la bureaucratie du Parti gardait la totalité du pouvoir, l'appareil de la police secrète était resté intact, la censure était toujours présente avec la même fonction de « vigilance » que sous Lénine et Staline.

À chaque fois que Khrouchtchev tentait d'imposer une réforme de structure, elle se trouvait en contradiction absolue avec le système existant et constituait un défi direct aux intérêts de l'élite. La stabilité du pouvoir était essentielle pour les couches dirigeantes. Khrouchtchev ne se contentait pas de les irriter, il leur faisait peur. Sa destitution marqua la fin d'une période qui avait servi de pont entre le stalinisme et sa terreur illimitée et la dictature du conformisme.

Michel Heller et Aleksandr Nekrich
L'Utopie au pouvoir, Calmann-Lévy 1982.

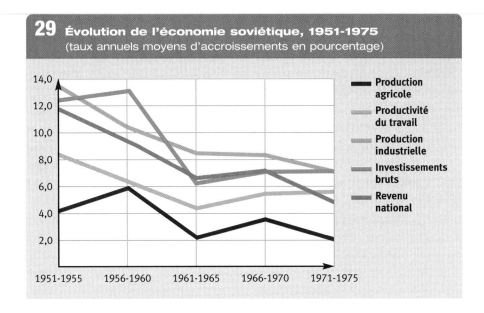

29 **Évolution de l'économie soviétique, 1951-1975**
(taux annuels moyens d'accroissements en pourcentage)

- Production agricole
- Productivité du travail
- Production industrielle
- Investissements bruts
- Revenu national

D'après ce graphique, quel est le secteur où les réformes khrouchtchéviennes semblent avoir donné les plus piètres résultats?

à quelques entreprises et contrecarrées par la résistance des conservateurs, par le scepticisme des ouvriers et par la vétusté des équipements, n'arrivent pas à freiner le ralentissement constant du taux de croissance (17 % en 1950, 5 % en 1970), comparable d'ailleurs à celui de l'Occident au même moment **29**.

Constamment reportées, les réformes vraiment radicales dont a cruellement besoin le « modèle » soviétique vont éclater de spectaculaire façon avec l'élection de Mikhaïl Gorbatchev au poste de secrétaire général du PCUS en 1985. Persuadé que la simple survie de l'URSS exige la remise en cause radicale de tout l'héritage du stalinisme, Gorbatchev, premier dirigeant suprême à ne pas avoir connu la révolution de 1917, lance une véritable bombe avec ses deux mots clés : *perestroïka* et *glasnost* **30**.

La perestroïka consiste en une restructuration fondamentale de l'économie. Sans pour autant se convertir à l'économie de marché, Gorbatchev réduit considérablement la planification centralisée et diminue de façon draconienne les subventions aux entreprises, dont les dirigeants et le personnel seront dorénavant les premiers responsables de la bonne marche. Les consommateurs devront assumer le coût réel de leurs achats de biens et de services, sans subsides de l'État. La moitié du secteur des services, 40 % de la production agricole et 20 % de la production de biens de consommation seront privatisés. En relations extérieures, la perestroïka va se traduire par la diminution des responsabilités mondiales de l'Union soviétique : retrait d'Afghanistan, réduction des armements — unilatérale s'il le faut —, fin de l'aide massive aux États prosoviétiques comme Cuba.

Mais pour que cette perestroïka puisse réussir, il faut qu'elle s'accompagne d'une véritable révolution culturelle, d'une nouvelle façon de penser : c'est la *glasnost,* la transparence. Gorbatchev lui-même mène la charge contre des décennies d'obscurantisme et de secret, reprenant en l'amplifiant la critique khrouchtchévienne du stalinisme, réhabilitant ses victimes comme Boukharine, architecte de la NEP (voir page 56), avouant même des crimes de guerre comme le massacre de Katyn durant la Seconde Guerre mondiale. La censure est levée, les prisonniers d'opinion sont libérés, des exilés reviennent au bercail, même les groupes de musiciens rock peuvent se produire en public… Par cette porte soudain ouverte, un vent libertaire souffle sur les médias :

30 **Perestroïka**

« *Perestroïka », cela signifie surmonter le processus de stagnation, rompre le mécanisme de freinage, créer des systèmes fiables et efficaces pour accélérer le progrès social et économique et lui donner un plus grand dynamisme. « Perestroïka », cela signifie aussi initiative de masse. C'est le développement complet de la démocratie, l'autonomie socialiste, l'encouragement de l'initiative et des attitudes créatives, c'est aussi davantage d'ordre et de discipline, davantage de transparence, la critique et l'autocritique dans tous les domaines de notre société. C'est le respect le plus absolu pour l'individu et la prise en considération de la dignité de la personne. « Perestroïka », c'est l'intensification systématique de l'économie soviétique, le renouveau et l'épanouissement des principes du centralisme démocratique dans la gestion de l'économie nationale, l'introduction en tous lieux de méthodes économiques, le renoncement à une gestion fondée sur l'injonction et les méthodes administratives […]. « Perestroïka », cela signifie le développement prioritaire du domaine social, avec pour objectif de satisfaire les aspirations du peuple soviétique à de meilleures conditions d'existence et de travail, à de meilleurs loisirs, à une meilleure éducation et de meilleurs soins médicaux […].*

M. Gorbatchev
Perestroïka, Flammarion, 1987.

les tribunes libres se multiplient — où le public confronte directement les dirigeants —, des documentaires télévisés jettent un regard dévastateur sur l'histoire et la société soviétiques, de grandes manifestations populaires s'organisent. Gorbatchev lui-même se mêle souvent à la foule, discutant, argumentant avec tout un chacun : du jamais vu !

Pour consolider ces acquis, le secrétaire général est amené à réformer jusqu'à la constitution de l'URSS. Un Congrès des députés du peuple est créé, comprenant 2 250 membres, dont 1 500 seront choisis librement par les électeurs en 1989 lors de la première élection libre depuis 1917. Ce congrès sera chargé d'élire un président de l'Union, nouveau poste taillé sur mesure pour Gorbatchev.

Le nouveau président ne jouit cependant que d'une marge de manœuvre fort étroite, pris entre les conservateurs, de plus en plus inquiets, qui estiment qu'il mène l'URSS à la désintégration, et les libéraux comme son grand rival Boris Eltsine, qui veulent aller plus vite et plus loin. La réduction des dépenses militaires déplaît évidemment à l'armée, tandis que les apparatchiks sentent le sol se dérober sous leurs pieds. Les résultats concrets se faisant attendre, l'impatience gagne peu à peu la population. Bientôt Gorbatchev sera débordé par les forces qu'il a lui-même mises en branle (voir chapitre 14).

9.2.2 Les démocraties populaires : les aléas de la satellisation

L'installation de régimes dits de « démocratie populaire » dans les pays d'Europe centrale et orientale, ainsi que la *satellisation* de ces pays par l'URSS sont d'abord le résultat de la guerre, tous ces pays ayant été libérés du nazisme par l'Armée rouge soviétique. Dès 1945, les partis communistes locaux, fortement appuyés par les émissaires civils et militaires de Moscou, mettent en marche le processus de « *soviétisation* » avec une habileté consommée. Ils entrent d'abord dans des gouvernements démocratiques de coalition (« fronts nationaux »), où ils s'emparent des postes clés de la Justice, de la Police, de l'Armée, de l'Économie, puis grugent un à un les partis adverses en les divisant (c'est la « tactique du salami »), tout en s'appliquant à noyauter progressivement l'appareil administratif et les structures sociales.

En trois ou quatre années, le fruit est mûr : les communistes assument seuls le pouvoir à la suite d'élections soigneusement préparées ou par intimidation (« coup de Prague ») et mettent sur pied des régimes qui, en théorie, proclament les grands principes démocratiques de l'Occident, mais qui, en pratique, vident ces grands principes de toute substance réelle (élections à candidature unique, etc.). C'est ce qu'on appelle des démocraties populaires, dans des pays devenus totalement inféodés au « grand frère » soviétique 31.

La soviétisation et la satellisation de l'État entraînent celles de l'économie. Soviétisation par la collectivisation de l'agriculture (moins poussée qu'en URSS cependant), par l'étatisation des secteurs clés (industrie lourde,

---

▶ **Satellisation**
Action de placer un pays moins puissant sous l'étroite dépendance économique et politique d'un plus puissant ; résultat de cette action.

▶ **Soviétisation**
Action d'instaurer dans un pays des structures et des modes de fonctionnement imités de l'Union soviétique ; résultat de cette action.

31 La satellisation

URSS
Pays satellites

SUÈDE
DANEMARK
RDA
POLOGNE
UNION
DES RÉPUBLIQUES
RFA
TCHÉCOSLOVAQUIE
SOCIALISTES
AUTRICHE
HONGRIE
SOVIÉTIQUES
ROUMANIE
YOUGOSLAVIE
Mer Noire
ITALIE
BULGARIE
Istanbul
ALBANIE
Mer Méditerranée
GRÈCE
TURQUIE

32 La satellisation économique

Le commerce entre l'URSS et les pays membres du CAEM

Pays	Part de l'URSS dans le commerce extérieur des pays membres du CAEM (en %)			
	1950	1955	1960	1967
Albanie	50	40	54	—
Bulgarie	52	47	53	51
Hongrie	27	22	31	34
Pologne	27	32	30	35
RDA	40	38	43	42
Roumanie	52	45	40	28
Tchécoslovaquie	28	35	34	35

énergie, transports et communications, banques) et par la stratégie des plans quinquennaux axés sur l'industrialisation accélérée, avec priorité absolue aux biens d'équipement et mystique des grands chantiers. Satellisation par l'alignement de cette planification sur les besoins de l'Union soviétique à travers la structure du CAEM (Conseil d'assistance économique mutuelle, ou Comecon), entraînant la coupure presque complète des relations économiques traditionnelles de ces pays avec l'Ouest (le rouble soviétique n'est pas intégré dans le système monétaire international et n'est donc pas convertible en devises) ㉜.

La soviétisation et la satellisation ne sont pas moins étendues dans le domaine culturel et intellectuel. Embrigadement des intellectuels, mise au pas des Églises, conditionnement des esprits par la propagande ou la terreur s'accompagnent de grands procès spectaculaires rappelant ceux de Moscou dans les années trente, frappant jusqu'au sommet des partis communistes et suscitant d'incroyables aveux des « coupables » : 1 président de la république (Hongrie), 3 secrétaires généraux de partis communistes, 4 vice-présidents du Conseil, 43 ministres sont ainsi emprisonnés, torturés, exécutés dans certains cas ㉝. En même temps se créent partout de puissantes associations des amis de l'Union soviétique, tandis que la langue russe devient obligatoire dans les écoles.

> En quoi la Roumanie est-elle différente de tous les autres pays ?

> Faites ressortir le caractère antisémite de ce texte.

33 Le procès Slansky[1]

Les résolutions prises en 1948 et 1949, par le Bureau d'Information des Partis communistes et ouvriers [...] ont montré que la bourgeoisie restait fidèle à la vieille habitude d'embaucher des espions et des provocateurs au sein même des Partis de la classe ouvrière [...] de décomposer ces partis de l'intérieur et de les subordonner à eux [...].

Il ressort de la déposition du témoin Oskar Langer, agent sioniste international, que Slansky était le vrai chef de tous les nationalistes bourgeois juifs et que, dans un *entretien avec lui, Slansky avait souligné la nécessité de mettre aux postes clefs de la vie économique, politique et publique des sionistes et des nationalistes bourgeois juifs [...]. Sionistes, trotskystes, valets de la bourgeoisie sous la Première République, et laquais des impérialistes américains dans son évolution postérieure, Slansky groupe autour de lui des gens qui lui ressemblent [...] et il sait où les trouver : parmi ceux qui, après la guerre, sont rentrés des pays occidentaux où ils avaient noué des rapports d'espionnage et* *d'amitié avec les représentants du monde impérialiste, parmi les sionistes, les trotskystes, les nationalistes bourgeois, les collaborateurs et les autres ennemis du peuple tchécoslovaque [...].*

Extraits du réquisitoire prononcé par le procureur Urvalek au procès Slansky, à Prague, en 1952.
Cité par Artur London
L'Aveu, Paris, Gallimard, 1972.

1. Rudolf Slansky était secrétaire général du Parti communiste de Tchécoslovaquie.

Les dirigeants du Parti communiste de Yougoslavie glissent de la voie marxiste-léniniste dans la voie du parti des koulaks et des populistes, sur la question du rôle dirigeant de la classe ouvrière, en affirmant que les paysans constituent « la base la plus solide de l'État yougoslave ». [...] Les dirigeants yougoslaves abaissent le rôle du Parti communiste; ils le dissolvent en effet dans le Front populaire des sans-parti, qui comprend des éléments très différents du point de vue des classes (ouvriers, paysans, travailleurs ayant une exploitation individuelle, koulaks, commerçants, petits fabricants, intellectuels bourgeois, etc.), ainsi que des groupements politiques de toute sorte, y compris certains partis bourgeois. [...]

Le Bureau d'information [Kominform] considère que la critique des fautes du [...] Parti communiste de Yougoslavie, de la part du [...] Parti communiste (bolchevik) de l'URSS et [...] d'autres partis communistes, représente une aide fraternelle au Parti communiste de Yougoslavie et crée pour la direction de ce Parti toutes les conditions nécessaires à la correction aussi rapide que possible des fautes commises. Mais, au lieu de reconnaître honnêtement cette critique et d'utiliser la voie de la correc-

tion bolchevique des fautes commises, les dirigeants du Parti communiste de Yougoslavie, en proie à une ambition sans bornes, à l'arrogance et à la présomption, ont accueilli la critique avec animosité, ont manifesté de l'hostilité envers elle et se sont engagés dans une voie anti-Parti. [...]

Le Bureau d'information constate qu'en raison de tout ce qui a été exposé le Comité central du Parti communiste de Yougoslavie se met et met le Parti communiste yougoslave en dehors de la communauté des Partis communistes frères, en dehors du front communiste unique et, par conséquent, en dehors du Bureau d'information...

Aux forces saines du Parti communiste de Yougoslavie incombe la tâche d'obliger leurs dirigeants actuels à reconnaître ouvertement et honnêtement leurs fautes et à les corriger et à renforcer par tous les moyens le front socialiste unique contre l'impérialisme; ou bien, si les dirigeants actuels du Parti communiste de Yougoslavie s'en montrent incapables, de les changer et de promouvoir une nouvelle direction internationaliste du Parti communiste de Yougoslavie.

Résolution du Kominform.

> Quelle est la critique fondamentale qui est adressée aux communistes yougoslaves ?

Un seul pays va réussir à échapper à ce rouleau compresseur : la Yougoslavie. Son atout le plus précieux est de n'avoir pas été libérée en 1945 par l'Armée rouge mais par ses propres partisans, dirigés par Tito. Les communistes yougoslaves, maîtres du pays dès 1945, sont en mesure d'imposer leur programme avant tous les autres : étatisation et centralisation complètes de l'économie, collectivisation de l'agriculture. Mais Tito n'entend pas se laisser dicter sa conduite par le maître du Kremlin et ce dernier, après avoir tenté sans succès de le faire tomber de l'intérieur, le fait condamner officiellement par le Kominform en 1948 et procède à un véritable blocus économique du pays. C'est ce qu'on appelle le « schisme yougoslave » **34**.

Loin de céder, Tito augmente ses échanges commerciaux avec l'Occident, accepte l'aide offerte par les États-Unis et, sans rien abdiquer de son indépendance, lance son pays dans un communisme original basé sur la décentralisation et sur l'autogestion des entreprises par des conseils ouvriers élus. La vie culturelle se libéralise quelque peu, mais le système du parti unique est maintenu, la police reste toute-puissante et le culte de la personnalité n'a rien à envier à celui de Staline. Ainsi se crée le seul pays communiste non soviétique de cette période.

La mort de Staline et surtout le rapport Khrouchtchev de 1956 créent une immense commotion dans tous les pays satellites. Dès juin 1953, des émeutes ouvrières éclatent à Berlin-Est, vite réprimées par les chars soviétiques. Mais une dynamique est enclenchée, qui débouche sur la réconciliation avec Tito (1953) et la dissolution du Kominform (1956). Après la révélation des crimes staliniens, la Pologne et la Hongrie entrent en effervescence en 1956. La révolte polonaise ramène au pouvoir un dirigeant communiste populaire, Gomulka, emprisonné lors des purges de l'ère stalinienne. Fort de l'appui massif du peuple polonais, Gomulka réussit à écarter une intervention soviétique en assurant au Kremlin le maintien de la Pologne dans le bloc continental. Les paysans sont les grands bénéficiaires de la crise, et 87 % des terres seront bientôt redevenues privées.

La révolte hongroise est autrement violente et menace directement les intérêts soviétiques. Cette fois, une véritable révolution armée s'étend dans le pays, avec comités révolutionnaires et conseils ouvriers, mise à sac des locaux du Parti, lynchage de policiers . Les dirigeants communistes victimes de l'ère stalinienne (Imre Nagy, János Kádár), revenus au pouvoir, sont vite débordés et amenés à proclamer la neutralité du pays et sa sortie du pacte de Varsovie. C'est la goutte qui fait déborder le vase : les chars soviétiques entrent à Budapest, mais 15 jours de durs combats et 25 000 morts leur seront nécessaires pour venir à bout de la rébellion, tandis que 500 000 Hongrois s'enfuient vers l'Ouest. Cet événement sonne le glas du « communisme national » : la déstalinisation ne doit pas déboucher sur la désatellisation, et dès 1957 une conférence internationale des partis communistes marque le retour du balancier en renouvelant la condamnation du « révisionnisme yougoslave ».

Quelques années plus tard toutefois, le schisme sino-soviétique (consommé dès 1957) et le peu de résultats des réformes économiques entreprises par les successeurs de Khrouchtchev redonnent vigueur aux forces centrifuges. En 1968, en Tchécoslovaquie, une nouvelle équipe dirigée par Alexandre Dubcek décide d'introduire de profondes réformes économiques et politiques : responsabilisation des entreprises, liberté de la presse, multipartisme, suppression du passeport intérieur **36**. C'est le « printemps de Prague ». Ce « socialisme à visage humain », sans exemple depuis 1917, risque cependant de faire tache d'huile et bientôt les forces armées soviétiques, est-allemandes, bulgares, polonaises et hongroises envahissent le pays **37** et procèdent à une normalisation musclée (épuration massive, chasse aux intellectuels), remettant en selle les anciens dirigeants inconditionnellement prosoviétiques.

35 Budapest, 1956

36 Le « socialisme à visage humain »

Le parti communiste [...] ne veut pas appliquer son rôle dirigeant en faisant pression sur la société, mais en la servant avec dévouement en vue de son développement libre, progressif et socialiste. Le parti ne peut pas imposer son autorité : il doit la gagner sans cesse par ses actes [...]. Le but du parti n'est pas de devenir un administrateur universel de la société, d'enchaîner toutes les organisations et d'entraver toute la vie sociale par ses directives [...]. La politique du parti ne doit nullement amener à faire naître chez les citoyens non communistes le sentiment qu'ils sont lésés dans leurs droits et dans leur liberté par le parti [...]. Nous voulons nous engager dans la construction d'un nouveau modèle de société socialiste profondément démocratique et adaptée aux conditions tchécoslovaques [...].

Programme d'action du Parti communiste tchécoslovaque, 6 avril 1968.
Cité dans F. Fejtö,
Histoire des démocraties populaires, 2 — Après Staline, Paris, Seuil, 1972.

37 Prague, 1968

Le but supérieur du syndicat indépendant Solidarité est de créer des conditions de vie dignes, dans une Pologne souveraine économiquement et politiquement, une vie libérée de la pauvreté, de l'exploitation, de la peur et du mensonge, dans une société organisée démocratiquement et sur la base du droit. Aujourd'hui, la nation attend :

— *l'amélioration du ravitaillement par la mise en place d'un contrôle sur la production, la distribution et les prix, en collaboration avec le syndicat Solidarité des agriculteurs individuels;*

— *une réforme de l'économie par la création de conseils d'autogestion authentiques dans les entreprises et par la liquidation de la nomenklatura du Parti;*

— *la vérité par un contrôle social sur les médias et la suppression du mensonge dans l'éducation et la culture polonaises;*

— *la démocratie par l'introduction d'élections libres à la Diète et aux conseils du peuple;*

— *la justice par l'assurance de l'égalité de chacun devant la loi, la libération des prisonniers d'opinion et la défense des personnes poursuivies pour leurs activités politiques, éditoriales ou syndicales [...].*

Déclaration finale du 1er Congrès de Solidarność, 10 septembre 1981.

La Tchécoslovaquie à peine normalisée, la Pologne entre encore une fois en convulsion. Mais cette fois, l'ampleur du mouvement est telle qu'aucune normalisation ne pourra en venir à bout et qu'il jouera même un rôle moteur dans la désintégration finale de l'empire soviétique, voire de l'URSS elle-même. La force du sentiment national polonais —, marqué par de longues années d'oppression sous la Russie des tsars —, la gravité de la crise économique qui frappe ce pays et à laquelle ses dirigeants n'ont pas trouvé d'autre réponse qu'une fuite vertigineuse dans l'endettement, et la puissance de l'Église catholique, galvanisée par l'élection d'un Polonais à la papauté (Jean-Paul II, 1978), expliquent l'envergure de ce mouvement.

En 1970, à la suite d'émeutes ouvrières écrasées dans le sang, Gomulka est renversé. Bientôt, un syndicat indépendant baptisé Solidarność (Solidarité) prend racine dans les chantiers navals de Gdańsk et se répand comme une traînée de poudre dans tout le pays, dépassant bientôt les 10 millions de membres **38**. En 1980, une brutale hausse des prix décrétée par l'État déclenche une vague de grèves sans précédent, forçant les autorités à négocier avec Solidarité les accords de Gdańsk, qui reconnaissent officiellement le syndicalisme libre, cas unique dans le monde communiste **39**. Ces accords n'étant à peu près pas respectés par le pouvoir, le fossé se creuse entre le « pays légal » et le « pays réel », et l'inquiétude gagne les autres satellites et l'Union soviétique. Aux prises avec le bourbier afghan, l'URSS ne souhaite cependant pas intervenir directement et appuie plutôt un coup d'État militaire interne qui porte au pouvoir à Varsovie, en 1981, le général Jaruzelski. Le pays est placé sous la loi martiale et les dirigeants de Solidarité sont emprisonnés sous les clameurs de l'Occident.

Cette première dictature militaire en régime communiste ne jouit toutefois d'aucune crédibilité, ni intérieure ni internationale, et se révèle bien incapable d'affronter les problèmes gigantesques posés par la désintégration de l'économie et par la résistance obstinée de tout un peuple. Dès 1983, la loi martiale

39 Gdańsk, 1980

Lech Walesa, dirigeant de Solidarité, s'adresse à la foule.

est levée, les dirigeants de Solidarité sont libérés (Lech Wałęsa recevra le prix Nobel de la paix) et des négociations sont entreprises avec la hiérarchie catholique. Solidarité sera officiellement légalisé en 1988 et la Pologne vivra ses premières élections libres en 1989, après avoir mis en branle dans toute l'Europe de l'Est d'immenses forces de désagrégation du bloc continental (voir chapitre 14).

9.2.3 La Chine : l'autre communisme

Au lendemain de la victoire des communistes et de la proclamation de la République populaire (voir page 173), la Chine sort d'une période de guerre civile et étrangère qui a duré près de 20 ans. L'économie est en ruines : terres rendues inutilisables par la destruction des digues et des canaux, réseaux ferroviaires largement détruits, flotte marchande partie pour Taiwan, de même que toute l'encaisse-or du pays, raflée par le Guomindang.

La priorité va donc à la reconstruction, sur la base d'une coalition de quatre « classes révolutionnaires » : capitalistes nationaux (ceux qui n'ont pas collaboré avec les Japonais), petite bourgeoisie, ouvriers et paysans ④⓿. Les premières mesures sont donc marquées d'une certaine modération, les nationalisations dans le domaine industriel se limitant aux entreprises étrangères et à celles des grandes familles du Guomindang, tandis que la réforme agraire maintient la propriété individuelle et ménage quelque peu les propriétaires riches.

Mais deux décisions marquent la volonté des dirigeants de rompre avec l'ancienne Chine féodale et de préparer l'avènement d'une Chine nouvelle, socialiste. La Loi sur le mariage (1950) interdit la polygamie, le mariage forcé et la « vente » de fillettes et proclame l'égalité entre les époux. La réforme agraire (1950) interdit les corvées, confisque les terres appartenant aux communautés religieuses et aux propriétaires non exploitants et opère une gigantesque redistribution touchant la moitié des terres cultivées et les deux tiers de la population rurale. Désormais, chaque paysan de plus de 16 ans est assuré d'un minimum de deux *mou* de terre (13 ares).

Parallèlement se développent les grandes « campagnes de masse » destinées à épurer ou à rallier : contre les agents du Guomindang et les sociétés secrètes (1950) ; contre la corruption, le gaspillage et le bureaucratisme (1951) ; contre les pots-de-vin, la fraude, l'évasion fiscale et le détournement des fonds publics (1952). Parfois brutales, ces campagnes font de un à trois millions de victimes, y compris les propriétaires exécutés pendant la réforme agraire, et paralysent par la terreur tout mouvement de résistance.

En 1953, estimant la reconstruction suffisamment avancée, les dirigeants chinois passent à une nouvelle étape, étroitement calquée sur le modèle soviétique : celle de la transition vers le socialisme par l'intermédiaire des plans quinquennaux, de la collectivisation de l'agriculture et du monopole du Parti communiste.

À l'instar de l'URSS, le premier plan quinquennal (1953-1957) accorde la primauté absolue à l'industrie lourde, qui reçoit 58 % des investissements (8 % à l'agriculture) et atteindra un taux de croissance spectaculaire de 14 à 18 % par année. Les entreprises industrielles et commerciales sont étatisées presque complètement. La collectivisation de l'agriculture, plutôt timide jusque-là, est fortement accélérée. Dès 1956, plus d'un million de coopératives regroupent 90 % des familles paysannes. Bien qu'imposée d'en haut

40 Un front uni

L'étape actuelle de la révolution chinoise est une étape de transition qui se place entre la liquidation de la société coloniale, semi-coloniale et semi-féodale, et l'édification d'une société socialiste ; elle est un nouveau processus révolutionnaire, celui de la nouvelle démocratie [...]. Ce que nous appelons la révolution de démocratie nouvelle, c'est la révolution anti-impérialiste et antiféodale des larges masses populaires sous la direction du prolétariat ; c'est la révolution du front uni de toutes les classes révolutionnaires. *La Chine doit nécessairement passer par cette révolution, afin d'aller plus loin dans son développement et d'arriver à la révolution socialiste. Autrement, c'est impossible.*

Cette révolution de démocratie nouvelle est très différente des révolutions démocratiques qu'ont connues les pays d'Europe et d'Amérique au cours de leur histoire ; elle n'établit pas la dictature de la bourgeoisie, mais la dictature du front uni de toutes les classes révolutionnaires [...]. Cette révolution de démocratie nouvelle diffère également de la révolution socialiste, car elle se borne à renverser l'impérialisme et les réactionnaires traîtres à la patrie, et ne renverse point les éléments capitalistes qui sont encore capables de participer à la lutte contre l'impérialisme et le féodalisme [...].

Mao Zedong
La Révolution chinoise et le Parti communiste, décembre 1939.
Cité dans Stuart Schram, *Mao Tsétoung,* Colin, 1972.

Quand vint le temps de la moisson d'automne, les heures de travail allongèrent. Les moissonneurs besognaient de jour et besognaient de nuit, à la lueur des lampes à pétrole ; la journée de douze heures et de quatorze heures était devenue la règle dans maintes régions. Des hommes s'évanouissaient de fatigue, disaient certains rapports. Un peu plus tard, la moisson terminée et le travail devenant moins pressant, le pays était de nouveau mobilisé, mais cette fois pour construire, dans le « style indigène », des hauts-fourneaux. Par dizaines de millions, les paysans étaient conviés à produire du fer et de l'acier en utilisant les méthodes des artisans chinois du Moyen Âge. On les armait de pics et de pioches pour les conduire en troupes vers les montagnes, afin d'extraire le minerai de fer et de charbon ; pendant ce temps, d'autres millions d'hommes veillaient une partie de la nuit dans la chaleur des hauts-fourneaux après leur longue journée de travail aux champs. Il fallait à tout prix remplir les normes de production fixées par les cadres : quand le minerai manquait, on fondait les rails et parfois même les ustensiles de cuisine. Dans la seule province du Honan, un demi-million de fourneaux indigènes étaient sortis de terre en l'espace de quelques semaines. [...] Ils brillaient dans la nuit chinoise, comme des myriades de vers luisants. [...]

T. Mende
La Chine et son ombre,
Paris, Le Seuil, 1960.

Le système des communes populaires a montré au peuple de notre pays la voie de l'industrialisation graduelle des zones rurales, la voie vers la transition graduelle de la propriété du peuple tout entier dans l'agriculture, la voie vers la transition graduelle du principe socialiste « à chacun selon son travail » au principe communiste « à chacun selon ses besoins », la voie tendant à la réduction graduelle et à l'élimination finale des différences entre la ville et la campagne, entre ouvriers et paysans, entre travailleurs intellectuels et travailleurs manuels, et la voie tendant à la réduction graduelle et l'élimination finale de la fonction intérieure de l'État.

Résolution de Wuhan, 10 décembre 1958.
Cité dans J. Guillermaz,
Le Parti communiste chinois au pouvoir.
T. 1, Payot, 1979.

et implantée encore plus rapidement qu'en Union soviétique, cette collectivisation rencontre peu d'opposition dans les campagnes et ne donne pas lieu à d'aussi graves affrontements.

Sur le plan politique, la Constitution de 1954 instaure, sur le modèle soviétique, le « rôle dirigeant » du Parti communiste chinois et le dualisme Parti-État qui fait du Parti la véritable instance de décision. Sont « garanties », par ailleurs, les libertés fondamentales d'opinion et d'expression, particulièrement sous la forme de dazibaos (panneaux d'expression), et un processus d'égalisation par étapes des droits de l'homme et de la femme est élaboré.

Malgré le succès du plan dans le domaine industriel, la production agricole régresse cependant dès 1956, tandis que le vent de la déstalinisation souffle depuis Moscou à travers tout le camp socialiste. La direction chinoise réagit en abandonnant le modèle soviétique et en lançant le « grand bond en avant », tentative démesurée et irréaliste de faire tout en même temps : industrie et agriculture, industrie lourde et industrie légère, immenses travaux et micro-ouvrages (petits hauts-fourneaux dans chaque village) **41**, centralisation et décentralisation, techniques modernes et techniques traditionnelles. Objectif : « rattraper l'Angleterre en 15 ans ».

Le fer de lance de cette « voie chinoise » sera la commune populaire, constituée par la fusion de coopératives et regroupant environ 5 000 foyers. La collectivisation est totale : terre, équipement, bétail, habitat ; le lopin de terre privé est aboli. La commune populaire étend son autorité à l'éducation, à la santé, à la vie communautaire (réfectoires, crèches, maisons pour les vieillards), voire à l'organisation militaire, devenant l'image avancée de l'idéal communiste **42**.

Trois ans plus tard, le bilan est dévastateur : défrichements abusifs, travaux démesurés qui bouleversent la stabilité et l'équilibre des sols, production des petits hauts-fourneaux inutilisable, résistance passive des paysans qui abattent le cheptel, critiques acerbes des intellectuels et de certains cadres du Parti. La nature s'en mêle, accumulant les calamités (typhons, inondations, sécheresses), tandis que la rupture avec Moscou a privé le pays, dès 1957, des capitaux et de l'encadrement technique dont il avait grand besoin. La famine menace, évitée seulement par l'importation de céréales, particulièrement en provenance du Canada.

De 1961 à 1965, pendant que la situation économique se redresse péniblement sous l'impulsion de pragmatiques comme Zhou Enlai, une lutte incessante déchire le Parti entre plusieurs « lignes », mettant en danger l'autorité même de Mao Zedong. Celui-ci déclenche alors (1965) une attaque frontale contre tous les cadres du Parti (« feu sur les états-majors ») et, pendant trois ans, la Chine sera au bord d'une nouvelle guerre civile. Des Gardes rouges totalement fanatisés se répandent dans le pays, épurant sauvagement la société, fermant les universités, détruisant des trésors artistiques millénaires en brandissant bien haut le « petit livre rouge » des pensées de Mao (on dit « la pensée-Mao Zedong »). Un bilan officiel établi en 1979 parle de 8 à 10 millions de morts et de 200 millions de persécutés à divers degrés. C'est ce qu'on appelle la Grande Révolution culturelle prolétarienne 43.

La victoire de Mao, acquise en 1969 grâce à l'intervention de l'armée qui sauve le pays de l'anarchie, laisse une société épuisée, un Parti complètement déstructuré et un président devenu véritable objet d'idolâtrie 44. Assuré de son pouvoir, Mao se tourne alors contre ses plus fidèles appuis (Lin Biao), tentant de revenir à une ligne plus modérée. Les relations avec les États-Unis sont normalisées. Après la mort de Mao en 1976, suivant de peu celle de Zhou Enlai, le pouvoir échoit à Deng Xiaoping, un des plus vieux compagnons de Mao, survivant de la Longue Marche qui s'était opposé au « grand bond en avant » et avait failli disparaître dans la tourmente de la Révolution culturelle.

Esprit éminemment pragmatique, Deng va rompre avec l'héritage maoïste tout en préservant l'image du « grand timonier » disparu. Les communes populaires sont abolies et la production de céréales augmente de près de 50 % entre 1976 et 1984, permettant à ce pays, le plus peuplé du monde, une autosuffisance alimentaire rarement atteinte ailleurs. Les petites entreprises sont autorisées, les investissements étrangers vont être accueillis dans des zones désignées, les universités, pratiquement fermées pendant 10 ans pour cause de révolution culturelle, reprennent vie. Mais le vent de réformes est soigneusement contenu pour qu'il ne mette pas en cause la domination du Parti et les demandes de démocratisation seront impitoyablement écrasées lors du massacre de la place Tiananmen en 1989.

44 Retour à l'ordre

Entouré des chefs de l'armée (à droite, Lin Biao), un Mao presque divinisé passe devant ses partisans.

Conclusion

Les 40 années qui suivent le second conflit mondial sont marquées, dans le monde capitaliste, par 30 ans de croissance économique ininterrompue, favorisée par un nouveau système monétaire international et la libéralisation du commerce. À partir de 1973 toutefois, une nouvelle dépression amène la plupart des gouvernements à mettre en place des mesures, erronément qualifiées de néolibérales, qui renouent avec le vieux libéralisme pur et dur d'avant la crise des années trente. L'Europe occidentale met en branle le processus de son intégration, pendant que les États-Unis passent de l'assurance impériale des années cinquante aux remises en question des années soixante et soixante-dix et que le Japon connaît une renaissance miraculeuse.

Le monde soviéto-communiste quant à lui, handicapé dès le départ par des ravages de guerre sans commune mesure avec ceux de son vis-à-vis, connaît une croissance extensive moins bien équilibrée, dans le cadre d'une économie planifiée. Ce modèle se révélant de plus en plus inefficace et les tentatives de réforme ayant échoué, le traitement de choc nécessaire lui viendra finalement de la perestroïka et de la glasnost, lancées au milieu des années quatre-vingt par Mikhaïl Gorbatchev, pendant que l'Europe de l'Est est malaisément maintenue dans la soumission au grand frère soviétique. La Chine, de son côté, cherche sa voie entre transition au socialisme, « grand bond en avant » et Révolution culturelle, réussissant malgré tout à maintenir sa cohésion au milieu de ces immenses bouleversements.

À côté de ces deux mondes, pendant ce temps, en émerge péniblement, par la décolonisation, un troisième, où se retrouvent tout de même la majorité des humains...

Questions de révision

1. Décrivez les facteurs de la croissance des « Trente Glorieuses » et le rôle qu'y jouent le système monétaire de Bretton Woods et le GATT.

2. Montrez comment la croissance des « Trente Glorieuses » porte en elle-même les facteurs principaux de la crise des années soixante-dix et quatre-vingt.

3. Décrivez les impacts du choc pétrolier et de la suspension de la convertibilité en or du dollar étasunien sur l'économie mondiale.

4. Décrivez les aspects insolites de la crise des années soixante-dix et quatre-vingt par rapport aux crises « classiques », comme celle des années trente.

5. Quels remèdes « monétaristes » sont appliqués à partir de la fin des années soixante-dix, et avec quels résultats ?

6. Retracez les étapes de l'intégration européenne entre 1948 et 1986.

7. Décrivez les principaux aspects de l'évolution intérieure des États-Unis dans les années 1950-1980.

8. Quels sont les facteurs essentiels du « miracle » japonais ?

9. Comment peut-on définir le « modèle » soviétique à l'époque stalinienne, dans les domaines économique et politique ?

10. Comment se manifeste le « dégel » sous Khrouchtchev, et quel bilan peut-on en tirer ?

11. En quoi consistent la perestroïka et la glasnost lancées par Mikhaïl Gorbatchev en 1985 ?

12. Comment se réalisent la soviétisation et la satellisation des pays de l'Europe de l'Est ? Comment la Yougoslavie y échappe-t-elle ?

13. Décrivez les grandes crises internes de 1956 et 1968 dans le monde soviéto-communiste.

14. Comment s'explique la force du mouvement antisoviétique polonais et quelles sont les principales étapes qui marquent sa marche ?

15. Décrivez les grandes étapes de la « voie chinoise vers le socialisme », de 1949 jusqu'au début des années quatre-vingt.

1. Faites un résumé du chapitre sous forme de plan détaillé (résumé schématique).

2. Interrogez des gens de votre famille ou de votre quartier qui ont vécu la crise économique des années soixante-dix et quatre-vingt : quel impact concret a-t-elle eu sur leur situation économique et sociale? Cet impact correspond-il à l'analyse de cette crise que vous avez lue dans ce manuel?

3. Le stalinisme est-il une aberration dans le système soviétique ou en constitue-t-il l'aboutissement inévitable? En d'autres termes, le système était-il « réformable » ou est-ce que la tentative khrouchtchévienne était fatalement vouée à l'échec?

> Pour aller plus loin
(NOTE : sauf mention contraire, le lieu d'édition est Paris.)

publications

BERGÈRE, M.-C. *La Chine de 1949 à nos jours.* A. Colin, coll. « U », série Histoire contemporaine, 3ᵉ éd., 2000, 382 p.

BITSCH, M.-T. *Histoire de la construction européenne de 1945 à nos jours.* Bruxelles, Éd. Complexe, coll. « Questions à l'histoire », 2001, 356 p.

FEJTÖ, F. *Histoire des démocraties populaires.* 2 vol., Seuil, coll. « Points Histoire » nᵒˢ 154 et 155, 1992, 380 et 378 p.

HEFFER, J. *Les États-Unis de 1945 à nos jours.* A. Colin, coll. « Cursus », série Histoire, 3ᵉ éd., 1997, 190 p.

HENRY, G.-M. *Les crises au XXᵉ siècle, 1873-2003.* Belin, coll. « Belin Sup Histoire », 2003, 301 p.

LAZITCH, B. (éd.) *Le Rapport Khrouchtchev et son histoire.* Seuil, coll. « Points Histoire » nᵒ 23, 1976, 190 p.

SOULET, J.-F. *L'empire stalinien : l'URSS et les pays de l'Est depuis 1945.* Librairie générale française, coll. « Le livre de poche, Références : Histoire », 2000, 253 p.

films

L'aveu, de Costa-Gavras, avec Yves Montand et Simone Signoret. Fr.-It., 1970. 135 min. L'histoire vécue d'Artur London, vice-ministre des Affaires étrangères de Tchécoslovaquie accusé de trahison par son propre gouvernement et amené à des « aveux » au cours du célèbre procès Slansky à Prague en 1952.

L'homme de fer, de Andrzej Wajda, avec Jerzy Radziwilowicz et Krystyna Janda. Pol., 1981. 153 min. Une journaliste décortique le mythe du « héros socialiste ». Film témoin de la mise en cause radicale du communisme dans la Pologne de Solidarité, par un des maîtres du cinéma polonais.

L'insoutenable légèreté de l'être (*The Unbearable Lightness of Being*), de Philip Kaufman, avec Daniel Day-Lewis et Juliette Binoche. É.-U., 1988. 171 min. D'après un superbe roman de Kundera, l'histoire de trois Tchèques pris dans les méandres du stalinisme et du printemps de Prague. Offert en DVD.

Né un 4 juillet (*Born on the Fourth of July*), de Oliver Stone, avec Tom Cruise. É.-U., 1989. 145 min. Reconstitution de la vie de Ron Kovic, vétéran du Vietnam, paralysé par une blessure de guerre, qui devient un activiste contre la guerre et pour les droits humains. Offert en DVD.

Nixon, de Oliver Stone, avec Anthony Hopkins et Joan Allen. É.-U., 1995. 192 min. La vie de Richard Nixon. Bonne reconstitution d'époque et de personnage, excellents comédiens, un film étonnamment « modéré » de Stone. Offert en DVD.

Vivre!, de Zhang Yimou, avec Gong Li et Ge You. Chine, 1994. 125 min. La vie d'un couple dans la Chine des années quarante à quatre-vingt, à travers la guerre contre les Japonais, la victoire communiste, la Révolution culturelle… Un grand film avec des comédiens exceptionnels. Offert en DVD.

Chapitre 10

PLAN DU CHAPITRE

10.1 COLONIALISME ET DÉCOLONISATION : UN SCHÉMA DIRECTEUR

10.1.1 Le colonialisme

10.1.2 La décolonisation

10.2 L'ÉTAPE DES INDÉPENDANCES

10.2.1 Un contexte favorable

10.2.2 L'Asie

10.2.3 L'Afrique du Nord

10.2.4 L'Afrique subsaharienne

10.3 L'AMÉRIQUE LATINE ENTRE INDÉPENDANCE ET DÉCOLONISATION

10.3.1 « Si loin de Dieu, si près des États-Unis »

10.3.2 Cuba : la révolution « exemplaire » ?

10.3.3 Un continent entre guérillas et dictatures

La décolonisation (1945-1975)

Pendant que les pays industrialisés des deux « premiers mondes » s'affrontent par blocs dans une guerre froide planétaire et accomplissent des exploits de croissance jamais vus, le « troisième monde », tant celui des peuples colonisés d'Afrique et d'Asie que celui des pays théoriquement souverains d'Amérique latine, connaît un bouleversement majeur qui vient modifier en profondeur sa place et son rôle dans le grand théâtre planétaire. C'est en effet durant les 30 années qui suivent la Seconde Guerre mondiale que la plupart des colonies européennes d'Afrique et d'Asie accèdent à l'indépendance, dans des conditions souvent dramatiques. Suscitée par les effets du colonialisme lui-même, alimentée par les bouleversements des deux guerres mondiales, cette longue marche vers l'émancipation aboutit à la naissance de plusieurs dizaines d'États nouveaux, remaniant de fond en comble la carte géopolitique d'une bonne partie du monde. La décolonisation constitue certes l'un des événements majeurs du XXe siècle.

Comment le colonialisme transforme-t-il les sociétés qui y sont impliquées, tant dominantes que dominées, semant les germes de sa propre destruction ? Dans quelles conditions s'est réalisée l'accession à l'indépendance des colonies européennes d'Asie et d'Afrique ? Comment l'Amérique latine vit-elle sa situation dans l'orbite de la superpuissance du Nord ?

1 La grande fête de l'indépendance

Alger, 1962.

2

Que reste-t-il alors à faire au colonisé ? Ne pouvant quitter sa condition dans l'accord et la communion avec le colonisateur, il essaiera de se libérer contre lui : il va se révolter.

Loin de s'étonner des révoltes colonisées, on peut être surpris, au contraire, qu'elles ne soient pas plus fréquentes et plus violentes. En vérité, le colonisateur y veille : stérilisation continue des élites, destruction périodique de celles qui arrivent malgré tout à surgir, par corruption ou oppression policière ; avortement par provocation de tout mouvement populaire et son écrasement brutal et rapide. Nous avons noté aussi l'hésitation du colonisé lui-même, l'insuffisance et l'ambiguïté d'une agressivité de vaincu qui, malgré soi, admire son vainqueur, l'espoir longtemps tenace que la toute-puissance du colonisateur accoucherait d'une toute-bonté.

Mais la révolte est la seule issue à la situation coloniale, qui ne soit pas un trompe-l'œil, et le colonisé le découvre tôt ou tard. Sa condition est absolue et réclame une solution absolue, une rupture et non un compromis. Il a été arraché de son passé et stoppé dans son avenir, ses traditions agonisent et il perd l'espoir d'acquérir une nouvelle culture, il n'a ni langue, ni drapeau, ni technique, ni existence nationale ni internationale, ni droits, ni devoirs : il ne possède rien, n'est plus rien et n'espère plus rien. [...]

La situation coloniale, par sa propre fatalité intérieure, appelle la révolte. Car la condition coloniale ne peut être aménagée ; tel un carcan, elle ne peut qu'être brisée.

Albert Memmi
Portrait du colonisé,
Paris, Gallimard, 1975 (écrit en 1954).

3

Chronologie

1936	Conférence interaméricaine de Buenos Aires
1941	Charte de l'Atlantique
1945-1955	Première phase de décolonisation
1945	Charte de l'ONU Proclamation de l'indépendance en Indonésie
1946-1954	Guerre d'Indochine
1947	Indépendance de l'Inde et du Pakistan Signature du pacte de Rio
1948	Création de l'Organisation des États américains (OEA) Indépendance de Ceylan et de la Birmanie
1951	Indépendance de la Libye décidée par l'ONU
1954-1962	Guerre d'Algérie
1954	Accords de Genève ; Vietnam partagé en deux États Coup d'État militaire au Guatemala Insurrection en Algérie
1955	Conférence de Bandung
1956-1968	Indépendance des colonies françaises et britanniques d'Afrique subsaharienne
1956-1975	Deuxième phase de décolonisation
1956	Indépendance de la Tunisie, du Maroc et du Soudan
1957	Indépendance de la Malaisie
1959	Victoire des guérilleros de Fidel Castro à Cuba
1961-1976	Révoltes des colonies portugaises (Angola, Guinée-Bissau, Mozambique)
1962	Indépendance de l'Algérie
1965	Intervention américaine à Saint-Domingue
1970	Élection de Salvador Allende au Chili
1973	Coup d'État militaire au Chili ; mort de S. Allende
1974-1975	Indépendance des colonies portugaises d'Afrique
1980	Indépendance du Zimbabwe

P ar-delà la trame événementielle touffue de cet immense phénomène aux dimensions mondiales, dont le simple récit dépasserait
de beaucoup le cadre du présent manuel, il est utile d'en tracer
d'entrée de jeu les lignes directrices.

10.1.1 Le colonialisme

C'est tout d'abord dans le colonialisme lui-même qu'on peut déceler les germes
de sa propre destruction. Analysé quant à son impact sur le colonisé, le colonialisme pourrait se réduire à trois caractéristiques fondamentales : exploitation économique, sujétion politique, indignité culturelle.

Sans vouloir négliger d'autres aspects comme le prestige politique ou
l'intérêt stratégique, c'est le profit économique qui, la plupart du temps, a
constitué le mobile fondamental de la conquête coloniale pour les métropoles. Cette phase de conquête militaire qui a marqué le début de l'aventure
coloniale ne s'est pas faite sans violence : les futurs colonisés ont résisté de
toutes leurs forces à l'envahisseur venu s'emparer du pays grâce à son écrasante supériorité technique, industrielle et militaire.

Une fois la conquête menée à bien, le colonisateur organise l'exploitation
économique du territoire. Ce sont d'abord les ressources naturelles qui sont
mises en coupe réglée : ressources du sol (agriculture, forêts, faune) et du sous-
sol (mines). Mais les populations indigènes elles-mêmes sont aussi victimes
de cette exploitation économique, et cela sous plusieurs aspects. Exploitation
de leur force de travail par l'instauration du travail plus ou moins forcé ④
et, de toute façon, rémunéré à des taux largement inférieurs à ceux qui étaient
pratiqués en métropole pour une tâche équivalente ; exploitation du pouvoir
d'achat par la réorganisation des circuits d'échanges au bénéfice du colonisateur ⑤ ; exploitation des ressources financières par le drainage systématique
des épargnes dans les institutions du colonisateur, où ces épargnes sont réin-
vesties selon les priorités et les intérêts de ce dernier, de telle sorte que c'est
le colonisé lui-même qui finance en partie sa propre exploitation.

Toute cette exploitation multiforme a pour effet de détruire les structures
traditionnelles de l'économie précoloniale et, par voie de conséquence, de
secouer les bases de la société. Par exemple, l'introduction de taxes et d'impôts

---

4 **L'exploitation de
la main-d'œuvre
indigène en Afrique
subsaharienne**

*J'ai vu construire des chemins de
fer [en Europe]. On rencontrait
du matériel sur les chantiers. Ici,
que des nègres ! Le nègre rem-
plaçait la machine, le camion, la
grue. Épuisés, maltraités [...] les
nègres mouraient en masse [...].
Les 8 000 hommes ne furent
bientôt que 5 000, 4 000 puis
2 000... Il fallut remplacer les
morts, recruter derechef [...].
Comme les indigènes se déro-
baient au recrutement, on en
arriva aux représailles. Des villages entiers furent punis [...].*

Albert Londres
Terre d'Ébène, Paris, Albin Michel,
1929.

Quel est, d'après Bettelheim,
le facteur essentiel de la
désindustrialisation de l'Inde ?

---

5 **La désindustrialisation de l'Inde**

*La situation de l'industrie indienne
en 1948 est le produit d'une longue
histoire au cours de laquelle on
observe à la fois le recul de l'industrie traditionnelle et le progrès de
l'industrie moderne. [...] Ce sont
sans doute les statistiques du
commerce extérieur qui fournissent
les preuves les plus visibles du processus de « désindustrialisation » du
pays. L'Inde, d'exportatrice de produits*

*manufacturés qu'elle était encore à
la fin du XVIIIe siècle, devient importatrice. De 1815 à 1832, les exportations indiennes de cotonnades
reculent de 92 %. En 1850, l'Inde
achète le quart des cotonnades expor-
tées par la Grande-Bretagne. L'évolution est la même pour toutes les
productions de caractère industriel.*

*La ruine de l'ancienne industrie
et de l'ancien artisanat indien a été*

*le résultat de la politique commer-
ciale britannique, de l'interdiction
ou des restrictions imposées aux
exportateurs des produits indiens
vers l'Occident tandis qu'était facilitée l'invasion du marché indien
par les produits britanniques.*

Charles Bettelheim
L'Inde indépendante, Maspéro, 1971.

payables en monnaie force l'agriculteur colonisé, qui ne peut payer qu'en nature, soit à abandonner son exploitation au colonisateur, quitte à demeurer sur place à titre de salarié, soit à ajuster sa production aux besoins du colonisateur afin de pouvoir la commercialiser sur les grands circuits à destination de la métropole. D'une façon ou d'une autre, cela mène la plupart du temps à l'abandon de la *culture vivrière* et au passage à la monoculture d'exportation (arachides, café), vidant les campagnes des paysans qui n'y peuvent plus survivre et déstructurant les liens sociaux traditionnels.

Mais l'exploitation économique ne saurait se réaliser sans la *sujétion* politique. Même quand il laisse en place, comme dans les protectorats, les chefs politiques traditionnels (voir page 18), le colonisateur s'empare de la réalité du pouvoir, sans laquelle sa domination ne serait pas assurée solidement. Le colonisé est ainsi placé hors des centres de décision, exclu de la maîtrise de sa vie collective.

Cet état de sujétion a de profondes répercussions sur l'ensemble de la société colonisée. Les cadres politiques qui assuraient sa cohésion interne sont détruits ou vidés de toute substance tandis que s'installe, au-dessus et en dehors d'elle, une nouvelle structure de pouvoir qui fonctionne selon les objectifs et les principes du colonisateur. Celui-ci impose, par exemple, des découpages territoriaux aberrants qui morcellent les espaces de *transhumance* (Sahara) ou qui regroupent des communautés disparates dans des entités artificielles. Et l'exclusion forcée du pouvoir, pour peu qu'elle se perpétue, entraîne chez le colonisé une régression dans les capacités mêmes de se gouverner, que seul l'exercice du pouvoir permet de développer.

Une troisième dimension du colonialisme, et non la moindre, réside dans ce qu'on pourrait appeler « l'*indignité culturelle* » qui frappe toute la société colonisée. Tous les traits culturels qui la différencient du colonisateur sont marqués par ce dernier au sceau de la négativité et de l'ignominie : ses modes de production sont inefficaces, ses rapports sociaux primitifs, sa religion grossière, sa langue inapte à appréhender et à transcrire les réalités modernes, ses mœurs condamnables, ses coutumes — bien que pittoresques — empreintes de gaspillage et d'imprévoyance, voire de simple paresse ⑥.

En face, le colonisateur est tout positif : ses modes de production, ses structures sociales, son régime politique, sa religion, sa langue possèdent une valeur intrinsèque à portée universelle. Il est donc en droit de les imposer aux colonisés et, entre autres, d'enseigner sa langue et son histoire dans les

▸ **Culture vivrière**
Culture de produits alimentaires principalement destinés à la population locale.

▸ **Sujétion**
État d'une personne ou d'un groupe soumis à une domination, à un pouvoir extérieur.

▸ **Transhumance**
Migration périodique d'éleveurs et de leurs troupeaux entre deux zones de pâturages complémentaires.

▸ **Indignité culturelle**
Situation d'un peuple qui est objet de mépris et de dévalorisation de sa culture.

> Faites ressortir trois traits de l'indignité culturelle des Canadiens-français tels qu'ils sont vus par Durham, respectivement sur les plans politique, religieux et proprement culturel.

⑥ L'indignité culturelle

Portrait du colonisé canadien-français par le colonisateur britannique (1839)

Les institutions de France durant la période de colonisation du Canada étaient, peut-être plus que celles de n'importe quelle autre nation d'Europe, propres à étouffer l'intelligence et la liberté de la grande masse du peuple. Ces institutions traversèrent l'Atlantique avec le colon canadien. Le même despotisme centralisateur, *incompétent, stationnaire et répressif s'imposa à lui. […] L'autorité ecclésiastique à laquelle il était habitué établit ses institutions autour de lui, et le prêtre continua à exercer sur lui son ancienne influence. […] Nous ne devons donc pas nous étonner que, dans de telles circonstances, ces hommes […] demeurent sous les mêmes institutions le même peuple ignare, apathique et rétrograde. […] Ces gens s'accrochent aux anciens* *préjugés, aux anciennes lois, aux anciennes coutumes, non à cause d'un fort sentiment de leurs heureux effets, mais par la ténacité irrationnelle d'un peuple mal éduqué et stationnaire.*

Lord Durham
Rapport sur l'Amérique du Nord britannique, 1839.

J'ai souvent lutté contre l'injustice. J'y étais habitué par la doctrine chrétienne. Mon père, ma mère m'ont toujours dit : « Il ne faut pas être méchant, il faut être bon. » Alors je n'ai jamais compris, dans mon pays, pourquoi à l'école on nous enseignait qu'il faut pratiquer la charité chrétienne ; qu'il faut l'amitié entre les hommes et comment on peut concilier l'instruction que les Européens nous donnaient à l'école, principes de civilisation, de morale, avec les actes que les Européens commettaient vis-à-vis des populations noires.

Et alors j'ai commencé à étudier les révolutions dans l'humanité et très souvent la Révolution française. Pourquoi ces gens se sont révoltés, pourquoi ils ont lutté pour leur liberté ? J'ai compris vraiment que dans toutes les révolutions il y a un élément profond : c'est la lutte contre l'injustice, contre l'oppression. Et alors, à partir de ce moment-là, j'ai commencé à comprendre.

Patrice Lumumba
Fondateur du Mouvement national congolais, 15 février 1961.

écoles de la colonie, faisant par exemple répéter en chœur aux petits Africains des colonies françaises : « Nos ancêtres, les Gaulois… » Le colonisé devient ainsi un être de carence, exclu de la Cité et de l'Histoire, coupé de sa culture, replié sur les valeurs refuges que sont la famille et la religion, derniers espaces où puisse être protégée son existence originale. Mais ces ultimes bases de repli se sclérosent elles-mêmes puisque leur fonction sociale est désormais réduite à la survivance d'un passé d'autant plus figé que le présent et surtout l'avenir échappent désormais aux mains du colonisé.

Cette situation d'indignité culturelle, renforcée quotidiennement par la sujétion politique et l'exploitation économique, finit par être acceptée par le colonisé lui-même. Et c'est l'étape ultime du colonialisme : le colonisé se reconnaît et s'accepte comme colonisé, reconnaît et accepte le colonisateur comme colonisateur et va dorénavant conformer sa conduite à cette vision des choses, devenant peu à peu un être réellement inférieur à celui qui est désormais maître de son esprit comme de son corps. C'est bien le colonialisme qui fabrique des colonisés.

10.1.2 La décolonisation

Mais tout en fabriquant des colonisés, le colonialisme a semé les germes de sa propre remise en cause. En initiant les populations autochtones à l'économie monétaire, il a suscité l'apparition d'une classe d'exploitants agricoles aisés et d'une bourgeoisie commerciale, mais surtout d'une classe ouvrière déracinée, agglutinée dans les villes ou autour des grandes exploitations agricoles ou minières, et soumise aux fluctuations de la conjoncture internationale. Les vieux cadres tribaux et ethniques sont ainsi disloqués, et une nouvelle conscience peut se forger dans les masses colonisées.

Cependant, cette prise de conscience sera surtout le fait d'une classe d'intellectuels, recrutés par le colonisateur pour les besoins de son administration aux niveaux subalternes, et qui recevra une éducation parfois assez poussée jusque dans les universités européennes (le Vietnamien Hô Chi Minh en France, l'Indien Nehru en Grande-Bretagne). C'est cette classe qui, confrontée à la contradiction flagrante entre les principes solennellement proclamés de l'Occident (liberté, égalité, démocratie, justice sociale) et la situation réelle dans les colonies, va pouvoir retourner contre le colonisateur les idéaux qui servaient à ce dernier à masquer sa domination **7**. En même temps, cette classe, consciente de ses capacités, rejette le portrait mythique et dégradant que le colonisateur a dessiné du colonisé et que ce dernier a fini par accepter ; elle est donc en mesure de redonner au colonisé le sens de sa dignité.

Ainsi s'amorce la décolonisation, d'abord par une radicale mise en question intellectuelle et morale, puis par la montée des revendications, de plus en plus tranchantes. Le colonisé demande d'abord l'intégration, qui ferait de lui un citoyen à part entière dans un vaste ensemble métropole-colonie, mais il se heurte très vite à une fin brutale de non-recevoir : si le colonisateur devait reconnaître l'égalité du colonisé avec lui, il se détruirait lui-même en tant que colonisateur.

Alors le colonisé réclame l'indépendance **8**. Dans l'immense majorité des cas, le refus net du colonisateur déclenche une spirale de violence qui va parfois déboucher sur de véritables guerres de libération nationale particulièrement longues et cruelles. Une fois déclenchée, la violence gangrène peu à peu tous les protagonistes : on la retrouve, bien sûr, entre colonisateurs et colonisés, mais aussi entre les colonisés eux-mêmes, dont une partie rejette la perspective de l'indépendance par intérêt ou par mépris de soi. On la retrouve enfin entre les colonisateurs, qui se déchirent entre « progressistes » favorables à l'émancipation et « colonialistes » farouchement attachés au maintien du lien colonial, c'est-à-dire au maintien de leur pouvoir et de leurs privilèges. Ce sont même ces colonialistes qui ont le plus à perdre dans l'aventure, et c'est pourquoi leur réaction est particulièrement virulente, allant même, en France par exemple, jusqu'à la tentative de coup d'État et d'assassinat du président de la République (de Gaulle).

Les guerres de libération nationale se déploient ainsi sur trois fronts, dont deux sont des guerres civiles (entre colonisés et entre colonisateurs), ce qui explique à la fois leur cruauté, leur complexité et la difficulté d'y mettre un terme, sans compter tout l'héritage que la violence laisse dans son sillage. Le colonialisme pourrit le colonisateur, comme il a dégradé le colonisé.

Mais l'indépendance politique, sanctionnée par l'accession au statut d'État souverain, n'est pas la décolonisation. Elle n'en constitue que la première étape, essentielle mais non suffisante. On pourrait même dire que le plus difficile reste à venir.

Car cet État nouveau, maintenant reconnu, est souvent très artificiel, ses frontières ayant été délimitées par les puissances impérialistes au hasard des expéditions, des découvertes et des conflits guerriers. Devant une carte de l'Afrique, les gouvernements européens du XIXe siècle se souciaient fort peu des ensembles économiques, culturels, linguistiques, religieux ou autres qui formaient la réalité des territoires au milieu desquels ils traçaient des lignes de partage selon l'humeur du moment. Or, il se trouve qu'aucune de ces frontières héritées du colonialisme ne sera remise en cause une fois les indépendances acquises, les dirigeants du mouvement de libération étant d'abord soucieux d'instaurer et de conserver leur propre pouvoir sur les territoires libérés. Ce qui fait que la carte politique actuelle de l'Afrique ressemble comme une jumelle à celle de 1914 : il suffit simplement de changer les noms… ⑨

Autre difficulté : les dirigeants des mouvements nationalistes, formés au contact des métropoles, ne pensent souvent qu'à imiter ces dernières, plaquant sur des réalités économiques et sociales des structures qui se révèlent en porte-à-faux : parlementarisme et démocratie libérale, socialisme inspiré des modèles soviétique ou chinois, qu'il serait miraculeux de voir fonctionner harmonieusement. Par ailleurs, les métropoles s'étant assez peu souciées de préparer la relève au temps de leur domination, le départ massif des compétences administratives ou techniques au moment de l'indépendance laisse un vide impossible à combler tandis que l'impatience du colonisé à diriger ses propres affaires le mène à des improvisations parfois désastreuses.

Sur le plan économique, l'ex-colonie est toujours largement dépendante de l'extérieur pour avoir accès tant à des marchés qu'à des capitaux. Car elle continue d'être essentiellement exportatrice de matières premières et importatrice de produits finis, tandis qu'elle manque de capitaux propres, ceux-ci ayant été siphonnés depuis longtemps par le colonisateur. De sorte qu'elle est pratiquement obligée de maintenir ses liens de dépendance envers l'ancienne métropole (ou de remplacer cette dernière par une nouvelle : voir le cas cubain, page 237).

voir le cas cubain, page 237).

8 De l'intégration à l'indépendance : itinéraire d'un nationaliste algérien

En 1936

Si j'avais découvert la nation algérienne, je serais nationaliste […]. Et cependant je ne mourrai pas pour la patrie algérienne parce que cette patrie n'existe pas. Je ne l'ai pas découverte. J'ai interrogé l'histoire, j'ai interrogé les vivants et les morts : personne ne m'en a parlé […]. On ne bâtit pas sur du vent. Nous avons écarté une fois pour toutes les nuées et les chimères pour lier définitivement notre avenir à celui de l'œuvre française dans ce pays.

Article de Ferhat Abbas dans le journal *L'Entente*, 23 février 1936.

En 1943

Le refus systématique ou déguisé de donner accès dans la cité française aux Algériens musulmans a découragé tous les artisans de la politique d'assimilation. Cette politique apparaît aujourd'hui aux yeux de tous comme une chimère inaccessible, une machine dangereuse mise au service de la colonisation […]. Désormais un musulman algérien ne demandera pas autre chose que d'être un Algérien musulman.

Manifeste du peuple algérien, adressé aux Français par F. Abbas le 10 février 1943.

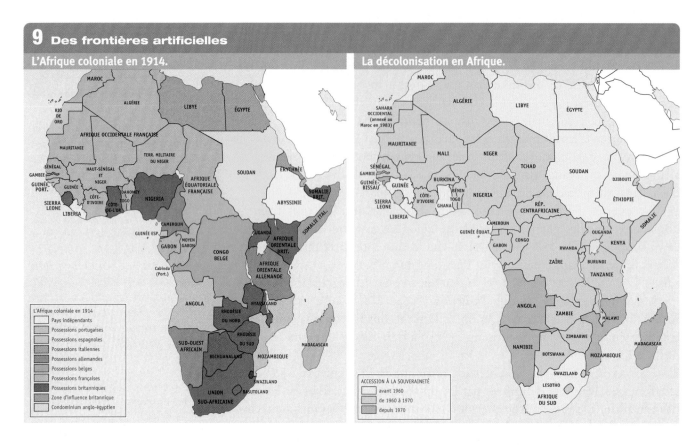

L'Afrique coloniale en 1914.

La décolonisation en Afrique.

C'est ainsi que l'étape des indépendances est suivie par celle du néo-colonialisme, c'est-à-dire par la perpétuation des liens de dépendance sous des apparences de souveraineté officielle. C'est souvent la réalité que recouvre aujourd'hui ce qu'on appelle, d'un vocable trompeur, l'aide aux pays sous-développés (voir le chapitre 11). Décolonisation : très long processus dont nous n'avons encore vu que les premiers balbutiements…

10.2 L'ÉTAPE DES INDÉPENDANCES

Ce schéma directeur une fois posé, c'est la Seconde Guerre mondiale qui, dans les faits, marque la ligne de partage entre « les deux versants de l'histoire » (G. de Bosschère) et qui enclenche la décolonisation.

10.2.1 Un contexte favorable

Déjà la Première Guerre mondiale avait déclenché une dynamique nouvelle. Les Quatorze Points de Wilson (voir page 38) avaient ouvert la voie à la reconnaissance du droit des peuples à l'autodétermination, et les traités de 1919 avaient effectivement amorcé la décolonisation des peuples sous domination turque en confiant aux puissances victorieuses le mandat d'amener ces peuples à une indépendance dont on s'était cependant bien gardé de préciser l'échéance. L'entre-deux-guerres avait ensuite vu l'ascension des mouvements nationalistes chez les peuples dominés (voir page 64 et suiv.).

La Seconde Guerre rend cette dynamique irréversible. Elle représente tout d'abord une atteinte irrémédiable au prestige du colonisateur, et singulièrement à son prestige militaire, élément essentiel du maintien de la domination coloniale. L'effondrement des puissances coloniales devant les armées

10 L'« impôt du sang »

Troupes coloniales au service des puissances européennes.

hitlériennes en Europe, et surtout devant les armées japonaises en Asie, détruit à jamais le mythe de l'invincibilité de l'homme blanc. Dans les colonies qu'ils envahissent, les Japonais jouent d'ailleurs sur ce renversement inattendu pour se présenter en libérateurs auprès des peuples colonisés, invoquant une soi-disant « sphère de coprospérité asiatique », délivrant les chefs nationalistes emprisonnés par les anciens maîtres et leur donnant même quelques simulacres de pouvoir (Soekarno en Indonésie). Dépouillées de leur prestige et de leur pouvoir, les puissances coloniales vont par ailleurs sortir de la guerre dans un état d'épuisement tel que le retour pur et simple à l'ordre ancien s'avère impossible.

Dans les colonies demeurées sous juridiction européenne, la guerre accentue les déséquilibres économiques et sociaux déjà suscités par la situation coloniale. Les colonies doivent fournir des quantités accrues de matières premières et de denrées agricoles, alors que la perturbation des échanges internationaux entraîne des pénuries de produits manufacturés ou l'effondrement de certaines exportations comme l'arachide (Sénégal) ou le cacao (Côte d'Ivoire). La réquisition des indigènes pour les travaux publics et les cultures forcées prennent de l'ampleur. En même temps, la mobilisation militaire amène des millions de colonisés dans les unités combattantes, et cet « impôt du sang » est l'occasion rêvée pour les colonisés d'exiger des compensations que le colonisateur aura mauvaise conscience à refuser, mais aussi d'acquérir une précieuse expérience des combats qu'ils pourront mettre à profit dans leur lutte de libération 10. Au Vietnam, c'est dans la guérilla antijaponaise que les nationalistes mettent au point les structures et les stratégies qui leur permettront d'affronter les Français après 1945.

La guerre a aussi un impact décisif sur le plan idéologique. La charte de l'Atlantique, proclamée solennellement par Churchill et Roosevelt avant d'être adoptée par la grande coalition antinazie, réaffirme le droit des peuples à disposer d'eux-mêmes et à choisir la forme de gouvernement sous laquelle ils veulent vivre. Bien que Churchill ait par la suite restreint la portée du texte aux seuls peuples européens passés sous le joug nazi, Roosevelt ne semble pas avoir eu de telles réserves, et les colonisés y voient une portée universelle qui légitime leurs aspirations.

Dans l'immédiat après-guerre, de nouveaux facteurs viennent alimenter un processus déjà bien enclenché. C'est d'abord la formation de l'ONU, qui crée un Conseil de tutelle pour administrer un certain nombre d'anciennes colonies, celles de l'Italie par exemple, passées sous juridiction internationale, et qui proclame solennellement le droit des peuples à l'autodétermination 11. C'est surtout l'appui des deux superpuissances au mouvement d'émancipation

11 L'ONU et le droit des peuples

1. *La sujétion des peuples à une subjugation, à une domination et à une exploitation étrangères constitue un déni des droits fondamentaux de l'homme […];*
2. *Tous les peuples ont le droit de libre détermination;*
3. *Le manque de préparation dans les domaines politique, économique ou social ou dans celui de l'enseignement ne doit jamais être pris comme prétexte pour retarder l'indépendance;*
4. *Il sera mis fin à toute action armée et à toutes mesures de répression, de quelque sorte qu'elles soient, dirigées contre les peuples dépendants, pour permettre à ces peuples d'exercer pacifiquement et librement leur droit à l'indépendance complète, et l'intégrité de leur territoire national sera respectée;*
5. *Des mesures immédiates seront prises, dans les territoires sous tutelle, les territoires non autonomes et tous autres territoires qui n'ont pas encore accédé à l'indépendance, pour transférer tous pouvoirs aux peuples de ces territoires, sans aucune condition ni réserve, conformément à leur volonté et à leurs vœux librement exprimés, sans aucune distinction de race, de croyance ou de couleur, afin de leur permettre de jouir d'une indépendance et d'une liberté complètes […].*

Résolution 1514 (XV) adoptée par l'Assemblée générale de l'ONU le 14 décembre 1960.

qui contribue à le rendre irréversible. L'URSS se pose en effet en championne de la liberté des peuples et présente sa propre situation intérieure comme la solution idéale au problème de l'autonomie dans l'interdépendance, tandis que les États-Unis se proposent aussi en modèle en tant que première colonie européenne ayant réussi à se libérer de l'oppression de sa métropole.

Bien sûr, au-delà de ces belles déclarations de principes, des intérêts bien concrets sont en jeu. L'Union soviétique ne pourrait que profiter d'un affaiblissement des vieux empires et d'un rapprochement avec les dirigeants des futurs États décolonisés, tandis que les États-Unis verraient s'ouvrir de nouveaux marchés par la disparition des grands ensembles impériaux. Après l'éclatement de la guerre froide cependant, la décolonisation devient un enjeu important de l'affrontement des blocs, et les États-Unis sont amenés à nuancer sérieusement leur position anticolonialiste devant le risque d'un glissement des mouvements nationalistes vers un socialisme révolutionnaire qui viendrait grossir les rangs du bloc continental. C'est ainsi, par exemple, que les États-Unis vont appuyer la France dans sa lutte contre les nationalistes vietnamiens.

Mais alors que l'ordre colonial est partout contesté, les métropoles restent pour la plupart farouchement attachées à leurs possessions et l'étape des indépendances qui s'ouvre sera longue, ardue, souvent sanglante.

10.2.2 L'Asie

C'est en Asie que le mouvement démarre **12**, au moment où les troupes japonaises se retirent de leurs conquêtes, abandonnant sur place quantité de matériel de guerre récupéré par les nationalistes. Dans les Indes néerlandaises, profitant du vide politique créé par le départ des Japonais avant le retour

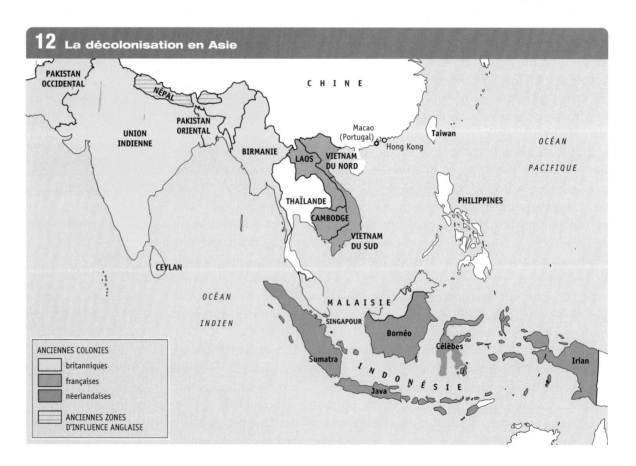

12 La décolonisation en Asie

ANCIENNES COLONIES
britanniques
françaises
néerlandaises
ANCIENNES ZONES D'INFLUENCE ANGLAISE

des colonisateurs hollandais, le chef nationaliste indonésien Achmed Soekarno proclame la République et rompt les liens avec les Pays-Bas le 17 août 1945. Deux tentatives de reconquête militaire ayant échoué devant la détermination des Indonésiens et les difficultés du terrain, les Pays-Bas, épuisés de toute façon par la guerre qui vient de se terminer en Europe et soumis à une très forte pression internationale (les États-Unis vont jusqu'à suspendre l'aide Marshall), se résignent enfin à négocier et reconnaissent l'indépendance de l'Indonésie en 1949.

Entre-temps, l'empire britannique des Indes a été dissous dans des circonstances plutôt dramatiques. Dès la fin de la guerre, le Royaume-Uni a engagé des négociations avec les nationalistes indiens, auxquels on avait promis l'indépendance pour prix de leur appui à l'effort de guerre contre le Japon. Mais un problème lancinant va paralyser les pourparlers pendant de longs mois. Les populations du sous-continent indien se partagent en effet entre deux grandes religions : l'hindouisme et l'islam. Inquiets de leur sort dans un État unique tel que le réclament les chefs de la majorité hindoue (Gandhi, Nehru), les musulmans, dirigés par Ali Jinnah, exigent la formation de deux États sur des bases religieuses **13**

D'abord réticente, la Grande-Bretagne accepte finalement la « partition » et, le 15 août 1947, deux États naissent : le Pakistan, à majorité musulmane, formé de deux sections distantes de 1 700 km l'une de l'autre, et l'Union indienne, à majorité hindoue, tous deux membres du Commonwealth britannique. Mais c'est une atmosphère de guerre civile qui accompagne la délimitation des frontières et surtout les transferts massifs de population, voulus ou forcés, qui jettent sur les routes 17 millions de personnes et s'accompagnent de massacres impitoyables. Gandhi lui-même est assassiné par un hindou fanatique en 1948.

Avec l'accession de Ceylan (Sri Lanka) et de la Birmanie à la souveraineté (1948), il ne reste à peu près plus rien du fameux empire britannique des Indes, sauf la Malaisie, où une guérilla communiste de sept ans devra être maîtrisée avant l'octroi de l'indépendance, le 31 août 1957. Le dernier vestige, Hong Kong, sera rétrocédé à la Chine en 1997.

C'est en Indochine française, formée d'une colonie (la Cochinchine) et de quatre protectorats (l'Annam, le Tonkin, le Laos et le Cambodge), que la décolonisation connaît son plus sérieux dérapage. Comme en Indonésie, le retrait des Japonais avant le retour des Français a permis à Hô Chi Minh de proclamer la République démocratique du Vietnam (regroupant Cochinchine, Annam et Tonkin), en citant mot à mot dans sa proclamation un passage de la Déclaration d'indépendance des États-Unis de 1776… **14** Mais la France tient à conserver son empire asiatique et, tout en négociant avec Hô Chi Minh,

---

13 Hindous contre musulmans

J'ai expliqué en détail les différences fondamentales entre hindous et musulmans. Il n'y a jamais eu, pendant tous ces siècles, d'unité sociale ou politique entre ces deux principales nations. L'unité indienne dont on parle aujourd'hui ne relève que de l'Administration britannique qui n'a maintenu la paix, la loi et l'ordre dans ce pays que par le recours ultime à la police et à l'armée.

La revendication du [parti du] « Congrès » est fondée sur une nationalité qui n'existe pas, sauf dans l'esprit de doux rêveurs. Notre solution se fonde sur la partition du territoire de ce sous-continent en deux États souverains : l'Hindustan et le Pakistan.

Discours d'Ali Jinnah à la Convention législative de la Ligue musulmane à Delhi, 7 avril 1946.

Que désigne l'expression « parti du Congrès »?

---

14 Les principes de l'Occident retournés

« Tous les hommes ont été créés égaux […] Leur Créateur leur a conféré certains droits inaliénables. Parmi ceux-ci, il y a la vie, la liberté et la recherche du bonheur. » Ces paroles immortelles sont tirées de la Déclaration d'indépendance des États-Unis d'Amérique en 1776. Prises au sens large, ces phrases signifient : tous les peuples sur terre sont nés égaux; tous les peuples ont le droit de vivre, d'être libres, d'être heureux.

La Déclaration des Droits de l'Homme et du Citoyen de la Révolution française (1789) a également proclamé : « Les hommes sont nés et demeurent libres et égaux en droits. »

Il y a là d'indéniables vérités.

Cependant, depuis plus de 80 ans, les impérialistes français, reniant leurs principes : liberté, égalité, fraternité, ont violé la terre de nos ancêtres et opprimé nos compatriotes. Leurs actions sont contraires à l'idéal d'humanité et de justice. […]

Extraits de la Déclaration d'indépendance de la République démocratique du Vietnam, 2 septembre 1945.

15 L'entrée des troupes du Vietminh dans Hanoi (9 octobre 1954)

elle entreprend une reconquête militaire systématique. La rupture avec les nationalistes est consommée en novembre 1946, alors que la marine française bombarde le port d'Haiphong, tuant 6 000 personnes, ce à quoi les partisans de Hô Chi Minh, regroupés dans le Vietminh, répliquent par un massacre d'Européens à Hanoi pendant que leur chef prend le maquis. La guerre d'Indochine a commencé.

D'abord guerre classique de guérilla dans laquelle les insurgés en viennent rapidement à contrôler les campagnes, isolant les forces d'occupation dans quelques villes, le conflit prend une dimension nouvelle avec le début de la guerre froide et surtout la victoire communiste en Chine. Le Vietminh peut maintenant engager des forces armées modernes, bien équipées, tandis que la France bénéficie de l'aide financière des États-Unis dans sa croisade anti-communiste. Mais sur le terrain, l'avantage va au Vietminh, qui obtient une retentissante victoire sur le corps expéditionnaire français à Diên Biên Phu le 7 mai 1954 (12 000 prisonniers). Pour la première fois depuis le lancement de l'impérialisme européen il y a près de 500 ans, un peuple colonisé vient d'obtenir une victoire décisive dans une bataille rangée contre l'Occident, avec les armes mêmes de celui-ci. Diên Biên Phu devient le symbole de la lutte de tous les peuples colonisés et accélère la fin de la guerre **15**.

Les accords de Genève de 1954 divisent provisoirement le Vietnam en deux États sur la ligne du 17e parallèle : au nord, la République démocratique du Vietnam dirigée par Hô Chi Minh ; au sud, un régime pro-occidental avec Ngô Dinh Diêm. Des élections sont prévues dans les deux ans pour décider de la réunification. Le Laos et le Cambodge deviennent des États indépendants et neutres, ce qui est toute une nouveauté dans ce monde divisé en blocs où chacun est sommé de choisir son camp ; mais il est vrai qu'en 1954, on commence déjà à parler de coexistence.

Malgré ces accords, la paix n'est pas près de revenir dans cette partie du monde. Le gouvernement sud-vietnamien ayant refusé de tenir les élections prévues, sûr qu'il était de les perdre, des foyers de résistance se développent dans le Sud, appuyés par le Vietnam du Nord, dès la fin des années cinquante, tandis que les États-Unis volent au secours du gouvernement de Saigon (Sud), inefficace et corrompu. C'est le début de la guerre du Vietnam, seconde guerre d'Indochine, qui se déploie dans trois dimensions : nationalistes sud-vietnamiens contre le gouvernement du Sud, Vietnam du Nord contre Vietnam du Sud, États-Unis à la fois contre nationalistes sud-vietnamiens et Vietnam du Nord (voir page 183).

10.2.3 L'Afrique du Nord

La défaite de l'Italie dans la guerre a déjà entraîné une première décolonisation en Afrique du Nord : celle de la Libye, décidée par l'ONU en 1951 avec celle de la Somalie. Puis, les protectorats français de Tunisie et du Maroc entrent en effervescence.

En Tunisie, le leader nationaliste Habib Bourguiba mêle habilement la négociation et l'appel au soulèvement populaire. Sous la pression des colons européens de Tunisie, la France rompt les négociations et fait emprisonner Bourguiba en 1951. Les troubles se multiplient alors à travers le pays, et la France doit bientôt reconnaître et rappeler le leader emprisonné, auquel son peuple fait un triomphe (1955). L'indépendance complète est finalement reconnue en juin 1956.

Au Maroc, l'Istiqlal (parti de l'indépendance) jouit de l'appui officieux du sultan Mohammed Ben Youssef, mais la France décide de pratiquer une politique autoritaire qui mène à un grand soulèvement à Casablanca en 1952, durement réprimé par l'armée. La France détrône alors le sultan et le déporte à Madagascar, mais l'insurrection gagne tout le pays. Débordée, la France doit ramener le sultan et ouvrir des négociations qui aboutissent à la reconnaissance de l'indépendance du Maroc le 2 mars 1956.

C'est en Algérie que la tragédie va frapper, entraînant la plus longue et la plus sanglante des guerres de libération nationale. L'Algérie constitue, il est vrai, un cas assez particulier. Considérée par la France comme faisant partie du territoire national **16**, elle est dirigée par un gouverneur général et contient la plus forte minorité de colons européens de toutes les colonies : un million (dont 80 % sont nés en Algérie), contre neuf millions d'Algériens. Dans ces « départements français », la société est très inégalitaire, le vote d'un citoyen français valant 10 fois celui d'un musulman de « statut coranique ».

L'insurrection ayant été déclenchée le 1er novembre 1954 par le Front de libération nationale (FLN), la France envoie jusqu'à 900 000 soldats en Algérie, pendant que les relations entre les deux communautés se dégradent rapidement par suite d'aveugles massacres de part et d'autre. La répression féroce et le recours systématique à la torture par l'armée divisent profondément l'opinion publique française, achevant de paralyser une IVe République de plus en plus mal en point. Le 13 mai 1958, une émeute de colons amène la formation d'un pouvoir insurrectionnel à Alger et, devant la menace de guerre civile en France, l'Assemblée nationale fait appel au général de Gaulle, retiré de la vie politique depuis 10 ans, auquel elle donne les pleins pouvoirs.

Ayant doté la France d'une nouvelle constitution (la Ve République) et devenu président, de Gaulle ouvre bientôt des négociations avec le FLN et les accords d'Évian de 1962 reconnaissent l'indépendance de l'Algérie. Déjà les colons français d'Algérie (les « pieds-noirs ») se sont déchaînés, à la fois contre les musulmans et contre le gouvernement français, déclenchant un contre-terrorisme qui vise jusqu'à de Gaulle lui-même, objet de plusieurs

---

16 « L'Algérie, c'est la France »

Deux dirigeants français, pourtant progressistes, réagissant au déclenchement de l'insurrection algérienne :

Déclaration du président du Conseil à l'Assemblée nationale 12 novembre 1954
À la volonté criminelle de quelques hommes doit répondre une répression sans faiblesse, car elle est sans injustice. Les départements d'Algérie font partie de la République, ils sont français depuis longtemps [...]. Jamais la France, jamais aucun parlement, jamais aucun gouvernement ne cédera sur ce principe fondamental. Qu'on n'attende de nous aucun ménagement à l'égard de la sédition, aucun compromis avec elle. On ne transige pas lorsqu'il s'agit de défendre la paix intérieure de la nation et l'intégrité de la République [...]. Entre l'Algérie et la métropole, il n'y a pas de sécession concevable. Cela doit être clair pour tout le monde.

P. Mendès France

Déclaration du ministre de l'Intérieur :

à l'Assemblée nationale 7 novembre 1954
L'Algérie, c'est la France et la France ne reconnaîtra pas chez elle d'autre autorité que la sienne.

à la Commission de l'Intérieur 12 novembre 1954
Des Flandres au Congo il y a une seule loi, une seule nation, un seul Parlement.

F. Mitterand

Ce que fut notre sort en quatre-vingts ans de régime colonialiste, nos blessures sont trop fraîches et trop douloureuses encore pour que nous puissions les chasser de notre mémoire.

Nous avons connu le travail harassant exigé en échange de salaires qui ne nous permettaient ni de manger à notre faim, ni de nous vêtir ou de nous loger décemment, ni d'élever nos enfants comme des êtres chers. Nous avons connu les ironies, les insultes, les coups que nous devions subir matin, midi et soir, parce que nous étions des Nègres. Qui oubliera qu'à un Noir on disait « Tu », non certes comme à un ami, mais parce que le « Vous » honorable était réservé aux seuls Blancs?

Nous avons connu nos terres spoliées au nom de textes prétendument légaux, qui ne faisaient que reconnaître le droit du plus fort; nous avons connu que la loi n'était jamais la même, selon qu'il s'agissait d'un Blanc ou d'un Noir, accommodante pour les uns, cruelle et inhumaine pour les autres.

Qui oubliera, enfin, les fusillades où périrent tant de nos frères, ou les cachots où furent brutalement jetés ceux qui ne voulaient pas se soumettre à un régime d'injustice?

Tout cela, mes frères, [...] nous vous le disons, tout cela est désormais fini.

La République du Congo a été proclamée et notre cher pays est maintenant entre les mains de ses propres enfants.

Patrice Lumumba
Discours prononcé en présence du roi des Belges le jour de la proclamation d'indépendance du Congo belge, futur Zaïre.

▶ **Créole**
Personne de race blanche née dans une colonie.

tentatives d'assassinat. Une fois les accords d'Évian conclus, le terrorisme des colons se poursuit en Algérie dans le but d'en empêcher l'application, forçant à l'exil près d'un million d'Européens qu'une France honteuse ne recevra pas de gaieté de cœur. Le bilan : 30 000 morts français, au moins 500 000 morts algériens (on parle même de 1 million) et une blessure lancinante, toujours prête à se rouvrir, dans la conscience collective française.

10.2.4 L'Afrique subsaharienne

L'accession à l'indépendance des colonies d'Afrique subsaharienne se fait de façon beaucoup plus pacifique, malgré quelques bavures parfois sanglantes. À partir de 1957, la plupart des colonies britanniques et françaises se voient reconnaître leur indépendance, et l'ONU se gonfle en moins de 10 ans (1957-1965) d'une vingtaine de nouveaux membres africains **17**.

C'est là où le nombre de colons blancs est le plus élevé que les difficultés sont les plus grandes : au Kenya, au Nyassaland (futur Malawi), en Rhodésie du Nord (future Zambie) et surtout en Rhodésie du Sud, où les Blancs, plus nombreux, proclament l'indépendance à leur profit malgré l'opposition de Londres en 1965. Ce n'est qu'en 1980, après transfert du pouvoir à la majorité noire, que le pays sera reconnu, sous le nom de Zimbabwe.

Le dernier empire européen d'Afrique, celui du Portugal, connaît une longue suite de conflits sanglants dans lesquels la métropole engloutit, au début des années soixante-dix, plus du tiers de son budget. C'est un coup d'État de généraux anticolonialistes portugais (« révolution des œillets ») qui débloque la situation en 1974, amenant l'accession à l'indépendance des dernières colonies africaines (Guinée-Bissau, Angola, Mozambique).

Reste l'Afrique du Sud, cas tout à fait spécial puisqu'il s'agit d'un pays déjà souverain, totalement dominé par une forte minorité blanche installée sur place depuis quelques siècles et qui défend farouchement ses privilèges dans le cadre d'un État intégralement raciste où tout est fonction de la couleur de la peau. Cette politique d'apartheid est cependant combattue de plus en plus violemment de l'intérieur et condamnée par la communauté internationale (boycott, expulsion du Commonwealth), mais à l'orée des années soixante-dix l'horizon semble bouché.

10.3 L'AMÉRIQUE LATINE ENTRE INDÉPENDANCE ET DÉCOLONISATION

L'indépendance des anciennes colonies espagnoles et portugaise (Brésil) de l'Amérique dite latine a été obtenue dès le début du XIXe siècle, mais ce phénomène n'a pas grand-chose en commun avec celui que nous venons de décrire, car il s'agissait, en Amérique, de colonies de peuplement, où les colonisateurs blancs étaient largement et depuis longtemps installés, voire majoritaires dans la plupart des cas. Cette indépendance s'était donc faite essentiellement par et pour les *créoles* de souche européenne et avait maintenu dans un état de sujétion les Autochtones amérindiens et les Noirs encore tenus en esclavage.

Par ailleurs, la faiblesse des États ainsi promus à la souveraineté les avait vite fait retomber sous domination économique étrangère, d'abord britannique puis de plus en plus étasunienne.

10.3.1 « Si loin de Dieu, si près des États-Unis »

Au début du XXe siècle, l'Amérique latine est ainsi devenue la chasse gardée des États-Unis, du moins dans sa portion nord, où leurs interventions armées se multiplient au Mexique, dans les Caraïbes, en Amérique centrale, faisant de certains pays de véritables protectorats de Washington (Cuba, Haïti, Panama, Nicaragua et autres). Dès 1910, cependant, la Révolution mexicaine a marqué la première tentative de décolonisation face au puissant et encombrant voisin (voir page 21).

Dans les années trente, la crise économique et la situation internationale, de même que la montée de l'antiaméricanisme, amènent les États-Unis à modifier leur stratégie dans la région, et c'est le président Roosevelt qui lance en 1933 la nouvelle « politique de bon voisinage » (*good neighbour policy*). En 1936, la Conférence interaméricaine de Buenos Aires adopte à l'unanimité un protocole spécial interdisant toute intervention « directe ou indirecte, et pour quelque raison que ce soit, dans les affaires internes ou externes » de l'un ou l'autre des États signataires. Les États-Unis retirent alors leurs troupes du Nicaragua et d'Haïti, tandis que des ententes abrogent une série de traités inégaux qui donnaient aux États-Unis le droit de superviser les finances ou d'intervenir militairement dans certains pays (Haïti, Cuba, Panama, Nicaragua, République dominicaine).

Cette politique de bon voisinage ne fait cependant que remplacer la diplomatie de la canonnière par une forme de mainmise indirecte plus subtile, mais tout aussi efficace. On procédera maintenant par des crédits de l'American Eximport Bank pour attacher plus solidement l'économie de ces pays à celle des États-Unis, on assistera financièrement les régimes dictatoriaux favorables aux intérêts de l'Oncle Sam et l'on entraînera des forces de police nationales destinées à prendre la relève des troupes étasuniennes dans la lutte contre les mouvements progressistes. C'est ainsi qu'au Nicaragua, le chef rebelle Augusto César Sandino, dont les *marines* n'avaient pas réussi à venir à bout, sera assassiné après leur retrait par la Garde nationale nicaraguayenne, dont le chef Anastasio Somoza instaurera dans le pays, en 1936, une dictature familiale qui durera un demi-siècle.

La Seconde Guerre mondiale accélère la satellisation de l'Amérique latine par les États-Unis. Les liens commerciaux avec l'Europe étant pratiquement coupés, la production est réorientée en fonction des besoins en matières premières des États-Unis et exportée vers eux à des prix artificiellement bas en échange de crédits bancaires. Quand la demande pour ces productions de guerre s'effondre brusquement en 1945, une difficile période de reconversion contribue à approfondir encore la dépendance des pays latino-américains à l'égard de la superpuissance du Nord. La guerre est aussi l'occasion de raffermir les liens militaires entre Washington et le sud du continent, afin d'assurer la défense commune et la sécurité collective. C'est ainsi que tous les pays d'Amérique latine seront amenés, malgré parfois de vives réticences (Argentine), à déclarer officiellement la guerre aux puissances de l'Axe et à fournir aux forces étasuniennes des bases de ravitaillement essentielles.

Les années d'après-guerre voient l'Amérique latine aux prises avec des difficultés économiques et sociales croissantes qui menacent sa stabilité politique, un peu à l'image de l'Europe au même moment. Mais alors que l'Europe occidentale peut s'abreuver largement aux sources du plan Marshall,

« *Ce qui caractérise le capitalisme moderne, où règne le monopole, c'est l'exportation de capitaux* », avait écrit Lénine. De nos jours [...] l'impérialisme importe des capitaux des pays où il opère. Durant la période 1950-1967, les nouveaux investissements nord-américains en Amérique latine atteignirent [...] un total de trois milliards neuf cent vingt et un millions de dollars ; les versements et dividendes expédiés à l'extérieur par les entreprises furent de douze milliards huit cent dix-neuf millions de dollars. Les gains dépassèrent le triple du montant des nouveaux capitaux placés sur le continent. Le président Kennedy avait déjà reconnu en 1960 :

« *Du monde sous-développé qui a besoin de capitaux nous avons retiré un milliard trois cents millions de dollars alors que nous n'avions exporté que deux cents millions en capitaux de placement.* » (Discours de Miami, le 8 décembre 1961.) Depuis [...] la saignée des bénéfices s'est accrue ; pour les dernières années, ils dépassent de cinq fois les nouveaux investissements ; l'Argentine, le Brésil et le Mexique ont eu à supporter les plus fortes de ces évasions. Encore s'agit-il d'un calcul conservateur. [...]

En emportant beaucoup plus de dollars qu'elles n'en apportent, les entreprises contribuent à aviver la soif chronique en devises du continent ; les pays « bénéficiaires » se décapitalisent au lieu de se capitaliser. C'est alors qu'entre en action le mécanisme de l'emprunt. Les organismes internationaux de crédit jouent un rôle très important dans le démantèlement des fragiles citadelles défensives de l'industrie latino-américaine à capital national, et favorisent la consolidation des structures néocoloniales.

E. Galleano
Les Veines ouvertes de l'Amérique latine, Paris, Plon, 1981.

> ^
> Calculez le montant net, en dollars, des capitaux siphonnés par les États-Unis en Amérique latine pour la période 1950-1967.

> ▷ **Junte**
> Gouvernement issu d'un coup d'État militaire.

il n'y aura pas de plan de redressement pour le continent sud-américain, malgré de pressantes demandes en ce sens. La menace de subversion communiste y était-elle trop lointaine pour justifier un tel effort ? Les États-Unis vont par ailleurs s'opposer systématiquement à tout mécanisme international de régulation des prix des matières premières, dont les fluctuations vastes et anarchiques rendent impossible une croissance économique soutenue **18**. Enfin, la guerre froide amène la signature du pacte de Rio (1947) et la création de l'Organisation des États américains (1948), alliance de lutte anticommuniste qui, dans la situation géopolitique de l'Amérique latine, ne peut être dirigée que contre la subversion intérieure.

Ainsi, au Guatemala, quand le président Jacobo Arbenz lance une ambitieuse réforme agraire et exproprie 225 000 acres de terres non exploitées de la United Fruit Company, les États-Unis organisent en sous-main un coup d'État militaire qui renverse le dirigeant en 1954 et l'envoie en exil, en violation flagrante du protocole de Buenos Aires de 1936. Aussitôt installée, la *junte* victorieuse s'empresse d'annuler la réforme agraire, mais l'événement provoque une flambée d'antiaméricanisme à travers tout le continent, et la visite de « bon voisinage » entreprise par le vice-président Richard Nixon en 1958 tourne à l'émeute, particulièrement à Caracas (Venezuela), où la voiture du visiteur est violemment prise à partie et lapidée par une foule clamant « *Yankee, go home !* ».

Huit mois plus tard, les guérilleros cubains dirigés par Fidel Castro entrent à La Havane, modifiant brusquement toutes les données de la situation.

10.3.2 Cuba : la révolution « exemplaire » ?

Au début des années cinquante, Cuba est sous la coupe d'une personnalité haute en couleur, Fulgencio Batista, qui a dirigé le pays, directement ou par hommes de paille interposés, à peu près sans interruption depuis 1933. En 1952, il instaure une dictature personnelle marquée par la corruption, la violence et un anticommunisme primaire qui lui attire les bénédictions des États-Unis et fait de Cuba une sorte de dépotoir pour tous les vices que la

19 L'espoir d'un peuple

Fidel Castro s'adresse à une foule immense à La Havane, 1959.

Dans l'état d'incertitude, et souvent de désespoir, où l'Amérique latine se trouvait plongée, toute solution paraissait acceptable, à condition qu'elle fût capable de sortir l'ensemble continental de l'ambiguïté douloureuse qui l'écartelait, de lui permettre de trouver un équilibre réel. Le choix n'était pas très étendu. On pouvait penser que les États-Unis, devant le danger de subversion, infléchiraient leur politique dans le sens d'une aide moins intéressée et plus bénéfique ; on pouvait estimer aussi, que, découragés par le caractère largement mercantile de la politique nord-américaine, les peuples latino-américains évolueraient vers le communisme, qui n'était pas sans rapport avec certains traits ancestraux de leur mentalité et de leur organisation sociale. C'est pourtant une troisième voie qui se dessine à partir de 1959. La « Révolution cubaine », en développant ses effets, donne une nouvelle dimension à un continent, jusqu'alors sous-estimé ; elle entraîne, pour l'avenir du monde, des répercussions innombrables. Mais, est-elle vraiment cet élément primordial d'un équilibre durable, auquel les peuples aspirent plus ou moins consciemment ?

P. Léon
Économie et sociétés de l'Amérique latine, Paris, S.E.D.E.S., 1969.

---

vertueuse Amérique ne veut pas voir chez elle (jeu, prostitution, drogue). L'économie cubaine, largement dominée par les intérêts étasuniens, dépend presque exclusivement de la monoculture de la canne à sucre, dont la moitié de la production est exportée vers les États-Unis, et la propriété des terres est extrêmement concentrée.

Le jeune avocat Fidel Castro, déjà célèbre pour une attaque ratée contre une caserne militaire en 1953, organise à partir de 1956 un foyer de guérilla contre Batista dans les montagnes de la Sierra Maestra et reçoit un appui de plus en plus généralisé dans l'île et à l'extérieur, où son image de révolutionnaire intègre lui attire de larges sympathies. Le 1er janvier 1959, à la suite d'une dernière offensive victorieuse, les guérilleros entrent triomphalement dans une Havane en liesse que Batista a fuie la veille **19**.

Dès lors se développe à Cuba une révolution telle que l'Amérique latine n'en a jamais connu. Elle commence par une vaste réforme agraire qui limite sévèrement la taille des propriétés foncières et exproprie les surplus au profit des coopératives et des petites propriétés individuelles. Cette première authentique réforme agraire dans l'histoire de l'Amérique latine sonne l'alarme à Washington. Une escalade de contre-mesures et de rétorsions s'ensuit, marquée par l'arrêt des achats de sucre par les États-Unis — immédiatement compensée par des achats soviétiques —, la saisie des raffineries étasuniennes qui refusent de traiter le pétrole soviétique à Cuba, l'entraînement par les États-Unis de groupes d'exilés cubains en vue d'une reconquête de l'île, la rupture des relations diplomatiques et finalement la transformation du régime de Castro en démocratie populaire, ainsi que son alignement sur le bloc soviétique. Le tout culmine avec l'expédition de la baie des Cochons (1961) et surtout la crise des fusées (1962), dont il a été question au chapitre 8 (voir page 179).

Une fois libérée de la menace immédiate d'une intervention des États-Unis, la révolution castriste se déploie dans tous les secteurs de la vie cubaine et devient le foyer d'attraction des progressistes de l'ensemble du continent **20**. L'économie socialisée assure une redistribution plus égalitaire de la richesse collective et l'accès de tous aux bases élémentaires du confort, bien que la dépendance excessive à l'égard de la monoculture de la canne à sucre demeure une faiblesse toujours aussi grave. L'alphabétisation fait des pas de géant, touchant 90 % de la population, record absolu de l'Amérique latine. Les soins de santé connaissent un développement spectaculaire,

※ Guérillas et principaux
mouvements castristes
en Amérique latine

ÉTATS-UNIS

BAHAMAS

GUATEMALA
MEXIQUE
CUBA
HAÏTI
BELIZE
RÉPUBLIQUE DOMINICAINE
PORTO RICO
HONDURAS
JAMAÏQUE
NICARAGUA
SALVADOR
COSTA RICA
VENEZUELA
PANAMA
GUYANE
SURINAM
GUYANE
FRANÇAISE
COLOMBIE

ÉQUATEUR

B R É S I L

PÉROU
BOLIVIE
OCÉAN
PARAGUAY
CHILI
PACIFIQUE
ARGENTINE
URUGUAY
OCÉAN
ATLANTIQUE

22 « Créer deux, trois...
plusieurs Vietnam »

Une manifestation en hommage à Che Guevara,
La Havane.

particulièrement chez les enfants, dont le taux de mortalité est rapidement réduit, ce qui provoque une forte croissance démographique. Les logements sociaux se multiplient, de même que les équipements de loisirs, tandis que de sérieux efforts sont accomplis pour combattre la discrimination raciale qui frappe les Noirs (bien que la grande majorité des hauts dirigeants soient toujours de race blanche).

Politiquement, le régime est caractérisé par le règne du parti unique, la lutte implacable contre toute dissidence, une censure sévère et l'utilisation d'une propagande intensive, multiforme, omniprésente, souvent entachée d'un culte de la personnalité qui n'a pas d'équivalent en Amérique latine.

10.3.3 Un continent entre guérillas et dictatures

Dès le départ, la révolution cubaine se veut latino-américaine, tablant sur l'antiaméricanisme qui s'est développé depuis de longues années et sur un vaste sentiment d'identité qui, favorisé par la communauté de langue, transcende les frontières. De fait, des foyers de guérilla vont surgir ici et là dans tout le sous-continent **21**, prenant Cuba comme source d'inspiration, quand ils ne sont pas directement soutenus, voire créés par les Cubains. Ernesto « Che » Guevara, compagnon d'armes de Castro, lui-même d'origine argentine, quitte ainsi Cuba pour aller fonder une guérilla en Bolivie, où il trouvera la mort dans une embuscade. Cette menace de « créer deux, trois... plusieurs Vietnam » **22** force une révision en profondeur de la stratégie des États-Unis dans le sous-continent, en même temps qu'elle y sème la panique dans les classes dirigeantes.

En 1961, le président Kennedy annonce en grande pompe son « Alliance pour le progrès », qui prévoit une aide massive, de l'ordre de 20 milliards de dollars sur 10 ans, pour sortir l'Amérique latine du sous-développement et y effectuer les réformes élémentaires jugées essentielles au maintien des régimes en place. On annonce également qu'on s'appliquera à chercher les moyens de stabiliser les prix des matières premières, vieux problème qui pourrait recevoir un début de solution. Mais l'entreprise est un échec : les élites locales refusent les réformes agraires et fiscales même les plus insignifiantes, d'énormes quantités d'aide financière sont détournées par des dirigeants corrompus couvrant habilement leurs exactions sous un anticommunisme virulent qui dupe Washington, et les régimes autoritaires qui se multiplient refusent tout retour à la démocratie en invoquant le sacro-saint principe de la « sécurité nationale ».

Aussi l'Alliance pour le progrès va-t-elle se muer rapidement en lutte contre-insurrectionnelle. En 1965, pour la première fois depuis la proclamation de bon voisinage de Roosevelt, 25 000 *marines* étasuniens interviennent directement à Saint-Domingue pour sauver une junte militaire menacée par un soulèvement populaire. Et les dictatures se multiplient, parfois sanglantes, avec des tortionnaires formés par des experts étasuniens à l'École des Amériques (Panama) : Argentine, Paraguay, Brésil, Pérou, Équateur, Nicaragua, Guatemala, Haïti. Les Somoza, Duvalier et autres acculent leurs peuples à la misère et au désespoir, torturant leurs opposants, amassant d'immenses fortunes sous les yeux complaisants des États-Unis.

Et lorsqu'au Chili, par exemple, en 1970, une élection impeccablement démocratique porte à la présidence le socialiste Salvador Allende à la tête d'une coalition de gauche appelée Unité populaire, et que ce gouvernement nationalise aussitôt le cuivre chilien en expropriant deux compagnies étasuniennes, alors Washington organise une immense entreprise de déstabilisation **23**. Suspension des crédits du Fonds monétaire international, subventions généreuses aux journaux d'opposition demeurés parfaitement libres, organisation de grèves ouvrières par des syndicats manipulés (camionneurs) engendrent peu à peu la paralysie et le chaos **24**. C'est alors qu'un coup d'État militaire, préparé de longue main avec la complicité active de l'administration Nixon et au cours duquel Allende trouve la mort, amène au pouvoir en 1973 le général Augusto Pinochet, qui instaure sur le Chili la chape de plomb d'une dictature de tortionnaires qui durera près de 20 ans.

23 Contre la démocratie : la subversion

Quelques jours à peine après l'élection de Salvador Allende, Washington a déjà fixé sa politique envers le Chili de l'Unité populaire :

[...] It is firm and continual policy that Allende be overthrown by a coup. [...] We are to continue to generate maximum pressure toward this end utilizing every appropriate resource. It is imperative that these actions be implemented clandestinely and securely so that the U[nited] S[tates] G[overnment] and american hand be well hidden. [...]

Please review all your present and possibly new activities to include propaganda, black operations, surfacing of intelligence or disinformation, personal contacts, or anything else your imagination can conjure which will permit you to continue to press forward toward our objective in a secure manner.

Extraits d'un câblogramme secret de T. Karamessines, assistant-directeur de la planification à la CIA, à H. Hecksher, chef de bureau de la CIA à Santiago, 16 octobre 1970.

> Quel est l'objectif essentiel poursuivi par les États-Unis à l'égard du gouvernement Allende ?

24 La chute d'Allende

Les facteurs extérieurs qui ont amené la chute d'Allende ne peuvent être négligés : durant la demi-douzaine d'années qui précédèrent l'expérience Allende, le Chili reçut un milliard de dollars en assistance économique par le truchement d'organismes internationaux [...]. Durant le mandat Allende, ces agences, sous contrôle américain, n'accordèrent pratiquement aucune aide mais réclamaient les dettes accumulées par les gouver-nements précédents. Après la chute d'Allende, le régime Pinochet recevra, dès les six premiers mois de son existence, environ 470 millions de crédits. Parallèlement, la CIA intervenait directement dans le financement des grèves destinées à paralyser l'économie chilienne [...].

G. Chaliand
Mythes révolutionnaires du tiers-monde,
Paris, Seuil, coll. « Points Politique », 1979.

Conclusion

Les 30 années qui suivent la Seconde Guerre mondiale sont marquées par la fin des grands empires coloniaux européens mis en place depuis l'époque des grandes découvertes du XVIᵉ siècle et particulièrement au cours du XIXᵉ siècle. Suscitée par les profondes mutations économiques et sociales introduites dans les colonies par le colonisateur lui-même, accélérée par les bouleversements de la guerre, appuyée à des degrés divers par les deux superpuissances au sortir du conflit, la décolonisation a d'abord frappé en Asie — région de vieilles civilisations et de vastes multitudes humaines —, avant de se transporter en Afrique, accompagnée de conflits allant jusqu'à de longues et sanglantes guerres de libération nationale.

En Amérique latine se développe au même moment, sous la façade d'États juridiquement souverains, la domination économique des États-Unis, mise à mal à Cuba, mais résistant farouchement à toute remise en cause partout ailleurs.

Mais à travers ces péripéties est né un monde nouveau, à côté du monde capitaliste et du monde soviéto-communiste : le tiers-monde, réalité multiforme qui regroupe les deux tiers de l'humanité et devra maintenant assumer son propre destin.

Questions de révision

1. Analysez trois caractéristiques fondamentales du colonialisme quant à son impact sur le colonisé.

2. Montrez comment le colonialisme sème les germes de sa propre remise en cause.

3. Décrivez les trois dimensions dans lesquelles se déploient les guerres de libération nationale.

4. Quelles sont les difficultés majeures qui expliquent le développement du néocolonialisme après l'indépendance des ex-colonies ?

5. Décrivez le contexte favorable à la décolonisation, qui s'instaure à l'occasion et à la suite du second conflit mondial.

6. Dans quelles conditions concrètes se réalise l'accession à l'indépendance des colonies néerlandaises, britanniques et françaises d'Asie ?

7. Décrivez les circonstances particulières de l'accession de l'Algérie à l'indépendance.

8. Comment l'étape des indépendances se réalise-t-elle en Afrique subsaharienne ?

9. En quoi consiste la « politique de bon voisinage » inaugurée par Roosevelt en ce qui concerne l'Amérique latine, et quels sont les effets de cette politique ?

10. Comment la Seconde Guerre mondiale et ses suites accélèrent-elles la satellisation économique de l'Amérique latine au bénéfice des États-Unis ?

11. En quoi la révolution cubaine peut-elle être considérée comme exemplaire ?

12. Comment évoluent les relations entre l'Amérique latine et les États-Unis depuis la politique de bon voisinage de Roosevelt jusqu'au début des années soixante-dix ?

EXERCICES

TRAVAUX

SUJETS DE DISCUSSION

1. Faites un résumé du chapitre sous forme de plan détaillé (résumé schématique).

2. Serait-on justifié d'assimiler les rapports entre le Québec et le Canada à du colonialisme?

3. L'image que vous vous faites de différentes communautés culturelles québécoises est-elle marquée du sceau de l'indignité culturelle?

4. Le bilan global de la première étape de la décolonisation, celle des indépendances, vous apparaît-il comme positif ou négatif?

5. Retracez dans votre entourage (vos parents ou ceux de vos camarades de classe) des personnes qui ont vécu le passage à l'indépendance dans une colonie et demandez-leur de vous raconter leur expérience.

> Pour aller plus loin

(NOTE : sauf mention contraire, le lieu d'édition est Paris.)

publications

ALMEIDA-TOPOR, H. *L'Afrique au XXᵉ siècle.* A. Colin, coll. « U », série Histoire contemporaine, 2ᵉ éd., 1999, 383 p.

CHALIAND, G. *Mythes révolutionnaires du tiers-monde.* Seuil, coll. « Points Politique » nº Po98, 1979, 307 p.

COLLECTIF. *La décolonisation de l'Afrique vue par les Africains.* L'Harmattan, 1987, 172 p.

COURRIÈRE, Y. *La guerre d'Algérie.* Fayard, 2001, 2 vol., 950 et 1202 p.

EINAUDI, J.-L. *Viêt-Nam! la guerre d'Indochine, 1945-1954.* Le Cherche midi éd., coll. « Documents », 2001, 262 p.

GUILLAUME, P. *Le monde colonial, XIXᵉ-XXᵉ siècle.* A. Colin, coll. « U », 1994, 300 p.

MICHEL, M. *Décolonisation et émergence du tiers monde.* Hachette, coll. « Carré Histoire » nº 20, 1993, 271 p.

PERVILLÉ, G. (éd.) *L'Europe et l'Afrique de 1914 à 1974 : textes politiques sur la décolonisation.* Ophrys, coll. « Documents Σ Histoire », 1994, 152 p.

RIADO, P. *L'Amérique latine de 1945 à nos jours.* Masson, coll. « Un Siècle d'histoire », 1992, 352 p.

SÉDILLOT, R. *La chute des empires, 1945-1991.* Perrin, 1992, 293 p.

VALETTE, J. *La guerre d'Indochine, 1945-1954.* A. Colin, coll. « Histoires », 1994, 424 p.

films

Un Américain bien tranquille (*The Quiet American*), avec Michael Caine et Alden Pyle. É.-U.–All.–Austr., 2002. 101 min. D'après un roman de Graham Greene, l'histoire d'un journaliste britannique témoin de l'implication occulte des États-Unis dans la guerre d'Indochine. Offert en DVD.

La bataille d'Alger, de Gillo Pontecorvo, avec Brahim Haggiag et Jean Martin. Alg.-It., 1965. 117 min. Reconstitution des débuts de la guerre d'Algérie, tournée sur place avec les habitants d'Alger. Ton épique et tragique. Offert en DVD.

État de siège, de Costa-Gavras, avec Yves Montand et Renato Salvatori. Fr.-All.-It., 1973. 115 min. Des militants révolutionnaires dans un pays latino-américain prennent en otage un agent des États-Unis.

Gandhi, de Richard Attenborough, avec Ben Kingsley et Edward Fox. R.-U.–Inde, 1982. 188 min. Vie et mort du Mahatma Gandhi dans une superproduction très réussie. Offert en DVD.

L'histoire officielle, de Luis Puenzo, avec Héctor Alterio et Norma Aleandro. Arg., 1985. 112 min. Le problème des rapts d'enfants de dissidents par des membres des forces de l'ordre en Argentine pendant la « sale guerre » des militaires contre les militants de gauche dans les années 1970-1980. Offert en DVD.

Lumumba, de Raoul Peck, avec Eriq Ebouaney et Alex Descas. Fr.-Bel.-All.-Haïti, 2000. 115 min. Vie et mort de Patrice Lumumba, leader de l'indépendance du Congo belge. Offert en DVD.

Chapitre 11

PLAN DU CHAPITRE

11.1 LE FLÉAU DU SOUS-DÉVELOPPEMENT

11.1.1 Les caractères généraux du sous-développement

11.1.2 Les causes du sous-développement

11.1.3 Le piège de l'endettement

11.1.4 L'aide au tiers-monde

11.2 À LA RECHERCHE DE L'ÉTAT

11.2.1 Les difficultés de la voie démocratique

11.2.2 Échec du fédéralisme et conflits internes

11.3 SOCIÉTÉS ET CULTURES EN MUTATION

11.3.1 Ruraux et citadins

11.3.2 Le « dualisme »

11.4 LE TIERS-MONDE DANS LE MONDE

11.4.1 Naissance et soubresauts du « non-alignement »

11.4.2 La recherche d'un nouvel ordre économique international

11.4.3 Des tiers-mondes éclatés

Les **tiers-mondes** en **mutation**

Au moment de sa création, l'Organisation des Nations Unies comptait 51 membres. En 1972, alors que s'achève la grande vague de la décolonisation, ce nombre est passé à 131. De ces 80 nouveaux membres, 59 sont d'anciennes colonies européennes d'Asie et d'Afrique devenues des États souverains. Malgré leur immense diversité, tous ces pays nouveaux présentent des caractéristiques fondamentales communes qui leur ont valu l'appellation de « tiers-mondes », en référence au « tiers état » de la société de l'Ancien Régime. Ce troisième monde regroupe en effet tous les humains qui se situent à l'extérieur de la zone des pays développés du monde capitaliste comme du monde soviéto-communiste. Il s'agit tout de même des trois quarts de l'humanité, dont les énormes difficultés de passage à la modernité constituent l'élément majeur de la seconde moitié du XXe siècle.

Qu'est-ce que le sous-développement et quelles en sont les causes? Comment le tiers-monde est-il piégé par l'endettement? D'où viennent les difficultés des nouveaux États issus de la décolonisation? Quelles mutations sont à l'œuvre dans les sociétés et les cultures du tiers-monde? Pourquoi ce tiers-monde a-t-il échoué dans sa recherche d'un nouvel ordre international plus respectueux de ses intérêts?

1 Les grandes aires géoculturelles dans le tiers-monde

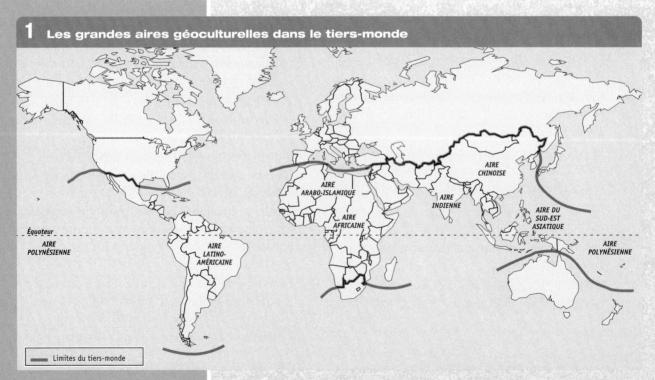

AIRE CHINOISE

AIRE ARABO-ISLAMIQUE

AIRE INDIENNE

AIRE AFRICAINE

AIRE DU SUD-EST ASIATIQUE

Équateur

AIRE POLYNÉSIENNE

AIRE LATINO-AMÉRICAINE

AIRE POLYNÉSIENNE

Limites du tiers-monde

2

Nous parlons volontiers des deux mondes en présence, de leur guerre possible, de leur coexistence, etc., oubliant trop souvent qu'il en existe un troisième, le plus important et, en somme, le premier dans la chronologie. C'est l'ensemble de ceux que l'on appelle, en style Nations Unies, les pays sous-développés. [...]

Les pays sous-développés, le troisième monde, sont entrés dans une phase nouvelle : certaines techniques médicales s'introduisent assez vite pour une raison majeure : elles coûtent peu. [...] Pour quelques cents la vie d'un homme est prolongée de plusieurs années. De ce fait, ces pays ont notre mortalité de 1914 et notre natalité du dix-huitième siècle. Certes, une amélioration économique en résulte : moins de mortalité de jeunes, meilleure productivité des adultes, etc. Néanmoins, on conçoit bien que cet accroissement démographique devra être accompagné d'importants investissements pour adapter le contenant au contenu. Or ces investissements vitaux se heurtent au mur financier de la guerre froide. Le résultat est éloquent : le cycle millénaire de la vie et de la mort est ouvert, mais c'est un cycle de misère. [...]

Néophytes de la domination, mystiques de la libre entreprise au point de la concevoir comme une fin, les Américains n'ont pas nettement perçu encore que le pays sous-développé de type féodal pouvait passer beaucoup plus facilement au régime communiste qu'au capitalisme démocratique. Que l'on se console, si l'on veut, en y voyant la preuve d'une avance plus grande du capitalisme, mais le fait n'est pas niable. Et peut-être, à sa vive lueur, le monde numéro un pourrait-il, même en dehors de toute solidarité humaine, ne pas rester insensible à une poussée lente et irrésistible, humble et féroce, vers la vie. Car enfin, ce tiers-monde ignoré, exploité, méprisé comme le tiers état, veut, lui aussi, être quelque chose.

A. Sauvy
L'Observateur, 14 août 1952.

3

1947	Conférence des relations asiatiques à New Delhi
1949	Création du Programme des Nations Unies pour le développement (PNUD)
1952	Apparition du mot *tiers-monde* (A. Sauvy)
1955	Conférence de Bandung ; début du mouvement des non-alignés
1960	Création de l'Organisation des pays exportateurs de pétrole (OPEP)
1961	Premier sommet des pays non alignés à Belgrade (25 participants)
1962	Création de la Ligue islamique mondiale
1963	Création de l'Organisation de l'unité africaine (OUA)
1964	Première Conférence des Nations Unies sur le commerce et le développement (CNUCED) Conférence des non-alignés au Caire (47 membres)
1966	Création de l'Organisation de solidarité des peuples d'Asie, d'Afrique et d'Amérique latine (OLAS)
1970	Conférence des non-alignés à Lusaka (53 membres)
1973	Conférence des non-alignés à Alger (75 membres) Quadruplement des prix du pétrole
1974	Déclaration de l'ONU sur l'instauration d'un nouvel ordre économique international
1975	Premier accord de Lomé entre la Communauté européenne et 46 pays ACP (Asie-Caraïbes-Pacifique)
1979	Conférence des non-alignés à La Havane (92 membres)
1980	Début d'un mouvement de démocratisation en Amérique latine
1981	Conférence des Nations Unies sur les pays les moins avancés (PMA)
1983	Conférence des non-alignés à New Delhi (plus de 100 participants)
1987	Début d'un mouvement de démocratisation en Afrique
1994	Premières élections multiraciales en Afrique du Sud

D ans ce tiers-monde qui regroupe à la fois des États tout nouveaux issus de la décolonisation et des États plus anciens demeurés en situation de dépendance (Amérique latine), l'un des traits les plus fondamentaux et les plus persistants est celui du sous-développement.

11.1.1 Les caractères généraux du sous-développement

La notion de sous-développement recouvre une multitude de dimensions qui ne sont pas toujours toutes présentes, mais dont la conjonction permet de cerner les frontières du tiers-monde.

Il y a d'abord des conditions démographiques, marquées par une forte natalité combinée à une chute importante du taux de mortalité, induisant une « démographie galopante » qui se traduit par un fort taux de croissance naturelle malgré une mortalité infantile qui demeure élevée ❹. Par ailleurs, la population tend à se concentrer dans des villes hypertrophiées incapables d'absorber un afflux trop rapide.

Calculez, pour l'ensemble de la période, les taux de croissance démographique des pays les plus peuplés en 1985 et classez-les, d'après ce taux, en ordre décroissant. Y a-t-il corrélation entre ce taux et le fait qu'un pays se trouve dans le tiers-monde (voir la carte de la page 242) ?

❹ Le facteur démographique

Pays en voie de développement moins la Chine (‰)

	Natalité	Mortalité	Accroissement naturel
1951-1955	44,5	24,4	20,1
1956-1960	45,3	22,2	23,1
1961-1965	44,6	19,7	24,9
1966-1970	42,7	17,5	25,2
1971-1975	40,8	15,8	25,0
1976-1980	38,1	13,6	24,5
1981-1985	36,5	12,8	23,7

Les 20 pays les plus peuplés en 1900, 1950, 1985 (en millions de personnes)

Rang	1900		1950		1985	
1	Chine	415	Chine	554	Chine	1 060
2	Inde	280	Inde	350	Inde	759
3	Empire russe	133	URSS	180	URSS	279
4	États-Unis	76	États-Unis	152	États-Unis	239
5	Allemagne	57	Japon	84	Indonésie	166
6	Autriche-Hongrie	46	Indonésie	80	Brésil	136
7	Japon	45	Brésil	53	Japon	121
8	France	41	Royaume-Uni	51	Bangladesh	101
9	Royaume-Uni	39	RFA	50	Pakistan	100
10	Indonésie	38	Italie	47	Nigeria	95
11	Italie	34	France	42	Mexique	79
12	Empire ottoman	25	Bangladesh	42	RFA	61
13	Pologne	24	Pakistan	40	Vietnam	60
14	Espagne	18,5	Nigeria	33	Italie	57
15	Brésil	18	Vietnam	28	Royaume-Uni	56
16	Nigeria	15	Espagne	28	France	55
17	Mexique	13,5	Mexique	27	Philippines	54
18	Birmanie	12,5	Pologne	25	Thaïlande	51
19	Corées	12	Philippines	21	Turquie	49
20	Vietnam	11,5	Turquie	21	Égypte	47

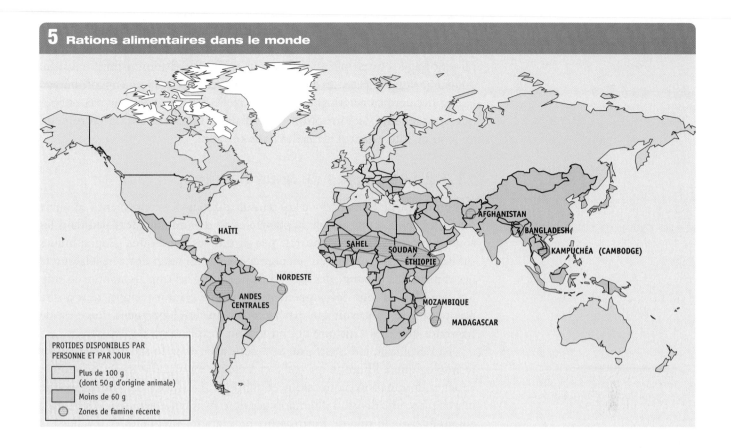

5 Rations alimentaires dans le monde

PROTIDES DISPONIBLES PAR
PERSONNE ET PAR JOUR

☐ Plus de 100 g
(dont 50 g d'origine animale)

☐ Moins de 60 g

⊕ Zones de famine récente

Ces conditions démographiques sont cependant loin d'être suffisantes pour expliquer le sous-développement. Dans l'Europe des XVIIIe et XIXe siècles, comme dans le monde capitaliste développé des « Trente Glorieuses » (voir page 194), elles furent même les moteurs de l'industrialisation. De nombreuses autres conditions doivent donc s'y ajouter.

Sur le plan économique, le sous-développement se caractérise par la prédominance du secteur primaire — surtout d'une agriculture peu productive —, par la faiblesse du secteur secondaire (industrie de transformation), par la coexistence d'une industrie traditionnelle peu performante avec quelques secteurs de pointe (économie « dualiste ») et par l'insuffisance des moyens de transport. L'exportation est totalement dominée par les matières premières, et l'importation, par les produits finis, alors que les capitaux manquent pour l'investissement productif.

Sur le plan social, un niveau de vie général très bas (faiblesse du PIB par habitant) se combine avec de très fortes inégalités, plus fortes encore que dans les pays développés. L'alimentation est insuffisante en quantité et en qualité, avec moins de 2 500 calories par jour ⑤, tandis que la faiblesse des équipements sanitaires empêche de combattre efficacement des maladies *endémiques.* Le taux d'analphabétisme est élevé ⑥.

Qu'est-ce qu'un protide ?
Quelle est son importance dans l'alimentation ?

▶ **Endémique**
Se dit d'une maladie habituellement présente dans une région donnée.

6 Pourcentage d'analphabètes dans le monde

Australie	1	Chine	25
États-Unis, Canada	1	Mexique	25
Europe du Nord	1	Amérique du Sud	30
Japon	1	Afrique du Sud	43
URSS	1	Asie du Sud-Ouest	60
CEE	2	Afrique du Nord	66
Europe de l'Est	5	Asie du Sud-Est	70
Argentine, Chili, Uruguay	10	Sous-continent indien	70
Europe méditerranéenne	15	Afrique tropicale	80-90

Source : *Annuaire de l'Unesco,* 1988.

Sur le plan politique, le cadre national n'est pas toujours adéquat à cause de l'hétérogénéité ethnique et religieuse de la population, les institutions apparaissent fragiles (multiplication des coups d'État) et l'administration souffre du manque de compétences en plus d'être souvent outrageusement corrompue. (Cette dernière caractéristique est bien réelle, mais on ne doit pas oublier que tout système de corruption exige d'abord la présence d'un corrupteur, qu'il serait intéressant d'identifier dans ce cas-ci...)

11.1.2 Les causes du sous-développement

En constatant sur une carte que la « ceinture du sous-développement » recouvre toutes les zones tropicales de la planète et ne déborde que fort peu dans les zones tempérées ❶, on pourrait penser que les conditions géographiques suffisent à rendre compte du phénomène. Celui-ci serait donc lié à la dureté des climats, à la pauvreté des sols, à une pluviosité ou trop abondante ou trop limitée. Mais le sous-développement étant une notion relative, c'est-à-dire ne pouvant se concevoir que par référence au développement, force est de constater que c'est l'histoire qui en fournit l'explication de départ.

La Révolution industrielle du XIXe siècle a, en effet, fourni une telle avance technologique à l'Europe que celle-ci a été en mesure d'imposer au monde entier sa domination économique et politique. La situation coloniale a donc mis en place une division internationale du travail qui a maintenu les peuples colonisés dans le rôle de fournisseurs de matières premières et d'acheteurs de produits finis venant des pays industrialisés. Les investissements se sont cantonnés dans le secteur primaire (mines, plantations) et dans l'équipement ferroviaire et portuaire nécessaire aux besoins de la métropole. Le colonialisme est donc à la source du sous-développement.

Par ailleurs, les conditions générales de la période des « Trente Glorieuses », au cours de laquelle s'effectue la décolonisation, se révèlent particulièrement défavorables aux pays du tiers-monde. Depuis la fin de la guerre de Corée, qui a occasionné une courte flambée du prix des matières premières, le marché mondial est en effet caractérisé par une nette détérioration des ***termes de l'échange*** : alors que les prix des produits manufacturés demeurent stables ou sont à la hausse, le cours des matières premières est frappé d'énormes fluctuations à court terme et ne cesse de baisser à long terme ❼. Cette dégradation à long terme est due à l'accroissement de la production mondiale, à la concurrence entre les producteurs et au développement de produits de synthèse dans les pays industrialisés.

À cela s'ajoutent les carences internes des pays sous-développés, au premier rang desquelles il faut placer le caractère largement artificiel d'un grand nombre d'États

▶ **Terme de l'échange**
Rapport de l'indice des prix à l'exportation sur l'indice des prix à l'importation ; quand les termes de l'échange se détériorent, cela signifie qu'un pays doit exporter une plus grande quantité de ses produits pour acheter une même quantité de produits importés qu'auparavant.

7 Évolution des termes de l'échange, 1945-1990
Ensemble des matières premières, pétrole compris.

successeurs des anciennes colonies. Ici encore, il faut bien reconnaître que c'est la colonisation qui est à la source des difficultés. Car les frontières des États du tiers-monde, qu'ils soient anciens, comme ceux d'Amérique latine, ou plus récents, ont été fixées la plupart du temps au hasard des explorations et des expéditions militaires, sans tenir compte des populations indigènes, ni même du relief ou de l'hydrographie. Elles prennent même parfois l'allure de lignes droites tirées au cordeau pour délimiter des droits de possession négociés dans les officines diplomatiques européennes.

8 Imitation de l'Occident et mégalomanie

En pleine Afrique subsaharienne, le président de la Côte d'Ivoire a fait ériger à Yamoussoukro une immense cathédrale sur le modèle de Saint-Pierre de Rome.

C'est ainsi que de vastes territoires de transhumance semi-nomade, dans la zone saharienne, ont été morcelés par des frontières étatiques, détruisant les bases économiques de peuples comme les Touaregs. Ailleurs, ce sont des ethnies que tout sépare — langue, religion, culture — qui ont été regroupées dans de vastes entités dépourvues de cohésion et promises aux affrontements internes. Ainsi, le Gabon compte quelque 30 ethnies, et l'on parle plus de 850 langues et dialectes à l'intérieur de l'Union indienne! Ailleurs encore, les populations autochtones déjà diversifiées ont reçu un afflux important d'éléments exogènes déplacés pour les besoins du colonisateur : esclaves africains en Amérique latine, Indiens d'Asie en Afrique de l'Est et du Sud, Chinois en Indonésie. Une même ethnie s'est parfois retrouvée divisée entre plusieurs territoires, comme les Kurdes, morcelés dans cinq pays du Moyen-Orient, ou les Bakongos, à cheval sur le Zaïre, le Congo et l'Angola.

Le sentiment national, dans ces pays si hétérogènes, n'a pu commencer à prendre racine que dans la lutte commune contre le colonisateur, et le départ de ce dernier a laissé face à face, sans plus de raison de vivre ensemble, des groupes ethnoculturels qui avaient parfois de longues traditions d'hostilité les uns envers les autres. Et la cohésion linguistique minimale nécessaire à la bonne marche de ces États n'a pu être trouvée que dans la langue du colonisateur, adoptée par la plupart des anciennes colonies, ce qui pose d'emblée des problèmes d'inégalité sociale (éducation réservée à une mince élite) et de définition d'une identité nationale.

D'autres carences internes accentuent encore ces difficultés : fascination des « modèles » capitalistes ou socialistes entraînant de graves erreurs de gestion (encouragées d'ailleurs par les conseillers dépêchés sur place par les pays industrialisés), destruction des cultures vivrières au profit des cultures d'exportation, énormes investissements improductifs (particulièrement dans l'achat d'armements démesurés), corruption et mégalomanie **8** des dirigeants (généreusement alimentées par les démarcheurs et lobbyistes occidentaux), insuffisances du système d'éducation et « fuite des cerveaux » vers les pays riches **9**.

11.1.3 Le piège de l'endettement

En 1973, le tiers-monde représente les deux tiers de l'humanité, mais n'assure même pas 10 % de la production industrielle mondiale. Le « choc pétrolier » (voir page 198) provoque alors une augmentation brutale du coût des importations énergétiques des pays non producteurs de pétrole et un afflux massif de capitaux vers les pays producteurs. N'étant pas en mesure, bien souvent, d'absorber ces capitaux excédentaires, les pays producteurs les recyclent donc sur le marché international des capitaux. Les pays sous-développés veulent alors profiter de cette manne inattendue pour contracter d'énormes emprunts destinés à d'ambitieux projets d'infrastructures qui permettraient enfin le « décollage » de leur économie. La dette totale de ces pays monte ainsi de 86 milliards de dollars en 1971 à 524 milliards en 1981, pour dépasser les 1,2 billion à la fin des années quatre-vingt **10**.

Toutefois, trois éléments viennent rapidement perturber cette course au développement miracle : la hausse vertigineuse des taux d'intérêt à partir de 1979 et l'appréciation de la valeur du dollar étasunien après 1980 accroissent brutalement le poids de la dette, libellée en dollars, alors que les cours des produits bruts connaissent une rechute, diminuant d'autant les revenus d'exportation des pays endettés **11**.

L'Amérique latine, championne toutes catégories de cette spirale de l'endettement (on y trouve 7 des 10 pays les plus endettés du tiers-monde), consacre ainsi près de 50 % de ses recettes d'exportation au remboursement de sa dette et, en 1982, le Mexique, pourtant producteur de pétrole, devient le premier pays incapable d'honorer ses paiements et contraint de demander un moratoire et un rééchelonnement de sa dette. Dès lors, les cessations de paiement se multiplient (Brésil, Argentine, Pérou) et des procédures

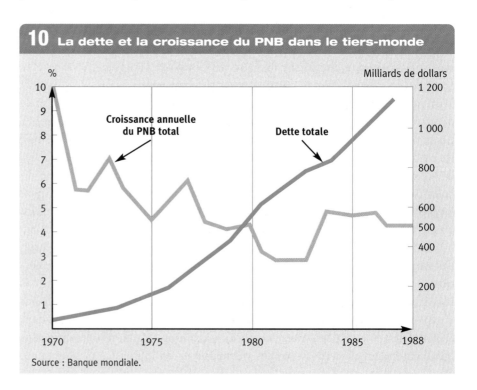

10 La dette et la croissance du PNB dans le tiers-monde

Source : Banque mondiale.

de rééchelonnement sont mises sur pied en catastrophe, mais ces reports de dette ne sont en fait que de nouveaux emprunts qui ne font que permettre de gagner du temps sans régler les problèmes de fond. Pendant ce temps, les gouvernements ont tendance à recourir à l'émission de monnaie pour réduire leurs déficits budgétaires creusés par le service de la dette, alimentant une hyperinflation qui échappe à tout contrôle (taux annuel de 6 000 % en Bolivie en 1985!). Cette hyperinflation prolonge à son tour la spirale descendante en décourageant les apports d'investissements étrangers dont le pays a justement si grand besoin et en amplifiant au contraire la fuite des capitaux locaux vers les paradis bancaires du monde développé.

Par ailleurs, les rééchelonnements de dette sont accompagnés de plans d'austérité rigoureux imposés par le FMI : privatisation d'entreprises publiques pour renflouer le budget, déréglementation de l'économie et démantèlement des protections sociales pour attirer les capitaux étrangers, stabilisation de la monnaie en utilisant même, au besoin, la création d'une nouvelle unité monétaire (*austral* en Argentine, *cruzado* au Brésil), ouverture du marché national aux importations, etc. Toutes ces mesures accroissent les inégalités sociales, la misère et les tensions internes dans les pays bénéficiaires, retardant d'autant leur accès au développement véritable, et ne parviennent même pas à freiner la croissance de la dette, qui passe à 1,8 billion de dollars en 1995 et à 2,5 billions de dollars en 1999, générant à ce moment-là 135 milliards de dollars d'intérêts annuels…

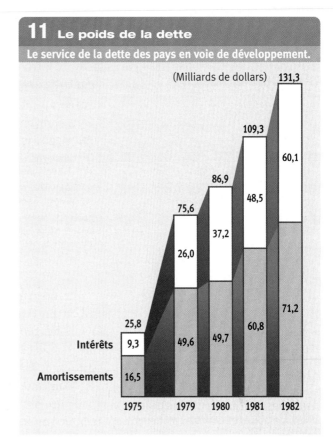

11 **Le poids de la dette**

Le service de la dette des pays en voie de développement.

(Milliards de dollars)

Intérêts

Amortissements

Par quel facteur le service de la dette a-t-il été multiplié de 1975 à 1982? Quel pourcentage les intérêts représentent-ils dans le total, pour chaque année, et par quel facteur ce pourcentage s'est-il multiplié?

11.1.4 L'aide au tiers-monde

C'est à la fin du second conflit mondial que s'est imposée l'idée que les pays riches se doivent d'aider les pays pauvres, pour des raisons morales mais aussi politiques et économiques. En 1949, l'ONU a mis sur pied le Programme des Nations Unies pour le développement (PNUD) et presque tous les pays du bloc atlantique se sont engagés à y participer, ceux du bloc continental restant quelque peu en retrait en alléguant leur manque de ressources et leur non-responsabilité dans l'impérialisme occidental, source prétendue du retard des pays pauvres.

Cette aide au développement, dont l'aide militaire ne fait pas partie, prend de nombreuses formes. Aide publique d'une part, d'État à État, sous forme de dons ou de prêts à faible taux d'intérêt ou encore sous forme de coopération technique. Cette aide publique au développement peut être multilatérale, lorsqu'elle est distribuée par l'entremise d'organisations internationales, ou, plus souvent (80 %), bilatérale, quand elle est offerte directement d'un État à un autre. Elle peut être non liée, c'est-à-dire sans contrepartie exigée du destinataire, mais elle est le plus souvent liée à des achats de ce dernier dans le pays donateur. L'aide publique est complétée d'une aide privée, distribuée par le canal d'organisations non gouvernementales (ONG).

12 Riches et pauvres, 1980-1999

Écart entre les revenus médians des 10 % les plus riches et des 10 % les plus pauvres du monde

	1980	1990	1999
Par pays	76,8*	119,6	121,8
Par population	69,6	121,5	100,8
Par population excluant la Chine**	81,1	131,2	153,2

* Ce chiffre signifie que le revenu médian des 10 % les plus riches est 76,8 fois plus élevé que celui des 10 % les plus pauvres.

** L'amélioration relative du revenu médian des 10 % les plus pauvres entre 1990 et 1999 est due uniquement à la Chine.

D'après C.E. Weller et autres, *The unremarkable record of liberalized trade*, Economic Policy Institute, Washington, 2001 : http://www.epinet.org/content.cfm/briefingpapers_sept01inequality.

> **Révolution verte**
> Vocable désignant la mise au point, à la suite de recherches en génétique, de diverses variétés de plantes à rendements élevés, à la fois résistantes aux conditions climatiques et aux maladies, et riches en matières nutritives.

Le bilan général de l'aide au tiers-monde est extrêmement difficile à établir. En Asie, il ne fait pas de doute qu'elle ait contribué à l'éclosion de la « *révolution verte* » qui a assuré la sécurité alimentaire de ce continent. Elle reste nécessaire pour faire face à des situations d'urgence — cataclysmes naturels et famines — et, aujourd'hui, pour le paiement de la dette.

Mais cette aide se trouve vigoureusement contestée pour ses effets pervers. L'aide liée n'est bien souvent qu'un moyen détourné d'aider… le pays donateur, et l'on s'aperçoit que, dans plusieurs cas, le transfert net de ressources se fait des pays pauvres vers les pays riches, et non l'inverse. On estime ainsi que, de 1983 à 1990, les pays en voie de développement ont transféré en moyenne 21,5 milliards de dollars par année aux pays riches. L'aide alimentaire contribue à faire baisser le prix des denrées sur le marché intérieur, désorganisant la production locale et dispensant à bon compte les gouvernements des pays aidés de mettre en œuvre des politiques agricoles efficaces et novatrices. L'aide industrielle débouche trop souvent sur la construction d'infrastructures copiées sur le modèle occidental (mégaprojets « clés en main »), d'un entretien coûteux et d'une douteuse utilité, telles ces immenses autoroutes surgies au beau milieu de bidonvilles, brillamment illuminées la nuit et la plupart du temps désertes. D'autres formes d'aide n'ont servi qu'au gonflement pléthorique d'appareils administratifs inefficaces, quand elles n'ont pas été carrément détournées vers les colossales fortunes personnelles de dictateurs de tout acabit : on a évalué que les avoirs d'un Ferdinand Marcos (Philippines) ou d'un Sese Seko Mobutu (Zaïre) équivalaient à peu près à la dette extérieure de leur pays respectif… Tout cela fait que, depuis 30 ans, l'écart entre les pays riches et les pays pauvres s'est agrandi plutôt que rétréci, malgré toute l'aide reçue ⓬. Le cas d'Haïti est particulièrement éloquent à cet égard.

11.2 À LA RECHERCHE DE L'ÉTAT

À côté des lourdes hypothèques qui grèvent son développement économique, le tiers-monde souffre de graves faiblesses sur le plan politique, la plupart des États qui le composent n'étant que des assemblages artificiels d'éléments ethniques, culturels, religieux, linguistiques extrêmement disparates, sinon parfois antagonistes.

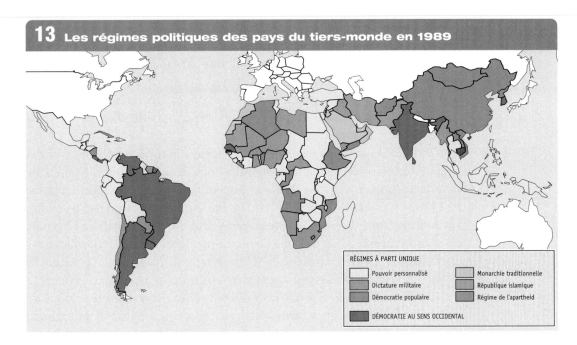

13 Les régimes politiques des pays du tiers-monde en 1989

RÉGIMES À PARTI UNIQUE

- Pouvoir personnalisé
- Dictature militaire
- Démocratie populaire
- Monarchie traditionnelle
- République islamique
- Régime de l'apartheid

DÉMOCRATIE AU SENS OCCIDENTAL

11.2.1 Les difficultés de la voie démocratique

Bien que la grande majorité des pays du tiers-monde aient proclamé leur attachement aux principes et aux formalités de la démocratie libérale, fort peu de gouvernements les ont effectivement implantés, et l'importance des régimes autoritaires, voire dictatoriaux, pourrait laisser croire à une sorte de fatalité selon laquelle sous-développement et démocratie seraient incompatibles **13**.

En fait, d'énormes obstacles historiques et socioculturels rendent extrêmement ardu, voire impossible, l'épanouissement d'une voie démocratique dans toute cette zone. Au-delà du manque de cohésion nationale dont nous avons parlé précédemment, qui constitue un premier handicap tenace, on constate un second obstacle : le divorce entre des institutions calquées sur le modèle occidental et des structures sociales caractérisées par de très fortes inégalités et par la persistance, en Inde par exemple, d'un système rigide de castes théoriquement aboli par la constitution **14**. Notons toutefois que certaines traditions locales ont établi des formes de démocratie authentique qui n'ont rien à envier aux formes occidentales, même si elles en diffèrent profondément.

Qu'est-ce qu'un « intouchable » en Inde ?

---

14 Inde : la survivance du système des castes

Dans l'Inde moderne, l'inégalité ne se camoufle pas plus qu'autrefois; en dépit de protestations spectaculaires, la condition méprisée de l'intouchable va de soi. Conservatoire des plus anciennes traditions, musée anthropologique vivant, l'Inde perpétue les avantages et les tares liés à une organisation sociale antique qui s'est imposée à tous les Hindous, bien sûr, mais aussi aux musulmans, chrétiens, bouddhistes et parsis [...].

Cette permanence est d'autant plus étonnante que les castes n'ont
plus d'existence officielle en Inde. Depuis 1931, elles n'ont plus été dénombrées par les recensements décennaux et, après l'indépendance en 1947, la constitution de la République indienne, qui ne connaît que des citoyens égaux, les ignore. Néanmoins, un statut spécial est réservé à quelque cent millions de personnes, les castes annexes, qui représentent les anciens intouchables. Malgré cette ignorance officielle, dans n'importe quel cercle social de la société indienne — atelier, bureau, école,
village, etc. —, chacun connaît toujours la caste de tous les autres. Alors, pourquoi cette négation silencieuse d'une réalité intensément présente? Il faut probablement y voir la volonté de l'intelligentsia et des partis politiques qui cherchent à gommer une réalité trop archaïque qui nuirait à une image moderne de la société indienne. Or une réalité sociale de cette importance ne se gomme pas.

J. Dupuis
L'Histoire, n° 81, septembre 1985.

Ajoutons aux obstacles susmentionnés l'absence de préparation à la vie démocratique pendant l'époque coloniale, le manque de formation politique de masses largement analphabètes, le manque de cadres expérimentés, la faiblesse ou l'inexistence des partis politiques et des syndicats, et l'on ne s'étonnera pas que la voie démocratique ne se soit pas ouverte très largement dans l'ensemble du tiers-monde et que, là où elle existe, ses difficultés de fonctionnement l'aient discréditée.

C'est ainsi que le paysage politique du tiers-monde est dominé par des régimes autoritaires ou dictatoriaux aux formes nombreuses : régimes de *caudillos* en Amérique latine (Perón en Argentine), tyrannies familiales comme les Duvalier en Haïti ou les Marcos aux Philippines, dictatures sanguinaires aux dimensions d'abêtissement ahurissantes d'un Idi Amin Dada en Ouganda ou d'un « empereur Bokassa » en Centrafrique, lequel se fait couronner dans une cérémonie invraisemblable calquée sur le sacre de Napoléon Ier et à laquelle les pays développés délèguent complaisamment des représentants officiels...

Quand le pouvoir civil est trop discrédité (ou trop dangereux pour les intérêts occidentaux), alors l'armée intervient, les coups d'État se multiplient, des dictatures militaires s'installent, parfois marquées d'une volonté de réforme plus ou moins radicale (Éthiopie, Pérou).

Tous ces systèmes sont marqués par la violation systématique des droits humains les plus fondamentaux, l'utilisation massive de la torture, une censure sévère. Les généraux argentins au pouvoir dans les années soixante-dix ont fait « disparaître » plus de 10 000 opposants, poussant l'ignominie jusqu'au rapt des enfants des victimes, adoptés par les bourreaux après falsification de leur état civil. Au Brésil, au Salvador, des escadrons de la mort formés de militaires et de policiers en civil assassinent sans vergogne opposants politiques, jeunes délinquants, enfants abandonnés.

Les années quatre-vingt semblent cependant amorcer un recul des régimes dictatoriaux. En une douzaine d'années, toutes les dictatures militaires d'Amérique latine vont disparaître, tandis qu'en Afrique et en Asie s'installent malaisément ce qu'on a appelé des « démocratures ». Mais en dépit de ces percées prometteuses, la route semble encore longue et semée d'embûches dans l'accession des peuples du tiers-monde à un minimum de démocratie réelle.

11.2.2 Échec du fédéralisme et conflits internes

À ces difficultés de fonder des États stables répondant mieux aux données géographiques et ethnoculturelles, le *fédéralisme* apparaissait comme une solution pleine de promesses. Aussi, les pays latino-américains, dès leur naissance, s'étaient empressés de se regrouper dans des ensembles fédéraux plus vastes : Grande Colombie (Colombie, Venezuela, Équateur) ou États-Unis d'Amérique centrale. Au moment de la décolonisation du XXe siècle, plusieurs tentatives sont faites pour opérer quelques regroupements dans cette Afrique balkanisée par les Blancs : Ghana et Guinée (1958), Fédération du Mali (Haute-Volta, Sénégal, Dahomey, 1959).

La plupart de ces tentatives échouent. En Amérique latine, dès avant 1830, les fédérations ont éclaté (sauf au Brésil). En Afrique, le Nigeria, de taille géante, demeure un des rares pays fédéraux, de même que l'Inde en Asie, pays aux dimensions d'un sous-continent et où l'immense diversité

▶ **Caudillo**
Mot espagnol désignant un chef politico-militaire à la tête d'un régime autoritaire appuyé sur la force armée (voir page 21).

▶ **Fédéralisme**
Système politique dans lequel les pouvoirs de l'État sont répartis entre deux ordres de gouvernement : le gouvernement central, ou fédéral, et les gouvernements des provinces, ou des États-membres.

des populations impose la solution fédérale. C'est donc l'État unitaire qui domine dans tout le tiers-monde, comme une sorte de compensation de l'absence d'unité naturelle.

Fédéraux ou unitaires, ces États sont à peu près tous secoués par des tensions internes : luttes interethniques pour la mainmise sur le pouvoir, résistance des ethnies exclues de ce pouvoir, refus par des groupes minoritaires de se voir imposer une langue étrangère (Mauritanie, Malaisie, Inde), voire réveil de l'*indianisme* en Bolivie ou au Guatemala.

Ces tensions internes débouchent parfois sur une tentative de sécession afin de former un nouvel État, comme au Zaïre (Katanga), en Éthiopie (Érythrée), au Nigeria (Biafra), en Inde (Sikhs). Ces tentatives se heurtent immédiatement à une opposition farouche du pays concerné, appuyé en général par tous ses voisins, car le succès d'une seule de ces tentatives remettrait en cause tout l'échafaudage des frontières artificielles héritées du colonisateur. Le Katanga, le Biafra, les Sikhs sont ainsi brutalement réduits à la soumission dans ce qui prend parfois l'allure de guerres particulièrement sanglantes. Les Kurdes, en rébellion presque continuelle contre cinq pays différents, n'ont jamais réussi à former le Kurdistan qui leur avait pourtant été promis en 1919. Seul le Bangladesh, section orientale du Pakistan, a réussi à se séparer et à former un État souverain, mais il était distant de 1 700 km de la section occidentale dominante et appuyé par l'Inde, qui souhaitait précisément l'éclatement de son voisin.

> **Indianisme**
> Mise en valeur des cultures amérindiennes.

11.3 SOCIÉTÉS ET CULTURES EN MUTATION

Dans cet immense tiers-monde qui est en fait le « premier monde », puisqu'il rassemble trois humains sur quatre, sociétés et cultures sont entrées dans de profondes mutations causées par le contact avec la civilisation technicienne.

11.3.1 Ruraux et citadins

Les sociétés du tiers-monde sont encore largement rurales, les trois quarts de la population vivant toujours à la campagne et la production agricole fournissant encore 20 % du produit intérieur brut (PIB) et jusqu'à 40 % dans quelques cas, exception faite des pays pétroliers. De vastes régions sont encore exploitées selon des méthodes traditionnelles peu productives, avec une mécanisation très faible, voire inexistante, et la pratique de la jachère **15**. Dans ces régions, la propriété de la terre est souvent collective et l'exploitation soumise aux contraintes communautaires. En Amérique latine subsiste le latifundium, immense domaine privé sur lequel une main-d'œuvre abondante et mal payée travaille au profit d'un propriétaire fortuné souvent non résidant.

Mais cette agriculture traditionnelle est partout secouée par l'irruption des grandes exploitations modernes, consacrées à la monoculture d'exportation et appartenant à une aristocratie foncière locale ou à de grandes sociétés

15 L'agriculture traditionnelle
Labourage d'une rizière.

16 Vivre dans un dépotoir... à Mexico

▶ **Dualisme**
Coexistence de deux systèmes de production et d'échange dans une économie ; s'applique également à une société radicalement divisée entre très riches et très pauvres, presque dépourvue de classes intermédiaires.

17 Une industrie traditionnelle au Niger

agro-industrielles multinationales. Cette évolution se fait le plus souvent au détriment des masses rurales salariées, dont les conditions de vie se détériorent (travail, logement, salaire).

On considère aujourd'hui que 100 millions de paysans n'ont pas de terre et que 700 millions d'autres survivent sur des lopins de taille insuffisante. Devant ce fait, de nombreux États ont entrepris, certains depuis fort longtemps (le Mexique depuis 1915...), des réformes agraires dont la plupart ont été par trop prudentes ou sont restées inachevées, ou encore ont été annulées après un changement de gouvernement, comme au Chili en 1973.

Chassés des campagnes par la misère, les ruraux affluent vers les villes, mirages d'abondance et de liberté. La population urbaine dans le tiers-monde est passée de 99 millions en 1900 à près de 200 millions en 1985 et elle s'accroît chaque année de 40 millions. Mexico, São Paulo, Le Caire, Calcutta dépassent les 10 millions d'habitants chacune et en reçoivent 1 000 nouveaux chaque jour. Sauf, dans une certaine mesure, au Mexique et au Brésil, cette explosion urbaine n'est cependant pas accompagnée, comme dans l'Europe du XIXe siècle, de développement économique et d'industrialisation, de sorte qu'elle aggrave encore les disparités de sociétés déjà très inégalitaires. Une petite oligarchie associée aux firmes multinationales, détenant l'essentiel du pouvoir politique et économique, y vit dans des quartiers somptueux, tandis que la grande masse des citadins est formée d'un sous-prolétariat de marginaux sans emploi régulier, entassés dans des bidonvilles dans d'effroyables conditions sanitaires. Au Caire, 60 000 familles vivent dans le cimetière ; à Manille, le plus grand dépotoir est devenu « quartier résidentiel »... **16**

11.3.2 Le « dualisme »

En fait, on considère de plus en plus aujourd'hui que ce qui caractérise le mieux l'ensemble du tiers-monde, malgré toute sa diversité et ses situations fort inégales, c'est le *dualisme* généralisé de ses structures économiques, sociales ou politiques.

On retrouve ce dualisme d'abord dans le domaine économique, où cohabitent une économie traditionnelle préindustrielle relativement fermée **17** et une économie moderne reliée au marché mondial. Dans le secteur primaire, consacré à la production brute de matière non transformée, l'agriculture, dont nous venons d'évoquer le caractère dualiste, entre elle-même en contraste avec des activités extractives très concentrées et requérant d'énormes capitaux, particulièrement dans l'exploitation pétrolière. Les industries de transformation, qui forment le secteur secondaire, demeurent extrêmement faibles, tandis que le secteur tertiaire, celui des services, apparaît hypertrophié.

Dans le domaine social, le dualisme recouvre le divorce profond entre le monde rural encore marqué par les traditions et le monde urbain happé par le mirage de l'Occident, entre « les riches plus riches et les pauvres plus pauvres que partout ailleurs » selon l'expression du géographe Yves Lacoste, entre les masses analphabètes et les élites cultivées, en l'absence de classes moyennes étendues et vigoureuses comme dans l'Occident développé.

Le caractère paralysant de ce dualisme vient de ce qu'il n'est pas le fruit d'une évolution interne naturelle, où les secteurs seraient complémentaires, mais qu'il résulte d'une irruption brutale d'apports extérieurs qui créent un secteur nouveau, moderne, complètement étranger au secteur traditionnel. De là l'écartèlement de ces sociétés qui, déboussolées, cherchent confusément leurs voies entre le repli sur soi et une prise en charge harmonieuse de la modernité.

11.4 LE TIERS-MONDE DANS LE MONDE

Malgré toutes ses faiblesses, le troisième monde tente, depuis son avènement, de peser de tout son poids sur la redéfinition des rapports politiques et économiques internationaux.

11.4.1 Naissance et soubresauts du « non-alignement »

Le mouvement qui va peu à peu regrouper les pays du tiers-monde naît à New Delhi (Inde) en 1947, lors d'une première « conférence des relations asiatiques » qui rassemble 25 pays pour discuter de décolonisation et de sous-développement. Additionné de quelques nouveaux pays arabes, le « groupe afro-asiatique » se réunit de nouveau à Bandung, en Indonésie, en 1955, dans une conférence qui marque véritablement l'avènement du tiers-monde sur la scène internationale. Le communiqué final de la conférence de Bandung affirme avec force le droit des peuples à l'autodétermination, l'égalité entre tous les États souverains et le refus de toute ingérence étrangère dans leurs affaires internes 18. Il réclame en outre le désarmement et

---

18 Conférence de Bandung

La conférence afro-asiatique a pris note du fait que l'existence du colonialisme dans plusieurs parties de l'Asie et de l'Afrique, sous quelque forme qu'il se présente, non seulement entrave la coopération culturelle mais aussi le développement des cultures nationales. Certaines puissances coloniales ont refusé à leurs sujets coloniaux des droits élémentaires en matière d'éducation et de culture, ce qui entrave le développement de leur personnalité et aussi la collaboration culturelle avec les autres peuples d'Afrique et d'Asie. Cela est particulièrement vrai pour la Tunisie, l'Algérie et le Maroc où le droit fondamental de ces peuples d'étudier leur propre langue et leur culture a été supprimé. De semblables discriminations ont été pratiquées contre les Africains et les peuples de couleur dans certaines parties du continent africain.

La conférence condamne un tel défi des droits fondamentaux de l'homme [...] comme une forme d'oppression culturelle.

La conférence déclare approuver entièrement les principes fondamentaux des Droits de l'homme, tels qu'ils sont définis dans la Charte de l'ONU [...] et appuyer entièrement le principe du droit des peuples et des nations à disposer d'eux-mêmes tel qu'il est défini dans la Charte [...].

La conférence, après avoir discuté le problème des peuples dépendants du colonialisme et des conséquences de la soumission des peuples à la domination et à l'exploitation étrangères, est d'accord :

— Pour déclarer que le colonialisme sous toutes ses formes est un mal auquel il doit être rapidement mis fin.

— Pour affirmer que la soumission des peuples au joug étranger et à l'exploitation étrangère constitue une violation des droits fondamentaux de l'homme, est contraire à la Charte des Nations Unies et est un obstacle à la consolidation de la paix mondiale.

— Pour affirmer son soutien à la cause de la liberté et de l'indépendance de tels peuples.

Extraits du communiqué final de la conférence de Bandung, 1955.

Les gouvernements des pays participant à la Conférence rejettent catégoriquement la thèse qui veut que la guerre, et notamment la guerre froide, soit inévitable, car cette thèse est un aveu d'impuissance et de désespoir.

[...] Le monde où nous vivons est caractérisé par l'existence de systèmes sociaux différents. Les pays participants ne considèrent pas que ces différences constituent un obstacle insurmontable à la stabilisation de la paix, à condition qu'il n'y ait pas de tentatives de domination et d'ingérence dans les affaires intérieures des autres peuples et nations [...].*

Les pays participants considèrent que, dans ces conditions, la coexistence pacifique, selon ces principes, est la seule solution si l'on veut sortir de la guerre froide et du risque d'une catastrophe nucléaire universelle.

[...] Les pays non-alignés représentés à la Conférence ne prétendent pas créer un nouveau bloc et ne peuvent pas constituer un bloc. [...]

Condamnent résolument la politique d'apartheid pratiquée par l'Union sud-africaine [...].

Extraits de la déclaration finale de la conférence de Belgrade, 1961.

l'interdiction des armes nucléaires, et il jette les bases d'une « troisième voie » dans l'affrontement des deux blocs qui déchire le monde.

Cette troisième voie, c'est le non-alignement : le refus des blocs, quels qu'ils soient. C'est à Belgrade (Yougoslavie) en 1961 que le principe est érigé en doctrine, à l'instigation de trois figures dominantes : le Yougoslave Tito, l'Indien Nehru et l'Égyptien Nasser **19**. Le mouvement des non-alignés se développe rapidement dans les années suivantes, passant des 25 pays fondateurs à 47 membres à la conférence du Caire (1964), puis à 53 à Lusaka (1970), à 75 à Alger (1973), à 92 à La Havane (1979) et à plus d'une centaine à New Delhi en 1983.

À mesure qu'il s'élargit, cependant, le mouvement devient de plus en plus hétérogène et parcouru de graves dissensions entre des pays aux situations géographiques, aux structures politiques, aux niveaux de développement économique et aux conceptions idéologiques totalement divergentes. Entre la sympathie pour l'URSS qui dominait au début et l'inféodation au bloc capitaliste de plusieurs nouveaux États, entre la volonté algérienne d'opposer l'ensemble d'un Sud pauvre à l'ensemble d'un Nord riche et l'alignement inconditionnel sur Moscou d'un Fidel Castro, le mouvement se désintègre peu à peu et son non-alignement perd toute crédibilité, victime, lui aussi, de la bipolarisation du monde.

La condamnation de l'impérialisme ayant largement perdu sa raison d'être avec la fin des empires, le désarmement ayant été relégué au magasin des accessoires verbaux, au vu des guerres qui déchirent les pays non alignés et du surarmement dans lequel ils plongent aveuglément, ce sont les préoccupations économiques qui, à partir de 1970, dominent les discussions.

11.4.2 La recherche d'un nouvel ordre économique international

Le choc pétrolier et la crise généralisée qui frappent les pays industrialisés au début des années soixante-dix semblent créer un contexte favorable à une redéfinition fondamentale des relations économiques internationales, au bénéfice des pays sous-développés. Ceux-ci réclament alors l'établissement d'un nouvel ordre économique international (NOEI) fondé sur la pleine souveraineté des États sur leurs ressources et activités économiques, sur une amélioration des termes de l'échange et sur un traitement privilégié des pays riches à l'égard des pays pauvres.

Le nouvel ordre économique international devrait être fondé sur le plein respect des principes ci-après :

a) Égalité souveraine des États, autodétermination de tous les peuples, inadmissibilité de l'acquisition de territoires par la force, intégrité territoriale et non-ingérence dans les affaires intérieures d'autres États ; [...]

c) Participation pleine et réelle de tous les pays, sur une base d'égalité, au règlement des problèmes économiques mondiaux dans l'intérêt commun de tous les pays, compte tenu de la nécessité d'assurer le développement rapide de tous les pays en voie de développement ; [...]

e) Souveraineté permanente intégrale de chaque État sur ses ressources naturelles et sur toutes les activités économiques [...]. En vue de sauvegarder ces ressources, chaque État est en droit d'exercer un contrôle efficace sur celles-ci et sur leur exploitation par les moyens appropriés à sa situation particulière, y compris le droit de nationaliser ou de transférer la propriété à ses ressortissants [...]. Aucun État ne peut être soumis à une coercition économique, politique ou autre, visant à empêcher l'exercice libre et complet de ce droit inaliénable ;

f) Droit pour tous les États, territoires et peuples soumis à une occupation étrangère, à une domination étrangère et coloniale ou à l'apartheid, d'obtenir une restitution et une indemnisation totale pour l'exploitation, la réduction et la dégradation des ressources naturelles et de toutes les autres ressources de ces États, territoires et peuples ;

g) Réglementation et supervision des activités des sociétés multinationales par l'adoption de mesures propres à servir l'intérêt de l'économie nationale des pays où ces sociétés multinationales exercent leurs activités sur la base de la souveraineté de ces pays ; [...]

j) Rapports justes et équitables entre les prix des matières premières, des produits primaires, des articles manufacturés et semi-finis exportés par les pays en voie de développement et les prix des matières premières, des produits primaires, des articles manufacturés, des biens d'équipement et du matériel importés par eux, en vue de provoquer, au profit de ces pays, une amélioration soutenue des termes de l'échange, qui ne sont pas satisfaisants, ainsi que l'expansion de l'économie mondiale ;

k) Octroi par l'ensemble de la communauté internationale d'une assistance active aux pays en voie de développement sans aucune condition d'ordre politique ou militaire.

Extraits de la déclaration des Nations Unies, 1er mai 1974.

En 1974, l'Assemblée générale de l'ONU adopte une déclaration et un programme d'action relatifs à l'instauration d'un NOEI **20**, ainsi qu'une charte des droits et devoirs économiques des États, qui doivent servir de base aux discussions dans le cadre de la CNUCED (Conférence des Nations Unies sur le commerce et le développement). De nombreuses conférences Nord-Sud aboutissent à des résultats concrets : système généralisé de préférence dans les droits de douane, constitution de fonds de stabilisation des cours de 19 produits de base, extension de la propriété des eaux côtières jusqu'à 360 km des côtes.

Malheureusement, le bilan ne répond pas aux vastes espoirs suscités par ces progrès fragmentaires. Le système généralisé de préférence est tout sauf généralisé, les pays riches continuent à protéger leur production nationale, le fonds de stabilisation des produits de base ne fonctionne pas pour cause de résistances dans les pays riches. La coopération Sud-Sud, sous la forme de cartels de producteurs ou de regroupements économiques régionaux, ne donne pas les résultats escomptés, même dans le cas de l'OPEP (Organisation des pays exportateurs de pétrole) qui, après l'euphorie des années soixante-dix, est incapable d'éviter la chute des cours dans les années quatre-vingt.

D'autre part, l'accroissement des écarts entre pays du tiers-monde et la montée fulgurante des « nouveaux pays industrialisés » (NPI) semblent remettre en cause la thèse du sous-développement exogène, c'est-à-dire résultant de facteurs extérieurs aux pays sous-développés. Aujourd'hui, ce sont les problèmes liés à l'endettement qui sont devenus les plus pressants, alors que la notion même de « tiers-monde » éclate de toutes parts.

Dans le nouvel ordre économique international, jusqu'où pourrait aller la souveraineté des États sur leurs ressources naturelles ?

11.4.3 Des tiers-mondes éclatés

L'unité du tiers-monde, déjà problématique dans les années cinquante, ne résiste pas aux luttes nées de la construction nationale, aux affrontements interétatiques et surtout aux disparités de plus en plus grandes qui fractionnent aujourd'hui cet ensemble en trois ou quatre groupes très différents les uns des autres.

Les conflits interétatiques n'ont pas manqué, à commencer par l'Amérique latine qui, dès le XIXᵉ siècle, voit des guerres meurtrières mettre aux prises, à un moment ou à un autre, la presque totalité des pays du sous-continent. En Asie, une guerre pour le Cachemire lance l'Inde contre le Pakistan pendant 12 ans, de 1947 à 1959, et de nouveau en 1965. Après la victoire du Vietnam du Nord en 1975, le Cambodge est envahi et occupé par les forces vietnamiennes, pendant que la Chine déclenche de sanglants incidents à la frontière nord du Vietnam. En Afrique, les conflits sont innombrables, alimentés par le caractère artificiel des frontières. Mais c'est au Moyen-Orient qu'éclatent les pires affrontements, surtout une guerre particulièrement meurtrière de huit ans entre l'Irak et l'Iran (1980-1988; voir chapitre 12).

Tous ces conflits ont pour effet d'enclencher une absurde course aux armements entre des pays où les populations meurent de faim et où les budgets militaires absorbent jusqu'à 25 % des dépenses de certains États **21**. Le tiers-monde est ainsi devenu le plus gros consommateur d'armes de la planète, à la grande satisfaction des pays producteurs, dont les plus importants sont tous, comme par hasard, des pays riches… On a pu calculer que, pour chaque dollar d'aide reçue, le tiers-monde en débourse trois pour s'armer. Qui aide qui?

Mais c'est surtout l'évolution économique qui amène l'éclatement du tiers-monde en quatre groupes de plus en plus inégaux. En tête, les « rentiers du pétrole » sont parmi les pays les plus riches de la planète, avec des PIB (produit intérieur brut) par habitant atteignant 15 000 dollars au Koweït,

Classez les pays selon l'écart entre les dépenses militaires et les dépenses d'éducation, par ordre décroissant. Quels ont été les pays fournisseurs du pays qui arrive en tête? Quels pays consacrent plus d'efforts à l'éducation qu'aux dépenses militaires?

21 — 1985 : 145 milliards de dollars de dépenses militaires dans le tiers-monde

Pays	Dépenses militaires (en % du PIB)	Dépenses d'éducation (en % du PIB)
Irak	33,7	3,6
Angola	17,9	4,4
Tchad	15,3	2,6
Iran	13,5	3,8
Égypte	9,6	4,1
Chili	8,5	5,8
Pérou	7,8	4,4
Pakistan	5,8	2,0
Inde	3,9	3,2
Chine	3,8	2,7
Afrique du Sud	3,7	—
Brésil	2,7	3,2
Libye	2,4	3,7
Algérie	1,6	4,5

20 000 dollars dans les Émirats arabes unis, soit plus que les États-Unis ou la Suisse. Les « nouveaux pays industrialisés » suivent, où le processus d'industrialisation et de modernisation est solidement enclenché, au point de menacer l'hégémonie séculaire du Nord : le Brésil, la Corée du Sud et une vingtaine d'autres appartiennent à cette catégorie. Les « pays à revenu intermédiaire » forment un ensemble composite à la situation fragile, que l'endettement menace continuellement d'effondrement (presque toute l'Amérique latine se situerait dans ce groupe, de même que l'Afrique du Nord, le Pakistan et l'Indonésie).

Au bas de l'échelle, dans une situation souvent désespérée qui leur a valu le qualificatif de « quart-monde », se retrouvent les « pays les moins avancés » (PMA), immense domaine de la faim et de la malnutrition, de la démographie galopante, du sous-développement chronique, qui voit se creuser chaque jour l'écart qui le sépare du reste de l'humanité. La plupart de ces pays se situent en Afrique subsaharienne, à quoi il faut ajouter le Bangladesh et, plus près de nous, Haïti, qui fait figure de scandale permanent jeté à la face de la bonne conscience des nantis, toujours ravis d'aller y couler des vacances heureuses dans quelque Club Med loin des supposées rigueurs de l'hiver…

Au milieu de toutes ces catégories, la Chine et l'Inde rassemblent un humain sur quatre dans un groupe à part, où la faiblesse du revenu par habitant dissimule une croissance réelle de la production agricole et industrielle. Ces deux pays ont eu la sagesse de ne pas sacrifier l'agriculture à l'option industrielle, soucieux au contraire de réaliser leur autosuffisance alimentaire et faisant se résorber les famines. Ils ont également pris à bras-le-corps la croissance démographique, réussissant à peu près à la maîtriser par des politiques, il est vrai, parfois brutales (interdiction d'avoir plus d'un enfant en Chine, campagnes massives de stérilisation pas toujours volontaire en Inde). L'indice de fécondité est ainsi passé de 6 enfants par femme en 1965 à 2 en Chine et à 3,8 en Inde 30 ans plus tard.

Conclusion

Le vaste mouvement de décolonisation des années cinquante et soixante a donné naissance à un ensemble plutôt hétéroclite qu'on a baptisé « tiers-monde » et dont la caractéristique principale est le sous-développement. Pendant que des États aux origines plus ou moins factices essaient malaisément de s'y constituer sur les ruines et avec les héritages de la colonisation, les sociétés et les cultures connaissent de profondes mutations engendrées par le passage à une modernité venue d'ailleurs. Après l'échec relatif du non-alignement, l'exigence d'un nouvel ordre économique international se heurte à des résistances tenaces, tandis que se creusent les disparités entre pays et que naît un « quart-monde » dont la seule existence constitue l'irrémissible scandale de notre temps, qui a vu l'Homme tout à la fois marcher sur la Lune et crever de faim, de misère et de désespoir sur les plateaux d'Éthiopie ou dans les bas-fonds de Port-au-Prince.

Questions de révision

1. Analysez les caractéristiques et les causes du sous-développement.

2. Comment se déclenche la course à l'endettement des pays du tiers-monde à partir de 1973 et quel en est l'impact?

3. Décrivez les différentes formes que prend l'aide au tiers-monde et signalez ses réussites et ses effets négatifs.

4. Montrez comment les États issus de la colonisation sont souvent artificiels.

5. La démocratie est-elle incompatible avec le sous-développement? Expliquez votre réponse.

6. Analysez le phénomène du dualisme dans les pays du tiers-monde, dans les domaines économique et social.

7. Décrivez la naissance, la montée et la désintégration du mouvement des non-alignés.

8. Quelles sont les bases du nouvel ordre économique international réclamé par le tiers-monde dans les années soixante-dix et quel bilan peut-on en tirer?

9. Décrivez les quatre groupes qui émergent aujourd'hui dans la foulée de l'éclatement du tiers-monde.

EXERCICES

TRAVAUX

SUJETS DE
DISCUSSION

1. Faites un résumé du chapitre sous forme de plan détaillé (résumé schématique).

2. Comment aider le tiers-monde sans creuser encore plus l'écart qui le sépare des pays développés? Est-il nécessaire de sacrifier certains de nos privilèges de nantis pour rétrécir cet écart?

3. Quand vous voyagez dans le tiers-monde (Mexique, Haïti, Cuba, etc.), quel tiers-monde rencontrez-vous : celui des ghettos touristiques ou celui du pays profond?

4. Connaissez-vous ce commerce au détail qu'on appelle le « commerce équitable »? Faites-vous parfois un effort pour vous procurer des produits offerts dans ce circuit et dont l'achat bénéficie vraiment aux populations du tiers-monde? Cherchez un commerce où vous pourriez vous en procurer.

5. Faites une recherche pour caractériser l'aide canadienne au tiers-monde : quelle est son importance par rapport au PIB canadien? De quel type d'aide s'agit-il? De quoi est-elle composée? Dans quels pays se concentre-t-elle? A-t-elle évolué depuis les années soixante?

Pour aller plus loin

(NOTE : sauf mention contraire, le lieu d'édition est Paris.)

publications

CAZES, G., et J. DOMINGO. *Les critères du sous-développement : géopolitique du Tiers-monde.* Montreuil, Boréal, coll. « Histoire et géographie économique », 3e éd., 1987, 240 p.

CHANTEBOUT, B. *Le Tiers Monde.* A. Colin, coll. « U », série Politique, 2e éd., 1989, 189 p.

DABÈNE, O. *L'Amérique latine à l'époque contemporaine.* A. Colin, coll. « Cursus », série Histoire, 5e éd., 2003, 245 p.

DUMONT, R. *L'Afrique noire est mal partie.* Seuil, coll. « Points Politique » no 2, 1973, 254 p.

DUMONT, R., et C. PAQUET. *Démocratie pour l'Afrique : la longue marche de l'Afrique noire vers la liberté.* Seuil, coll. « Points Actuels », no 138, 1993, 344 p.

GALEANO, E. *Les veines ouvertes de l'Amérique latine : une contre-histoire.* Plon, coll. « Terre humaine », 1998, 467 p.

JAFFRELOT, CH. (dir.). *L'Inde contemporaine de 1950 à nos jours.* Fayard, 1996, 742 p.

M'BOKOLO, E. *Afrique noire : histoire et civilisations. Tome II, XIXe et XXe siècles.* Hatier, coll. « Universités francophones », 1994, 576 p.

NOREL, P., et E. SAINT-ALARY. *L'endettement du tiers-monde.* Syros-Alternatives, coll. « Alternatives économiques », série Poche, 3e éd., 1992, 178 p.

PERVILLÉ, G. (éd.). *L'Europe et l'Afrique de 1914 à 1974 : textes politiques sur la décolonisation.* Ophrys, coll. « Documents Σ Histoire », 1994, 152 p.

VAYSSIÈRE, P. *L'Amérique latine de 1890 à nos jours.* Hachette, coll. « Carré Histoire » no 30, 1999, 255 p.

— *Les Révolutions d'Amérique latine.* Seuil, coll. « Points Histoire » no 150, 1991, 409 p.

film

L'histoire officielle, de Luis Puenzo, avec Héctor Alterio et Norma Aleandro. Arg., 1985. 112 min. Le problème des rapts d'enfants de dissidents par des membres des forces de l'ordre en Argentine pendant la « sale guerre » des militaires contre les militants de gauche dans les années 1970-1980. Film prenant. Offert en DVD.

Chapitre 12

PLAN DU CHAPITRE

12.1 LA QUESTION PALESTINIENNE JUSQU'À 1967

12.1.1 Naissance de l'État d'Israël

12.1.2 La crise de Suez

12.1.3 La guerre des Six Jours

12.2 LA QUESTION PALESTINIENNE APRÈS 1967

12.2.1 De l'OLP à l'Égypte de Sadate : l'éclatement du monde arabe

12.2.2 Le Liban dans la tourmente

12.2.3 La longue route des espoirs déçus

12.3 L'ISLAM ENTRE MODERNITÉ ET FONDAMENTALISME

12.3.1 L'échec du modèle moderniste

12.3.2 La révolution iranienne

12.3.3 L'Afghanistan : des communistes aux talibans

12.4 LE GOLFE DE TOUTES LES CONVOITISES

12.4.1 Iran-Irak : la première guerre du Golfe

12.4.2 La crise koweïtienne et la deuxième guerre du Golfe

12.4.3 La troisième guerre du Golfe et la chute de Saddam

Le Moyen-Orient depuis 1945

L'expression « Moyen-Orient » désigne le vaste ensemble allant de la Méditerranée orientale aux rives nord-occidentales de l'océan Indien, depuis l'Égypte et la Turquie jusqu'au Pakistan. Dans cette région vivent des peuples divers — Arabes, Turcs, Kurdes, Azéris, Baloutches, Pachtounes et de nombreux autres —, très majoritairement musulmans, mais divisés entre les deux grandes variantes de l'islam : chiite et sunnite, chacune ayant à son tour ses propres tendances internes.

Le Moyen-Orient a véritablement été, depuis plus de 50 ans, la poudrière de notre temps. Nulle région du globe n'a connu autant de soubresauts, suscité autant de passions, exigé autant d'énergies, pesé d'un poids aussi lourd sur le destin de la communauté internationale que celle-là. C'est la Palestine, espace qui va de la rive orientale de la Méditerranée jusqu'au Jourdain, qui constitue dans cette région le foyer essentiel, mais pas unique, de crise depuis la naissance de l'État d'Israël après la Seconde Guerre mondiale.

Comment la naissance d'Israël a-t-elle entraîné un conflit qui dure depuis plus de 50 ans ? Comment l'islam a-t-il évolué, entre modernité et fondamentalisme, face aux défis qui se posent à lui ? Pourquoi le golfe Persique est-il devenu l'objet de toutes les convoitises ?

1 Le Moyen-Orient

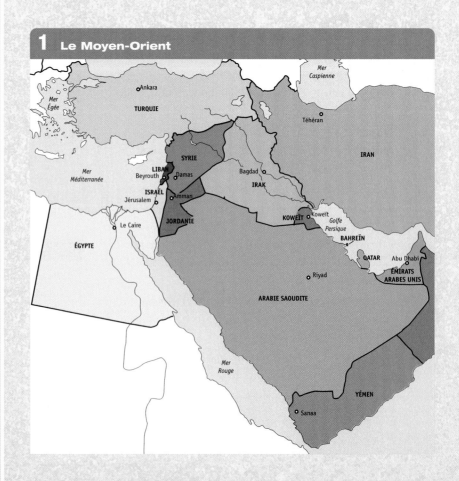

Chronologie

1945 Fondation de la Ligue arabe

1947 Plan de partage de l'ONU pour la Palestine

1948 Naissance de l'État d'Israël
Début de la première guerre israélo-arabe

1951 Nationalisation du pétrole iranien par Mossadegh

1953 Mossadegh renversé par un coup d'État

1954 Prise du pouvoir par Nasser en Égypte

1956 Crise de Suez ; deuxième guerre israélo-arabe

1962 Création de la Ligue islamique mondiale

1964 Fondation de l'Organisation de libération de la Palestine (OLP)

1967 Guerre des Six Jours (troisième guerre israélo-arabe)

1970 Massacre de Palestiniens par l'armée en Jordanie (« Septembre noir »)

1972 Massacre des athlètes israéliens par un commando palestinien aux Jeux olympiques de Munich

1973 Guerre du Kippour (quatrième guerre israélo-arabe)

1975 Début de la guerre civile au Liban

1977 Voyage de Sadate à Jérusalem

1979 Révolution iranienne
Traité de paix entre Israël et l'Égypte
Prise du pouvoir par Saddam Hussein en Irak

1980 Début de la guerre Iran-Irak (première guerre du Golfe)

1981 Assassinat de Sadate

1982 Invasion israélienne au Liban (cinquième guerre israélo-arabe)

1987 Début de la première intifada

1988 Reconnaissance par l'OLP du principe de deux États en Palestine
Fin de la guerre Iran-Irak

1989 Retrait des Soviétiques d'Afghanistan

1990 Invasion du Koweït par l'Irak

1991 Deuxième guerre du Golfe

1992 Élection de Rabin en Israël
Chute du régime procommuniste en Afghanistan

1993 Reconnaissance mutuelle d'Israël et de l'OLP
Installation de l'Autorité palestinienne

1995 Assassinat de Rabin par un juif religieux fanatique

1996 Premières élections chez les Palestiniens ; Arafat élu
Élection du Likoud (droite radicale) en Israël
Prise du pouvoir par les talibans en Afghanistan

2000 Début de la deuxième intifada

2001 George W. Bush devient président des États-Unis

2003 Troisième guerre du Golfe ; renversement de Saddam Hussein
« Feuille de route » pour la Palestine
« Initiative de Genève » pour la Palestine
Début de l'édification d'un « mur de protection » autour d'Israël et des colonies israéliennes en territoire occupé

12.1 LA QUESTION PALESTINIENNE JUSQU'À 1967

L a question palestinienne constitue l'épicentre de toute la question du Moyen-Orient. Elle est toujours là, obstinée, dans les innombrables conflits qui tissent la trame de cette tragédie de notre temps. Aucun avenir de paix n'est concevable, pour toute la région, sans la solution de ce conflit vieux de plus de 50 ans.

12.1.1 Naissance de l'État d'Israël

L'immigration des Juifs en Palestine, commencée à la fin du XIXe siècle, encouragée par la déclaration Balfour de 1917 (voir page 66), s'accroît avec l'arrivée de Hitler au pouvoir et devient massive après les horreurs du génocide. En 1946, il y a déjà plus de 600 000 Juifs en Palestine, sur une population totale de 1 800 000 habitants. Bousculés, inquiets, les Arabes palestiniens tolèrent de plus en plus difficilement cet afflux qui risque de leur enlever le contrôle du territoire et, dès avant la Seconde Guerre mondiale, de graves incidents ont éclaté entre les deux communautés.

Après la guerre, la situation échappe rapidement à toute emprise alors que les Britanniques, toujours détenteurs du mandat confié en 1919, deviennent la cible de groupes terroristes *sionistes* (Irgoun, Stern) qui les perçoivent comme trop favorables aux Arabes. Le Royaume-Uni ayant déféré toute la question à l'ONU, celle-ci adopte, le 29 novembre 1947, un plan de partage qui crée deux États, l'un juif, l'autre arabe, tandis que les villes de Jérusalem et de Bethléem formeront une zone internationale sous l'administration de l'ONU ❸.

Le plan est immédiatement rejeté par les Palestiniens et par tous les pays arabes. Dès la proclamation de l'État d'Israël le 14 mai 1948 ❹, une première guerre israélo-arabe embrase la région et se termine en février 1949 par une victoire israélienne. Le nouvel État double pratiquement sa superficie et annexe Jérusalem-Ouest, alors que l'État arabe palestinien prévu par le plan de l'ONU ne verra pas le jour : ce qui reste de son territoire est annexé par l'Égypte (bande de Gaza) et par la Transjordanie, qui devient la Jordanie après l'annexion de la Cisjordanie.

Les Arabes refusent cependant de reconnaître l'État hébreu, tandis que près d'un

> **Sioniste**
> Partisan du sionisme, doctrine et mouvement qui prônent le retour des Juifs vers la Palestine et l'établissement d'un État juif sur ce territoire.

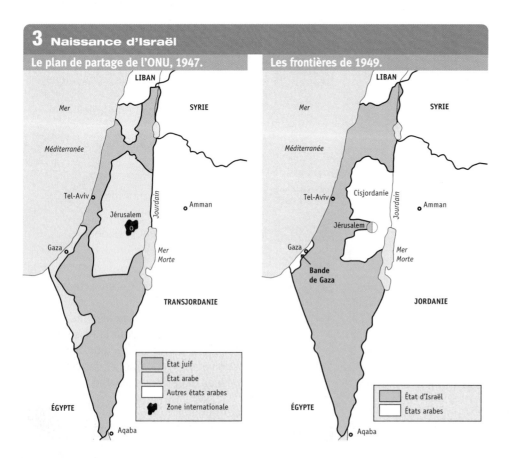

3 Naissance d'Israël

Le plan de partage de l'ONU, 1947.

LIBAN — SYRIE — Mer Méditerranée — Tel-Aviv — Jérusalem — Jourdain — Amman — Gaza — Mer Morte — TRANSJORDANIE — ÉGYPTE — Aqaba

- ▨ État juif
- ░ État arabe
- □ Autres états arabes
- ■ Zone internationale

Les frontières de 1949.

LIBAN — SYRIE — Mer Méditerranée — Tel-Aviv — Cisjordanie — Jourdain — Amman — Jérusalem — Gaza — Mer Morte — **Bande de Gaza** — JORDANIE — ÉGYPTE — Aqaba

- ▨ État d'Israël
- □ États arabes

Le pays d'Israël est le lieu où naquit le peuple juif. C'est là que se forma son caractère spirituel, religieux et national. C'est là qu'il acquit son indépendance et créa une culture d'une portée à la fois nationale et universelle. C'est là qu'il écrivit la Bible et en fit don au monde. [...]

En 1897, le premier Congrès sioniste, inspiré par la vision de l'État juif qu'avait eue Théodore Herzl, proclama le droit du peuple juif à la renaissance nationale dans son propre pays.

Ce droit fut reconnu par la déclaration Balfour du 2 novembre 1917 et réaffirmé par le mandat de la Société des Nations. [...]

En conséquence, nous, membres du Conseil national, représentant le peuple juif de Palestine et le Mouvement sioniste mondial, nous sommes réunis aujourd'hui en une assemblée solennelle, et, en vertu du droit naturel et historique du peuple juif, ainsi que de la résolution de l'Assemblée générale des Nations Unies, nous proclamons la fondation de l'État juif en Terre Sainte, qui portera le nom de Medinath Israël (État d'Israël). [...]

L'État d'Israël sera ouvert à l'immigration des Juifs de tous les pays où ils sont dispersés; il développera le pays au bénéfice de tous ses habitants; il sera fondé sur les prin-

cipes de liberté, de justice et de paix tels qu'ils furent conçus par les prophètes d'Israël; il assurera la complète égalité sociale et politique de tous ses citoyens, sans distinction de religion, de conscience, d'éducation et de culture; il protégera les lieux saints de toutes les religions; et il appliquera loyalement les principes de la charte des Nations Unies.

L'État d'Israël sera prêt à coopérer avec les organismes et avec les représentants des Nations Unies, en vue d'appliquer la résolution votée par l'Assemblée le 29 novembre 1947, et il prendra les mesures nécessaires pour réaliser l'union économique de l'ensemble de la Palestine.

million de Palestiniens, fuyant les combats ou tout simplement expulsés par les vainqueurs, se réfugient dans les pays voisins, dans des camps de fortune hâtivement érigés par l'ONU, avec, chevillé au plus profond de leur conscience, le désir inextinguible de retrouver un jour leurs foyers, leurs villages et leurs terres **5**. Cette guerre marque le début du long calvaire du peuple palestinien, qui dure encore de nos jours.

Dans la situation concrète de la Palestine de 1948, pourrait-il y avoir incompatibilité entre la volonté de créer un « État juif » et celle de développer cet État au bénéfice de « tous ses habitants »? Qu'est-ce qu'un « État juif »?

12.1.2 La crise de Suez

L'humiliation ressentie par les Arabes dans le choc de la défaite de 1949 n'est pas étrangère au renversement du roi Farouk d'Égypte lors d'un coup d'État fomenté par le Mouvement des officiers libres en 1952. L'un de ces officiers, Gamal Abdel Nasser, prend le pouvoir en 1954 et instaure un régime autoritaire d'inspiration socialiste axé sur la réforme agraire, l'industrialisation, l'alphabétisation et l'amélioration de la santé publique, tout autant que sur la répression de toute dissidence intérieure, depuis les islamistes jusqu'aux communistes.

Orateur envoûtant, leader charismatique, aspirant au rôle de leader du monde arabe, Nasser a juré de venger l'humiliation séculaire des Arabes et de détruire Israël, et s'attaque directement aux intérêts occidentaux en nouant des relations étroites avec l'Union soviétique, trop heureuse de jouer un rôle nouveau dans cette région d'où elle est à peu près absente. Alors que le conflit israélo-arabe

5 Un peuple apatride
Camp de réfugiés palestiniens.

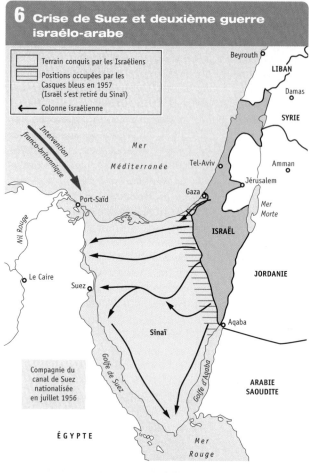

6 Crise de Suez et deuxième guerre israélo-arabe

- ☐ Terrain conquis par les Israéliens
- ☰ Positions occupées par les Casques bleus en 1957 (Israël s'est retiré du Sinaï)
- ← Colonne israélienne

Intervention franco-britannique

Mer Méditerranée

Beyrouth
LIBAN
Damas
SYRIE
Tel-Aviv
Amman
Jérusalem
Gaza
Mer Morte
ISRAËL
Port-Saïd
Nil Rouge
Le Caire
Suez
JORDANIE
Golfe de Suez
Golfe d'Aqaba
Aqaba
Sinaï

Compagnie du canal de Suez nationalisée en juillet 1956

ARABIE SAOUDITE

ÉGYPTE

Mer Rouge

7 Israël après la guerre des Six Jours

- ☐ Territoires occupés par Israël
- ━ Frontière d'Israël en 1949

Mer Méditerranée

Beyrouth
LIBAN
SYRIE
Plateau du Golan
Tel-Aviv
Cisjordanie
Amman
Jérusalem
Bande de Gaza
Mer Morte
Port-Saïd
Nil Rouge
Canal de Suez
ISRAËL
Le Caire
Suez
JORDANIE
Sinaï
Golfe de Suez
Golfe d'Aqaba
Aqaba

ARABIE SAOUDITE

ÉGYPTE

Mer Rouge

est ainsi devenu un nouveau terrain d'affrontement entre les blocs, Nasser décide en 1956 de nationaliser sans indemnités la Compagnie du canal de Suez, de propriété britannique et française, afin de financer le gigantesque barrage d'Assouan sur le Nil, tandis qu'il soutient les rebelles algériens dans leur lutte de libération contre la France (voir page 233).

La Grande-Bretagne, la France et Israël concoctent alors une intervention commune contre l'Égypte qui, attaquée de toutes parts, est sur le point de sombrer lorsque interviennent les deux superpuissances **6**. Pendant que l'URSS exerce un chantage atomique contre Paris et Londres, les États-Unis, désireux d'imposer définitivement leur leadership dans leur propre camp, exigent le retrait des troupes de leurs alliés, convaincus que l'« expédition punitive » de ces derniers ne peut avoir pour effet que de durcir encore plus le ressentiment des Arabes contre l'Occident et de favoriser les visées soviétiques dans la région.

Les deux Grands étant pour une fois d'accord, Nasser est sauvé *in extremis* par l'intervention du Conseil de sécurité de l'ONU, qui ordonne à toutes les troupes étrangères de quitter le territoire égyptien et qui décide, sur la proposition du représentant canadien Lester B. Pearson, d'envoyer sur place un contingent de Casques bleus pour séparer les pugilistes égyptien et israélien. Nasser sort auréolé d'une entreprise où il a failli tout perdre, mais le problème israélo-arabe reste entier et une troisième guerre paraît difficile à éviter, d'autant plus que désormais les deux Grands se retrouvent face à face au Moyen-Orient.

12.1.3 La guerre des Six Jours

Dix ans plus tard, enhardi par l'aide multiforme et, entre autres, militaire de l'Union soviétique, Nasser reprend le flambeau de la lutte antisioniste. Il exige le retrait des Casques bleus de l'ONU et ferme le golfe d'Aqaba au trafic israélien. Israël réplique aussitôt par une foudroyante campagne préventive, attaquant en même temps l'Égypte, la Jordanie et la Syrie, et s'empare, en six jours de combat, de tout le Sinaï, de la Cisjordanie avec Jérusalem-Est et du plateau du Golan **7**.

La spectaculaire défaite arabe amène de profondes conséquences. Pendant que pâlit l'étoile de Nasser et de ses alliés soviétiques, le problème des Palestiniens s'enfonce d'un cran dans la tragédie : 300 000 nouveaux réfugiés gagnent les camps de Jordanie et du Liban, tandis que s'installe sur la bande de Gaza, en Cisjordanie et sur le Golan un régime d'occupation militaire israélien accompagné, comme toute occupation militaire, d'oppression,

Le Conseil de sécurité,
Exprimant l'inquiétude que continue de lui causer la grave situation au Moyen-Orient,
Soulignant l'inadmissibilité de l'acquisition de territoires par la guerre et la nécessité d'œuvrer pour une paix juste et durable permettant à chaque État de la région de vivre en paix,
Soulignant en outre que tous les États membres, en acceptant la Charte des Nations Unies, ont contracté l'engagement d'agir conformément à l'article 2 de la Charte.
1. *Affirme que l'accomplissement des principes de la Charte exige l'instauration d'une paix juste et durable au Moyen-Orient qui devrait comprendre l'application des deux principes suivants :*
   a) *Retrait des forces armées israéliennes des territoires occupés lors du récent conflit ;*
   b) *Cessation de toutes assertions de belligérance ou de tous états de belligérance et respect et reconnaissance de la souveraineté, de l'intégrité territoriale et de l'indépendance politique de chaque État de la région et de leur droit de vivre en paix à l'intérieur de frontières sûres et reconnues à l'abri de menaces ou d'actes de force.*
2. *Affirme en outre la nécessité,*

   a) *De garantir la liberté de navigation sur les voies d'eau internationales de la région ;*
   b) *De réaliser un juste règlement du problème des réfugiés ;*
   c) *De garantir l'inviolabilité territoriale et l'indépendance politique de chaque État de la région, par des mesures comprenant la création de zones démilitarisées.*

   Votée à l'unanimité le 22 novembre 1967, cette résolution reprend, dans un texte très équilibré, les principales revendications tant arabes qu'israéliennes, mais passe complètement sous silence le fait national palestinien.

de résistance et de répression. En même temps commence, en plein défi à la communauté internationale, une colonisation juive systématique dans ces territoires occupés, rendant encore plus problématique le retour des Palestiniens sur leur terre **8**.

12.2 LA QUESTION PALESTINIENNE APRÈS 1967

L a grande défaite de 1967 amène de profonds changements dans le monde arabe. Alors que les Palestiniens se lancent dans de vastes actions de résistance, l'Égypte fait volte-face et signe la paix avec Israël, amenant l'éclatement de l'unité arabe.

> En quoi la charte de l'OLP vient-elle en contradiction avec la résolution n° 242 du Conseil de sécurité de l'ONU (doc. 8) ?

12.2.1 De l'OLP à l'Égypte de Sadate : l'éclatement du monde arabe

L'effondrement arabe de 1967 accélère la prise de conscience, chez les Palestiniens, qu'ils doivent maintenant compter d'abord sur leurs propres forces plutôt que sur les volontés toujours aléatoires d'États arabes soucieux, au premier chef, de leur intérêt national. La résistance palestinienne, regroupée depuis 1964 dans l'Organisation de libération de la Palestine (OLP) **9** dirigée par Yasser Arafat, se radicalise et durcit ses méthodes, intensifiant ses actions de commandos ou de

9 La charte de l'OLP (extrait)

Art. 2 — La Palestine, dans les frontières du mandat britannique, constitue une unité territoriale indivisible.

Art. 3 — Le peuple arabe palestinien détient le droit légal sur sa patrie et déterminera son destin après avoir réussi à libérer son pays en accord avec ses vœux, de son propre gré et selon sa seule volonté.

Art. 22 — Le sionisme est un mouvement politique organiquement lié à l'impérialisme international et opposé à toute action de libération et à tout mouvement progressiste dans le monde. Il est raciste et fanatique par nature, agressif, expansionniste et colonial dans ses buts, et fasciste par ses méthodes. Israël est l'instrument du mouvement sioniste et la base géographique de l'impérialisme mondial, stratégiquement placé au cœur même de la patrie arabe afin de combattre les espoirs de la nation arabe pour sa libération, son union et son progrès. Israël est une source constante de menaces vis-à-vis de la paix au Proche-Orient et dans le monde entier.

[...] Toute vie perdue dans la guerre est celle d'un être humain, qu'il soit arabe ou israélien. Toute femme qui perd son mari est un être humain qui a le droit de vivre dans une famille heureuse, qu'elle soit arabe ou israélienne. Les enfants qui sont privés des soins de leur père sont les enfants de chacun d'entre nous, en terre arabe ou en Israël et nous avons le grand devoir de leur donner un présent heureux et un bel avenir.

[...] Vous voulez vivre avec nous dans cette partie du monde et je vous le dis en toute sincérité : nous vous accueillerons avec plaisir parmi nous, en sûreté et en sécurité.

Je vous dis, en vérité, que la paix ne sera réelle que si elle est fondée sur la justice et non sur l'occupation des terres d'autrui. Il n'est pas admissible que vous demandiez pour vous-mêmes ce que vous refusez aux autres. Franchement, dans l'esprit qui m'a poussé à venir aujourd'hui chez vous, je vous dis : vous devez abandonner une fois pour toutes vos rêves de conquêtes. [...] Il y a de la terre arabe qu'Israël a occupée et qu'il continue à occuper par la force des armes. Nous insistons sur un retrait complet de ce territoire arabe, y compris Jérusalem arabe, Jérusalem où je suis venu comme dans une cité de paix, la cité qui a été et qui sera toujours l'incarnation vivante de la coexistence entre les fidèles des trois religions. [...] Si vous avez trouvé la justification légale et morale de l'établissement d'une patrie nationale sur un territoire qui n'était pas le vôtre, alors il vaut mieux que vous compreniez la détermination du peuple palestinien à établir son propre État, une fois de plus, dans sa patrie. [...]

terrorisme tant en Israël qu'ailleurs dans le monde (détournements d'avions, massacre des athlètes israéliens aux Jeux olympiques de Munich en 1972). Devenus majoritaires en Jordanie, les Palestiniens inquiètent de plus en plus les autorités, qui craignent que leur pays soit entraîné dans une nouvelle guerre par les opérations palestiniennes menées contre Israël à partir du territoire jordanien. Le roi Hussein déclenche alors un véritable bain de sang en lançant son armée contre les camps de réfugiés en 1970 (« Septembre noir »). Les survivants refluent vers le Liban, qui sera entraîné à son tour dans la tourmente (voir page suivante).

La catastrophe de 1967 amène par ailleurs un véritable renversement des alliances après la mort de Nasser (1970) : son successeur, Anouar el-Sadate, abandonnant le rêve de l'unité arabe, renvoie chez eux tous les conseillers soviétiques et tente un rapprochement avec les États-Unis. Soucieux toutefois de préserver en même temps le leadership égyptien dans la lutte antisioniste, il reprend les armes en attaquant Israël par surprise le 6 octobre 1973, durant la fête juive du Kippour, dans une offensive commune avec la Syrie. Les succès initiaux de l'armée égyptienne, bien qu'annulés par une contre-offensive israélienne, de même que l'utilisation fracassante de l'arme pétrolière (voir page 198) modifient quelque peu le rapport de forces dans la région en mettant enfin un peu de baume sur les humiliations subies par les pays arabes lors des guerres précédentes.

Sadate va vouloir exploiter cette nouvelle donne par un geste inattendu et spectaculaire : il se rend lui-même, en novembre 1977, à Jérusalem où, en pleine Knesset (Parlement), il tend le rameau d'olivier aux Israéliens **10**. Cette initiative enclenche une dynamique nouvelle et, sous le parrainage du président Carter, Israël et l'Égypte signent un traité de paix à Washington en 1979 **11**. Ce premier traité de paix entre Israël et l'un de ses voisins prévoit la restitution à l'Égypte du Sinaï conquis en 1967, de même que la création par étapes d'une « entité territoriale palestinienne » aux contours maintenus volontairement flous. Le traité ne fait aucune référence à un État

11 **Israël et l'Égypte font la paix**
Signature des accords de Camp David entre Anouar el-Sadate (à gauche) et Menahem Begin en présence du président Carter, Washington, 1979.

palestinien, mais simplement aux « justes revendications » du « peuple palestinien », mince ouverture immédiatement refermée par une déclaration du premier ministre israélien Menaham Begin, annexée au traité, qui interprète la mention de « peuple palestinien » comme signifiant « les Arabes du Grand Israël ».

Ce traité est cependant loin de ramener la paix dans la région. Il aboutit d'abord à isoler complètement l'Égypte des pays arabes, qui l'excluent de la Ligue arabe en 1976 et dont les plus radicaux organisent, en 1977, le « Front du refus » (Algérie, Libye, Irak). L'unité arabe est bien rompue, et Sadate lui-même, accusé d'avoir sacrifié les Palestiniens pour gagner les faveurs et l'argent des États-Unis, sera assassiné par des militants islamistes en 1981.

La paix apparaît d'autant plus lointaine que, pendant que l'OLP renforce sa crédibilité internationale par son admission comme observatrice à l'ONU et par l'autorisation qu'elle reçoit d'ouvrir des missions officielles dans plusieurs capitales occidentales, Israël poursuit ses implantations de colons en Cisjordanie et à Gaza, annexe formellement à son territoire le plateau du Golan et transfère sa capitale de Tel-Aviv à Jérusalem, ville symbole, aussi « sainte » aux yeux des musulmans qu'à ceux des juifs.

12.2.2 Le Liban dans la tourmente

C'est vers le Liban que va alors se déplacer le contentieux israélo-arabe. Ce petit pays formé d'une mosaïque de groupes sociaux, ethniques et religieux, détaché de la Syrie au temps du mandat français installé en 1919 (voir page 65), est une véritable caisse de résonance de toutes les contradictions qui traversent le Moyen-Orient. Son système politique est un échafaudage invraisemblable qui tente de refléter les équilibres toujours précaires entre les groupes communautaires : la présidence de la République est réservée à un chrétien maronite ; la présidence du Conseil des ministres, à un musulman sunnite ; la présidence de la Chambre, à un musulman chiite ; la vice-présidence du Conseil, à un chrétien orthodoxe et la direction de l'état-major, à un musulman druze...

L'afflux massif de combattants palestiniens (fedayins) après leur expulsion de Jordanie en 1970 a détruit cet édifice complexe et fragile, et une guerre civile a éclaté en 1975 entre des regroupements baptisés un peu hâtivement de « chrétiens conservateurs » et de « palestino-progressistes ». Pendant que le Liban se dissout en microcommunautés et que la Syrie voisine tente d'assurer son hégémonie en poussant les factions les unes contre les autres, une véritable zone palestinienne s'installe dans le sud du pays, d'où les fedayins effectuent de nombreux raids en territoire israélien.

Rassuré sur sa frontière sud par le traité avec l'Égypte, Israël décide d'en finir avec l'OLP en envahissant le Liban en 1982. Encerclés dans Beyrouth assiégée, les combattants palestiniens doivent s'incliner et sont dispersés dans neuf pays arabes, depuis la Tunisie jusqu'au Yémen. Mais le recul militaire de l'OLP est compensé par un recul moral de l'État hébreu, universellement condamné pour son agression contre un pays voisin et dont les troupes, dirigées par Ariel Sharon, n'ont pas su, ou pas voulu, empêcher le massacre de milliers de civils palestiniens par un commando chrétien libanais dans les camps de réfugiés de Sabra et de Chatila. L'opinion israélienne elle-même est profondément secouée par cet événement à odeur de pogrom, et l'armée israélienne se retire du Liban dans la confusion en 1983.

Une « force d'interposition » multinationale, composée de contingents étasunien, français, italien et britannique, s'installe alors pour tenter de ramener la paix et de bloquer les visées syriennes, mais un terrible attentat au camion piégé coûte la vie à près de 300 soldats, dont 241 Étasuniens. La force se retire, abandonnant au chaos un pays totalement décomposé. Les chefs et la plupart des fedayins partis en exil, une guerre fratricide déchire pendant trois ans les camps palestiniens, amenant l'intervention de la Syrie, qui a toujours considéré le Liban comme faisant partie de son territoire. La paix civile ne sera finalement rétablie qu'après 1990, dans un pays dévasté passé sous influence syrienne.

▶ **Cocktail Molotov**
Bombe artisanale formée d'une bouteille remplie d'essence fermée par un chiffon qui sert d'amorce. Le nom lui vient de ce qu'elle est apparue lors de la révolte hongroise de 1956, alors que Molotov était ministre des Affaires étrangères de l'URSS.

12.2.3 La longue route des espoirs déçus

À la fin de 1987, une nouvelle phase s'ouvre dans le conflit israélo-arabe avec l'*intifada,* le « soulèvement » populaire dans les territoires occupés. Grèves, manifestations, actes de désobéissance civile se multiplient, tandis que des milliers de jeunes palestiniens répliquent par des pierres et des *cocktails Molotov* aux tirs et aux blindés de l'armée israélienne ⑫. Un peu pris de court par cette mobilisation sans précédent, Yasser Arafat, réfugié à Tunis, voit rapidement l'avantage à tirer de cette situation nouvelle et, en contradiction avec les principes défendus jusque-là, fait approuver par l'OLP, en 1988, le principe de deux États en Palestine — l'un juif, l'autre arabe —, avant de condamner officiellement le terrorisme du haut de la tribune de l'ONU à New York.

Dans cette ouverture s'engouffrent les espoirs de paix si longtemps frustrés. Les électeurs israéliens chassent du pouvoir, en 1992, la coalition de droite farouchement antipalestinienne et donnent leur confiance à Ytzakh Rabin, chef du parti travailliste, ancien militaire héros de la guerre des Six Jours mais considéré comme modéré, qui semble en mesure d'amener à la fois la paix et la sécurité à son pays. L'OLP, pour sa part, affaiblie par l'effondrement de l'URSS et par l'appui mal inspiré qu'elle a donné, dans la guerre du Golfe de 1991, à l'Irak de Saddam Hussein (voir page 277), a grand besoin

12 L'intifada

13 Les chemins de l'espoir?
Accords de Washington : Israël et l'OLP se reconnaissent mutuellement, 1993.

de rétablir de meilleures relations avec Washington, qui devient de plus en plus la puissance hégémonique mondiale.

C'est dans ce contexte que des pressions diplomatiques et financières du nouveau président étasunien, Bill Clinton, conduisent enfin à des négociations directes entre l'OLP et l'État d'Israël. En 1993, le monde entier peut assister en direct, par la télévision, à l'incroyable et historique poignée de mains entre Rabin et Arafat en présence de Clinton **13**. Israël et l'OLP se reconnaissent mutuellement et une Autorité palestinienne s'installera sur la bande de Gaza et à Jéricho en Cisjordanie pour une période initiale de cinq ans pendant laquelle elle exercera une autonomie soigneusement limitée, tandis que l'armée israélienne se retirera de ces territoires, à l'exception des implantations de colons israéliens **14**. L'année suivante, un second traité de paix est signé entre Israël et un de ses voisins, la Jordanie cette fois, elle aussi désireuse de faire oublier son appui à Saddam Hussein en 1991, et il semble que l'embellie s'agrandit.

Mais les extrémistes des deux camps s'empressent de ramener tout le monde à des jours sombres. Pendant que les mouvements radicaux palestiniens, le Hamas et le Jihad islamique, déclenchent une campagne d'attentats suicides en Israël, des colons israéliens massacrent à deux reprises des Palestiniens à Hébron et parviennent à assassiner leur propre premier ministre, Ytzakh Rabin lui-même, en 1995.

Dès lors, tout semble dérailler. Les électeurs israéliens, déboussolés, ramènent au pouvoir la droite radicale du Likoud en 1996 (Netanyahou), puis renouent avec la gauche travailliste (Barak) en 1999. De nouveaux accords sont négociés dans une sorte de vide politique, violés en cascade aussitôt signés. En 2000, Ariel Sharon, farouche partisan de la colonisation dans les territoires occupés et qui cherche à devenir chef du Likoud, organise une provocation consciente en allant se promener, escorté de 200 policiers israéliens, sur l'esplanade des Mosquées, troisième lieu saint de l'islam, à Jérusalem. Cet incident déclenche la seconde intifada, beaucoup plus violente que la première, car les Palestiniens utilisent maintenant des armes plutôt que des pierres, pendant qu'Israël a recours aux chars d'assaut, aux hélicoptères de combat et même aux chasseurs-bombardiers.

Sharon est élu premier ministre l'année suivante, et sa politique de force plonge la Palestine dans les heures les plus sombres qu'elle ait connues, hors les guerres, depuis 1945. Les attentats suicides se multiplient, toujours horribles, l'armée israélienne réoccupe les zones dévolues à l'Autorité palestinienne, exécute au missile du haut des airs les chefs de la résistance, boucle hermétiquement le quartier général de Yasser Arafat, enfermé dans un réduit à moitié détruit depuis 2002. En 2003, après l'invasion anglo-étasunienne de l'Irak et la chute de Saddam Hussein, une « feuille de route » hâtivement concoctée par un « quatuor » formé des États-Unis, de l'Union européenne, de la Russie et de l'ONU ne connaît même pas un début d'application.

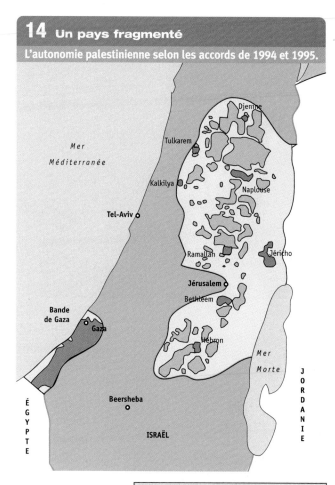

14 **Un pays fragmenté**

L'autonomie palestinienne selon les accords de 1994 et 1995.

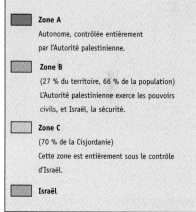

Zone A
Autonome, contrôlée entièrement par l'Autorité palestinienne.

Zone B
(27 % du territoire, 66 % de la population)
L'Autorité palestinienne exerce les pouvoirs civils, et Israël, la sécurité.

Zone C
(70 % de la Cisjordanie)
Cette zone est entièrement sous le contrôle d'Israël.

Israël

15 Un nouveau « mur de la Honte » ?

Le mur de sécurité israélien serpente à travers la Cisjordanie.

Incapable de livrer aux Israéliens la sécurité musclée qu'il leur a promise, Sharon décide en 2004 de procéder à l'édification d'un mur de béton de huit mètres de haut destiné à prémunir Israël contre toute incursion de kamikazes palestiniens. Afin de protéger également les colonies juives dans les territoires occupés, ce mur pénètre profondément en Cisjordanie, bien au-delà de la frontière d'avant 1967, créant une sorte de frontière *de facto* unanimement condamnée par l'opinion internationale. Le mur coupe nombre de Palestiniens de leurs terres, de leurs oliveraies, de leur gagne-pain, de leur famille, de leurs écoles, rappelant à s'y méprendre le fameux « mur de la Honte » de Berlin **15**.

Quel avenir pour la Palestine ? Ramenée à l'essentiel, la question palestinienne comporte quatre problèmes absolument fondamentaux qui devront tous être réglés pour qu'une paix véritable et durable revienne sur cette terre marquée par la tragédie : celui du tracé des frontières ; celui des réfugiés palestiniens, qui vivent dans des camps depuis deux générations ; celui des colonies juives dans les territoires occupés ; celui de Jérusalem enfin, revendiquée comme capitale par les deux parties. Toute solution durable à ces problèmes exigera à l'évidence d'immenses et douloureuses concessions de part et d'autre. À la fin de 2003, un groupe informel rassemblant des Israéliens et des Palestiniens a proposé une « initiative de Genève » qui, pour la première fois, établit concrètement et accepte ces concessions, mais l'heure ne semble pas encore venue, hélas !, où les dirigeants seront prêts à sacrifier leur intérêt personnel pour entrer dans une démarche comme celle-là **16**.

12.3 L'ISLAM ENTRE MODERNITÉ ET FONDAMENTALISME

La question palestinienne, pour centrale qu'elle soit, n'est pas la seule à se poser dans le monde arabo-musulman. Celle de l'entrée de l'islam dans la modernité y est même antérieure, posée dès la fin du XIXᵉ siècle alors qu'il est confronté à l'impérialisme européen.

16 Les options d'Israël

Israël doit choisir entre trois possibilités. La première est d'accepter le principe sur lequel ce plan de Genève est fondé : se retirer des territoires occupés en 1967 (avec de modestes modifications détaillées dans le plan), de façon à vivre comme une démocratie aux côtés d'un État palestinien indépendant. La seconde est de maintenir le contrôle militaire des territoires, tandis que la population palestinienne actuelle, dans les huit ans, dépassera la population juive. Dans ce cas, un Israël démocratique cessera d'être un État juif, ou bien l'État juif cessera d'être démocratique, dominant (s'il le peut) une majorité arabe de plus en plus large privée de droits civiques. La troisième solution, c'est celle que le gouvernement Sharon a visiblement choisie, avec l'acquiescement de l'administration Bush. Comme le dit Tony Judt, de l'Université de New York, il s'agit pour Israël de devenir « la *première démocratie moderne à conduire un nettoyage ethnique à large échelle comme projet d'État » et, ce faisant, de devenir un « paria international » permanent.*

William Pfaff,
The International Herald Tribune,
Paris, 18-19 octobre 2003.
Cité dans *Le Monde diplomatique,*
23 octobre 2003
(http://www.monde-diplomatique.fr/
dossiers/geneve/#nb4).

12.3.1 L'échec du modèle moderniste

L'adhésion des musulmans à la modernité occidentale a commencé, de façon spectaculaire, avec la révolution turque de Mustafa Kemal (voir page 64). Dans les colonies d'Afrique du Nord, les mouvements nationalistes de l'entre-deux-guerres s'inspirent presque tous des idéaux de la philosophie des Lumières et de la Révolution française, la grande majorité de leurs militants ayant été éduqués dans les universités européennes.

C'est ainsi que dès l'accession à l'indépendance, ces pays s'efforcent de laïciser la société en supprimant les tribunaux religieux (Tunisie), en étatisant les biens religieux (Égypte), en réformant le statut des personnes en faveur de l'émancipation des femmes (Tunisie) **17**, en faisant de l'islam simplement la religion du pays, et non celle de l'État. Plus que sur la notion d'islamisme, on insiste désormais sur celle d'arabisme (Ligue arabe fondée en 1945, République arabe unie en 1958), tandis qu'en matière économique, le socialisme supplante les préceptes coraniques, menant à la nationalisation du pétrole iranien (1951) ou à celle du canal de Suez (1956). Un parti socialiste panarabe, le Baas (« résurrection »), fondé en Syrie, se fait le porte-parole de cette idéologie et étend son influence au Liban, en Jordanie, en Irak. En 1970, le Yémen du Sud se réclame officiellement du marxisme-léninisme et devient la république démocratique populaire du Yémen. Une grande partie des élites adopte le mode de vie et les valeurs occidentales, négligeant les pratiques religieuses (jeûne, abstinence). Les femmes abandonnent le voile traditionnel et accèdent aux études supérieures et à des emplois professionnels respectés et bien rémunérés (médecine, génie, communications).

Cette occidentalisation est cependant loin de toucher tous les pays et, dans ceux qu'elle touche, elle demeure confinée à une fraction somme toute restreinte de la population. Pendant que partout les masses rurales et urbaines restent largement attachées à l'islam traditionnel, quelques États maintiennent sans faiblir la loi islamique, en particulier l'Arabie saoudite, gardienne des lieux saints de La Mecque et organisatrice du grand pèlerinage qui attire chaque année d'immenses foules venues du monde entier. En 1962, l'Arabie saoudite crée même une Ligue islamique mondiale destinée à faire contrepoids au laïcisme révolutionnaire de la Ligue arabe.

Mais le modèle moderniste lui-même va bientôt entrer en crise, car les gouvernements qui s'en réclament se révèlent incapables d'apporter aux masses musulmanes ni la prospérité économique, ni la liberté politique, ni l'égalité sociale promises, la plupart dérivant vers des dictatures militaires qui n'hésitent pas à utiliser systématiquement la torture, voire le simple massacre de leurs peuples. Le baassisme dégénère dans les années soixante en tribalisme sectaire, assurant la domination de groupes minoritaires comme les Alaouites du président syrien Hafez el-Assad ou les sunnites du clan des Takriti de Saddam Hussein en Irak. Et la liberté des mœurs occidentales, étalée à pleins écrans de cinéma et de télévision et véhiculée par la publicité, scandalise les gens modestes, qui y voient le symbole de la corruption et de la désintégration de la société.

Une réaction se dessine alors, sous la forme d'un fondamentalisme religieux désireux de renouer avec la « vraie foi ». On entend par fondamentalisme une attitude d'interprétation stricte et littérale des textes coraniques, en dehors de toute dimension historique ou critique. (La même attitude se retrouve d'ailleurs chez certains chrétiens, particulièrement aux États-Unis,

---

17 **L'émancipation des femmes en pays musulman : l'exemple tunisien**

Août 1956 : Code de la famille. Interdiction de la polygamie. Divorce judiciaire ouvert aux deux conjoints.

Mai 1957 : Droit de vote aux femmes, qui deviennent aussi éligibles.

Février 1964 : Âge minimum du mariage fixé à 17 ans (et non plus 15 ans) pour la femme qui peut ainsi recevoir une formation scolaire professionnelle.

Juillet 1965 : Vente libre de produits contraceptifs. Droit à l'avortement médical pour toute femme ayant 5 enfants vivants. Interdiction d'employer des jeunes filles de moins de 14 ans.

1966 : Garde de l'enfant, en cas de divorce, réglée en considération de l'intérêt de l'enfant (qui pourra donc être confié à la femme).

1968 : Peines identiques pour l'homme et la femme en cas d'adultère.

Jean Daniel, directeur du *Nouvel Observateur*, converse avec le roi du Maroc, Hassan II (28 mars 1986) :

J.D. — « Puis-je vous proposer ma version de l'intégrisme, valable d'ailleurs pour toutes les religions ? C'est le mélange explosif entre le besoin individuel de mystique et un esprit collectif de croisade. Cela se traduit par un respect autoritaire de la lettre au détriment de l'esprit du message. »

Hassan II — « J'accepte cette définition. Elle m'incite à différencier radicalement le fondamentalisme, *qui relèverait de l'exigence personnelle, et l'*intégrisme, *qui est l'exploitation de cette exigence à des fins nettement politiques. Comme l'islam règle le comportement des croyants et que la distinction est moins nette qu'ailleurs entre le spirituel et le temporel, certains musulmans croient pouvoir se servir de la religion pour fixer une fois pour toute l'organisation de la cité musulmane et pour rendre cette organisation obligatoire pour le monde musulman.*

L'intégrisme, c'est le fondamentalisme conçu comme instrument de pouvoir. »

▶ **Théocratie**
Régime politique dans lequel l'autorité est considérée comme venant directement de la Divinité et exercée par les chefs religieux.

adeptes du fondamentalisme biblique.) Le mouvement se développe à une vitesse fulgurante et débouche bientôt sur l'islamisme, idéologie et mouvement politique dont l'objectif est de renverser les pouvoirs établis, même les plus conservateurs, comme celui de l'Arabie saoudite, afin d'instaurer un État intégralement régi par les préceptes coraniques (la *charia*) et par ceux qui sont chargés de les interpréter : ulémas ou mollahs du clergé **18**.

12.3.2 La révolution iranienne

C'est en Iran que le mouvement connaît son succès le plus spectaculaire, avec la révolution de 1979, qui instaure le premier régime islamiste du monde arabo-musulman.

Après le coup d'État, fomenté par la CIA étasunienne, qui a renversé le gouvernement nationaliste de Mossadegh en 1953, le shah d'Iran, Muhammad Riza Pahlavi, est devenu le « gendarme » de l'Occident dans cette partie du globe et a reçu une aide militaire massive des États-Unis, qui ont équipé son pays des armes les plus perfectionnées. Cependant, la modernisation autoritaire et trop rapide imposée par le shah, le recours systématique à la torture par sa police secrète (la SAVAK), l'emprise croissante des sociétés étasuniennes sur l'économie du pays et la décadence des mœurs d'une élite occidentalisée, qui scandalise en terre d'islam, ont accumulé les oppositions, tant au sein du bazar (petits commerçants) que dans les milieux progressistes et chez les fondamentalistes religieux.

Au début de 1979, après plusieurs mois de manifestations, peu soutenu par un président Carter choqué par certains aspects de son régime, le shah est renversé et une République islamique s'installe à Téhéran, non moins répressive que le régime précédent, bien que jouissant d'un réel appui populaire, sous la direction de l'ayatollah Khomeiny et du clergé chiite **19**. La « République islamique d'Iran » est, malgré son nom, une véritable *théocratie,* basée sur le principe de la primauté de la religion dans la vie civile : en toute matière, de quelque nature qu'elle soit, l'autorité suprême appartient à l'ayatollah Khomeiny, docteur de la foi, « guide de la révolution ».

Le triomphe de l'islamisme en Iran va galvaniser les islamistes dans l'ensemble du monde arabo-musulman, en même temps qu'il soulève l'inquiétude des régimes en place, autant laïcs comme l'Égypte ou l'Algérie que traditionalistes comme l'Arabie saoudite. Par ailleurs, l'Iran révolutionnaire va

19 **Manifestation khomeyniste**

Installé sur un podium éclairé par des projecteurs, le député de Téhéran, Fakhredin Hijazi, mélange comme à l'habitude en Iran le politique et le religieux. Sa voix s'élève : « Regardez ce bâtiment, dit-il en désignant l'Ambassade américaine. Ici habitaient les créatures du Diable. Sur sa tête, il y avait des radars et des antennes. C'est à partir d'ici que Satan adressait ses messages à Niavaran, l'ex-palais impérial. C'est à partir d'ici que l'on étranglait les déshérités, que les personnes étaient anéanties, que les cerveaux étaient transformés en fumées et les cœurs transpercés.

Aujourd'hui encore d'autres musulmans sont enchaînés aux États-Unis. Mais ce soir tout est changé : comme les partisans du prophète, les étudiants musulmans se sont soulevés et ont détruit cette étable. Ce soir Satan a disparu et les anges sont parmi nous. Vous êtes les héritiers d'Ali. La guerre commencée à Téhéran va s'étendre ailleurs dans le monde. C'en est fini de la domination de l'Amérique. Si on touche à un seul cheveu de nos étudiants, nous brûlerons sur l'heure tous les intérêts américains dans la région, nous fermerons le détroit d'Ormuz, nous

étranglerons l'Amérique. Quant à Jérusalem, dès l'an prochain, nous organiserons une marche pour la libérer de l'occupation sioniste. Et que l'Union soviétique ne cherche pas à profiter de notre lutte contre les États-Unis. Il y a 70 millions de musulmans en Russie et il suffirait que l'imam ouvre la bouche pour qu'ils se soulèvent. »

Philippe Lapousterle
Le Matin, 6 août 1980.

reprendre le flambeau de la lutte antisioniste et soutenir des mouvements associés à la résistance palestinienne comme le Hezbollah libanais. Le régime de Khomeiny devient ainsi un foyer majeur d'agitation antiaméricaine **20** et propalestinienne, et même de déstabilisation interne des pays arabes par la propagation du fondamentalisme islamique.

> Que signifie la phrase « Vous êtes les héritiers d'Ali » ?

12.3.3 L'Afghanistan : des communistes aux talibans

C'est en Afghanistan que l'islamisme va être poussé à l'extrême. L'Union soviétique s'étant finalement retirée en 1989 de ce bourbier coûteux et sanglant, le régime qu'elle était venue appuyer s'écroule en 1992 pour laisser aussitôt la place à une guerre civile entre factions ennemies de combattants afghans (*moujahidins*) s'affrontant au canon dans leur capitale dévastée. Cette anarchie pave la voie à un groupe religieux fanatique, les talibans, jouissant d'un certain appui dans une population lassée et soutenus par le Pakistan voisin désireux d'accroître son influence dans le pays. En 1998, les talibans contrôlent les trois quarts du territoire dans un régime particulièrement rigoriste où les divertissements (cinéma, télévision, musique, sport) sont interdits, où le port de la barbe est obligatoire de même que la prière publique, où les femmes, intégralement voilées **21**, sont exclues de l'université et de tout travail hors de la maison sauf dans les hôpitaux pour les patientes, où les châtiments même les plus cruels (lapidations, décapitations) sont exécutés en public dans le stade de Kaboul.

21 Femmes afghanes

Cet Afghanistan des mollahs sera peu à peu mis au ban de la communauté internationale, à la fois pour son mépris des droits humains les plus élémentaires, pour sa production de drogue par laquelle il se finance, pour la destruction d'éléments marquants du patrimoine artistique de l'humanité (bouddhas géants de Bamyan) et surtout pour le sanctuaire qu'il offre au réseau Al-Qaïda d'Oussama ben Laden, afin de former et d'entraîner ses militants avant de les lancer dans des opérations suicides meurtrières contre les intérêts et les symboles du « grand Satan » américain dans plusieurs pays et jusque sur le territoire même des États-Unis (11 septembre 2001).

12.4 LE GOLFE DE TOUTES LES CONVOITISES

La région du golfe Persique contient les deux tiers des réserves mondiales de pétrole. De là lui viennent toutes les convoitises qui y engendrent des tensions continuelles.

12.4.1 Iran-Irak : la première guerre du Golfe

En 1980, voulant profiter des troubles intérieurs de l'Iran en pleine révolution afin d'imposer son hégémonie dans la région du golfe Persique, l'Irak envahit l'Iran, déclenchant la première guerre du Golfe, qui durera huit ans et fera plus d'un million de morts, sans compter qu'elle provoquera un vaste réalignement des forces dans la région 22. Ainsi, les Occidentaux aussi bien que l'URSS, pour une rare fois d'accord, appuient l'Irak : les premiers pour protéger la route du pétrole, la seconde par crainte d'une contagion islamiste dans ses propres républiques à majorités musulmanes. L'Iran reçoit de son

22 La guerre Iran-Irak

23 Victimes du bombardement aux gaz d'Halabja

côté l'appui de la Syrie, ravie des difficultés de son voisin irakien ; d'Israël, qui, bien que l'Iran révolutionnaire ait juré de le détruire, cherche d'abord à diviser ses ennemis pour les affaiblir ; et de la Chine, toujours en rupture avec l'URSS. Saddam Hussein n'hésite pas à utiliser l'arme chimique (gaz mortels) contre les Iraniens et même contre les Kurdes d'Irak insurgés, faisant 5 000 morts le 16 mars 1988 à Halabja, pendant que ses alliés détournent pudiquement les yeux... **23**

Épuisés, les belligérants acceptent finalement de cesser le feu et de revenir à leurs positions de départ, en 1988, sous l'égide de l'ONU. Mais l'aide tant occidentale que soviétique a contribué à faire de l'Irak une puissance militaire dangereuse pour ses voisins.

12.4.2 La crise koweïtienne et la deuxième guerre du Golfe

Lourdement endetté par la guerre qui vient de se terminer, Saddam Hussein cherche à faire effacer ses dettes par les pays arabes, puis, devant le refus du Koweït, décide d'envahir son voisin le 2 août 1990 pour s'approprier ses importantes ressources pétrolières. Alors que personne n'avait levé le petit doigt pour sauver les Kurdes, cette fois une immense coalition de 32 pays assemblée par les États-Unis avec le soutien de l'ONU lève plus de 750 000 hommes, dont 500 000 Étasuniens, pour sauver le pétrole koweïtien. En février 1991, après 42 jours d'intenses bombardements aériens transmis en direct par toutes les télévisions du monde, l'armée irakienne s'écroule au bout de 4 jours de combats terrestres, fuyant en désordre le Koweït et poursuivie en Irak même dans ce qui ressemble plus à un carnage qu'à une bataille, les pertes irakiennes étant *mille fois* plus élevées que celles des coalisés (140 000 contre 140 approximativement) **24**.

Mais alors que les éléments d'élite irakiens sont encerclés et que la voie semble ouverte vers Bagdad, les coalisés stoppent net leur offensive, laissant Saddam Hussein au pouvoir et lui permettant d'écraser dans le sang les révoltes qui ont éclaté tant chez les chiites du Sud que, encore une fois, chez les Kurdes du Nord. Le morcellement ou même un affaiblissement trop marqué de l'Irak, en effet, aurait pu renforcer la position régionale de l'Iran et donc se retourner à terme contre les vainqueurs. Devant les clameurs de l'opinion mondiale, toutefois, les États-Unis vont imposer deux « zones d'exclusion aérienne » où l'aviation irakienne sera interdite, l'une au sud et l'autre au nord du pays.

Les conditions de cessez-le-feu imposées à l'Irak sont rigoureuses. En plus de payer des dommages de guerre, il devra détruire ses armes non conventionnelles (chimiques, bactériologiques, nucléaires) et ses fusées à moyenne et à longue portée. Une mission d'inspection de l'ONU verra sur place à faire respecter cette obligation. L'embargo pétrolier, commercial et financier décrété dès l'invasion du Koweït sera maintenu, puis légèrement adouci en 1996 par un accord « pétrole contre nourriture » destiné à éviter les effets les plus odieux de cet embargo sur les masses irakiennes.

Les 10 années qui suivent sont marquées par un véritable jeu de cache-cache entre un Saddam qui tente d'échapper de toutes sortes de façons à l'application des sanctions et une communauté internationale, constamment aiguillonnée par les États-Unis, qui peine à faire respecter ses exigences. Fin octobre 1998, Saddam Hussein exige finalement le départ des inspecteurs de l'ONU, affirmant qu'ils ont eu tout le temps de faire leur travail et que l'Irak n'a plus d'armes de destruction massive.

12.4.3 La troisième guerre du Golfe et la chute de Saddam

25 Manifestation contre la guerre à l'Irak, Montréal (15 février 2003)

L'arrivée de George W. Bush à la Maison-Blanche en 2001 remet la question irakienne au premier rang des priorités de Washington. Il semble bien que le renversement du régime Hussein ait été décidé dès les premières semaines de la nouvelle administration. Associé à un « axe du Mal » avec l'Iran et la Corée du Nord, l'Irak est accusé de continuer à produire des armes de destruction massive et d'être prêt à en fournir au terrorisme international, d'être une menace pour tous ses voisins et de constituer un danger grave et immédiat pour la paix du monde et la sécurité des États-Unis, tandis que Saddam est décrit comme un dictateur sanguinaire dont il faut libérer les Irakiens au plus tôt.

Immédiatement appuyé sans restriction par la Grande-Bretagne de Tony Blair et par plusieurs autres gouvernements, Bush doit cependant composer avec un scepticisme largement répandu, avec d'immenses manifestations dans le monde entier (entre autres les plus grosses que Montréal ait jamais connues) **25** contre la guerre qui se prépare et, enfin, avec la résistance opposée au rouleau compresseur des États-Unis, à l'intérieur du Conseil de sécurité de l'ONU, par la France, l'Allemagne et la Russie. Incapables d'obtenir l'aval de l'Organisation, les « coalisés volontaires » déclenchent malgré tout les hostilités le 20 mars 2003 et s'emparent de l'ensemble du pays en six semaines de combats.

Mais la « libération » du pays par un vainqueur qui n'a à peu près rien prévu pour la suite déclenche une orgie de pillages qui dure des semaines. La résistance irakienne s'organise ensuite, menant des embuscades continuelles et meurtrières contre les troupes d'occupation et même contre des organisations internationales comme l'ONU et la Croix-Rouge, voire contre des Irakiens accusés de collaboration avec l'occupant. Un Conseil intérimaire de gouvernement formé d'Irakiens choisis par les États-Unis est installé en juillet afin d'organiser une « transition vers la démocratie » qui semble bien utopique dans le climat d'insécurité qui règne partout, dans un pays profondément et pour longtemps déstabilisé. Quant aux armes de destruction massive, pour l'élimination desquelles cette guerre a prétendument été engagée, 10 mois de recherches intensives par plus de 1 000 inspecteurs étasuniens sur tout le territoire irakien n'ont pu en relever la moindre trace convaincante. En janvier 2004, le chef de ces inspecteurs, David Kay, démissionne en déclarant que non seulement ces armes n'existaient pas, mais qu'il n'y avait même pas de programme actif pour en fabriquer…

En 2004, l'Irak n'est plus que l'ombre de ce qu'il était avant l'arrivée de Saddam Hussein au pouvoir en 1979 : un pays prospère, éduqué, industrialisé, moderne, laïc et relativement libre, l'un des plus prometteurs du monde arabo-musulman, finalement victime de toutes les convoitises que sa richesse a déchaînées.

Conclusion

Le Moyen-Orient est, depuis plus d'un demi-siècle, la poudrière de notre temps. Le retour de la paix et de la stabilité dans cette région ne saurait être obtenu sans le règlement de la question palestinienne, laquelle exigerait de toutes les parties impliquées des révisions déchirantes auxquelles il ne semble malheureusement pas, au moment où ces lignes sont écrites, que les dirigeants soient disposés à souscrire autrement qu'en paroles, pendant que leurs peuples continuent à souffrir dans leur esprit et dans leur cœur autant que dans leur chair.

Entre modernité et fondamentalisme, quelle direction l'Islam, autant la religion que les peuples qui s'en réclament, prendra-t-il? De cela aussi dépend l'avenir de cette partie du monde, où l'on peut sincèrement se demander si, en définitive, les fabuleuses richesses du pétrole ont contribué autant qu'elles l'auraient dû au mieux-être, au progrès et à la dignité des populations.

Questions de révision

1. Décrivez les origines, les enjeux et les résultats des cinq guerres israélo-arabes qu'on peut dénombrer depuis la naissance de l'État d'Israël.

2. Décrivez les quatre problèmes fondamentaux dont la solution est essentielle au retour de la paix et de la sécurité dans l'ensemble de la Palestine.

3. Dans quel(s) pays et sous quelle(s) forme(s) la modernité a-t-elle été introduite dans le monde arabo-musulman? Pourquoi le modèle moderniste a-t-il finalement échoué?

4. Décrivez les origines, les principaux aspects et l'impact de la révolution iranienne.

5. Comment l'Afghanistan est-il passé des communistes aux talibans?

6. Décrivez les origines, les enjeux et les résultats de chacune des trois guerres du Golfe.

EXERCICES >
TRAVAUX >
SUJETS DE DISCUSSION >

1. Faites un résumé du chapitre sous forme de plan détaillé (résumé schématique).

2. Sur une carte muette du Moyen-Orient, illustrez l'évolution de l'État d'Israël depuis le partage de la Palestine par l'ONU jusqu'à la création de l'Autorité palestinienne en 1993.

3. Le recours à l'histoire du peuple hébreu de l'Antiquité et à celle du génocide nazi vous apparaît-il suffisant pour justifier la création de l'État d'Israël?

4. La modernité à l'occidentale a-t-elle valeur universelle? L'islam est-il compatible avec les droits humains fondamentaux, en particulier celui des femmes à l'égalité?

5. Dans un pays pluraliste, comment agencer les revendications communautaires et les exigences de la laïcité? Le titre de république islamique est-il contradictoire en lui-même? Que serait une république catholique?

> Pour aller plus loin

(NOTE : sauf mention contraire, le lieu d'édition est Paris.)

publications

BARON, X. *Les Palestiniens : genèse d'une nation.* Seuil, coll. « Points Histoire » n° 269, 2003, 827 p.

BARRY, M. *Le royaume de l'insolence : l'Afghanistan, 1504-2001.* Flammarion, 2002, 510 p.

CARDINI, F. *Europe et islam : histoire d'un malentendu.* Seuil, coll. « Points Histoire » n° 302, 2002, 332 p.

CHALIAND, G. *L'arme du terrorisme.* L. Audibert, 2002, 156 p.

— *Le malheur des Kurdes.* Seuil, coll. « L'épreuve des faits », 1992, 212 p.

CLOAREC, V., et H. LAURENS. *Le Moyen-Orient au 20e siècle.* A. Colin, coll. « U », série Histoire contemporaine, 2000, 255 p.

CORM, G. *L'Europe et l'Orient : de la balkanisation à la libanisation, histoire d'une modernité inaccomplie.* La Découverte, coll. « La Découverte-poche. Sciences humaines et sociales », 2002, 384 p.

DIGARD, J.-P. *L'Iran au XXe siècle.* Fayard, 1996, 459 p.

ENDERLIN, C. *Le rêve brisé : histoire de l'échec du processus de paix au Proche-Orient, 1995-2002.* Fayard, 2002, 366 p.

FERRO, M. *Le choc de l'islam, XVIIIe-XXIe siècle.* O. Jacob, coll. « Poches Odile Jacob » n° 119, 2003, 247 p.

GRESH, A. *Les 100 clés du Proche-Orient.* Hachette littératures, coll. « Pluriel : actuel », 2003, 609 p.

GUIGUE, B. *Aux origines du conflit israélo-arabe : l'invisible remords de l'Occident.* L'Harmattan, coll. « Comprendre le Moyen-Orient », 2e éd., 2002, 190 p.

HAGHIGHAT, C. *Iran, la révolution islamique.* Bruxelles, Éd. Complexe, coll. « La Mémoire du siècle » n° 38, 1989, 253 p.

JEANDET, N. *Un golfe pour trois rêves : le triangle de crise : Iran, Irak, Arabie : réflexions géostratégiques sur un quart de siècle de rapports de forces.* L'Harmattan, coll. « Comprendre le Moyen-Orient », 1993, 126 p.

KHOSROKHAVAR, F. *Anthropologie de la révolution iranienne : le rêve impossible.* L'Harmattan, coll. « Comprendre le Moyen-Orient », 1997, 271 p.

KLEIN, C. *Israël, État en quête d'identité.* Casterman/ Giunti, coll. « XXe siècle » n° 32, 1999, 125 p.

LABAKI, B., et K. ABOU RJEILY. *Bilan des guerres du Liban, 1975-1990.* L'Harmattan, coll. « Comprendre le Moyen-Orient », 1993, 255 p.

LAURENS, H. *Le retour des exilés. La lutte pour la Palestine, de 1869 à 1997.* Laffont, 1998, 1214 p.

LUIZARD, P.-J. *La question irakienne.* Fayard, 2002, 366 p.

MASSOULIÉ, F. *Les conflits du Proche-Orient.* Casterman/Giunti, coll. « XXe siècle » n° 1, 1994, 159 p.

MORRIS, B. *Victimes : histoire revisitée du conflit arabo-sioniste.* Bruxelles, Éd. Complexe, coll. « Histoire du temps présent », 2003, 852 p.

PICAUDOU, N. *Les Palestiniens, un siècle d'histoire : le drame inachevé.* Bruxelles, Éd. Complexe, coll. « Questions à l'histoire », 2003, 366 p.

SANBAR, E. *Les Palestiniens dans le siècle.* Gallimard, coll. « Découvertes Gallimard : Histoire » n° 201, 1994, 176 p.

TAHIR, A. *Irak, aux origines d'un régime militaire.* L'Harmattan, 1989, 319 p.

VASILIEV, A. M. *The history of Saudi Arabia.* New York, New York University Press, 2000, 576 p.

YAZIGI, J. E. *La guerre libanaise : aspect du conflit israélo-arabe ?* Messidor, coll. « Essai », 1991, 220 p.

Chapitre 13

PLAN DU CHAPITRE

13.1 L'ÉVOLUTION DÉMOGRAPHIQUE

13.1.1 Apogée et déclin de la croissance

13.1.2 Les mouvements migratoires

13.2 TRAVAIL ET SOCIÉTÉ

13.2.1 Mutations socioprofessionnelles

13.2.2 Chômage et précarité

13.2.3 Inégalité et pauvreté

13.3 LE CHOC DES VALEURS

13.3.1 Le défi féministe

13.3.2 Contestation et contre-culture

13.3.3 Écologie et développement durable

13.3.4 Laïcité et religion

13.4 SCIENCE ET TECHNOLOGIE

13.4.1 Progrès scientifiques et techniques

13.4.2 L'âge de l'information

13.5 LES ARTS AU-DELÀ DU MODERNISME

13.5.1 Les arts visuels

13.5.2 L'architecture postmoderne

Sociétés et cultures depuis 1945

Il ne saurait évidemment être question, dans le cadre de cet ouvrage, de rendre compte de l'infini foisonnement des mouvements sociaux et culturels dans le monde depuis 1945. On se contentera de jeter quelques regards rapides sur certains des aspects importants de ces mouvements : démographie, conditions sociales, choc des valeurs, développement scientifique et technologique, évolution artistique.

1 Festival de Woodstock, 1969

L'Occident de l'après-guerre est envahi par les jeunes issus du baby-boom, qui imposeront leurs goûts et leur culture. Nulle manifestation n'est plus représentative de cette époque que le festival de Woodstock de 1969.

2

Dans l'histoire des sociétés, il arrive que tout concurremment resplendisse. À considérer l'histoire des années soixante, on a le sentiment que la société se moque des difficultés internationales et se trouve grisée par la prospérité économique autant que par les nouvelles manières de vivre, même si elle en conteste la finalité. Cet optimisme est d'abord celui des élites, ingénieurs, diplômés des écoles de gestion, médecins, ni propriétaires inaccessibles ni ouvriers anonymes, réunis par le sentiment commun d'une maîtrise et d'une responsabilité effectives. Dotés d'une autorité nouvelle, ils se cherchent une identité en empruntant à la bourgeoisie traditionnelle des canons qu'ils adaptent au goût de l'heure : la toilette qui distingue, les loisirs et les intérieurs cossus. Mais le changement gagne également l'ensemble des consommateurs, ouvriers qui découvrent de nouvelles formes de sociabilité, paysans transplantés dans l'univers urbain, familles qui consacrent une attention grandissante à leurs enfants. Au moment où la consommation est saisie par le vertige, ce qui se trouve mis en cause, ce sont aussi bien les schémas traditionnels de différenciation entre groupes sociaux que le diagnostic à porter sur l'homogénéité des sociétés.

Bernard Droz et Anthony Rowley
Histoire générale du XXᵉ siècle.
Tome 3 : Expansion et interdépendance 1950-1973, Paris, Seuil, coll. « Points Histoire », 1987.

3

Chronologie

1945	Lancement de la bombe atomique sur Hiroshima et Nagasaki Première génération d'ordinateurs (à lampes)
1948	Mise au point du transistor
1949	S. de Beauvoir : *Le Deuxième Sexe*
1953	Découverte de la structure de l'ADN
1957	Apparition de la pilule contraceptive Premier satellite artificiel dans l'espace (*Spoutnik,* URSS)
1958	Deuxième génération d'ordinateurs (à transistors)
1959	Apparition du circuit intégré
1961	Premier humain dans l'espace (Gagarine, URSS)
1962	Début du Concile du Vatican II
1964	Troisième génération d'ordinateurs (à circuits intégrés)
1966	Création de la National Organization for Women (NOW) aux États-Unis Mise sur pied du réseau ARPAnet
1968	Grandes manifestations d'étudiants à travers le monde
1969	Festival de Woodstock Premier humain sur la Lune (Armstrong, É.-U.)
1972	Apparition du microprocesseur Le Club de Rome lance « Halte à la croissance ! »
1975	Année mondiale de la femme
1978	Lancement du Apple II Début du courrier électronique
1980	Adoption généralisée du protocole TCP/IP
1981	Lancement du PC (*Personal Computer*)
1983	Entrée des Verts au Parlement fédéral d'Allemagne
1990	Entrée des Verts au Parlement européen
1992	Sommet de la Terre à Rio de Janeiro
1996	Naissance du premier animal cloné, la brebis Dolly
1997	Protocole de Kyoto sur la réduction des gaz à effet de serre

13.1 L'ÉVOLUTION DÉMOGRAPHIQUE

L a deuxième moitié du XXe siècle a été témoin de phénomènes démographiques d'une ampleur jamais vue. La population humaine a plus que doublé en 50 ans, dépassant les 6 milliards d'individus en l'an 2000, alors que des dizaines de millions de migrants se déplaçaient entre les régions, les pays ou les continents.

13.1.1 Apogée et déclin de la croissance

Entre 1950 et 2000, la population terrestre a crû à un taux annuel moyen de 1,8 %, un record pour l'histoire de l'humanité dans son ensemble. En Occident, cette période est marquée par le fameux baby-boom qui éclate après la Seconde Guerre mondiale et dure une vingtaine d'années ④. Le rythme de croissance atteint son apogée à l'échelle mondiale au cours de la décennie 1960-1970 pour diminuer ensuite de façon constante, atteignant 1,4 % à la fin du siècle.

Cette croissance globale recouvre de fortes disparités entre les continents ⑤. Les pays développés d'Europe et d'Amérique du Nord sont les plus touchés par le ralentissement, la croissance naturelle y approchant le point mort avec 0,2 % en fin de période. L'Afrique, l'Amérique latine et l'Asie multiplient leurs habitants à un taux 10 fois supérieur (2 %) jusque dans les années soixante-dix, moment où l'on peut observer une différenciation entre ces continents : l'Amérique latine et l'Asie connaissent un net ralentissement, alors que l'Afrique accélère sa croissance jusqu'à des sommets jamais atteints au XXe siècle. On retrouve ces disparités à l'intérieur des continents, particulièrement en Asie, l'Extrême-Orient ayant des taux approchant ceux des pays occidentaux dans les années soixante, tandis que le Proche-Orient présente un comportement plus près de celui de l'Afrique.

Cette croissance généralisée ne saurait toutefois occulter la grande inégalité devant la mort, particulièrement la mort des nourrissons, qui règne entre les humains. À la fin du siècle, pendant qu'au Japon, sur 1 000 naissances

4 Du baby-boom au recul

Taux de natalité en Occident entre 1935 et 1995 (par 1 000 naissances)

	1935	1945	1955	1965	1975	1985	1995
Allemagne	18,9	12,6*	16,0**	17,7	9,7	9,6	9,4
Belgique	15,5	15,7	16,8	16,4	12,3	13,2	12,8
Canada	20,4	23,9	28,2	21,3	15,3	14,4	12,8
Espagne	25,9	23,0	20,6	21,1	18,2	10,9	9,2
États-Unis	16,9	19,6	24,7	19,4	14,7	15,7	14,8
France	15,3	16,2	18,6	17,8	13,6	14,1	12,5
Italie	23,4	18,5	18,1	19,1	13,9	10,1	9,7
Pays-Bas	20,2	22,6	21,3	19,9	13,0	12,3	12,3
Royaume-Uni	15,2	16,2	15,5	18,4	12,4	13,6	12,5

* Pour l'année 1945, le taux de natalité touche la zone occidentale.

** À partir de 1955, les taux de natalité sont ceux de la République fédérale d'Allemagne.

vivantes, il y a 4 enfants qui meurent avant l'âge de 1 an (6 au Québec), il y en a 62 au Brésil, 80 en Inde, 103 en Haïti...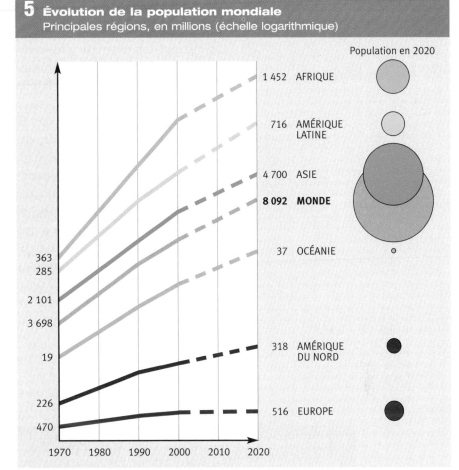

Les disparités dans la croissance ont eu pour effet de modifier considérablement la répartition de la population mondiale. Ainsi, l'Europe a perdu près de la moitié de son poids démographique dans le monde depuis 1950, alors que l'Asie augmentait le sien de 10 % et l'Afrique, de près de 50 %. Si l'on prend une mesure sur deux siècles et demi (1750-2000), on peut faire une constatation frappante : en 1750, l'Europe abritait 1 humain sur 5 ; en 1900, 1 sur 4 ; en 1950, 1 sur 6 et en 2000, 1 sur 12 ⑦. La géographie humaine du XXIᵉ siècle sera radicalement différente de celle des siècles précédents.

5 Évolution de la population mondiale
Principales régions, en millions (échelle logarithmique)

Population en 2020

Population 2020	Région
1 452	AFRIQUE
716	AMÉRIQUE LATINE
4 700	ASIE
8 092	**MONDE**
37	OCÉANIE
318	AMÉRIQUE DU NORD
516	EUROPE

Source : EUROSTAT, *Demographic Statistics, 1991 M.-F. DURAND, R. GIMENO, mars 1994*

6 Recul de la mortalité infantile en Occident après 1945 (par 1 000 naissances)

	1935	1945	1955	1965	1975	1985	1990
Canada	71,0	51,3	31,3	23,6	15,2	7,3	6,8
Québec	120,0	62,0	38,0	32,0	13,4	7,5	6,0
États-Unis	55,7	38,3	26,4	24,7	16,1	10,1	8,9
France	68,9	108,2	38,6	22,0	11,0	9,7	8,4
Italie	101,2	98,1	50,9	35,6	20,7	9,5	8,5
Royaume-Uni	60,4	48,8	25,8	19,6	16,0	9,1	7,3

7 Répartition de la population mondiale par continent (en %)

	1950	1970	1990	2000
Afrique	8,8	9,8	12,1	13,0
Amérique latine	6,6	7,7	8,5	8,5
Amérique du Nord	6,6	6,1	5,2	5,0
Asie	54,8	56,9	58,8	59,8
Europe	15,6	12,4	9,4	8,4
Océanie	0,5	0,5	0,5	0,5
URSS	7,1	6,6	5,5	4,8

13.1.2 Les mouvements migratoires

C'est au XIXᵉ siècle, toutes proportions gardées, qu'a eu lieu le plus vaste mouvement migratoire de l'histoire humaine : plus de 50 millions d'Européens ont quitté le « vieux continent », entre 1850 et 1914, pour aller s'installer aux quatre coins de la planète dans des « nouveaux mondes » où ils ont imposé leur culture et leur civilisation.

Les migrations internationales de la deuxième moitié du XXᵉ siècle sont d'un tout autre ordre. D'abord, ce n'est plus l'Europe qui fournit le gros des émigrants, la croissance démographique endogène y avoisinant le zéro. On pourrait penser que le mouvement s'est tout simplement inversé, mais tel n'est pas le cas : les principaux pays d'accueil se situent toujours hors d'Europe, les États-Unis arrivant très largement en tête **8**. Après 1945, ces derniers ouvrent en effet la porte qu'ils avaient sévèrement bloquée dans les années vingt et trente, et ce sont 4,5 millions d'immigrants qui s'y pressent dans les années soixante-dix, chiffre porté à plus de 7 millions dans la décennie suivante, renouant avec un niveau qui n'avait pas été atteint depuis les premières années du siècle (pour une population moindre cependant). Et cela sans compter l'immigration clandestine, difficile à mesurer.

8 Un monde en déplacement

Entrées de migrants permanents dans les pays de l'OCDE de 1990 à 2000 (en milliers).

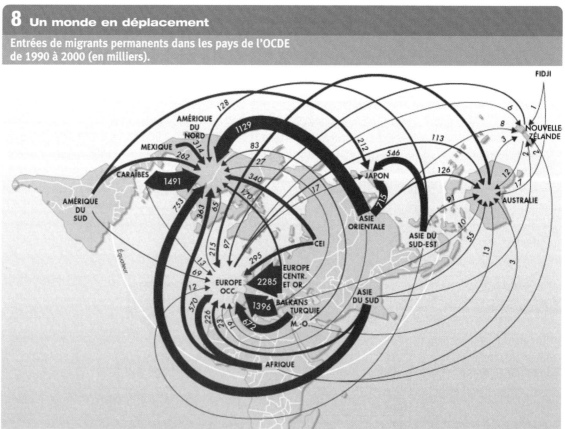

Source : SOPEMI 2000 et 2001, *Tendances des migrations internationales, OCDE.*

Au-delà de ces aspects quantitatifs, les migrations internationales depuis 1945 n'offrent pas les mêmes caractéristiques qu'au siècle précédent. Alors que les Européens du XIXᵉ siècle étaient attirés par le « vide », par des pays à bâtir, des ressources à exploiter, les migrants d'aujourd'hui sont attirés par le « plein », par des pays bien établis et relativement riches, à la recherche d'un emploi et de meilleures conditions de vie. Ce sont aussi des réfugiés, poussés à l'exode par des guerres civiles ou étrangères ou par des régimes répressifs. Dans les pays développés, leur venue est de plus en plus nécessaire pour assurer le renouvellement des générations et occuper les postes requis par la production et les services destinés à une population vieillissante. Alors que les Européens de jadis détruisaient bien souvent les sociétés et les cultures des peuples au milieu desquels ils s'installaient en force, les immigrants d'aujourd'hui contribuent au maintien des sociétés européennes qui les reçoivent, même si leur afflux va modifier inexorablement certaines facettes culturelles de ces sociétés, au-delà des très réels problèmes d'intégration qu'il pose.

Outre ces migrations internationales, le grand mouvement migratoire de notre temps se fait des campagnes vers les villes, particulièrement dans le tiers-monde, où se concentrent la plupart des très grandes mégalopoles de la planète. En 1995, 11 des 17 agglomérations urbaines de plus de 10 millions d'habitants se trouvent dans des pays sous-développés, São Paulo au Brésil dépassant les 21 millions **9**. Ces villes tentaculaires sont un gouffre économique pour la plupart de ces pays, incapables de financer adéquatement les infrastructures nécessaires à leur fonctionnement, de sorte qu'elles prennent souvent l'aspect d'un centre-ville moderne doté d'édifices en hauteur où la richesse est hyperconcentrée, entouré de bidonvilles où règne la misère.

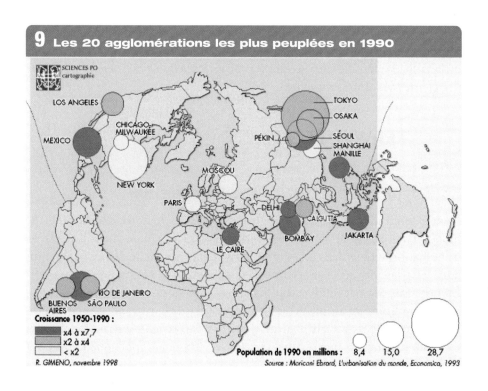

9 Les 20 agglomérations les plus peuplées en 1990

SCIENCES PO cartographie

LOS ANGELES
TOKYO
OSAKA
CHICAGO-MILWAUKEE
MEXICO
PÉKIN
SÉOUL
SHANGHAI
MANILLE
MOSCOU
NEW YORK
PARIS
DELHI
CALCUTTA
BOMBAY
JAKARTA
LE CAIRE
RIO DE JANEIRO
BUENOS AIRES
SÃO PAULO

Croissance 1950-1990 :
- x4 à x7,7
- x2 à x4
- < x2

Population de 1990 en millions : 8,4   15,0   28,7

R. GIMENO, novembre 1998

Source : Moricani Ebrard, L'urbanisation du monde, Economica, 1993

Los Angeles constitue l'exemple parfait d'une ville née de la civilisation de l'automobile. Tout le développement s'est effectué autour d'un spectaculaire réseau routier.

▶ Embourgeoisé
État d'un quartier urbain ancien dont les bâtiments sont restaurés et le niveau de vie relevé par l'arrivée progressive d'une population aisée.

Principale activité humaine jusqu'au premier tiers du XXe siècle, l'agriculture semble incapable de trouver des structures stables adaptées à l'innovation technologique, à la croissance économique et aux changements sociaux. [...] À cela s'ajoute un traumatisme majeur, patent dans les sociétés industrielles et prévisible à l'horizon 2000 partout : la disparition du paysan. S'efface ainsi l'assise « naturelle » des sociétés, l'une des figures majeures de notre histoire.

Or le paysan meurt d'avoir trop bien réussi son intégration dans le monde moderne. Du calcul des rations alimentaires pour le bétail au choix des semences et aux techniques d'irrigation, la gestion a envahi le monde rural. Du coup, l'apprentissage héréditaire, la perception spontanée des qualités du sol paraissent comme des traces d'une éducation inadaptée. Il n'y a plus d'enfants, ni de vieux, mais des entrepreneurs. La raison a remplacé les automatismes et, à juste titre, si l'on s'en tient aux gains de productivité et de production.

Bernard Droz et Anthony Rowley
Histoire générale du XXe siècle.
Tome 4 : Crises et mutations (de 1973 à aujourd'hui), Paris, Seuil, coll. « Points Histoire », 1992.

En Occident, on assiste plutôt à l'inverse : en 1945 débute le grand exode vers la banlieue, le centre-ville étant déserté par les classes moyennes et aisées fuyant de plus en plus loin à la campagne en quête d'air pur. Ce phénomène de suburbanisation entraîne la construction d'infrastructures coûteuses dédiées à l'automobile privée : depuis 1945, 75 % des dépenses du gouvernement étasunien en matière de transport ont été affectées à la construction d'autoroutes, contre 1 % au transport en commun **10**. Les recettes fiscales municipales s'étant rétrécies par les départs vers la banlieue, les centres-villes, désertés dès la fermeture des bureaux, sont laissés plus ou moins à l'abandon, aux classes défavorisées, souvent à la violence. Il se dessine toutefois, depuis quelques années, avec le vieillissement de la population et le rétrécissement de la taille des familles, un certain retour vers des quartiers « *embourgeoisés* » des centres-villes, revenus à la mode.

13.2 TRAVAIL ET SOCIÉTÉ

13.2.1 Mutations socioprofessionnelles

L'une des grandes mutations socioprofessionnelles de notre temps touche le monde agricole. L'augmentation de la productivité engendre une baisse relative de la main-d'œuvre dans ce secteur, baisse déjà en marche depuis longtemps dans les pays industrialisés et qui va se généraliser à l'ensemble du monde. En fait, dans les pays industrialisés, on assiste à la quasi-disparition du vrai paysan traditionnel au profit de l'entreprise agricole à grand capital, mécanisée, étroitement rattachée au marché jusqu'à l'échelle internationale, à la fois pour ses intrants (fertilisants) et pour ses débouchés (porc québécois pour le marché japonais, par exemple) **11**. Au Québec, cette évolution est toute récente : dans les années cinquante, la petite ferme familiale partiellement

La structure du PIB dans l'Union européenne.

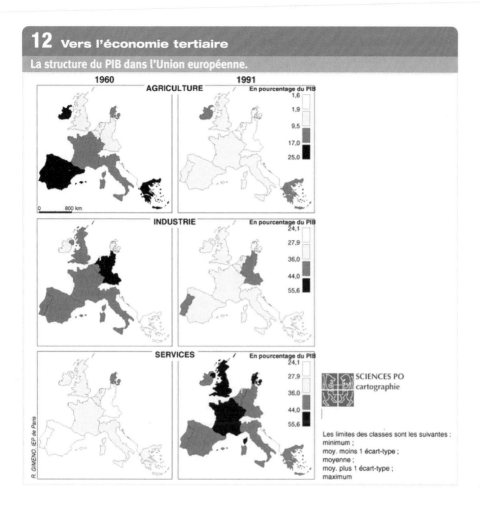

autosuffisante dominait encore dans les campagnes. Dans les pays sous-développés, la concurrence des produits agricoles des pays riches, grassement subventionnés, entraîne la disparition des cultures vivrières et la spécialisation de la production. Partout se déploie l'exode rural.

La « classe ouvrière » elle aussi se transforme. Dans les pays développés, on peut presque parler également de sa disparition, du moins dans l'aspect qu'elle avait pris depuis la Révolution industrielle et dans la conception marxiste qui en avait prévalu. L'image de l'ouvrier d'usine condamné à répéter indéfiniment jusqu'à l'hébétude quelques gestes simples sur une chaîne de production est reléguée aux albums souvenirs devant la mécanisation qui envahit tout ce type d'activité. On peut voir aujourd'hui des chaînes de montage automobile entièrement robotisées où ne paraît nulle âme qui vive. D'innombrables métiers manuels industriels ont disparu au profit de la machine, et avec eux le terme même d'*ouvrier,* le plus souvent remplacé par celui de *travailleur.*

Ce travailleur exerce maintenant son activité d'abord et surtout dans le domaine tertiaire, celui des services **12** : transport, enseignement, santé, administration, restauration, loisirs, etc. Les frontières autrefois si nettes — ou perçues comme telles — entre les classes sociales se brouillent avec la montée des classes moyennes, ni « bourgeoises », ni « prolétaires », qui peuplent les banlieues et hantent les centres commerciaux à toute heure du jour.

13.2.2 Chômage et précarité

L'évolution du chômage suit celle de l'économie dans son ensemble. Vers la fin des « Trente Glorieuses », les pays développés connaissaient pratiquement une situation de plein emploi. La crise qui éclate en 1973 entraîne une dégradation de la situation (voir page 198). Non seulement le chômage se développe, mais la précarité d'emploi s'étend avec l'accroissement du temps partiel, des contrats à durée déterminée, du travail sur appel. Ces emplois précaires, en général non syndiqués, se caractérisent par des conditions de travail difficiles, peu ou pas de prestations sociales (congés payés, fonds de retraite) et une très grande mobilité. Ces tâches souvent dépourvues de qualification sont occupées par des jeunes, des étudiants, des femmes, le secteur de la restauration rapide en étant le symbole. Dans les pays sous-développés existe un chômage caché sous forme de périodes plus ou moins longues d'inactivité ou de travaux à très faible productivité, en l'absence de tout filet de protection sociale.

Le chômage et la précarisation de l'emploi dans les pays développés découlent en partie de la mondialisation des échanges. Afin de répondre rapidement aux défis de la concurrence internationale, les employeurs cherchent à réduire l'écart entre leurs coûts de main-d'œuvre (salaire et prestations) et ceux des pays où ils sont plus bas, tandis que les employés acceptent bon gré mal gré la régression de leurs conditions de travail pour sauver leurs emplois des menaces de délocalisation. C'est également pour maintenir leur économie à flot — du moins le prétendent-ils — que les pays développés ont tendance à réduire les protections sociales, la mondialisation prenant peu à peu l'apparence d'une mondialisation de la précarité avec l'alignement du monde entier sur le plus petit commun dénominateur social.

13.2.3 Inégalité et pauvreté

La croissance économique des Trente Glorieuses a augmenté de façon significative la richesse des pays industrialisés et, à un moindre degré, des pays situés à leur périphérie. Mais cet accroissement global n'a guère réduit les inégalités de revenu et de niveau de vie et, avec la crise des années soixante-dix, ces inégalités tendent à s'accroître. Ainsi, aux États-Unis, entre 1975 et 1996, les 20 % les plus riches ont vu leur part du revenu monétaire total augmenter de plus de 6 % pendant que les 20 % les plus pauvres voyaient la leur diminuer de 1,4 %, la part des plus riches passant de 7 à 11 fois celle des plus pauvres **13**. Le poids relatif de la classe moyenne, assise fondamentale des sociétés développées, diminue, alors que celui de la classe aisée augmente, faisant craindre à terme l'apparition d'une société duale ressemblant à celle du tiers-monde (voir page 254).

Dans les pays de tête du monde en développement, en revanche, on assiste à la constitution d'une classe moyenne ne figurant évidemment pas dans la même

13 **Revenu monétaire des familles étasuniennes : répartition du revenu total par quintiles (en %)**

	1975	1996	Différence
Quintile inférieur	5,6	4,2	-1,4
Deuxième quintile	11,9	10,0	-1,9
Troisième quintile	17,7	15,8	-1,9
Quatrième quintile	24,2	23,1	-1,1
Quintile supérieur	40,7	46,8	+6,1
5 % supérieur	14,9	20,3	+5,4

Un quintile correspond à une tranche de 20 % de la population.

Source : Statistical abstract of the United States, 1998.

catégorie, en termes absolus, que celle des pays riches. L'Asie orientale, en particulier, s'est offert un vrai « miracle » : l'augmentation des revenus et la chute de la pauvreté depuis les années soixante y ont été sans précédent. Mais la position de la classe moyenne est encore fragile et une crise économique et financière brutale, en 1997, a précipité dans la misère des millions de familles en Indonésie, en Thaïlande, en Malaisie, en Corée et aux Philippines, avant de s'étendre à l'Amérique latine, au Brésil et en Argentine notamment.

13.3 LE CHOC DES VALEURS

13.3.1 Le défi féministe

Après la Seconde Guerre mondiale, comme après la Première, le retour au travail des soldats démobilisés entraîne celui des femmes à la maison et le fossé entre les salaires masculins et féminins, sensiblement réduit pendant la guerre, s'élargit à nouveau **14**. Cette fois cependant, le retour au foyer est moins bien accepté. Les femmes instruites des classes moyennes se sentent de plus en plus à l'étroit dans leur rôle de femme au foyer. Ce malaise est alimenté par une littérature féministe qui s'en prend au prétendu « ordre naturel des choses ». Dans son ouvrage *Le Deuxième Sexe,* paru en 1949, Simone de Beauvoir tente de secouer la léthargie des femmes constamment infériorisées et affirme que ce n'est pas la nature qui délimite les rôles sexuels, mais plutôt un ensemble de lois, de coutumes et de préjugés **15**.

Le thème majeur du féminisme des années soixante est la nécessité de séparer sexualité et reproduction. Simone de Beauvoir affirme d'ailleurs que la libération des femmes commence par le ventre. Les progrès importants des techniques de contraception, notamment avec l'apparition de la pilule contraceptive à la fin des années cinquante, procurent aux femmes une meilleure emprise sur cette fécondité qui les gardait enfermées dans le rôle de mère.

Les mouvements féministes, plus ou moins radicaux, comme le NOW (National Organization for Women) aux États-Unis, se multiplient, regroupant des femmes nées durant et après la crise et qui, habituées à entendre parler des droits de la personne et des droits des peuples, réclament une plus grande reconnaissance. Ces groupes sont animés par un désir de proposer des solutions de remplacement aux modèles féminins traditionnels (femme au foyer, femme fatale, prostituée). Ils font pression sur les pouvoirs publics afin de promouvoir le droit à l'emploi, à l'égalité salariale, à la

---

15 Mariage et condition féminine selon Simone de Beauvoir

[...] c'est la société élaborée par les mâles et dans leur intérêt, qui a défini la condition féminine sous une forme qui est à présent pour les deux sexes une source de tourments.

C'est dans leur intérêt commun qu'il faudrait modifier la situation, en interdisant que le mariage soit pour la femme une « carrière ». Les hommes qui se déclarent anti-féministes sous prétexte que « les femmes sont déjà assez empoisonnantes comme ça » raisonnent sans beaucoup de logique : c'est justement parce que le mariage en fait des « mantes religieuses », des « sangsues », des « poisons » qu'il faudrait transformer le mariage et, par conséquent, la condition féminine en général. La femme pèse si lourdement sur l'homme parce qu'on lui interdit de se reposer sur soi : il se délivrera en la délivrant, c'est-à-dire en lui donnant quelque chose à faire en ce monde.

Le Deuxième Sexe,
Paris, Gallimard, 1949.

---

14 L'évolution des salaires féminins aux États-Unis, 1939-1966

Type de travail	Pourcentage du salaire masculin gagné par les femmes		% de changement
	1939	1966	
Manufacture	61,4	55,9	− 5,5
Transport et communications	70,2	64,3	− 5,9
Vente au détail	63,6	53,9	− 9,7
Services professionnels	74,0	67,2	− 6,8
Administration publique	72,7	73,1	+ 0,4

contraception, à l'information, cherchant à faire disparaître la notion traditionnelle de féminité et à proposer le rôle de femme au foyer comme un simple choix parmi d'autres.

De plus en plus scolarisées et actives, les femmes remettent donc en question toutes les vieilles idéologies donnant la primauté à l'homme. Elles recherchent par exemple d'autres voies que le mariage (famille monoparentale, union libre), luttent contre la culture dite sexiste, s'engagent activement dans le monde politique et syndical, et dénoncent vigoureusement toutes les manifestations de violence sexuelle (viol, femmes battues). La plus grande réussite de ces mouvements réside en ce que les femmes se perçoivent maintenant comme des êtres humains à part entière, après des siècles de réclusion dans les rôles traditionnels.

Les idées avancées par les mouvements féministes traversent les frontières et créent des liens indéfectibles. Cette solidarité internationale a permis, dans plusieurs pays, de se rapprocher de l'idéal de l'égalité des sexes. Cependant, malgré les progrès, des inégalités demeurent au travail et en éducation notamment, et les femmes, bien que davantage présentes, sont encore sous-représentées dans le monde politique.

Le mouvement féministe, en ce début de XXIᵉ siècle, aura peut-être à modifier son discours, à adapter ses luttes. Le droit à l'avortement, par exemple, est venu remplacer le droit à la contraception. L'autre grande question pour les mouvements de femmes de l'Occident est d'adapter leur discours pour rejoindre les pays du tiers-monde, particulièrement ceux où le fondamentalisme religieux est très fort. Dans ces régions, le système patriarcal est encore souvent bien en place et perçoit mal les idées féministes.

13.3.2 Contestation et contre-culture

Les années soixante et soixante-dix sont par excellence, en Occident, celles de la contestation de la jeunesse, fruit de nombreux facteurs. Le baby-boom a rajeuni la société à un tel point qu'en 1960, la moitié de la population n'a pas encore 25 ans. Elle a été élevée dans un climat de permissivité nouvelle issue des recherches en psychologie de l'enfance, qui bénéficie alors d'un véritable engouement. Le développement spectaculaire des médias, particulièrement la télévision, lui ouvre les portes du monde, tandis que s'allonge la durée de la scolarisation sans responsabilité familiale ni grand souci d'avenir en période de plein emploi. Les jeunes disposent à la fois des connaissances, de la liberté et du temps nécessaires pour remettre en question le monde qui les entoure tout en en bénéficiant.

Le courant contestataire apparaît dès les années cinquante autour de ceux qu'on a appelé les beatniks. Des romanciers comme Jack Kerouac (dont le roman *On the Road*, publié en 1957, inspirera toute une génération), des musiciens comme Bob Dylan (*Like a Rolling Stone, The House of the Rising Sun*) invitent la jeunesse étasunienne à vivre des expériences en rupture radicale avec l'*American Way of Life*.

À partir du courant beatnik se développe en Californie, vers 1963, le mouvement hippie, qui poussera plus loin le rejet de la société de consommation. S'organisant en communes à l'extérieur des centres urbains, les hippies prônent la liberté sexuelle, le retour à la nature et, surtout, l'usage de drogues qui permettent, à leur avis, d'accéder à un niveau de conscience supérieur. La drogue de choix est alors le LSD, légal jusqu'en 1966, qui modifie les sensations visuelles et auditives et a le pouvoir, aux yeux des hippies, de changer la perception des problèmes sociaux, constituant en quelque sorte la première étape de la marche vers une société parfaite.

D'abord apolitique, le mouvement hippie dénonce néanmoins des valeurs chères à la société étasunienne des années soixante, tels le « succès » économique, la famille et la guerre, particulièrement celle du Vietnam qui fait alors rage. Toutefois, au fur et à mesure que la décennie progresse, le mouvement se politise et organise de grands rassemblements où les étudiants rejettent l'uniformisation de la société et prônent une révolution afin de libérer chaque citoyen des contraintes socioéconomiques qui l'entravent. Partout aux États-Unis s'organisent des manifestations qui dénoncent, parfois violemment, l'engagement au Vietnam et où l'on chante « Faites l'amour et non la guerre ». L'apothéose de cette décennie hippie survient en 1969 dans la petite ville de Woodstock, dans l'État de New York, alors qu'un « festival de paix et de musique », selon les mots des organisateurs, réunit pendant trois jours près d'un demi-million de jeunes venus écouter les plus grands noms de la musique rock et folk. On parlera dès lors de la « génération Woodstock ».

Les manifestations étudiantes ne sont cependant pas le seul fait des Étasuniens; partout en Europe, la jeunesse se mobilise pour ébranler une classe politique hâtivement qualifiée de fasciste et pour remettre en cause les structures mêmes de la société de consommation **16**. Nettement plus politisés qu'aux États-Unis, ces mouvements empruntent une dialectique marxiste ou maoïste et, comme en France en mai 1968, tentent un rapprochement avec le monde syndical dans l'espoir de susciter une révolution aux objectifs parfois nébuleux **17**. Le mouvement étudiant de 1968 déferle partout en Occident, même au Québec, où les tout premiers cégeps nouvellement créés sont occupés par les étudiants en septembre.

Avec l'arrivée des années soixante-dix, le ralentissement de la croissance économique mène inévitablement à l'essoufflement des mouvements de contestation. La génération du baby-boom délaisse les grandes manifestations pour se concentrer sur un avenir des plus incertains.

16 Contestation du régime par les étudiants français

Les journaux parlent des enragés, d'une jeunesse dorée qui tromperait son oisiveté en se livrant à la violence, au vandalisme.

Non! Nous nous battons [...] parce que nous refusons de devenir : des professeurs au service de la sélection dans l'enseignement dont les enfants de la classe ouvrière font les frais; des sociologues fabricants de slogans pour les campagnes électorales gouvernementales; des psychologues chargés de faire fonctionner les équipes de travailleurs selon les intérêts des patrons; des scientifiques dont le travail de recherche sera utilisé selon les intérêts exclusifs de l'économie de profit.

Nous refusons cet avenir de « chien de garde ». Nous refusons les cours qui apprennent à le devenir. Nous refusons les examens et les titres qui récompensent ceux qui ont accepté d'entrer dans le système. Nous refusons d'être recrutés par ces mafias. Nous refusons d'améliorer l'université bourgeoise. Nous voulons la transformer radicalement afin que, désormais, elle forme des intellectuels qui luttent aux côtés des travailleurs et non contre eux.

Tract du mouvement du 22 mars 1968.

Ce discours « soixante-huitard » pourrait-il encore être tenu par les étudiants d'aujourd'hui ?

17 Riposte de manifestants aux charges policières lors des événements de mai 1968 en France

13.3.3 Écologie et développement durable

Dans la foulée du mouvement hippie, qui propose de vivre en harmonie avec la nature, une réflexion écologique se développe en Occident au début des années soixante-dix. Production accélérée et consommation accrue ont semblé, pendant longtemps, annoncer l'entrée dans le paradis de l'abondance et du bonheur matériel. La prise de conscience des effets du développement d'une société de consommation s'est faite peu à peu au cours des Trente Glorieuses, donnant naissance à un mouvement écologiste passablement éclaté, mais qui va grandir rapidement, allant jusqu'au mot d'ordre « Halte à la croissance! » lancé en 1972 par un groupe d'intellectuels appelé le Club de Rome.

C'est qu'on se rend compte que le type de développement dans lequel l'Occident s'est engagé n'est pas soutenable à long terme. Si les six milliards d'humains devaient adopter les modes de vie des pays riches, on irait à coup sûr vers une catastrophe écologique irréversible **18**. L'agriculture intensive des pays développés repose sur un emploi abusif des fertilisants, engrais et pesticides, et la diversité des espèces cultivées est considérablement réduite. L'obsolescence accélérée des produits manufacturés entraîne le gaspillage des ressources et une augmentation des déchets qui polluent l'environnement. Les espaces naturels sont dégradés par les autoroutes que nécessite la fuite vers les banlieues. La consommation d'énergie, en augmentation constante, rejette dans l'atmosphère des centaines de millions de tonnes de gaz à effet de serre, provoquant un réchauffement du climat aux effets désastreux à terme de moins en moins éloigné, tandis que la couche d'ozone, qui protège la Terre des rayons ultraviolets, s'amenuise et se voit même percée d'immenses trous au-dessus des pôles. Dans les pays sous-développés, dont la contribution à la pollution mondiale est de beaucoup inférieure à celle des pays riches **19**, l'explosion démographique entraîne le recul des forêts, particulièrement celle d'Amazonie, véritable poumon de la planète.

18 Un développement insoutenable...
Population et consommation d'énergie, 1940-2010.

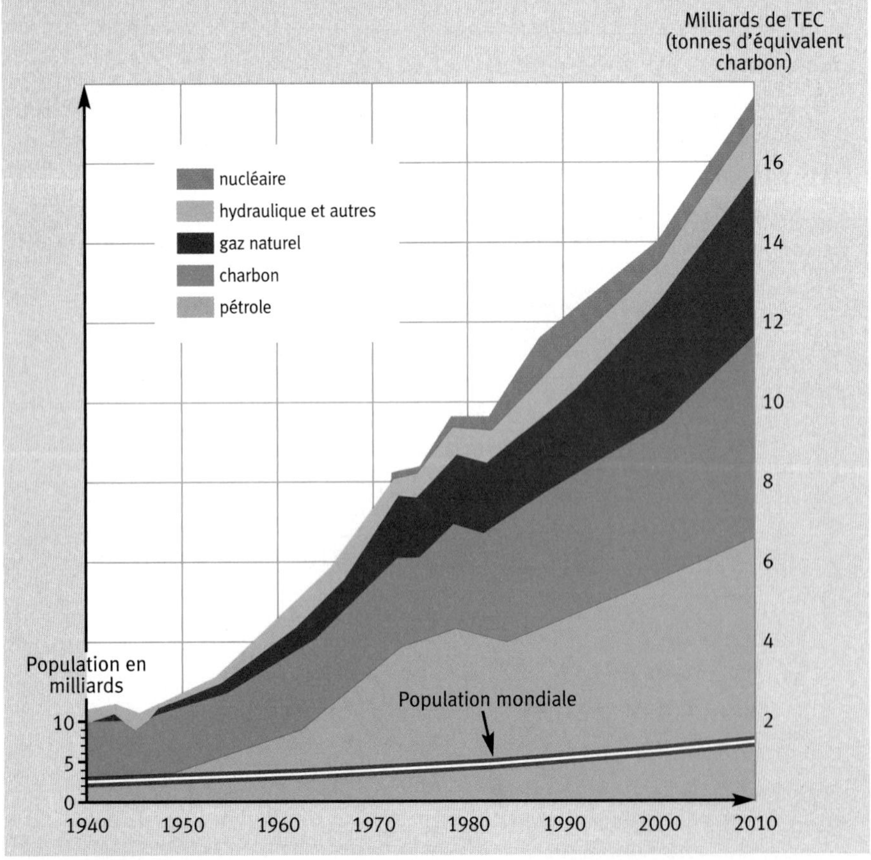

Milliards de TEC (tonnes d'équivalent charbon)

- nucléaire
- hydraulique et autres
- gaz naturel
- charbon
- pétrole

Population en milliards

Population mondiale

Source : Association Luxembourgeoise des Ingénieurs, Architectes et Industriels (http://www.aliai.lu/aliai/rt/rt19984a/1.gif).

19 Le poids d'un humain

Par rapport à un habitant du tiers-monde, un habitant des pays riches utilise :	
Acier	10 fois plus
Pétrole	12 fois plus
Papier	15 fois plus
Produits chimiques	18 fois plus
Aluminium	19 fois plus

En Allemagne, le mouvement écologiste donne naissance à un « parti vert », axé d'abord sur les préoccupations locales, puis poussant jusqu'au gouvernement fédéral, où il entre dans des gouvernements de coalition. D'autres partis verts s'organisent ailleurs dans l'Union européenne, envoyant leurs premiers députés au Parlement européen en 1990 et y obtenant 9,7 % des voix et 9 sièges aux élections de 1999.

Sur le plan international, les préoccupations environnementales sont abordées dans des conférences comme le « Sommet de la Terre » à Rio en 1992, qui installe à l'échelle mondiale le concept de développement durable, celui qui permet de laisser aux générations futures une Terre aussi riche que celle que l'on a soi-même reçue. Le protocole de Kyoto, signé en 1997, fixe des objectifs quantitatifs précis en matière de réduction des gaz à effet de serre, mais sa mise en marche est considérablement ralentie par les États-Unis du président Bush en 2001 et par les réticences de la Russie.

13.3.4 Laïcité et religion

Dans les sociétés occidentales, la sécularisation a accompagné le passage à la modernité commencé au XVIIIᵉ siècle. La religion s'est trouvée démunie d'une grande partie de son pouvoir explicatif par le développement des sciences, le sujet humain a acquis son autonomie par rapport tant aux coutumes et traditions qu'aux autorités chargées de les maintenir, et l'expansion de la sphère d'intervention étatique dans la vie sociale (santé, éducation, soulagement de la misère) a de beaucoup restreint l'aire d'influence de la religion et des Églises.

Les mouvements contestataires des années soixante et soixante-dix ont toutefois eu pour effet de revaloriser les dimensions spirituelles de l'expérience humaine, quitte à aller les puiser dans d'autres univers culturels comme le bouddhisme et l'hindouisme. Les limites de la rationalité scientifique et les résultats désastreux que parfois elle entraîne pour la qualité de vie, la quête de sens que le seul développement économique ne suffit pas à assouvir, même l'effondrement du communisme, sorte de « religion laïque », provoquent un retour du religieux dans les dernières décennies du XXᵉ siècle.

Ce retour se manifeste entre autres dans l'audience de nombreux mouvements fondamentalistes chez les chrétiens protestants [20], dans

20 États-Unis : la vague « fondamentaliste »

L'organisation elle-même procède, comme son nom l'indique, d'une idée simple : il existerait aux États-Unis une majorité de citoyens favorables à un mode de vie traditionnel fondé sur la croyance en Dieu, le respect de l'autorité, l'indissolubilité du mariage et la décence dans les mœurs. La voix de cette majorité aurait été étouffée par les politiciens libéraux qui ont supprimé les prières dans les écoles publiques, légalisé l'avortement, autorisé le déferlement de la pornographie, cherché à codifier les droits des homosexuels et d'une façon générale ont sapé les bases mêmes de la société américaine.

La majorité morale est réactionnaire au sens étymologique de cet adjectif puisqu'elle entend faire revenir la société en arrière, en abolissant les lois qui ont pris acte de l'évolution des mœurs depuis un quart de siècle [...].

[...] Cet activisme évangélico-politique est surtout visible dans le monde rural et dans les petites villes du Sud et de l'Ouest. Dans le Sud, il tire sa substance du courant « fondamentaliste », qui transcende les différences entre les diverses Églises protestantes (encore qu'il soit surtout présent chez les baptistes et, à un moindre degré, chez les méthodistes) au nom d'une interprétation littérale de la Bible.

Les « fondamentalistes », qui accordent un crédit absolu au récit de la Genèse et aux chronologies bibliques, refusent les thèses évolutionnistes de Darwin et s'indignent de les voir figurer, comme des vérités scientifiques, dans les manuels scolaires des écoles publiques, alors qu'il ne s'agit à leurs yeux que d'hypothèses non prouvées. Ils ont obtenu que, dans plusieurs manuels, l'affirmation que l'homme descend du singe soit présentée au conditionnel, de même que l'âge supposé de la Terre : quelques milliards d'années selon les géologues. Quelques milliers selon la Bible [...].

Dominique d'Hombres
« L'Amérique de M. Reagan. La nouvelle droite chrétienne », *Le Monde*, 22 janvier 1981.

21 Visite de Jean-Paul II à Montréal (11 septembre 1984)

Messe au parc Jarry devant 400 000 fidèles.

▸ **Concile**
Assemblée des évêques de l'Église catholique, convoquée pour statuer sur des questions de dogme, de morale ou de discipline.

le souffle nouveau imprimé au catholicisme romain par le *Concile* du Vatican II (1962-1965) et l'immense popularité de son pape très médiatisé, Jean-Paul II, infatigable voyageur capable de mobiliser des peuples entiers lors de ses visites aux quatre coins du monde **21**. Il se manifeste aussi par la prolifération des sectes, rassemblant des membres de tous les horizons sociaux et professionnels autour de croyances plus ou moins ésotériques, sous la direction d'un gourou seul dépositaire de la vérité, une vérité parfois apocalyptique qui débouche sur des suicides collectifs comme celui des adeptes de l'Ordre du Temple Solaire en 1994.

Mais le réveil du religieux n'est pas propre à l'Occident développé, peu s'en faut. Le tiers-monde en fournit lui aussi maints exemples, comme le développement du fondamentalisme islamique dont nous avons parlé au chapitre 12 (voir page 272) ou la résurgence d'un fondamentalisme hindou qui est récemment parvenu jusqu'au pouvoir en Inde — où le Parti du Congrès avait pourtant construit une république laïque —, sans compter le fondamentalisme judaïque, qui joue un rôle très puissant dans la vie politique de l'État d'Israël.

13.4 SCIENCE ET TECHNOLOGIE

Depuis le milieu du XXᵉ siècle, les progrès de la connaissance s'accompagnent d'une liaison de plus en plus marquée entre sciences et techniques. La distinction que l'on établissait jadis entre la *recherche fondamentale* et ses applications est devenue obsolète, remplacée par une grande convergence des connaissances et du savoir-faire technique. Cette symbiose entre recherche fondamentale et technologie d'avant-garde se retrouve particulièrement dans les domaines du nucléaire, de l'exploration spatiale et de la *biotechnologie.*

▸ **Recherche fondamentale**
Recherche ayant pour fin l'avancement de la connaissance.

▸ **Biotechnologie**
Ensemble des techniques utilisant soit des micro-organismes, soit des cellules végétales ou animales, pour la production industrielle de molécules ou l'amélioration des espèces.

13.4.1 Progrès scientifiques et techniques

Les progrès scientifiques et techniques sont pour une bonne part liés plus ou moins directement au domaine des armements. La physique nucléaire, qui a donné naissance à la bombe atomique, s'oriente ainsi, à partir des années soixante, vers le nucléaire civil, essentiellement pour la production d'électricité **22**. La mise au point des fusées balistiques débouche sur l'exploration spatiale, arrachant pour la première fois l'humanité à la gravitation terrestre et déposant un humain sur la Lune le 21 juillet 1969.

Cette réussite remarquable n'aurait pas été possible sans des progrès décisifs en matière d'électronique et d'informatique. Le transistor (1948) a remplacé la lampe à vide, avant d'être lui-même remplacé par le circuit intégré (1959), qui permet une miniaturisation phénoménale. Les ordinateurs de première génération, géants et balourds (l'ENIAC de 1945 pèse 30 tonnes et occupe un volume de 84 m^3), cèdent la place à ceux de la deuxième génération (1958), puis plus rapidement encore à ceux de la troisième avec l'arrivée du IBM 360 en 1964. En 1972 apparaît le *microprocesseur,* « l'ordinateur sur une puce », plus petit qu'un ongle, mais délivrant la même puissance de calcul que l'ENIAC, qui ouvre la voie aux futurs micro-ordinateurs. Les vitesses de traitement passent du millionième de seconde à la nanoseconde (10^{-9} s), la capacité de stockage augmente de façon spectaculaire, en même

▶ **Microprocesseur**
Cerveau central de l'ordinateur. Circuit formé de composants électroniques miniaturisés, intégrés et dotés d'une très forte puissance de travail, permettant de transmettre une information ou une commande à partir de signaux électriques.

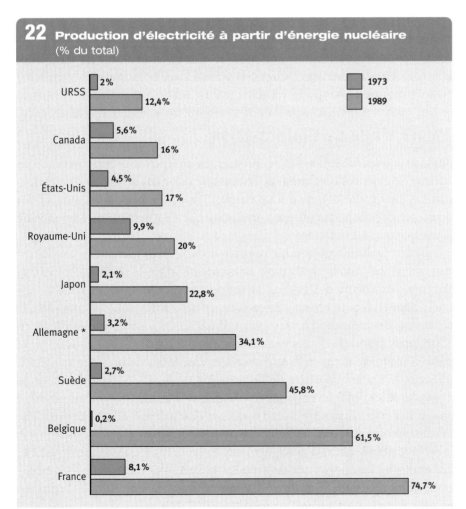

22 **Production d'électricité à partir d'énergie nucléaire**
(% du total)

1973
1989

URSS — 2% / 12,4%
Canada — 5,6% / 16%
États-Unis — 4,5% / 17%
Royaume-Uni — 9,9% / 20%
Japon — 2,1% / 22,8%
Allemagne * — 3,2% / 34,1%
Suède — 2,7% / 45,8%
Belgique — 0,2% / 61,5%
France — 8,1% / 74,7%

* RFA + RDA.

◀ Quel rapport peut-on dégager entre la production, par pays, d'électricité à partir de l'énergie nucléaire et la disponibilité d'autres ressources énergétiques ?

temps que les supports deviennent de plus en plus faciles à transporter (quatre films de long métrage tiennent aujourd'hui sur un DVD-ROM).

Dans tous ces domaines, la suprématie des États-Unis s'affirme. L'écart technologique qui les sépare de tous leurs concurrents est dû, entre autres, à une meilleure formation académique et à une meilleure utilisation du personnel scientifique et technique, à la taille d'un vaste marché intérieur homogène qui permet des économies d'échelle et l'amortissement rapide des dépenses de *recherche-développement,* à l'abondance des capitaux, à de meilleures techniques de gestion, enfin à une aide gouvernementale fortement concentrée sur les secteurs de pointe et fournie directement à l'industrie plutôt qu'à des laboratoires publics.

Un autre espace où se déploie le progrès scientifique et technique est celui de la biotechnologie, avec l'identification capitale, en 1944, de l'ADN (acide désoxyribonucléique) comme support de l'information génétique pour l'ensemble des organismes vivants. La découverte par Watson et Crick, en 1953, de la structure en double hélice de l'ADN **23** ouvre la voie à la création, par des manipulations du code génétique, d'organismes génétiquement modifiés (OGM), entre autres en agriculture avec des céréales transgéniques résistantes aux parasites et aux maladies, qui soulèvent l'inquiétude quant aux conséquences à long terme que pourrait avoir leur introduction dans la nature, lesquelles n'ont pas été vraiment évaluées. Les manipulations génétiques vont ensuite se porter vers le clonage animal avec la « création » de la brebis Dolly en 1996, puis vers le clonage humain, au milieu d'interrogations éthiques fondamentales auxquelles des réponses satisfaisantes et consensuelles ne sont pas encore formulées, alors que se poursuivent les recherches et les expériences sans que l'humanité semble capable de stopper la machine pour se donner le temps de réfléchir...

13.4.2 L'âge de l'information

Nulle part ailleurs, semble-t-il, les progrès scientifiques et techniques n'auront autant d'impact sur l'évolution de l'humanité que dans le domaine de l'information. La fin du XXᵉ siècle a vu naître l'âge de l'information, qui promet d'amener des changements aussi profonds que l'avènement de l'agriculture il y a quelque 10 000 ans.

Cette révolution est rendue possible d'abord par l'avènement de l'informatique grand public, fruit de la conjonction entre le microprocesseur, le système d'exploitation UNIX et le langage de programmation BASIC, lesquels permettent de libérer l'informatique des carcans que lui imposait la centralisation indissociable des gros ordinateurs. La sortie du Apple II en 1978, bientôt suivi du PC (*Personal Computer*) d'IBM en 1981, mis en vente partout comme des appareils aussi familiers que le téléviseur, place le logiciel, plus que le matériel, en tête de l'innovation, avec la montée fulgurante de la société Microsoft, devenue superpuissance de l'informatique sans produire aucun matériel. Avec le « micro » doté d'une gamme infinie de logiciels, l'ordinateur investit tous les lieux d'activités : les bureaux, évidemment, mais aussi les établissements d'enseignement, les laboratoires, les commerces, etc. De multiples fonctions sont désormais « assistées par ordinateur » : conception, édition, dessin industriel. La bureautique, la domotique, l'éditique entrent dans le vocabulaire.

23 La double hélice de l'ADN

Mais faut-il encore que ces millions de machines puissent « se parler » entre elles : c'est le rôle du réseautage, qui va donner naissance à Internet. Cela commence au ministère de la Défense des États-Unis avec la mise sur pied d'ARPAnet en 1966, afin de décentraliser le traitement de données vitales en cas d'attaque sur le système central. Le courrier électronique apparaît en 1978 avec Usenet. Mais c'est l'adoption généralisée du protocole TCP/IP (*Transmission Control Protocol/Internet Protocol*), en 1980, qui lance véritablement le « réseau des réseaux » : Internet. Avec l'arrivée de l'interface graphique, des ressources de l'hypertexte (langage HTML) et des logiciels de navigation (Netscape, 1994), l'exploration de l'espace virtuel devient à la portée de tous et chaque ordinateur peut se muer en vaisseau à la disposition du premier « internaute » venu.

L'informatique permet d'autre part la naissance du multimédia, fusionnant à la fois le matériel et le contenu. Toute information, de quelque nature qu'elle soit, peut être numérisée — c'est-à-dire transformée en séries de 0 et de 1, le langage machine —, permettant la fusion du texte, de l'image, du son et des données, transmis à distance tant par les lignes téléphoniques que par les câbles vidéo, les ondes hertziennes, les satellites. La numérisation permet également de reproduire à l'infini, avec une grande précision, les fichiers multimédias et de les transporter sur des supports très légers et peu encombrants (les 28 volumes de l'*Encyclopædia Universalis,* augmentés de sons, de séquences vidéo et de liens hypertexte, tiennent sur un seul DVD-ROM).

Ainsi, l'humanité est-elle entrée, à la fin du XXe siècle, dans l'âge de l'information. Internet charrie le meilleur et le pire, mais surtout véhicule de si phénoménales quantités de données que se pose inévitablement la question de leur classement et de leur traitement par l'intelligence humaine. La société de l'information sera-t-elle celle du savoir véritable ou celle de son éclatement en ignorances multiformes ? Celle d'un rapprochement entre les humains ou celle de l'enfermement de tout un chacun dans l'univers de son écran, miroir de sa propre image ? En d'autres termes se pose aujourd'hui comme depuis toujours la question fondamentale : le progrès technique va-t-il assurer le progrès humain ? Et, comme depuis toujours, il n'en tient qu'aux humains de répondre à cette question.

13.5 LES ARTS AU-DELÀ DU MODERNISME

13.5.1 Les arts visuels

En Occident, la prolifération croissante de mouvements nouveaux dans le domaine des arts visuels à partir des années cinquante, l'absence d'école vraiment dominante, les efforts déployés par les artistes eux-mêmes pour échapper aux normes muséologiques et aux enjeux commerciaux rendent difficile toute tentative de recomposition d'un champ créatif complètement éclaté, en dehors de quelques tendances marquantes.

Autour de Jackson Pollock se crée l'*action painting,* utilisant une nouvelle technique, le *dripping,* qui consiste à laisser égoutter de la peinture sur une toile posée à même le sol, sans usage du couteau ni du pinceau, ces peintures devant être exécutées rapidement et apparaître davantage comme un

24 *Œuvre sur verre*, Jackson Pollock

jaillissement spontané que comme le fruit d'une préméditation . D'autres artistes, comme Mark Rothko, lancent le *color field painting,* d'inspiration lyrique et méditative. Leurs toiles visent moins l'expression de l'inconscient individuel ou collectif que celle d'émotions fondamentales et universelles de l'homme — la tragédie, l'extase, le destin… —, par l'utilisation puissante de la couleur. Au Québec, l'art abstrait est surtout porté, après la guerre, par le courant automatiste, avec des artistes comme Borduas (25), Riopelle ou Mousseau, qui explorent une peinture où domine l'expression des états d'âme et des pulsions de l'imagination.

C'est en réaction contre l'art abstrait que naissent des courants appelés à la plus large diffusion. Le premier est le *pop art,* qui domine la scène entre 1955 et 1965 et qui constitue une réaction contre toute l'évolution antérieure de l'art contemporain, jugé trop raffiné et intellectuel. Les principaux animateurs de ce courant, Roy Lichtenstein, Andy Warhol (26), Claes Oldenburg, proposent un art réaliste et figuratif, d'inspiration résolument urbaine, qui emprunte ses thématiques sinon ses matériaux à l'imagerie de la culture populaire et de la société de consommation : bandes dessinées, affiches de cinéma, illustrations de magazines, publicité et emballages de soupe Campbell ou de boîtes de Coca-Cola.

25 Borduas

26 *Elizabeth Taylor*, Andy Warhol, 1964

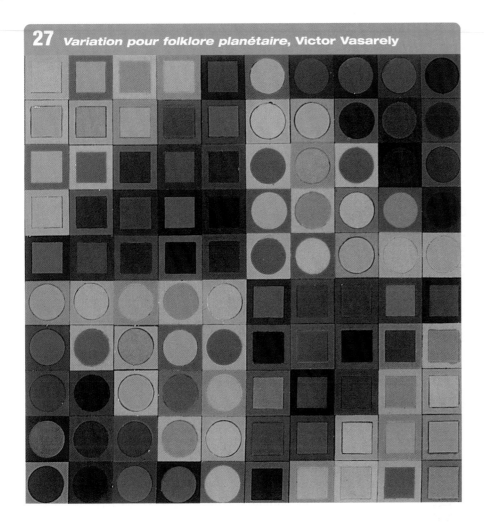

27 *Variation pour folklore planétaire, Victor Vasarely*

Au milieu des années soixante, avec un Victor Vasarely, apparaît l'*op art* (*optical art*), qui joue sur les illusions perceptives : interférences de lignes, moirages, scintillements, perspectives réversibles et constructions géométriques mouvantes provoquent un sentiment de vertige, voire de malaise **27**. En réaction contre l'expression spontanée de l'*action painting*, l'*op art* implique un grand soin et une grande précision dans la réalisation des œuvres.

L'hyperréalisme des années soixante-dix effectue un retour à la tradition du réalisme figuratif en se basant sur le modèle même de la photographie. Alors que le *pop art* ne faisait bien souvent qu'intégrer dans ses œuvres le foisonnement des images et des objets des sociétés industrialisées, les hyperréalistes reproduisent ces images avec fidélité, proposent un art de réflexion véritable, c'est-à-dire qui tout à la fois reflète et fait réfléchir. Pour ces artistes, aucun thème n'est indigne d'intérêt, comme en témoignent les personnages de la vie quotidienne représentés par le sculpteur George Segal **28**.

28 *Rencontre fortuite, George Segal, 1989*

29 *Running Fence (comtés de Sonoma et Marin, Californie), Christo et Jeanne-Claude, 1972-1976*

30 Westmount Square (Montréal), Mies van der Rohe, 1964

Enfin, l'art environnemental est brillamment illustré par les artistes étasuniens Christo et Jeanne-Claude, dans des œuvres voulues comme éphémères cherchant à susciter une façon nouvelle de percevoir un édifice dissimulé sous une toile (empaquetage du Reichstag à Berlin, 1971-1995) ou un paysage traversé par une clôture apparue là comme par hasard **29**.

13.5.2 L'architecture postmoderne

Après la Seconde Guerre mondiale, l'architecture poursuit sa voie balisée par les canons du fonctionnalisme définis dans l'entre-deux-guerres (voir page 130) **30**. La multiplication de ses adeptes et la diffusion d'un langage fait de dépouillement et de géométrisme vont toutefois mener, dans le contexte de la reconstruction de l'Europe et du Japon et de l'urbanisation croissante des pays en voie de développement, à une banalisation et à une formalisation des principes du modernisme qui aboutiront trop souvent au gigantisme et à l'uniformisation des grands ensembles d'habitation sans âme : les cités-dortoirs.

L'architecture fonctionnaliste et moderniste avait en effet valorisé des projets antiurbains, comme la maison isolée ou l'immeuble-tour, et nié la rue piétonnière au profit de la voie de circulation. C'est en réaction à ces tendances que se préciseront les principales orientations des années soixante et soixante-dix. Les nouvelles constructions, qui mettent l'accent davantage sur le monument que sur l'équipement, témoignent du désir des

▷ **Éclectisme**
Utilisation libre d'éléments de différents styles au sein d'une œuvre architecturale. L'éclectisme, qui atteint un sommet avec l'historicisme de la seconde moitié du XIXe siècle, joue à nouveau un rôle important dans le postmodernisme.

architectes de repenser la question de l'ensemble urbain. Ce souci aigu du rapport à l'environnement se manifeste par la tendance récente à réhabiliter l'habitat ancien, à préserver et à récupérer plutôt qu'à détruire.

L'architecture qualifiée de postmoderne se caractérise par son *éclectisme,* fait d'un langage hybride empruntant au vieux fonds historique (colonne, corniche) et réhabilitant l'ornement, la couleur et la liberté des formes. Les constructions d'un Ricardo Bofill renouvellent de façon théâtrale les formes classiques **31**, tandis qu'un Frank Gehry fait surgir des créations totalement inventives, presque lyriques, avec des bâtiments dont la forme extérieure n'a plus qu'un rapport extrêmement ténu avec la fonction, en contradiction totale avec le fonctionnalisme **32**.

32 Musée Guggenheim (Bilbao), Frank Gehry, 1997

Conclusion

Depuis 1945, pendant que la population mondiale croissait pour dépasser les six milliards d'individus, le travail humain s'est éloigné de l'agriculture pour aller vers les secteurs secondaire et surtout tertiaire, mais l'inégalité des conditions de vie s'est maintenue et même aggravée. De nouvelles valeurs sont apparues, donnant naissance à de grands mouvements de contestation et de revendication touchant en particulier la place des femmes. Science et technologie ont renforcé leur interaction et lancé l'humanité dans l'âge de l'information, pendant que les artistes cherchaient leurs voies au-delà du modernisme.

Questions de révision

1. Décrivez l'évolution de la démographie humaine depuis 1945.

2. Qu'entend-on par la précarisation de l'emploi? Quelles sont les causes de cette précarisation dans les pays développés?

3. Comment se manifeste le mouvement féministe après 1945?

4. À quels facteurs peut-on attribuer l'émergence de la contestation et de la contre-culture dans les années soixante? Comment se manifestent-elles?

5. Quelles menaces le développement « à l'occidentale » fait-il peser sur l'avenir de la planète?

6. Comment se manifeste le retour du religieux à la fin du XXe siècle?

7. Décrivez quelques innovations scientifiques et techniques depuis 1945.

8. Comment est né l'âge de l'information?

9. Décrivez quelques tendances dans les arts visuels après 1945.

10. Comment se caractérise l'architecture postmoderne?

1. Faites un résumé du chapitre sous forme de plan détaillé (résumé schématique).

2. La révolution féministe a-t-elle rendu les femmes occidentales plus heureuses?

3. Comment concilier développement économique et protection de l'environnement?

4. Faut-il interdire toute forme de manipulation génétique?

> Pour aller plus loin

(NOTE : sauf mention contraire, le lieu d'édition est Paris.)

publications

BARDET, J. P., et J. DUPÂQUIER. *Histoire des populations d'Europe. Tome 3 : Les temps incertains, 1914-1998.* Fayard, 1999, 792 p.

CARDEBAT, J.-M. *La mondialisation et l'emploi.* La Découverte, coll. « Repères » n° 343, 2002, 122 p.

CASTELLS, M. *L'ère de l'information.* Tome 1 : *Fin de millénaire.* Tome 2 : *Le pouvoir de l'identité.* Tome 3 : *La société en réseaux.* Fayard, 1999-2001, 492 p., 538 p. et 671 p., respectivement.

DREYFUS-ARMAND, G. (dir.) *Les années 68.* Bruxelles, Éd. Complexe, coll. « Histoire du temps présent », 2000, 525 p.

DROUELLE, C. *Le monde aujourd'hui : population, réseaux, économie, inégalités, conflits…* Foucher, coll. « Points de départ » n° 10, 2002, 127 p.

DUBY, G. (dir.). *Histoire des femmes en Occident. Tome 5 : Le XXᵉ siècle.* Perrin, coll. « Tempus », 2002, 891 p.

DUPÂQUIER, J. *La population mondiale au XXᵉ siècle.* Presses universitaires de France, coll. « Que sais-je? » n° 3509, 1999, 127 p.

FITOUSSI, J.-P., et P. ROSANVALLON. *Le nouvel âge des inégalités.* Seuil, coll. « Points. Essais » n° 376, 1998, 231 p.

LAVABRE, M. C. *Les Mouvements de 1968.* Casterman-Giunti, coll. « XXᵉ siècle », 1998, 127 p.

MESTRUM, F. *Mondialisation et pauvreté : de l'utilité de la pauvreté dans le nouvel ordre mondial.* L'Harmattan, 2002, 300 p.

RISCHARD, J.-F. *Vingt défis pour la planète, vingt ans pour y faire face.* Arles, Solin-Actes sud, 2003, 253 p.

ROMAN, J. *Chronique des idées contemporaines : itinéraire guidé à travers 300 textes choisis.* Rosny, Bréal, 2ᵉ éd., 2000, 1019 p.

film

Pollock, de Ed Harris, avec Ed Harris et Marcia Gay Harden. É.-U., 2000. 122 min. La vie du peintre Jackson Pollock, pionnier de l'*action painting.* Offert en DVD.

Chapitre 14

Au tournant du millénaire (1989-2004)

PLAN DU CHAPITRE

14.1 LA FIN DU MONDE SOVIÉTO-COMMUNISTE

14.1.1 L'implosion de l'URSS

14.1.2 L'éclatement de l'Empire

14.1.3 La Russie à la dérive

14.1.4 Le drame yougoslave

14.2 LA FIN DE LA GUERRE FROIDE

14.2.1 L'effondrement du bloc continental

14.2.2 L'Europe pacifiée

14.2.3 Les organisations internationales dans un nouvel environnement

14.2.4 Une guerre nouvelle : la « guerre au terrorisme »

14.3 LA MONDIALISATION EN MARCHE

14.3.1 Du GATT à l'OMC

14.3.2 Une mondialisation autre ?

À la fin du XXe siècle, l'année 1989 apparaît comme une année charnière, une année choc en quelque sorte, où des phénomènes largement inconcevables jusqu'à quelques mois de leur avènement retentissent comme une série de formidables coups de tonnerre. Qui donc aurait pu penser, au début de cette année-là, qu'elle se terminerait sur l'effondrement, plus que symbolique, du mur de Berlin, annonçant l'éclatement d'un empire gigantesque qui, pour être qualifié de « soviétique », n'en était pas moins le résultat de 400 ans d'expansion russe et s'étendait du cœur de l'Europe jusqu'aux rivages de l'océan Pacifique ?

Les siècles ayant souvent tendance, aux yeux des historiens qui y cherchent un sens, à commencer avec un léger retard (1610, 1715, 1815, 1914), le XXIe siècle aura-t-il, lui, débuté en 1989 ?

1 Des peuples en marche

Immense manifestation contre le régime communiste en Allemagne de l'Est, 1989.

Chronologie

1989
Retrait des troupes soviétiques
d'Afghanistan
Démantèlement du mur de Berlin
Début de la « Révolution de velours »
en Tchécoslovaquie
Renversement de Ceausescu en Roumanie

1990
Défaite des communistes aux élections
hongroises
Réunification de l'Allemagne
Accord sur la réduction des forces
conventionnelles en Europe

1991
Élection de Boris Eltsine à la présidence de
la Fédération de Russie
Coup d'État raté contre Mikhaïl Gorbatchev
Dissolution du Parti communiste d'URSS
(PCUS)
Création de la Communauté des États
indépendants (CEI)
Dissolution du pacte de Varsovie
Dissolution de l'URSS
Éclatement de la Yougoslavie
Accords START I sur le désarmement
nucléaire

1992
Début de la guerre de Bosnie
Traité de Maastricht créant l'Union
européenne (UE)
Libération générale des prix en Russie

1993
Révolte des députés russes écrasée
par Eltsine
Scission de la Tchécoslovaquie en
République tchèque et en Slovaquie
Convention sur l'interdiction des armes
chimiques

1994
Début de la guerre de Tchétchénie

1995
Fondation de l'Organisation mondiale
du commerce (OMC)
Adhésion de l'Autriche, de la Finlande et
de la Suède à l'Union européenne
Accord de Dayton : fin de la guerre
de Bosnie
Victoire des communistes aux élections
russes

1996
Traité d'interdiction complète des essais
nucléaires
Suspension de la guerre en Tchétchénie
Début des travaux du Tribunal pénal
international pour l'ex-Yougoslavie

1997
Convention interdisant les mines
antipersonnel

1998
Début de la lutte armée des Albanais au
Kosovo

1999
Protectorat de l'OTAN sur le Kosovo
Entrée de la Pologne, de la République
tchèque et de la Hongrie à l'OTAN
Échec de la conférence de l'OMC à Seattle
Nomination de Poutine au poste de premier
ministre de Russie par Eltsine

2000
Élection de Poutine à la présidence de
la Fédération de Russie

2001
Attentats contre le World Trade Center et
le Pentagone
Guerre en Afghanistan ; renversement
des talibans

2002
L'euro devient monnaie unique dans 11 pays
Entrée des États baltes, de la Slovaquie, de
la Slovénie, de la Bulgarie et de la Roumanie
à l'OTAN

2003
Mise au point d'un projet de constitution
européenne

14.1.1 L'implosion de l'URSS

À la fin des années quatre-vingt, la perestroïka et la glasnost lancées par Mikhaïl Gorbatchev en 1985 (voir page 211) débouchent sur une impasse. D'une part, les réformes suscitent de nombreuses résistances, tant chez les communistes sincères, qui y voient de plus en plus l'abandon de certaines bases fondamentales du système hérité de la Révolution d'octobre, que chez les privilégiés et profiteurs de l'ordre ancien, qui sentent le sol se dérober sous leurs pieds.

D'autre part, les contradictions soulevées par l'instauration des réformes s'accentuent. Tout en prônant la transparence (glasnost), Gorbatchev affirme qu'il n'est pas question de remettre en cause la dictature du prolétariat. En même temps qu'il procède à la restructuration (perestroïka), il refuse d'abandonner la propriété étatique des moyens de production. Sur le plan économique, l'entreprise gorbatchevienne se révèle un fiasco. Les réformes n'ont abouti qu'à renforcer la pénurie en désorganisant les rouages traditionnels sans les remplacer par de nouveaux circuits. Troubles sociaux et grèves se multiplient, les villes ne sont plus ravitaillées, le marché noir fleurit.

Enfin, et peut-être surtout, le vent de liberté que le secrétaire général a déclenché débouche sur une conséquence tout à fait imprévue : la résurgence des sentiments nationalistes d'un bout à l'autre de l'Union soviétique, sentiments qui avaient été vigoureusement étouffés, et souvent par des méthodes particulièrement inhumaines (déportations massives), depuis la fondation même de la fédération en 1922. Pendant que des affrontements interethniques secouent certaines régions, plusieurs républiques se déclarent indépendantes, imitant les États baltes (Lituanie, Estonie, Lettonie) incorporés de force lors du fameux pacte germano-soviétique de 1939 (voir page 148). L'autorité soviétique s'effondre partout, les lois fédérales ne sont plus respectées, les conscrits refusent de rejoindre leurs unités dans l'Armée rouge.

Pris entre la nécessité de poursuivre sur la voie amorcée pour qu'elle débouche enfin sur le mieux-être promis, au risque de menacer l'existence même du système, et la nécessité de stopper le mouvement afin de maintenir par la force la cohésion de l'Union, Gorbatchev semble choisir la première option. Il propose un plan de transition par étapes à l'économie de marché et une nouvelle Union, tout en affaiblissant les pouvoirs et l'influence du Parti communiste dans les institutions politiques.

Le référendum sur le projet d'Union (17 mars 1991) est un demi-échec. Six des 15 républiques le boycottent, dont la Géorgie, qui se déclare indépendante à son tour 13 jours plus tard. La Fédération de Russie s'est prononcée pour l'Union, mais elle adopte aussitôt le régime présidentiel, et le plus grand rival politique de Gorbatchev, Boris Eltsine, est élu président de la Russie au suffrage universel le 12 juin 1991. Talonné par ce partisan d'une accélération des réformes, Gorbatchev annonce officiellement, lors du Sommet des pays industrialisés (G7) à Londres, que son pays va passer à l'économie de marché.

Cette annonce, ajoutée à l'abandon, par le Comité central, du rôle dirigeant du Parti communiste et du principe de la lutte des classes, rend furieux les conservateurs, qui tentent un coup d'État contre Gorbatchev le 19 août. Galvanisée par Eltsine qui, monté sur un char devant le parlement, appelle

---

Deux cents ans après la Révolution française, une révolution dans la révolution a retourné contre le communisme soviétique les principes de 1789. Aux yeux des historiens, 1989 sera bien l'année des Droits de l'homme et de la liberté. Non pas tant parce qu'elle aura marqué le deuxième centenaire de la prise de la Bastille ou de l'abolition des privilèges, mais parce qu'elle aura marqué la révolte des peuples de l'Europe de l'Est asservis par un régime qui leur avait été imposé par la force. Parce qu'elle aura sonné le glas du totalitarisme communiste et abattu les bastilles et les privilèges qui s'étaient édifiés à l'ombre du marxisme-léninisme. Sauf en Roumanie, où la folie du Conducator s'est refusée à toute réforme, le communisme totalitaire a semblé reconnaître sa défaite, et les bouleversements se sont accomplis dans un calme aussi stupéfiant que les bouleversements eux-mêmes.

La Révolution de 1789 inventait la liberté, la révolution de 1989 la retrouvait. La Révolution française de 1789 s'était placée sous le signe de la rupture. La révolution dans la révolution s'est placée, en 1989, sous le signe de la rencontre : rencontre de l'Est et de l'Ouest, rencontre entre les deux Allemagnes, rencontre des pays dominés et de la liberté. Contre toute attente, la liberté retrouvée a jeté l'un vers l'autre deux mondes étrangers l'un à l'autre et séparés par un mur.

Jean D'Ormesson
Cité dans *Le Monde contemporain, 1946-1991*, Paris, Hachette, 1992.

---

l'armée à fraterniser avec la foule (le souvenir de février 1917 n'est pas loin...), la résistance populaire fait échouer le putsch, et cet échec va signer l'arrêt de mort du régime communiste et de l'État soviétique.

Au lendemain du putsch raté, la foule s'en prend à la statue de Dzerjinski, fondateur de la police politique (voir page 52), puis à l'image de Lénine lui-même, déboulonné de son socle dans des dizaines de villes **4**, tandis que Leningrad reprend son ancien nom de l'époque des tsars, Saint-Pétersbourg. Après la dissolution du KGB (police politique), c'est le Parti communiste lui-même, le parti de Lénine et de la Révolution d'octobre, qui est dissous à l'automne, dans un de ces moments inattendus et spectaculaires dont l'histoire n'est pas si prodigue...

Le putsch raté a aussi accéléré la dissolution de l'Union. Presque toutes les républiques ayant proclamé leur souveraineté, le projet de Gorbatchev est prestement relégué aux oubliettes par Eltsine et remplacé par une Communauté des États indépendants (CEI) qui n'a guère d'existence hors le papier sur lequel elle est consignée, et l'Union des républiques socialistes soviétiques cesse d'exister le 31 décembre 1991 **5 6**.

4 Fin de l'expérience communiste

Une statue de Lénine disparaît en même temps que le régime qu'elle représente.

5 L'éclatement de l'URSS

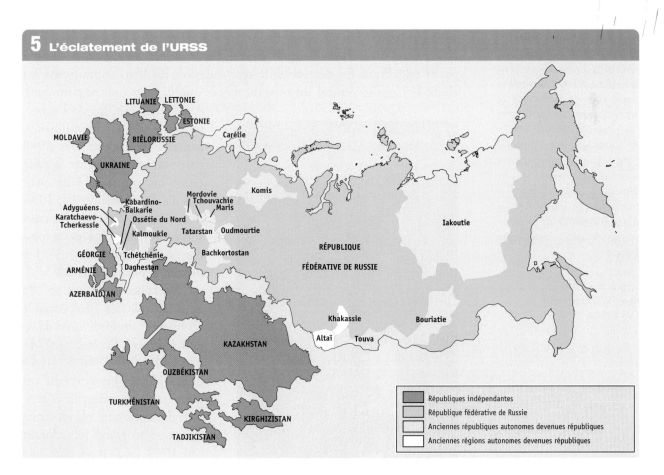

Légende :
- Républiques indépendantes
- République fédérative de Russie
- Anciennes républiques autonomes devenues républiques
- Anciennes régions autonomes devenues républiques

14.1.2 L'éclatement de l'Empire

Le tremblement de terre qui secoue l'Union soviétique depuis l'arrivée de Gorbatchev transmet évidemment son onde de choc à tous les pays satellites d'Europe de l'Est, à commencer par la Pologne, dont nous avons déjà parlé (voir page 216). C'est peut-être ici que la fameuse « théorie des dominos » invoquée lors de la guerre du Vietnam s'est le mieux incarnée.

En Hongrie, le vieux János Kádár, artisan de la répression sanglante de la révolte de 1956, est démis de ses fonctions dès 1988 par un groupe de réformateurs qui engagent aussitôt le pays sur la voie d'une économie qualifiée de « mixte », autorisent le multipartisme, réhabilitent les dirigeants de la révolte, abandonnent toute référence au communisme et à la République « populaire » et organisent en 1990 les premières élections libres, où les communistes même réformistes subissent une écrasante défaite.

C'est en Allemagne de l'Est que va se jouer la partie la plus spectaculaire de cette pièce à rebondissements. Farouchement attachée au vieux stalinisme, la République démocratique allemande (RDA) avait résisté tant bien que mal à la vague gorbatchevienne, mais se trouve prise de court en 1989 par un mouvement massif d'exode de ses citoyens, qui affluent dans les ambassades de l'Allemagne de l'Ouest à Prague et à Varsovie, contournant ainsi le « mur de la Honte » pour chercher refuge à l'Ouest. À l'automne, d'immenses manifestations populaires à caractère souvent politico-religieux forcent la main des dirigeants, lâchés par Gorbatchev, et le vieux leader Honecker est évincé du pouvoir. Le 9 novembre, autorisation est donnée aux Allemands de l'Est de voyager à l'étranger. Alors tout s'enchaîne avec la rapidité de l'éclair. La foule s'attaque rageusement au mur détesté avec tout ce qui lui tombe sous la main, de la pioche au canif **7**, et par les brèches, une véritable marée humaine déferle, irrésistible, dans des scènes incroyables d'allégresse, d'émotion, d'euphorie, relayées en direct dans le monde entier par la télévision. En décembre, le rôle dirigeant du Parti communiste est aboli, le Comité central dissous, de même que la Stasi (police politique).

7 Un symbole honni

Des citoyens participent à l'élimination du « mur de la Honte » à Berlin.

Avant même la fin de l'année, on parle déjà de réunification, laquelle va s'opérer dès 1990 dans une foudroyante accélération historique qui laisse pantois. Le 4 octobre 1990, la RDA disparaît et l'Allemagne retrouve son unité, acquise à peine plus d'un siècle auparavant (1871) et perdue depuis 45 ans **8**.

La Tchécoslovaquie va elle aussi être touchée. L'impitoyable répression imposée aux dissidents depuis l'écrasement du printemps de Prague (voir page 215) n'a pas empêché ces derniers de continuer leurs activités dans une semi-clandestinité qui passe au grand jour durant l'été 1989. Le 27 novembre, une

[...] Placée au centre de l'Europe, l'Allemagne peut se tourner vers l'Ouest ou vers l'Est; la fin de la guerre froide et l'unification lui redonnent sa liberté de décision, il serait normal qu'elle relâche ses liens avec l'Europe de l'Ouest, ressentis parfois comme une contrainte, et resserre ses liens avec l'Est, qu'elle se détourne de la Communauté européenne au profit d'une nouvelle Mitteleuropa où elle serait dominante, tout en nouant des liens privilégiés avec la Russie.
[...]

La motivation principale [de l'intérêt porté à l'Est] est d'ordre géopolitique. D'une part, la stabilisation des pays de l'Est est jugée essentielle pour la sécurité de l'Allemagne. Celle-ci a un intérêt vital à prévenir la détérioration de la situation dans les ex-démocraties populaires et dans les pays de l'ex-U.R.S.S.; elle serait la première à en être affectée. [...] D'autre part, l'effondrement des régimes communistes, le retrait soviétique d'Europe centrale et la dislocation de l'U.R.S.S. créent un vide qui attire la reprise dans ces régions de la forte présence allemande

traditionnelle, sur le plan économique, culturel, politique. Les responsables allemands ont beau répéter que l'Allemagne unifiée n'entend pas jouer sa position au centre de l'Europe, qu'elle sera autant « européenne » que l'était l'ancienne R.F.A., le centre de gravité de l'Allemagne ne s'est pas moins déplacé vers l'Est [...].

P. Guillen
« L'Allemagne unie et l'Europe de l'Est, 1990-1995 », *Revue d'histoire moderne et contemporaine*, 42-4, oct.-déc. 1995.

grève générale et des manifestations rassemblant des millions de personnes amènent le Parlement à abolir le rôle dirigeant du Parti. Un gouvernement d'entente nationale est constitué, l'écrivain Václav Havel, leader de la dissidence, devient président de la République, qui change son nom pour République fédérative tchèque et slovaque. Cette « Révolution de velours » est complétée lors des élections de 1990, où le Forum civique regroupant les forces d'opposition obtient la majorité absolue des sièges. En 1993, à la suite de négociations entre dirigeants mais sans aucune consultation populaire, la Tchécoslovaquie sera scindée en deux États souverains : la République tchèque et la Slovaquie. Créée en 1919 sur les ruines de l'Empire austro-hongrois, la Tchécoslovaquie aura vécu à peine plus de 70 ans.

En Roumanie, le changement de régime sera plus rapide et plus violent que dans les autres satellites. Le 24 novembre 1989, Nicolae Ceausescu, dictateur mégalomane et corrompu, est réélu à l'unanimité secrétaire général du Parti communiste. Un mois plus tard, il est exécuté avec son épouse, après de violentes manifestations et trois jours de combats de rue **9**. Mais le Front de salut national qui lui succède est formé essentiellement de communistes qui s'empressent de transférer à l'État les biens du Parti et qui n'hésitent pas, après avoir autorisé les partis politiques, à faire intervenir l'armée et la police contre les manifestations d'opposition.

14.1.3 La Russie à la dérive

L'histoire de la Russie de Boris Eltsine est celle d'une dérive politique, économique et sociale qui va plonger ce pays, le plus vaste du monde et l'un des plus richement dotés par la nature, dans un état de prostration qui rappelle — en pire — les pires années du régime déchu.

Sur le plan politique, il s'agit d'une lutte acharnée et permanente entre Eltsine et le Parlement. Dès son arrivée au pouvoir, le nouveau président se heurte aux députés élus en 1989 et, après deux ans d'escarmouches, dissout le Parlement en octobre 1993. Retranchés dans la « Maison-Blanche » (l'immeuble du Parlement à Moscou), les députés résistent et le président doit envoyer les chars bombarder l'immeuble pour briser la révolte, faisant

Comment la politique de l'Allemagne réunifiée doit-elle tenir compte de la Russie et des pays de l'Europe de l'Est ?

9 **Chute de N. Ceausescu**

Un insurgé brandit un drapeau roumain « expurgé » des symboles du communisme.

10 Le parlement russe bombardé, octobre 1989

150 morts **10**. En 1995, les élections législatives traduisent l'exaspération de la population devant la dégradation des conditions de vie en donnant la majorité des voix au Parti communiste reconstitué. Eltsine, de plus en plus malade, ne fait plus dès lors que s'accrocher au pouvoir par tous les moyens, limogeant l'un après l'autre ses ministres puis les rappelant aux affaires, rassemblant autour de lui une « famille » outrageusement corrompue, jusqu'à ce que la Douma (nouveau Parlement) engage une procédure de destitution contre lui en 1998. Après s'être recruté un premier ministre qui saura le préserver des sanctions qui le menacent, Eltsine démissionne finalement le 31 décembre 1999 et Vladimir Poutine signe aussitôt un décret assurant l'immunité au président démissionnaire.

Parallèlement à ces querelles internes, Eltsine doit faire face à la sécession de la république de Tchétchénie, qui se déclare indépendante en 1991. Après quelques mois de tergiversations, redoutant une contagion du séparatisme vers d'autres républiques du Caucase, Moscou décide d'une intervention armée. Cette guerre de Tchétchénie, particulièrement « sale » et condamnée, quoique du bout des lèvres, par la communauté internationale, accentue encore les divisions politiques en Russie et jusqu'au sein de l'armée (refus de service des conscrits, démissions d'officiers de haut rang) et ne fait qu'affaiblir la position du président, d'autant qu'elle se transforme en semi-défaite militaire et que la Russie doit finalement se résigner à un accord avec les rebelles en 1996.

Mais c'est surtout sur les plans économique et social que la Russie postcommuniste s'avère un véritable désastre. La transition d'une économie planifiée à une économie de marché, tentée pour la première fois de l'histoire, pose d'énormes problèmes qui exigent impérativement de mener cette transition progressivement, par étapes et avec méthode. Car il ne s'agit pas simplement de libérer les prix et de privatiser les entreprises, il faut également et en même temps créer le cadre institutionnel, juridique et réglementaire sans lequel la liberté des prix et la privatisation risquent d'engendrer l'anarchie. Remplacer un monopole d'État réglementé par un monopole privé non réglementé constitue une bonne recette pour le chaos…

Or, en 1992, aiguillonné par ceux que l'économiste Joseph Stiglitz appelle les « bolcheviks du marché », Eltsine décrète du jour au lendemain la libération de la plupart des prix. Cette décision déclenche immédiatement une inflation qui engloutit en quelques mois toute l'épargne disponible. Dès lors, les capitaux manquant, les privatisations vont se résumer à brader en catastrophe les entreprises d'État aux amis du régime à des prix dérisoires, les bénéficiaires de l'opération s'empressant, en l'absence de tout cadre réglementaire, de piller les actifs afin de faire sortir au plus vite leur argent du pays pour le placer en lieu sûr. Ainsi, en 1998, la Russie, au bord de la faillite, reçoit du FMI (Fonds monétaire international) un prêt de 4,8 milliards de

Avec la chute du mur de Berlin, fin 1989, a commencé l'une des plus importantes transitions économiques de tous les temps. C'est le second coup d'audace du siècle en matière économique et sociale. Le premier avait été, sept décennies plus tôt, le passage délibéré au communisme. Au fil des ans, on avait pris conscience des échecs de cette première expérience. Avec la révolution de 1917, puis l'hégémonie soviétique sur une grande partie de l'Europe après la Seconde Guerre mondiale, près de 8 % des habitants de la planète, qui vivaient dans le système communiste soviétique, avaient perdu à la fois la liberté politique et la prospérité économique. En Russie comme en Europe de l'Est et du Sud-Est, la seconde transition est loin d'être achevée. Mais une chose est claire : elle a donné en Russie des résultats très inférieurs à ce que les partisans de l'économie de marché avaient promis ou espéré. Pour la majorité des habitants de l'ex-Union soviétique, la vie économique sous le capitalisme a été encore pire que les anciens dirigeants communistes ne l'avaient prédit. L'avenir est sombre. La classe moyenne a été décimée, un capitalisme des copains et des mafieux a été créé, et le seul succès, l'instauration d'une démocratie porteuse de précieuses libertés, dont une presse libre, paraît au mieux fragile, à l'heure où les anciennes chaînes de télévision indépendantes sont fermées l'une après l'autre. Si des Russes portent une très lourde responsabilité dans ce qui s'est passé, les conseillers occidentaux, en particulier ceux des États-Unis et du FMI, si vite accourus pour prêcher l'évangile de l'économie de marché, ne sont pas non plus sans reproche. Au strict minimum, ils ont apporté leur soutien à ceux qui ont emmené la Russie et beaucoup d'autres économies sur les chemins qu'elles ont suivis, en préconisant de substituer une nouvelle religion — le fanatisme du marché — à l'ancienne — le marxisme —, qui s'était révélée si déficiente.

J. E. Stiglitz
La grande désillusion, Fayard, 2002, p. 219-220.

dollars pour maintenir sa monnaie (de toute façon surévaluée). Tout l'argent prêté va sortir du pays en *quelques jours à peine,* réapparaissant sur des comptes en banque chypriotes ou suisses d'oligarques russes...

La « transition » russe, entreprise trop rapidement et sans préparation, a donc été un désastre total. Le recul du PIB a même été supérieur à celui qui avait eu lieu pendant la Seconde Guerre mondiale! De 1940 à 1946, la production industrielle de l'URSS avait chuté de 24 % ; de 1990 à 1999, elle s'est écroulée de près de 60 % **11**.

Une dérive économique d'une telle ampleur entraîne inévitablement son cortège de graves problèmes sociaux. L'espérance de vie recule de 3 ans, passant sous la barre de 60 ans. La pauvreté s'étend : fin 1998, 40 % de la population vit avec moins de 4 dollars par jour. Les classes moyennes sont ravagées et l'inégalité s'accroît, atteignant un niveau comparable à celui de certaines sociétés latino-américaines semi-féodales (Venezuela, Panama). Cette société appauvrie, cruellement déçue dans les espoirs qu'on lui avait fait miroiter sur le paradis capitaliste, cherche confusément de nouveaux repères, de nouvelles valeurs, dans la religion ou le nationalisme exacerbé, ou s'évade comme jamais dans l'alcoolisme, devenu la principale cause de la mortalité masculine.

Tous ces déboires expliquent en grande partie l'ascension vertigineuse de Vladimir Poutine, ancien du KGB, nommé premier ministre par Eltsine en 1999. Présentant l'image de l'homme de fer qui va « nettoyer les écuries », restaurer un pouvoir fédéral fort et écraser pour de bon l'insurrection tchétchène qui a repris, Poutine est facilement élu à la présidence de la Russie en mars 2000. Il s'attaque immédiatement à une réforme administrative qui lui permet de mettre au pas les gouverneurs et les assemblées régionales, puis aux grands oligarques et barons de la finance, les accusant de fraude fiscale, détournements de fonds et autres activités illégales, en profitant au passage pour fermer leurs journaux et chaînes de télévision, trop critiques envers son gouvernement. Il relance enfin avec brutalité la guerre de Tchétchénie,

sans arriver cependant à reprendre complètement le contrôle de la république rebelle **12**.

Les problèmes suscités en Russie par la transition à l'économie de marché se retrouvent à des degrés divers dans tous les ex-satellites d'Europe de l'Est. Sous les conseils des mêmes « bolcheviks du marché » qui menaient la Russie à la ruine, tous, sans exception, ont accusé une baisse sensible de leur activité économique et une dégradation du niveau de vie de leur population, brutalement précipitée dans un capitalisme sauvage d'un autre âge axé sur la soif d'enrichissement rapide, l'absence de contrôle de l'État, la délinquance, le crime organisé à grande échelle et la violence. Pendant ce temps, leur dette extérieure passait de 57 milliards de dollars en 1980 à plus de 480 milliards à la fin de l'an 2000, les remboursements totalisant pour la même période plus de 640 milliards, 11 fois leur dette totale de 1980!

14.1.4 Le drame yougoslave

Autre État créé en 1919 par le rassemblement quelque peu artificiel de groupes ethniques, linguistiques, religieux et culturels très divers **13**, la Yougoslavie avait été maintenue dans l'unité à bout de bras par le génie politique de Josip Broz, dit Tito, depuis sa libération des nazis en 1945. On parlait alors d'un État comptant « 6 républiques, 5 peuples, 4 langues, 3 religions et 2 alphabets ». La mort de Tito, en 1980, va libérer les forces centrifuges devant la volonté de la Serbie, sous l'impulsion des ultranationalistes dirigés par Slobodan Milosevic, de modifier au profit des Serbes le très fragile équilibre de la fédération en supprimant le statut d'autonomie du Kosovo à majorité albanaise et de la Voïvodine à majorité hongroise.

---

13 La Yougoslavie emportée par la vague des démembrements

Yougoslavie *signifie « pays des Slaves du Sud ». Aux deux tiers, ceux-ci, avant 1918, étaient sujets de l'Empire austro-hongrois. Certains, les Slovènes, relevaient de l'administration autrichienne; d'autres, les Croates, de l'administration hongroise; les Yougoslaves indépendants se partageant entre le royaume de Monténégro et celui de Serbie.*

Slovènes et Croates sont catholiques et utilisent l'alphabet latin ; les Serbes, orthodoxes, écrivent en caractères cyrilliques; les Musulmans utilisent en majorité la graphie latine. En dépit de ces différences, un puissant désir d'unification s'est manifesté depuis fort longtemps, car Serbes, Croates et Musulmans parlent une seule et même langue : le serbo-croate. Les Slaves de l'empire — Slovènes et Croates —, plus avancés économiquement que les Serbes et les Monténégrins, souffraient d'être humiliés : moins de 1,5 % d'entre eux avaient le droit de vote; et il n'y avait pas une seule université en Slovénie. [...]

Tout redécoupage des frontières, même internes, dans cette région balkanique peut entraîner de fatales conséquences. L'Albanie, désormais démocratique, se déclare « concernée » par le sort des Albanais du Kosovo. La Hongrie suit de près le destin de la minorité magyare de la Vojvodine et regarde d'un œil protecteur d'autres communautés hongroises, en Roumanie, en Slovaquie, en Ukraine...

La Yougoslavie n'est qu'une sorte de tragique laboratoire où l'on peut mesurer les périls qu'entraîne l'effondrement du pouvoir communiste.

Ignacio Ramonet
« Une régression de la raison politique », *Le Monde diplomatique*, « *Manière de Voir* » n° 17, 1993.

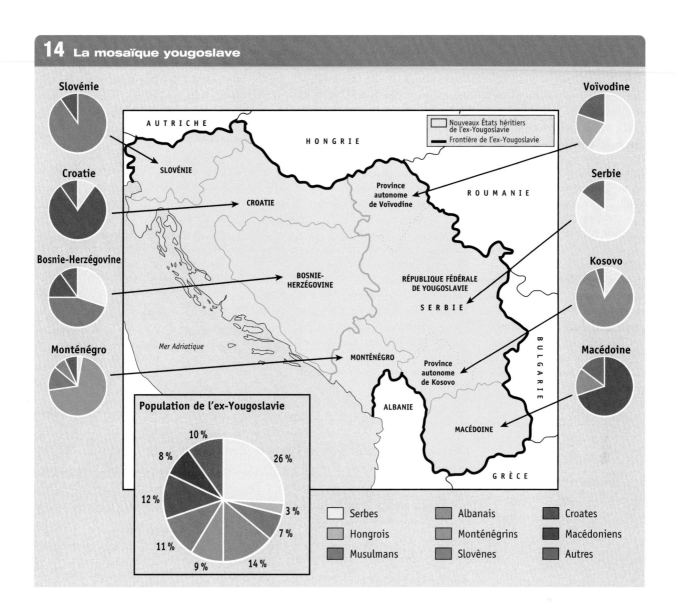

14 La mosaïque yougoslave

Slovénie

Croatie

Bosnie-Herzégovine

Monténégro

AUTRICHE
HONGRIE
SLOVÉNIE
CROATIE
Province autonome de Voïvodine
ROUMANIE
BOSNIE-HERZÉGOVINE
RÉPUBLIQUE FÉDÉRALE DE YOUGOSLAVIE
SERBIE
Mer Adriatique
MONTÉNÉGRO
Province autonome de Kosovo
ALBANIE
B U L G A R I E
MACÉDOINE
G R È C E

Voïvodine

Serbie

Kosovo

Macédoine

☐ Nouveaux États héritiers de l'ex-Yougoslavie
▬ Frontière de l'ex-Yougoslavie

Population de l'ex-Yougoslavie

10 %
8 %
26 %
12 %
3 %
7 %
11 %
9 %
14 %

☐ Serbes ▨ Albanais ▨ Croates
▨ Hongrois ▨ Monténégrins ▨ Macédoniens
▨ Musulmans ▨ Slovènes ☐ Autres

Inquiètes des visées centralisatrices de la Serbie, la Slovénie, la Croatie et la Macédoine proclament leur indépendance en 1991, bientôt suivies par la Bosnie-Herzégovine en 1992 **14**. Mais la Croatie et la Bosnie-Herzégovine éclatent à leur tour, les minorités serbes de ces deux républiques faisant sécession et réclamant leur maintien dans la Yougoslavie. Une guerre confuse et féroce se déclenche alors entre Croates, Serbes et Bosniaques (ces derniers n'étant au fond que des Serbo-Croates musulmans), marquée par des massacres de part et d'autre, par l'interminable et terrible siège de Sarajevo par les Serbes (1992-1995) **15** et par des opérations réciproques de « nettoyage ethnique », c'est-à-dire l'expulsion violente de populations en fonction de critères ethniques (400 000 personnes déplacées en Croatie, plus de 2 millions en Bosnie-Herzégovine). La communauté internationale peine

15 Dans Sarajevo assiégée

On se souvient encore des grandes manifestations à Sarajevo, aux premiers jours de combats, en avril 1992, de la population bosniaque — Serbes, Croates et Musulmans unis — contre les agissements des milices armées et pour une solution pacifique et unitaire. Qui sait que là-bas ce sont des Musulmans, des Croates et des Serbes qui se battent côte à côte pour un État unitaire? Qui a entendu ces hommes et ces femmes, clamant leur désir de vivre ensemble? Sûrement pas la Communauté européenne, qui, pudiquement, détourne les yeux.

À chaque étape de la crise yougoslave s'est confirmée cette paralysie. Quand l'opposition des nationalismes, serbe d'un côté, croate et slovène de l'autre, a menacé la fédération, la CEE a reconnu le fait accompli et n'a imposé aucun cadre de négociation. Alors que la guerre menaçait en Bosnie-Herzégovine, aucune mesure préventive n'a été tentée. Alors que Sarajevo est sous les bombes depuis des mois, les plans européens confirment le dépeçage de la Bosnie-Herzégovine en cantons ethniques, ce qui va à l'encontre de toute l'histoire de la région et justifie a posteriori la « purification ethnique ». [...]

Certes Sarajevo ne risque pas d'être le point de départ d'une troisième guerre mondiale, mais le précédent yougoslave servira de leçon pour tous les peuples, pour tous les apprentis dictateurs, pour tous les adeptes d'États « ethniquement purs » qui morcelleraient à l'infini notre continent. C'est l'identité de l'Europe, ses rêves d'unification, qui risquent d'être enfouis sous les ruines de Sarajevo. [...]

Par son autorité politique, par sa puissance financière, mais aussi par ses moyens militaires, la CEE était la seule force à pouvoir faire reculer la folie nationaliste, à esquisser une unité nouvelle du continent, force de ralliement dans un monde en voie d'implosion. Elle sera sévèrement jugée pour son échec.

Alain Gresh
« Les occasions manquées », *Le Monde diplomatique*, « *Manière de Voir* » n° 17, 1993.

pourtant à intervenir **16**, les Casques bleus timidement envoyés par l'ONU se révélant incapables d'empêcher le massacre de musulmans par des milices serbes à Srebrenica en avril 1995.

Finalement, sous la pression du président Clinton, l'OTAN intervient militairement en bombardant les positions serbes à l'automne 1995, ce qui ouvre la voie à des accords signés à Dayton le 21 novembre. La Bosnie-Herzégovine sera formée de deux entités territoriales distinctes : la République serbe de Bosnie et la Fédération de Bosnie-Herzégovine (croato-musulmane), elle-même divisée en cantons musulmans et croates. C'est le triomphe du communautarisme ethnique. Le siège de Sarajevo est levé et les personnes déplacées auront la liberté (bien théorique...) de revenir chez elles, tandis que 60 000 soldats de l'OTAN assureront sur place le respect des accords.

Un tribunal pénal international sera institué pour juger des crimes de guerre et des crimes contre l'humanité perpétrés pendant le conflit.

Mais dans une Yougoslavie maintenant réduite à la Serbie et au Monténégro, un autre drame se prépare : celui du Kosovo, où une population de large majorité albanaise musulmane (80 %) n'a jamais accepté la perte récente de son autonomie. Après les accords de Dayton, dans lesquels la question du Kosovo n'est même pas évoquée, une Armée de libération du Kosovo s'en prend aux forces yougoslaves, qui répliquent par une violente répression et un début de nettoyage ethnique **17**. Échaudée par son expérience bosniaque, l'OTAN intervient rapidement par des bombardements sévères en Serbie, laquelle finit

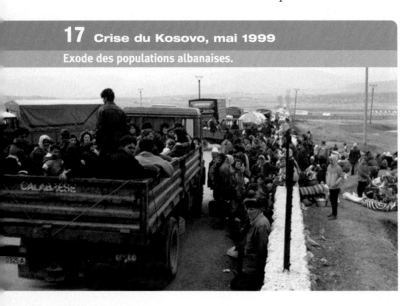

17 Crise du Kosovo, mai 1999

Exode des populations albanaises.

par céder, acceptant que le Kosovo devienne une sorte de protectorat de l'OTAN sans que son statut définitif ne soit réglé.

14.2 LA FIN DE LA GUERRE FROIDE

14.2.1 L'effondrement du bloc continental

On s'étonne toujours un peu de l'effondrement rapide de la formidable puissance militaire soviétique telle qu'elle apparaissait au milieu des années quatre-vingt. C'est qu'en fait cette puissance était déjà largement un leurre et allait le devenir de plus en plus. Les dirigeants du Kremlin avaient sous-estimé les coûts économiques et sociaux du maintien et du développement d'une telle puissance, qui engloutissait jusqu'à 25 % du PIB soviétique (contre 6 % pour les États-Unis). Un tel effort ne pouvait être soutenu de façon prolongée et l'on se rapprochait dangereusement du point de rupture. Les réformes de Gorbatchev vont rapidement amener ce point de rupture en disloquant la base économique qui soutenait la puissance militaire.

D'autres facteurs encore permettent de comprendre cet effondrement. Le nouveau dirigeant, plus ouvert sur l'extérieur qu'aucun de ses prédécesseurs (nombreux voyages à l'Ouest, dont trois aux États-Unis), perçoit clairement les retards technologiques de son pays et se persuade que ces retards ne pourront être comblés sans un changement radical dans les priorités en politique étrangère, ce qui suppose une amélioration en profondeur du climat international. Or la politique étrangère du président étasunien Ronald Reagan semble aller plutôt dans le sens contraire, avec cette « deuxième guerre froide » marquée par un réarmement massif et le lancement de l'Initiative de défense stratégique (« Guerre des étoiles »). Incapable de faire pièce aux États-Unis sur ce plan, l'Union soviétique doit donc ouvrir elle-même le jeu de la désescalade.

Le retrait des troupes soviétiques d'Afghanistan, envisagé par Gorbatchev dès 1985, commence finalement en 1988 et sera complété en moins d'un an. Subitement l'atmosphère internationale change : on ne parle plus seulement de limiter les armements, mais bien de les réduire, et les accords s'enchaînent, bilatéraux avec les États-Unis ou multilatéraux. Ainsi, les euromissiles seront éliminés (1987), les forces conventionnelles en Europe seront diminuées de 30 à 50 % (1990), les forces nucléaires seront réduites de 25 à 30 % avec destruction surveillée par des inspecteurs sur place (START I, 1991). Il semble que plus la position politique intérieure de Gorbatchev est précaire, plus les Occidentaux sont disposés à lui assurer des succès en politique étrangère afin de prévenir un retour des conservateurs en URSS. Mais c'est tout de même Gorbatchev qui doit toujours faire les plus grosses concessions, la plus spectaculaire sur le plan symbolique étant l'ouverture du mur de Berlin à la suite du défi public lancé sur place en 1987 par Ronald Reagan : « Monsieur Gorbatchev, abattez ce mur ! ». Finalement, l'URSS ayant disparu, le pacte de Varsovie est dissous le 1er avril 1991.

Qui a gagné, qui a perdu la guerre froide ? Le bloc atlantique, bien sûr, a « gagné », mais un peu par défaut, l'autre bloc s'étant désintégré de l'intérieur. Depuis 1991, il ne reste plus qu'une seule superpuissance mondiale, les États-Unis, pour le meilleur et pour le pire…

18 Siège du Parlement européen à Strasbourg

14.2.2 L'Europe pacifiée

La fin de la guerre froide ramène enfin l'Europe, pour la première fois depuis 1914, dans une perspective de paix véritable à long terme. L'avenir de l'unité européenne s'en trouve grand ouvert **18**.

Après l'entrée en vigueur de l'Acte unique en 1987 (voir page 203), le traité de Maastricht de 1992 marque un tournant dans l'histoire du continent. Il crée d'abord une citoyenneté de l'Union européenne, qui donne à son détenteur les droits de résider, de voter et d'être élu, et de circuler librement dans les 12 pays membres. L'autorité de l'Union est élargie à toute une série de nouveaux domaines, une politique sociale commune est amorcée, de même qu'une politique de sécurité et une politique étrangère à vrai dire peu contraignante. Enfin, la marche vers l'union économique et monétaire est fermement balisée : les politiques des États membres devront s'harmoniser, une Banque centrale européenne (BCE) est créée et une monnaie unique devra voir le jour en 1999.

Malgré les difficultés imprévues de ce traité face à l'opinion publique (rejet par référendum au Danemark, adoption de justesse en France), les demandes d'adhésion à l'Union continuent d'affluer. Le 1er janvier 1995, elle passe à 15 membres avec l'entrée de l'Autriche, de la Finlande et de la Suède **19**. La monnaie unique, l'euro, ayant été lancée le 1er janvier 1999, les anciennes monnaies disparaissent de la circulation dans 11 des 15 pays membres (la Grande-Bretagne, entre autres, hésitant à renoncer à la livre sterling, symbole de sa grandeur passée...) au début de 2002, dans une opération gigantesque et jamais tentée, réalisée somme toute dans la douceur, voire dans une certaine allégresse populaire. Et les projets d'élargissement se poursuivent en s'amplifiant, rendant de plus en plus complexe la bonne marche d'institutions créées au départ pour un petit groupe serré de 6 pays qui pourrait atteindre les 28 si toutes les demandes d'adhésion sont acceptées, poussant ses limites jusqu'aux frontières de la Russie et du Moyen-Orient.

19 L'Union européenne, 1986-1995

Europe des Douze en 1986
Réunification allemande en 1990
Nouvelles adhésions en 1995

B-H : Bosnie-Herzégovine
MAC. : Macédoine
SL. : Slovénie
YOUG. : Yougoslavie

14.2.3 Les organisations internationales dans un nouvel environnement

La fin de la guerre froide conduit l'ONU à une transformation profonde de sa place et de son rôle dans la communauté internationale. L'unanimité des grandes puissances qui se manifeste lors de la crise du Koweït en 1990 suscite de grands espoirs — quelque peu illusoires — quant aux possibilités nouvelles d'action de l'Organisation et à la mission impartie au Conseil de sécurité. En même temps, la fin du grand affrontement entre les blocs fait se multiplier les conflits locaux, non plus entre États, mais résultant surtout de problèmes internes même lorsque les rivalités interétatiques s'y greffent. Mais comme les principes traditionnels du droit international s'opposent à une intervention de l'ONU dans des conflits internes, son action va devoir prendre de nouvelles formes, axées sur les préoccupations humanitaires : protection des populations dans les zones de conflit, établissement de « corridors humanitaires », médiation entre adversaires [20].

À ces tâches s'ajoutent des interventions plus directement politiques une fois les conflits éteints. L'ONU est ainsi souvent chargée de la responsabilité de réhabiliter les États en crise : désarmement des factions, déminage, reconstitution de forces policières et militaires nationales. On lui demande de favoriser la réconciliation nationale, voire de reconstruire l'État de droit par des élections libres supervisées, d'aider à réformer les institutions, d'installer un gouvernement stable, de faire redémarrer l'économie : c'est ce qu'on appelle du *nation-building*.

Reste à savoir si, dans ses structures actuelles, l'Organisation est apte à mener à bien toutes ces tâches et surtout si ses membres, trop heureux de lui refiler des problèmes qu'ils sont incapables de résoudre (souvent après les avoir eux-mêmes créés : voir le cas de l'Irak post-Saddam), sauront lui donner les moyens, entre autres financiers, dont elle a besoin.

La fin de la guerre froide amène également l'OTAN, qui n'a pas été dissoute comme le pacte de Varsovie, à s'étendre vers l'Est malgré les vives réticences de la Russie, qui voit d'un mauvais œil l'ancien ennemi se rapprocher de ses frontières et qui accepte mal qu'une organisation toute conçue pour la guerre froide ne périclite pas en même temps que celle-ci. Mais les anciens satellites de Moscou se méfient d'un éventuel retour de l'impérialisme russe et demandent une intégration à l'Alliance qui leur assurerait une couverture militaire. Après de délicates tractations, la Pologne, la République tchèque et la Hongrie sont finalement admises dans l'OTAN en 1999, puis les États baltes, la Slovaquie, la Slovénie, la Bulgarie et la Roumanie en 2002, renforçant d'autant la marche de l'Europe vers l'unification.

Ayant perdu sa raison d'être fondatrice, c'est en élargissant ses fonctions aux opérations de maintien de la paix et à la gestion des crises internationales que l'OTAN peut continuer à jouer un rôle important en Europe. Ces nouvelles fonctions vont être appliquées dans les Balkans lors de la guerre de Bosnie et de la crise du Kosovo avec, toutefois, un succès mitigé. Car les divisions internes sur le plan politique, dans ces deux cas, de même que la préoccupation de réaliser des opérations militaires « à zéro mort » (bombardements peu précis en haute altitude), ont justifié bien des critiques, sans compter le souci des Russes de ne pas être complètement écartés du règlement des conflits dans cette région où ils ont des implications historiques profondes (voir chapitre 2).

20 L'ONU, gardienne de la paix

Blindé canadien en poste en Bosnie.

21 11 septembre 2001

14.2.4 Une guerre nouvelle : la « guerre au terrorisme »

Bien que précédé de plusieurs autres de même nature mais de moindre ampleur, les attentats du 11 septembre 2001 **21** contre le World Trade Center de New York et contre le Pentagone à Washington, après avoir plongé le monde entier dans la stupeur, ont signalé de façon particulièrement dramatique une des conséquences inattendues de la fin de la guerre froide.

Non pas que le terrorisme soit nouveau, loin de là, mais il entre, au tournant du XXIᵉ siècle, dans une nouvelle phase grâce à la conjonction de très nombreux facteurs, à la fois techniques, politiques, économiques, sociaux et culturels, voire religieux. Le développement de l'aviation civile de masse, la vulnérabilité des constructions en hauteur, le phénomène des chaînes d'information continue télévisée, l'atomisation des conflits consécutive à la fin du grand affrontement planétaire entre les blocs, l'élargissement du fossé entre pauvres et nantis tant entre les États à l'échelle mondiale qu'à l'intérieur de ceux-ci, l'action même de certains États qualifiés de « voyous », l'impasse de la question palestinienne, la montée d'un fondamentalisme islamiste extrême faisant de l'attentat suicide une manifestation suprême de soumission à la volonté divine, tous ces facteurs, entre autres et à titres divers, expliquent l'arrivée d'une guerre d'un type nouveau : la « guerre au terrorisme ».

Les attentats du 11 septembre ont mis en pleine lumière certaines facettes de cette nouvelle phase de l'histoire du terrorisme, dont en premier lieu son internationalisation sous la mouvance d'un réseau mondial, Al-Qaïda (« la Base »), animé par le milliardaire saoudien Oussama ben Laden. Jadis soutenu par les États-Unis dans la lutte des combattants afghans contre l'occupation soviétique, le réseau a pu, à partir du milieu des années quatre-vingt-dix, installer ses dirigeants et ses camps de formation dans l'Afghanistan des talibans, bénéficiant ainsi d'un sanctuaire territorial rarement présent chez les mouvements terroristes. Autre facette du terrorisme actuel : alors qu'il servait naguère de moyen pour des mouvements de révolte de forcer un adversaire beaucoup plus puissant à des concessions politiques, il est désormais dénué de toute préoccupation de solution négociée, les auteurs ou commanditaires des attentats ne se souciant même plus, dans la plupart des cas, de s'identifier et de faire connaître leurs revendications. Terrorisme anonyme, sans projet ni programme, aveugle et particulièrement cruel, qui déboussole les populations et désarçonne les pouvoirs publics.

Au lendemain des attentats va donc se poser de façon urgente le problème de la « guerre au terrorisme ». À la différence des conflits territoriaux traditionnels entre États ou entre régions hostiles, la guerre au terrorisme est « une guerre sans visage, une guerre sans frontière » selon l'expression du géostratège Gérard Chaliand. Ce devrait être d'abord une guerre du renseignement, une guerre de l'ombre, voire des coups fourrés, continuelle, multiforme, difficile. C'est aussi une guerre vouée à l'échec si elle ne s'accompagne pas de profondes réformes touchant les problèmes économiques, sociaux ou politiques dont se nourrit le terrorisme.

Mais l'existence du sanctuaire afghan a tout de suite justifié, après le 11 septembre, le lancement d'une guerre classique contre un État, menée à coups de bombardements massifs sur un pays déjà ravagé par 20 ans de conflits **22**. Le régime taliban tombe en quelques semaines sous les attaques combinées d'Afghans antitalibans et de forces terrestres étasuniennes, mais les dirigeants les plus recherchés se réfugient dans des régions difficiles d'accès aux frontières du Pakistan et demeurent introuvables. Et surtout, cette victoire relativement facile est pratiquement sans effet sur le terrorisme, qui continue de plus belle et même s'amplifie (190 morts à Madrid le 11 mars 2004). La troisième guerre du Golfe (voir page 279), engagée au prétexte fallacieux que Saddam Hussein avait partie liée avec le terrorisme, n'a fait que déclencher en Irak, où le terrorisme était inconnu (hors la terreur d'État), une vague d'attentats meurtriers dont les Irakiens eux-mêmes sont les premières victimes.

Pendant ce temps, les États-Unis, qualifiant les prisonniers capturés en Afghanistan de « combattants illégaux », leur refusent le statut de prisonniers de guerre et la protection des conventions de Genève en la matière, et les enferment sur une base militaire étasunienne sur l'île de Cuba, à Guantánamo, dans un vide juridique total où ils ne bénéficient ni des droits de prisonniers de droit commun, ni de ceux de citoyens de pays étrangers. Et sur le plan intérieur, devant l'obsession sécuritaire qui s'est emparée des esprits, tant aux États-Unis (Patriot Act) qu'au Canada et dans bien d'autres pays, une pléthore de lois s'affairent à restreindre les libertés civiles fondamentales.

Car tel est bien l'effet délétère du terrorisme : cherchant à saper les bases de la démocratie et de la liberté, il arrive par son action à faire mettre en place par les États démocratiques eux-mêmes, avec l'assentiment au moins tacite d'une opinion publique stupéfiée, les mécanismes qui tendent précisément à réaliser son but ultime.

22 « Guerre au terrorisme » ?

Hôpital de Kaboul bombardé par l'aviation étasunienne, janvier 2002.

LA MONDIALISATION EN MARCHE

14.3.1 Du GATT à l'OMC

Un des thèmes majeurs de ce tournant du millénaire est certes la mondialisation, c'est-à-dire « à la fois le processus et le résultat du processus selon lequel les phénomènes de divers ordres (économie, environnement, politique, etc.) tendent à revêtir une dimension proprement planétaire » (article « Mondialisation », *Encyclopædia Universalis*). Ce processus n'est absolument pas nouveau : il a commencé avec les grandes découvertes du XVIe siècle et s'est amplifié avec l'impérialisme du XIXe siècle. Il ne semble nouveau, à la fin du XXe siècle, que parce qu'il a connu un recul assez net de 1914 jusqu'à la fin de la guerre froide, mis à mal par les guerres, la crise des années trente et la politique des blocs.

La marche de la mondialisation avait néanmoins repris, dans les pays occidentaux, dès 1947, d'abord dans le domaine des échanges avec la création du GATT (voir page 196). Cet accord général sur les tarifs douaniers et le commerce, qui n'était guère plus qu'un code de bonne conduite entre pays, est remplacé en 1995 par l'Organisation mondiale du commerce (OMC), qui met en œuvre toute une législation qui sera maintenant appliquée par une véritable institution internationale dotée d'un tribunal d'arbitrage des différends commerciaux entre les membres. Ainsi, les 132 États signataires (143 en 2002) sont-ils mis théoriquement sur un pied d'égalité juridique, donnant aux pays en voie de développement la possibilité de se retourner contre les pays riches. Autre innovation capitale de l'OMC par rapport au GATT : la notion de commerce mondial est étendue aux services, à la propriété intellectuelle, aux politiques commerciales et à l'agriculture.

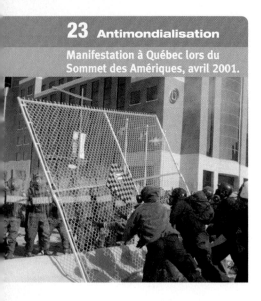

En fait, l'OMC sera bien souvent, dans les années qui suivent, le théâtre d'une nouvelle guerre froide, commerciale celle-là, entre trois ou quatre grands blocs (Amérique du Nord, Union européenne, Japon, pays émergents) défendant pied à pied leurs intérêts ou ceux de leurs entreprises nationales, qui sur le bois d'œuvre, qui sur l'aéronautique, qui sur le bœuf aux hormones, qui sur la banane.

La libéralisation accélérée des échanges va également entrer en contradiction avec des règles sociales et environnementales considérées comme essentielles par tout un pan de la société, suscitant la naissance d'un vaste mouvement antimondialisation. Ce mouvement réussit, en 1988, à bloquer un projet de libéralisation presque absolue des investissements (AMI : Accord multilatéral sur l'investissement) négocié dans le plus grand secret à l'intérieur de l'OCDE. Mais c'est à Seattle, lors de la conférence ministérielle de l'OMC en 1999, que le mouvement se révèle au grand jour de façon passablement fracassante. D'immenses manifestations marquées d'actes de violence contribuent à provoquer l'échec de la conférence, bien que cet échec soit également dû aux divergences Nord-Sud à l'intérieur de l'Organisation. Galvanisé par ce résultat, le mouvement antimondialisation grandit et organise systématiquement des manifestations, souvent accompagnées de violences perpétrées par de petits groupes de casseurs, à l'occasion de toutes les rencontres internationales, de Québec **23** à Davos, à Gênes, à New York…, à tel point que ces rencontres doivent finalement se tenir loin des foules, en plein désert ou dans de hautes montagnes, protégées de forces armées imposantes (al-Doha au Qatar en 2001, Kananaskis au Canada en 2003).

À Cancún, en 2003, la conférence échoue lamentablement devant le refus des pays riches d'abolir leurs subventions agricoles, qui entraînent des ravages économiques et sociaux chez les agriculteurs du tiers-monde incapables de concurrencer ces produits subventionnés, et devant la mauvaise volonté des mêmes pays riches à ouvrir véritablement leurs marchés aux produits des pays moins riches. Aujourd'hui, l'OMC est dans une crise profonde, remplacée peu à peu par des accords bilatéraux dans lesquels les pays pauvres, isolés, ne sont guère en meilleure posture.

14.3.2 Une mondialisation autre ?

L'opposition citoyenne à la mondialisation, mise au défi de dépasser le stade de la simple dénonciation et de proposer des solutions de rechange concrètes, a commencé à cerner les contours de ce que devrait être une mondialisation autre, une « altermondialisation » **24**. Il s'agirait d'une mondialisation prenant en compte des valeurs non marchandes dans les négociations économiques : droits humains, protections sociales, principe de précaution en matière d'environnement, développement durable, valeurs éthiques. On réclame aussi l'annulation pure et simple des dettes des pays les plus pauvres, une taxe sur les mouvements internationaux de capitaux, la réduction des inégalités de développement et des écarts entre riches et pauvres. On exige enfin la transparence du processus, l'irruption de la démocratie dans ces forums fermés, la participation des citoyens aux décisions prises à ces niveaux d'où ils sont exclus.

Démocratie participative, protection de l'environnement, lutte à la pauvreté : la mondialisation cristallise autour d'elle certaines des préoccupations les plus aiguës des humains en ce tournant de millénaire.

Conclusion

Comment conclure ce survol du tournant du millénaire, une histoire si immédiate qu'on peine à cerner les contours qui plus tard s'en dégageront? Le moins qu'on puisse dire, c'est que le tournant du IIIᵉ millénaire a vu un basculement du monde qui ne laisse pas d'être passionnant. À l'échelle de l'histoire, combien de temps durera l'hégémonie mondiale des États-Unis? La Russie va-t-elle retrouver la place que ses richesses et son immensité devraient normalement lui valoir? Un État unifié nommé Europe verra-t-il le jour? La mondialisation arrivera-t-elle à réduire, une fois pour toutes, l'écart scandaleux des conditions de vie entre les humains? S'il devait faire quelques pas dans cette direction, le XXIᵉ siècle pourrait mériter d'être vécu...

Questions de révision

1. Décrivez l'impasse dans laquelle débouchent la perestroïka et la glasnost à la fin des années quatre-vingt et l'option que choisit Gorbatchev pour tenter de dénouer cette impasse.

2. Dans quelles circonstances l'URSS a-t-elle été dissoute?

3. Décrivez les grandes lignes du processus d'éclatement de l'Empire soviétique en Europe de l'Est.

4. Comment la transition de la Russie vers l'économie de marché s'est-elle transformée en fiasco?

5. Comment la fédération yougoslave s'est-elle désintégrée?

6. Quels sont les facteurs qui poussent Mikhaïl Gorbatchev à mettre un terme à la guerre froide?

7. En quoi le traité de Maastricht marque-t-il un point tournant dans l'histoire de l'Europe?

8. Quelles tâches nouvelles l'ONU est-elle amenée à assumer après la fin de la guerre froide?

9. Faites ressortir certains aspects de la nouvelle phase dans laquelle le terrorisme entre à la fin du XXᵉ siècle. Quel bilan peut-on tirer de la « guerre au terrorisme » lancée par les États-Unis après les attentats du 11 septembre 2001?

10. Qu'est-ce que l'OMC et comment est-elle née?

11. Quelle mondialisation les altermondialistes proposent-ils?

1. Faites un résumé du chapitre sous forme de plan détaillé (résumé schématique).

2. En vous référant aux chapitres précédents, représentez par un schéma les grandes étapes de l'histoire de la Russie et de l'URSS depuis 1900.

3. Le système soviétique était-il capable d'assurer une transition « en douceur » vers l'économie de marché? Comment certains ex-satellites, comme la Hongrie, ont-ils à peu près réussi ce pari?

4. Qui a gagné, qui a perdu la guerre froide? La question est-elle seulement pertinente? Le monde, dans son ensemble, est-il plus sécuritaire depuis la fin de l'affrontement entre les blocs?

5. De Sarajevo à Sarajevo, montrez comment la « poudrière balkanique » du début du XXe siècle a ressurgi dans ses dernières années.

6. Comment une démocratie peut-elle combattre efficacement le terrorisme sans se nier elle-même? Jusqu'où allons-nous sacrifier nos libertés à notre désir légitime de sécurité?

> Pour aller plus loin

(NOTE : sauf mention contraire, le lieu d'édition est Paris.)

publications

ACHCAR, G. *Le choc des barbaries : terrorismes et désordre mondial.* Bruxelles, Éd. Complexe, coll. « Enjeux du XXIe siècle », 2002, 165 p.

BAFOIL, F. *Après le communisme : faillite du système soviétique, invention d'un modèle économique et social en Europe de l'Est.* A. Colin, coll. « L'histoire au présent », 2002, 250 p.

BERGEN, P. *Guerre sainte, multinationale.* Gallimard, 2002, 283 p.

CHALIAND, G., et A. BLIN. *America is back : les nouveaux césars du Pentagone.* Bayard, 2003, 225 p.

CHALIAND, G. *L'arme du terrorisme.* L. Audibert, 2002, 156 p.

COURMONT, B. *Terrorisme et contre-terrorisme : l'incompréhension fatale.* Le Cherche Midi, coll. « Documents », 2002, 158 p.

FEJTÖ, F. *La Fin des démocraties populaires : les chemins du post-communisme.* Seuil, coll. « Points Histoire » no 237, 1997, 590 p.

GRMEK, M., et autres (éd.) *Le nettoyage ethnique : documents historiques sur une idéologie serbe.* Seuil, coll. « Points Histoire » no 308, 2002, 353 p.

GURFINKIEL, M., et V. FEDOROVSKI. *Le retour de la Russie.* O. Jacob, 2001, 310 p.

HOBSBAWM, E. J. *Les enjeux du XXIe siècle.* Bruxelles, Éd. Complexe, coll. « Questions à l'histoire », 2000, 199 p.

LEDERMAN, A. *Le futur était presque parfait : enquête sur la mondialisation.* Le Cherche Midi, 2002, 173 p.

LÉVESQUE, J. *La Fin d'un empire : l'URSS et la libération de l'Europe de l'Est.* Presses de la Fondation nationale des sciences politiques, 1995, 332 p.

MÉLANDRI, P., et J. VAÏSSE. *L'empire du milieu : les États-Unis et le monde depuis la fin de la guerre froide.* O. Jacob, 2001, 550 p.

RADVANYI, J. *La Nouvelle Russie.* A. Colin, coll. « U », 2e éd., 2000, 418 p.

STIGLITZ, J. E. *La grande désillusion.* Fayard, Le Livre de Poche no 15538, 2003, 409 p.

Glossaire

Anarchiste 14

Anticlérical 11

Antinomique 14

Autarcie 85

Autocratie 11

Autodétermination 37

Biotechnologie 296

Cartel 6

Caudillo 252

Charismatique 21

Clergé 11

Cocktail Molotov 270

Compensation 85

Concile 296

Congrégation 11

Contingentement 6

Contrôle des changes 79

Créole 234

Culture vivrière 225

Domesticité 8

Dualisme.........................254

Dumping.........................196

Éclectisme 303

Embourgeoisé 288

Endémique 245

Étalon-or...........................6

Exterritorialité...................20

Fédéralisme......................252

Foncier............................14

Garde prétorienne 21

Gérontocratie 42

Hégémonique 28

Indianisme.......................253

Indigénisme 129

Indignité culturelle 225

Jachère 14

Junte 236

Krach 74

Laïc 11

Larvé 27

Melting pot 16

Métropole........................13

Microprocesseur 297

Mitteleuropa.....................28

Monopole 6

Nihiliste 14

Nomenklatura 210

Oligopole 6

Pogrom..........................209

Pouvoir exécutif 10

Pouvoir judiciaire................10

Pouvoir législatif 10

Profession libérale 8

Prolétaire 94

Prolétarisation 94

Protectionnisme 6

Quintal 6

Recherche fondamentale 296

Recherche-développement 298

Rentier 8

République 10

Responsable......................10

Révolution verte 250

Satellisation 212

Sioniste 264

Soviet 14

Soviétisation 212

Sujétion 225

Terme de l'échange...............246

Théocratie........................274

Transhumance....................225

Troc...............................79

Trust 6

Bibliographie générale

(Note : sauf mention contraire, le lieu d'édition est Paris.)

AGOSTINO, M., et coll. *Textes d'histoire contemporaine. Tome 2 : Le XXᵉ siècle.* Bordeaux, Presses Universitaires de Bordeaux, 1986, 199 p.

BEAUD, M., et G. DOSTALER. *La Pensée économique depuis Keynes.* Seuil, coll. « Points Économie » n° 40, 1996, 444 p.

BENEVOLO, L. *Histoire de l'architecture moderne.* Tome 2 : *Avant-garde et mouvement moderne (1890-1930).* Tome 3 : *Les Conflits et l'après-guerre.* Tome 4 : *L'inévitable éclectisme (1960-1980).* Dunod, 1979-1999, 299 p., 310 p. et 182 p. respectivement.

BERSTEIN, S. *Démocraties, régimes autoritaires et totalitarismes au XXᵉ siècle : pour une histoire politique comparée du monde développé.* Hachette, coll. « Carré Histoire » n° 10, 1999, 256 p.

BERSTEIN, S., et P. MILZA (dir.) *Histoire du XXᵉ siècle.* Tome 1 : *La Fin du « monde européen » (1900-1945).* Tome 2 : *Le Monde entre guerre et paix (1945-1973).* Tome 3 : *1973 à nos jours : vers la mondialisation.* Hatier, coll. « Initial », 1996-2001, 501 p., 497 p. et 384 p. respectivement.

BRUNET, J.-P., et A. PLESSIS. *L'explication de documents historiques. Tome 2 : XXᵉ siècle.* A. Colin, coll. « Cursus. Travaux dirigés » Série Histoire, 1998, 221 p.

CAROL, A., et coll. *Dictionnaire d'histoire du XXᵉ siècle.* Hatier, coll. « Initial », 1993. 499 p.

CHALIAND, G. *Atlas du nouvel ordre mondial.* Laffont, 2003, 129 p.

— *Atlas du millénaire : la mort des empires, 1900-2015.* Hachette littératures, 1998, 222 p.

COLLECTIF. *Histoire de l'Europe au XXᵉ siècle.* Tome 1 : RUHLMANN, J. *1900-1918.* Tome 2 : GUIFFAN, J. *1918-1945.* Tomes 3 et 4 : FABRE, P. et D. *1945-1974,* 2 vol. Tome 5 : GALLOUX-FOURNIER, B. *1974 à nos jours.* Bruxelles, Éd. Complexe, coll. « Questions au XXᵉ siècle » nᵒˢ 71, 72, 73, 74 et 75, 1994-1996, 255 p., 253 p., 250 p., 276 p. et 365 p. respectivement.

CORDELLIER, S. (dir.) *Dictionnaire historique et géopolitique du 20ᵉ siècle.* La Découverte, 2ᵉ éd., 2002, 768 p.

D'ALMEIDA-TOPOR, H. *L'Afrique au XXᵉ siècle.* A. Colin, coll. « U », 1993, 360 p.

DABÈNE, O. *L'Amérique latine au XXᵉ siècle.* A. Colin, coll. « Cursus », 1997, 192 p.

DROZ, B., et A. ROWLEY. *Histoire générale du XXᵉ siècle.* Tome 1 : *Déclins européens.* Tome 2 : *La Naissance du monde contemporain.* Tome 3 : *Expansion et indépendances, 1950-1973.* Tome 4 : *Crises et mutations de 1973 à nos jours.* Seuil, coll. « Points Histoire » nᵒˢ H85, H86, H96 et H160, 1986-1992, 370 p., 284 p., 520 p. et 527 p. respectivement.

DUBY, G., et M. PERROT (dir.) *Histoire des femmes en Occident*. Tome 5 : THÉBAUD, F. (dir.) *Le XXᵉ siècle*. Perrin, coll. « Tempus », 2002, 891 p.

DUFOUR, J.-L. *Les Crises internationales : de Pékin 1900 au Kosovo 1999*. Bruxelles, Éd. Complexe, coll. « Historiques », 2000, 305 p.

DUROSELLE, J.-B. *Histoire diplomatique de 1919 à nos jours*. Dalloz, 11ᵉ éd., 1993, 1 038 p.

FERRO, M. *Les tabous de l'histoire*. Pocket, 2003, 139 p.

FILIPPI-CODACCIONI, A.-M., et coll. *Histoire du 20ᵉ siècle. Dictionnaire politique, économique, culturel*. Bordas, coll. « Les Actuels », 1991, 416 p.

HOBSBAWM, E. *L'âge des extrêmes : le court vingtième siècle, 1914-1991*. Bruxelles, Éd. Complexe, coll. « Bibliothèque Complexe », 1999, 810 p.

JEANNENEY, J.-N. *Une histoire des médias : des origines à nos jours*. Le Seuil, 2000, 393 p.

JOHNSON, P. *Modern Times. A History of the World from the 1920s to the 1990s*. Londres, Phoenix, 1996, 876 p.

LEVI, G., et J.-C. SCHMITT (dir.) *Histoire des jeunes en Occident. Tome 2 : L'époque contemporaine*. Seuil, coll. « L'univers historique », 1996, 407 p.

MARSEILLE, J. *Les 1000 immanquables du 20ᵉ siècle*. Larousse, 2000, 367 p.

MATHIEX, J., et G. VINCENT. *Aujourd'hui (depuis 1945)*. 2 vol., Masson, coll. « Histoire contemporaine générale », 5ᵉ éd., 1994, 416 p. et 456 p.

MONTREYNAUD, F., et coll. *Le XXᵉ siècle des femmes*. Nathan, 1999, 830 p.

NÉRÉ, J., et coll. *Précis d'histoire contemporaine*. Presses universitaires de France, 2ᵉ éd., 1991, 615 p.

NOUSCHI, M. *Le XXᵉ siècle*. A. Colin, coll. « U », 1995, 544 p.

PORTES, J. *Les États-Unis de 1900 à nos jours*. A. Colin, coll. « Prépas. Histoire », 2002, 255 p.

PROST, A., et G. VINCENT (dir.) *De la Première Guerre mondiale à nos jours*, Seuil, coll. « L'univers historique », 1987, 634 p. (Tome V de *Histoire de la vie privée*, sous la direction de P. ARIÈS et G. DUBY.)

RÉMOND, R. *Regard sur le siècle*. Presses de Sciences Po, coll. « La bibliothèque du citoyen », 2000, 113 p.

TODOROV, T. *Mémoire du mal, tentation du bien : enquête sur le siècle*. Laffont, coll. « Biblio essais », 2002, 476 p.

TOUCHARD, P. *Le siècle des excès : le XXᵉ siècle de 1870 à nos jours*. Presses universitaires de France, coll. « Major », 6ᵉ éd., 2003, 698 p.

VAÏSSE, M., et J.-L. DUFOUR. *La Guerre au XXᵉ siècle*. Hachette, coll. « Carré Histoire », 2ᵉ éd., 2003, 231 p.

VALLAUD, P. *Le XXe siècle : atlas historique*. Hachette, coll. « Pluriel » n° 87, 1996, 215 p.

VERSAILLE, A. (dir.) *Penser le XXe siècle*. Bruxelles, Éd. Complexe, coll. « Questions au XXe siècle » n° 16, 1990, 277 p.

WANG, N. *L'Asie orientale du milieu du 19e siècle à nos jours*. A. Colin, coll. « U » série Histoire contemporaine, 2e éd., 2000, 415 p.

CÉDÉROMS

Dictionnaire multimédia de l'art moderne et contemporain. Prod. Hazan/Videomuseum/RMN/Akal, 1996.

Promenade dans l'art du XXe siècle. Prod. Matra Hachette Multimédia, 1995.

SITES INTERNET

Le Monde diplomatique, section histoire :
http://www.monde-diplomatique.fr/md/index/sujet/histoire.html

World History Archives :
http://www.hartford-hwp.com/archives/index.html

Sources photographiques

ALIX, D. : p. 296

ANDREWS, P. : p. 310

ARCHIVES NATIONALES DU CANADA : p. 32 (PA-001096), p. 34 (PA-024436), p. 112 (PA-108054) / *The Gazette*

BERLINISCHE GALERIE : p. 90 Succession Werner Heldt / SODRAC 2004

BIBLIOTHÈQUE NATIONALE DE FRANCE : p. 150

BOUVET, T. : p. 116 Banco de México, Diego Rivera & Frida Kahlo Museums Trust

CAROLL JANIS INC : p. 301(b) The George and Helen Segal Foundation / VAGA / SODART 2004

COLLÈGE MONTMORENCY (DÉPARTEMENT D'HISTOIRE) : p. 160, p. 189

CORBIS/MAGMA : p. 58(h) Hulton-Deutsch collection, p. 100(d) Bettmann, p. 119, p. 130(hg) Patrick Ward, p. 131(b) Catherine Karnow, p. 205 Bettmann, p. 206 Michael S. Yamashita, p. 247 Patrick Robert, p. 268 Wally McNamee, p. 270(h) Peter Turnley, p. 270(b) Milner Moshe, p. 272 Nicah Walter, p. 274 Bettmann, p. 276 Jacques Pavlovsky, p. 282 Henry Diltz, p. 288, p. 298 Digital Art, p. 303(h) Bernard Annebicque, p. 303(b) Tibor Bognàr, p. 308 Jacques Langevin, p. 311 David Turnley, p. 312 David Turnley, p. 314 R.P.G., p. 315 Chris Rainier, p. 316 J.B. Russell, p. 318 Elipsa, p. 319 Chris Rainier, p. 320 Chris Collin, p. 321 Thorne Anderson, p. 322(b) Vo Trung Dung, p. 322(h) Serra Antoine

CYBERSOLIDAIRES.ORG : p. 279

DAILY HERALD : p. 42

HURNI, J.C. : p. 275

IMPERIAL WAR MUSEUM (London, England) : p. 24

KEYSTONE : p. 215(h), p. 219, p. 222

KPE.SE : p. 277

LANGLOIS, G. : p. 21 Succession Jose Clemente Orozco / SODRAC 2004, p. 127(b), p. 129

LAUZON, J. : p. 300(h) Succession J. Pollock / SODRAC 2004

MUSÉE DES BEAUX-ARTS DU CANADA : p. 300(bg) Succession P.-É. Borduas / SODRAC 2004

PUBLIPHOTO
HP Archives : p. 7, p. 8, p. 9, p. 15, p. 19, p. 30, p. 31, p. 37, p. 39, p. 48, p. 50, p. 55, p. 58(b), p. 61, p. 62, p. 64, p. 67, p. 68, p. 75, p. 76, p. 84, p. 98, p. 100(g), p. 102, p. 104, p. 118, p. 122 Succession O. Dix / SODRAC 2004, p. 123, p. 126, p. 127(h) Succession G. Braque / SODRAC 2004, p. 128 Fondation Gala-Salvador Dali / SODRAC 2004, p. 130(bg), p. 131(h), p. 134, p. 138 Fondation Gala-Salvador Dali / SODRAC 2004, p. 145, p. 147, p. 149, p. 151, p. 153, p. 156, p. 158, p. 164, p. 166, p. 178, p. 180, p. 183, p. 185, p. 215(b), p. 216, p. 229, p. 232, p. 237, p. 239, p. 265, p. 293 , p. 302(bd) Andy Warhol Foundation for Visual Arts / SODRAC 2004, p. 301(h) Succession V. Vasarely / SODRAC 2004, P.G. Adam : p. 130(hd) Banco de México, Diego Rivera & Frida Kahlo Museums Trust, p. 253, p. 254(b), p. 302(b)

RÉUNION DES MUSÉES NATIONAUX / ART RESOURCE, N.Y. : p. 192 Succession Fernand Léger / SODRAC 2004

SIPA : p. 254(h), p. 309

TANNENBAUM, ALLAN : p. 278

VILLE DE MONTRÉAL. GESTION DE DOCUMENTS ET ARCHIVES : p. 72, p. 182

WOLFGANG, VOLZ : p. 302(h) Christo

Page couverture : Musée national des Beaux-Arts du Québec, Jean-Paul Riopelle, *L'Hommage à Rosa Luxemburg* (détail), 1992 © Succession Jean-Paul Riopelle / SODRAC 2004

Index

A

Acte unique européen, 203
Action painting, 299, 301
Afghanistan, 185, 186, 275-276, 317, 320-321
Afrique du Sud, 186, 234
Albanie, 148, 169, 182
Algérie, 18, 233
Allemagne, 11-12, 27-28, 30, 31-32, 36, 38, 40-42, 58-59, 77, 79, 85, 92-103, 108, 140, 144, 145, 146-149, 151, 154, 156, 166, 167, 169, 173-174, 176, 181, 279, 310
Allende, Salvador (1908-1973), 239
Alliance pour le progrès (1961), 238
Alsace-Lorraine, 27, 39
Amérique latine, 21, 110, 234-239, 248-249, 252, 253, 258, 284
Anderson, Carl David (1905-1991), 124
Angola, 184, 186, 234
Annam, Kofi (1938-   ), 231
Anschluss, 40, 147
Arabie saoudite, 273-274
Arafat, Yasser (1929-   ), 267, 270, 271
Aragon, Louis (1897-1982), 127
Arbenz, Jacobo (1913-1971), 236
Architecture, 130-131, 302-303
Argentine, 235, 248, 249, 252
Arménie, 64
Art, 126-134, 299-303
Art abstrait, 127, 300-301
Atatürk, voir Kemal
Australie, 19, 78
Automatisme, 300
Autriche, 38, 39, 40, 77, 147, 318
Autriche-Hongrie, 11, 12, 27, 28, 30, 31, 38, 39, 40

B

Baas, 273
Balfour, déclaration, 66
Balkans, 27, 150, 314-317
Bangladesh, 253, 259
Banting, Frederick Grant (1891-1941), 125
Bartók, Béla (1881-1945), 131
Bastié, Maryse (1898-1952), 119
Batista, Fulgencio (1901-1973), 236
Bauhaus, 130-131
Beatniks, 292
Beauvoir, Simone de (1906-1986), 291
Becquerel, Henri (1852-1908), 124
Begin, Menahem (   ), 269
Behaviorisme, 125
Belgique, 112, 149
Ben Youssef, Mohammed (1909-1961), 233
Berkeley, Busby (1895-   ), 134
Berlin, 173-174, 177-178, 214
Best, Charles Herbert (1899-1978), 125
Bethune, Norman (1890-1939), 145
Biotechnologies, 298
Birmanie, 231
Bloch, Marc (1886-1944), 126
Bofill, Ricardo (1939-   ), 303

Bolcheviks, 51-56
Borduas, Paul Émile (1905-1960), 300
Bosnie-Herzégovine, 27, 30, 315-316
Bosphore, voir Détroits ottomans
Bourguiba, Habib (1903-   ), 233
Braque, Georges (1882-1963), 127
Brejnev, Leonid (1906-1982), 180-181
Brésil, 110, 248, 249, 252, 254, 259
Breton, André (1896-1966), 127
Bretton Woods, 195
Broglie, Louis H. de (1892-1987), 125
Bulgarie, 32, 169
Buñuel, Luis (1900-1983), 128
Bush, George W. (1946-   ), 279

C

CAEM (Conseil d'assistance économique mutuelle), 173, 213
Calmette, Albert (1863-1933), 125
Cambodge, 18, 183, 184, 231, 232, 258
Camps d'extermination, 157-159
Canada, 59, 78, 200
Cárdenas, Lázaro (1895-1970), 110
Carné, Marcel (1909-1996), 134
Carter, James E., dit Jimmy (1924-   ), 184, 186, 205, 268, 274
Castro, Fidel (1927-   ), 178, 236, 256
Catholicisme, 296
CECA (Communauté européenne du charbon et de l'acier), 202
CEE (Communauté économique européenne), 202-203
CEI (Communauté des États indépendants), 309
Chadwick, James (1891-1974), 124
Chagall, Marc (1887-1985), 128
Chamberlain, Neville (1869-1940), 147
Chaplin, Charles, dit Charlie (1889-1977), 133, 175
Charte de l'Atlantique (1940), 150, 166, 229
Chili, 239
Chine, 20, 32, 62, 68-69, 111, 143, 173, 180, 181, 182, 217-219, 231, 232, 258, 259
Choc pétrolier, 198-199, 248
Christo, Javacheff, dit Christo (1935-   ), 302
Churchill, Winston (1874-1975), 150, 156, 170, 229
Cinéma, 120-121, 132-134
Clinton, William Jefferson, dit Bill (1946-   ), 271, 316
Club de Rome, 294
CNUCED (Conférence des Nations Unies sur le commerce et le développement), 257
Cochinchine, 231
Colonialisme, 224-226, voir aussi Impérialisme
Color field painting, 300
Comecon, voir CAEM
Conférence
     d'Alger (1973), 256
     de Bandung (1955), 255
     de Belgrade (1961), 256
     de Bretton Woods (1944), 195
     de Buenos Aires (1936), 235
     de Cancun (2003), 322

de Genève (1954), 232
de La Havane (1979), 256
de Londres (1933), 79
de Lusaka (1970), 256
de Munich (1938), 147
de New Delhi (1947), 255
de New Delhi (1983), 256
de Potsdam (1945), 167-169
de Seattle (1999), 322
de Washington (1921-1922), 62
de Yalta (1945), 166-167, 169
du Caire (1964), 256
Conseil de sécurité de l'ONU, 168, 174,
266, 279
Corée, 174-175, 259
Crick, Francis (1916-   ), 298
Croatie, 315
Cuba, 178-180, 184, 235, 236-238
Cubisme, 127
Curie, Marie (1867-1934), 124
Curie, Pierre (1859-1906), 124

D

Dadaïsme, 127
Daladier, Édouard (1884-1970), 147
Dalí, Salvador (1904-1989), 128
Danemark, 202, 318
Dardanelles, voir Détroits ottomans
Dayton, accords, 316
Détroits ottomans, 27, 64, 170
Diên Biên Phu, 232
Dix, Otto (1891-1969), 127
Doctrine
Jdanov, 172
Nixon-Kissinger, 181
Truman, 170
Dovjenko, Alexandre (1894-1956), 133
Dresde, 152
Drogues, 292
Dubcek, Alexandre (1921-1992), 215
Duchamp, Marcel (1887-1968), 127
Dulac, Germaine (1882-1942), 128
Dulles, John Foster (1888-1959), 175-176
Dylan, Bob
(Robert Allen Zimmerman, 1941-   ), 292

E

Earhart, Amelia (1898-1937), 119
Écologie, 294-295
Égypte, 18, 66, 265-266, 267-269, 273
Einstein, Albert (1879-1955), 124
Éire, 202, voir aussi Irlande
Eisenhower, Dwight D. (1890-1969), 203
Eisenstein, Sergueï M. (1898-1948), 133, 134
Eltsine, Boris (1931-   ), 212, 308, 311-312
Éluard, Paul (1895-1952), 127
Émirats arabes unis, 259
Endettement, 248-249
Équilibre européen, 28, 141
Ernst, Max (1891-1976), 128
Espagne, 110, 144, 203
Estonie, 39, 148, 308
États-Unis, 15-17, 36, 37, 44, 60-62, 74-76,
82-83, 131, 142, 144, 149, 150, 151, 166,
167, 169, 170, 171-172, 174-175, 177,
181, 183, 184, 185-188, 195, 197-198,
200-201, 203-205, 230, 232, 233, 235,

236, 237, 268, 279, 288, 292-293, 298,
320-321
Éthiopie, 18, 140, 144, 184, 252, 253
Euromissiles, 187, 203, 317
Évian, accords (1962), 233
Exode rural, 289
Expressionnisme, 126, 132-133

F

Falla, Manuel de (1876-1946), 131
Fascisme, 60, 86, 92-103, 145, 152,
voir aussi Nazisme
Fauvisme, 126
Febvre, Lucien (1878-1956), 126
Femmes, 9, 34, 42-43, 57, 100, 110, 119, 123,
291-292
Fleming, Alexander (1881-1955), 125
Fleming, Victor (1883-1949), 134
FMI (Fonds monétaire international), 195, 249
Fonctionnalisme, 130, 302
Fondamentalisme
biblique, 61, 295
islamique, 186, 273-274
France, 10, 27, 31, 32, 37, 59, 77, 83-84,
141, 145, 146, 148, 149, 154, 155, 180,
182, 200, 231, 232, 233-234, 266, 279,
318
Franco, Francisco (1892-1975), 110, 144, 145
Front populaire
en Espagne, 144
en France, 83-84
Fronts populaires, stratégie, 142
Fusées, crise (1962), 179-180
Futurisme, 127

G

Gance, Abel (1889-1981), 118
Gandhi, Mohandas (1869-1948), 67-68, 231
GATT (General Agreement on Tariffs and Trade),
195, 196, 321
Gaudí, Antonio (1852-1926), 130
Gaulle, Charles de (1890-1970), 182, 233-234
Gdańsk, accords, 216
Gehry, Frank (1929-   ), 303
Génocide des Juifs, 156-159
Géorgie, 308
Gershwin, George (1898-1937), 132
Golfe Persique, 276-279
Gomulka, Vladislav (1905-1982), 214, 216
Gorbatchev, Mikhaïl (1931-   ), 211-212,
308-310, 317
Grande Alliance, 166-167, 169, 170
Grande-Bretagne, 10, 28, 31, 37, 59, 77, 78,
83, 141, 144, 145, 146, 148, 149, 150,
166, 169, 170, 200, 202, 231, 264, 266,
279, 318
Grèce, 32, 64, 156, 169, 170, 203
Griffith, David Wark (1875-1948), 132
Gropius, Walter (1883-1969), 130
Grosz, Georges (1893-1959), 127
Guatemala, 184, 236
Guérin, Camille (1872-1961), 125
Guernica, 145
Guerre
au terrorisme, 320-321
d'Espagne (1936-1939), 144-145
d'Indochine (1946-1954), 232

de Bosnie (1992-1995), 315-316
de Corée (1950-1953), 174-175, 203
du Cachemire (1947-1959), 258
du Golfe (1991), 277-278
du Golfe (2003), 279, 321
du Vietnam, 183, 204-205, 233
gréco-turque (1921), 64-65
hispano-américaine (1898), 17
Iran-Irak (1980-1988), 276-277
israélo-arabe (1948-1949), 264
israélo-arabe (1956), 265-266
israélo-arabe (1967, des « Six Jours »),
    266-267
israélo-arabe (1973, du « Kippour »),
    198, 268
russo-japonaise (1905), 18
sino-japonaise (1937-1945), 143-144
Guevara, Ernesto, dit « Che » (1928-1967), 238
Guinée-Bissau, 234
Guomindang, 68, 217

H

Haïti, 235, 259
Heisenberg, Werner Karl (1901-1976), 125
Hippies, 205, 294
Hirohito (1901-1989), 111
Hiroshima, 153, 159, 167, 177
Histoire, 126
Hitler, Adolph (1889-1945), 59, 97, 98,
    101, 108, 119, 140, 145, 146, 147, 148,
    149, 150
Hô Chi Minh (1890-1969), 226, 231
Honegger, Arthur (1892-1955), 118
Hong Kong, 231
Hongrie, 38, 39, 40, 58, 154, 177, 215, 310
Horthy de Nagybanya (1868-1957), 58
Hussein, Saddam (1937-   ), 271, 273,
    277-279
Hyperréalisme, 301

I

Impérialisme, 12-13, 17, voir aussi
    Colonialisme
Inde, 18, 67, 231, 251, 252, 253, 258, 259
Indochine, 153, 184, 231
Indonésie, 153, 229, 231, 259
Informatique, 297-299
Irak, 65-66, 273, 276-279
Iran, 186, 274-275, 276
Irlande, 10, voir aussi Éire
Islamisme, 274
Israël, 264-272
Italie, 11, 28, 32, 60, 64, 79, 85, 92-103,
    140, 144

J

Japon, 17-18, 32, 63, 85, 111, 140, 143, 150,
    153, 166, 206-207, 229
Jaruzelski, Wojcieck (1923-   ), 216
Jazz, 132
Jean-Claude, 302
Jean-Paul II (1920-   ), 296
Jeux olympiques de Berlin (1936), 121
Jiang Jieshi (Tchang Kaï-chek) (1887-1975),
    68-69, 111, 173
Jinnah, Ali (1876-1948), 231

Johnson, Lyndon (1908-1973), 204
Joliot-Curie, Frédéric (1900-1958), 124
Joliot-Curie, Irène (1897-1956), 124
Jordanie, 266, 269, 273

K

Kádár, János (1912-1989), 215, 310
Kandinsky, Wassily (1866-1944), 127
Keaton, Buster (1896-1966), 133, 134
Kemal, Mustafa, dit Atatürk (1881-1938),
    64-65
Kennedy, John F. (1917-1963), 178-180, 204
Kennedy, Robert F. (1925-1968), 205
Kenya, 234
Kerenski, Alexandre (1881-1970), 51
Kerouac, Jack (1922-1969), 292
Keynes, John Maynard (1883-1946), 86-87, 197
Khomeiny, Ruhollah (1902-1989), 274
Khrouchtchev, Nikita (1894-1971), 176,
    177-180, 209, 210
King, Martin Luther (1929-1968), 205
Kissinger, Henry (1923-   ), 181
Klee, Paul (1879-1940), 129
Kokoschka, Oskar (1886-1980), 126
Kominform, 172, 214
Komintern (IIIe Internationale), 54, 98
Kosovo, 314, 316
Koweït, 258, 277
Krach
    de 1929, 75
    de 1987, 201
Kun, Béla (1886-1937), 58
Kurdes, 64, 253, 277, 278

L

Lang, Fritz (1890-1976), 133, 134
Lange, Dorothea (1895-1965), 76
Laos, 183, 184, 231, 232
Le Corbusier, Charles-Édouard Jeanneret, dit
    (1887-1965), 131
Lénine, Vladimir Oulianov, dit (1870-1924),
    51, 56, 58
Lettonie, 39, 148, 308
Liban, 65-66, 269-270
Libéralisme, voir aussi Néolibéralisme
    classique, 80
    keynésien, 86-87, 197, 199-200
Libye, 18, 233
Lichtenstein, Roy (1923-1997), 300
Liebknecht, Karl (1871-1919), 58
Ligue arabe, 273
Lindbergh, Charles (1902-1974), 119
Lituanie, 39, 310
Longue Marche, 69
Luxemburg, Rosa (1870-1919), 58
Lyssenko Trofim D. (1898-1976), 208

M

MacArthur, Douglas (1880-1964), 174
Macédoine, 315
Maginot, ligne, 141
Magritte, René (1898-1967), 128
Malaisie, 231, 253
Malawi, 234
Mandats, régime, 40, 65
Mandchourie, 143

Mao, Zedong (1893-1976), 68, 175, 219
Maroc, 18, 66
McCarthy, Joseph Raymond (1908-1957), 175
Mexique, 21, 110, 248, 254
Mies Van Der Rohe, Ludwig (1886-1969), 302
Milosevic, Slobodan (1941-   ), 314
Miró, Joan (1893-1983), 128
Mondialisation, 321-322
Monténégro, 316
Mousseau, Jean-Paul... (...), 300
Moyen-Orient, 32, 40, 64-66, 189, 262-281
Mozambique, 184, 186, 234
Munch, Edward (1863-1944), 126
Muralisme, 129
Murnau, Friedrich Wilhelm (1889-1931), 133
Musique, 131-132
Mussolini, Benito (1883-1945), 60, 92, 97, 98,
    101, 144, 147, 148

N

Nagasaki, 153, 159, 167
Nagy, Imre (1896-1958), 215
Nasser, Gamal Abdel (1918-1970), 265-266
Nazisme, 95, 98, 102, 108, voir aussi Fascisme
Nehru, Jawaharlal (1889-1964), 226, 256
Néocolonialisme, 228
Néolibéralisme, 200, voir aussi Libéralisme
NEP, 56
Nicaragua, 184, 186, 235
Nicolas II (1868-1918), 15
Nigeria, 252, 253
Nixon, Richard (1913-1994), 181, 183, 185,
    197, 205, 236
Nomenklatura, 210
Nouvelle-Zélande, 19, 78, 84

O

O'Keeffe, Georgia (1887-1986), 129
OCDE (Organisation de coopération et de
    développement économiques), 202, 322
OECE (Organisation européenne de coopération
    économique), 202
Oldenburg, Claes, 300
OLP (Organisation de libération de la
    Palestine), 267, 268, 269, 270, 271
OMC (Organisation mondiale du commerce),
    321-322
ONU (Organisation des Nations Unies), 166,
    167-169, 174, 181, 185, 229, 234, 249,
    257, 264, 265, 266, 269, 270, 278-279,
    316, 319
Op art, 301
OPEP (Organisation des pays exportateurs de
    pétrole), 198, 259
Organisation des États américains
    (en anglais : OAS), 236
Orozco, José Clemente (1883-1949), 129
OTAN (Organisation du traité de l'Atlantique
    Nord), 172, 176, 182, 316, 319
Ottoman, empire, 11, 12, 19-20, 28, 32, 38,
    39, 40, 64-65, voir aussi Turquie

P

Pacte
    Briand-Kellog (1928), 63
    de Locarno (1925), 63

de Rio (1947), 236
de Varsovie (1955), 173, 215
germano-soviétique (1939), 148-149
Pahlavi, Muhammad Riza Shah (1919-1980),
    274
Pakistan, 186, 231, 253, 258, 259, 275
Palestine, 66, 264-272
Panama, 235
Panmunjom, armistice, 175
Pays-Bas, 231
Pearson, Lester B. (1897-1972), 266
Peinture, 126-129, 299-301
Pérou, 248, 252
Philippines, 153
Picasso, Pablo (1881-1973), 127, 128, 145
Pinochet, Augusto (1915-   ), 239
Plan
    Dawes, 63
    Marshall, 171-172, 202, 203
    Young, 63
Planck, Max (1858-1947), 124
Pollock, Paul Jackson (1912-1956), 299
Pollution, 294
Pologne, 39, 40, 148, 149, 156, 166, 167, 169,
    214, 216-217
Pop art, 300-301
Portugal, 203, 234
Postmodernisme en architecture, 303
Poutine, Vladimir (1952-   ), 312, 313
Prêt-bail, 166
Prohibition, 61
Psychanalyse, 125
Psychologie, 125

Q

Quatorze Points, 38, 228

R

Rabin, Ytzakh (1922-1995), 270, 271
Radio, 119
Ravel, Maurice (1875-1937), 131, 132
RDA (République démocratique allemande),
    174, 310
Reagan, Ronald (1911-   ), 186, 188,
    200-201, 205, 317
Relativité, théorie, 124
Renoir, Jean (1894-1979), 134
Réparations allemandes, 41, 63
République dominicaine, 235
Révolution
    bolchevique, 51-52
    chinoise (1911), 20
    chinoise (1949), 173, 217
    cubaine, 236-238
    culturelle en Chine, 219
    d'octobre, voir Révolution bolchevique
    de février, 50-51
    industrielle, 4, 92, 246
    Meiji au Japon, 17
    mexicaine (1910), 21
    russe (1905), 14
    russe (1917), 50-53, 133
RFA (République fédérale d'Allemagne), 174
Rhénanie, 146-147
Rhodésie du Nord, voir Zambie
Rhodésie du Sud, voir Zimbabwe
Riefenstahl, Leni (1902-2003), 121

Riopelle, Jean-Paul (1923-2002), 300
Rivera, Diego (1886-1957), 129
Röntgen, Wilhelm Conrad (1845-1923), 124
Roosevelt, Franklin Delano (1882-1945),
    82-83, 119, 142, 150, 166, 229, 235
Rothko, Mark (1903-1970), 300
Roumanie, 32, 41, 154, 311
Royaume-Uni, voir Grande-Bretagne
Russie, 11, 12, 13-14, 27, 31, 35, 50-58, 216,
    279, 308, 311-314, voir aussi URSS
Rutherford, Ernest (1871-1937), 124

S

Sadate, Anouar el- (1918-1981), 267-269
SALT (*Strategic Armements Limitation Treaty*),
    181, 187
Salvador, 184, 252
Sandino, Augusto Cesar (1895-1934), 184
Sarajevo, 30, 315
Schoenberg, Arnold (1874-1951), 131
Sciences, 123-126, 296-298
SDN (Société des Nations), 40, 62, 143, 144,
    146, 167
Sectes, 296
Segal, George (1924-2000), 301
Serbie, 27, 30, 31, 314-317
Sharon, Ariel (1928-   ), 269, 271-272
Sibelius, Jean (1865-1957), 131
Siqueiros, David Alfaro (1896-1974), 129
Skinner, Burrhus Frederic (1904-1990), 125-126
Slovaquie, 148, 311
Slovénie, 315
Soekarno, Ahmed (1901-1970), 229, 231
Somalie, 233
Somoza, Anastasio (1925-1980), 184, 186, 239
Sous-développement, 244-250
Soviets, 14, 51
Spartakistes, 58
Sri Lanka, 231
Staline, Joseph, Vissarionovitch Djougatchvili,
    dit (1879-1953), 58, 103-110, 149, 166,
    167, 174, 176, 208, 209
START (*Strategic Armement Reduction Talks*),
    317
Steinbeck, John (1902-1968), 76
Stravinsky, Igor (1882-1971), 131, 132
Sudètes, 147
Suède, 84, 318
Suez, 265-266
Sun Yat-sen (1866-1925), 20, 68
Surréalisme, 127-128
Syrie, 65-66, 268, 269, 270, 273

T

Taiwan, 173, 181, 219
Taylorisme, 5
Tchang Kaï-chek, voir Jiang Jieshi
Tchécoslovaquie, 40, 147, 148, 166, 172,
    215, 310-311
Tchéka, 52
Tchétchénie, 312, 313
Thatcher, Margaret (1925-   ), 200
Thomson, Joseph John (1856-1940), 124
Tito, Josip Broz, dit (1892-1980), 172,
    214, 314
Traité
    de Brest-Litovsk (1918), 39, 53
    de Lausanne (1923), 39, 65

de Maastricht (1992), 318
de non-prolifération de l'arme
    nucléaire (1968), 180
de Saint-Germain en Laye (1919), 39
de Sèvres (1920), 39
de Trianon (1920), 39
de Versailles (1919), 39, 41
de Washington (1921-1922), 62
israélo-égyptien (1979), 268
Traités de 1919-1920, 37-42, 228
Trente Glorieuses, 194-196, 246
Triple Alliance, 28
Triple Entente, 29
Trotsky, Léon (1879-1940), 51, 54, 56, 58, 107
Truman, Harry S. (1884-1972), 170,
    174-175, 203
Tunisie, 18, 233, 273
Turquie, 39, 170, voir aussi Ottoman, empire
Tzara, Tristan (1896-1963), 127

U

URSS (Union des Républiques socialistes
    soviétiques), 57, 77, 78, 103-110, 142,
    148-149, 150, 151, 160, 166, 167, 170,
    171, 172, 174, 176-177, 178, 180, 181,
    182, 184-185, 207-212, 216, 230, 266,
    308-309

V

Vargas, Getulio (1883-1954), 110
Vasarely, Victor (1908-1997), 301
Vatican II, Concile, 296
Venezuela, 236
Vichy, gouvernement, 155, 158
Vietnam, 183, 184, 204, 229, 231-233, 258
Villa-Lobos, Heitor (1887-1959), 131
Vlaminck, Maurice de (1876-1958), 126

W

Walesa, Lech (1943-   ), 216-217
Wannsee, 156
Warhol, Andy (1930-1987), 300
Watson, James D. (1928-   ), 298
Watson, John Broadus (1878-1958), 125
Weimar, république, 59, 93
Welles, Orson (1915-1985), 120, 134
Wiene, Robert (1881-1938), 132
Wilson, Woodrow (1856-1924), 16, 36, 38, 60
Woodstock, 293
Wright, Frank Lloyd (1869-1959), 131

X

Xiaoping, Deng (1904-1997), 219

Y

Yémen du Sud, 273
Yougoslavie, 40, 156, 169, 172, 214, 314-317

Z

Zaïre, 253
Zambie, 234
Zimbabwe, 234